International Business

국제경영 2판

| 이성봉 · 이광철 공저 |

한 경 사

국제경영(2e)

저　자	이성봉 • 이광철
발행일	2025년 6월 30일 1쇄
발행처	**한경사**
발행인	이계남
등록사항	제10-1951호 2000년 4월 14일
주　소	서울시 마포구 신수로 59-1 3층
전화번호	02_717_7264~5
팩스번호	02_717_7226
홈페이지	hankyungsa.co.kr
전자우편	hankyungsa@hanmail.net
ISBN	978-89-6844-537-8　　(93320)
가　격	35,000원

머리말

2025년 트럼프 2기 행정부가 시작되면서 글로벌 경영환경은 크게 요동치고 있다. 코로나19에 따른 글로벌 공급망 재편이라는 파고를 넘어선지 얼마되지 않은 상황에서 미국이 중국뿐만 아니라 전 세계를 상대로 관세를 올리고 있어서 글로벌화는 또다시 커다란 도전에 직면하고 있다. 글로벌 경영환경을 예측하는 것이 점점 어려워지는 가운데 글로벌 시장 기회를 반드시 활용해야 하는 한국 기업의 글로벌 경영여건은 악화되고 있다. 본서는 이러한 새로운 도전에 직면한 한국 기업이 치열한 국제경쟁 가운데 어떻게 우수한 경영성과를 낼 것인가라는 질문에 답을 제시하려는 목적에서 집필되었다.

본서 개정판은 최근 글로벌 경영환경변화의 본질을 이해하고, 한국기업의 전략적 대응 방안을 제시하는데 초점이 있다. 본서는 모두 14개의 장으로 구성되는데, 제1장과 제2장에서는 국제경영 개념과 시장 및 기업의 글로벌화 등 국제경영의 기본 개념을 설명하고 있다. 이어서 제3장부터 제7장까지는 국제경영환경을 정치 및 법률, 문화, 무역, 투자, 금융 환경으로 구분하여 설명하고, 이에 대응하는 기업들의 국제경영활동을 설명하고 있다. 제8장에서는 핵심 국제경영활동인 무역과 투자에 대한 이론적 설명을 제시하고 있다. 국제경영 개념과 국제경영환경 이해에 주안점을 둔 전반부에 이어 본서의 후반부인 제9장부터 제14장까지는 국제경영전략을 본격적으로 다루고 있다. 제9장에서 국제경영전략의 기본 모델을 설명하고, 제10장에서는 해외시장 진입방식들을 다루고, 제11장에서는 국제 전략적 제휴를 다루고 있다. 제12장부터 제14장까지는 경영의 주요 관리영역인 생산 및 연구개발, 마케팅, 인사 및 재무 등의 분야에서 국제경영관리 문제를 다루고 있다. 한편, 학생들이 국제경영의 최신 현장을 체험할 수 있도록 각 장마다 도입사례와 마감사례를 최근 시점을 기준으로 업데이트했다. 주로 한국 기업의 글로벌 경영사례에 대한 것이며, 사례 분석과 토론을 위한 핵심 질문들도 함께 제시되어 있다.

이번에 국제경영 개정판을 출간하는 데 독려해주신 한경사 이계남 사장님과 본서를 새롭게 단장하느라 고생하신 편집실 직원분들께도 감사드린다. 아무쪼록 본서를 활용하여 강의하시는 교수님들과 국제경영에 관심을 갖고 공부하는 독자에게 큰 도움이 되기를 기대해 본다.

2025년 6월

이성봉 · 이광철 교수

차 례

Chapter 01
국제경영의 이해

학습목표

1. 국제경영의 기본 개념들을 이해한다.
2. 국제경영과 국내경영의 차이를 구분한다.
3. 국제경영 참여기업들을 구분한다.

도입사례

식탁의 글로벌화

경기도 용인시에 사는 홍길동 씨는 제사상에 국산 돌문어 대신 모리타니산 문어를 올렸다. 제사에 올릴 만한 큰 문어가 시장에 거의 나오지 않는 데다 국산은 가격이 비싸 선뜻 구입할 수 없었다. 생선전은 러시아산 동태로, 가자미찜은 미국산으로 준비했다. 이름도 생소한 아프리카 북서부 지역의 모리타니 문어부터 칠레 사막 포도, 키르기스스탄 호두, 마다가스카르 정향, 러시아 차가버섯까지 전 세계에서 온 식품이 우리 식탁에 오르고 있다.

이상 고온으로 러시아산으로 대체된 명태는 물론 대표적 수산물인 고등어는 노르웨이·스코틀랜드산이 주를 이루고 있다. 갈치는 아프리카 세네갈에서 들여오고 있다. 지구 온난화로 수온이 올라가면서 어장 환경이 급변하고 있는 수산물은 해외 의존도가 특히 높다. 한 대형마트 관계자는 "2010년 이후 국내에 갈치 어획량이 급감하자 세네갈 갈치가 부상했다"고 전했다. 세네갈 현지에서는 잘 먹지 않기 때문에 싸게 들여올 수 있는데, 이 때문에 세네갈 갈치가 국내산 갈치보다 싸다는 것이다.

여기에 자유무역협정(FTA)으로 무역장벽이 깨지고 관세율이 인하되면서 가격 인하 효과를 보게 된 것도 한국 식탁의 세계화 요인 중 하나다. 또 해외 여행 영향으로 식생활이 서구화·다양화하면서 새롭고 희귀한 식재료에 대한 수요가 급증한 것도 외국산 식품 수입을 가속화하고 있다.

이런 소비 트렌드에 따라 대형마트 3사의 식품 수입 규모는 2009년 1조 5,825억 원에서 4년 새 2조 6,029억 원으로 2배 가까이 급증했다. 대형마트 3사에서 연간 팔리는 식품 18조 6,000억 원의 14%에 해당하는 수치다. 특히 대형마트 사이의 식품 수입 경쟁이 가속화하면서 대형마트 3사가 해외에서 직수입해 온 식품 물량은 5년 새 3배나 늘어 2014년에는 1조 원에 육박할 것으로 전망되었다. 식품 수입 국가도 해마다 늘어나고 있다. 2007년만 해도 아시아·유럽에 국한됐던 수입 국가가 최근 들어서는 북·남미, 아프리카 지역까지 확산되는 추세다. 이마트의 경우 식품 해외 소싱 국가가 2007년 3개국에서 2013년 말 36개국으로 크게 늘었다.

한국의 식탁이 바뀌고 있다. 국내산으로만 꾸려지던 식단은 이제 옛말이다. 비싼 김장철에 중국산 채소 일부, 미국산과 호주산 쇠고기 정도를 수입하는 시대를 지나 이제는 수천 키로미터 떨어진 남미와 북미, 멀리 아프리카 과일과 생선·견과까지 지구 반 바퀴를 돌아 한국 식탁에 오른다. 너무 비싸거나 자취를 감춘 식자재를 대체하고, 해외에서만 먹을 수 있는 별미 식재료가 식탁을 다채롭고 풍성하게 만들고 있다.

'고급 식재료의 상징' 랍스터는 북미지역에서 비행기로 바로 들여오면서 새우만큼 흔해졌다. 미국 동부 메인주에서 일요일에 잡아올린 랍스터는 불과 나흘 만에 한국 매장에서 펄떡이는 활 랍스터로 팔린다. 미국 랍스터 수확량의 90% 이상을 담당하는 메인주에서 잡힌 랍스터 세 마리 중 한 마리가 한국에서 소비되고 있다.

덕분에 '한철 먹거리'가 '사철 먹거리'로 변하기도 한다. 국산 양식 새우만 나올 때는 9월 초~10월 중순 한 달간만 먹을 수 있었던 새우는 수입산 덕분에 연중 즐기는 품목이 됐다. 가자미(미국)나 코다리(러시아), 열빙어(캐나다)도 반건조 상태로 들여와 제철이 없어졌다.

자유무역협정(FTA) 체결 국가가 계속 늘어나면서 수입 문턱이 낮아진 식품들도 많아졌다. 2024년 8월 22일자 조선일보의 "FTA 전 세계 GDP 90%로 확대… 싱가포르 넘어 세계 1위 오른다"라는 기사를 보면 우리나라는 2023년 기준 전 세계 59개국(21건)과 FTA를 체결·발효하고 있는데 이들 국가의 국내총생산(GDP)을 모두 합치면 세계 GDP의 85%를 차지한다고 한다. 이처럼 경제 규모 면에서 전 세계 85%와 하나의 경제

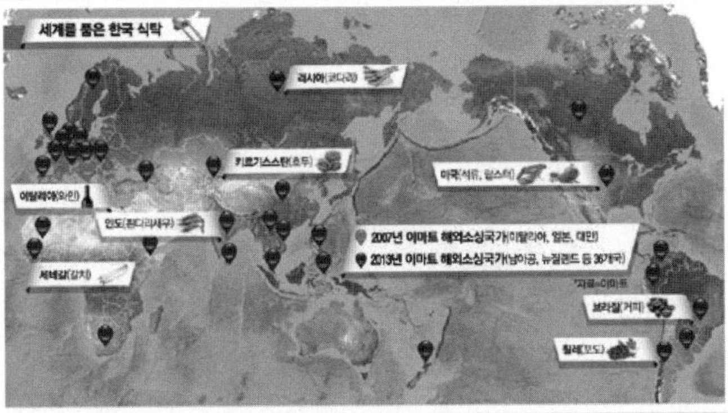

대형마트 식품 수입 현황

2.6조원 …… **수입식품 매출**

14% …. **식품 매출 중 수입식품**

36개국 … **원산지 기준 수입국가**

*2013년 기준.

권을 형성하면서 아주 다양한 전 세계 식품을 수입하고 있다. 대표적인 것이 포도 비수기인 1~5월 중 수입되는 칠레 포도다. FTA 발효 이후 칠레 포도 수입량은 10년간 9,000톤에서 4만 7,000톤으로 5배 늘었다.

웰빙과 유기농 먹거리, 기호식품 등에 아낌없이 소비하는 사람들이 늘면서 산지가 다변화되는 경우도 흔하다. '물도 골라 먹는' 사람들 때문에 생수도 의외로 수입량이 많다. '에비앙', '피지워터', '산 펠레그리뇽' 등을 판매하는 백화점 생수바가 생기고, 해외 고급 생수 전문 인터넷쇼핑몰이 등장하는 등 판매처도 다양해졌다.

다이어트에 효능이 있다는 마테차는 미국과 일본, 싱가포르에서 수입되고 있다. 관세청은 "웰빙과 다이어트에 대한 관심이 높아져 차(茶)류 수입이 해마다 늘어난다"고 했다. 해외를 여행하거나 유학하면서 외국 문화를 접한 사람들이 많아지면서 외국산 향신료도 주변에서 흔히 볼 수 있게 됐다. 이름도 생소한 인도 심황부터 베트남 계피와 터키 월계수 잎, 마다가스카르산 정향까지 나무껍질과 잎, 씨앗, 꽃류를 가리지 않는다.

참고자료: 조선일보, "FTA 전 세계 GDP 90%로 확대… 싱가포르 넘어 세계 1위 오른다", 2024년 8월 22일자; 매일경제, "한국 식탁, 세계의 맛 품다", 2014년 5월 6일자.

질문

1. 어제 하루 동안 자신의 소비활동을 정리해보고, 이 중에서 무엇이 수입품 또는 해외 브랜드였는지 설명하시오. 소비활동을 금액으로 환산했을 경우 수입품 또는 해외 브랜드가 차지하는 비중은 얼마인가?
2. 여러분이 소비하는 식음료 중에서 다른 나라 젊은이들도 비슷하게 소비할 것으로 생각되는 제품은 무엇인가? 글로벌화로 인해서 과거에는 소비하지 않았지만 여행이나 이태원 등의 외국 음식점에서 새롭게 소비하게 된 음식은 어떤 것이 있는지 자신의 경험을 이야기하시오. 글로벌화가 여러분의 식음료 소비에서 글로벌 수렴적 현상이 더 강화될 것이라고 보는가? 아니면 과거보다 더 다양한 소비로 연결될 것으로 보는가?
3. 우리나라는 2024년 기준 전 세계 59개국(21건)과 FTA를 체결·발효하고 있는데 이들 국가의 국내총생산(GDP)을 모두 합치면 세계 GDP의 85% 규모로 싱가포르(87%)와 근소한 차이로 2위를 차지하고 있다. 우리 정부는 FTA 네트워크를 세계 GDP의 90% 규모로 확대한다는 목표를 제시하였는데, 이러한 FTA 확대 정책에 찬성하는가 아니면 반대하는가? 그 이유는 무엇인가?

제1절 국제경영 개념

1. 국제경영의 개념

국제경영(international business)은 2개국 이상의 국경을 넘어 일어나는 경영활동을 말한다. 국제경영활동이 구현되는 대표적인 방식은 국제무역과 국제투자다. 즉, 국제경영이란 기업이 국경을 넘어서 수행하는 무역과 투자활동이라고 정의할 수 있다. 한편, 국제경영은 기업의 가치사슬활동과 관련해서도 정의할 수 있다. 가치사슬활동(value chain activity)이란 기업의 본원적인 목표인 가치창출(value creation)에 기여하는 모든 활동들, 예를 들어 연구개발, 구매(소싱), 생산, 마케팅, 유통, AS 등 일련의 가치창출활동들이 서로 사슬처럼 연결되어 있는 것을 말한다. 국제경영은 기업이 자신의 가치사슬활동을 전 세계에 걸쳐서 수행(배치와 조정)하는 것이라고 정의될 수도 있다.

국제경영의 정의와 함께 이해할 개념으로 글로벌화(globalization)라는 개념이 있다. 글로벌화는 전 세계적으로 각 국가가 경제적으로 통합되고 동시에 서로 의존하는 현상이 지속적으로 확대되는 것을 말한다. 글로벌화는 우리들의 생활을 크게 변화시키고 기업의 국제경영활동을 확대시키고 있다. 새로운 기술이 등장하면서 국제통신이나 해외 여행 비용이 대폭 낮아지고, 소비자들은 해외 문화, 글로벌 소비패턴에 대한 정보에 익숙해진다. 또한 각국이 무역 및 투자 장벽을 점차 낮춤에 따라 기업들에게 경쟁의 무대가 세계 시장으로 확장되고 경쟁도 점점 치열해지고 있다. 선진국 및 개발도상국의 다국적기업들은 특정 지역에 국한하지 않고 전 세계 고객을 대상으로 경영활동을 확대하고 있다. 이와 같이 국제경영의 새로운 세계가 우리들의 문화와 생활양식을 변화시키고 기업들이 경쟁을 하는 방식에 커다란 전환을 요구하고 있다. 글로벌화 현상에 대한 보다 자세한 논의는 2장에서 다룬다.

국제경영은 제품, 서비스, 지식 등이 대상이 될 수 있다. 제품에는 원재료, 중간재, 완제품 등이 있고, 서비스에는 금융, 교육, 의료, 관광, 법률, 회계, 컨설팅, 광고 등이 포함된다. 지식에는 기술, 경영 능력, 브랜드, 지식재산권 등이 포함된다.

청바지를 제조하는 미국 다국적기업의 국제경영활동을 예로 살펴보자. 청바지

표 1-1 국제경영의 정의

관점	정의
제품, 서비스, 자본의 이동	기업이 국경을 넘어서 수행하는 무역과 투자활동
기업의 가치창출활동	기업이 전 세계 여러 지역에서 수행(배치와 조정)하는 가치사슬활동

원단의 소재인 면화 생산은 우즈베키스탄에서 이루어지고, 수확된 면화는 인도로 보내져서 실과 면직물이 된다. 면직물은 방글라데시 공장으로 이동되고, 한국에서 생산된 단추와 멕시코에서 생산된 라벨 등이 방글라데시 공장으로 모아진다. 청바지의 디자인은 미국에서 이루어진다. 방글라데시 공장에서 봉제가 이루어진 후 청바지 완성품은 전 세계로 판매된다. 소비자가 구매하는 청바지 한 벌은 다수의 국가를 넘나드는 다국적기업 경영활동의 결과인 것이다.

이번에는 애플(Apple)의 아이폰(i-phone)을 생각해보자. 디스플레이는 일본과 한국에서 만들어지고, 무선 부품은 일본과 미국, 프로세서는 한국, 전기 관련 부품은 독일, 멕시코, 프랑스 등에서 생산된다. 물론 이 부품들을 모아 조립하고 생산하는 곳은 중국이다. 아이폰 단말기는 여러 국가에서 생산된 부품의 조합으로 구성되어 있는 것이다. 이와 같이 청바지 회사와 애플은 청바지 및 단말기 생산에 있어 범세계적으로 국제경영활동을 하고 있다.

그림 1-1을 보면 전 세계에서 판매되는 자전거의 글로벌 가치사슬에 많은 나라와 기업들이 참여하고 있다는 것도 확인할 수 있다. 글로벌 가치사슬(global value chain)은 국제적인 제품 생산 및 서비스 공급과 관련된 부가가치 창출 네트워크라고 할 수 있는데, 그림 1-1은 자전거의 글로벌 가치사슬을 예시적으로 보여주고 있다. 자전거의 주요 부품별 3대 수출국을 살펴보면, 자전거 안장의 경우 중국, 이탈리

그림 1-1 자전거 구성품별 수출국가와 금액

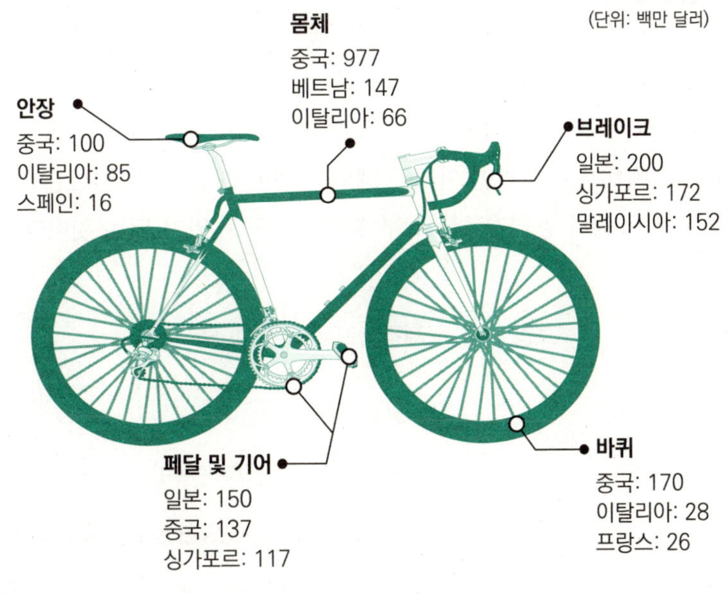

자료: World Bank, Trading for Development in the Age of Global Value Chains, World Development Report 2020.

아, 스페인이 3대 수출국이며, 몸체의 경우 중국, 베트남, 이탈리아가 주로 생산하고 있다. 브레이크의 경우 일본, 싱가포르, 말레이시아가 3대 수출국이며, 페달 및 기어의 경우 일본, 중국, 싱가포르가 핵심 수출국가이며, 자전거 바퀴의 경우 중국, 이탈리아, 프랑스가 주로 부품을 공급하고 있다. 이처럼 무심코 구매하여 사용하는 모든 제품들은 글로벌 가치사슬 속에서 만들어지고 판매되고 있으며, 이는 전 세계 기업의 국제경영활동의 결과라고 할 수 있다.

2. 국제무역

국제경영의 한 축인 국제무역에 대해서 먼저 알아보자. 국제무역(international trade)이란 국경을 넘어 제품과 서비스를 거래하는 것을 말한다. 국제무역에서 제품과 서비스가 본국(home country)에서 외국으로 이동하는 흐름을 수출(export)이라 하고, 외국에서 본국으로 이동하는 흐름을 수입(import)이라 한다. 이러한 수출 및 수입에 대한 정의는 기업들의 국제경영활동이 크게 증가하면서 국민 경제적 관점에 추가하여 기업 경영 관점에서 일부 보완이 될 필요가 있다.

과거에는 수출이 기업이 국내에서 생산해서 해외에 있는 고객에게 판매되는 것만 의미했다면 최근에는 기업들이 국내뿐만 아니라 제3국에 생산거점을 갖고 있는 경우가 증가하면서 이를 포함한 보다 포괄적인 개념이 필요해졌다. 예를 들어 삼성전자가 베트남 공장에서 핸드폰을 생산하여 미국 소비자들에게 공급하는 것도 삼성전자 입장에서는 수출이 되는 것이다. 따라서 수출이란 기업의 본국 또는 제3국에 소재하는 거점에서 제품을 생산하여 해외 고객에게 판매하는 것이라고 정의될 수 있다.

마찬가지로 기업 입장에서 수입은 국내에서 사용하기 위해서 해외 공급자로부터 구매해오는 것뿐만 아니라 해당 기업이 제3국에 소재하는 거점에서 사용하기 위해서 해외 공급자로부터 구매하는 것도 수입이 되는 것이다. 따라서 수입이

그림 1-2 국제경영활동: 무역과 투자

란 기업이 본국 또는 제3국에 소재하는 거점에서 사용하기 위하여 해외 공급자로부터 구매하는 것이라고 정의할 수 있다. 즉, 글로벌 차원에서 기업이 사용할 원재료 및 부품을 구매한다는 점에서 수입은 기업 차원에서 보면 글로벌 소싱(global sourcing)이라고 말할 수 있다.

3. 국제투자

국제투자(international investment)는 가치창출의 원천이 되는 자산(asset)을 국가 간 이동시키는 거래를 말한다. 즉, 기업이 국내에 갖고 있는 자산을 해외로 이전하는 것도 국제투자이며, 기업이 자금을 해외로 이동시켜 해외 현지국(host country)에서 자산을 취득하는 것도 국제투자가 된다. 기업의 국제투자는 수익의 창출을 위해서 해외 금융자산을 취득하는 방식으로 나타날 수도 있으며, 여러 자산과 경영노하우까지 합친 하나의 집합체인 자회사를 해외에서 설립하거나 인수하는 형태로 나타날 수도 있다. 전자의 국제투자 형태를 국제포트폴리오투자(international portfolio investment)라고 하고, 후자의 국제투자 형태를 해외직접투자(Foreign Direct Investment: FDI)라고 한다.

국제포트폴리오투자는 재무적 수익(financial return) 창출을 주요 목적으로 해외 채권(foreign bond)이나 해외 주식(foreign stock)을 취득하여 보유하는 것을 말한다. 특히 해외 기업 주식 보유와 관련해서는 동 해외 기업에 대한 경영참여 등 적극적인 보유목적이 없이 단순히 보유함으로써 주식의 매수가격과 매도가격 차이에 따른 자본이득(capital gain)이나 해당 기업이 주주에게 이익을 배분할 때 발생하는 배당소득(dividend income) 등 재무적 수익만을 목적으로 투자하는 경우이다. 해외 채권의 경우에는 국제 채권 시장에서 매매가 가능하기 때문에 자본이득을 확보할 수 있으며, 또한 채권보유에 따라 이자소득(interest income)을 획득할 수 있다.

해외직접투자는 기업이 직접적인 운영, 즉 경영 참여를 목적으로 해외에 자회사를 설립하거나 또는 해외 기업을 인수하여 해외 자회사(foreign subsidiary)로 편입시키는 투자를 말한다. 일반적으로 해외 자회사는 주식회사 형태인 경우가 많은데,

표 1-2 해외직접투자와 국제포트폴리오투자

구분	투자목적	투자자산의 형태
해외직접투자	장기적 관점에서 사업체를 설립하고 운영하는 등 경영참여를 목적으로 하는 투자	해외 기업의 주식 등 지분을 10% 이상 보유
국제포트폴리오투자	단기적 관점에서 재무적 수익(자본이득 또는 배당 및 이자 소득)을 목적으로 하는 투자	해외 채권 또는 해외 기업의 10% 미만의 지분 보유

모회사 입장에서 해외직접투자를 실행한다는 것은 법률적인 측면에서 보면 해외 자회사의 주식을 보유하는 것이 된다.

앞서 재무적 수익을 위해서 해외 기업의 주식을 보유하는 것이 국제포트폴리오투자에 해당한다고 설명했었는데, 해외직접투자에서도 해외 기업의 주식을 보유하게 된다는 점에서 이 두 가지 경우를 어떻게 구분해야 하는가? 구분 기준의 핵심은 이 두 경우의 해외 기업이 어떤 경우에 해외 자회사가 될 수 있는가의 문제로 귀결된다고 하겠다. 보유하고 있는 해외 기업의 주식의 지분율이 충분히 높아 해당 해외 기업의 경영에 직접 참여할 수 있다면 해외직접투자로 볼 수 있으며, 지분율이 낮아 해당 해외 기업의 경영에 직접 참여할 수 없다면 이는 국제포트폴리오투자라고 할 수 있다. 이 지분율과 관련해서 전 세계 각국에서 통계적 목적으로 적용하고 있는 규칙은 10% 지분율이다. 즉, 해외 기업 주식의 10% 이상을 보유하는 투자는 해외직접투자로 구분되며, 10% 미만의 지분율로 해외 기업 주식을 보유할 경우 국제포트폴리오투자로 구분된다.

그림 1-3 한국의 해외직접투자와 외국인직접투자

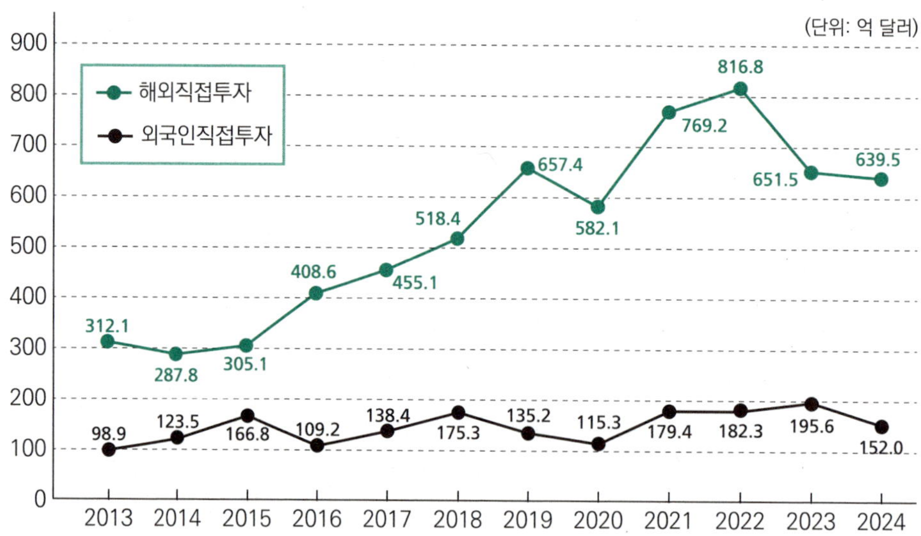

주: 해외직접투자 송금 기준, 외국인직접투자 도착 기준

구분	2013	2014	2015	2016	2017	2018	2019	2020	2021	2022	2023	2024
해외직접투자	312.1	287.8	305.1	408.6	455.1	518.4	657.4	582.1	769.2	816.8	651.5	639.5
외국인직접투자	98.9	123.5	166.8	109.2	138.4	175.3	135.2	115.3	179.4	182.3	195.6	152.0

자료: 한국수출입은행, 해외투자통계(https://stats.koreaexim.go.kr/main.do, 2025년 4월 19일); 산업통상자원부 외국인직접투자통계(https://www.motie.go.kr/kor/contents/104, 2025년 4월 19일)

한편, 해외직접투자와 관련해서 한 국가에서 해외로 유출되는 경우를 'Outward(or Outbound) FDI'라고 하고, 해외에서 유입되는 경우를 'Inward(or Inbound) FDI'라고 한다. 이와 관련해서 우리나라의 공식적인 통계 및 법령에서는 한국 기업이 해외에 투자하는 경우는 '해외직접투자'를 사용하고 있는 반면, 외국 기업이 한국에 투자하는 경우는 '외국인직접투자'를 사용하고 있다는 점을 명심할 필요가 있다.

제2절 국제경영과 국내경영의 차이

국제경영을 국내경영과 별도로 배워야 하는 이유가 무엇인가? 국내경영과 국제경영의 차이점을 단순하게 설명하자면, 국내경영은 한 국가 영역 내에서 일어나는 경영활동을 의미하는 반면, 국제경영은 국경을 넘어서 일어나는 경영활동을 의미한다. 국내경영과 국제경영 간의 차이는 경영활동을 둘러싸고 있는 환경의 차이로 설명할 수 있는데, 환경 차이 자체에 초점을 맞출 수도 있으며, 환경의 차이에 따른 위험에 초점을 맞추어 설명할 수도 있다. 본 절에서는 환경 차이 자체에 초점을 맞추는 설명과 환경의 차이에 따른 국제경영만의 독특한 위험에 초점을 맞추는 설명으로 나누어서 제시한다.

1. 환경적 차이에 초점을 맞춘 설명

국제경영이 국내경영이 직면하는 환경 그 자체가 차이가 있다는 점에 대해서는 하버드대학의 게마왓(Ghemawat) 교수가 잘 정리하고 있다. 게마왓 교수는 국가 간 환경의 차이를 네 가지 거리(distance)의 관점에서 설명하는 CAGE 모델을 제시하였다(Ghemawat, 2011). 이 모델을 통하여 국내경영자와는 달리 국제경영자가 극복해야 할 문제들을 파악할 수 있다. 표 1-3은 CAGE 모델을 요약한 것이다.

1) 문화적 거리

문화적 거리(cultural distance: C)는 국가 간 언어의 차이뿐만 아니라 국가 구성원들의 행동을 결정하는 사회규범이나 가치관의 차이를 말한다. 한 문화에서 잘 적용되는 경영스타일이 다른 문화에서는 적용되지 않을 수 있다. 문화는 한 국가의 구성원에 깊이 뿌리 박혀 있는 관행, 선호 등의 차이를 의미하기도 한다. 한 문화 안에서 성공한 제품이 다른 문화에서는 거부되기도 한다. 힌두교인들은 소고기를 먹지 않고,

표 1-3 CAGE 거리 모델

구분	문화적 거리(C)	행정적 거리(A)	지리적 거리(G)	경제적 거리(E)
외적 거리	• 언어 차이 • 민족 차이 • 종교 차이	• 대외 무역정책 차이 • 통화 차이 • 법률체계 차이	• 물리적 거리 • 기후 차이 • 시간대 차이	• 소득의 차이 • 인력, 자원, 시회 인프라, 유통구조 등의 차이
내적 거리	• 전통 • 관념, 가치관 • 사회규범	• 경제 폐쇄성 • 법적 시스템 허약 • 사회적 갈등 • 정치적 위험	• 지리적 크기 • 입지적 차이	• 경제규모 • 국민소득

자료: Ghemawat, Pankaj (2011). *World 3.0, Global Prosperity and How to Achieve it*, Havard Business Review Press. 저자 편집.

이슬람교인들은 돼지고기를 먹지 않는다. 인도에 있는 맥도날드에서는 소고기나 돼지고기가 아닌 양고기 햄버거를 판매한다. 인도에서는 맥도날드 메뉴의 거의 절반이 채식주의자를 위한 제품이며, 세계 최초로 채식주의 전문 점포를 열기도 하였다.

2) 행정적 거리

행정적 거리(administrative distance: A)란 국가 간의 정부규제와 같은 제도적 환경의 차이가 외국인투자에 대한 차별을 초래할 수 있다는 점을 의미한다. 대부분의 국가정책은 자국의 이익을 우선하는 경우가 많다. 따라서 다국적기업 경영자는 국가별 제도적 장벽의 차이를 극복해야 한다. 2007년 베네수엘라 대통령 차베스는 현지에서 석유사업을 하고 있는 미국의 엑손모빌(ExxonMobil) 자산을 국유화한다고 선언하였다. 이 일로 인해 엑손모빌은 커다란 손실을 입었다. 일반적인 자본주의 시장경제에서는 예상하기 어려운 일이 벌어졌다. 행정적 거리를 극복하는 것은 서로 다른 제도적·법적 시스템을 다루는 방식을 학습하는 것이다. 최근에는 국가 간 자유무역협정(Free Trade Agreement: FTA)이나 투자협정(Bilateral Investment Treaty)이 이러한 거리를 축소시키는 역할을 하고 있다.

3) 지리적 거리

지리적 거리(geographic distance: G)는 국가 간 물리적으로 떨어져 있는 거리를 의미하며 국제경영활동 시 운송비용이나 통신비용 등의 차이를 초래한다. 국가 간 조정기능이 중요한 역할을 하는 다국적기업 경영의 경우 지리적 거리가 영향을 미치게 된다. 또한 국가 간 지형이나 기후의 차이는 국제사업 환경의 차이를 초래하고 현지 환경에 잘 적응하는 것이 성공의 지름길이 된다. 예를 들어, 산악지대, 사막

지대, 정글로 구성되어 있는 국가의 사업 환경이나 유통 환경이 온대지역에 있는 국가들과는 매우 상이하다. 허리케인, 지진 등 자연재해 가능성은 해당 국가에 대한 투자를 위험하게 한다.

4) 경제적 거리

국가 간 경제 수준의 차이가 있는 경우 경제적 거리(economic distance: E)가 발생한다. 국가 간 경제적 거리가 있을 때 한 국가에서 성공한 사업모델을 다른 국가에 그대로 적용하기 어렵다. 영국 1위 이동통신사업자인 보다폰(Vodafone)은 2007년 인도에서 이동통신사업을 시작하였다. 구매력이 상대적으로 낮은 인도는 통신요금 구조가 영국과 매우 달랐다. 통신요금이 전반적으로 매우 저렴하여 영국식 사업모델을 그대로 적용하는 데 상당한 문제가 발생하였다.

경제적 거리는 국가가 보유하고 있는 자원의 성격 차이에서 초래되기도 한다. 예를 들어, 노동비용이나 품질의 국가별 차이나 기술인력 활용 가능성의 차이도 다국적 경영을 하는 데 커다란 영향을 미치게 된다. 또한 경제 인프라의 차이도 중요한 요인이다. 국가별로 사용하는 화폐가 다른 경우가 많다. 국제거래를 위해서 외환 시장에서 통화 교환이 이루어지고, 교환 시 거래비용이 발생할 뿐 아니라 환율 변동에 따라 거래가치도 변화하게 된다.

2. 국제경영의 네 가지 위험

카버스길 등(Cavusgil et al., 2020)은 국제경영이 국내경영과 다른 점을 국제경영의 환경 차이에 따른 위험에 초점을 맞추어 설명하고 있는데, 국제경영은 국내경영과 달리 비교문화 위험, 국가 위험, 환 위험, 상업 위험 등 네 가지 독특한 위험에 직면하고 있다고 보고 있다.

1) 비교문화 위험

비교문화 위험(cross-cultural risk)은 국제경영활동 과정에서 문화적인 오해로 인해서 사람들이 생각하는 중요한 가치들이 위험에 처하는 것을 의미한다. 비교문화 위험은 언어, 생활방식, 관심, 종교 등 해외 현지의 문화적 요인이 국내와 다르기 때문에 발생할 수 있다. 해외 현지의 문화를 제대로 이해하고 대응하지 못할 경우 잘못된 해외 시장 진출전략이 만들어질 수 있고, 해외 고객과의 관계에도 큰 문제가 있을 수 있다.

그림 1-4 국제경영의 네 가지 위험

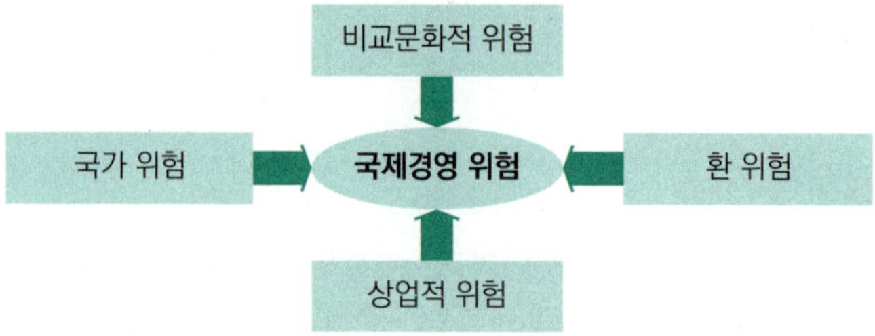

2) 국가 위험

국가 위험(country risk)은 정치적 위험(political risk)라고도 불리는 것으로 해외 현지국의 정치적 상황 및 법 제도에 따라 국제경영활동에 부정적인 영향을 미칠 수 있는 것을 말한다. 기업이 진출한 국가에서 전쟁 또는 내전이 발생할 수도 있으며, 해당 국가에서 정치적 이유로 파업이 발생할 수도 있다. 현지국의 불안한 정치상황뿐만 아니라 현지국 정부가 현지에서 수행되는 국제경영활동에 다양한 방식으로 개입함으로써 이러한 위험이 발생할 수도 있다. 최근 미국 트럼프 행정부가 자국 기업을 보호하기 위해서 수입품에 대해서 높은 관세를 부과하는 식으로 보호무역정책을 구사함으로써 미국 시장에 수출하는 전 세계 기업이 수익성이 하락하는 등 어려움을 겪고 있는 것도 이러한 국가 위험에 해당한다고 하겠다.

3) 환 위험

환 위험(currency risk)은 국제금융 위험(international financial risk)이라고도 불리는데, 주로 환율의 변동에 따른 부정적 영향을 말한다. 국제경영의 두 축인 국제무역과 국제투자는 모두 국제적 상품거래 또는 자본거래로 이루어지는데, 여기에는 반드시 외환거래가 매개될 수밖에 없다. 외환의 가격인 환율은 국제적으로 자율변동 환율결정 시스템에 의해서 항상 변동한다. 따라서 국제무역과 국제투자 거래는 국제적인 환율변동에 노출된다. 기업이 수행하는 국제무역과 국제투자 거래의 최종적인 성과는 해당 거래의 본원적인 성과에 관련이 없는 환율변동에 크게 영향을 받을 수 있다.

4) 상업적 위험

상업적 위험(commercial risk)은 기업이 국제거래에서 잘못된 전략이나 전술을 수립하거나 실행함으로써 발생되는 것이다. 국제경영의 상업적 위험은 부적절한 해외 파트너의 선정, 해외 시장 진입 시점의 잘못, 해외 시장에 맞지 않는 제품의 기획, 부적절한 가격 책정 등 국제경영 관리자의 잘못된 국제경영 의사결정에 의해서 발생할 수 있다.

해외 시장이라는 상황만 제외하고 본다면 상업적 위험은 그 본질적인 내용 면에서는 국내경영에서도 동일하게 나타날 수 있다. 그러나 국제경영에서 상업적 위험을 국내경영에서 상업적 위험과 달리 보고 접근해야 하는 이유는 국제경영에서 상업적 위험에 따른 부정적 결과는 국내에서와 달리 강력하며 이를 해결하는데 국내의 경우보다 막대한 시간과 재원이 필요할 수 있다는 점 때문이다. 예를 들어 파트너와 관련된 문제가 발생할 경우 국내에서는 신속하게 만나서 해결할 수 있지만 해외 현지에서 파트너와 관련된 문제가 발생할 경우 이를 처리하는데 많은 시간과 추가적인 노력이 소요된다.

제3절 국제경영 참여기업

국제경영을 하는 기업들은 국제경영활동의 내용, 주요 동기 및 사용되는 전문성 등에 따라서 국제경영 주도기업, 국제유통망 중개기업, 국제경영 촉진기업 등 크게 세 가지 그룹으로 구분될 수 있다(Cavusgil et al., 2020).

1. 국제경영 주도기업

국제경영 주도기업(focal firm)은 가장 본질적인 국제경영활동을 주도적으로 수행하는 기업을 말한다. 제품이나 서비스를 기획하고 해외 고객에게 제공하는 본원적인 활동을 수행하는 기업들을 말한다. 국제경영의 본원적인 활동을 수행하는 주도기업들을 국제기업(international firm)이라고 할 수 있다. 국제기업 중에는 대기업 형태의 다국적기업과 중소규모의 국제화된 중소기업들로 세분될 수 있다.

국제기업 중에서 대기업으로 상당한 자원을 갖고 국제투자를 통하여 해외 시장에서 생산이나 판매를 담당하는 해외 자회사(foreign affiliate 또는 foreign subsidiary)를 소유하고 있는 기업을 다국적기업(Multinational Enterprise: MNE)이라 부른다. 여기서 다국적이라는 말은 국적(nationality)이 여러 개라는 의미이다. 해외 현지에 설립된 해외 자회사들은 경제적으로는 투자한 모회사에 종속적이지만 현지 국가의 법률에 의해서 설립되었기 때문에 법률적으로는 해외 현지국의 국적을 갖고 있다. 따라서 해외에 여러 자회사를 거느리고 있는 기업은 해외직접투자를 실행하는 본사가 소재하

표 1-4 국제경영 참여기업의 유형

구분	정의	형태
국제경영 주도기업	국제적인 제품 생산 및 서비스 제공 등 국제경영의 핵심 활동을 주도적으로 수행하는 기업	다국적기업, 중소기업
국제유통망 매개기업	해외 시장 유통망의 주요 단계에서 국제경영 주도기업을 대신해서 판매 및 마케팅 서비스를 제공하는 기업	독립적 유통기업, 판매대리인
국제경영 촉진기업	은행, 법률자문, 통관, 국제물류 등 전문성을 갖고 국제경영 주도기업이 수행하는 국제거래가 원활하게 이루어지도록 다양한 서비스를 제공하는 기업	은행 등 국제거래 금융서비스 기업, 국제물류서비스 기업(국제화물운송주선기업)

는 국가의 국적뿐만 아니라, 각 해외 자회사는 해당 현지국의 국적도 동시에 갖게 되기 때문에 기업그룹 전체로 보면 국적이 여러 개인 다국적기업이 되는 것이다.

결국 다국적기업은 전 세계에 걸쳐서 해외직접투자를 통해서 확보한 해외 자회사 네트워크를 갖고 국제경영활동을 전개하는 기업이라고 정의될 수 있다. 국제경영활동을 지배하고 있는 기업들은 대개 선진국의 다국적기업들이다. 그러나 최근에는 BRICs(브라질, 러시아, 인도, 중국)와 같은 신흥개발도상국을 중심으로 한 개발도상국의 다국적기업들의 국제경영활동도 눈에 띄게 확대되고 있다.

대기업 형태의 다국적기업뿐만 아니라 중소기업들도 최근 IT 기술의 발전으로 국제경영활동 비중이 급속도로 확대되고 있다. 중소기업의 범위는 각 국가별로 다른 기준을 설정하고 있는데, 제조업의 경우 일반적으로 종업원 500명 미만의 기업을 말한다. 중소기업은 거의 모든 국가에서 기업 숫자에서는 90% 이상 차지할 정도로 많다. 중소기업이 국제경영활동에 관여하는 정도에는 차이가 있다. 대기업들의 경우에는 전 세계에 걸쳐 생산공장이나 판매회사들을 거느리고 다국적 경영활동을 하고 있는 반면, 단일 제품을 취급하는 중소업체들은 수출이나 수입 활동에 주로 관여하게 된다.

2. 국제유통망 매개기업

국제유통망 매개기업(distribution channel intermediary)은 글로벌 유통이나 마케팅 등 국제공급망의 주요 단계에서 전문화된 역량을 갖추고 국제경영 주도기업들에 유통 및 마케팅과 관련된 다양한 서비스를 제공하는 기업들을 말한다. 대표적인 유통망 매개기업으로는 해외 현지 시장에서 활동하는 독립적 유통기업(independent distributor)과 판매대리인(sales representative)을 들 수 있다. 독립적 유통기업은 미국 코스트코(Costco), 베스트바이(BestBuy) 등과 같이 국제경영 주도기업으로부터 상품을 구매하여 현지의 최종 소비자에게 판매하는 기업을 말한다. 반면, 판매대리인은 국제경영 주도기업의 제품에 대한 판매대리 계약만 체결하여 해외 현지 최종 소비자에게 판매를 대행해주는 서비스를 제공하고 그 대가로 판매수수료를 받은 기업을 말한다. 독립적 유통기업의 경우 해당 상품의 소유권을 확보한 상태에서 판매이익을 취하는 구조이지만, 판매대리인은 상품에 대한 소유권이 없이 판매만 대리해주고 판매대리 수수료를 취하는 것이다.

3. 국제경영 촉진기업

국제경영 촉진기업(facilitator)은 은행, 법률자문, 통관처리, 국제물류 등의 분야에서 전문성을 갖고 국제경영 주도기업이 수행하는 국제거래가 원활하게 이루어지도록 다양한 서비스를 제공하는 기업들을 말한다. 이들은 앞서 유통망 중개기업의 경우와 달리 상품의 판매활동과는 직접적인 관련이 없으며, 다만, 판매 이외의 상품의 수송, 국제적인 자금결제 대행, 통관처리 등 다양한 전문 서비스를 제공한다. 대표적으로 국제물류서비스를 제공하는 화물운송주선기업(freight forwarder)이 있는데, 이 기업은 국제경영 주도기업이 수출계약을 이행하기 위해서 상품을 수입업자가 지정한 해외 현지 항구의 특정 지역까지 운송하는 선박 등을 주선해주는 서비스를 제공한다.

마감사례

시어스냐 아마존이냐, 한국 유통기업의 선택은?

"126년 역사의 미국 백화점 시어스(Sears)가 파산했다. 미국 중산층에게 '쇼핑의 기쁨'을 느끼게 하며 성장한 미국 최고 백화점이 역사 속으로 사라졌다. 시어스 파산은 미국인들에게 큰 충격을 줬다. 언론을 비롯한 전문가들은 시어스 파산의 주범으로 아마존을 꼽는다. 아마존의 유통혁신이 곧 미국 백화점에 공포라는 분석이 이어졌다. 오프라인 리테일 기업의 몰락이 정말 온라인 때문일까." 조선비즈의 2018년 12월 17일자 "시어스냐 아마존이냐, 한국 유통기업의 선택은?"이라는 기사는 오프라인 유통의 최고 강자인 시어스와 같은 백화점의 시대가 가고 아마존과 같은 온라인 쇼핑몰의 시대가 올 것인가라는 문제를 제기하고 있다.

동 기사는 시어스의 파산에 대해서 온라인 쇼핑몰의 출현에만 원인을 돌리는 것은 문제가 있다고 지적하고 있다. "로스앤젤레스(LA) 빌리지 앳 오렌지 쇼핑몰 내 시어스는 너무 형편없었다. 1층을 꽉 채운 건 시대에 뒤떨어진 옷, 액세서리 등이었다. 고객보다 직원이 더 많았다. 시어스는 소비 트렌드가 급변하는데도 현실에만 안주한 채 변화를 거부했다." 기자는 시어스의 변신 노력이 부족했음을 지적하고 있다. 그리고 경영진의 문제도 지적했다. "유통업에 대한 근본적 이해가 없는 사모펀드 경영진의 문어발식 사업 다각화, 관료주의적 경영진의 오판 때문이다. 백화점 산업의 호황기를 주름잡던 시어스를 몰락의 길로 인도한 것은 아마존이 아니라 업(業)의 본질을 망각한 리더와 잘못된 전략이었다."

이 기사는 시어스의 파산이 한국의 유통기업의 강자인 롯데백화점, 신세계백화점, 현대백화점 등에 시사하는 바가 크다고 지적하고 있다. "롯데·신세계·현대백화점 등 유통 대기업은 과거의 영광에만 머무르며 혁신의 기회를 놓쳐 왔다. 어딜 가나 똑같은 천편일률적인 상품과 브랜드, 비슷한 식음시설(F&B), 동일한 구조 등 간판을 떼면 구분이 가지 않을 정도다." 기자의 비판은 계속된다. "지금 국내 백화점들은 유통회사라기보다 임대사업자에 가깝다. 브랜드에 매장을 빌려주고 매출의 일정 부분을 임대수수료로 받는 장사를 하다 보니 혁신의 필요성을 느끼지 못한다."

이처럼 한국 유통기업의 문제를 지적하면서 기자는 다음과 같은 문제제기로 기사를 마무리한다. "지금 한국 유통업계는 어떤 선택을 해야 할까. 장기전략 없이 임시변통적 대응에 나서면서 또 다시 20년을 잃어버릴 것인가. 아니면 혁신으로 글로벌 이커머스 기업과 제대로 경쟁할 것인가."

참고자료: 조선비즈, "시어스냐 아마존이냐, 한국 유통기업의 선택은?" 2018년 12월 17일자.

질문

1. 시어스가 파산하게 된 이유가 아마존 때문이 아니라 유통업의 본질을 망각한 시어스의 최고경영자의 잘못된 전략 때문이었다는 주장에 동의하는가? 동의한다면 그 이유는 무엇인가? 동의하지 않는다면 그 이유는 무엇인가?
2. 시어스 백화점과 같은 파산 사례가 한국의 대표적인 백화점인 롯데백화점, 신세계백화점, 현대백화점 등에도 일어날 가능성이 있다고 보는가? 그 이유를 설명하시오.
3. 한국의 대표 3대 백화점이 현재 직면하고 있는 위기는 무엇이며, 이를 극복하기 위해서 3대 백화점은 각각 어떠한 전략을 펼치고 있는가? 한국 대표 백화점의 새로운 성장 전략이 성공할 것이라고 평가하는가? 부족하다고 평가한다면 다른 대안은 무엇인지 제시하시오.

토의과제

1. 국제경영에 대한 정의를 두 가지 관점에서 구분하여 설명하시오.
2. 해외직접투자와 국제포트폴리오투자는 어떻게 차이가 나는지를 설명하시오.
3. 다국적기업이란 무엇인가?
4. 국제경영과 국내경영의 차이를 CAGE 모델을 활용하여 설명하시오.
5. 국제경영의 네 가지 위험에 대해서 설명하시오.
6. 국제경영을 하는 기업의 유형에 대해서 설명하시오.

Chapter 02

시장과 기업의 글로벌화

학습목표

1. 글로벌화의 개념을 이해한다.
2. 글로벌화를 촉진하는 요인이 무엇인지 학습한다.
3. 글로벌화가 기업경영에 주는 의미를 이해한다.

도입사례

글로벌 시장에 식품업계 '미래' 있다

파이낸셜뉴스는 2019년 서울국제식품포럼에 참석한 식품산업 관련 정부인사, 업계관계자 및 국내외 식품산업관련 전문가들이 한 목소리로 한국 식품업계의 미래가 글로벌 식품 시장에 있다고 지적했다.

이날 행사를 취재한 파이낸셜뉴스의 2019년 4월 10일자의 기사는 한국 식품 산업의 활로가 글로벌화에 달려 있다고 보도했다. 동 행사에 참석한 농림축산식품부 장관은 한국 식품 시장이 2012년 이후 매년 평균 7% 이상의 성장을 하고 있어서 국내 시장 규모의 확대라는 긍정적인 측면도 지적했지만, 동시에 한국의 급격한 인구 감소로 한국 식품산업이 국내 시장만으로는 장기적으로 위기에 직면할 수도 있다는 언급도 담고 있다.

기사는 함께 참석한 농림축산식품부 식품산업정책관의 말을 빌려 "전 세계 식품 시장 규모는 2019년에 6조 9,000억 달러 정도로 추정되고 2021년에는 7조 4,000억 달러로 커질 것으로 전망된다"면서 "한계상태에 도달한 국내 식품업계가 주목해야 할 곳은 글로벌 시장"이라고 강조했다며 한국 식품 업체들이 글로벌 시장에 적극 도전해야 한다는 점을 지적하고 있다.

언론사 월간인물이 2023년 11월 발표한 기사에 따르면, 우리 정부는 2023년 '제4차 식품산업진흥기본계획'을 발표하면서 2022년 글로벌 식품 시장 규모가 7조 9,800억 달러로 지속적인 성장을 한다며, 'K-푸드의 세계화' 기류를 공고히 할 계획이다. 특히 '푸드테크 심화' 등을 통해 식품산업 경쟁력을 강화, 해외 수출을 확대해나간다는 방침이다. 추경호 경제부총리 겸 기획재정부 장관은 2023년 6월에 열린 비상경제장관회의 겸 수출투자대책회의에서 "지난해 88억 달러였던 농식품 수출 규모가 2027년 150억 달러까지 확대될 수 있도록 정책 지원을 더욱 강화해 나가겠다"고 밝혔다. 중소식품기업 경쟁력 강화를 위해 푸드테크 산업 육성에 관한 법률을 제정하는 한편, 내년부터 관련 기업, 연구기관, 지역대학 등이 집적된 '푸드테크 혁신클러스터'를 조성해 집중 육성하겠다는 구상을 전개한다고 한다.

자료: Shutterstock

한편, 스카이데일리는 농림축산식품부가 2023년 12월 발표한 수출 통계자료에 따르면 K-푸드의 전 세계적인 인기로 농식품 수출이 전년 대비 21.7% 증가했다고 보도했다. 이는 국내 식품 기업들이 해외 시장에 진출하면서 신성장 동력을 확보하고 있음을 시사한다. 국내 대표 식품 기업들인 CJ 제일제당·삼양식품·농심·오뚜기는 2024년에도 글로벌 시장 확대 전략을 추진하고 있는데, 특히 이들 기업은 미국 시장에 주목하고 있다. 해외 수요 증가에 대응하기 위해 미국 내 새로운 공장 건설도 계획하고 있다고 한다. 아울러 K-컬쳐·K-팝의 영향력을 활용한 제품 다양화·현지화 전략도 펼치고 있다고 한다.

참고자료: 스카이데일리, "식품업계 '해외 시장 공략'으로 새로운 돌파구 찾다", 2024년 1월 4일자; 월간인물, "K-푸드의 세계화… 식품 시장 1천조 원 규모로 키운다", 2023년 11월 1일자; 파이낸셜뉴스, "7조弗 — 글로벌 시장에 식품업계 '미래' 있다", 2019년 4월 10일자.

질문

1. "한계상태에 도달한 국내 식품업계가 주목해야 할 곳은 글로벌 시장"이라는 농식품부 식품산업정책관의 견해에 동의하는가? 그 이유를 설명하시오.

2. 국내 식품업체의 글로벌 시장 진출 성공사례를 찾아보시오. 중국 시장에서 성공한 오리온 사례와 한국 라면업체인 삼양식품과 농심의 글로벌 시장 성공사례를 조사하고, 각 사례의 성공요인은 무엇인지 제시하시오.
3. 한국의 중소규모 식품업계가 글로벌 시장 진출한 사례를 찾아보시오. 한국 중소식품업체가 글로벌 식품 시장에 진출하기 위해서 무엇을 해야 한다고 생각하는가?
4. 한국의 대표적인 식품기업들이 글로벌 시장 공략에서 미국에 생산공장 설립을 추진하고 있는데, 미국 내 생산시설 투자가 성공하기 위한 조건은 무엇이라고 생각하는가?

제1절 글로벌화 개념

다국적기업의 국제경영활동을 이해하기 위해서는 다국적기업을 에워싸고 있는 글로벌 환경 변화에 대한 깊이 있는 분석이 선행되어야 한다. 글로벌 환경 요인에는 정치적 환경, 경제적 환경, 문화적 환경, 기술적 환경 등 다양한 분야가 존재한다. 이러한 요인들 중에서 다국적기업 경영활동에 영향을 미치는 가장 중요한 요소가 글로벌화(globalization)라고 할 수 있다. 본 장에서는 글로벌화 개념과 글로벌화 현상을 체계적으로 이해하고자 한다.

'글로벌화'라는 말이 많이 사용되고 있다. "… 기업이 한류콘텐츠의 글로벌화를 선도하고 있다", "패션 시장의 글로벌화 …", "경제 글로벌화 진전에 따른 투자 행태의 변화 …", "한식의 글로벌화 …", "중소기업 글로벌화 …" 등 다양한 현상을 서술하는 데 사용되고 있다. 그런데 이상의 문장을 보면 무엇이 글로벌화된다는 것인지 불분명하다는 것을 느끼게 된다. 어떤 경우에는 기업 또는 제품이 글로벌화된다는 의미로 사용되고, 다른 경우에는 경제 또는 시장이 글로벌화된다는 의미로 사용되기도 한다.

본 장에서는 글로벌화 개념을 크게 두 가지, 즉 시장의 글로벌화와 기업의 글로벌화(또는 기업의 국제화)로 나누어 살펴본다. **그림 2-1**에서 보는 바와 같이 시장의 글로벌화와 기업의 글로벌화는 서로 밀접하게 연계되어 있으며, 이들은 선순환 상승작용을 일으켜 세계경제의 글로벌화를 진전시킨다.

그림 2-1 글로벌화 개념

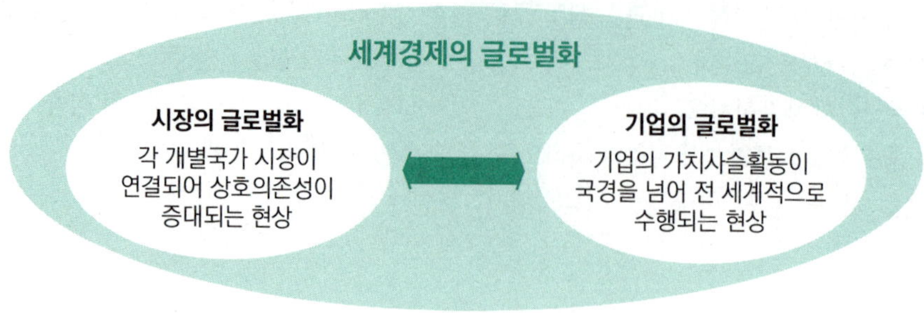

1. 시장의 글로벌화

시장의 글로벌화(market globalization)란 서로 분리되어 있는 국가별 시장이 커다란 하나의 시장으로 통합되면서 상호의존성이 증가하는 것을 의미한다. 그간에는 국가별 소비자들의 취향이나 소비행태가 서로 다르거나 국경이라는 장벽이 존재하여 국가별 시장은 서로 분리되어 있다고 보았다. 그러나 지난 30여 년 전부터 국가별 소비자들의 취향과 소비패턴이 전 세계적으로 수렴하는 현상이 나타나고 있다. 예를 들어, 코카콜라, 스타벅스, 맥도날드 등과 같은 글로벌 소비재 제품의 등장이 이를 말해준다. 소비자 수요의 세계적 수렴이란 소비자의 국적이나 위치에 관계없이 제품 및 서비스의 수요가 점진적으로 동질화된다는 것을 의미한다. 이렇게 특정 산업 내 고객의 취향이나 선호가 동질화되면 해당 산업의 세계 시장은 국가별로 분리된 시장이 아닌 전 세계가 하나의 시장이 된다.

소비자 수요가 글로벌하게 동질적인 가장 대표적인 제품의 예가 애플의 아이패드나 아이폰이다. 뉴욕, 런던, 도쿄 등 세계 주요도시에 있는 소비자들이 모두 같은 형태의 제품을 사용하고 있다. 서비스에서도 마찬가지다. 할리우드에서 제작된 영화나 TV드라마가 고객의 국적에 관계없이 전 세계적으로 상영된다. 스포츠 시장도 글로벌화되어 간다. 미국의 농구나 유럽의 축구가 아시아, 남미 등 전 세계적으로 인기리에 중계된다. 물론 이러한 현상은 소비자 취향의 동질화뿐만 아니라, 기업 입장에서도 동일한 제품을 세계 시장에 판매하는 것이 유리하기 때문에 이를 부추기는 측면도 있다. 시장과 기업 간 선순환 속에서 시장의 글로벌화가 더욱 촉진되는 것이다.

2. 기업의 글로벌화

기업의 글로벌화(company globalization) 또는 기업의 국제화(interntionalization of firm)는 생산, 마케팅, 연구개발, 구매 등 기업의 다양한 경영활동, 즉 가치사슬활동(value chain activities) 분야에서 글로벌화로 나타난다. 기업의 글로벌화 또는 기업의 국제화는 기업이 국경을 넘어 전 세계에 걸쳐서 그들의 가치사슬활동을 수행하는 현상이라고 정의할 수 있다.

생산 부문의 글로벌화를 본다면 국가별 생산 요소 비용이나 생산성의 차이를 이용하여 기업의 생산활동을 전 세계 지역으로 확대시키는 것을 의미한다. 다국적기업 글로벌화를 촉진해 왔던 중요한 요소 중의 하나가 개발도상국에 부존되어 있는 저임노동력 및 자원이다. 1970년대부터 전자산업, 의류산업 등에 속한 많은 다국적기업들은 동남아시아, 중남미 국가들에서 저임금을 활용한 글로벌 생산거점을 확보하고, 제품의 대량생산을 통하여 세계 시장에 공급하는 전략을 구사하였다. 기업들은 생산활동의 글로벌화를 통하여 전반적인 비용구조를 효율화시키고 글로벌 경쟁력을 강화할 수 있다.

구매활동 분야에서 글로벌화도 글로벌 경쟁력을 제고하는 데 중요한 역할을 한다. 보잉이 제작하는 787기종의 경우 만여 종류의 주요 부품이 투입되는데 500여 납품업체로부터 부품을 공급받는다(그림 2-2 참조). 일본, 프랑스, 영국, 이탈리아 등 다양한 국가의 기업들이 참여하고 있다. 이와 같이 전 세계 공급자로부터 부품을 구매하는 것은 좋은 품질의 제품을 합리적인 가격으로 조달하기 위해서이며, 동시에 해당 국가에서 완제품에 대한 주문을 받기 위한 전략(구상무역counter trade)의 일환이다.

최근에는 연구개발 부문에서의 글로벌화도 확대되고 있다. 다국적기업들은 첨단기술인력이 풍부한 국가에 연구개발 활동을 위치시키는 전략을 취한다. 인도, 대만, 이스라엘과 같은 국가에 소프트웨어나 컴퓨터 관련 연구개발센터를 설립하고 있다. 예를 들어, 미국의 반도체회사인 텍사스 인스트루먼트(Texas Instrument: TI)는 인도 뱅갈로르에 풍부한 기술인력을 활용할 목적으로 소프트웨어 개발센터를 설립하였다. 인도 TI 연구진들은 미국과 유럽에 있는 연구소 연구진들과 실시간으로 의사소통하며 공동작업을 진행한다. 글로벌 통신망의 데이터 처리속도가 빨라지면서 이러한 추세는 더욱 확대되고 있다.

기업의 국제화 과정은 과거에는 국내경영활동에서 국제적인 경영활동으로 점진적으로 이행하는 것으로 이해되었다(이성봉, 2007). 즉, 국내 시장에서 경쟁력을 확보하고 상당한 정도 성장한 다음에 해외 시장으로 진출하는 것이 일반적인 현상이었다(소위 국제화 과정 이론). 그러나 최근에는 설립된지 2~3년밖에 지나지 않았

그림 2-2 보잉 787 구매활동 글로벌화

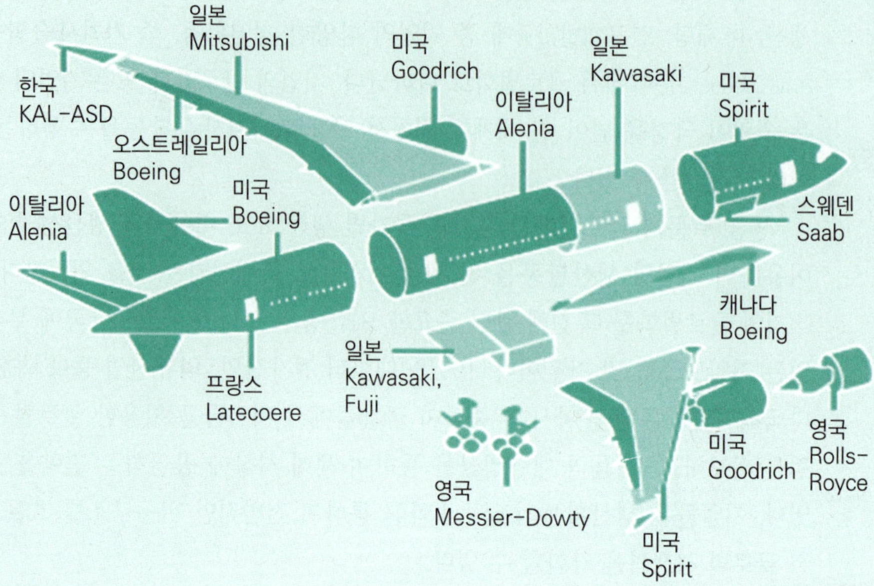

자료: 보잉사.

거나 창업단계에서부터 글로벌 시장 진출을 염두에 두고 활동하는 기업들이 많이 나타나면서 이러한 기업들을 태생적 글로벌 기업 또는 영문 그대로 본글로벌(born global)이라고 별도의 용어를 사용하여 부르고 있다. 실제 창업기업들의 상당 부분은 창업단계에서부터 해외 시장을 목표로 하는 경우가 점점 더 많아지고 있다. 본글로벌 창업자들의 정신을 글로벌 기업가정신(global entrepreneurship)이라고 부르기도 한다.

제2절 글로벌화를 촉진하는 요인

시장의 글로벌화를 촉진하는 요인은 다양하다. 이를 체계적으로 잘 설명할 수 있는 모델을 조지 입(George Yip) 교수가 제시하였다. 입 모델에서는 글로벌화를 촉진하는 요인을 네 가지로 설명하고 있다. 글로벌화의 시장 요인, 글로벌화의 비용 요인, 글로벌화의 국가 요인, 글로벌화의 경쟁 요인이 그것이다. 본서에서는 **그림 2-3**과 같이 글로벌화의 기술 요인을 추가하여 글로벌화를 촉진하는 다섯 가지 요인으로 설명하고자 한다. 입 모델은 글로벌화의 원천을 구별하여 경영자들에게 손쉽게 글로벌화 현상을 이해할 수 있게 하는 장점이 있다.

그림 2-3 글로벌화 요인 모델

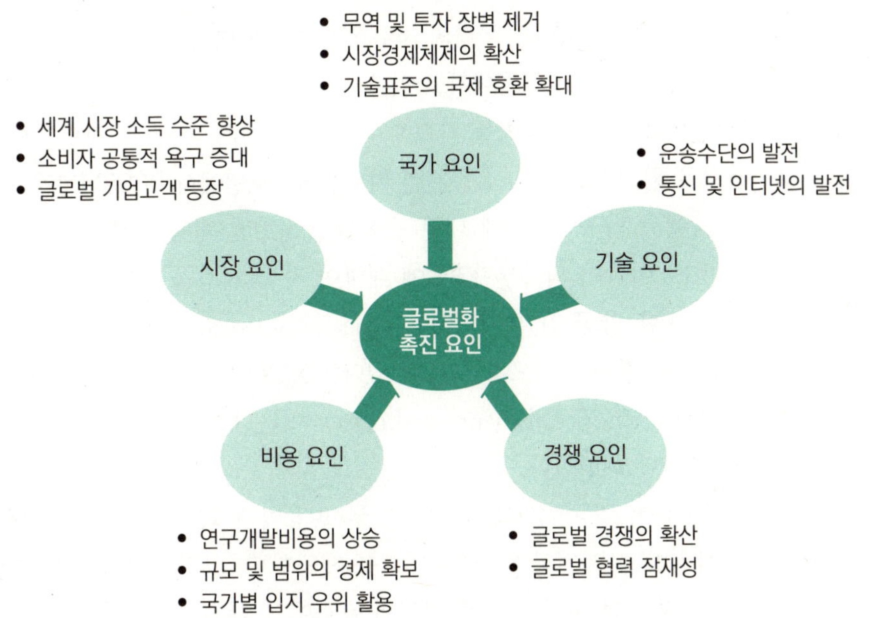

자료: Yip, G. (1995). *Total Global Strategy: Managing for Worldwide Competitive Advantage*, Prentice Hall 저자 편집.

1. 글로벌화의 국가 요인

글로벌화를 촉진하는 국가 요인은 무역 및 투자 장벽 제거, 시장경제체제의 확대, 기술표준의 확산 등을 들 수 있다.

1) 무역 및 투자 장벽 제거

1948년 GATT(관세 및 무역에 관한 일반협정) 체제가 출범한 이후 국가 간 무역장벽은 지속적으로 낮아졌다. 2차 세계대전 종전 후 선진국들은 전후 세계질서가 평화를 유지하는 가운데 안정적 성장을 이루어야 한다는 점에 공감하게 된다. 이를 달성하기 위한 방법이 무역자유화라고 판단하였고 이를 위하여 GATT 협정을 맺게 되었다. GATT 체제에서 8차례에 걸친 협상이 벌어졌다. 마지막에 이루어진 8차 협상이 1994년에 완결된 우루과이라운드(Uruguay Round)다. 우루과이라운드에서는 비관세장벽의 제거, 농산물 시장 개방, 서비스 시장 개방 등 다양한 분야에서 종합적인 다자간 시장개방 협약을 이끌어냈다. 그리고 우루과이라운드의 결과로서 세계무역기구(WTO)가 탄생하였다. 1995년 WTO 출범 이후에 세계 시장 자유화는 더욱 확대되고 있다. GATT나 WTO와 같은 다자간무역협정(Multilateral

Trade Agreements) 체제와 더불어 최근에는 양자 간 또는 복수국가 간 자유무역협정(FTA) 등 다양한 지역무역협정(Regional Trade Agreements)의 체결이 전 세계적으로 확대되고 있다. 재화 및 서비스 무역의 자유화가 확대되면서 기업의 다국적활동을 제약하는 국가 간 장벽이 허물어지고 있다.

무역장벽을 낮추는 조치를 지속해 온 많은 국가가 외국인투자에 대한 규제도 점진적으로 완화시켰다. UN 통계에 따르면 1992년에서 2008년까지 100개 이상의 국가에서 외국인투자에 대한 규정을 2,600건 변경한 사례가 있었는데 이 중에서 90% 이상이 외국투자기업에 대하여 자국 시장을 개방하는 방향으로 이루어졌다. 또한 양국 간 투자협정(Bilateral Investemnt Treaty: BIT)도 2024년 8월 현재 총 2,834건이 체결된 것으로 나타나 있다(UNCTAD Investment Policy Hub, https://investmentpolicy.unctad.org/). 이는 1980년 181건에 비교해볼 때 약 16배 증가에 해당한다.

이상과 같이 각국 정부의 무역 및 투자 장벽 완화 정책은 기업들에게 세계시장을 대상으로 사업할 수 있는 기회를 제공한다. 그리고 기업들이 생산 및 경영 활동을 자국이 아니라 세계 최적의 장소에서 할 수 있게 하였다. 즉, 기업들은 한 국가에서 제품 개발을 하고, 다른 국가에서 제품생산을 하며, 또 다른 국가에서 원부자재/부품을 조달하며, 전 세계를 대상으로 판매하는 전략을 실행하게 된다.

2) 시장경제체제의 확산

1980년대 후반부터 동유럽국, 구소련을 포함하는 CIS국(독립국가연합) 등 많은 사회주의국가들이 계획경제체제에서 시장경제체제로 전환하였다. 이 국가들을 체제전환국(transition economy)이라고 부른다. 이들은 시장경제를 추구하면서 서구자본을 받아들이기 시작하였다. 2005년에는 동유럽 대부분 국가들이 EU회원국이 되었다. 아시아 지역에도 중국, 베트남 등 사회주의국가들이 지속적인 경제자유화를 추구하고 있다. 중국은 1989년 천안문사태 이후 시장경제체제로 빠르게 변화하고 있다. 2010년에는 국민총소득이 일본을 제치고 세계 2위에 오르게 되었다.

남미 국가의 경우 1970년대 말까지 서구자본 유입에 대한 부정적인 시각이 만연되어 외국인투자에 대해 강한 규제를 하고 있었다. 또한 경제운영 실패로 저성장, 고부채, 고인플레를 겪고 있었다. 그러나 1980년대 이후 외국자본에 대한 개방을 점진적으로 확대하였고 국영기업의 민영화(privatization)와 시장에 대한 규제완화(deregulation)를 지속적으로 추진하였다. 이러한 결과 인플레율이 낮아졌고 대외부채 문제도 해결되었다. 이런 경제개혁들은 기존 경제시스템이 비효율적이라는 데 인식을 같이하고 시장경제 운영을 통한 효율성을 극대화하려는 목적으로 추진되고 있다.

이상과 같이 1980년대 이후에 불어 닥친 시장경제체제로의 커다란 변화가 다국적기업 입장에서는 글로벌화를 확대할 수 있는 좋은 기회가 되었다. 진입규제가 허물어짐과 동시에 국영기업 민영화로 인하여 외국 기업들이 자본 참여할 수 있는 기회가 대폭 확대되었다.

3) 기술표준의 국제 호환 확대

국가마다 제품의 기술표준이나 품질 기준을 국가별 소비자 관점에서 규정하고 있다. 이러한 규정들이 그간 국가 간 무역을 활성화하는 데 걸림돌이 된 것이 사실이다. 수출하려면 수출 대상국의 기술인증을 사전에 받아야 하기 때문이다. 한 국가의 기술표준은 본질적으로 보호주의와 맞물려 정해지는 경우가 많다. 예를 들어, 소비자에게 직접 판매되는 일반의약품의 경우 소비자 보호를 위한 국가별 규제의 차이(예: 최대 허용 복용량)는 국가 간 제품 호환성을 막는 장애 요인이다.

최근에는 WTO 체제 아래 MRA(Mutual Recognition Agreement, 상호인증제도) 등 다자간 무역협정에 따라 국가 간 기술표준의 호환성이 확대되고 있다. 국가 간 기술표준의 호환이 이루어지면 국내에서 판매되는 어떤 종류의 제품일지라도 손쉽게 세계시장으로 진출이 가능하다. 예컨대 1970년대 초 일본의 복사기 회사들은 복사기에 대한 국가별 기술표준에 차이점이 없었기 때문에 세계 시장에 쉽게 뛰어들 수 있었다.

2. 글로벌화의 시장 요인

글로벌화를 촉진하는 시장 요인에는 세계 국가들의 소득 수준 향상, 소비자 공통욕구 증대, 글로벌 기업고객의 등장 등이 포함된다.

1) 세계 시장 소득 수준의 상승

글로벌화를 촉진하는 중요한 요소 중의 하나로 전 세계 국가들의 소득 수준 상승과 이에 따른 소비의 증대를 들 수 있다. 1980년대 이후 BRICs(브라질, 러시아, 인도, 중국) 및 아시아의 선발 개발도상국(한국, 대만, 싱가포르, 홍콩 등) 등의 경제성장이 지속되면서 개발도상국들의 가처분 소득이 상당히 증가하여 신제품에 대한 구매력이 크게 향상되었다. 대부분 국가에서 신흥 중산층의 비중이 증대되면서 첨단가전제

그림 2-4 글로벌 명품(사치품) 시장 규모 및 국가별 비중

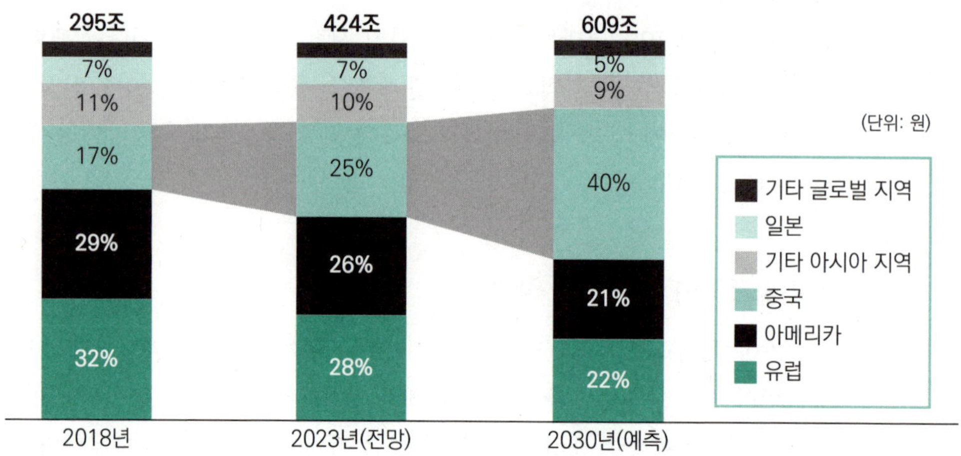

▲ 빠르게 성장하고 있는 중국의 명품 시장은 2030년에 글로벌 시장의 40%를 차지하게 될 것으로 전망된다.

자료: 뷰티누리, "'명품'에 빠진 중국, 브랜드 가치 향상 관건", 2023년 10월 2일자.

품, 고급의류 등 고가 제품들에 대한 시장이 점차 확대되었다. 주로 선진국에만 판매되던 럭셔리 제품이나 서비스들이 이제는 세계 시장 어디에서도 어느 소비자에게도 팔리는 시대가 되고 있다(그림 2-4 참조). 실제로 세계 시장 전반에 걸친 소득의 증대는 매년 시장의 규모를 증대시키고 있고 기업들에게는 새로운 시장으로 다가오고 있다. 중국의 고도 성장세, 동유럽의 성장, 동남아 시장의 중산층 확대 등 이러한 세계 시장의 성장이 다국적기업의 제품을 자국 내 시장에 국한하지 않고 전 세계를 대상으로 판매하는 새로운 기회를 제공하고 있다.

2) 소비자의 공통적 욕구 증대

시장 측면에서 글로벌화를 촉진하는 대표적인 현상은 세계 각국 소비자의 공통적 욕구(common needs)가 증대한다는 것이다. 각국의 소비자는 그들만의 문화나 역사를 바탕으로 차별화된 소비태도를 형성하는 것이 보편적 현상이었다. 의류제품에 있어 예술적 감각이 뛰어난 유럽 시장 소비자들의 경우 모던한 색상과 디자인을 원한다면, 상대적으로 유교권의 아시아 소비자들은 보다 점잖은 색상과 디자인을 원하였다. 그러나 교통수단의 발달로 해외 여행이 크게 확대되고, 통신수단의 발달로 외국소비자 행태에 대한 정보를 접할 수 있는 기회가 많아짐에 따라 국가별 소비자의 소비패턴이 점차로 유사해지는 경향이 나타나기 시작하였다.

소비자 취향이 국가별로 상이한 것으로 알려져 있는 식음료산업에서조차, 지난 수십 년 동안 소비자 식생활 습관이 급격하게 변하여 소비패턴이 동질화되는 현상이 나타났다. 예를 들어, 스타벅스와 같은 프리미엄 커피 시장이 불과 10여 년 사이에 전 세계로 확대되었으며, 세계 소비자들도 이제는 프랑스산 미네랄 워터를 마시며, 피자나 요구르트 등 다양한 식음료 제품에 대한 취향이 글로벌하게 확산되었다.

소비자 수요의 글로벌화는 소비재(consumer product)뿐만 아니라 산업재(industrial product)에서도 두드러지게 나타난다. 예를 들어, 반도체, 통신기기 등과 같은 산업재는 고객이 어디에 위치하더라도 동일한 목적과 기능을 갖도록 표준화된 제품으로 제작·판매된다. 컴퓨터, 자동차, 가전제품에 부착되어 이용되는 마이크로프로세서들은 지역에 관계없이 동일한 제품이 사용된다. 보잉 747, 보잉 777과 같은 여객기들도 어느 항공사나 기업에 판매되든 승객이나 화물을 나르는 동일한 목적으로 사용된다. 이러한 수요의 동질성은 해당 제품 시장의 글로벌화를 촉진시킨다.

그렇다면 전 세계 소비자의 공통적 욕구가 증대하는 이유는 무엇인가? 먼저 TV, 영화, 잡지, 인터넷 등 다양한 정보매체가 소비자에게 전 세계 정보를 대량으로 제공하기 때문이다. 이러한 정보매체를 통하여 전 세계 소비자들의 소비취향과 다른 지역의 문화에 대한 이해도가 높아진다. 또한 개발도상국 소비자들의 소득이 증가하면서 한때 선진국에서만 팔리던 고가제품들이 개발도상국 시장으로 확대·판매되는 것도 또 다른 이유가 된다.

그러나 소비재의 경우에는 아직도 소비자 취향이 국가별로 다른 것이 현실이다. 엄밀한 의미에서 국가별 소비자 욕구가 완전히 동질화된다고 말할 수는 없다. 그렇지만 소비자의 욕구가 점차로 수렴해간다는 사실은 부정할 수 없다. 바로 이러한 사실이 글로벌기업에 의미가 있는 것이다.

3) 글로벌 기업고객의 등장

다국적기업 구매행태의 변화가 글로벌화를 촉진시키는 역할을 한다. 다국적기업은 과거에 해외 생산공장에 필요한 부품 및 원자재를 각 생산공장별로 독립적으로 구매하는 경우가 많았다. 그러나 최근에는 특정 부품이나 원료를 각 해외 공장별로 구매하지 않고 글로벌 본사(headquarters)를 통해서 통합구매를 한 다음에 해외 공장에 배분하는 전략을 택하는 기업이 많아지고 있다. 예를 들어, 세계 여러 지역에 공장을 보유하고 있는 자동차 회사가 브레이크 부품을 통합구매하게 되면 대량구매에 따른 가격할인의 혜택이 있으며 또한 전 세계에 흩어져 있는 공장에서 생산하는 제품의 품질을 일정하게 유지시키는 장점도 있다.

이와 같이 본사에서 통합된 방식에 의하여 구매하는 고객(예: 완성차 생산회사)은 부품회사 입장에서 볼 때 글로벌 기업고객(global customer 또는 global account)이라 할 수 있다. 이러한 글로벌 기업고객에게 효율적인 서비스를 제공하기 위해서는 고객의 주요 공장이나 시장이 위치한 국가 근처에서 사업활동을 하고 있어야 한다. 즉, 부품 공급업체들이 글로벌 기업고객을 따라 글로벌화되어야 하는 것이다. 예를 들어, 코카콜라(Coca-Cola)와 같은 글로벌 고객에게 광고서비스를 대행해주는 맥켄-에릭슨(McCann-Erickson)은 여러 국가에 걸친 해외 광고서비스 거점 확보와 해외활동 경험을 바탕으로 코카콜라의 전 세계 광고를 대행하는 데 성공할 수 있었다. 영국의 대표적 통신회사인 BT가 사업영역을 적극적으로 글로벌화하고 있는 것은, 그 회사의 주요 기업고객들이 이미 다국적화된 사업을 하면서 글로벌 통합 통신망을 원하고 있다는 점 때문이다. 만약 BT가 다국적기업 고객들의 글로벌 욕구를 충족시키지 못하면, 음성 및 데이터통신 서비스 부문에서 주요 라이벌인 미국의 버라이즌(Verizon), 일본의 NTT 등에게 글로벌 고객들을 빼앗길 것이다.

3. 글로벌화의 비용 요인

비용 측면에서 기업 글로벌화가 촉진되는 요인을 보면 연구개발비 상승, 규모 및 범위의 경제 추구, 국가별 입지우위 활용 등을 들 수 있다.

1) 연구개발 비용의 상승

제품 개발이나 생산공정 면에서 기술이 빠르게 변할수록, 기술개발 비용도 같이 증가하게 된다. 연구개발 분야가 첨단화되면서 기업 입장에서 신제품 개발에 투입되는 연구개발비 지출이 기하급수적으로 상승하고 있다. 이 때문에 개발된 제품을 국내 시장에만 판매해서는 연구개발비 보전이 어려운 상황이다. 세계 시장을 대상으로 판매하는 것이 필수적인 요소가 되고 있다. 예를 들어, 보잉, 에어버스 등은 신모델 개발에 40억 달러 이상이 소요되는데 몇몇 국가 시장에서만 판매해서는 수지를 맞출 수 없는 것이다. 연구개발 비용이 크다는 것은 이를 상쇄할 수 있는 제품의 매출규모가 어느 정도 이상이 되어야 한다는 것을 의미하고, 이는 한두 국가가 아닌 전 세계를 대상으로 매출이 이루어져야 한다는 것을 의미한다. 보잉 777은 개발비가 너무 많이 소요되었기 때문에 사전에 여러 국가로부터 주문을 확보한 연후에 연구개발을 진행할 수 있었다.

반도체, 제약 산업 등에서도 유사한 상황이 발생한다. 예를 들어, 인텔(Intel)은 마이크로프로세서를 설계하는 데 매년 수십억 달러 이상의 연구개발비용을 지출

표 2-1 연구개발비 세계 10위 기업(2022년도 기준)

순위	기업명	국가	연구개발비(10억 달러)
1	알파벳(Alphabet)	미국	28.8
2	애플(Apple)	미국	26.3
3	화웨이(Huawei Technologies)	중국	23.2
4	마이크로소프트(Microsoft)	미국	22.7
5	삼성전자(Samsung Electronics)	한국	18.2
6	텐센트(Tencent)	중국	17.7
7	인텔(Intel)	미국	17.5
8	폭스바겐(Volkswagen Group)	독일	17.1
9	알리바바(Alibaba Group)	중국	17.0
10	로슈(Roche)	스위스	15.2

자료: https://www.insidermonkey.com/

하고 있다(표 2-1 참조). 연구개발비를 회수하려면 상당한 규모의 프로세서 칩을 판매해야 할 것이다. 생명공학이나 제약 부문에서도 신약을 개발하여 시험하고 상품화하는 데 소요되는 총연구개발비가 일반적으로 수억 달러를 초과한다. 따라서 개발된 제품은 가급적 신속하게 세계 시장에 판매하는 것이 필수적인 것이다. 테니스 라켓이나 골프채 등에 사용되는 신소재를 개발한 회사들도 당연히 글로벌 시장 판매를 통하여 연구개발비를 회수하려고 할 것이다. 결국 연구개발비 지출이 커질수록 글로벌 시장으로의 진출 없이는 생존하기 어려운 상황이 되는 것이다.

2) 규모 및 범위의 경제 확보

대부분의 산업에서 규모의 경제(economies of scale) 효과가 나타난다. 예를 들어, 반도체나 가전제품 산업의 경우 신설되는 공장의 규모가 커지면 이에 따른 제품단위당 비용이 감소되는 효과를 얻게 된다. 일반적으로 기술발전에 따라 생산의 최소효율규모가 점차 커지면서 단위당 비용이 낮아지는 특징이 있다. 그림 2-5에서 보는 바와 같이 최소효율규모(minimum efficiency scale: MES)란 한 공장에서 제품단위당 최소 비용으로 생산할 수 있는 생산규모를 말한다.

대규모 공장에서 생산되는 제품이 최소효율규모에 도달하기 위해서는 판매규모를 국내 시장 수요뿐 아니라 세계 시장 수요의 상당한 부분까지 충족시키는 수

그림 2-5 생산의 최소효율규모

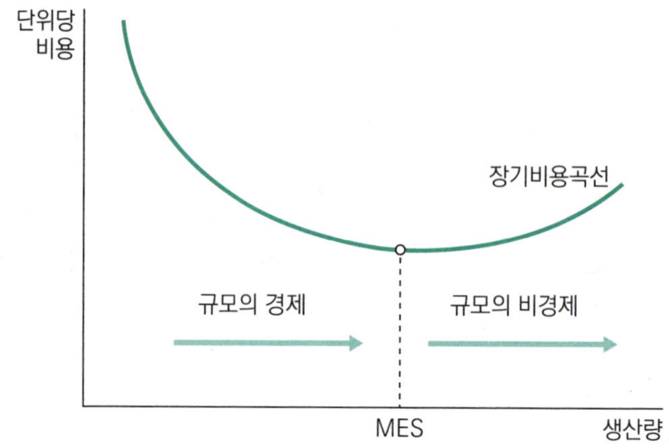

준이 되어야 한다. 예를 들어, 포스코(POSCO)가 건설한 광양제철소의 경우 규모의 경제 효과 덕택에 생산비용이 미국 철강회사의 75% 수준으로 고품질 철강생산이 가능하다고 한다. 그러나 공장이 거대하다 보니 최소효율규모를 유지하기 위하여 세계 수요의 약 3% 정도를 생산해야만 한다. 결국 규모의 경제 효과를 확보하기 위해서는 세계 시장으로의 대량수출이 필요하고 기업의 글로벌화를 촉진하게 되는 것이다.

글로벌 규모의 경제 효과는 경험곡선(experience curve) 효과를 촉진시킨다. 경험곡선 효과는 글로벌 누적 생산량 증대에 따라 경험이 축적되는데, 이를 통해 생산방식이 개선되어 기업의 생산원가를 더욱 줄일 수 있다는 것을 말한다. 생산량 누적에 따라 원가가 크게 감소되는 산업의 경우 세계 시장으로 판매확대가 경쟁력의 중요한 원천이 된다. 원가 감축으로 경쟁자 대비 가격경쟁력을 제고시킬 수 있다. 예를 들어, 도요타(Toyota), 혼다(Honda) 등 일본 자동차 회사들은 서구 자동차 회사보다 대량생산에 중점을 둔 제품전략을 선호하였다. 이에 따라 규모의 경제 효과, 경험곡선 효과를 확보할 수 있었고 이에 따른 가격경쟁력이 미국과 유럽 시장에 침투하는 데 큰 역할을 하였다.

기업들이 사업을 글로벌화시키는 배경에는 글로벌 규모의 경제를 달성하기 위한 목적 외에 사업활동을 여러 제품에 걸쳐 영위함으로써 공통적으로 사용하는 고정시설의 비용 효율성을 증대시키는 글로벌 범위의 경제(scope economy)를 확보하고자 하는 경우도 많이 발견된다. 세탁세제나 치약 같은 가정용 소비제품 사업에서는 하나의 국가 시장 규모에서도 규모의 경제를 충분히 달성할 수 있다. 그러나 이러한 산업들도 소수의 다국적기업들, 즉 유니레버(Unilever), 피앤지(P&G) 등이 세계 시장을 지배하고 있다. 이것은 국가단위 규모의 경제 외에 소비자 조사, 제품개발, 마케팅 프로그램 개발, 유통경로 등을 제품별로 공유하는 과정에서 글로벌 범위의 경제가 존재한다는 것을 보여준다. 이러한 산업에서 범위의 경제 효과는 다국적기업들의 경쟁우위를 창출하는 데 핵심적 역할을 하게 된다.

3) 국가별 입지우위 차이 활용

각 국가가 보유하고 있는 자원과 생산 요소(노동, 자본 등) 비용의 차이는 기업의 글로벌화를 촉진하는 강력한 요소이다. 동일한 제품을 생산하는 데 투입되는 생산 요소 가격은 국가마다 다르며 노동자 숙련도도 국가별로 차이가 있게 마련이다. 따라서 기업들은 저가 또는 고숙련 생산 요소를 갖고 있는 국가에 생산활동을 집중적으로 배치함으로써 생산원가를 낮추고 생산성을 높일 수 있다. 이를 입지경제(location economy) 효과라고 한다. 국가별 생산 요소 가격과 품질의 차이를 이용하여 기업가치를 극대화할 목적으로 기업활동을 글로벌화하는 것이 좋은 전략대안이 되는 것이다.

삼성전자가 휴대폰 생산거점을 중국에서 베트남, 인도로 옮기고 있다. 베트남, 인도의 인건비가 상대적으로 낮은 데다 스마트폰을 비롯한 휴대폰 수요도 급증하고 있기 때문이다. 이에 따라 베트남 옌퐁 공장은 삼성전자 휴대폰 생산량의 절반 이상을 담당하는 세계 최대의 단일 휴대폰 공장이 되었다. 삼성전자가 베트남과 인도 공장을 집중 육성하는 것은 현지 정부 지원, 인건비 등을 감안한 전략이다. 인건비 등을 포함한 휴대폰 1대당 가공비가 베트남은 3달러 40센트, 인도는 3달러 수준인 데 비해 중국은 20~30%가량 높다고 한다. 베트남은 공장 준공 뒤 법인세를 4년간 면제하고 내수용에는 관세를 감면해주고 있다.

4. 글로벌화의 기술 요인

첨단기술의 발전이 시장 및 기업의 글로벌화를 촉진시키는 주요 요인이 된다. 이들 기술 요인에는 운송수단의 발전, 통신수단의 발전 등이 해당된다.

1) 운송수단의 발전

운송수단의 발전과 이에 따른 운송비 하락이 기업들의 글로벌화를 자극하였다. 2차 세계대전 이후 몇 가지 운송기술의 혁신이 있었는데, 컨테이너 선박 활용,

대형 제트기의 개발 등을 들 수 있다. 대형 컨테이너 선박 개발은 해상운송에 혁명을 일으켰고 장거리 화물 운송비용을 상당 폭 절감시키는 효과를 낳았다. 1970년대 컨테이너 운송방식이 세계적으로 확산되면서 중장비를 활용하여 단시간에 화물 물동량 처리가 이루어졌다. 지난 30년 동안에 걸친 운송비의 하락은 관련 산업의 글로벌화를 촉진하는 데 큰 영향을 미쳤다.

대형 제트기의 개발은 비행시간을 단축시켜 지구를 단일 생활권으로 만드는 역할을 하였다. 미국은 생화의 최대수입국인데, 주로 네덜란드나 남미로부터 수입하고 있다. 이는 하루 만에 비행기로 수송되고 수송비용이 생화 가격에 큰 영향을 주지 않기에 가능해진 것이다. 운송수단의 발전과 운송비용의 하락이 화훼사업의 글로벌화를 촉진시켰다. 세계 유수의 건설 중장비 회사인 미국 캐터필러(Caterpillar)는 세계 도처에 흩어져 있는 판매점에 필요한 부품을 48시간 내 공급해주는 시스템을 갖추고 있다. 이 역시 대형항공기를 활용한 글로벌 운송망이 갖추어진 덕분이다.

2) 통신기술 및 인터넷의 발전

통신기술의 발전 또한 글로벌화를 촉진하는 매우 중요한 요소이다. 특히 광케이블망을 기반으로 한 광대역 통신네트워크의 발전이 전 세계를 하나로 연결하여 조그마한 세상을 만들고 있다. 글로벌화에 영향을 미친 가장 중요한 기술혁신 요인은 마이크로칩 기술의 발전이라 할 수 있다. 이 기술은 고성능 컴퓨팅을 가능하게 하여 정보처리량을 폭발적으로 증대시켰다. 정보처리 속도는 18개월에 2배로 증대되며, 그 비용은 절반으로 감소한다는 무어의 법칙(Moore's Law)을 기반으로 고속 정보처리기술이 글로벌하게 대중화되었다(그림 2-6 참조).

다국적기업 입장에서 여러 국가에 분산되어 있는 해외 사업을 조정하고 통제하는 일은 결코 쉬운 일이 아니다. 그러나 정보통신 기술의 발달은 정보의 흐름을 촉진시키고 해외 사업 활동을 관리하는 업무를 손쉽게 하였다. 예를 들어, 사내 이메일은 지역적 거리에 관계없이 글로벌 업무를 원활하게 진행하는 데 필수적인 수단이 되었다. 다자간 통화(conference call) 서비스는 여러 국가에서 근무하는 담당자들이 출장 갈 필요 없이 정기적 회의를 할 수 있는 훌륭한 수단이 되었다. 특히 이동통신의 발달로 어느 국가나 지역에서 이동 중에도 중요한 사안에 대하여 신속하게 대응할 수 있는 환경이 조성되었다. 더 나아가 영상통화시스템(video conference)은 원격지에서 가상 대면 회의를 진행할 때 활용되고 있다. 이러한 서비스가 가능해진 것은 광대역통신망 구축과 대용량 정보처리기술이 뒷받침되었기 때문이다.

그림 2-6 무어의 법칙

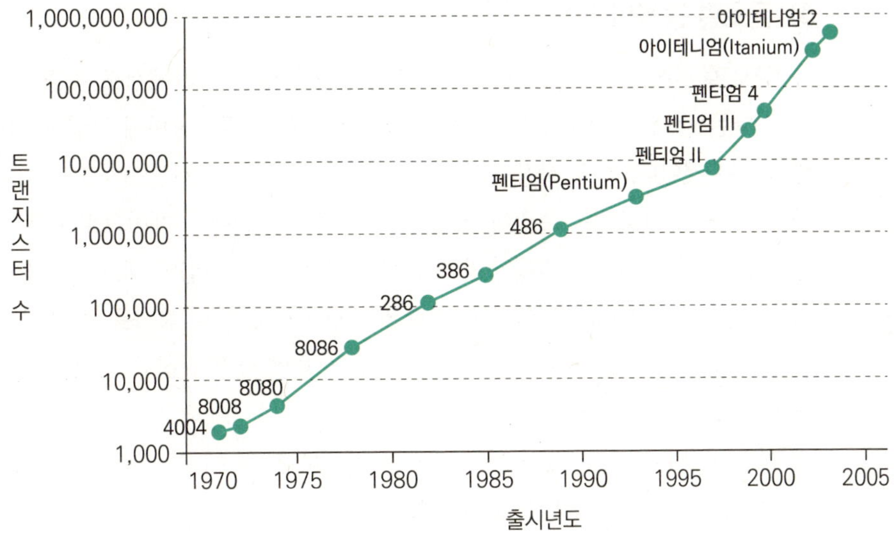

세계 도처에 흩어져 있는 해외 사업을 통제하기 위해서는 충분한 의사소통이 필요하다. 컴퓨터, 인터넷 및 통신수단의 발전이 이러한 의사소통을 쉽고 값싸게 만들었다. 거대한 온라인 DB, 인트라넷시스템 등이 글로벌사업을 경영하는 능력을 크게 증대시켰다. 광대역 정보통신망 구축으로 보잉 본사와 일본 파트너 간에 상호 협조하여 비행기를 공동으로 디자인하는 것이 가능해졌다. 이러한 통신수단의 발달은 뉴욕에 있는 금융회사들의 백오피스(back office) 업무를 아일랜드로 옮길 수 있게 하였으며, 많은 미국 기업들이 인도에서 소프트웨어 개발하는 것을 가능케 하였다.

인터넷 발전 또한 글로벌화를 촉진하는 중요한 요인이 되었다. 웹(web)을 기반으로 하는 인터넷은 그 자체로 글로벌 속성을 가지고 있으므로, 글로벌경영을 하는 기업에 자연스럽게 새로운 사업기회를 제공한다. 인터넷을 통해 기업이 전 세계 소비자에게 손쉽게 다가갈 수 있기 때문이다. 과거에는 외국에 있는 소비자에게 제품을 판매하기 위해서는 수출이나 해외직접투자를 통해 현지 생산을 하는 등 많은 투자가 필요하였다. 그러나 인터넷의 발전으로 해외 소비자와 쉽게 소통하고 거래할 수 있는 세상이 되었다. 최근에는 유무선 네트워크가 서로 연결되어 유튜브(Youtube)와 같이 동영상을 세계 어디서나 어느 단말기로나 접근이 가능한 시대가 되었다. 싸이의 강남스타일이야 말로 인터넷 기술 발전이 이루어낸 글로벌화를 상징하는 사건이었다.

5. 글로벌화의 경쟁 요인

1) 글로벌 경쟁의 심화

글로벌 시장의 특징은 한 국가에서 경쟁자가 다른 국가에서도 똑같이 경쟁자가 된다는 점이다. 다시 말하면 어느 국가에 가든지 글로벌하게 동일한 경쟁자를 만난다는 것이다. 음료 시장에서 코카콜라나 펩시, 신발 시장에서 나이키와 아디다스, 항공기 시장에서 보잉과 에어버스, 게임기 시장에서 마이크로소프트, 닌텐도와 소니 등은 글로벌 경쟁자의 대표적인 예이다. 한 기업이 새로운 시장에 진입할 때 경쟁자도 따라서 진입하여 새로운 시장에서도 서로 경쟁을 하게 된다. 이러한 글로벌 경쟁자(global player)들의 행동은 결국 개별 국가 시장을 점차로 하나의 동질적인 글로벌 시장의 일부분으로 끌어들이게 된다. '한국 시장', '일본 시장', '독일 시장'이라고 말하는 것이 더 이상 의미가 없어진다. 이제는 대부분의 개별 국가 시장이 '글로벌 시장'의 일부분이 되는 것이다.

대부분 산업에서 한 경쟁자가 글로벌화를 확대할 때 다른 경쟁자도 자신의 경쟁우위를 유지하기 위해 글로벌화를 하지 않을 수 없다. 도요타가 미국 시장에 렉서스(Lexus)라는 고급 브랜드 자동차를 시판하자, 경쟁자인 혼다와 닛산(Nissan)이 각각 아큐라(Acura), 인피니티(Infinity)를 미국 시장에 출시하여 경쟁에 대응하였다. 이와 같은 경쟁적 행동을 하는 데는 이유가 있다. 적극적 해외 시장 진출에 따른 위험성보다는 기존에 점유하고 있는 시장을 유지·발전시키는 것이 더욱 중요하기 때문이다. 이러한 글로벌기업들의 경쟁적인 행동이 세계 시장의 글로벌화를 촉진시키는 또 하나의 요인이 되는 것이다.

2) 글로벌 협력 잠재성 증대

글로벌 차원의 기업 간 경쟁 심화가 세계경제의 글로벌화에 중요한 요인이라고 한다면, 기업 간 글로벌 차원의 협력 필요성이 더욱 증대되는 것도 세계경제의 글로벌화를 촉진하는 요인이라고 볼 수 있다. 전 세계 기업들은 해외 시장 기회를 포착하는데 자신들이 보유한 역량만으로 부족하다는 것을 알고 자신들이 보유하고 있지 못한 역량을 보유한 해외 기업들과 협력을 적극 추진하고 있다. 예를 들어 스타벅스는 한국 시장에 진출하면서 한국의 소비자 유통 분야의 강자인 신세계그룹과 협력관계를 형성해서 큰 성공을 거두고 있다. 이처럼 글로벌 기업들의 상호협력을 통한 이익 증대 잠재성은 세계경제 글로벌화에 중요한 요인이 되고 있다.

제3절 글로벌화가 기업경영에 주는 의미

이상에서 다국적기업을 둘러싸고 있는 환경변화 중 가장 중요하다고 생각되는 '글로벌화'와 글로벌화를 촉진하는 요인들을 살펴보았다. 그렇다면 이러한 환경변화가 기업의 경영에 주는 의미는 무엇인가? 글로벌화 촉진 요인들을 소개하는 가운데 기업 경영에 미치는 의미들을 일부 설명하고 있지만 이를 종합·정리해보면 크게 세 가지로 요약할 수 있다.

첫째, 어떤 기업이든지 이젠 세계 시장에 진출하여 활동하지 않는다면 경쟁우위를 지속적으로 유지할 수 없다는 점이다. 이제는 글로벌 시장에서 규모의 경제, 입지 경제를 달성하는 것이 중요한 경쟁 요인이 되고 있다. 단위 국가 시장이 충분히 크지 않아 최적규모를 달성할 수 없다면 글로벌 시장에서 경쟁우위를 확보하기 어렵다. 연구개발비 투자 규모가 날로 확대되고 있는데 지속적인 투자가 가능하기 위해서는 이를 상쇄시킬 만한 매출액을 올릴 수 있는 시장을 확보해야 한다. 소비자 측면에서 보아도 마찬가지다. 회사의 제품이 특정 국가에서만 판매되는 경우 소비자들로부터 인정받을 수 없다. 세계 시장의 소비자들이 모두 좋아한다는 사실 그 자체가 제품의 우수성을 나타낸다는 점을 소비자들이 너무나도 잘 알고 있는 것이다.

둘째, 세계 시장이 국가별로 분리된 시장이 아니라 하나의 글로벌 시장으로 변화하고 있다는 사실과 이에 주목하고 대응하는 전략이 필요하다는 점이다. 전 세계적으로 시장이 단일화될 때 기업들은 국가별로 차별화된 제품이 아닌 소수의 표준화된 제품만으로도 여러 국가 시장에 진출할 수 있다. 일본계 자동차 회사들이 1970년대 세계 자동차 시장에 진출할 때, 소비자 요구가 동질화된다는 세계 시장의 변화를 최대로 활용하여 전략적으로 성공을 거둔 것으로 잘 알려져 있다.

도요타, 닛산, 혼다 등 일본 자동차 회사들이 제품을 개발할 때, 스타일 등 국가별로 요구가 다른 차별적 요소보다는 경제성과 안전도 등 모든 나라 소비자들이 공통적으로 갖고 있는 기본적 욕구에 초점을 맞추었다. 해외 시장에 대한 마케팅도 마찬가지다. 해외 시장에서 마케팅 전략을 실행할 때 전통적으로 수용되는 원칙 중의 하나가, 국가별로 시장 환경이 다르기 때문에 마케팅 활동을 현지 국가 환경에 맞추어 수정해야 한다는 것이다. 마케팅의 현지화라는 것은 매우 중요한 전략이다. 그러나 세계 시장이 단일화되는 상황에서는 이야기가 달라진다. 동일하거나 유사한 마케팅 전략으로도 성공할 수 있다는 것에 주목할 필요가 있다. 국가별로 차별화된 마케팅 활동보다는 단일화(표준화)된 마케팅 활동을 통하여 경쟁우위를 확보할 가능성이 점점 높아진다는 것이다.

셋째, 경쟁 패러다임이 국가별 경쟁이 아니라 글로벌 경쟁으로 변하고 있다는 점을 인식하고 이에 대응하는 전략이 매우 중요하다. 세계 시장이 국가별로 분리되어 있어 국가별 경쟁이 이루어지는 상황을 보자. A국가에서는 A국 기업과 외국 기업 F 간 경쟁이 이루어지며, 또 다른 B국가에서는 B국 기업과 외국 기업 F 간 경쟁이 이루어진다. 분리된 A국과 B국 시장에서는 서로 영향을 미치지 않고 독립적으로 경쟁이 이루어지고 있다. 이는 전통적인 국가별 시장 경쟁구도이다.

반면 세계 시장의 글로벌화가 진행되면 상황이 달라진다. A국 시장과 B국 시장이 하나의 시장이 되면 A국 내에서의 경쟁과 B국 내에서의 경쟁이 서로 통합된다. 하나의 시장 안에서 A국 기업, B국 기업, 외국 기업 F 간 직접적인 경쟁이 이루어지는 구도가 되는 것이다. 이때 외국 기업 F는 국가별 차별화전략이 아닌 글로벌 경쟁의 관점에서 전략을 추구하게 되고 여러 국가 시장에 걸친 통합적인 경쟁전략을 수행하게 된다. 국가별 경쟁에서는 각 국가 시장별로 해당 경쟁자에 대한 맞대응 전략이 유효하지만, 글로벌 경쟁에서는 특정 국가 시장에서 경쟁자를 약화시키기 위해 다른 국가 시장에서 맞대응 공격하는 전략으로 나타날 수도 있다. 이를 시장 간 교차보조(cross-subsidization of markets)라고 한다. 예를 들어, 자국 시장에서 경쟁자의 공격을 약화시키기 위해 경쟁자의 본국 시장을 반격하는 경우가 가능하다. 글로벌 경쟁에 적극적으로 대응하는 기업은 국가 시장별로 독자적인 전략을 수행하기보다는 글로벌 통합기업으로서의 시너지 효과를 극대화하는 글로벌 경쟁전략을 추구하게 되는 것이다.

마감사례

글로벌화의 여섯 가지 과제

글로벌화는 한국 기업이 피할 수 없는 숙명적 도전이자 극복해야 할 과제다. 하지만 성공적으로 글로벌화하는 것은 쉬운 일이 아니다. 실제로 성공보다는 실패 사례가 더 많다. 글로벌화 추진 과정에서 기업들이 직면하게 되는 주요 도전과제는 다음과 같다.

1. "왜 글로벌인가?" 목표와 전략을 명확히 하라.

의외로 글로벌화를 주창하는 많은 기업이 왜, 어디서, 어떻게, 언제 글로벌화할지에 대한 명확한 전략을 갖고 있지 않아 실패하곤 한다. 글로벌화를 추진하는 기업들은 다음과 같은 몇 가지 질문을 던져봐야 한다. 진출하려는 시장이 매력적인가, 새로운 사업을 구축할 것인가 아니면 기존 업체를 인수할 것인가, 언제 어떻게 글로벌 전략을 실천에 옮길 것인가, 언제까지 임직원들의 역량을 글로벌 수준으로 키워야 하고 그를 위해 얼마만큼의 노력이 필요한가 등이다. 한발 더 나아가, 기업들은 R&D부터 판매까지 가치사슬(value chain)의 어떤 부분을 어느 지역에서 특화시킬 것인지를 고민해야 한다. 예컨대 원가경쟁력이 중요하면 인건비·재료비·운송비 등이 싼 지역에, 기술경쟁력이 중요하면 인재 선발과 활용이 유리한 곳에 거점을 두는 식이다. 홍콩 의류업체 리앤펑(Li & Fung)은 37개국 7,500개의 협력기업 네트워크를 구축해 활용하고 있다. 방한복을 만들 때 직물 공급은 중국, 디자인은 홍콩, 지퍼는 대만, 재봉 작업은 방글라데시에서 이루어지는 식이다.

2. 항상 M&A에 준비된 자세 갖추어라.

HSBC와 미탈스틸 등 글로벌 챔피언의 약 65%는 인수합병(M&A)을 통한 성장에 크게 의존하고 있다. 반면 한국 기업들은 글로벌 M&A에 소극적이다. 언제라도 M&A를 추진할 수 있는 철저한 준비가 되어 있지 않다면, 매물이 시장에 나온 뒤에야 다급하게 검토하게 되므로, 인수기회를 놓치거나 너무 비싼 가격을 지불하는 잘못을 저지르기 쉽다. 이를 해결하려면 먼저 M&A의 전략적 목적을 명확히 한 후 잠재적 인수대상 리스트를 작성해 관리해야 한다. 또 회사 내에 M&A 전담팀을 구성해 내부적으로 전문성을 쌓고, 외부에 신뢰할만한 투자은행(IB)과 컨설팅회사 같은 자문단을 확보해야 한다. 세계 1위 철강업체인 미탈스틸 회장의 회고록에는 "그의 성공은 전 세계 지도를 놓고 손실을 내는 철강회사를 찾아 인수하고 흑자로 돌려놓는 노력에 있었다. 그는 끊임없이 다음 거래를 찾고 있다"는 평가가 실려있다.

3. 외국의 법적·사회적 리스크를 고려하라.

해외 M&A를 추진할 때는 노동법, 퇴직금 제도, 환경규제 등 그 나라만 독특하게 갖고 있는 위험 요소를 고려해야 한다. 예컨대 미국의 경우, S&P 500대 기업의 85%는 퇴직연금을 지급하기 위한 내부 유보금이 부족한 상태이며, 부족금액은 총 1,500억 달러에 달한다. 이러한 사안들을 제대로 평가하지 않고 인수했다가는 큰 낭패를 겪게 된다. 기업들은 정치·여론 등 경영 외적인 변수를 과소평가하는 경향이 있다. 중국 국영 해양석유공사(CNOOC)는 미국의 에너지 회사인 유노칼(Unocal) 인수를 시도했다가 반대여론 때문에 실패했다. 중국의 유노칼 인수를 반대했던 측은 "기간산업을 '적성국(敵性國)'에 매각하는 것은 국가안보를 위협하는 것"이라며 반대여론을 조성했다. 중국은 대대적인 홍보캠페인을 벌였지만 효과를 보지 못했다.

4. 자사의 브랜드와 기업이미지 구축에 투자하라.

글로벌 기업으로 성장하겠다는 야망을 가진 회사는 브랜드 가치와 기업이미지를 구축하는 투자를 게을리 해서는 안 된다. 기업 이미지는 해외 시장에서 빨리 성장하는 데 큰 장애물이 될 수도 있다. 급성장하는 중국이 이미지 관리에 실패한 대표적 국가다. 글로벌 브랜드 담당자들을 대상으로 "'Made in China' 표시가 중국 기업의 이미지에 도움이 되는가, 해가 되는가"를 물어봤을 때 79%가 "해가 된다"고 답했다. 또 중국 제품을 봤을 때 떠오르는 다섯 가지 단어는 '싸다', '품질이 낮다', '가치가 낮다', '신뢰할 수 없다', '정교하지 않다'로 조사됐다.

5. 글로벌 인재를 유치하고 충분한 책임과 권한을 부여하라.

글로벌경영을 주창하는 한국 기업들이 가장 취약한 분야다. 선도적인 한국 전자회사들은 매출액의 80%가 해외에서 발생하지만 외국 임원 비중은 평균 2~3%에 불과하다. 해외 사업장의 주요 요직은 대부분 한국 본사에서 파견된 임직원들이 차지하고 있다. 이들은 다국적 문화에 대한 경험과 이해도가 낮을 뿐 아니라, 공식적인 보고체계를 무시하고 본사의 직속상사에게 비공식적으로 보고함으로써 현지 임직원들의 사기를 떨어뜨린다. 한국 기업들이 진정한 글로벌 기업으로 발돋움하고 싶다면 보다 적극적으로 외국인 경영진과 인재를 영입하고, 이들에게 적절한 책임과 권한을 부여해야 한다. 그러지 않으면 역량 있는 글로벌 인재의 유치는 더욱 어려워진다.

6. 조직과 문화의 통합을 위해 최고경영진이 직접 나서라.

마지막으로, 장기적인 관점에서 조직과 문화를 통합하는 노력이 필요하다. 기업이 세계화할수록 조직은 더욱 복잡해지고, 임직원들은 자신의 생각을 정확히 전달하는 데 어려움을 겪게 된다. 문화·언어 등의 차이로 여러 국적의 동료와 일할 때 쓸데없는 오해와 갈등이 발생하기도 한다. 따라서 최고경영진은 외국의 문화와 언어를 이해하고 국가 간 네트워크를 구축하는 데 적극적으로 나서야 한다. 해외 M&A를 추진할 때도 문화적 진단과 함께 인수 후 통합 계획을 세워야 한다.

참고자료: 조선일보, "'글로벌라이제이션'은 한국 기업이 피할 수 없는 숙명", 2007년 10월 19일자. 저자 편집.

질문

1. 삼성전자 갤럭시 스마트폰의 가치사슬(연구개발, 디자인, 소싱, 제조, 마케팅, 판매, AS 등)이 각각 어느 지역에서 주로 배치되어 수행되고 있는지 조사해서 발표하시오. 여러분이 맥킨지에 근무하는 글로벌 전략경영 컨설턴트이고, 삼성전자 최고경영진이 갤럭시 스마트폰의 글로벌 가치사슬과 관련해서 자문을 요청했다고 한다면 여러분은 무슨 이야기를 해주고 싶은가? 여러분의 교수님이 삼성전자의 최고경영자라고 생각하고 컨설팅을 해보시오.
2. 한국 대기업이 해외 기업을 인수합병(M&A)하는 데 소극적이라는 평가에 동의하는가? 최근 한국 대기업의 해외 기업 인수합병 사례를 조사하시오. 여러분이 발굴한 M&A사례가 성공적인 결과로 연결되고 있는가? 인수한지 얼마 되지 않은 사례의 경우는 인수목적에 부합하는 성공으로 연결될 수 있다고 보는가? 그 이유를 제시하시오.
3. 한국 기업이 다른 글로벌 기업에 비해서 가장 취약한 부분이 글로벌 인재를 유치하여 그들과 함께 일하는 것이라는 지적에 동의하는가? 이러한 취약성을 극복하기 위해서 노력하고 있는 한국 기업의 사례를 찾아보시오. 한국 기업들이 이 부분에서 취약한 이유를 제시하고, 이를 극복할 수 있는 방안을 제시하시오.

토의과제

1. 세계경제 글로벌화의 두 가지 측면인 시장의 글로벌화와 기업의 글로벌화의 개념에 대해서 설명하시오.
2. 기업의 국제화 과정과 본글로벌 기업에 대해서 설명하시오.
3. 글로벌화의 다섯 가지 요인에 대해서 설명하시오.
4. 무역 및 투자장벽 제거에 기여하고 있는 국제협정들에 대해서 설명하시오.
5. 소비자의 공통적 욕구가 증대되는 이유와 글로벌화에 어떻게 기여하는지를 설명하시오.
6. 규모의 경제 개념은 무엇이며, 이것이 글로벌화의 어떤 측면에서 동인이 되고 있는지 설명하시오.
7. 글로벌화가 기업경영에 주는 의미를 세 가지로 정리해서 설명하시오.

Chapter 03

국제 정치 및 법률 환경

학습목표

1. 국제경영 관련 국가위험의 개념을 정확하게 이해한다.
2. 국가위험의 원천이 되는 정치체계와 법률체계의 유형과 특징을 이해한다.
3. 정치체계에 따른 국가위험의 내용을 이해한다.
4. 법률체계에 따른 국가위험의 내용을 이해한다.
5. 정치체계 및 법률체계에 따른 국가위험을 관리할 수 있는 방안을 모색한다.

도입사례

미·중 무역전쟁은 계속 될 것인가?

국민일보는 2018년 10월 24일자에서 미국과 중국이 무역전쟁을 벌이는 와중에 동남아 국가들이 어부지리로 많은 외국인투자를 유치하고 있다는 내용의 기사를 게재했다. 동 기사는 "미·중 무역전쟁 '탓'에 전 세계에서 신음소리가 커지고 있다. 그런데 반대로 무역전쟁 '덕'을 톡톡히 보고 있는 나라들이 있다. 필리핀, 태국, 베트남 등 동남아 국가들이다. 미국의 대중국 관세폭탄 공세를 피해 기업들이 이들 국가로 속속 모여들고 있다"고 지적했다.

이 기사는 2018년 10월 23일 블룸버그통신의 내용을 인용해서 "베트남의 경우 2018년 들어 9월까지 제조업 투자가 전년 동기보다 18% 증가했다. 한국 효성그룹이 투자한 12억 달러 상당의 폴리프로필렌 생산 프로젝트를 비롯한 외국기업 투자가 유입되었다"고 했다. 태국의 경우 2018년 1월부터 7월까지 외국인직접투자(FDI)가 8억 6,100만 달러로 1년 전 같은 기간의 실적인 1억 4,400만 달러에 비해 무려 5배나 증가했다는 내용도 소개했다.

베트남, 태국 등 동남아 국가들에 갑자기 외국인직접투자가 증가한 이유 중 하나로 글로벌 기업이 미·중 무역갈등에 따라 증대하는 중국 위험을 회피하기 위한 대체 생산기지로 동남아 국가를 선호하는 경향이 나타났다는 것이다.

동 기사는 "중국 내 외국기업 430곳 가운데 3분 1가량이 생산기지를 해외로 이전했거나 이전을 고려 중인 것으로 나타났다"는 내용을 소개하면서 미국과의 무역갈등에 따른 충격이 중국에 진출한 글로벌 기업의 국제투자결정에 영향을 미치고 있다는 점을 소개하였다.

자료: https://blog.naver.com/jcs203/220879371559

한편, 재선에 성공한 미국 트럼프 대통령은 취임하면서 전 세계를 상대로 미국의 수입관세를 올리고 있으며, 특히, 중국에 대해서는 처음 10%의 관세부과를 시작으로 취임 100일이 지난 2025년 4월 27일을 기준으로 급기야 145%까지 높인 상태이다. 중국도 트럼프 대통령의 관세부과에 맞대응하면서 미국산 제품에 대해서 125%의 관세를 부과하고, 미국 군수기업 16곳에 대한 금수조치, 희토류에 대한 수출을 통제하는 등 전방위 무역 보복에 나선 상태이다. '이에는 이, 눈에는 눈' 방식의 보복·맞불 조치로 서로에 대한 관세율이 전례 없이 치솟으면서 양국 간 정상적인 교역이 붕괴되고 있다.

참고자료: 연합뉴스, "[트럼프 100일] '관세전선'서 포성 울린 美中 전략경쟁 본격화할 듯", 2025년 4월 26일자; 국민일보, "미·중 무역전쟁 와중… 동남아 국가들 어부지리 투자붐", 2018년 10월 24일자.

질문

1. 미국 트럼프 대통령은 재선으로 2025년 제2기 행정부를 출범시키면서 대 중국 관세전쟁이 극단으로 치닫고 있다. 최근 미·중 무역갈등은 어떻게 전개되고 있는가? 미국의 대 중국 145%의 관세율과 중국의 대미 125%의 관세율은 계속 부과되고 있는가, 아니면 일단락되었는가? 관세 이외의 분야에서 양국간 경쟁과 견제는 무엇이 있는가?
2. 미·중 무역갈등은 글로벌 경제에 어떤 영향을 미치고 있는가? 중국에 진출했던 글로벌 기업 중에서 생산거점을 중국에서 다른 국가로 옮긴 사례가 있는지 찾아서 발표하시오.
3. 한국이 미·중 무역갈등의 와중에서 중국을 떠나는 글로벌 기업의 가치사슬 아시아 거점이 될 수 있다고 보는가? 있다면 어떤 산업 분야 또는 가치사슬이 유망하다고 생각하는가?

제1절 국가위험과 국제경영

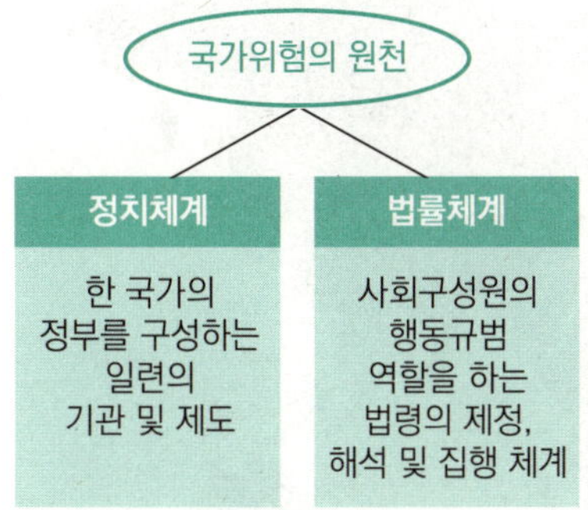

그림 3-1 국가위험의 원천

국제경영에서 국가위험(country risk)은 정치적 위험(political risk)이라고도 불리는 것으로, 기업이 해외에 진출할 때 현지 국가의 정치적 또는 법적 환경이 본국과 달라서 국제사업의 운영 손실을 가져오거나 부정적인 영향을 받을 수 있는 잠재적인 위험을 말한다. 이러한 국가위험은 대부분 현지국의 정치체계와 법률체계와 관련이 있다. 본 장에서는 국제경영에서 국가위험의 원천을 제공하는 정치체계(political system)와 법률체계(legal system)에 대해서 다룬다.

일반적으로 국가위험은 선진국보다는 개발도상국에서 더 높지만, 선진국이라고 하더라도 없는 것은 아니다. 예를 들어 독일의 경우 환경보호를 위한 강력한 재활용시스템을 법제화하고 있다. 처음에는 유리병과 같이 재사용이 가능한 용기의 수거 및 재활용을 위한 보증금 제도를 운영하였으나, 재사용이 불가능한 플라스틱 용기에 대해서도 0.25유로에 이르는 보증금 제도를 도입하였다(Medium.com, 2017). 이러한 법 제도로 코카콜라는 독일에서 영업에 큰 타격을 받았다. 왜냐하면 코카콜라를 구입한 독일 소비자가 빈 플라스틱 병을 상점으로 가져오면 0.25유로를 내주어야 하고, 상점들은 되돌아온 플라스틱 용기를 처리해야 하는 큰 부담이 생긴 것이다. 이러한 번거로움과 비용 증가로 많은 상점들이 코카콜라를 아예 매장에서 빼는 조치를 취했고, 이에 따라 코카콜라는 독일에서 영업에 상당한 차질을 겪을 수밖에 없었다.

여러 나라의 국가위험 지수화해서 발표하는 국제적인 연구기관들이 있다. 대표적으로 'EIU(Ecnomist Intelligence Unit)' 및 '알리안츠 트레이드(Allianz Trade)' 등을 들 수 있다. 이들 기관들은 국가위험을 측정할 수 있는 자신들만의 독특한 방법론을 적용하여 세계 여러 나라들의 국가위험을 평가하고 매년 이를 발표하거나 전문적인 서비스를 제공하고 있다. **그림 3-2**는 '알리안츠 트레이드'가 발표한 2024년 2분기 기준 전 세계 국가들의 국가위험을 지도로 표시한 것이다. 예를 들어 저위험(low risk) 국가에는 미국과 한국 등이 분류되며, 중위험(medium risk) 국가에는 브라질과 멕시코, 베트남 등이 속한다. 상당한 위험(sensitive risk) 국가에는 이집트, 터키, 몽고 등이 해당하며, 가장 위험한 고위험(high risk) 국가에는 러시아, 이란, 아르헨티나 등이 속한다.

그림 3-2 주요국가의 국가위험(2024년 2분기 기준)

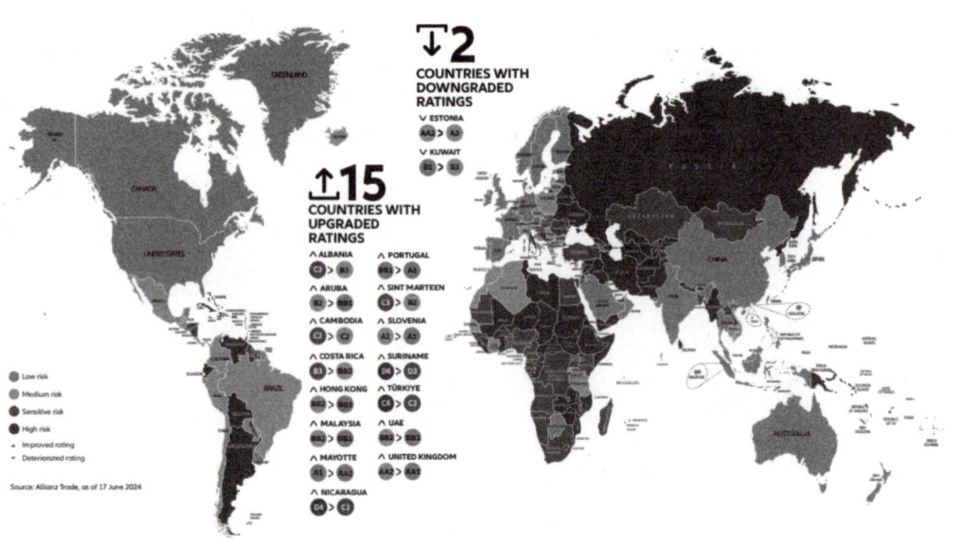

자료: https://www.allianz-trade.com/en_global/economic-research/country-reports.html

제2절 정치체계와 국가위험

1. 정치체계

정치체계(political system)는 한 국가의 정부를 구성하는 일련의 기관 및 제도를 말한다. 입법, 사법 및 행정 등 정부의 공식적인 제도를 포괄하며 동시에 정당체계 및 기타 수많은 이해관계자 집단 등도 포함한다. 정치체계는 기본적으로 국가를 외부의 위협으로부터 보호하며, 동시에 사회의 내부적인 안전을 보장하는 역할을 수행한다. 또한 정치체계를 통해서 한 사회의 주요 자원의 배분이 이루어진다.

현재 전 세계 국가들의 정치체계는 크게 민주주의(democracy), 사회주의(socialism), 전체주의(totalitarianism) 등 세 가지 형태로 구분될 수 있다. 한 국가의 정치체계를 이야기할 때 주의할 점은 그 국가가 이들 세 가지 유형 중 어느 한 체계의 속성을 갖고 있다고 이야기할 수 없다는 것이다. 이들 세 가지 정치체계는 현실에서는 상호 배타적인 것이 아니라 서로 혼합된 방식으로 나타나고 있다. 대표적으로 독일 등 서유럽의 주요 선진국들은 민주주의와 사회주의가 상당한 수준에서 혼합된 형태인 사회민주주의 정치체계를 갖고 있다.

2. 민주주의

민주주의는 기본적으로 개인의 자유가 사회적 평등이나 정의보다 강조되는 정치체계이다. 개인의 역량 및 자원 보유에서 차이가 있을 수 있으며, 개인의 노력의 차이로 불평등이 나타나는 것을 인정한다. 민주주의 정치체계는 시장 메커니즘을 통한 자유로운 경제적 활동을 보장한다. 경제적 활동과 관련한 민주주의 체계의 가장 중요한 특징으로 두 가지를 들 수 있는데, 하나는 제한된 정부의 역할이며, 다른 하나는 철저한 사유재산권 인정이다. 순수 민주주의에서 정부의 역할은 모든 국민들에게 보편적으로 적용되는 본질적인 기능을 — 예를 들어 국방, 외교, 법질서의 유지, 기본적인 인프라의 제공 등 — 수행하는 것에 한정된다. 또한 사유재산권이 철저하게 보장되어 재산을 자유롭게 소유하고 개인적인 부를 축적하는 것을 보장한다.

한편, 이러한 순전한 의미의 민주주의에 대한 비판론자들은 불평등이 과도할 경우에 국가가 개입해야 한다고 주장한다. 실제로 민주주의를 채택하고 있는 많은 국가들에서 개인의 자유와 사회적 가치의 균형을 추구하고 있다. 개인의 자유를 철저하게 보장하고, 강력한 사유재산권을 보장하고 있는 미국을 포함하여 민주주의 체계를 갖고 있는 유럽 및 아시아 주요 선진국들에서 개인 및 기업의 여러 활동에 대한 정부의 개입이 정도의 차이는 있지만 상당히 광범위하게 이루어지고 있다.

3. 사회주의

사회주의는 기본적으로 자본과 부가 국가에 귀속되고 통제되어야 하며, 이윤 추구를 위한 것이 아니라 생산수단으로만 활용되어야 한다는 관점을 갖고 있다. 사회주의는 사회 전체의 이익이 개개인의 이익보다 우선해야 한다는 집단주의 이데올로기에 기반을 두고 있다. 사회주의자들은 노동자들이 노동의 대가를 충분하게 보상받지 못하며, 자본가들이 노동자들에 비해서 사회가 창출하는 부를 더 많이 가져가고 있다고 주장한다. 이를 수정하기 위해서 정부가 나서서 생산 등 상업 활동의 주요 수단들을 관리하는 것이 필요하다고 본다.

이러한 사회주의 정치체계는 현실 세계에서 주로 서유럽국가들에서 사회민주주의(social democracy) 정치체계로 변형되어 구현되고 있다. 독일, 이탈리아, 노르웨이 등 사회민주주의 정치체계를 유지하는 국가에서 정부는 민간부문 및 기업활동에 적극 개입한다. 법인세는 대체로 높은 수준이며, 정부규제가 상당히 많다. 한편, 인도, 브라질 등도 기본적으로 사회주의적 특성이 강한 정치체계를 유지하고 있는 국가라고 볼 수 있다.

4. 전체주의

전체주의는 독재자 또는 국가 정당이 사회의 모든 경제 및 정치 사안들을 통제하고 관리하는 정치체계를 말한다. 전체주의 정치체계는 종교적 배경에 기반을 둔 경우도 있고 그렇지 않은 경우도 있다. 전체주의 정치체계 국가에서는 일반적으로 일당 독재 체제인 경우가 대부분이다. 권력은 비밀경찰을 통해서 유지되며, 국가가 통제하는 미디어를 통해서 정치선전이 광범위하게 이루어진다. 자유로운 정치토론이나 비판은 불가능하다. 국가 목표에 반하는 어떠한 개인, 교회, 노조 및 정당의 활동은 허용되지 않는다.

북한, 쿠바 그리고 아프리카 및 중동의 일부 국가를 제외하고는 전체주의 정치체계를 현재까지 유지하는 국가는 많지 않다. 과거 대표적인 전체주의 정치체계였던 중국과 소련연방도 지금은 상당한 변화를 이루었다. 중국은 이미 1980년대 개혁개방을 실시했고, 소련은 1991년 붕괴되었다. 소련 붕괴 이후 동구권의 많은 전체주의 국가들이 자본주의에 기반을 둔 자유민주주의 체계로 변화되었다. 이러한 체제전환 과정에서 많은 국가소유 토지 및 기업의 소유권이 민간으로 넘어갔다. 체제전환 과정이 순조롭지 않은 경우가 많았으며, 많은 체제전환국(transition economy)에서 여전히 정부의 개입이 지속적으로 이루어지고 있다.

5. 정치체계와 경제체제의 관계

한 국가의 정치체계는 그 나라의 경제체제와 밀접한 관계를 형성한다. 경제체제는 일반적으로 계획경제체제, 시장경제체제, 혼합경제체제 등 세 가지로 형태로 구분될 수 있다. 계획경제체제(command economy)는 국가가 재화와 서비스의 생산과 유통을 계획하고 관리하는 경제체제로, 주로 전체주의 정치체계와 관련이 깊다. 국가가 무엇을, 얼마만큼, 어떤 가격에 생산하고 유통시킬 것인지를 결정한다. 시장경제체제(market economy)는 수요와 공급으로 대표되는 시장의 힘에 의해서 생산과 가격이 결정되며, 주로 민주주의 정치체계와 관련이 깊다. 시장에서 정부의 개입은 제한적이며, 경제적 활동은 개인과 기업들에 의해서 자율적으로 이루어진다. 혼합경제체제(mixed economy)는 계획경제체제와 시장경제체제가 혼합적으로 나타나는 경제체제로 생산과 유통에서 시장메커니즘과 정부개입이 함께 나타난다. 주로 사회주의 정치체계와 관련이 깊으며, 통상적으로 시장메커니즘을 존중하지만 노동규정, 최저임금, 연금제도, 환경규정, 핵심 산업 분야의 거대 국영기업 등 국가의 다양한 개입이 이루어진다.

표 3-1 정치체계와 경제체제의 관계

정치체계	경제체제	
	유형	내용
전체주의	계획경제체제	국가가 재화 및 서비스의 생산과 유통을 계획하고 관리
민주주의	시장경제체제	시장의 힘(수요와 공급)에 의해서 생산과 유통이 결정
사회주의	혼합경제체제	생산과 유통에서 시장메커니즘과 국가개입이 혼재

한편, 정치체계는 한 국가의 경제활동 자유도와 대외개방과 크게 관련되어 있다. 일반적으로 정치적으로 자유로운 국가의 경우 개인과 기업의 경제활동의 자유도가 높다(Friedman, 1962). 동시에 정치적으로 자유로운 국가는 경제도 대외적으로 높은 수준의 개방을 하고 있다. 즉, 정치적으로 자유로운 나라들은 일반적으로 국제무역과 국제투자에 대해서 개방적인 입장을 취하고 있어서, 외국제품의 수입 및 외국 기업의 자국 내 투자활동에 대해서 큰 제한을 두지 않는 경우가 많다.

6. 정치체계에 따른 국가위험의 유형

1) 몰수, 수용, 국유화

정치체계와 관련된 국가위험은 다양한 형태로 나타난다(Cavusgil et al., 2020). 먼저 해외 투자로 진출한 나라의 정부가 기업이 투자한 자산에 대한 재산권을 침해하는 몰수, 수용, 국유화 등의 경우를 생각할 수 있다. 몰수(confiscation)는 정부가 기업의 재산을 아무런 보상 없이 강제로 압류하는 경우를 말한다. 반면, 수용(expropriaton)은 보상을 주고 압류하는 것이다. 보상 여부와 관계없이 개별 기업 차원이 아닌 특정 산업 전반에 걸쳐서 이러한 과정이 이루어질 경우에는 산업 국유화(nationalization)라고 말하기도 한다.

이러한 몰수, 수용, 국유화 등은 주로 혁명 등 정치적 불안에 휩싸인 개도국에 진출한 외국 기업에서 자주 나타나는 문제였다. 과거 쿠바, 이란, 니카라과 등과 같은 나라에서는 외국 기업들이 이미 진출한 상태에서 혁명을 통해서 급진 정부가 들어서고 나서 외국 기업의 재산을 몰수하거나 수용하는 사태가 발생했다. 예를 들어 북한이 2011년에 금강산에 투자한 한국 기업의 주요 시설들을 일방적으로 압류한 사건이 있었는데, 몰수의 대표적 사례라고 볼 수 있다. 최근에는 개도국들이 경제발전을 위해서 다국적기업 투자를 적극적으로 유치하기 위해서 투자보장협정 등 투자보호를 위한 제도를 정비하면서 일방적인 몰수나 수용은 상당 부분 줄어들고 있다.

명시적인 몰수나 수용은 줄어들고 있으나, 소위 간접적 수용(creeping expropriation) 형태의 위험은 많이 나타나고 있다. 간접적 수용이란 외국 기업의 재산을 명시적으로 빼앗지는 않지만, 외국인투자와 관련된 법 제도의 변경 또는 외국 기업에 불공정한 제도 적용 등을 통해서 실질적으로 외국 기업에 재산상 손실이 나타나는 경우를 말한다. 현지국 정부가 외국 기업과 체결한 계약관계를 갑작스럽게 해지한다거나 현지국 국내 기업을 우대하는 방식으로, 제도 운영하는 등의 방식으로 이루어지는 경우에 많이 나타난다. 특히 조세제도의 변경 또는 부당한 세무조사의 실시 등 조세 관련 조치들이 간접적 수용으로 연결되는 경우가 많다.

실제로 외환은행을 인수했던 미국의 론스타가 외환은행 주식매각과 관련하여 한국 정부가 부과한 양도소득세가 이러한 간접적 수용에 해당한다고 주장하며 국제투자분쟁해결센터(ICSID)에 무려 6조 2,590억 원의 청구금액으로 소송을 제기한 사례가 있다. ICSID 중재 판정부는 2022년 8월 한국 정부가 론스타 측에 2,890억여 원을 배상하라고 판정했다. 동 판결에 대해서 론스타는 물론 한국 정부도 이의를 제기, 각각 취소신청을 한 상태이다. 취소신청의 최종결과에 귀추가 주목된다.

2) 무역제재와 무역봉쇄

정치체계에 따른 무역 관련 국가위험의 형태로 무역제재와 무역봉쇄를 들 수 있다. 무역제재(sanction in trade)는 한 국가 또는 여러 국가가 함께 다른 국가 또는 여러 국가를 대상으로 무역 관련 제재조치를 취하는 것으로 관세를 높게 부과하거나 비관세장벽을 추가로 도입하는 방식으로 이루어진다. 대부분 무역과 관련된 경제적인 목적으로 이루어지는 경우가 많지만 정치적인 이유로 이루어지는 경우도 있다. 무역제재의 대표적 사례로 미국 트럼프 행정부가 최근 중국 및 여러 국가를 상대로 불공정 무역관행과 이에 따른 미국 경제의 피해를 주장하며 대규모 관세부과 조치를 취하고 있는 것을 들 수 있다. 하지만 이러한 무역제재가 그 의도된 성과를 달성할 수 있는지에 대해서는 확실한 근거는 없다. 오히려 무역제재는 자유무역을 해치는 행위이며, 장기적으로 보면 모두에게 피해가 돌아갈 수 있다.

무역봉쇄(embargo)는 특정 국가의 수입이나 수출을 전면적으로 금지시키는 것으로 특정 국가를 국제무역에서 완전히 고립시키는 것을 말한다. 주로 해당국이 심각한 인권 침해나 불법적인 무기 생산 및 거래 등 국제사회를 위협하는 행동을 할 때 이를 응징하는 차원에서 이루어지는 경우가 많다. 대표적으로 미국이 이란, 북한 등의 핵무기 개발을 응징하기 위해 무역봉쇄 조치를 취한 것을 들 수 있다.

3) 국제적 불매운동

국제적 불매운동(boycotts)은 국가 간 정치적 갈등으로 인해서 관련 국가의 국민들이 상대방 국가의 기업 또는 제품 등을 자발적으로 거부하는 것을 말한다. 대표적인 사례로 미국이 한국에 사드 미사일 기지를 설치한 것에 중국 정부가 크게 반발하면서 미사일 기지의 부지가 된 골프장을 소유했던 롯데그룹에 대한 중국의 불매운동을 들 수 있다. 롯데그룹의 대표적인 중국 진출사업이었던 중국 내 롯데마트는 이 불매운동으로 인해서 결국 중국에서 철수하게 되었다. 또 다른 사례로 과거 일제 강점기 일본 기업의 강제징용에 대한 한국 법원의 판결로 촉발된 한·일 간 갈등 속에서 일본 정부가 한국 반도체 산업에 치명적인 타격을 줄 수 있는 핵심 소재의 수출을 금지하자, 한국에서 일어난 일본 제품에 대한 광범위한 불매운동도 여기에 해당한다.

제3절 법률체계와 국제경영

1. 법률체계

법률체계(legal system)는 법령을 만들고, 해석하고, 집행하는 일련의 시스템을 의미한다. 법률체계는 개인 및 기업 등 사회구성원의 행동규범의 역할을 한다. 다양한 법 제도와 절차들이 기업 활동에 적용된다. 기업의 기술에 대한 지식재산권 보호, 소비자, 주주, 종업원 등 기업의 이해관계자의 권리, 기업의 재산 및 이익에 대한 과세 등 다양한 기업활동에 수많은 법률과 규정이 적용된다. 또한 기업의 활동과 관련한 분쟁이 발생할 경우 법률체계는 분쟁해결과 관련하여 기준과 절차를 제공한다.

해외 진출 시 법률체계와 관련해서 먼저 해외 현지 국가에서 법치주의(rule of law)가 제대로 작동하는지 확인할 필요가 있다. 법치주의는 법령이 명시적으로 제정되고, 일반 대중에게 투명하게 공개되고, 공정하게 집행되며, 사회 모든 구성원들로부터 존중되는 법률체계가 존재하는 상태를 말한다. 즉, 모든 법령은 공식적인 정부기관에 의해서 만들어지며, 모든 사람들에게 공평하게 적용되고, 그 집행은 공권력과 공식적인 사법기관에 의해서 합리적이며 공정하게 이루어진다. 이러한 법치주의가 제대로 작동하지 않는 사회에서는 기업의 경제적 활동의 어려움이나 불확실성은 크게 증가하게 된다.

한 국가의 법률체계는 관습법, 성문법, 종교법, 혼합법 등 크게 네 가지 형태로 구분될 수 있다. 관습법(common law)은 영국에서 시작되어 미국, 캐나다, 호주 등 영미계 국가 및 과거 영연방에 속했던 국가들의 법률체계를 형성하고 있다. 법령은 대체로 기본적인 원칙 등을 제시하고, 법률의 구체적 적용과 관련해서는 판례를 통한 법원의 해석에 기반을 둔 전통, 관행, 선례 등이 중요한 기능을 하는 법률체계이다. 판사들이 개별 상황별로 법령 해석에 대한 상당한 권한을 갖고 있어서 기업활동 및 상업적 분쟁해결과 관련해서 상대적으로 유연한 법령 적용이 가능한 법률체계라 할 수 있다.

성문법(civil law)은 로마법 및 나폴레옹 법전 등에 기원을 두는 것으로, 주로 프랑스, 독일 등 유럽의 대륙계 국가들과 이들 국가들의 영향을 받은 국가들의 법률체계를 형성하고 있다. 가장 큰 특징은 입법부가 제정하는 법령에 기본원칙뿐만 아니라 구체적인 경우까지 모든 것이 포함되어 있다는 점이다. 따라서 관습법 체계에 비해서 법원에 의한 해석 여지가 상대적으로 크지 않다. 성문법을 채택하고 있는 주요 국가로는 독일, 프랑스, 일본, 한국, 남미 국가 등을 들 수 있다.

종교법(religious law)은 종교적 신념 및 율법에 근거한 법률체계를 말한다. 대표적으로는 이슬람교, 힌두교, 유대교 등에 기반을 둔 종교법 체계를 들 수 있는데, 그 중에서 이슬람 법률체계가 가장 광범위하게 적용되고 있다. 중동 및 북아프리카 대부분 국가에서 뿐만 아니라 인도네시아, 파키스탄, 나이지리아 등의 나라에서도 이슬람 종교법이 중요한 역할을 하고 있다. 이들 국가들의 경우 대부분 전통적인 종교법과 일반 세속법이 함께 적용되는 이중적 법률체계를 갖고 있다. 따라서 종교법과 세속법이 충돌하는 상황이 발생할 수 있으며, 이에 따른 문제를 해결하기 위한 독특한 제도가 발전하기도 한다.

대표적으로 '수쿠크(Sukuk)'라고 알려진 이슬람 금융이 그 예라고 할 수 있다. 은행이 기업에 자금을 제공할 때 대출금 형태로 돈을 빌려줄 경우 이자를 주고받아야 하는 상황이 발생한다. 전통적인 이슬람 율법인 '샤리아(Shariah)'는 이자를 주거나 받는 것을 금지하고 있다. 이슬람 율법에 따라 이자를 받을 수 없다면 은행 등 금융기관은 이슬람 국가에서 사업을 영위할 수 없게 된다. 따라서 이슬람국가에서 금융기관은 이자가 아닌 다른 형태로 수익을 확보할 수 있는 방안이 필요했고, 하나의 방식이 '수쿠크'라는 이슬람 채권 발행이다. 이 채권은 일반적인 채권과 달리 부채와 자본의 성격을 모두 갖는 일종의 하이브리드 증권 성격을 갖고 있다. 금융기관이 기업에 자금을 제공하면서 정식 주주로서 참여(자본형태)하지는 않지만, 기업의 사업에 공동사업자 형태로 참여한다는 것을 전제한다. 공동사업자는 기본적으로 그 기업의 사업에서 발생하는 이익을 배분받기 때문에 기업이 금융기관에 주는 자금에 대한 대가는 이자가 되는 것이 아니라 이익배분이 된다. 자본형태로 자금을 제공한 주주가 받는 배당의 경우 그 수준은 기업의 수익 등 여러 상황에 따라 달라질 수 있는데, 이슬람 채권에 대한 이익배분을 일반적으로 만기까지 매년 일정액으로 정해진다. 결국 자금을 제공하고 대가를 받지만, 이자라는 형태로 받는 것이 아니기 때문에 이슬람 율법에 저촉되지 않는다. 이러한 독특한 방식을 통해서 많은 글로벌 금융기관은 이슬람 국가에서 높은 수익을 올리며 사업을 하고 있다.

네 번째 법률체계는 혼합법 체계를 들 수 있다. 이는 앞서 언급한 관습법, 성문법, 종교법 등이 서로 혼합된 형태로 적용되는 국가의 법률체계를 말한다. 글로벌화가 진전되면서 각국의 법률체계도 서로 영향을 주고받고 있다. 많은 국가에서 관습법과 성문법의 특징을 모두 갖는 형태로 발전되는 경향이 나타나고 있다. 한편 종교법 체계를 갖고 있는 국가 중에서 중동 국가들은 유럽대륙계 국가들의 영향을 받아서 성문법과 종교법이 혼합된 형태의 법률체계를 발전시킨 경우가 많다.

2. 법률체계에 따른 국가위험의 유형

해외 현지국의 법률체계에 따른 국가위험들은 주로 현지에서의 투자 및 영업활동에 영향을 미치는 현지 법규에 따른 잠재적 손실을 의미한다. 현지국의 외국인투자법, 이익송금 관련 규제, 업종별 영업활동과 관련한 각종 규제, 환경규제 등에 따라 현지 사업활동에서 예상하지 못한 손실이 발생할 수 있다(Cavusgil et al., 2020).

1) 외국인투자법에 따른 제한

기업이 해외직접투자형태로 해외에 진출할 때 우선적으로 해당 현지 국가의 외국인투자법의 적용을 받게 되는데, 이에 따라 투자와 관련된 여러 사항이 제한을 받을 수 있다. 예를 들면 멕시코에서는 외국석유회사가 자국의 석유회사 지분을 100%까지 인수하는 것을 금지하고 있다. 중국의 경우 통신 분야에 진출하려는 외국 기업은 중국에서 100% 지분으로 자회사를 두는 투자를 할 수 없으며, 반드시 중국 내 기업과 합작투자를 통하여 투자하도록 하고 있다. 말레이시아의 경우 외국 기업이 말레이시아 현지에서 투자하기 위해서는 말레이시아 당국의 투자허가를 반드시 받아야 하는데, 말레이시아 정부는 이러한 투자허가절차를 통하여 자국의 산업발전에 도움이 되는 투자만을 선별하고 허가하고 있다. 미국도 '외국인투자위원회(Committee on Foreign Investment in the United States: CFIUS)'라는 정부기구를 통해서 국가안보에 영향을 미칠 수 있는 외국인투자를 심사하여 투자 승인 여부를 결정하고 있다.

2) 이익송금 관련 규제

해외 현지에서 본국으로 자유로운 이익송금(income repatriation)이 가능하지 않을 경우 해외 진출에 따른 위험이 크게 증가한다. 자유로운 이익송금이 보장되지 않는 경우 외국인투자를 유치하는데 어렵기 때문에 대부분 국가들은 최소한 명시적으로는 이익송금을 보장하는 제도를 갖고 있다. 그럼에도 불구하고 자국의 부족한 외환사정 때문에 이익송금을 위한 환전 과정에서 각종 서류를 요구하거나 무리하게 세무조사를 실시하는 등 각종 규제를 통하여 이익송금을 어렵게 만드는 경우가 있을 수 있다.

3) 업종별 영업활동 규제

현지국에서 국내기업이든 외국인투자기업이든 관계없이 적용되는 각 업종별 다양한 규제가 있다. 국민 건강, 안전, 소비자보호, 소상공인 보호 등 다양한 목적으로 각 분야에서 여러 규제들이 적용되는데, 이러한 규제는 현지에서 활동하는 기업에게 큰 부담이 될 수 있다. 여러 선진국에서 담배에 대한 방송 광고는 금지되어 있다. 많은 국가들에서 의약품, 식품 등에 대해서 가격 통제를 실시하는 경우도 있다. 한편, 대부분 국가에서 제조물책임법(product liability law)이 적용되고 있는데, 이는 제조되어 시장에 유통되는 상품의 결함으로 이용자 및 제3자에게 손해가 발생한 경우 제조업자의 손해배상책임을 정하고 있다. 독일의 경우 경쟁제품을 명시하며 성능을 비교하는 광고는 금지하고 있다. 일본의 경우 소상공인을 보호하기 위해서 대형 할인점 신규설치와 관련해서 엄격한 규제를 실행하고 있다.

4) 환경 관련 규제

많은 국가가 자연 환경 보전, 오염방지 등을 위해서 강력한 환경보호 관련 규제를 두고 있다. 기업활동에 영향을 미치는 강력한 환경 관련 규제를 실행하는 대표적인 국가로 독일을 들 수 있다. 독일은 수질, 대기, 폐기물 등 여러 환경 분야에서 규제를 실행하고 있다. 포장폐기물을 줄이기 위해서 재활용 규정을 실행하고 있는데, 제품 포장용기에 대한 회수 의무를 제조업자와 유통업자에게 부과하고 있다. 유리병과 같이 재사용이 가능한 용기뿐만 아니라 재사용이 불가능한 플라스틱병에 대해서도 음료제조업자 및 유통업자에게 회수와 관련된 의무를 부과하고 있어 코카콜라와 같은 다국적 음료회사의 영업활동에 큰 부담이 되고 있다.

5) 미비한 법제 및 부족한 법 집행 문제

선진국과 달리 많은 개도국에서는 상업 활동에 필요한 법 제도가 미비하거나, 법 제도는 있지만 제대로 집행되지 않아서 잠재적 손실이 발생할 위험이 크다. 특히, 개도국에서는 지식재산권(intellectual property right) 보호를 위한 법 제도가 제대로 정비되지 않은 경우가 많다. 설령 보호규정이 있다고 하더라도 불법 복제 등 지식재산권을 침해하는 행동에 대해서 정부의 단속 등 법 집행이 제대로 이루어지지 않거나, 법 집행이 되더라도 처벌수위가 낮아 지식재산권이 실질적으로 보호될 수 없다. 미비한 법제 및 부족한 법 집행 문제는 비단 개도국만의 문제는 아니다. 미국 등 선진국에서도 금융 분야 건전성 감독에 필요한 법제가 미비한 경우가 많았다. 2008년 미국발 글로벌 금융위기는 제대로 규제받지 않은 미국 등 선진국 금융기관들의 위험한 수익창출활동이 복합적으로 작용해 발생했다.

제4절 국가위험 관리

1. 현지 정치 및 법률 환경 조사

기업이 해외에 진출할 때 직면할 수 있는 정치 및 법률 체계에 따른 국가위험을 잘 관리하기 위해서는 무엇보다 먼저 해당 국가의 정치 및 법률 체계에 대해 사전에 조사할 필요가 있다. 진출대상국의 정치 및 법률 환경에 대한 철저한 이해가 선행되어야 한다. 특히 조사 내용이 기업의 현지 사업 활동에 어떠한 잠재적 위험과 관련이 있는지를 조사할 필요가 있다. 진출대상국의 정치 및 법률 환경에 대한 조사를 위해서는 다양한 정보원천을 활용한 정보수집이 이루어져야 한다. 현지에서 오랜 기업경영 경험이 있는 자사 및 타사 경영관리자는 아주 유용한 정보를 제공해줄 수 있다. 우리나라 기업의 경우 코트라(www.kotra.or.kr) 무역관 또는 해외 공관과 같이 해외 현지국에 설치된 해외 진출 지원 정부기관도 현지국의 다양한 정치 및 법률 관련 정보를 제공해줄 수 있다. 구체적인 사안의 경우 현지 컨설팅기업을 활용하여 진출대상국의 국가위험을 확인할 수도 있다.

2. 윤리적 기준 준수 노력 전개

해외에 진출한 기업이 현지에서 윤리적인 기업경영활동을 전개하는 것은 기업의 장기적인 경영성과 개선에 도움이 될 뿐만 아니라, 해외 현지에서 국가위험에 직면할 가능성을 크게 낮추어 줄 수 있다. 이는 진출대상국 정치 및 법률 체계가 미비하거나 기업이 이를 제대로 파악하지 못했다 하더라도 보편적인 윤리경영활동을 현지에서도 전개할 경우 해외 현지 정치 및 법률 체계에 따른 문제가 발생할 소지가 작으며, 설령 문제가 발생하더라도 상시적인 윤리경영활동에 따른 좋은 기업이미지로 현지국 정부 등이 정상을 참작할 가능성이 높기 때문이다.

3. 우수한 현지 파트너와 제휴

현지 사정에 매우 밝고 신뢰할 만한 현지 파트너와 합작투자 등 제휴를 통해서 현지 시장에 진출하는 것은 진출대상국의 정치 및 법률 환경 차이에 따른 국가위험을 최소화할 수 있는 현실적인 방법이 될 수 있다. 현지 파트너는 진출대상국의 정치, 법률 등 여러 상황에 대해서 잘 알고 있을 수 있기 때문에 국가위험을 미리 예방할 수 있으며, 문제가 발생하더라도 적절한 해결방안을 제시할 수 있다. 특히, 정치인 또는 고위 정부관계자와 좋은 관계를 형성하고 있는 현지 파트너의 경우 국가위험을 최소화하는 데 효과적이라고 하겠다.

4. 계약 등 법률적 보호수단의 적극적인 활용

법적 계약을 통해서 현지국에서 발생할 수 있는 위험에 대한 안전장치를 마련해둘 필요가 있다. 계약 관련 법규는 각 국가마다 상이하며, 국제적 계약의 경우에는 어느 나라의 법을 따를 것인지와 관련한 사항들이 명시된다. 계약은 쌍방 간 권리와 의무를 정하고 있으며, 특히 계약당사자 간 관계가 틀어지는 경우에 그 문제의 해결에서 매우 중요한 역할을 수행한다. 계약과 관련해서 분쟁이 발생할 경우 이를 해결하는 접근 방식은 조정, 중재, 소송 등 세 가지로 나누어질 수 있다 (Cavusgil et al., 2020).

조정(conciliation)은 당사자들이 조정자를 선임하고, 양측의 의견을 각각 별도로 듣고 차이를 해소하는 조정절차를 통해서 문제를 해결하는 것을 말한다. 양 당사자가 조정자의 조정안을 받아들이면 분쟁이 정식적으로 해결되지만 어느 한 당사자라도 반대하면 조정이 성립되지 않고, 분쟁도 해결되지 않는다. 중재(arbitration)는 계약 당사자가 독립적인 제3자의 중재자를 통해서 분쟁을 해결하는 것으로 중재자가 계약 당사자들의 의견을 듣고 중재결정을 내리면 그 중재결정이 법원의 확정 판결과 같은 효력을 갖게 되어 분쟁은 해결된다. 대표적인 국제중재기관으로는 국제상공회의소(International Chamber of Commerce)를 들 수 있다. 우리나라의 대한상사중재원(Korean Commercial Arbitration Board)을 통한 국제 중재도 국제적 상사분쟁해결에 동일하게 활용될 수 있다. 소송(litigation)은 당사자가 대결적 방식으로 분쟁을 해결하는 것으로 일반적으로 많은 비용과 시간이 소요된다.

마감사례

한국수출입은행의 국가신용도평가

한국수출입은행은 수출입, 해외투자 및 해외자원개발 등 대외 경제 협력에 필요한 금융을 제공하는 국책은행이다. 한국수출입은행은 1970년대 오일쇼크 이후 개도국 채무불이행 사례가 국제적인 이슈로 대두되면서 거래 상대국의 채무상환능력을 판단하기 위해 1977년 국내 금융기관으로서는 최초로 평가업무를 도입했고, 그 이후 국내 유일의 국가신용등급 평가기관으로서의 위상을 유지해오고 있다.

한국수출입은행은 세계 각국의 국가위험도를 평가하여 국가신용도 등급을 매기고 이를 국가별 여신한도 관리, 여신지원 적격 대상국 심사 등에 사용하고 있다. 평가대상국은 우리나라와의 경제교류 관계, 당행 여신지원 규모 및 여신부서의 평가요청 등을 고려하여 선정한다.

2024년 8월 말 현재 전 세계 219개 국가에 대해서 국가신용도평가가 이루어지고 있다. 평가시기는 정기평가 및 수시평가로 이루어지는데, 수시평가는 신용등급에 영향을 미치는 중요 변동사항 발생 시 이루어진다. 평가등급은 12단계로 분류하여 매기고 있다. 평가대상국의 위험수준에 따라 A(최상위), B1, B2, B3, C1, C2, C3, C4, D1, D2, D3, E(최하위)의 12단계 신용도 등급이 부여된다.

한편, 한국수출입은행은 부설 해외경제연구소(https://keri.koreaexim.go.kr/)를 통해서 각 국가에 대해서 아주 상세한 "국가신용도 평가리포트"를 작성하여 홈페이지에 게시하고 있다. 이 "국가신용도 평가리포트"는 해당 국가에 투자 진출을 고려하는 기업들은 반드시 참고해야 할 핵심 기초자료라고 할 수 있다.

질문

1. 한국수출입은행 해외경제연구소가 발간하는 '수은해외경제' 최신호 및 직전 최신호를 웹사이트(https://keri.koreaexim.go.kr/HPHFOE066M01)에서 다운로드하고 부록에 제시된 국가신용등급표를 찾아보시오. 본인이 관심 있는 국가에 대해서 한국수출입은행이 부여한 국가신용등급을 확인해보시오. 어떤 등급을 받았는지, 그리고 직전 최신호에서 제시된 등급 평가와 차이가 있는지를 조사해보시오.
2. 앞서 국가신용등급을 조사한 국가의 최신 '국가신용도 평가리포트'를 웹사이트(https://keri.koreaexim.go.kr/oe/HPHFOE029M01)에서 다운로드해서 읽어보시오. 해당 국가에 투자하는데 주의해야 할 가장 위협적인 정치 및 법률적 위험은 무엇이라고 생각하는가?

3. 수출 및 해외 투자의 모든 정보를 한 곳에서 볼 수 있는 '해외경제정보드림' 사이트(https://dream.kotra.or.kr/dream/index.do)를 방문하고 '국별 모아드림' 섹션에 들어가서 앞서 조사한 국가에 대한 추가적인 정보를 확인해보시오. 해당 국가와 진행하고자 하는 구체적인 무역 및 투자활동을 설정하고 관련 자료를 찾아보시오. 이 자료를 참고할 때, 설정한 국제경영활동을 해당국에서 수행하면서 발생할 수 있는 국가위험들을 정리해보고 이를 최소화할 방안을 제시해보시오. 한국무역보험공사(https://www.ksure.or.kr)가 제공하는 수출보험 또는 해외투자보험 등에 가입하는 방안은 어떻게 생각하는가?

토의과제

1. 정치체계의 세 가지 유형의 특징을 비교하여 설명하시오.
2. 정치체계와 경제체제 간 관련성에 대해서 설명하시오.
3. 몰수, 수용, 국유화의 개념적 차이를 설명하시오.
4. 간접적 수용의 개념을 설명하고, 론스타의 외환은행 투자와 관련하여 한국 정부를 상대로 한 투자자대 국가 간 소송과의 관련성을 설명하시오.
5. 법률체계의 네 가지 유형에 대해서 설명하시오.
6. 이슬람 종교법에 따라 이자를 받는 것이 금지되어 있는 중동지역에서 이루어지고 있는 대표적 금융 수단인 수쿠크에 대해서 설명하시오.
7. 외국인투자법에 따른 제한에 대해서 설명하시오.
8. 국가위험을 관리할 수 있는 방안에 대해서 설명하시오.

Chapter 04

국제문화 환경

학습목표

1. 문화 환경과 관련한 핵심 개념을 이해한다.
2. 문화의 다양한 요소에 대해서 그 개념과 특징을 이해한다.
3. 문화 환경이 국제경영에 미치는 영향을 체계적으로 이해한다.
4. 문화 환경에 대한 다양한 분석틀을 이해한다.
5. 국제문화 환경에 대응한 국제경영 관리방안을 모색한다.

도입사례

중국 꽌시 문화를 고려한 현지화 전략 — '이랜드', 중국 잡고 글로벌 기업 도약

조선일보는 2024년 5월 13일자에서 "삼성 · 현대車도 맥 못 추는데… 이랜드, 中서 '나 홀로 질주' 비결은"이라는 제목의 기사를 통해서 이랜드가 2023년 중국 매출액 1조 3,166억 원을 기록하고, 2025년에는 2조 원 이상의 매출을 달성해 이랜드 한국의 매출을 넘기는 목표를 향해 순항하고 있다는 내용을 다루고 있다. 동 기사는 이랜드차이나의 성공비결로 ① 중국 현지인 우대, ② 한국 성공 사례의 현지 이식, ③ 중국 현지 생산의 공급망 리스크 대비, ④ 30년 꽌시(關係)의 힘 등 현지화 전략을 꼽고 있다.

한편, 뉴스투데이는 2018년 12월 11일자에서 "매장 5,000개 · 광군제 매출만 7,000억 원… 이랜드, 中잡고 글로벌 기업 도약"이라는 제목의 기사를 통해서 이랜드가 중국에서 현지 문화를 고려한 전략으로 어떻게 성공했는지 자세하게 설명하였다. 이랜드는 한국과 중국이 수교한 1992년 8월 이후 신속한 준비를 통해서 2년 후인 1994년에 중국 상하이에 생산기지를 설립하며 중국에 진출했다. 1996년에는 중국에서 본격적인 의류브랜드를 출시했고, 2018년 기준 중국 전역에 무려 5,000여 개에 이르는 매장을 운영하는 등 중국에서 확고한 사업기반을 구축하였다.

뉴스투데이 기사에 따르면 이랜드가 중국에서 성공한 비결로 현지화 전략과 현지 문화를 존중하려는 태도를 들고 있다. 먼저 현지화 전략과 관련해서 기사는 다음과 같은 사례를 설명하고 있다. "중국 이랜드는 중국의 다양한 고객들의 요구와 변화에 적극적으로 대응하기 위해 패션연구소를 설립했다. 이곳에서 중국 의상학과 출신의 디자이너들이 정확한 시장조사와 자료를 분석하는 업무를 하고 있다. 면적이 넓은 중국의 지역적 특성상 각 도시마다의 기후 및 문화 특성을 고려한 현지화가 필요했다. 지역마다 동일한 시점에 선호하는 패션이 달라 선양, 북경, 심천 등 각 지역별 담당자들을 선발해 시장조사를 하여 자료를 취합한다." 이처럼 철저한 현지화를 위해서 대부분 현지 중국인을 채용하지만, 한국 직원을 파견하는 경우에도 중국 관련 서적을 100권씩 독파한 이후에 보낸다는 내용도 소개했다.

뉴스투데이 기사는 현지 중국 문화를 존중하

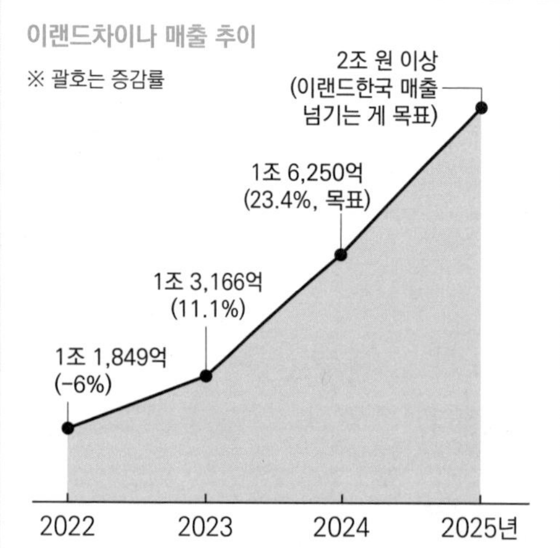

이랜드차이나 성공 비결

중국 현지인도 우대
임원 절반 중국인으로 채용

한국 성공 사례 이식
디자인 기획부터 생산 · 발주 · 매장 판매까지 '5일'

중국 현지 생산하되 공급망 리스크 대비
중국 생산 문제 시 베트남 · 인도에서 생산해 공급할 수 있도록 시스템 구축

30년 꽌시의 힘
'중화 자선상' 4차례 수상, 30년 동안 세금 2조 원 납부, 대표가 전국 3,000개 매장 모두 돌아

자료: 조선일보, "삼성 · 현대車도 맥 못 추는데… 이랜드, 中서 '나 홀로 질주' 비결은", 2024년 5월 13일자, https://www.chosun.com/economy/industry-company/2024/05/13/TSMYUUWRS5EAJEERZBST4N2PF4/

는 진정성 있는 태도를 이랜드의 중국 성공의 또 다른 요인으로 소개하고 있다. “진출 초기 매출 규모가 작았던 탓에 중국 백화점 관계자들의 반응은 차가웠다. 이는 중국 시장에 나선 모든 한국 기업들이 겪는 공통된 고충이었다. 이른바 ‘꽌시(關係)’를 맺기 위해 노력해야 했다. 그러나 이랜드는 부적절한 ‘꽌시’보다 ‘기본’에 충실한 꽌시를 구축하려고 노력했다. 이랜드는 부적절한 꽌시는 모래성이며, 기본을 중시하는 정신이 굳건한 꽌시의 토대라는 경영철학을 지켰다.” 단순한 거래관계가 아니라 마음을 움직일 수 있는 진정성 있는 인간적 관계를 형성하기 위해서 노력했던 것이다.

한 예로 진심이 담긴 사회공헌활동도 소개하고 있는데, “가기 꺼려하는 나환자 병원을 방문해 임직원들이 직접 청소와 문화활동을 했으며, 고아원에도 생활필수품을 정기적으로 제공했다. 순이익의 10% 사회환원 경영원칙을 현재까지 이어가고 있다. 중국 최대 규모의 장학사업인 이랜드양광(陽光)사업을 통해 2018년까지 16개 성(省)의 3만 333명의 학생을 도운 것으로 집계됐다.” 앞서 조선일보 기사에 따르면 “이랜드차이나는 한한령(限韓令·한류 금지령)으로 다른 기업들이 철수할 때도 중국에서 버텼고, 지난 30년 동안 중국에 2조 원 넘는 세금을 냈다. 중국 현지 기업도 쉽지 않다는 ‘중화자선상(中華慈善賞)’을 네 차례 수상했다”고 한다.

이러한 성공에도 불구하고 이랜드는 중국에서 여전히 많은 도전에 직면하고 있다. 특히, 중국 소비 시장이 급격하게 변하고 있어서 이랜드가 이에 대해서 전향적으로 대응하고 있다. 2023년 6월 상하이에 문을 연 상하이 이랜드 E-이노베이션 밸리(EIV)는 이랜드차이나의 새로운 경영전략의 결정판이라고 할 수 있다. 앞서 조선일보의 기사에 보면 “EIV에는 이랜드차이나 본사부터 연구·개발(R&D)센터, 쇼핑몰, 스마트 물류 시스템, 한중 비즈니스 센터, 중진공 상하이 GBC, 라이브커머스 스튜디오까지 모아놓았다. 또 중국 내수 업체와 협력사, 중국 로컬 공장도 입주시켰다. 의류를 기획·디자인하면 바로 옆 공장에서 생산할 수 있도록 한 것이다.” 이랜드가 30년 중국 사업에서 이룩한 성공을 계속 이어나갈 수 있을지 그 귀추가 주목된다.

참고자료: 조선일보, “삼성·현대車도 맥 못 추는데… 이랜드, 中서 ‘나 홀로 질주’ 비결은”, 2024년 5월 13일자; 뉴스투데이, “매장 5,000개·광군제 매출만 700억 원… 이랜드, 中 잡고 글로벌 기업 도약”, 2018년 12월 11일자.

질문

1. 이랜드가 중국 시장에 진출해서 성공한 비결로 현지화를 들 수 있다. 이랜드가 중국 문화 환경을 고려하여 수행한 현지화 전략의 내용을 정리해서 발표하시오.
2. 사례에서는 부적절한 ‘꽌시’와 진정성 있는 ‘꽌시’를 구분해서 설명하고 있다. 부적절한 ‘꽌시’의 사례들로 어떤 것들이 있으며, 진정성 있는 ‘꽌시’의 사례들로는 어떤 것들이 있을 수 있는지 조사하여 발표하시오.
3. 이랜드차이나는 2023년 부대표 격인 영업총괄직에 30대 후반의 현지 중국인을 임명했는데, 이랜드차이나에서 일하다 퇴사한 직원을 다시 스카우트해서 데려왔다는 것이다. 또 브랜드 매니저, 지사장 자리 등 주요 직책 절반을 중국 직원으로 채웠다고 한다. 이러한 현지인을 중시하는 현지화 경영의 파급력에 대해서 평가하시오.

제1절 문화와 국제경영

해외 진출 시 경험하는 문화적 차이는 기업이 국제경영활동을 전개하는 데 있어서 항상 고려해야 하는 중요한 사항이다. 해외에서 제품을 판매 상담을 위해서 바이어를 만날 때 좋은 첫 인상을 주기 위해서는 적절한 인사예절을 갖추는 것이 중요하다. 각 국가의 인사예절은 오랜 전통을 통해서 발전해 온 독특한 양상을 보이는 경우가 많다. 악수를 할 것인지, 무슨 인사말을 해야 하는지, 상대방과 어느 정도 거리를 유지해야 하는지 등 구체적인 인사예절이 국가마다 다를 수 있다. 일본에서는 만나고 헤어질 때 정교한 인사예절이 적용되는데, 예를 들어 전화를 끊을 때 상대방에게 미안하다고 말해야 한다.

국제경영활동에서 다양한 문화적 측면들이 고려된다. 기업이 해외 시장에서 제품 및 서비스를 제공할 경우 문화적 차이는 디자인, 소싱, 제조, 마케팅 등 기업의 모든 국제적 가치창출 과정에 영향을 미친다. 제품 및 포장 등의 설계와 디자인 과정에서 문화적 요소를 고려해야 한다. 예를 들어 제품의 색상을 결정할 때 주요 대상고객층에게 서로 다른 이미지를 줄 수 있다. 빨간색은 러시아 사람들에게는 아름다움으로 인식되지만, 남아공사람들에게는 슬픔을 상징하기 때문이다.

문화(culture)에 대해서는 여러 정의가 있는데, 일반적으로 한 사회 구성원들을 특징짓는 신념, 가치, 관습, 예술 등을 말한다. 네덜란드의 문화학자인 홉스테드(Geert Hofstede)는 문화란 "한 사회의 구성원을 다른 사회의 구성원으로부터 구분해 주는 마음의 종합 프로그래밍(collective programming of the mind)"이라고 정의하고 있다(Hofstede, 1991).

문화에 대한 다양한 정의에도 불구하고 문화의 정의에는 공통적으로 다음 네 가지 사항을 담고 있다. 첫째, 문화는 사람들이 학습한다는 점이다. 즉 문화는 인간이 갖고 태어나는 것이 아니라 사회적 환경 속에서 터득한다는 점이다. 아이들은 자라면서 사회의 가치 및 신념체계 등을 배우게 되고, 세대를 걸쳐서 전수된다. 둘째, 문화는 사회구성원 간 공유된다는 점이다. 즉, 문화는 개인적인 행동과 관련된 것이 아니고, 집단과 관련된 것이라는 점이다. 문화는 공유된 가치와 의미들의 집단적인 현상이다. 셋째, 문화는 여러 가지 사항이 서로 상호 연관되어 있다는 점이다. 한 사람이 갖고 있는 문화의 한 요소는 다른 문화 요소들에 영향을 준다. 예를 들어 한 사람의 사회적 지위는 그 사람이 쓰는 언어와 서로 관련이 있다. 문화는 여러 요소가 한데 어우러진 복잡한 퍼즐과도 같은 것이다. 넷째, 문화는 상대적이다. 즉, 문화는 옳고 그름의 문제가 아니라는 점이다. 어느 문화가 더 우월하다고 말할 수 없고, 단지 다르다.

문화는 학습된다는 점과 관련해서 '사회화(socialization)'와 '문화적응(acculturation)'이라는 두 가지 개념을 이해할 필요가 있다. 사회화는 한 개인이 자신이 속한 사회 및 조직의 규범이나 행동 양식을 학습해가는 과정이다. 반면, 문화적응은 한 개인이 자신이 속하지 않는 다른 사회의 문화에 적응하는 학습과정이다. 문화적응의 경우 일반적으로 해외에 소재하는 자회사에 파견되는 직원이 해외 근무하는 과정에서 이루어진다. 한 개인의 사회화 과정에 영향을 미치는 문화는 크게 세 가지 차원이 있을 수 있다. 먼저 국가 차원의 문화이며, 다음으로 자신의 직업군과 관련된 문화이며, 그리고 자신이 속한 기업(조직)문화가 영향을 미치게 된다.

국가 간 문화적 차이로 기업의 국제적 경영활동이 어려워지거나 위험에 처하는 상황을 '비교 문화적 위험(cross-cultural risk)'이라고 할 수 있다. 문화적인 소통과 이해가 충분하게 이루어지지 못할 경우 해외 현지에 진출하는 기업은 현지인들이 중요하게 생각하는 것들을 소홀하게 다룰 수도 있고, 그 과정에서 유무형의 손실을 초래할 수 있다. 이러한 비교 문화적 위험을 최소화하기 위해서는 문화의 다양한 측면을 이해할 필요가 있으며, 문화적 차이가 국제경영활동에 미치는 영향을 잘 파악해야 하며, 적절한 관리방안을 모색해야 한다.

제2절 문화의 다양한 요소

문화는 다양한 요소들이 서로 관련되어 있다. 문화를 제대로 이해하기 위해서는 문화의 다양한 요소들에 대해서 잘 이해할 필요가 있다. 국제경영과 관련해서 중요한 문화적 요소들로는 물질적 삶, 언어, 시간관념, 사회구조, 종교, 가치관, 교육 등을 들 수 있다.

1. 물질적 삶

문화의 핵심구성 요소로 물질적 삶을 들 수 있다. 물질적 삶은 사회 안에서 재화 및 서비스를 생산하고 유통하고 소비하는 것에 활용되는 기술과 깊은 관련이 있다. 이러한 기술 수준의 차이는 실제로 각 국가에서 생산 및 소비되는 재화 및 서비스의 내용에서 차이로 나타나는 경우가 많으며, 이는 사람들의 삶에 큰 차이를 가져온다. 이러한 물질적 삶의 차이를 통해서 각 국가의 문화적 차이의 상당 부분이 설명될 수 있다. 물질적 삶의 차이를 반영하여 기업들은 해외 시장 진출 전략을 마련하기도 한다. 예를 들어 미국과 달리 많은 나라에서 소매점의 상품 진열대 공간이 제한적이며 또한 가정에서 사용하는 냉장고 용량도 작은 경우가 많다. 이러한 차이는 코카콜라와 같은 청량음료 기업이 해외 시장에 진출할 때 공급하는 제품의 변경으로 이어지는 경우가 많다. 미국에서는 2리터 용량의 제품을 공급하지만 많은 국가에서는 소매점 진열장 및 가정용 냉장고의 크기 등을 고려하여 1리터나 1.5리터 사이즈의 제품으로 변경하여 공급한다.

2. 언어

언어는 문화의 거울이라고 말할 정도로 문화의 가장 중요한 구성 요소라고 할 수 있다. 언어는 의사소통의 수단이면서 동시에 아주 다양한 모습을 갖고 있다는 특징을 이해할 필요가 있다. 넓은 의미에서 언어는 "말로 표현되는 언어(verbal or spoken language)"뿐만 아니라 "비언어적 커뮤니케이션(nonverbal communication)"도 포함한다.

전 세계적으로 언어는 7,097개가 있으며, 아프리카와 아시아에 각각 2,000여 개 이상이 있다(https://www.ethnologue.com). **표 4-1**은 전 세계 주요 언어를 보여주고 있다. 이처럼 다양한 언어는 해외 진출을 추진하는 기업들에게 큰 애로사항이다. 더구나 한 나라 안에서도 여러 언어를 사용하는 경우도 많아서 문제를 복잡하게 만든다. 인도의 경우 전체 인구의 약 30%가 힌디어를 사용하지만 벵골어, 펀자브어, 타밀어 등 모두 15개의 언어가 공식어로 사용되고 있다. 인구가 750만 명에 불과한 스위스에서도 독일어, 불어, 이탈리아어, 로만시어 등 4개의 언어가 공용어로 사용되고 있다.

동일한 언어가 서로 다른 지역에서 사용되는 경우에 같은 단어가 다른 의미를 갖고 있는 경우가 있다. 예를 들어 영어의 경우 어느 영어사용 국가에서는 큰 문제없이 사용되는 단어가 다른 영어사용 국가에서는 우스꽝스러운 의미를 갖는 경우가 종종 있다. 마스(Mars)의 대표적인 초콜릿 바 제품인 스니커스(Snickers)는 영국에서 마라톤이라는 전혀 다른 브랜드로 판매되었는데, 이는 영국에서 여성 란제리를 뜻하는 "knickers" 단어와 발음이 너무 가까웠기 때문이다(Kotabe & Helsen, 2017). **표 4-2**는 미국과 영국에서 같은 단어가 서로 다른 뜻을 갖고 있는 사례를 보여주고 있다. 예를 들어 "redundant"라는 단어가 미국 영어에서는 "중복적"이라는 의미가 있지만, 영국 영어에서는 "직장에서 해고된"이란 뜻으로 사용된다.

단어의 일반적 의미가 상황에 따라서 전혀 다르게 해석되는 경우도 많이 있어서 어려움이 가중되기도 한다. 일본어 중에서 "무즈카시"라는 단어는 일반적으로

표 4-1 전 세계 주요 언어

순위	언어	모국어 사용 인원(단위: 백만 명)	주요 사용 국가
1	만다린 중국어	900	중국, 싱가포르
2	스페인어	435	멕시코, 스페인, 아르헨티나
3	영어	370	미국, 영국, 캐나다, 호주
4	아랍어	290	사우디아라비아, 이집트
5	힌디어	260	인도
6	벵골어	240	방글라데시, 인도
7	포르투갈어	220	브라질, 포르투갈
8	러시아어	150	러시아, 우크라이나, 카자흐스탄
9	일본어	130	일본
10	펀자브어	90	인도, 파키스탄
11	자바어	84	인도네시아
12	우어	80	중국(장쑤성, 푸젠성, 저장성 등)
13	한국어	77	한국, 북한
14	독일어	77	독일, 오스트리아
15	불어	76	벨기에, 알제리, 캐나다, 프랑스

자료: Gary Simon and Charles Fennig (ed.), Ethnologue: Language of the World, 17th. ed., 2017; Cavusgil, T., Knight, G., and Riesenberger, J. (2020), *International Business: New Realities*, 5th ed., Pearson, p. 102 재인용.

표 4-2 미국 영어와 영국 영어에서 같은 단어가 갖는 다른 의미

단어	미국 영어에서 의미	영국 영어에서 의미
Scheme	a somewhat devious plan(약간 기만적 계획)	a plan(계획)
Redundant	repetitive(중복적)	fired or laid off(해고된)
Sharp	smart, clever(영리한)	conniving, unethical(음해하는, 비윤리적)
To table	to put an issue on hold(이슈를 유보)	to take up an issue(이슈를 제기)
To bomb	to fail miserably(처참하게 실패)	to succeed grandly(엄청나게 성공)
Windscreen	a screen that protects against the wind (바람을 막아주는 스크린)	automobile windshield(자동차 전면 유리)

자료: Cavusgil, T., Knight, G., and Riesenberger, J. (2020), *International Business: New Realities*, 5th ed., Pearson, p. 103.

"미묘한"이란 뜻을 갖고 있지만, 이 단어가 비즈니스 거래 현장에서 사용되는 경우에는 "절대 안된다"라는 의미를 갖는다고 한다. 일본어를 잘 알고 있는 외국인이라 하더라도 이 사실을 알지 못할 경우 비즈니스 거래에서 오판할 수 있다.

문자적 의미와 실제 이면에 있는 의미의 차이를 극명하게 보여주는 것이 숙어(idiom)이다. 숙어로 구성된 문장은 문자적으로 해석해서는 진정한 의미를 알 수 없다. 예를 들어 일본에서 "튀어나온 못은 망치질을 당한다"라는 말은 그룹 내 조화가 중요하다는 점을 강조할 때 사용된다. 호주나 뉴질랜드에서는 "키 큰 양귀비는 베인다"라는 표현이 사용되는데 이는 사람들의 관심을 받으려 주제넘게 행동하는 사람을 비판할 때 쓰인다.

기업이 해외 진출할 때 자주 직면하는 언어 관련 문제로 광고문구의 번역에서 실수하는 경우이다. 미국의 유명 볼펜 브랜드인 "파커 펜(Parker Pen)"이 남미 시장에 진출할 때 원래 의도했던 광고 문구는 "Use Parker Pen, avoid embarrassment (파커 펜을 사용하세요, 당혹함을 피할 수 있습니다)"였다. 중요한 서명 순간에 볼펜이 잘 작동하지 않아서 당혹함을 경험하게 되는데, 파커 펜은 그런 문제가 전혀 없다는 의미의 광고 문구였다. 그런데 이 광고 문구를 스페인어로 번역했는데, 번역된 내용을 남미 사람들은 "파커 펜을 사용하세요, 임신을 피할 수 있습니다"로 받아들였다. 당혹함이라는 뜻을 가진 스페인어인 "embarazo"가 영어의 "embarrassment"라는 단어에 대응되는 번역단어로 사용된 것인데, 이 "embarazo"가 남미에서는 임신을 뜻하는 단어로 더 많이 사용되기 때문에 사람들은 이 광고 문구를 "파커 펜을 쓰면 임신을 피할 수 있다"는 뜻으로 받아들인 것이다.

이러한 번역 상 치명적 실수를 방지하기 위해서는 "역 번역(back translation)"을 반드시 실시할 필요가 있다. 현지 언어로 번역된 광고 문구를 그냥 사용하지 말고 반드시 현지 언어를 모국어로 사용하면서 동시에 번역 전 언어도 잘 구사하는 다른 전문가에서 역 번역을 시켜서 번역 전 언어로 표현된 원래 문구와 역 번역된 문구를 비교해야 한다. 비교결과 차이가 있으면 그 원인을 파악하고 다시 번역하고 또 다시 역 번역하는 과정을 거쳐서 최종적으로 일치될 때까지 이 과정을 반복해야 한다.

비언어적 커뮤니케이션에도 국가별로 많은 차이가 있을 수 있다. 엄지와 검지를 맞대어 원을 만들어 표시하는 제스처는 미국에서는 오케이를 의미하지만, 동일한 몸짓이 일본에서는 돈을 의미하며, 러시아에서는 숫자 영을 의미한다. 브라질에서는 이 제스처가 심각한 욕설이다. 또 다른 예로 한국에서는 긍정과 부정을 표현하는 몸짓으로 긍정의 경우 고개를 위아래로 끄덕이며, 부정인 경우 좌우로 움직인다. 그런데 인도에서는 위아래로 고개를 끄덕이는 것이 긍정을 뜻하지만 상대방의 어떤 요청에 대해서 알았다는 의사표시를 고개를 좌우로 아주 작은 각도를 유지하며 경쾌하게 흔드는 몸짓을 쓰기도 한다. 고개를 좌우로 흔드는 것을 항상 부정의 의미로만 생각한다면 인도에서 큰 낭패를 경험할 수 있다.

제3절 문화 환경의 국제경영에 대한 영향

문화적 차이는 기업의 다양한 국제경영활동에 많은 영향을 미친다. 제품이나 서비스의 개발, 서비스 공급 방식, 조직구조 설계, 인사관리 시스템 설계, 협상 방식 등에 문화적 차이가 영향을 미칠 수 있다.

1. 제품 및 서비스 개발

해외 목표 시장에 진출할 경우 문화적 차이로 발생하는 현지 고객의 다른 필요에 맞게 제품 및 서비스를 개발하는 것이 중요하다. 예를 들어 대표적인 구강청결제 브랜드인 '리스테린(Listerine)'을 생산하는 존슨앤존슨(Johnson & Johnson)의 경우 진출지역의 문화적 차이를 반영한 다양한 제품을 개발하였다(Abrams, 2014). 이슬람 국가에 진출하기 위해서 알콜이 포함되지 않은 '리스테린 제로(Listerine Zero)'라는 제품을 개발하였고, 녹차를 많이 마시는 아시아 시장을 위해서는 '리스테린 그린티(Green Tea Listerine)'라는 제품을 개발하였다.

2. 서비스 공급 방식

호텔, 식당, 소매업, 컨설팅, 법률 등 서비스 분야 기업의 경우 고객과 밀접하게 접촉해야 하기 때문에 고객들의 인지 및 커뮤니케이션에서의 차이 등 문화적 환경의 차이에 따른 영향을 많이 받을 수 있다. 예를 들어 중국에서 법률서비스를 제공하려는 한국 법무법인의 경우, 또는 동남아시아에서 성형외과, 피부과 등의 의료서비스를 제공하려는 한국 의료법인의 경우 등을 생각해보면 이들이 언어, 가치관, 미적 기준 등 어려운 문화적 문제들을 직면할 것으로 예상된다. 이러한 문화적 차이를 반영하여 현지에서 서비스를 공급하지 않을 경우 실패할 가능성이 높다.

3. 조직 구조의 설계

해외에 자회사를 설립하는 경우 글로벌 조직 구조를 어떻게 가져갈 것인지 결정할 때 현지의 문화적 요인이 영향을 미칠 수 있다. 일반적으로 글로벌 조직 구조는 본사 집중적 구조와 자회사 분산적 구조로 크게 구분될 수 있는데, 본사의 경영방침과 함께 해외 현지의 문화적 요인이 조직구조 형성에 영향을 주게 된다. 국가별로 사람들이 불확실성을 회피하는 성향의 정도가 차이가 있다는 점은 해외 자회사 조직구조 설계에서 영향을 줄 수 있다. 일본과 같이 불확실성 회피성향이 높은 국가의 경우 자유로운 분산적 구조보다는 매뉴얼에 기반을 둔 안정적인 집중적 구조가 더 적합할 수 있다.

4. 인사관리 시스템 설계

해외에 진출할 경우 현지 인력에 대한 채용, 보수 등 인사관리 시스템을 어떻게 가져갈 것인가도 현지의 문화적 환경에 영향을 받는다. 고용과 관련해서 일본 등 아시아 국가에서는 평생 한 직장에서 일하는 경우가 적지 않은 반면, 미국 등 서구 국가에서는 근무 조건에 따른 이직이 일상적이기 때문에 이를 반영한 현지 인력 채용 시스템의 설계가 필요하다. 보수체계와 관련해서도 아시아 국가에서는 연공서열 중심의 보수체계가 아직도 유지되는 경우가 많은 반면, 서구 국가에서는 성과 중심의 보수체계가 보편화되어 있다. 예를 들어 모회사의 성과중심의 보수체계를 해외 현지 자회사에서 어떻게 적용할 것인가와 관련해서 성과 측정 방식 등을 세심하게 설계하는 것이 필요하다.

5. 협상방식

협상은 사업의 모든 영역에서 이루어지는 가장 중요한 부분이라고 할 수 있는데, 그 방식이 문화적 환경에 의해서 차이가 있다. 이러한 문화적 차이에 따른 협상방식의 차이를 이해하지 못하고 협상에 나설 경우 실패할 가능성이 크다. 예를 들어 미국과 멕시코는 국경을 접하고 있는 이웃 나라지만 협상 방식에서 큰 차이를 보이고 있다. 미국의 경우 비즈니스 협상 자리에서는 상대방과의 인간적인 관계 형성은 중요하지 않고 곧바로 협상 의제를 논의하는 것이 일반적이다. 반면 멕시코의 경우 비즈니스 협상을 하기 위해서는 우선적으로 개인적인 관계가 형성되어야 하는 경우가 많다. 먼저 개인적인 관계가 형성된 다음에 비즈니스를 논의하는 것이다.

제4절 문화 환경 분석 모델

여러 국가의 다양한 문화를 체계적으로 해석하고 이해할 수 있는 관점 및 분석 모델이 여러 학자에 의해서 제시되고 있다. 대표적으로 문화적 은유라는 개념을 이해할 필요가 있으며, 홀(Edward Hall)의 고배경 문화와 저배경 문화, 홉스테드(Geert Hofstede)의 문화의 여섯 가지 차원이 있다.

1. 문화적 은유

문화적 은유(cultural metaphor)는 어떤 사회의 문화적인 특징을 가장 잘 보여줄 수 있는 상징, 전통, 제도 등을 의미하는 것이다(Gannon & Pillai, 2015). 한 사회의 특징적인 문화적 은유를 통해서 그 사회에 구성원들의 태도나 가치, 행동들을 잘 설명할 수 있다. 미국의 대표적 문화적 은유로 미식축구(american football)를 들 수 있다. 미식축구 경기 안에는 미국 문화의 주요 특징들을 잘 발견할 수 있다. 슈퍼볼(Super Bowl)과 같은 미식축구 경기를 보면 전략수립, 리더십의 역할과 구성원들 협력, 열심히 노력해서 성취해내는 과정 등 미국인들이 중요하게 생각하는 가치들을 발견할 수 있다. 미식축구가 동부에서 서부로 개척해나가는 과정을 스포츠화한 것이라는 점도 미식축구가 미국의 문화를 함축해서 보여준다고 하겠다. 스웨덴의 문화적 은유로는 '스투가(stuga)'라는 숲속의 여름별장을 들 수 있다. 스웨덴에 가면 숲에 여름별장들이 있다. 스웨덴 사람들은 여름에 가족단위로 숲으로 휴가를 간다. 한 달 정도 숲에 머물면서 아침에 식사하고 숲으로 도시락싸서 산책 갔다가 오후에 다시 스투가로 와서 저녁식사하면서 한 달 씩 휴가를 보낸다. 그래서 스투가는 스웨덴 사람들의 성품, 즉 자연을 사랑하고, 개인적인 자신의 삶을 중시하는 것 등을 잘 표현해주고 있다. 스페인 같은 경우 '투우'가 대표적인 문화적 은유라고 할 수 있는데, 이는 의식, 용기, 자부심 등 스페인 사람들의 가치를 함축적으로 표현하는 것이다.

2. 고배경 문화와 저배경 문화

홀이 제시한 고배경 문화(high-context culture)와 저배경 문화(low-context culture) 체계(Hall, 1977)는 어느 사회에서 의사소통에서 언어적 커뮤니케이션과 비언어적 커뮤니케이션이 갖는 의미의 범위 및 중요성이 각 문화마다 차이가 있다는 점에 착안하여 문화에 대한 이해를 시도하고 있다. 저배경 문화권에서는 의사소통에서

그림 4-1 고배경 문화와 저배경 문화에 따른 분류

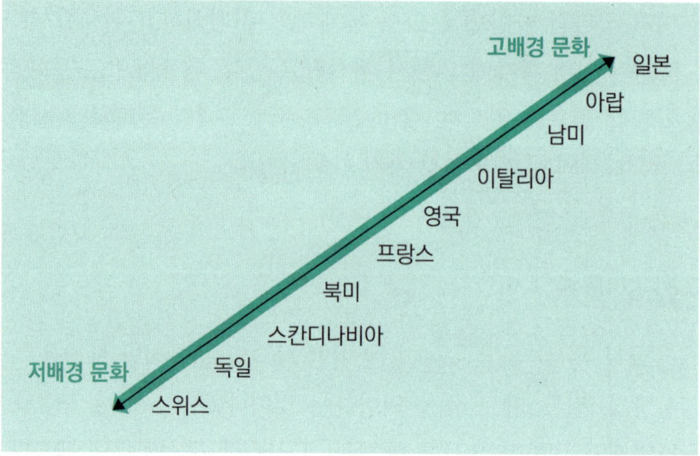

자료: Hall, E. T. (1977), *Beyond Culture*, Doubleday 참조.

언어적 표현이 갖고 있는 상황에 대한 설명이 중요하다. 즉, 컨텍스트가 단순 명료하여, 말로 표현된 것 이상의 배경 및 맥락을 담고 있지 않다. 반면에 고배경 문화권에서는 의사소통에서 단순히 언어적 표현뿐만 아니라, 말로 표현되지 않는 표정, 분위기 등 간접적이며 비언어적인 표현들을 통해서 많은 의미가 전달되는 경우를 말한다.

비즈니스 활동과 관련해서 고배경 문화와 저배경 문화 구분 체계는 서로 다른 문화를 이해하며 사업활동을 전개하는데 유용한 틀이 된다. 예를 들어 사업 파트너와 구체적인 합의를 하는 경우 저배경 문화권에 속하는 국가의 경우에는 법적인 계약서와 같이 아주 구체적이며 명확한 서류가 중요하다고 할 수 있다. 반면, 고배경 문화권에서는 법적인 계약서가 아니더라도 서로가 서로를 확실히 믿고 있는 신뢰관계가 더 중요한 의미를 갖는 경우가 많다.

이처럼 고배경 문화와 저배경 문화 구분 체계를 통해서 여러 국가의 문화적 특징을 분류해보면 하나의 스펙트럼이 나올 수 있다. 고배경 문화적 특징은 아무래도 유교문화의 영향을 받은 동양권 국가들에서 많이 나타난다고 할 수 있으며, 반면, 저배경 문화적 특징은 명확한 언어적 커뮤니케이션을 강조하는 독일 및 북유럽 국가 등에서 뚜렷하게 나타나고 있다.

3. 홉스테드의 문화 분류체계

문화인류학자 홉스테드는 전 세계 문화를 체계적으로 구분하고 이해할 수 있는 문화의 여섯 가지 분류체계(six dimensions of culture)를 제시하였다(Hofstede, 1991). 홉스테드는 IBM의 전 세계 자회사에 근무하는 직원들을 상대로 광범위한 조사를 통해서 문화 분류체계를 제시하였다. 처음에는 네 가지 차원에서 제시했다가(아래 설명에서 첫 번째부터 네 번째까지) 후속 연구를 통해서 두 가지 차원(아래 설명에서 다섯 번째와 여섯 번째)을 추가해 모두 여섯 가지 차원의 분류체계를 완성했다.

첫 번째 차원은 "개인주의 대 집단주의(individualism vs. collectivism)"이다. 한 사회에서 사람들이 개인으로 기능하는 것을 선호하는가 아니면 한 그룹의 구성원으로써 기능하는 것을 선호하는가 하는 점이다. 어떤 사회는 사람들이 각 개인 중심으로 역할을 수행하는 것을 편안하게 여기는 반면, 어떤 사회는 사람들이 독자적인 행동보다는 집단의 일원으로써 행동하는 것을 편안하게 느낀다. 개인주의적 성향이 강한 문화권에서는 자신의 관심사가 중시되고, 자신의 성공을 위해서 노력하는 것이 중요하며, 사회에서 주는 보상도 각 사람의 개별적인 성과에 기반을 두게 된다. 미국, 캐나다, 영국, 호주 등 영미권 국가들이 이런 개인주의 성향이 강하다고 하겠다. 반면, 집단주의적 성향이 강한 문화권에서는 개인 그 자체보다는 개인 간 연대가 더 중요하고, 비즈니스도 항상 집단 차원에 이뤄진다. 개인은 한 팀을 이루는 구성원으로서 그 역할이 정해지며, 서로 협력하며 조화롭게 일을 수행하는 것이 중요하다. 아시아의 유교문화권 국가와 중남미 국가들이 집단주의 성향이 강하다.

두 번째 차원은 "권력 거리(power distance)"이다. 어느 사회나 사람들 사이에 권력 차이는 항상 존재한다. 그런데 이 권력의 차이를 사회가 어떻게 다루는가가 문화권별로 차이가 있다는 점이다. 권력 거리가 높은 사회는 권력의 차이를 있는 그대로 높게 다루는 사회로 약자와 강자 간 높은 차이를 그대로 인정하고 있다. 그래서 기업의 경우 최고경영자가 아주 권위적이며, 부하직원들에게 자율권을 주지 않는다. 중남미 국가들, 중동 국가들이 권력 거리가 높은 사회에 해당한다. 반면 권력 거리가 낮은 사회에서는 실제 권력 차이가 있다 하더라도 구성원이 그 권력 차이를 거의 느끼지 못하게 다룬다는 점이다. 이런 문화권 기업은 수평적 조직구조를 갖는 경우가 많다. 상사와 부하직원 사이에 분명 권력 거리가 있다 해도 사람들은 서로에 대해서 평등하게 느낀다. 대표적으로 북유럽국가들이 권력 거리가 낮은 대표적인 국가들이다.

세 번째 분류 기준은 "불확실성 회피성향(uncertainty avoidance)"으로, 사회가 불확실성을 회피하려는 성향의 강도를 말한다. 달리 표현하면 사회가 불확실한 상황을 얼마나 자연스럽게 받아들이는가 하는 점이다. 불확실성 회피성향이 높은 사회는 불확실성을 피하려는 경향이 큰 나라를 말한다. 안전 지향적인 나라들이다. 대표적으로 벨기에, 프랑스, 일본 등이 해당한다. 일본은 '매뉴얼 사회'라고도 하는데, 모든 상황에 대응할 수 있는 매뉴얼을 만들어놓고 상황이 발생하면 매뉴얼대로 대응하기 때문이다. 불확실한 사건이 발생할 수는 있지만 그것을 해결할 수 있는 길은 매뉴얼을 만들어 놓고 준비함으로써 사전에 불확실성을 회피한다는 점이다. 반면에 불확실성 회피성향이 낮은 문화권에서는 불확실성을 별로 힘들어하지 않는다. 이런 문화권에 속한 기업에서 경영자는 위험을 불편해하지 않고 도전하는 기업가 정신을 갖고 사업에 임하는 경우가 많다. 따라서 기업의 의사결정이 굉장히 빠르며, 직장을 옮기며 도전하는 것을 높이 평가한다. 아일랜드, 미국 등이 대표적으로 불확실성 회피성향이 낮은 나라라고 할 수 있다. 미국과 같은 경우 새로운 기업들이 굉장히 많이 나오고, 발전하는 것이 이런 사회적 분위기를 반영한다고 할 수 있다.

네 번째 차원으로는 "남성적 가치 대 여성적 가치(masculinity vs. feminity)" 지향성이다. 여기서 주의할 것은 이 개념이 남성 또는 여성 중심의 사회인가의 문제가 아니라는 점이다. 중요한 것은 한 사회가 남성적인 가치들은 중시하는지, 아니면 여성적인 가치를 중시하는지 하는 점이다. 남성적 가치로는 성공, 경쟁, 야망, 단호함 등을 들 수 있다. 여성적 가치로는 돌봄, 보호, 상호의존 등을 들 수 있다. 호주, 일본 등 남성적 가치 지향성이 높은 문화권에서는 남자나 여자나 모두 자기주장이 강하고, 개인 경력에 대한 개발과 관리, 그리고 부의 축적 등을 중요시한다. 한편, 스칸디나비아 국가인 노르웨이, 스웨덴, 핀란드 등 여성적 가치 지향성이 높은 문화권에서는 돌봄이나 보호 등의 가치가 중시되고, 이와 관련이 깊은 교육 지원제도 및 복지제도 등이 잘 발달되어 있다.

다섯 번째 문화 특성은 "장기 지향적 성향(long-term orientation)"인가 "단기 지향적 성향(short-term orientation)"인가 하는 점이다. 이는 개인이나 조직이 장기적인 성공을 위해 당장 만족하는 것을 늦추려하는 성향이 강한가를 의미한다. 장기 지향적인 성향이 강한 문화의 경우 미래의 성공을 위해서 지금 당장의 만족들을 미루는 경향이 강하다. 장기 지향적인 사회의 경우는 계획은 향후 수년 또는 수십 년에 걸친 경우가 많다. 단기적인 성공을 가져오지 않더라도 장기적인 성공을 위한 계획은 적극적으로 지지를 받는다. 유교문화 전통을 갖고 있는 아시아 국가에서 장기 지향적인 성향이 강하게 나타난다. 반면, 단기 지향적인 성향이 강한 문화권에서는 계획은 많은 경우 단기적인 성과를 수반해야 의미가 있는 것으로 받아들여진다. 아시아 문화권에 비해서 서구 문화권이 이러한 단기 지향성이 높다고 할 수 있다. 특히, 미국의 경우 이러한 단기 지향성이 강한 나라라고 하겠다.

여섯 번째 문화 특성으로 "방종 대 절제(indulgence vs. restraint)" 개념이다. 사람들이 하고 싶은 대로 놔두는 경향이 강한 사회가 있고, 반면에 사회가 이를 제약하는 경향이 있는 사회가 있다는 것이다. 방종 성향이 강한 문화권의 경우 기본적으로 다른 사람에게 피해만 주지 않는다면 자신의 욕구 만족을 위해서 하는 행동에 대해서 개의치 않으며, 그냥 마음껏 하도록 용인한다. 덴마크, 멕시코, 미국 같은 나라가 이러한 방종 성향 점수가 높게 나타난다. 반면, 절제 성향이 강한 문화권에서는 자신의 욕구를 만족시키는 행동에 대해서 사회가 전반적으로 절제를 요구하는 경향이 강하다. 중국이나 한국에서는 이러한 성향이 상대적으로 높게 나타난다. 이 문화적 특성은 자녀 교육에서 극명하게 차이를 확인할 수 있다. 미국에서는 대체로 아이가 하고 싶은 대로 두지만, 한국에서는 부모가 자녀 교육에 지나치게 개입하여 아이들을 통제하려고 한다는 점이다.

홉스테드는 전 세계 대부분의 주요 국가들을 대상으로 조사를 통하여 이들 여섯 가지 차원의 문화 특성별 점수를 부여하고 있다(https://www.hofstede-

표 4-3 홉스테드의 문화특성 분류체계

문화특성	내용	주요 해당 국가
개인주의와 집단주의	개인으로 기능하는 것을 선호하는가? 집단의 구성원으로 기능하는 것을 선호하는가?	개인: 미국, 캐나다, 호주 집단: 아시아 및 중남미
권력 거리	권력 차이를 있는 그대로 인정하는가? 권력 차이를 느끼지 못할 정도로 다루는가?	높음: 중동 및 중남미 낮음: 북유럽, 미국
불확실성 회피성향	사회가 불확실한 상황을 얼마나 회피하려고 하는가?	높음: 일본, 벨기에, 프랑스 낮음: 아일랜드, 미국
남성적 가치와 여성적 가치	남성가치(성공, 경쟁 등)를 중시하는가? 여성가치(돌봄, 보호 등)를 중시하는가?	남성가치: 일본, 호주 여성가치: 북유럽
장기 지향성과 단기 지향성	장기적 성공을 위해서 단기적 만족을 늦추려는 성향이 높은가? 아니면 그 반대인가?	장기: 아시아 문화권 단기: 서구 문화권
방종과 절제	개인의 욕구 만족을 위해서 하는 행동을 사회가 용인하는가? 억제하는가?	방종: 미국, 덴마크, 멕시코 절제: 한국, 중국

그림 4-2 홉스테드의 남성적 가치 지향성과 개인주의 특성의 국가별 점수분포

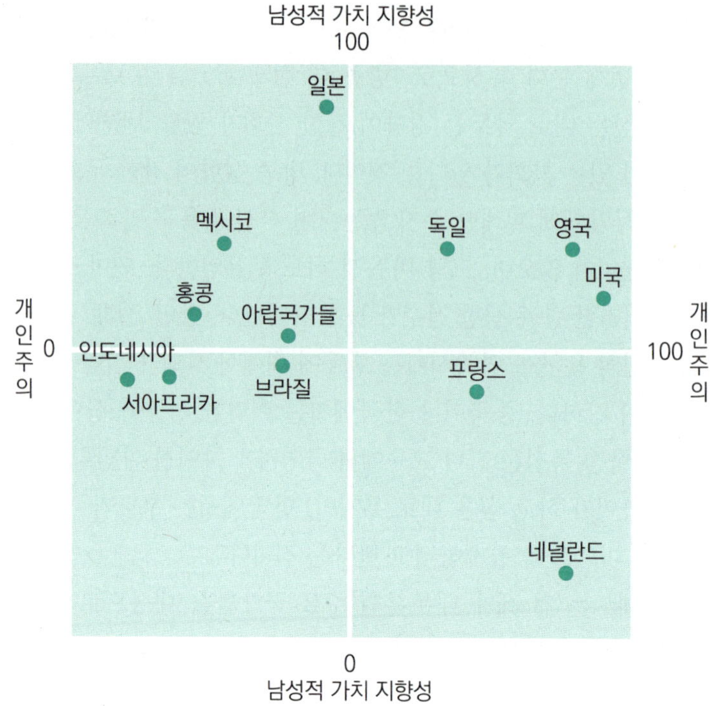

자료: Geert Hofstede, "Management Scientists Are Human," Management Science, 40(1), 1994, 4-13; Masaaki Kotabe and Kristiaan Helsen, Global Marketing Managent, Wiley, 2017, 112 재인용.

insights.com). 해외 시장 진출을 계획하는 기업이 주력 제품의 해외 마케팅 전략을 수립하기 위해서는 대상 제품과 관련이 깊은 문화적 특성에서 동질적인 국가들을 선별해내는 것이 중요하다. 예를 들어 고가의 시계를 판매하는 기업의 경우 자신의 특별함을 고가의 시계로 표현하려는 소비자들이 많은 국가들에서 시장 잠재력이 크다고 할 수 있으며, 이와 관련해서 홉스테드의 문화 특성 체계상 남성적 가치 지향성이 높은 국가들이 중요한 의미를 갖는다고 하겠다. 해당 기업은 이 특성에 대해서 국가별로 매핑(mapping)을 통해서 남성적 가치 지향성이 높은 국가들을 선별하여 우선 진출 목표 시장으로 삼고 해외 마케팅 전략을 수행할 수 있다. 실제로 한 연구에 따르면 1,500달러 이상의 고급시계, 보석, 750달러 이상의 고급의류 등을 보유하는 것과 남성적 가치 지향성 점수와 상당히 높은 상관관계가 있는 것으로 나타났다(Mooji & Hofsted, 2002).

제5절 문화에 대응한 국제경영 관리방안

1. 문화에 대한 세 가지 접근법

국제경영 관리자가 다른 문화에 대해서 기본적으로 어떻게 접근할 것인가와 관련하여 크게 세 가지 접근방법이 있을 수 있다(Cavusgil et al., 2020). 첫째, "자민족 중심적 접근(ethnocentric approach)"이 있다. 이는 다른 문화를 평가할 때 자기가 속한 문화를 기준으로 삼는 접근방법이다. 자기가 속한 문화의 기준에 맞으면 괜찮다고 생각하고, 안 맞으면 이상하다고 보는 개념이 자민족 지향적인 접근방법이다. 둘째, "현지 지향적인 접근(polycentric approach)"이다. 이는 현지 지향적인 관점으로, 경영 관리자들이 자기가 일하는 해외 현지에 친밀감을 높이려는 접근으로 현지국 문화 특성을 이해하고 이를 전적으로 수용하고 행동하는 입장이다. 셋째, "범세계적인 접근(geocentric approach)"이다. 이는 국제경영 관리자가 국경에 관계없이 범세계적인 관점에서 각 국가의 문화적 차이를 이해하고 접근하는 것이다. 이 접근방법은 전 세계를 하나로 보면서 동시에 현지의 문화적 특성을 고려하는 균형 잡힌 시각이라는 점에서 국경경영 관리자가 취해야 할 접근방법이라고 하겠다.

2. 문화위험 최소화 방안

국제경영 관리자가 문화적 위험을 최소화하기 위해서는 기본적으로 다른 문화를 볼 때는 사실과 해석에 대한 지식을 가지고 있어야 한다. 사실을 정확하게 파악할 수 있어야 하며, 그것이 갖고 있는 의미까지 명확하게 알 수 있는 지식을 가져야 한다. 국제경영 관리자가 이러한 지식을 갖추는데 가장 큰 도움이 되는 것은 현지 언어를 구사하는 것이다. 현지 언어를 구사할 경우 보다 심도 있게 현지 상황을 파악하고 해석할 수 있게 된다.

문화적 위험을 최소화하기 위해서는 추가로 문화적인 편견을 피하는 것이 중요하다. 이를 위해서 국제경영 관리자는 문화적인 역량을 갖추는 것이 필요하다. 국제경영 관리자의 비교문화적 역량에 대해서는 아래 소절에서 자세히 다루기로 하고, 먼저 문화적 편견의 원인이라고 할 수 있는 자기준거기준(self-reference criterion)을 알아보자. 이것은 다른 문화를 볼 때 자신의 문화의 렌즈를 통해서 다른 문화를 보는 경향을 의미한다(Lee, 1966). 다른 문화를 접하게 될 때 자신이 의식하지 못한 상황에서 이미 자신이 속한 문화의 렌즈를 통해서 보려하는 경향이 강하다는 점이다. 리는 이러한 자기준거기준에 따른 문화적 위험을 최소화할 수 있는 4단계 절차를 제시하였다.

첫 번째 단계에서는 경영관리자가 자신이 속한 문화의 기준에 의거해서 경영 문제나 목표를 확인한다. 두 번째 단계에서는 현지 문화의 기준에 의거해서 경영 문제 또는 목표를 확인한다. 세 번째 단계에서는 첫 번째 단계와 두 번째 단계에서 확인된 내용의 차이인 자기준거기준의 영향을 파악하고, 자기준거기준이 해당 경영 문제와 관련해서 어떻게 영향을 미쳤는지를 자세하게 검토한다. 네 번째 단계에서는 자기준거기준을 배제한 상태에서 해당 경영 문제를 다시 분석하고 최적의 해결 방안을 찾아 적용한다.

3. 국제경영 관리자의 문화적 역량

국제경영 관리자는 문화적 위험을 최소화하기 위해서 여러 가지 역량을 갖출 필요가 있다(Cavusgil et al., 2020). 첫째, 애매한 상황을 있는 그대로 받아들이고 용인하는 자세가 필요하다. 애매모호한 상황에 대해서 참지 못하고 바로 대응하면 문제가 생길 가능성이 크다. 애매모호한 상황에 대해서 일단은 지켜보면서 국제경영 관리자가 알아채지 못한 내용이 그 상황 뒤에 있을 수 있다는 점을 인정할 필요가 있다. 둘째, 인지 역량이다. 다른 사람들의 말이나 행동에 미묘한 정보들이 많기 때문에 이러한 미묘한 정보들을 잘 관찰하고 이해할 수 있어야 한다. 세 번째 특성으로는 인간관계를 중시할 수 있는 역량이다. 일회적인 목표 달성보다 훨씬 더 중요한 것이 좋은 인간관계를 형성하는 것이라는 점을 인식하고 실행할 수 있어야 한다. 서로 상이한 문화권의 사람들이라고 하더라도 상대방이 자신과의 인간관계를 중시하고 있다는 점이 확인되면 여러 문화적인 차이는 큰 문제가 되지 않는 경우가 많기 때문이다. 넷째, 유연하게 적응할 수 있는 역량이다. 열린 마음을 갖고 창의적인 대안을 제시할 수 있기 위해서는 상황에 맞는 유연한 접근이 필요하다. 꽉 막힌 상황처럼 보이는 많은 경우에도 유연한 접근을 통해서 혁신적인 대안을 찾을 수 있어야 한다.

마감사례

카카오의 해외 진출, 그 성공 조건은?

머니투데이는 "실패로 돌아간 카톡의 해외 진출… '국가별 특화'로 승부"라는 제목의 2015년 9월 29일자 기사를 통해서 스타트업 신화로 불리는 카카오의 최대 오점인 일본 진출 실패 사례를 자세하게 소개하였다.

기사는 "카카오는 2010년 3월 출시한 모바일 메신저 카카오톡이 8개월 만에 누적 가입자 300만 명을 돌파하자 해외 진출에 본격 나섰다. 이를 위해 2010년 말 영어와 일본어 버전을 출시했다"고 소개했다. 2011년 4월 1,000만 가입자를 돌파하자 카카오는 같은 해에 미국, 일본 지사를 설립해 해외 시장 공략에 나서게 된다. 기사에 따르면, "당시 전체 직원이 40명에 불과한 스타트업 카카오의 해외 진출 선언은 업계에 신선한 충격을 던졌다"고 한다.

카카오는 2011년 7월 일본 지사 '카카오재팬'을 설립했다. 카카오는 일본 메신저 기업과 경쟁할 것으로 예상했는데, 실제 네이버가 70%의 지분을 보유하고 있는 일본 자회사인 라인과의 경쟁이 되었다. 기사는 "초반에는 카카오톡 이용자가 다소 많은 적도 있지만, 라인은 빠른 속도로 카카오톡을 추월했다. 카카오는 카카오재팬 지분 50%를 야후재팬에 넘기고 합작회사를 운영하는 승부수를 던졌지만 이 결정은 실질적인 성과로 이어지진 못했다"고 소개하고 있다.

일본에서 실패하면서 카카오는 글로벌 사업전략을 재편하는 작업을 했다고 기사는 소개하고 있다. 카카오의 원인 진단과 대책에 대해서 "카카오톡 중심의 전략에서 벗어나기 위함이다. 여러 국가를 동일한 서비스로 공략하기 보다는 국가별로 특화된 전략 및 서비스를 내세울 방침이다"라고 소개하고 있다. 이러한 전략은 일부 성과를 거두는 것으로 나타났다. 카카오재팬은 일본 모바일 메신저 서비스에서는 실패했지만 일본 만화 및 소설 콘텐츠 앱 시장에서 좋은 성과를 거두고 있다. IT분야 경제전문 매체인 블로터의 2023년 12월 26일자 기사 "카카오 '비욘드 코리아', 믿을 건 콘텐츠 하나뿐"이라는 기사에서 "카카오 자회사 카카오픽코마의 만화 플랫폼 '픽코마'는 2023년 상반기 일본 소비자 지출이 많은 앱 1위에 올랐다"고 한다.

카카오는 2022년 3월에 '비욘드 코리아'라는 새로운 글로벌 시장 진출 전략을 제시했는데, 2021년까지 대부분 매출이 국내에서 발생하는 것에서 벗어나, 2025년까지 해외 사업의 매출 비중을 30% 이상으로 끌어올린다는 것이다. 카카오의 '비욘드 코리아' 전략의 핵심은 다양한 콘텐츠를 확보, 글로벌 시너지를 확대하는 것에 초점이 맞추어져 있다. 뉴스핌의 2022년 4월 25일자 "네이버·카카오, 이유있는 해외진출"이라는 기사에서 카카오 대표는 "지금은 계열사가 각자 진출해 생존하는 방식이라면 이제는 그룹 차원의 중앙집중적인 해외 전략도 펼쳐야 하는 시기"라고 강조했다고 한다.

앞서 언급한 블로터의 기사에 따르면, 카카오가 "향후 10년을 관통하는 전략으로 해외 시장 개척을 내세우고, 웹툰·미디어·게임 등 콘텐츠 사업을 선봉장으로 삼았다. 2023년 초엔 카카오엔터테인먼트가 국내 대형 기획사 SM엔터테인먼트를 인수하며 콘텐츠 사업 확대 발판을 마련했다. 이어 웹툰, 영화, 드라마 지적재산권(IP)을 확장하는 소기의 성과를 냈다"고 평가하고 있다. "그러나 SM엔터 인수 과정에서 불거진 경영진 '사법 리스크' 등 복합 위기를 맞으며 글로벌 인수합병(M&A)이 중단되는 등 차질도 생겼다"고 동 기사는 지적하고 있다. 카카오의 '비욘드 코리아' 비전의 귀추가 주목된다.

참고자료: 블로터, "카카오 '비욘드 코리아', 믿을 건 콘텐츠 하나뿐", 2023년 12월 27일자; 뉴스핌, "[네카오의 동상이몽]① 네이버 · 카카오, 이유있는 해외진출", 2022년 4월 25일자;머니투데이, "실패로 돌아간 카톡의 해외 진출… '국가별 특화'로 승부", 2015년 9월 29일자.

질문

1. 카카오가 해외 시장진출 사업 중 가장 많은 노력을 들여 진출한 일본 모바일 메신저 시장에서 실패한 가장 큰 이유는 무엇이라고 생각하는가? 2012년 당시 이제범 카카오 대표는 "한국에서의 모바일 서비스 노하우를 바탕으로 완벽히 현지화 작업 및 마케팅 방안을 준비했다"고 했는데, 카카오재팬의 현지화 노력에 어떤 문제가 있었다고 보는가?
2. 많은 전문가들은 카카오가 일본에서 어려움을 겪었던 가장 큰 이유로 라인(Line)과의 경쟁에서 효과적으로 대응하지 못한 점을 들고 있다. 네이버가 70% 이상의 지분을 보유한 라인이 일본에서만 8천만 이용자로 '국민 메신저'로 성공을 거둔 이유는 무엇인지 조사하여 발표하시오.
3. 카카오재팬은 일본 모바일 메신저 서비스에서는 성과를 거두지 못했지만, 2020년 일본의 만화 및 소설 앱 시장에서 발군의 성과를 보이고 있다. 그 성공 요인을 분석하시오.
4. 카카오가 2022년 '비욘드 코리아'라는 새로운 해외 진출 비전을 제시하고, 다양한 콘텐츠를 확보, 글로벌 시너지를 확대하는 전략을 실행해오고 있다. 동 전략에 따라 SM엔터테인먼트 인수 및 웹툰, 영화, 드라마 등에 대한 지적재산권(IP) 확장을 통해 콘텐츠 중심의 글로벌 시너지 극대화 노력을 전개하고 있다. 이러한 글로벌 시너지 창출 전략이 국가별 문화적인 차이를 반영하는 전략과 상충된다고 보는가? 이에 대한 자신의 의견을 정리하시오. 위 논의를 종합적으로 정리할 때, 카카오의 해외 진출의 성공 조건은 무엇이라고 생각하는가?

토의과제

1. 문화의 정의에 포함되는 네 가지 내용에 대해서 설명하시오.
2. 언어적 표현과 비언어적 커뮤니케이션에 대해서 설명하시오.
3. 국제경영에서 번역과 관련된 문제를 예시적으로 설명하고, 방지방안에 대해서 설명하시오.
4. 문화 환경이 국제경영에 미치는 영향을 다섯 가지 영역으로 세분하여 설명하시오.
5. 홀이 제시한 저배경문화와 고배경문화 구분에 대해서 설명하시오.
6. 홉스테드가 제시한 문화특성 여섯 가지 분류체계에 대해서 설명하시오.
7. 상이한 문화 환경에 대한 세 가지 다른 접근방안을 설명하시오.
8. 문화위험을 최소화할 수 있는 방안을 설명하시오.

Chapter 05

국제무역 환경

학습목표

1. 국제무역 환경을 이해하기 위해서 자유무역과 보호주의의 개념을 공부한다.
2. 보호무역의 내용인 국제무역에 대한 정부 개입 조치들을 이해한다.
3. 자유무역의 세 가지 접근방법을 이해한다.
4. WTO 다자무역체제와 글로벌 자유무역의 관계를 이해한다.
5. 지역경제통합을 통한 글로벌 자유무역의 확대를 이해한다.

도입사례

중국 '제조2025' 전략과 미·중 무역 갈등

경제전문지 한국경제는 "中 제조2025 전략 안 바꾸면 무역협상 타결 어렵다"는 미국 상무장관의 발언을 제목으로 하는 2019년 1월 25일자 기사를 통해서 미국과 중국 간 벌어지고 있는 무역갈등의 근본 원인을 다루었다. 이 기사에 따르면 미국은 중국과 무역협상을 하면서 중국의 산업육성정책인 '중국제조 2025(Made in China 2025)'라는 전략을 바꾸어야 한다고 압박하고 나선 것이다.

'중국제조 2025'는 중국 정부가 2015년 발표한 것으로 제조업 혁신능력 제고 등 9대 목표 아래, 차세대 정보기술, 로봇, 전기차, 항공우주, 첨단선박, 바이오의약, 선진교통설비, 신소재, 전력장비, 농기계 등 10대 중점 분야를 선정하여 발전시킴으로써, 동 계획이 마무리되는 2045년, 즉 중국 수립 100주년을 맞아 중국이 전 세계 제조업 강국 중에서 선두지위를 확보한다는 원대한 계획이다.

위 기사에서는 "중국 정부가 세계 최대 통신장비업체인 화웨이 등을 앞세워 첨단기술 분야에서 글로벌 선두로 올라서려 계획하는 것을 방관하지 않겠다는 의미다. 미국은 중국이 글로벌 기업의 지식재산권을 도용해 첨단기술 경쟁력을 키우고 있다고 의심하고 있다"라는 내용을 보도하면서 미국이 본격적으로 중국의 불공정한 제조업 육성 정책을 견제하고 나섰다고 지적했다.

위 기사에 따르면, 미국 상무장관은 "미·중 간 막대한 무역적자 해소가 기본이며, 두 번째 이슈는 중국제조 2025와 같은 중국의 기술지배 전략"이라는 언급을 전하며, 미국이 중국제조 2025 전략의 수정을 요구하고 있다고 지적했다. 동 기사는 "미국 기업 및 상공인 단체인 미국상공회의소는 최근 중국제조 2025 전략을 통해 중국 중앙정부와 지방정부가 보조금과 금융지원 등으로 외국 기업을 노골적으로 차별하고 있다는 내용의 보고서를 미국 무역대표부(USTR)에 제출했다"고 전하며 미국 정부와 업계가 중국의 불공정한 산업육성정책 문제를 심각하게 받아들이고 있음을 지적했다.

이러한 미국의 강력한 압박에도 불구하고 '중국제조 2025'의 목표가 2024년 4월 현재 대부분 달성되었다고 한다. 연합뉴스는 2024년 4월 30일자 기사 "中 '제조2025' 목표, 86% 이상 대부분 달성… 美제재 효과없어"라는 기사를 통해서 홍콩의 유력 일간지 사우스차이나모닝포스트(SCMP)가 '중국제조 2025'의 260여 개의 목표 중에서 86% 이상 대부분 달성되어 미국의 제재가 효과가 거의 없었다는 분석을 제시했다고 소개하고 있다. 전기자동차(EV), 재생가능 에너지 생산 등 일부 목표는 훨씬 초과 달성되었고, 로봇 공학, 농업 장비, 바이오 의약품 및 해양 공학 분야에서도 설정된 모든 목표가 달성됐다고 보도했다.

연합뉴스 기사에 따르면 "미국과 그 동맹국의 제재와 규제로 중국이 가장 큰 어려움을 겪었던 분야는 정보기술(IT) 산업이었다. 중국 기업의 첨단 칩 기술 접근을 막은 데다 5세대 이동통신(5G) 같은 중국산 통신제품이 유럽과 미국 시장에 진출하는 것도 어려워졌기 때문이다. 그럼에도 중국은 집적회로, 통신 장비, 운영 체제, 산업용 소프트웨어 및 스마트 제조 분야에서 설정된 목표 대부분을 달성했다고 SCMP는 분석했다"라고 언급하고 있다.

이러한 분석 내용을 토대로 SCMP가 "중국의 태양광 발전, 대형 풍력 터빈, 전기자동차 등을 겨냥해 서방 국가들이 새로운 무역 전쟁과 제재를 시작하는 것을 고려하고 있지만 과연 얼마나 성공할지는 의문"이라는 주장을 했다고 연합뉴스는 보도하고 있다.

참고자료: 연합뉴스, "中 '제조2025' 목표, 86% 이상 대부분 달성…美제재 효과없어", 2024년 4월 30일자; 연합뉴스, "전기차·태양광·풍력터빈까지… EU, 中 청정기술 견제", 2024년 4월 9일자; 한국경제, "로스 美 상무 "中 제조2025 전략 안 바꾸면 무역협상 타결 어렵다", 2019년 1월 25일자.

질문

1. 많은 국가들이 자국의 제조업의 경쟁력을 강화하려는 산업육성정책을 수행하고 있다. 그런데 중국의 산업육성정책인 '중국제조 2025'에 대해서 왜 미국과 서방국가들이 강력하게 문제를 제기한다고 생각하는가? 사례에서 제시된 이유는 무엇인가? 중국 기업이 중국 정부 보조금 등을 활용하는 것 말고 선진기술을 확보하는 경로로 어떤 것이 있다고 생각하는가?
2. 중국의 대표적인 통신기업 화웨이에 대한 미국의 제재가 2020년 9월부터 적용되었다. 제재의 주요 내용은 무엇인가? 화웨이에 대한 미국의 제재에 대해서 중국 정부와 화웨이는 각각 어떻게 대응했는가? 화웨이는 미국의 제재를 효과적으로 극복했다고 보는가?
3. 미국의 강력한 압박에도 불구하고 '중국제조 2025'의 목표 대부분이 달성된 이유는 무엇이라고 생각하는가? 중국의 태양광 발전, 대형 풍력 터빈, 전기자동차 등을 겨냥해 서방국가들이 새로운 무역 전쟁과 제재를 시작하는 것을 고려한다고 하는데, 현재까지 알려진 내용을 찾아보시오(연합뉴스, 2024년 4월 9일자 참고). 이러한 새로운 제재가 효과가 있다고 보는가? 자신의 의견에 대한 이유를 설명하시오.

제1절 국제무역 환경과 국제경영

글로벌 경제 환경은 크게 국제무역 환경과 국제투자 환경으로 구분될 수 있다. 국제무역 환경은 재화와 서비스의 국제거래와 관련된 글로벌 환경이며, 국제투자 환경은 투자 및 외환거래 등 금융 측면에서의 국제거래와 관련된 글로벌 환경이다. 국제투자 환경은 다시 해외직접투자 환경과 국제포트폴리오투자 및 기타 국제금융과 관련된 환경으로 세분될 수 있다. 5장부터 7장까지는 이 세 가지 국제경제 환경을 각각 국제무역 환경, 국제투자(해외직접투자) 환경, 그리고 국제금융 환경 등으로 나누어서 논의한다.

먼저 국제무역 환경과 국제경영의 관계를 살펴보자. 앞서 2장에서도 언급했듯이 전 세계 국제무역은 지속적으로 확대되어 왔다. 이는 글로벌 경제가 자유무역이 확대되는 방향으로 발전해오고 있기 때문이다. 글로벌 경제를 전체로 놓고 보면 자유무역은 분명히 확대되고 있지만, 여전히 많은 국가들은 보호주의 조치들을 여전히 취하고 있다. 따라서 각국이 취하고 있는 보호주의 또는 무역에 대한 정부의 개입 조치들에 대한 이해와 함께 글로벌 차원에서 진행되고 있는 자유무역의 확대를 위한 노력도 같이 이해할 필요가 있다.

1. 자유무역과 보호주의

자유무역(free trade)은 국가 간 제품 및 서비스의 이동이 장벽 없이 자유롭게 이루어지는 것을 말한다. 일반적으로 자유무역은 전 세계적으로 생산을 증대시키고 이는 각국의 경제성장과 번영으로 연결될 수 있다고 여겨진다. 본서의 8장 국제무역 이론에서 다루겠지만, 일정한 가정에 기반을 둔 순수이론적인 측면에서 보면 자유무역은 전 세계적인 생산을 분명 증대시킬 수 있다. 그러나 이러한 자유무역의 유용성은 자유무역을 통해서 추가적으로 생길 수 있는 생산증가액을 자유무역에 참여한 국가들이 공정하게 나눈다는 전제하에 가능하다고 하겠다. 자유무역에 따른 전 세계적 경제발전, 그 자체만을 주창하는 신자유주의에 반대하는 학자들은 선진국이 개발도상국에 자유무역을 강요하는 것은 문제가 있다는 주장을 펼치고 있다. 이러한 입장을 취하는 대표적인 학자인 장하준 교수는 그의 저서 "나쁜 사마리아인들"에서 미국과 유럽 국가들이 과거 자유무역에 반하는 보호주의를 오랫동안 취했었다는 과거 역사를 자세하게 제시하면서 개도국이 경제를 발전시키는 데 있어서 무조건적인 자유무역을 추구하는 정책이 갖는 한계를 역설하고 있다(장하준, 2018).

보호주의(protectionism)는 개별 국가의 정부가 자유무역을 제한하고 자국의 산업을 국제 경쟁으로부터 보호하려는 정부정책을 말한다. 보호주의는 무역장벽이라는 형태로 나타나게 된다. 무역장벽은 크게 관세장벽(tariff barrier)과 비관세장벽(non-tariff barrier)으로 구분된다. 관세장벽은 관세를 통해서 국제무역 흐름을 제한하는 것을 말하며, 비관세장벽은 관세장벽을 제외한 다른 모든 형태의 무역장벽을 말한다. 무역장벽은 바로 이어서 설명할 국제무역에 대한 정부개입 부문에서 자세하게 설명한다.

보호주의는 대체로 개발도상국 정부에 의해서 주창되는 경우가 많다고 하지만, 선진국들도 과거뿐만 아니라 지금 현재 시점에도 다양한 형태의 보호주의를 실해하고 있는 경우가 많다. 대표적으로 미국의 트럼프 정부가 최근 중국 등 주요 무역상대국에 대해서 새롭게 관세를 부과하거나 무역제한적인 조치를 취하고 있는 것이 사례로 들 수 있다.

2. 보호주의 실행 이유

많은 나라가 여전히 보호주의를 실행하는 이유는 무엇인가? 그 이유는 자국경제 보호, 유치산업 육성, 국가안보 유지, 문화 및 정체성 유지 등 네 가지로 정리될 수 있다(Cavusgil et al., 2020).

첫째, 많은 국가들이 자국 경제를 보호하기 위해서 보호주의를 취하고 있다. 무역장벽이 없다는 것은 자국 기업들이 외국 기업들과 제한 없이 경쟁한다는 것을 의미한다. 그런데 각국 정부는 여러 가지 이유로 국제적인 경쟁이 자국 기업들에게 불리할 경우 자국 경제가 위험에 처할 수 있다고 생각하고 보호주의 조치를 취하는 것이다. 즉, 자유로운 국제경쟁 상황에서 자국 기업이 어렵게 되면, 기업의 생산과 고용 등 국가경제의 근간이 위험에 처할 수 있다고 보고 보호주의 조치를 취하는 것이다. 예를 들어 미국 트럼프 정부가 중국산 제품의 수입에 대해서 높은 수입관세를 부과한 이유는 중국 기업들이 중국 정부의 지원, 저렴한 노동력 활용, 기술탈취 등으로 부당하게 경쟁력을 확보하였다고 보기 때문이다. 미국 기업과 아무런 제한 없이 경쟁하도록 내버려둘 경우 미국 기업들은 어려움에 처하고 미국 내 일자리가 줄어드는 등 미국 경제가 어려움에 처할 수 있다고 보는 것이다. 중국 제품에 대해서 높은 관세를 부과하여 미국 경제를 보호해야 한다는 입장이다.

둘째, 유치산업(infant industry)의 육성을 위해서 보호주의를 취하는 경우이다. 이러한 상황은 주로 개발도상국에서 나타나는데, 개발도상국의 경우 산업의 현대화가 진행되지 않는 경우가 많아 무턱대고 자국 시장을 경쟁력 있는 외국 기업들에게 열어줄 경우 아예 자국 산업이 발전할 수 있는 기회조차 상실할 수 있다. 지속적인 경제성장과 발전을 추진하기 위해서 정부가 산업육성정책을 전개하는 경우가 많으며, 이 때 육성 필요성은 있으나 아직 발전 초기에 있는 산업, 즉 자국의 유치산업에 대해서 상당한 경쟁력을 확보할 때까지 해외로부터의 경쟁에서 보호하기 위해서 경쟁력 있는 해외 상품의 국내 시장 진입을 제한하는 것이다. 이러한 국내 시장의 보호를 통해서 유치산업은 성장할 수 있는 시간을 벌 수 있지만, 그 기간 동안 국내 소비자는 아직 경쟁력을 갖추지 못한 국내 기업이 생산하는 열위의 제품을 사용해야 하는 희생을 감내해야 한다. 해당국 정부는 결국 언제까지 특정 산업을 유치산업이라는 이유로 해외 경쟁으로부터 보호해줄 것인가를 결정해야 한다. 보호기간 동안 효과적인 지원정책을 통해서 해당 유치산업을 상당한 수준의 경쟁력을 갖추는 단계까지 성장시키는 것이 중요하다. 상당기간 보호를 통해서 어느 정도 경쟁력을 확보하였다고 판단되면 점진적인 시장개방을 통해서 해당 산업의 국제경쟁력을 제고시키는 노력이 병행될 필요가 있다. 왜냐하면 산업의 성장은 유치산업에 대한 지원으로만 이루어질 수 없고, 경쟁을 통해서 이루어질 수 있는 부분이 크기 때문이다.

셋째, 국가안보를 이유로 보호주의를 실행하는 경우이다. 대부분 국가는 자국의 국가안보를 이유로 상품, 서비스, 기술 등의 국제적인 자유로운 이동을 제한하는 경우가 많다. 대표적으로 국가안보와 관련된 중요한 기술의 유출 가능성을 이유로 그러한 기술을 보유한 국내 기업에 대한 외국 기업의 인수를 불허하는 경우를 들 수 있다. 또한 국가안보에 위협이 되는 국가에 대해서 주요 전략 물자의 수출을 제한하는 조치도 국가안보를 이유로 자유로운 국제무역을 제한하는 사례라고 할 수 있다. 대표적으로 북한에 대한 핵무기 관련 원료물질 및 관련 부품 등에 대한 미국의 수출금지 및 금융거래 금지 조치가 여기에 해당한다고 하겠다.

넷째, 자국 문화 및 정체성을 보호해야 한다는 입장에서 보호주의가 필요하다고 보는 경우도 있다. 예를 들어 캐나다는 자국의 영화 등 문화산업의 보호에 매우 적극적인 입장을 취해오고 있는데, 미국, 멕시코, 캐나다 간 북미자유무역협정(NAFTA)의 개정 협상에서도 캐나다 입장에서 이 부분이 중요한 의제로 다뤄졌다. 캐나다는 미국의 대중문화가 무차별적으로 캐나다에 유입되어 캐나다 고유의 문화가 변질되는 것에 큰 우려를 갖고 있다. 프랑스는 외국 방송사가 프랑스 방송사의 소유권을 취득하는 것을 금지하고 있는데 이것도 자국 문화 및 정체성 보호의 관점에서 시행되고 있는 것이다.

제2절 국제무역에 대한 정부개입

각국 정부는 자국과 관련된 국제무역에 대해서 다양한 형태의 개입을 실행하고 있다. 물론 국제무역과 관련한 정부개입이 반드시 보호주의와 연계되어 있다고 말할 수는 없다. 하지만 이러한 정부개입이 보호주의 입장을 구현할 수단으로 활용될 수 있는 것은 분명하다. 국제무역에 대한 정부개입의 수단으로 잘 알려진 것에는 관세, 수입할당, 현지 조달의무, 규제 및 표준, 행정절차 및 관료주의, 보조금 등을 들 수 있다.

1. 관세

관세(tariff 또는 customs duty)는 국제적으로 거래되는 상품에 대해서 국경을 통과하는 시점에 국가가 부과하는 세금을 의미한다. 기본적으로 수입관세와 수출관세로 구분될 수 있으나, 전 세계적으로 현재 부과되는 대부분의 관세는 수입관세라고 할 수 있다. 관세는 해외 상품이 국내 항구 또는 공항 등 통관지점(port of entry)을 통과할 때, 관세당국(customs office)이 수입되는 상품에 대해서 부과한다.

관세는 그 산정방식에 따라 몇 가지로 구분될 수 있는데 가장 많이 활용되는 것은 수입물품의 가격에 일정 비율로 부과되는 종가세 방식의 관세(ad valorem tariff)

이다. 한편, 수입물품의 수량, 부피, 무게 등을 기준으로 일정 금액 또는 비율로 부과되는 종량세 방식의 관세(specific tariff)도 있다.

해외 시장을 진출하는 기업 입장에서 자신들이 생산하는 제품이 목표 해외 시장에서 얼마의 수입관세가 부과되는지를 파악하는 것이 중요하다. 또한, 주요 진출대상 국가들의 수입관세율을 비교하는 것이 해외 시장 진출에서 필요한 작업이다. 그런데 각 국가가 관세부과를 위해서 상품분류를 서로 다르게 적용한다면 많은 혼란이 있을 수 있다. 이러한 혼란을 방지하기 위해서 세계관세기구(World Customs Organization)는 국제통일상품분류체계(Harmonized Commodity Description and Coding System: HS코드)를 제정하였다. 국제통일상품분류체계는 무역거래 상품을 숫자코드로 분류하여 각국이 관세율 적용에 일관성을 유지하도록 하고 있다. HS코드는 10자리까지 사용할 수 있는데, 6자리까지는 국제적으로 공통이며 7자리부터는 각 국가가 추가적으로 세분화하여 부여할 수 있다. 우리나라는 10자리 HS코드(www.hscode.co.kr)를 사용하고 있는데, 미국도 10자리이며, 일본은 9자리, 중국은 8자리를 사용하고 있다.

세계적으로 수입관세는 지속적으로 낮아지고 있는 추세이다. 자유무역이 선진국이든 개도국이든 지속적으로 확대되고 있다는 점을 확인할 수 있다. 역사적으로 보면 개도국의 평균 수입관세율이 선진국의 평균 수입관세율보다 높지만 그 격

그림 5-1 전 세계 평균 관세율 추이

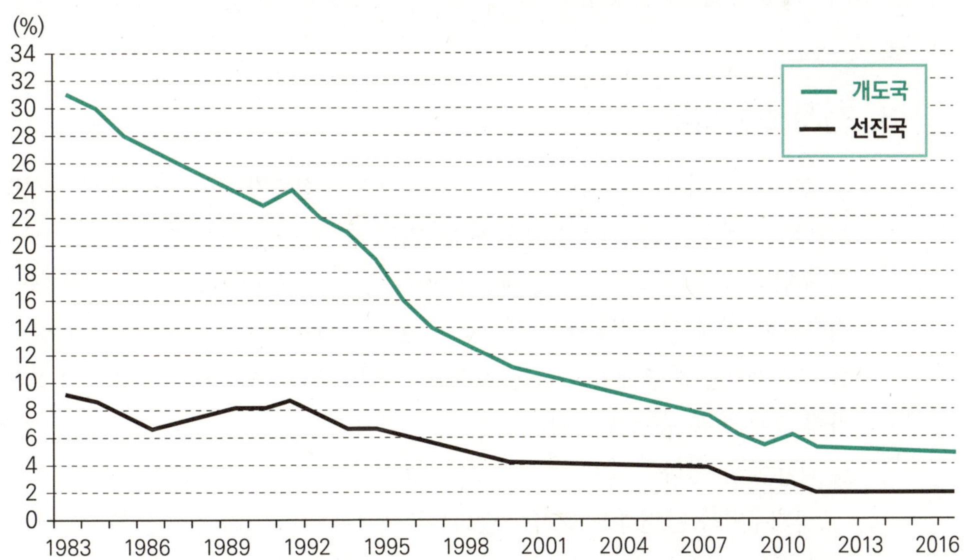

자료: 세계은행(http://data.worldbank.org) 자료를 기반으로 작성. Cavusgil, T., Knight, G., and Riesenberger, J. (2020), *International Business: New Realities*, 5th ed., Pearson 재인용.

차가 지속적으로 줄어들고 있으며, 최근에는 이 둘이 상당히 근접하고 있음을 알 수 있다. 한편, 상품별로 보면 농산품의 수입관세율이 공산품 수입관세율보다 대개 높은데, 이는 농산품의 경우 식량자급 문제, 농업 종사자들의 고용 문제 등 각국이 농업을 보호해야 할 많은 이유들이 있기 때문이다. 유럽연합과 같은 선진국에서도 소고기 수입관세율은 215%에 이르며, 시리얼 제품에 대해서도 116%의 수입관세율이 적용되고 있다.

2. 수입할당

수입할당은 쿼터(quota)라고도 불리는데 일정 기간 동안 한 국가로 수입될 수 있는 특정 물품의 수량을 일정 수준으로 제한하는 것을 말한다. 일반적으로 수입할당은 할당관세라는 관세제도와 연계되어 운영되는 경우가 많다. 할당관세(Tariff-Rate Quota: TRQ)란 특정 물품의 수입에 대해 일정한 수량의 쿼터를 정해놓고 해당 수량 또는 금액만큼 수입되는 분에 대하여는 낮은 관세율을 적용하고 그 이상 수입되는 분에 대해서는 높은 관세율을 적용하는 것을 말한다. 따라서 할당관세 형태의 수입할당이 이루어지는 경우 먼저 수입하여 낮은 관세를 부과받는 수입업자의 경우 가격경쟁우위를 확보할 수 있지만, 할당관세 물량이 소진된 이후에 수입하여 높은 관세를 부과 받는 수입업자의 경우 경쟁력 확보가 어려울 수 있다. 따라서 할당관세 물량이 소진된 이후에는 수입하기가 어렵기 때문에 자연스럽게 수입이 제한되는 효과가 있다.

3. 현지 조달의무

현지 조달의무(local contents requirement)는 현지국 정부가 외국 기업에게 자국에서 판매되는 제품의 총 가치의 일정 부분, 예를 들어 부품 등을 반드시 자국 현지에서 조달해야 한다고 요구하는 것을 말한다. 낮은 관세율 적용 등 무역특혜조치를 적용받기 위해서는 현지에서 생산된 부품을 사용하거나 현지에서 생산 및 조립 등 부가가치를 창출해야 한다는 것으로, 만약 기업이 현지에서 적정한 품질과 원가를 갖춘 부품 등을 확보하지 못할 경우 현지 조달의무는 외국 기업에 큰 부담으로 작용할 수 있다.

국제무역과 관련해서 현지 조달의무는 원산지(rules of origin) 규정 및 자유무역협정과 깊은 관련이 있다. 원산지 규정은 특정제품의 원산지를 판단하는 기준 및 확인하는 방법이나 절차 등을 규정한 것을 말한다. 원산지 규정은 여러 부분에서 활

표 5-1 국제무역에 대한 정부의 개입 유형의 내용과 영향

유형	내용	영향
수입관세	해외 상품이 통관하여 수입될 때 부과되는 조세	수입 상품 가격 인상으로 수입 억제
수입할당(쿼터)	일정 기간 동안 특정 물품의 수입물량을 제한(할당관세 형태로 부과)	물량 소진 전 수입 상품은 낮은 할당관세로 혜택받고, 소진 후 수입 상품은 정상 관세로 경쟁에서 불리
현지 조달 의무	현지 정부가 현지에서 판매할 제품에 부품의 일정 부분을 현지에서 조달하도록 요구	현지에서 추가 생산시설 확충에 따른 부담 발생 및 품질/비용 경쟁력이 없는 현지 부품 사용에 따른 경쟁력 약화
규제 및 표준	상품 제조 및 유통과 관련한 안전, 보건위생, 원산지표시, 기술표준 등의 준수 의무 부여	규제 및 표준의 미 준수 시 시장진출 불가 또는 추가 비용 발생
행정절차 및 관료주의	과도한 수입허가절차의 준수, 수입 관련 현지국 공무원의 수입지연 등 관료주의적 행동	행정절차 순응 비용 발생 및 수입지연에 따른 매출 기회 상실 등 손실 발생
보조금	정부가 다양한 목적하에 기업의 경쟁력 강화를 위해서 제공하는 재정적 지원	보조금 수혜기업은 해외 시장에서 경쟁력 확보 가능(수입국 정부는 보조금 효과를 무력화시킬 상계관세 부과 가능)

용되지만 최근에는 자유무역협정과 관련해서 중요한 의미를 갖고 있다. 자유무역협정의 경우 후속해서 자세하게 설명하겠지만 2개 이상의 국가가 회원국으로 참여하여 회원국 간 자유무역을 위해서 체결하는 협정이다. 자유무역협정에서는 회원국 간 무역거래에 대해서 무관세 또는 낮은 관세를 규정하는데, 이러한 관세혜택을 받기 위해서는 제품의 원산지가 동 자유무역협정의 회원국이어야 한다고 정하고 있다. 세계경제의 글로벌화로 국제생산네트워크가 복잡하게 형성되어 있기 때문에 특정 물품에 대해서 100% 회원국 내에서 생산될 것을 요구하는 것은 불가능하기 때문에 자유무역협정에서는 상품별로 부가가치를 기준으로 일정 수준 이상이 회원국 내에서 생산, 조달되어야 한다고 정하고 있다. 예를 들어 자동차가 북미자유무역협정(USMCA)에 따른 무관세 혜택을 받기 위해서는 차량 가치의 60% 이상이 미국, 캐나다, 멕시코를 원산지로 해야 한다. 미국에 소재하는 현지 공장에서 생산하는 일본이나 한국 자동차 회사의 자동차가 북미자유무역협정상 무관세 혜택을 받기 위해서는 최소 60% 이상의 부가가치 창출활동을 미국, 캐나다, 멕시코 내에서 수행해야 한다. 즉, 회원국 내 60%의 현지 조달의무가 있는 것이다.

4. 규제 및 표준

상품의 제조 및 유통과 관련한 정부의 규제 및 기술표준은 비관세장벽으로 작용하는 경우가 많다. 예를 들어 자동차 및 전자제품의 경우 정부는 강력한 안전기준을 적용하고 있는데 이러한 안전 기준을 충족시키지 못하는 해외 생산 제품은 국내 시장에서 유통될 수 없기 때문에 자연스럽게 수입 규제가 될 수 있다. 예를 들어 자동차가 판매되기 위해서는 에어백의 반응 속도 등 일정한 수준의 안전을 보장할 수 있는 품질 기준에 충족할 것을 규정하는 것이다. 또 다른 예로 식품가공에서 적용하는 보건위생규정을 통해서도 수입식품의 국내 시장 진입을 제한할 수 있다. 한편, 제품의 원산지를 반드시 표기하도록 하는 상품표시규정도 수입을 제한하는 기능을 할 수 있다. 중국산 제품에 대한 신뢰가 높지 않은 상황에서 원산지를 반드시 표기하도록 하는 조치는 수입수요를 감소시킬 수 있다. 또한 일정한 기술표준을 적용하도록 하는 규정을 통하여 수입을 제한할 수도 있는데, 특히 정보통신기술 분야처럼 기술의 상대성과 호환성이 중요한 분야의 경우 수입제품에 대해서 설정된 기술표준 적용 여부가 수입허가에서 중요한 요건이 되는 경우가 많다.

5. 행정절차 및 관료주의

과도한 행정절차 및 관료주의도 자유로운 무역을 저해하는 비관세 무역장벽으로 작용할 수 있다. 예를 들어 특정 물품에 까다로운 수입허가 절차가 적용되는 경우가 있는데, 이러한 행정절차로 수입하는 과정에 시간이 많이 소요되거나 불확실성에 따른 경제적 부담이 커질 경우 수입 자체를 포기하는 경우가 발생할 수 있다. 수입 관련 업무에 종사하는 공무원들의 관료주의도 보이지 않는 비관세 무역장벽이 될 수 있다. 통관에 필요한 서류를 심사하는 공무원이 명확한 이유 없이 검토할 시간이 필요하다면서 계속 통관을 지연시킬 수 있다. 특히, 수입허가가 필요한 물품의 경우 담당 공무원이 허가를 위한 심사에 많은 시간이 소요된다고 이야기하거나 추가적인 서류를 계속 요청하면서 수입허가를 지연시킬 수 있다. 이처럼 행정 투명성이 떨어지는 개도국의 경우 행정절차 및 관료주의 때문에 수입에 많은 애로를 겪는 경우가 많다.

6. 보조금

세계 각국 정부는 산업 발전, 고용 창출, 기술개발 촉진 등 다양한 목적하에 기업들에 재정적 지원을 제공한다. 이처럼 정부가 기업에 제공하는 금전적 또는 비금전적 지원을 보조금(subsidy)이라고 한다. 비금전적 지원의 경우 기업에 직접 제공되지는 않지만 기업에게 간접적으로 혜택을 줄 수 있는 도로, 항만 등 인프라 조성을 통한 지원을 예로 들 수 있다. 기업이 정부로부터 보조금을 받을 경우 그 기업은 국제경쟁에서 추가적인 경쟁우위를 확보할 수 있게 된다. 따라서 보조금 수혜기업이 수출을 통해서 해외 시장에 제품을 판매할 경우 그 해외 시장 국가의 국내 기업은 경쟁에서 불리한 위치에 놓이게 된다. 외국의 공급자가 공급국 정부로부터 보조금을 받아 수출경쟁력이 높아진 물품이 어느 나라에 수입됨으로써 해당국 국내산업의 피해가 있거나 피해를 입을 우려가 있을 경우 수입국 정부는 보조금을 받은 외국 기업의 수입물품에 대해서 별도의 관세를 부과할 수 있다. 이 관세를 상계관세(countervailing duties)라고 한다. 즉, 보조금에 따른 경쟁왜곡 효과를 제거하기 위해서 부과하는 관세인 것이다.

제3절 개방경제체제 접근방법

한 국가가 폐쇄적인 경제체제에서 개방적인 경제체제로 전환하는, 즉 국제적인 자유무역을 확대해 나가는 접근방법은 크게 세 가지로 구분될 수 있다. 자발적인 시장개방을 통한 시장자유화(market liberalization), 세계무역기구(World Trade Organization: WTO) 다자무역체제(multilateral trade system) 참여를 통해서 자유무역을 확대하는 접근, 그리고 다양한 형태의 지역무역협정(regional trade agreement)의 체결로 지역경제통합체를 만들어 자유무역을 확대하는 접근으로 구분된다.

1. 자발적인 시장개방

자발적인 시장개방을 통한 시장자유화는 정부가 스스로 자국의 시장개방에 대한 계획을 세우고 외국 기업에 국내 시장을 점진적으로 열어주는 일련의 과정을 말한다. 각국 정부는 자국 산업의 발전 등 국제경쟁력 확보 상황과 외국 기업 경쟁 도입 시 자국 산업의 발전가능성 등을 종합적으로 판단하여 산업별로 시장개방 시기와 수준을 계획하고 무역장벽을 점진적으로 완화해나갈 수 있다. 한국 정부가 1960년대 초 경제개발을 시작하면서 1995년 1월 1일부터 WTO 회원국으로 참여하기 전까지 취했던 시장개방정책이 이러한 자발적인 시장개방을 통한 시장자유화라고 볼 수 있다. 중국이 1949년 공산국가로 출발하면서 오랫동안 폐쇄적인 중앙계획경제 시스템을 운영하다가 덩샤오핑이 1978년 중국공산당 제11기 중앙위원회에서 제안하여 시작되어 2001년 WTO 가입 이전까지 추진한 대외개방정책도 이러한 자발적인 개방을 통한 시장자유화라고 할 수 있다. 자발적인 개방을 통한 시장자유화 정책은 정부가 자국의 경제상황에 맞게 개방의 수준 및 속도를 조절하면서 개방의 이점을 최대한 얻겠다는 점에서 장점을 가지고 있지만, 개방의 수준 측면에서는 한계가 있을 수 있다.

2. 다자주의와 지역주의

자발적인 개방을 통한 점진적 시장자유화는 정부가 스스로 결정하여 진행시키지만, 나머지 두 접근방법인 WTO 다자무역체제 참여 또는 지역무역협정의 체결 등을 통한 개방은 국제적인 협정을 체결하여 무역 상대방 국가와 구속력 있는 약속을 전제로 추진한다는 점에서 차이가 있다. WTO 다자무역체제 참여든 지역무역협정의 체결이든 상대방이 있는 무역협상을 통해서 개방을 추진한다는 점에서 상대방 국가의 높은 수준의 개방 요구에 직면하게 된다. 일방 국가가 상대방 국가의 시장진출기회를 확보하기 위해서는 상대방 국가의 일방 국가에 대한 개방 요구도 상당 부분 들어주어야 협상이 타결된다. 따라서 이 두 접근방법이 자발적인 시장자유화 방식보다 훨씬 더 높은 수준의 시장개방으로 연결될 수 있다.

WTO 다자무역체제 참여 방식과 지역무역협정의 체결을 통한 지역경제통합체 추진방식에 대한 구체적인 내용은 다음 절에서 설명이 이루어지기 때문에 여기서는 이 두 방식 중에서 어느 방식이 더 높은 수준의 시장개방으로 연결될 수 있는지만 논의한다. 간단히 다음 사례를 통해서 이 두 방식의 시장개방 수준의 차이를 비교해보자. 다자무역협정인 WTO 가입을 통해서 WTO 회원국에게 시장을 개방

표 5-2 개방경제체제 이행 접근방법

접근방법	내용	개방 수준
자발적 시장개방	자국의 시장개방 계획과 일정을 수립하고 점진적으로 시장 개방	낮음
다자무역체제	전 세계 거의 모든 국가가 참여하는 세계무역기구의 무역협정을 통하여 시장 개방	중간
지역경제통합체	자유무역협정 등 지역무역협정을 통해 지리적으로 인접하거나 경제발전 수준이 비슷한 국가들이 상호 시장 개방	높음

하는 경우와 현재 가장 높은 수준의 지역경제통합체인 유럽연합(European Union: EU)에 가입하여 EU 회원국에 시장을 개방하는 경우를 가정하여 비교해보자. 어느 접근 방식이 더 높은 수준의 국내 시장 개방으로 연결되는가? 당연히 하나의 나라처럼 자유로운 경제활동이 이루어지는 EU에 가입하는 경우라고 답할 것이다.

그러면 왜 WTO 다자무역체제에 참여하는 것보다 EU와 같은 지역경제통합체에 참여하는 것이 더 높은 수준의 시장개방으로 연결되는가? 이것은 각 경우 협정의 목적 등 여러 요인과 관련이 있지만, 기본적으로 협상에 참여하는 국가의 수와 그들의 경제발전 단계와 관련이 있다고 하겠다. 2024년 8월 기준 WTO 회원국 수는 모두 166개국이다. 전 세계 대부분의 국가들이 참여하고 있다. 따라서 WTO 회원국들은 경제발전단계는 서로 큰 차이가 있다. 국가의 경제발전단계가 다르면 시장개방의 장점과 단점에 대한 인식에서도 큰 차이를 보일 수밖에 없다. 경제발전단계가 다른 166개 국가가 농산품과 같은 특정 물품에 대한 시장개방을 하나의 협의안으로 도출하는 것은 매우 어려울 것이다. 각 회원국은 자국의 특별한 사정이 고려되어야 한다고 주장할 수 있어서 설령 합의에 이른다고 하더라도 개방의 수준은 낮은 수준에서만 가능한 것이다. 반면, 지역무역협정의 경우 대체로 경제발전단계가 유사하고 지리적으로 인접한 소수의 국가들 사이에서 추진되기 때문에 회원국 간 높은 수준의 상호 시장개방이 합의될 가능성이 높은 것이다.

개방경제체제로 나아가는 세 가지 접근방법 중에서 가장 낮은 수준의 개방은 자발적인 시장개방을 통한 시장자유화 접근방법에서 나타나며, WTO 다자무역체제 참여가 그 다음으로 높은 수준의 개방으로 연결되며, 지역무역협정에 근거한 지역경제통합체 참여하는 경우 가장 높은 수준의 개방으로 연결된다고 하겠다.

우리나라가 개방경제체로의 이행한 과정을 보면 이 세 접근방법을 순서대로 채택하였음을 알 수 있다. 앞서 설명한 대로 본격적인 경제개발 추진이 시작된 1962년부터 WTO 회원국이 된 1995년 이전까지의 기간이 자발적인 시장개방에 중점을 둔 시장자유화 추진 기간이었고, 1995년 이후부터 우리나라 최초의 지역무역협정인 한·칠레 자유무역협정이 발효된 2004년 4월 이전까지 약 10년의 기간은 WTO 다자무역체제 중심의 개방경제체제 추진 단계였다고 할 수 있다. 그리고 2004년 4월 한·칠레 FTA 발효 이후 2025년 4월 현재까지는 한·미 FTA, 한·EU FTA, 한·중 FTA, 한·ASEAN FTA, 한·인도 FTA 등 총 22개 FTA가 발효되었고, 다수의 FTA 협상을 계속 추진하고 있다는 점에서 지역무역협정에 중점을 둔 개방경제체제 추진 기간이라고 할 수 있다.

제4절 WTO 다자무역체제

1. 다자무역체제의 전개 과정

제2차 세계대전 이후 미국의 주도하에 상품교역과 관련한 전 세계적인 차원의 관세 인하를 목표로 하는 다자간 무역협정이 추진되었다. 미국의 제안으로 1946년 UN은 가칭 국제무역기구(International Trade Organization) 헌장을 만드는 작업을 시작했고, 1948년 3월 56개 국가가 서명한 하바나헌장(Havana Charter)을 통해서 ITO의 설립 및 국제무역에 대한 기본원칙들이 합의되었다. 그러나 1950년 미국 의회 비준이 무산되면서 ITO는 출범하지 못했다.

그러나 ITO 추진과 병행하여 1945년부터 미국 등 23개 국가가 상품교역에 대한 관세인하를 목표로 협상을 해오던 '관세 및 무역에 관한 일반협정(General Agreement on Tariffs and Trade: GATT)'이 1947년 10월 타결되었다. 협상 참여 23개 국가 중 미국, 영국, 캐나다, 호주, 프랑스, 벨기에, 네덜란드, 룩셈부르크 등 8개국이 GATT 적용 의정서에 서명함으로써 GATT 중심의 다자무역체제가 1947년 10월 출범하게 되었다. 1950년 무산된 ITO 헌장의 주요 내용은 이후 GATT의 일부분으로 들어오게 된다.

GATT 체제는 제8차 협상인 우루과이라운드(Uruguay Round) 이전에 7차례 협상을 통해서 발전되어 왔다. 이후, 1994년 협상이 완료된 우루과이라운드를 통해서 1995년부터 세계무역기구(WTO)가 출범하게 되었다. WTO의 설립목적은 글로벌 무역자유화를 통해서 전 세계적인 경제발전을 이루는 것이다. WTO 체제의 핵심원칙은 차별 없는 교역, 교역의 자유화, 예측가능성, 공정경쟁의 촉진, 경제개발 및 개혁의 장려이다. 우리나라는 1967년 4월에 GATT에 가입했으며, 1995년 1월 1일 WTO 출범과 함께 WTO 회원국이 되었다.

WTO의 출범으로 상품교역을 다루는 기존 GATT 협정은 WTO 협정의 하나로 남게 되었고, 추가적으로 서비스 분야, 농업 분야, 보조금 및 상계관세 등 다양한 분야에서 다자무역협정이 체결되었다. 1995년부터 현재까지 다자무역체제는 일부 발전된 사항이 있기는 하지만 우루과이라운드 협상결과의 기조에서 큰 진전이 있지는 않다.

WTO 제네바 본부

자료: www.wto.org

2. 현행 WTO 체제의 주요 내용

GATT 체제와 비교해서 WTO 체제는 세 가지 점에서 차이가 있다. 첫째, GATT가 다루고 있는 상품무역 이외에도 서비스, 농업, 보조금, 지식재산권 등 국제교역의 다양한 분야를 다루는 협정들이 추가되었다는 점이다. 둘째, 사무국 형태의 국제기구 조직운영 체계를 갖추었다는 점이다. 셋째, WTO 다자무역규범의 적용과 관련하여 회원국 간 분쟁이 발생할 경우 이를 해결할 수 있는 분쟁해결절차를 갖추고 있다는 점이다.

WTO 체제에서 새롭게 추가된 협정을 보면, '서비스무역에 관한 일반협정(General Agreement on Trade in Service: GATS)', 지식재산권의 효과적이고 적절한 보호를 위한 '무역 관련 지식재산권에 관한 협정(Agreement on Trade-Related Aspects of Intellectual Property Rights: TRIPS)', 공정하고 시장 지향적인 농산물무역체제 확립을 위한 '농업에 관한 협정(Agreement on Agriculture: AoA)', 외국인투자 규제 및 인센티브의 무역왜곡효과를 방지하기 위한 '무역 관련 투자조치에 관한 협정(Agreement on Trade-Related Investment Measures)', 보조금 및 상계관세제도를 보다 명확하게 규정하여 별도 협정으로 제정한 '보조금 및 상계조치에 관한 협정(Agreement on Subsidies and Countervailing Measures: SCM Agreement)', 보다 명료하고 통일된 원산지규정을 확립하기 위한 '원산지규정에 관한 협정(Agreement on Rules of Origin)' 등을 들 수 있다. 이들 추가적인 협정들로 인해서 글로벌 무역자유화의 범위와 수준이 한층 확대되었다.

WTO의 조직은 최고의사결정기구로 2년마다 개최되는 각료회의(Ministerial Conference)가 있지만 통상적인 기간에는 일반이사회(General Council)가 WTO 업무의 모든 측면을 감독한다. 일반이사회는 연간 5~6회 정도 수시로 열린다. 일반이사회 산하에는 상품무역이사회(Council for Trade in Goods), 서비스무역이사회(Council for Trade in Services), 지식재산권이사회(Council for TRIPS) 등 분야별 이사회가 해당 분야별 협정 운영을 감독한다.

한편, WTO 다자무역체제가 안정적으로 유지되기 위해서는 앞서 언급한 WTO 협정들로 구성된 다자무역규범의 적용과 관련하여 발생될 수 있는 무역 분쟁을 공정하고 효율적으로 해결하는 것이 중요하다. 이에 따라 기존 GATT 체제에서 미흡했던 분쟁해결절차를 명확하게 규정하고, 분쟁해결패널의 설치, 판정 및 이행 등을 법적으로 담보할 수 있게 되었다. WTO 분쟁해결절차를 통해서 다자무역체제는 더욱 안전하고 예측가능하게 되었다.

3. 다자무역협상의 경과 및 전망

WTO는 1995년 출범 이후 글로벌 경제 환경의 변화 등을 반영하여 추가적인 다자무역협상을 추진하였다. 2001년 카타르 도하에서 개최된 WTO 제4차 각료회의에서는 새로운 다자무역협상의 다양한 의제들이 제시되었다. 새로운 협상 의제를 총칭하는 이름은 '도하개발아젠다(Doha Developement Agenda: DDA)'라고 불리게 되었는데, 이는 새로운 다자무역협상에서 개도국들의 경제개발 측면이 충분히 고려되어야 한다는 취지와 관련이 있다.

DDA 협상 의제는 농업, 비농산물 시장 접근, 서비스, 무역원활화, 규범, 무역과 환경, 지식재산권, 개도국 우대, 분쟁해결절차 등의 분야로 구성하여 협상을 개시하였으나 선진국과 개도국 간 입장 차이로 협상에 진전이 없이 상당 기간 교착상태로 있었다. 2011년 제8차 각료회의 시 DDA 협상 의제 중 합의 가능한 분야에서 우선적으로 협상 진전을 도모하기로 합의하고, 2013년 발리에서 개최된 제9차 각료회의에서 무역원활화, 농업 일부, 개도국 우대 등 3개 분야로 구성된 '발리 패키지'를 타결하였다. 발리 패키지 타결로 WTO의 기능 및 역할에 대한 신뢰를 회복하는 계기가 마련되었다는 평가가 있다. 가장 최근 개최된 각료회의는 아랍에미리트 아부다비에서 열린 제13차 각료회의였다. 동 각료회의에서 "소수 회원국이 체제 전반을 교란할 수 있는 의사결정 방식은 WTO 체제의 지속가능성에 심각한 문제가 될 수 있으며, 후속 협상에서도 리스크로 작용할 수 있으므로 중장기적으로 WTO의 의사결정 규칙에 관해 재검토가 필요하다"는 의견이 제시되었으나(대외경제정책연구원, 2024), 합의가 도출되지 못하는 등 2025년 현재 글로벌 차원의 다자무역협상은 여전히 교착상태에 있다. 여기에 최근 미국과 중국이 무역 갈등이 격화되면서 WTO 다자무역체제의 미래는 밝지 않다고 하겠다.

제5절 지역경제통합

지역경제통합(regional economic integration)은 몇몇 국가(회원국)가 서로의 시장에 대해서 특혜적으로 관세인하 및 자유로운 시장접근을 허용하면서 하나의 경제공동체를 형성하는 것을 말한다. 여기서 특혜적이라는 말은 통합에 합의한 국가들이 서로에 대해서만 관세철폐 및 인하, 기타 비관세 장벽의 제거 등 자유무역의 혜택을 제공한다는 점을 의미한다. 지역경제통합은 기본적으로 비회원국에 대해서는 이러한 특혜적 무역조치를 제공하지 않으며, 경우에 따라서는 비회원국에 대해서 경제통합체 차원의 단일 통상 및 경제정책을 펼치는 경우도 있다. 지역경제통합체는 통합의 내용과 수준에 따라서 그 형태가 자유무역지역, 관세동맹, 공동시장, 경제통화동맹, 정치동맹 등 다섯 가지로 구분된다.

1. 자유무역지역

자유무역지역(free trade area)은 자유무역협정(Free Trade Agreement: FTA)의 체결을 통해서 만들어지는 지역경제통합체를 말한다. 자유무역협정은 2개 이상의 국가들이 관세 및 비관세 장벽 등 무역장벽, 그리고 많은 경우 투자장벽까지 철폐 또는 감축하여 회원국 간 무역과 투자가 자유로운 하나의 경제공동체를 형성하는 협정을 말한다. 대표적인 자유무역지역으로는 북미자유무역지역(North America Free Trade Area)를 들 수 있는데, 미국, 멕시코, 캐나다가 체결한 북미자유무역협정(NAFTA)(2018년 개정 이후 미국·멕시코·캐나다협정(US-Mexico-Canada Agreement: USMCA)으로 명칭 변경)에 따라 형성되었다. 우리나라도 2004년 한·칠레 FTA 이후 2025년 4월 현재까지 총 22개 FTA를 발효한 상태로 미국, 유럽연합, 중국, 인도, 아세안, 호주, 캐나다 등과 각각 자유무역지역을 형성하고 있다.

2. 관세동맹

관세동맹(customs union)은 자유무역지역에서 한 단계 더 발전된 형태의 지역경제통합체로 자유무역지역과 같이 회원국 간 무역장벽이 철폐되어 있으면서 동시에 해당 경제통합체가 비회원국, 즉 경제통합체 역외 국가에 대해서 하나의 통일된 관세체계를 적용하는 경우이다. 자유무역지역의 경우 회원국 간 하나의 자유무역지역을 형성하고 있지만, 비회원국인 역외국가로부터 어느 회원국으로 물품이 수입되는 경우 각 회원국은 자국의 독자적인 관세체계를 적용한다. 그러나 관세동맹단계까지 나아가게 되면 역외국으로부터 수입이 어느 회원국으로 수입되든 회원국들이 합의한 하나의 통일관세체계, 즉, 공동역외관세(common external tariff)가 자유무역지역 전체에 대해서 동일하게 적용된다. 이러한 공동역외관세가 필요한 이유는 기본적으로 무역굴절(trade deflection) 현상을 방지하기 위해서이다. 무역굴절이란 역외 상품이 회원국 중에서 낮은 관세율을 갖고 있는 회원국의 세관을 통하여 수입된 다음 높은 관세율을 갖고 있는 회원국으로 유입되는 것을 말한다. 현재 관세동맹단계에 있는 경제통합체로 1991년 브라질, 아르헨티나, 우루과이, 파라과이가 결성한 남미공동시장(MERCOSUR)을 들 수 있다. 남미공동시장은 바로 이어서 설명할 공동시장과 같은 명칭을 사용하지만, 내용적인 측면에서는 관세동맹 단계라는 점에 주의할 필요가 있다.

그림 5-2 한국이 체결한 자유무역협정(22건, 59개국, 2025년 4월 발효 기준)

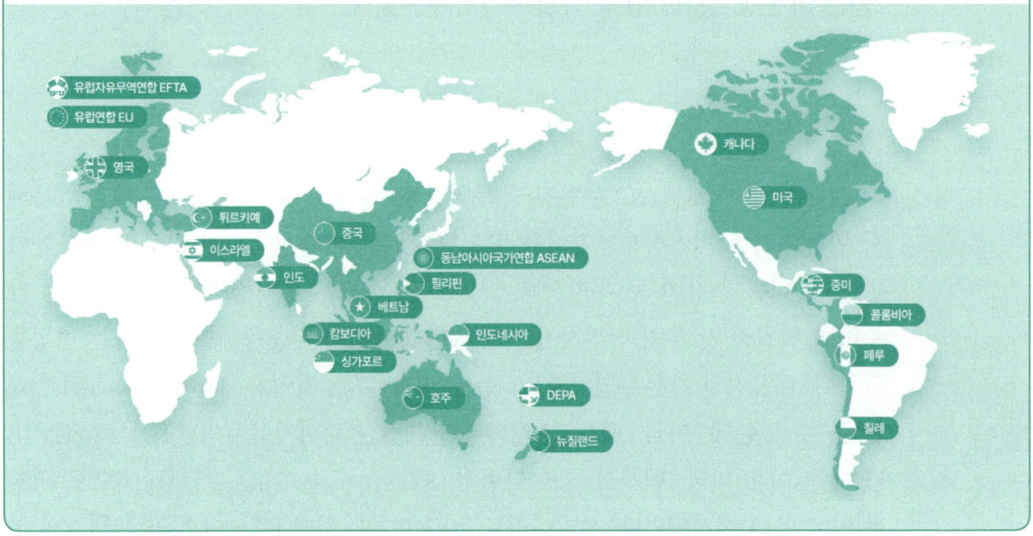

자료: 산업통상자원부, FTA통합사이트(https://www.fta.go.kr/ftamain/), 2025년 4월 30일 기준.

3. 공동시장

공동시장(common market)은 관세동맹에서 한 단계 더 진보된 형태의 지역경제통합체로 자유무역지역과 관세동맹의 경제통합 관련 사항들에 추가하여 상품 및 서비스의 자유로운 이동뿐만 아니라 자본과 노동과 같은 생산 요소의 자유로운 이동까지 추구하는 통합체를 말한다. 유럽연합이 출범하기 이전 단계에 있었던 유럽경제공동체(European Economic Community: EEC)가 그 예라고 하겠다. 상품 및 서비스의

표 5-3 지역경제통합체의 유형과 통합의 내용

유형	경제통합의 내용					사례
자유무역 지역	관세/비관세 장벽 철폐					USMCA
관세동맹	관세/비관세 장벽 철폐	역외 공동관세				MERCOSUR
공동시장	관세/비관세 장벽 철폐	역외 공동관세	생산 요소 이동자유			EEC
경제통화 동맹	관세/비관세 장벽 철폐	역외 공동관세	생산 요소 이동자유	공동경제정책 (단일통화)		EU(유로)
정치동맹	관세/비관세 장벽 철폐	역외 공동관세	생산 요소 이동자유	공동경제정책 (단일통화)	단일 정치체계 귀속	사례없음

그림 5-3 EU 27개 회원국(2024년 기준)

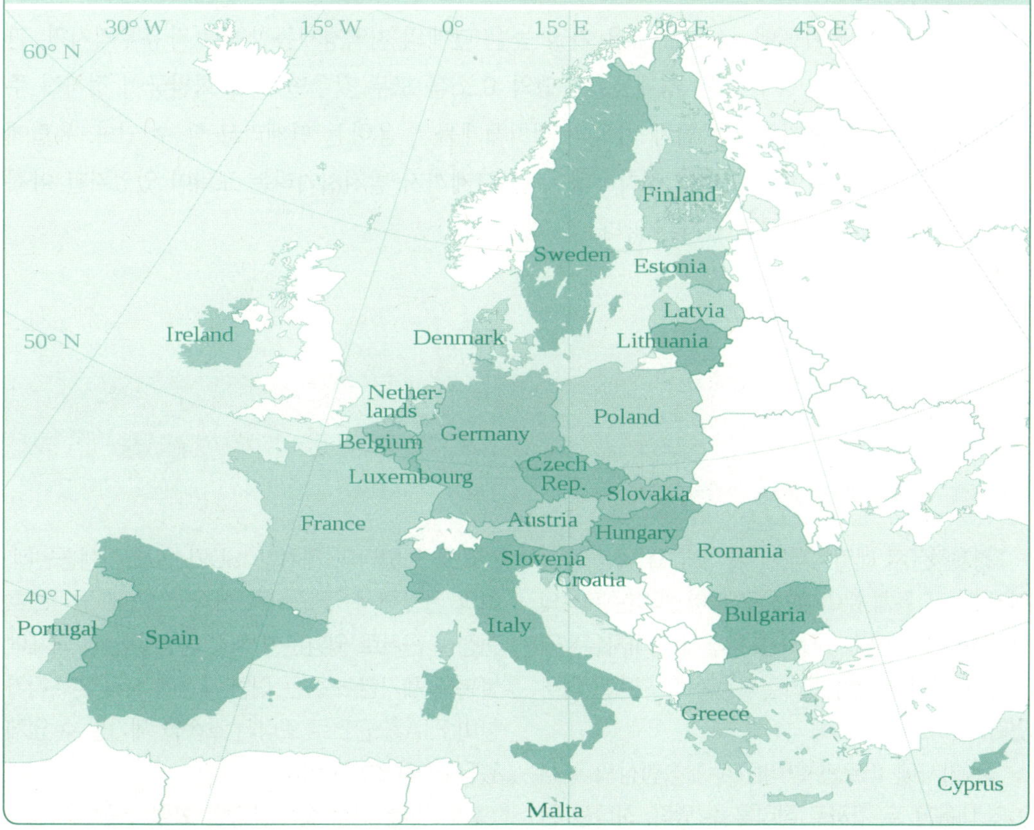

자료: https://en.wikipedia.org/wiki/Member_state_of_the_European_Union

자유로운 이동뿐만 아니라 자본과 노동 등 생산 요소도 자유롭게 이동하면서 회원국 간 경제통합의 강도는 더욱 강력하게 된다.

4. 경제통화동맹

경제통화동맹(economic and monetary union)은 공동시장 단계에서 한 단계 더 진보된 형태의 지역경제통합체로 자유무역지역, 관세동맹, 공동시장의 경제통합 요소를 모두 포함하고 있으면서 추가적으로 회원국들의 주요 경제정책에서 높은 수준의 통일을 추구하는 통합체이다. 특히, 통화정책 측면에서 회원국들이 고유의 통화를 포기하고 경제통합체 차원의 하나의 통화를 도입하는 경우이다. 단일 통화인 유로(euro)를 도입하고, 금융, 재정, 조세 등 여러 경제정책 분야에서 상당한 조화를 추진한 유럽연합이 이러한 경제통화동맹 단계까지 발전한 지역경제통합체라고 할 수 있다.

5. 정치동맹

정치동맹(political union)은 가장 높은 단계의 지역경제통합체로 자유무역지역, 관세동맹, 공동시장, 경제통화동맹의 요소를 모두 갖추면서 각 회원국이 정치적 주권을 포기하고 통합체 차원의 정치체계를 수용하는 단계라고 할 수 있다. 유럽에서 유럽연합을 넘어 정치동맹 수준 단계까지 발전시키려는 노력이 있었지만 아직까지 실현되고 있지는 않다.

마감사례

한미FTA의 효과 및 재협상의 파급 효과

경제전문지 매일경제는 "韓, ISD訴 남용 막는 대가로… 자동차 분야 美 요구 들어줬다"는 제목의 2018년 9월 26일자 기사를 통해서 한미자유무역협정(FTA)의 개정협상 타결내용과 그 의미를 다루었다.

동 기사에 따르면 한미FTA 개정협상의 핵심 합의 내용은 두 가지로 정리될 수 있다. 하나는 한국정부가 요구하여 관철된 것으로 미국계 투자자가 한미FTA에서 투자자·국가 분쟁해결제도(ISD)를 남용해 소송을 제기하는 것을 제한할 수 있게 되었다는 내용이다. 다른 하나는 미국정부가 요구한 사항으로 한국산 픽업트럭에 대한 미국의 수입관세의 철폐시기를 연장하기로 했다는 내용이다.

첫 번째 이슈인 ISD의 제한과 관련해서 기사는 "ISD는 한국 정부의 법과 제도로 손해를 본 미국 투자자가 국제 중재기구에서 정부를 상대로 손해배상을 요구할 수 있어 사법주권을 침해한다는 지적이 제기되어 왔다. 특히 다른 투자협정을 통해 ISD를 시작했을 때 같은 사안에 대해 한미 FTA를 통해 다시 ISD 절차를 개시하는 것을 불가능하게 했다"고 전하며, 관련 합의사항의 내용을 설명하고 있다. 특히, 미국계 사모펀드 론스타가 외환은행매각과 관련해서 한국 국세청의 과세 등과 관련해서 손해를 보았다며 제기한 ISD가 현재 진행중인데, 이와 관련해서 "론스타가 한국·벨기에 투자보호협정을 근거로 외환은행 매각 승인 지연과 과세에 불복해 제기한 소송은 이번 개정에 따라 론스타가 한미 FTA를 근거로 또다시 소송을 제기할 수 없게 됐다"고 지적하고 있다.

두 번째 핵심 합의사항인 화물자동차(픽업트럭)의 관세철폐와 관련해서 기사는 "원래 미국이 2021년 1월 1일 철폐할 예정이었던 화물자동차(픽업트럭) 관세를 20년 더 유지해 2041년 1월 1일 없애기로 했다. 자동차는 관세가 2.5%인데 픽업트럭은 25%다. 당분간 국내 자동차업체가 미국에 픽업트럭을 수출하는 것은 관세로 인한 가격 경쟁력 측면에서 사실상 불가능한 셈이다"라고 지적하고 있다.

한편, 대외경제정책연구원(KIEP)는 2022년 3월 11일에 한미 FTA 발효 10년 기간 동안 경제적 성과를 종합적으로 분석한 보고서를 발표했다. 동 보고서는 "한미 FTA 이후 양국간의 무역 및 투자 관계가 전반적으로 크게 확대되었으며, 특히 고부가가치 분야를 중심으로 심화·발전되면서 양국 경제의 효율성과 생산성 제고에 기여"했다고 평가하고 있다. 또한 "한미 FTA로 인해 국내 산업 피해가 우려되었던 분야에서는 보완대책 수립과 함께 해당 분야 경제주체의 경쟁력 강화 노력의 결과로 당초 예상되었던 부작용이 완화되고 일부에서는 긍정적인 변화도 나타났다"고 평가했다.

동 보고서는 한국과 미국이 "한미 FTA를 통해 진전된 양국 간의 경제 및 제도적 협력의 성과를 바탕으로 디지털, 기술, 환경, 노동 등 다양한 미래 협력 의제에 보다 효과적으로 대응할 수 있는 양국 간 공조체계를 구축해나갈 필요가 있다"며 한미 경제협력을 더욱 강화해나가야 한다고 지적하고 있다.

참고자료: 대외경제정책연구원(2022), "한미 FTA 발효 10년 성과와 시사점", KIEP 오늘의 세계경제, Vol. 22 No. 4, 2022년 3월 11일; 매일경제, "韓, ISD訴 남용 막는 대가로… 자동차 분야 美 요구 들어줬다", 2018년 9월 26일자.

질문

1. 한미 FTA 체결로 한국과 미국이 하나의 자유무역지역을 형성하는 경제통합을 이루었는데, 자유무역의 혜택이 이론에서처럼 양국 모두에게 이익이 되었다고 생각하는가? 한미 FTA의 성과를 분석한 보고서(대외경제정책연구원, 2022년 보고서 "한미 FTA 발효 10년 성과와 시사점" 참고)를 조사해보고 답변하시오. 특히, 한국의 대미 자동차 수출에 어떤 영향을 미쳤는지를 살펴보시오.
2. 한미 FTA 재협상에서 한국 정부는 왜 투자자·국가 분쟁해결제도(ISD)를 남용해 소송을 제기하는 것이 제한되어야 한다는 주장을 하게 된 것인가? 미국계 사모펀드 론스타가 외환은행 매각과 관련해서 한국 정부를 상대로 투자자 대 국가 분쟁해결 소송의 경과에 대해서 조사하고 발표하시오.
3. 한미 FTA 재협상에서 미국측 요구의 핵심이었던 픽업트럭에 대한 관세를 20년 더 연장하게 된 것은 현대자동차의 픽업트럭 생산계획에 어떤 영향을 미치고 있는가? 현대자동차가 2021년 출시한 첫 픽업트럭인 '싼타크루즈' 모델을 어디에서 생산하기로 했는가? 한미 FTA의 개정이 '싼타크루즈' 생산지 결정에 영향을 미쳤다고 보는가? 그 이유를 설명하시오.

토의과제

1. 자유무역이 필요한 이유는 무엇인가?
2. 각국이 보호주의를 실행하는 이유를 설명하시오.
3. 무역에 대한 정부개입의 유형과 내용 및 그 영향을 설명하시오.
4. 시장개방 이행의 세 가지 접근방법과 그 개방수준에 대해서 설명하시오.
5. WTO 다자무역체제의 전개과정, 내용 및 전망에 대해서 설명하시오.
6. 지역경제통합체의 유형, 내용 및 사례에 대해서 설명하시오.

Chapter 06

국제투자 환경

학습목표

1. 국제투자 환경을 이해하고 해외직접투자에 대한 개념을 이해한다.
2. 해외직접투자의 동향을 파악하고 이해한다.
3. 해외직접투자와 관련된 정부 개입을 이해한다.
4. 우리나라의 해외직접투자 및 외국인직접투자 정책을 이해한다.

도입사례

SK이노베이션의 미국 전기차 배터리 공장 투자

에너지 분야 전문지인 에너지경제는 2018년 11월 27일자에 SK이노베이션이 미국에 전기차 배터리 공장을 건설하는 투자를 결정했다는 기사를 내보내면서, 경쟁업체인 LG화학 및 삼성SDI 등 국내 전기차 배터리 3사의 글로벌 시장 차원의 경쟁을 보도했다.

동 기사에 따르면 SK이노베이션은 미국 조지아주 잭슨카운티에 소재하는 커머스라는 도시에 연간 9.8GWh 규모의 전기차 배터리 공장 건설을 위해서 1조 1,396억 원을 투자하기로 했다고 한다. SK이노베이션은 2019년 초에 공사를 시작해서 2022년부터 전기차 배터리를 대량생산한다는 계획을 밝혔다고 한다. SK이노베이션은 "투자 진행을 위해 현지 법인 'SK배터리 아메리카(가칭)'를 설립하고 향후 건설 투자비, 운전자본금 등을 연도별 분할 출자 형태로 투자하기로 했다"고 보도했다.

동 기사는 "이번 결정으로 SK이노베이션은 미국 내 생산 거점을 확보해 한국, 중국, 유럽, 미국에 이르는 글로벌 4각 생산체계를 완성하게 됐다"고 지적하고 있다. 특히, 투자지역인 조지아주와 관련해서는 "폭스바겐, BMW, 다임러, 볼보, 현대·기아차 등 글로벌 자동차 회사들이 위치한 미국 남동부의 생산 거점과의 연계성을 감안한 성장성 측면에서도 최적지로 평가받고 있다"고 지적하고 있다. SK이노베이션 사장은 "SK이노베이션은 배터리 사업의 경쟁력 확보를 위해 글로벌 주요 시장에 생산 거점 확보와 수주 증대를 적극 추진해 왔다"면서 "글로벌 자동차 최대 격전지에서 의미 있는 성공을 거둬 제2의 반도체로 평가받는 배터리 사업에서 글로벌 탑 플레이어로 성장해 나갈 것"이라고 말했다고 보도했다.

한편, 경쟁사인 LG화학은 "한국·중국·유럽·미국에 4개 전기차 배터리 생산 거점을 보유했고, 지난해 말 기준 18GWh를 기록한 전기차 배터리 생산 능력을 2020년에는 90GWh로 끌어올릴 계획이다. LG화학은 지난달 생산능력 확대를 위해 중국 남경 빈강 경제개발구에 전기차 배터리 제2공장 기공식을 개최하고, 공장 건설에 돌입했다"고 보도했다.

삼성SDI의 글로벌 생산거점과 관련해서는 "2017년 5월 헝가리 부다페스트 인근 괴드시에 약 33m^2 규모로 5만 대 분량의 전기차용 배터리를 생산할 수 있는 공장을 준공하고, 올해 2분기부터 본격 양산에 돌입했다"며, "이로써 삼성SDI는 울산공장 6만 대, 중국 시안공장 3만 대 등 전기차 14만 대 분량의 배터리를 생산할 수 있는 규모를 갖추고 글로벌 전기차 시장을 공략하고 있다"고 보도했다.

위 기사의 내용처럼 SK는 2018년 미국에 첫 번째 전기차 배터리 공장 건설 투자를 실행한 이후 2024년 9월 현재 5개의 추가적인 배터리 공장을 건설하면서 투자를 확대해오고 있다. 디지털경제 2020년 6월 기사에 따르면 SK이노베이션은 먼저 2020년 6월에 조지아 배터리 제1공장 바로 옆에 9억 4천만 달러를 추가로 투자하여 제2공장 설립을 시작했다. 제2공장 생산규모는 제1공장보다 더 많은 11.7GWh로 두 공장을 합치면 모두 21.6GWh에 이른다. 2024년 현재 두 공장 모두 건설이 완공되어 가동되고 있다.

2021년 SK이노베이션은 미국 포드사와 50:50 비율로 각각 5조 1,000억 원(총 10조 2,000억 원) 투자를 통해서 '블루오벌SK'라는 합작사를 설립하여 테네시주에 43GWh 규모의 배터리 공장 한 곳과 켄터키주에 43GWh 규모의 공장 두 곳 등 총 129GWh 규모의 공장을 설립하기로 했다. 경향신문의 2021년 9월 기사에 따르면 SK이노베이션과 포드의 합작에 따른 배터리 생산 규모는 연간 전기차 215만 대 분량이라고 한다. 조지아 자체 공장에 이어 포드와의 합작투자를 통해서 SK이노베이션은 한국 배터리 3사 중에서 가장 많은 생산규모를 미국에서 확보할 수 있을 것으로 전망되었다.

한편, 2023년에는 SK이노베이션이 현대차그룹과 손잡고 조지아주 바토우 카운티에 50억 달러(약 6조 5,000억 원)를 투자해서 연간 35GWh 규모의 배터리 공장을 건립하기로 했다. 워크투데이의 2023년 4월 기사에 따르면 SK이노베이션의 자회사인 SK온* 과 현대차그룹이 각각 1조 6,250억씩 부담하여 자본금 3조 2,500억 원의 합작법인 설립을 설립하고, 동 합작법인이 투자금의 나머지 절반인 3조 2,500억 원을 차입으로 조달한다고 한다. 현대차그룹은 SK온과 합작투자를 통해서 2025년부터 연간 30만 대 규모의 전기차 물량의 배터리셀을 확보할 수 있을 것으로 기대하고 있다. 이번 투자는 국내 배터리 업체와 완성차 기업이 협력해 처음으로 미국 현지에 배터리 공장을 설립한 점에서 의미가 있다.

이상의 투자를 통해서 SK이노베이션의 미국 내 배터리 생산 규모는 모두 185.6GWh에 이른다. 전자신문 2024년 2월 기사에 따르면 2023년 하반기부터 미국 전기차 시장 둔화로 배터리 수요가 감소하는 등 조지아 공장 운영에 어려움에 직면하고 있다고 한다. 이러한 상황에서 SK이노베이션의 미국 내 배터리 제조 사업이 순항할지 귀추가 주목된다.

참고자료: 전자신문, "SK온, 美 배터리 공장 포드→현대차용 전환 추진", 2024년 2월 5일자; 워크투데이, "현대차그룹-SK온 손잡고 미국에 배터리 공장 짓는다", 2023년 4월 25일자; 경향신문, "SK이노베이션·포드, 미국 최대 배터리 공장 건설", 2021년 9월 28일자; 디지털경제, "'1.1조 투입' SK 美 조지아 배터리 2공장 설립 본궤도", 2020년 6월 29일자; 에너지경제, "SK이노, 美 전기차 배터리 공장 건설… LG화학·삼성SDI '3사 불꽃경쟁'", 2018년 11월 27일자.

질문

1. SK이노베이션의 미국 조지아 전기차 배터리 공장 설립투자는 해외직접투자라고 할 수 있는가? SK이노베이션의 포드와의 합작을 통한 배터리 공장 설립투자, 그리고 현대차그룹과의 합작을 통한 공장설립도 해외직접투자라고 할 수 있는가? 답변에 대한 이유는 무엇인가?
2. SK이노베이션의 미국 조지아 배터리 제1공장 및 제2공장 설립투자의 주요 동기는 무엇인가? SK이노베이션은 왜 미국 내 여러 지역 중에서 조지아주를 전기차 배터리 생산거점으로 정하게 되었다고 생각하는가?
3. SK이노베이션이 포드 및 현대차그룹과 합작을 통해서 배터리 공장 설립투자를 하게 된 동기는 무엇이라고 생각하는가? 포드 및 현대차그룹은 왜 SK이노베이션과 합작하여 배터리를 생산하려고 하는가? 각 기업들이 독자적으로 배터리 공장을 설립했을 때와 비교해서 생각해 보시오.
4. SK온의 미국 내 배터리 공장들의 현황과 어떻게 운영되고 있는지를 추가로 조사하고, 각각의 투자가 성공하기 위한 조건들은 무엇이라고 생각하는지 토론하시오.

* SK온은 2021년 10월에 SK이노베이션에서 배터리 사업을 물적분할하여 설립된 SK이노베이션의 100% 자회사로, 이 사례에서 언급된 SK이노베이션의 미국 내 모든 배터리공장에 대한 투자가 SK온 산하로 편제되었다.

제1절 국제투자의 개념

1. 해외직접투자와 국제포트폴리오투자

국제투자는 투자자가 수익창출을 위해서 자산을 해외에서 취득하거나 해외로 자산을 이동시키는 것을 말한다. 국제투자는 크게 해외직접투자와 국제포트폴리오투자로 구분될 수 있다. 해외직접투자(Foreign Direct Investment: FDI)는 투자자가 해외에서 자신이 직접 사업을 영위하거나 현지 기업 경영에 참여하기 위해서 실행하는 투자를 말한다. 국제포트폴리오투자(international portfolio investment)는 투자자가 해외에서 금융수익의 창출만을 위해서 주식이나 채권과 같은 해외 증권을 취득하는 것을 말한다.

좀더 자세히 설명하면 해외직접투자는 기업이 해외에서 사업을 직접 경영하기 위해서 해외에서 토지, 공장, 설비, 기술 등 일련의 자산을 취득하는 적극적인 투자(active investment)를 말한다. 반면, 국제포트폴리오투자는 채권이나 주식 등 금융자산을 단순히 보유하면서 배당소득, 이자소득 또는 양도소득과 같은 금융수익만을 얻으려는 소극적인 투자(passive investment)를 의미한다.

앞서 제시된 도입사례에서처럼 SK이노베이션이 미국에서 전기차 배터리를 생산·판매하기 위해서 미국 현지 법인 'SK 배터리 아메리카'를 설립하는 것이 전형적인 해외직접투자라고 하겠다. SK이노베이션이 해외 자회사(foreign subsidiary)인 'SK 배터리 아메리카'를 완전히 통제하면서 직접 경영할 것이기 때문에 이 투자는 해외에서 이루어지는 직접투자인 것이다.

반면, 국제포트폴리오투자의 예로 국민연금의 해외 주식 투자[1]를 생각해볼 수 있다. 국민연금은 미래 우리 국민들의 연금지급을 위해서 다양한 투자를 하고 있는데, 그 중에 아마존과 같은 해외 기업에 주식 투자도 할 수 있다. 이 경우 국민연금이 아마존의 주식을 보유하고 있다고 하더라도 아마존의 경영에 직접 참여하지는 않는다. 다만, 아마존으로부터 배당을 받아서 수익을 올리거나, 아니면 적절한 시기에 아마존 주식을 매수 시점보다 높은 가격으로 매도하여 매매차익(capital gain)을 올리는 것에 관심이 있을 것이다. 따라서 국민연금의 아마존 주식 투자는 금융수익만을 목적으로 한다는 점에서 국제포트폴리오투자라고 할 수 있다.

1 국민연금의 기금투자는 채권, 주식, 대체투자(부동산 등)로 구성되는데, 2025년 3월 기준으로 가장 큰 비중은 해외 주식 35.2%, 국내채권 27.6%, 국내외 대체투자 17.4%, 국내주식 12.3%, 해외 채권 7.3%순이다.

자료: 국민연금기금운용본부 웹사이트(http://fund.nps.or.kr).

그림 6-1 해외직접투자와 국제포트폴리오투자의 구분

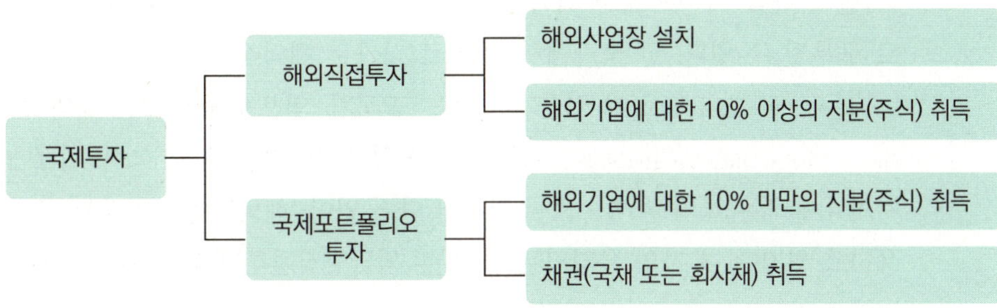

위 두 사례에서 의문이 생길 수 있다. SK이노베이션이 미국에 설립하는 현지법인 'SK 배터리 아메리카'가 주식회사 형태로 세워질 경우 이 자회사가 설립되면서 주식이 발행되고, 한국에 있는 모회사 SK이노베이션이 투자금을 송금하고 이 주식을 취득하는 것이다. 즉, 해외직접투자를 실행하는 대부분의 기업들은 실제로 해외 자회사의 주식(또는 지분)을 취득하는 것이다. 그렇다면 앞서 설명한 국민연금이 아마존의 주식을 뉴욕증권 시장에서 매입하는 것도 역시 주식을 취득한다. 따라서 설명한 사례 두 경우 모두 주식을 취득하게 되는데, 왜 전자의 경우는 해외직접투자가 되고, 후자의 경우는 국제포트폴리오투자가 되는 것인가?

그 답은 취득하는 해외 주식의 지분율과 관련된다. 해외 채권 투자의 경우는 항상 국제포트폴리오투자에 해당하지만 해외 주식 투자의 경우 그 지분율에 따라 해외직접투자가 될 수도 있고, 국제포트폴리오투자가 될 수도 있다. 그 지분율이 상당한 수준이어서 투자자가 해당 해외 기업의 경영에 직접적으로 관여할 수 있는 경우는 해외직접투자에 해당하지만, 지분율이 미미하여 그 해외 기업의 경영에 참여할 수 없는 경우에는 국제포트폴리오투자에 해당한다. 해외 주식을 취득하는 경우 해외직접투자와 국제포트폴리오투자를 구분하는 데 있어서 국제적으로 통용되는 지분율 기준은 10%이다. 대부분 국가들은 국제투자통계의 작성과 관련해서 10% 이상의 지분으로 해외 기업의 주식을 취득하면 이는 해외직접투자로 분류하고, 10% 미만의 지분으로 해외 기업의 주식을 취득하면 국제포트폴리오투자로 구분한다. 국제경영에서는 기업이 해외에서 직접 경영에 참여하는 해외직접투자를 주로 다루기 때문에 본서에서도 해외직접투자에 대해서 설명한다.

2. 해외직접투자의 유형

한 국가를 기준으로 해외직접투자는 자금흐름의 방향에 따라 두 가지 형태로 구분될 수 있다. 한 국가에서 '밖으로 나가는 해외직접투자(outward Foreign Direct Investment 또는 outward FDI)'가 있을 수 있고, 그 국가 '안으로 들어오는 해외직접투자(inward Foreign Direct Investment 또는 inward FDI)'가 있을 수 있다. 우리나라의 법제에서 전자의 유출되는 투자는 별도의 추가적인 단어 없이 '해외직접투자'라는 용어로 사용하고 있지만, 후자의 유입되는 투자는 '외국인직접투자'라는 용어로 사용하고 있다.

한편, 해외직접투자는 투자 방식에 따라 해외에 공장이나 사업장 및 기업을 새롭게 설치하는 '그린필드형(신규설립) 투자(greenfield investment)'와 해외에 이미 존재하는 공장이나 사업장 및 기업을 인수하거나 합병하는 '국제 M&A형 투자(cross-border mergers and acquisitions investment)'로 구분될 수 있다. 과거 해외직접투자는 일반적으로 그린필드형 투자가 많았으나, 세계경제의 글로벌화 진전으로 각국이 외국인 투자가들에게 투자 문호를 개방하면서 외국 기업이 자국 기업을 인수합병하는 기회가 많아져 최근에는 국제 M&A형 투자가 크게 증가하였다.

3. 해외직접투자와 해외 자회사

기업이 해외직접투자를 실행한다는 것은 곧 해외 자회사(foreign subsidiary)를 갖게 된다는 것과 같다. 지리적으로 인접한 유럽국가들의 경우 이웃나라에 회사형태를 갖추지 않고 사업장만을 확보하는 직접투자를 실행하는 경우도 있지만, 이는 아주 예외적인 경우이며 대부분 해외 현지에 별도의 회사를 만들거나 또는 기존 회사를 인수하는 형태로 해외 자회사를 갖게 된다. 해외 자회사는 투자기업이 확보한 자회사 지분율에 따라 '100% 자회사(wholly owned subsidiary)'와 지분 일부만을 보유하는 자회사가 있을 수 있다. '100% 자회사'를 제외한 일부 지분만을 보유하는 해외 자회사를 '해외 관계회사(foreign affiliates)'라고 부르기도 한다. 해외 관계회사 중에서 특정 해외 현지 기업과 투자 자원을 분담하여 회사를 설립하는 경우를 '합작투자회사(joint venture subsidiary)'라고 한다. 합작투자회사의 경우 투자 기업과 현지 파트너 회사 사이의 지분율을 50:50으로 가져가는 경우도 있을 수 있고, 51:49의 비율로 합의하여 투자 기업이 합작투자기업의 경영권을 가질 수도 있고, 역으로 49:51의 비율로 현지 파트너 회사가 합작투자회사의 경영권을 가질 수도 있다.

4. 해외직접투자와 다국적기업

해외직접투자의 개념과 관련해서 하나 더 알아두어야 할 것은 다국적기업(Multinational Enterprises: MNEs)과 해외직접투자와의 관계이다. 앞서 언급한대로 기업이 해외직접투자를 실행하게 되면 해외 자회사를 보유하게 된다. 그러면 이 해외 자회사는 경제적으로는 투자기업에 전적으로 통제되거나 투자기업의 영향력 아래에 있게 된다. 그러나 법적으로 보면 해외 현지국 법령에 따라 설립된 현지국 국적을 갖는 별도의 독립적 기업이다. 따라서 해외직접투자를 실행하여 해외에 자회사 및 관계회사를 보유하는 기업은 법적인 측면에서 국적을 따져보면 두 나라 이상 국적을 동시에 보유하게 된다. 즉, 투자기업은 본사가 있는 투자국의 국적을 갖고 있으면서 동시에 자신이 경제적으로 지배하는 해외 자회사가 설립된 현지국의 국적도 보유하는 것이다. 이처럼 해외직접투자를 통해서 해외에 자회사 및 관계회사 네트워크를 갖고 있는 기업을 국적이 여럿이라는 점에서 다국적기업이라고 부르는 것이다. 결국 여러 나라에 해외직접투자를 실행하여 2개 이상의 국가에 해외 자회사를 갖게 되는 기업은 다국적기업이 되는 것이다.

제2절 해외직접투자의 현황

1. 전 세계 해외직접투자의 현황

UNCTAD(UN Conference on Trade and Development: UN무역개발회의)는 매년 전 세계 해외직접투자의 현황, 주요 특징 및 정책 제언 등을 담은 세계투자보고서(World Investment Report)를 발간한다. UNCTAD가 발표한 전 세계 해외직접투자 유입액 추이와 관련하여 **그림 6-2**는 1990년부터 2023년까지의 추이를 보여주고 있으며, 전 세계 해외직접투자는 각국으로 유입되는 자금 기준으로 1997년에 약 5천억 달러였으나, 2000년에 1조 2,700억 달러까지 급증하였다가 2001년 미국 9.11테러로 급속하게 감소하였다. 이후 2004년부터 회복세를 보이며 2007년에 2조 달러에 육박하는 수준까지 올랐다. 2008년 글로벌 금융위기 이후 크게 감소하였다가 다시 증가하여 2015년에는 사상 최고치인 2조 달러를 기록했다.

이후 전 세계 해외직접투자는 다시 하락세로 전환했는데 2016년에는 1조 8,700억 달러로 하락한 이후, 2017년 1조 5천억 달러로 큰 폭으로 하락하였고, 2018년에는 다시 1조 3천억 달러 수준까지 하락했다. 2019년에는 1조 5,400억 달러로 약간 상승했으나, 2020년은 코로나19 대유행으로 전 세계 해외직접투자

그림 6-2 전 세계 해외직접투자 추이(1990~2023년, 투자유입액 기준)

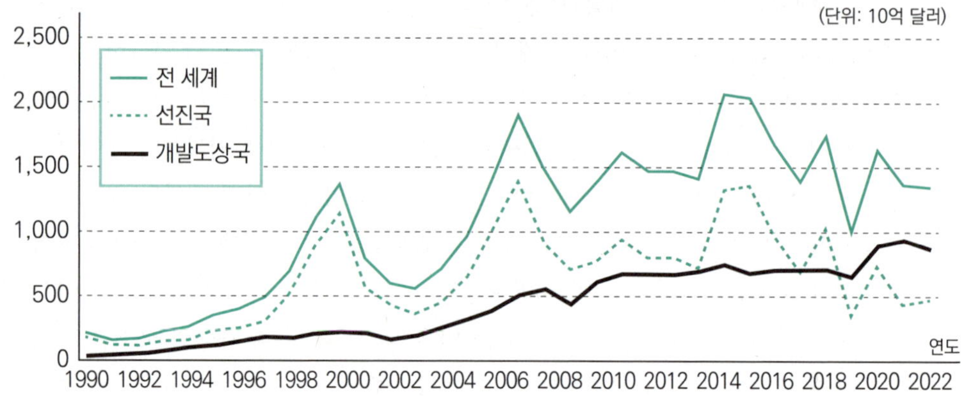

자료: UNCTAD, World Investment Report 2024, https://unctad.org/publication/world-investment-report-2024

가 위축되어 9,846억 달러를 기록, 1조 달러 밑으로 내려갔다. 2021년에는 1조 6,218억 달러로 큰 폭의 회복세를 보인 후에, 2022년 및 2023년 모두 1조 3천억 달러 수준을 유지하고 있다.

전 세계 해외직접투자 유입액은 과거에는 선진국 비중이 크게 높았으나, 2010년 이후에는 개도국의 비중이 크게 증가하고 있다. 2014년에는 개도국으로 유입된 해외직접투자 금액이 선진국으로 유입된 해외직접투자 금액을 처음으로 넘어서기도 했으며, 2020년 이후 4년 동안 개도국으로 유입된 투자금액이 더 많다. **그림 6-2**를 보면 최근 10여 년 동안 개도국으로 유입된 해외직접투자는 안정적인 상승세를 보이고 있는 반면, 선진국으로 유입된 해외직접투자는 상대적으로 큰 변동을 보이고 있다. 이는 선진국의 경우 인수합병 투자의 비중이 더 높은 것과 관련이 있는데, 인수합병 투자의 경우 경제상황에 따른 기업의 구조조정 등에 크게 영향을 받기 때문이다.

2. 우리나라의 해외직접투자 현황

우리나라의 해외직접투자의 경우 유출되는 해외직접투자액에 대한 통계는 한국수출입은행에서 취합하여 발표하고 있으며, 유입되는 외국인직접투자에 대한 통계는 산업통상자원부에서 관리하고 있다. 2023년 기준으로 우리나라 기업들이 실행한 해외직접투자 금액은 630.7억 달러이며, 외국 기업들이 국내에서 실행한 외국인직접투자 금액은 187.5억 달러이다. 1998년부터 2005년까지는 외국인직접투

그림 6-3 우리나라 해외직접투자와 외국인직접투자 추이(1996~2024년)

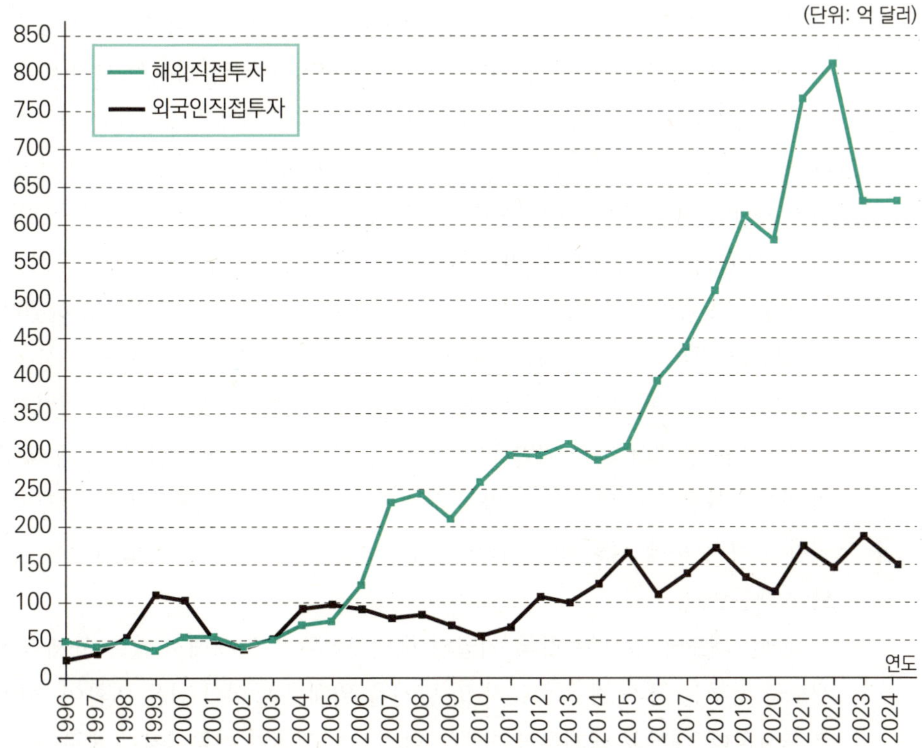

자료: 해외직접투자는 수출입은행의 해외 투자 통계 사이트, 외국인직접투자는 산업통상자원부 외국인투자 통계 사이트에서 추출.

자가 해외직접투자보다 더 높은 수준을 유지했으나, 2006년 이후부터는 우리 기업의 해외직접투자가 급격하게 증가한 반면, 외국인직접투자는 정체 내지 완만한 증가세를 유지하고 있어서 해외직접투자 금액이 외국인직접투자 금액을 크게 초과하는 현상이 지속되고 있다. 이러한 현상은 국내 기업들이 2000년대 들어 글로벌 기업으로 성장하면서 해외 시장 진출이 크게 증가했기 때문에 나타났다고 하겠다.

제3절 해외직접투자 관련 정책

1. 해외직접투자 관련 정부개입

전 세계 각국 정부는 자국 기업의 해외직접투자에 대해서 규제를 하는데, 각국의 경제발전단계에 따라서 정도의 차이가 있을 수 있다. 일반적으로 선진국의 경우 해외직접투자에 대해서 명시적인 규제가 거의 없는 반면, 개도국은 여러 이유를 들어 자국 기업의 해외직접투자에 대해서 많은 규제를 한다.

선진국 기업의 경우 대부분 투자금액 송금을 위한 소정의 서류절차만 이행하면 자유롭게 해외직접투자를 실행할 수 있다. 주요 선진국 정부는 투자 이후에 당국의 통계자료 수집을 위한 조사에 투자 기업이 응답해야 한다고 규정하고 있기는 하다. 물론 최근 미국 트럼프 대통령이 미국 국내에서 일자리를 만들어야 한다며 미국 기업의 해외직접투자에 대해서 부정적 언급을 하는 것은 간접적으로 미국 기업의 해외직접투자를 억제하려는 정치적인 행위라고 할 수 있다. 그러나 제도적인 측면에서 자국 기업의 해외직접투자를 규제하는 선진국은 거의 없다고 하겠다.

선진국 정부가 자국 기업이 해외직접투자를 규제하지 않는 이유는 선진국 기업들은 이미 기술, 자금, 경영 노하우 등 우수한 경영자원을 확보하고 있어서 해외직접투자를 통해서 자국 기업들이 더 높은 성장 기회를 확보할 수 있게 되고, 해외 자회사들은 부품및 서비스 가치사슬 등 여러 경로를 통해서 자국 경제와 연계되어 있기 때문에 성공적인 해외직접투자는 결국 자국 경제에도 도움이 된다고 보기 때문이다.

한편, 개도국 정부는 자국 기업의 해외직접투자에 대해서 많은 규제를 한다. 개도국 정부는 국가 경제의 유지 및 발전을 위해서 달러와 같은 외환이 절대적으로 필요하다. 대부분 국제무역 거래는 달러화로 결제가 이루어지기 때문에 석유와 같은 원자재를 안정적으로 확보하기 위해서는 정부가 적정한 외환을 보유하고 있어야 한다. 또한 개도국은 경제를 발전시키기 위해서 도로, 항만, 철도 등 인프라 확대를 위한 투자재원이 필요하지만 재정이 충분하지 못한 관계로 원조 등을 통해 들어오는 외환을 잘 관리할 필요가 있다. 이처럼 항상 외환이 부족한 상황에 있는 대부분의 개도국 정부는 자국 기업이 해외직접투자를 실행하는 경우 투자자금에 해당하는 만큼 외환이 유출되는 상황이 되기 때문에 까다로운 투자심사절차를 통해서 자국 경제에 명백하게 도움이 되는 경우를 제외하고는 허가하지 않는 경우가 많다. 외환통제 관점에서 뿐만 아니라 자국 부유층의 재산 해외 도피를 막는 차원에서 해외직접투자를 규제하는 경우도 많다. 개도국의 부유층들은 해외직접투자로 위장하여 재산을 해외로 도피시키는 경우가 많아서 개도국 정부는 이를 규제하곤 한다.

그런데 개도국이 자국 경제가 상당한 수준의 산업화에 이르고 자국 기업의 국제경쟁력이 강화되어 수출도 증대되고 그에 따라 외환보유도 증가하면 점진적으로 해외직접투자에 대한 규제를 완화하는 정책을 전개하기도 한다. 우리나라가 경제발전에 따른 해외직접투자 규제 완화의 대표적인 사례라고 할 수 있다.

우리나라가 경제발전을 추진하기 시작한 1960년대부터 1980년대까지 해외직접투자는 각 건별로 정부의 심사를 받아야 했다. 1980년대 연간 해외직접투자금액이 1억 달러를 넘는 경우가 많지 않았다는 점을 보면 그 당시 해외직접투자는 철저하게 정부 통제하에 있었다고 할 수 있다. 1990년대 이후 수출증대를 통해서 외환보유도 증대하고 우리 기업의 국제경쟁력도 강화하면서 우리 기업의 적극적인 해외 시장 개척 및 국제경쟁력 확보 등 다양한 필요로 해외직접투자 확대의 필요성이 커졌다. 따라서 해외직접투자 규제도 지속적으로 완화되었고, 해외직접투자 금액도 1990년 11억 달러에서 1996년 48억 달러로 크게 증가하게 되었다. 2000년 들어 한국 경제가 선진국 수준으로 발전하고 국제 무역과 투자를 거의 자유화하였다(이성봉, 2000). 현재 우리나라 해외직접투자와 관련된 규제는 여느 선진국과 마찬가지로 거의 없다고 하겠다. 해외직접투자 실행을 원하는 기업들은 외환거래법에서 정하고 있는 외환송금을 위한 신고 등의 절차만 거치면 자유롭게 투자할 수 있다.

2. 외국인직접투자 관련 정부개입

1) 다국적기업와 투자유치국과의 관계

유입되는 해외직접투자, 즉 외국인직접투자는 유출되는 해외직접투자의 경우보다 정부 개입의 양상이 좀 더 복잡하다. 일반적으로 다국적기업과 투자유치국 정부와의 관계는 '애증의 관계(love and hate relationship)'라고 한다. 외국인투자를 받아들이는 투자유치국은 정부는 외국인투자를 통해서 공장이 만들어지고 일자리가 늘어나고 생산도 늘어나고 좋은 기술도 도입되는 등 여러 가지 긍정적인 경제적 파급효과가 있을 수 있다. 따라서 투자유치국 정부는 자국 경제에 도움이 될 수 있는 외국인투자는 적극적으로 유치하려고 한다.

그러나 다른 한편으로 선진기술과 풍부한 자금력 등을 배경으로 강력한 경쟁력을 갖춘 다국적기업이 국내 자회사를 통해서 국내 시장에서 활동하면서 시장지배력을 확보할 경우 국내 기업은 고사될 수도 있으며, 다국적기업이 독점적 이익을 추구할 경우 국내 소비자 후생도 감소될 수 있다. 또한 다국적기업은 막강한 힘을 통해서 투자유치국 경제에는 부정적이지만 자신들에게는 유리한 방향으로 정부 정책에도 영향력을 행사할 수 있다. 다국적기업의 이러한 잠재적인 부정적 영향을 우려하는 투자유치국 정부는 외국 기업의 자국 내 투자에 대해서 경계하며 각종 규제를 설정할 수도 있다. 이러한 애증의 관계로 인해서 외국인직접투자와 관련해 투자유치국 정부 차원에서는 투자 규제 정책과 투자 유치 정책이 공존할 수 있다.

2) 외국인직접투자에 대한 규제

투자 규제와 관련해서는 먼저 특정 업종 분야에 대해서 외국인직접투자를 아예 금지하는 경우를 들 수 있다. 선진국이든 개도국이든 특정 업종과 관련해서 그 범위에서 차이가 있을 수는 있으나 외국인직접투자를 전면적으로 불허하는 경우가 많이 있다. 예를 들어 미국은 국가안보를 위험에 처하게 할 수 있는 외국인직접투자에 대해서 이를 허용하지 않을 수 있는 제도를 운영하고 있다. 캐나다의 경우 영화산업에 대한 외국인직접투자를 제한하고 있는데, 캐나다인이 소유하고 있는 영화유통회사에 대한 외국인투자가에 의한 인수를 금지하고 있다. 캐나다 정부는 캐나다 문화산업에 대한 외국 기업, 예를 들어 할리우드의 거대 영화 기업들의 영향을 차단하려는 목적을 갖고 외국인직접투자를 규제하고 있다. 우리나라의 경우 내국인을 위한 영리병원에 대한 외국인직접투자를 허용하고 있지 않는 것도 특정 분야에서 외국인직접투자를 전면적으로 불허하는 사례에 해당한다고 하겠다.

한편, 외국인투자를 허용은 하지만 지분율 또는 이사회 구성 등에서 제한을 가함으로써 외국인직접투자를 규제하는 경우도 있다. 많은 개도국이 외국인직접투자를 허용하면서 자국 기업과의 합작투자를 조건으로 내세우는 경우가 많다. 현대자동차가 중국에서 현지 생산 및 판매 방식으로 시장 진출을 고려할 때 중국 정부는 중국 자동차 회사와 합작투자를 설립하는 것을 요구하였다. 현대자동차의 중국 합작법인은 승용차의 경우 북경현대로 중국 측 파트너는 베이징자동차이며, 상용차의 경우 사천현대로 중국 측 파트너는 사천성에너지투자그룹이다. 중국은 미국 트럼프 행정부의 요구로 외국 자동차 회사에 대한 합작투자요건을 완화하려는 제스처를 보이기는 했지만 여전히 중국 기업과의 합작투자요건을 유지하고 있다.

우리나라도 일부 공공목적의 업종에 대해서는 외국인투자 지분율을 제한하고 있다.[2] 예를 들어 기간통신사업자 기업에 대해서 외국인투자가는 49%를 초과해서 지분을 보유할 수 없다. 이는 기간통신 분야는 공익성이 강하기 때문에 외국인 사업자가 경영권을 가질 경우 필요한 공익적 서비스 제공이 어려울 수도 있기 때문이다. 스위스의 경우 보험업에 대한 외국인투자는 가능하지만 스위스에 설립된 외국계 보험회사의 이사회 구성원의 국적은 모두 스위스인이어야 한다는 규제를 통해서 간접적으로 외국인직접투자에 대한 규제를 하고 있다.

2 우리나라는 외국인투자에 대한 제한사항을 일괄적으로 정리해서 공개하고 있는데, 이를 '외국인투자통합공고'라고 한다.

3) 외국인직접투자에 대한 장려정책

투자유치국 정부는 경제발전에 기여할 수 있는 외국인직접투자를 유치하기 위해서 다양한 형태의 장려정책을 전개하기도 한다. 장려정책에는 크게 두 가지가 있는데, 하나는 외국인직접투자에 대해서 조세감면이나 현금지원 등 투자 인센티브를 제공하는 것이며, 다른 하나는 외국인투자가에 대해서 투자 실행 및 사업체 운영과정에서 각종 편의를 제공해주는 것이다. 투자 인센티브와 관련해서 전 세계 각국은 조세감면(tax reduction)과 현금지원(cash grant)을 활용하고 있는데, 선진국은 주로 현금지원을 제공하는 반면, 개도국은 조세감면을 활용하는 경우가 많다.

현금지원은 투자에 소요되는 자금의 일부분을 투자유치국 정부가 외국인투자가에게 제공하는 것으로 투자재원의 일부를 직접 보조한다는 점에서 강력한 투자유인책이 될 수 있다. 예를 들어 현대자동차가 미국 앨라배마주에 공장을 건설할 때, 주정부 등이 2억 달러 이상의 현금지원을 제공한 바 있다. 선진국에서 외국인직접투자에 현금지원을 제공할 때 그 수준을 결정하는데 가장 중요한 영향을 미치는 것이 투자프로젝트로 창출되는 고용인원이다. 선진국은 실업자에 대해서 상당한 금액의 실업수당을 제공하기 때문에 실업수당에 충당되는 재원을 직접 투자기업에 제공하여 일자리를 창출하는 것이 더 낫다고 생각하기 때문에 고용창출에 기여하는 외국인직접투자에 대해서 현금을 지원하여 투자를 적극 유치하는 것이다.

한편, 재정이 충분하지 못한 개도국의 경우 외국인직접투자를 유치하기 위해서 조세감면제도를 활용하는 경우가 많다. 조세감면은 외국 기업이 투자를 실행한 이후 이익이 발생하면 그 이익에 대해서 부과될 세금을 감면해주는 것으로 당장 투자유치를 위한 현금지원 등에 사용할 재정이 부족한 개도국 입장에서는 상당히 유효한 투자유치 수단이라고 할 수 있다. 예를 들어 말레이시아의 경우 소위 개척자지위(pioneer status)를 인정받는 외국인직접투자의 경우 최고 10년 동안 100% 법인세 감면 혜택을 받을 수 있다.

투자유치국 정부가 이러한 외국인투자 장려정책을 전개하는 이유는 한편으로 외국인직접투자 유치를 통해서 자국 생산 및 고용의 증가, 기술이전, 경쟁제고 등 경제발전에 대한 긍정적인 효과를 도출하려는 데 일차적인 목표가 있다. 다른 한편으로는 외국인투자가가 현지국에서 투자 및 사업을 운영하는데 경영 및 생활환경 등의 차이로 인한 비용, 소위 '외국비용(cost of foreignness)'이 발생하게 되는데 이를 최소화시켜줌으로써 외국인투자 유치를 확대하려는 것과 관련이 있다. 특히, 후자의 경우 외국인투자가를 위한 원스톱서비스(one-stop service)를 제공함으로써 외국비용을 절감시켜주려고 하는 경우가 많다. 원스톱서비스란 외국인투자기업이

투자유치국 현지에서 투자 및 운영 과정에서 여러 행정 절차 등을 한 곳에서 일괄적으로 처리해줌으로써 투자 및 사업체 운영에서 어려움이 없도록 하는 통합행정 서비스이다.

우리나라도 외국인투자 촉진법을 통하여 외국인직접투자에 대한 장려정책을 전개하고 있다. 외국인투자 인센티브의 경우 2018년까지는 조세감면 중심의 제도를 운영했으나, 2019년부터는 법인세 감면 등을 폐지하고 현금지원제 중심으로 운영하고 있다(이성봉, 2018). 또한 코트라(kotra) 내부조직형태로 투자유치전담기관인 'Invest Korea'를 통하여 원스톱서비스 등 외국인투자 지원활동을 전개하고 있다.

3. 해외직접투자와 관련한 국제규범

해외직접투자와 관련해서도 국제규범이 있는데, 대표적으로 투자협정과 자유무역협정 내 투자 관련 규정을 들 수 있다. 투자협정에는 투자보장만을 담고 있는 협정, 소위 투자보장협정(investment protection agreement)과 투자자유화까지 다루고 있는 투자자유화협정으로 구분될 수 있다.

투자보장협정은 일방 체결국과 상대방 국가 간 이루어진 투자에 대해서 투자유치국에서 부당한 대우를 받지 않게 하는 것을 보장하는 내용을 담고 있다. 현재 전 세계 국가들이 체결한 투자협정의 상당 부분은 이 투자보장협정이라고 할 수 있다. 반면 투자자유화협정은 투자보장뿐만 아니라 체결국 상호 간 투자개방의 내용까지 다루는 협정을 말하며, 대표적으로 미국이 주도하여 체결하는 투자협정이 여기에 해당한다. 한편, 대부분 자유무역협정에서 투자 분야를 별도의 장에서 다루는 경우가 많은데, 이 경우 자유무역협정은 투자자유화협정을 포함하는 포괄적인 무역투자자유화 협정을 의미하게 된다. 우리나라가 체결한 대부분의 자유무역협정은 협정문에 투자와 서비스 장을 별도로 두어 우리 기업의 상대방 국가에 대한 투자진출을 확대하는 내용을 담고 있다(이성봉 외, 2006).

한편, 국제무역에서 WTO와 같은 다자간 규범은 해외직접투자와 관련해서는 아직 존재하지 않는다. 선진국 모임인 경제협력개발기구 OECD(Organisation for Economic Co-operation and Development)가 1995년부터 1998년까지 소위 다자간투자협정(Multilateral Agreement on Investment: MAI)에 대한 협상을 진행했었다. 투자보호와 투자자유화를 모두 포함하고 있으며, 투자자가 투자유치국 정부를 상대로 투자자 대 국가 간 소송을 할 수 있는 권리를 보장하는 내용 등을 담고 있었다. 그러나 이 협정 초안에 대해서 투자유치국 정부가 외국인투자가를 규제하기가 어려워질 수 있다는 입장을 갖는 프랑스 등 일부 회원국의 우려가 있었다. 한편, 향후 자신들에게도 동 협정이 적용될 수도 있다는 개도국들의 반발 등 국제적인 부정적 여론이 확산되면서 1998년 10월 OECD는 협상 중단을 선언하며 다자간 투자협정은 결국 무산되었다. WTO에서도 무역투자작업반(Working Group on the Relationship between Trade and Investment)을 설치하여 DDA의제 중 하나로 다자간투자규범의 제정 가능성을 논의하였으나 별다른 성과를 거두지 못하고 논의가 역시 무산되었다(이성봉 외, 2003). 당분간 다자간 투자규범이 제정될 가능성은 높지 않다고 하겠다.

마감사례

파트너 교체, 합작지분 인수, 공장매각 … 현대차 중국 사업은 회복 가능한가?

조선일보의 투자전문 컨텐츠 사업부문인 인베스트조선의 2019년 9월 13일자 "8년만에 사업 파트너 교체한 현대차… 중국 사업에 '사활'" 제목의 기사는 현대자동차가 중국에서 버스 및 트럭 등 상용차를 생산하는 합작법인인 사천현대의 중국측 파트너를 바꾸게 되었다는 내용을 보도했다. 현대자동차의 중국 시장 진출 전략에 큰 변화가 진행되고 있음을 언급하고 있다.

동 기사에 따르면 현대차는 2019년 9월초 사천현대에 새로운 파트너를 맞이하는 양해각서를 체결했다는 것이다. "기존 파트너사인 남준기차집단유한공사의 지분(50%)을 새로 참여하게 된 사천성에너지투자그룹(천능투; 川能投)이 인수, 현대차와 천능투가 추가로 자본을 투입하는 방식이다" 라고 새로운 파트너를 소개하고 있다.

현대차는 2010년에 중국 남준기차와 합작사 설립하고 5,000억 원을 투자해서 중국 상용차 시장에 진출했다. 동 기사에 따르면 "당시 트럭과 버스, 엔진의 생산·판매·연구개발·서비스에 이르기까지 전 부문에 걸친 합작 사업을 추진하겠다는 계획이었으나 결국 시장 진입에 실패했고, 판매 부진에 시달리며 파트너사 교체까지 이르게 됐다"는 것이다.

사천현대는 2015년 판매규모를 총 30만 대로 한다는 목표를 세웠으나 실제는 그 1/10 수준인 3만 2,000대에 불과했다고 보도했다. 현대차는 새로운 합작파트너를 영입하면서 "① 총 6개의 차종 라인업 구축, ② 2022년까지 신차 및 후속차 총 5개 개발, ③ 트럭 전기차 투입, ④ 중국 외 지역 수출 등"을 새로운 사업전략으로 제시했다. 동 기사는 "고고도미사일방어체계(THAAD)발 중국과의 갈등이 잦아졌음에도 판매 회복이 여의치 않자 정의선 부회장은 중국 사업을 직접 챙기고 있다"고 전했다.

그런데 이 기사가 나오고 6개월이 지난 2020년 2월 6일자 글로벌이코노믹 기사에 따르면 현대차는 사천현대의 중국 합작자 지분을 전량 인수해 사천현대는 현대차의 100% 자회사가 되었다고 한다. 이로 인해 현대차가 중국 최초의 외국계 상용차 회사로 전환했다고 전하고 있다. 앞서 기사에서 언급된 새로운 파트너인 사천성에너지투자그룹과의 합작이 6개월만에 끝난 것이다.

이후 사천현대의 실적은 약간 개선되었다가 다시 악화된 것으로 보인다. 2022년 11월 8일자 한겨레신문은 사천현대가 2022년 1월에서 9월까지 중대형트럭을 1,800대 판매하여 중국 상용차 시장 진출 이후 가장 초라한 성적을 기록할 것이라고 보도했다. 연간 16만 대 생산규모의 사천현대는 다양한 판매노력을 전개하고 있으나, 중국 상용차 시장에서 실적을 개선하기는 쉽지 않아 보인다.

한편, 승용차 생산을 담당하는 합작법인인 북경현대의 실적 부진도 문제가 되고 있다고 상기 2019년 인베스트조선의 기사는 보도하고 있다. 북경현대의 합작파트너인 베이징자동차가 "협력업체에 대금 지급을 거절하며 양사의 협력 관계에 문제가 발생할 수 있다"는 점을 지적했다. "이 와중에 베이징자동차가 독일의 메르세데스-벤츠(Mercedes-Benz) 모회사 다임러AG(Daimler AG)와 2조 원을 투자해 공장을 증설하는 투자 계약을 체결했고 현대차에 대한 집중도는 점점 떨어지고 있다"는 평가도 내놓았다. 동 기사는 "JV 형태가 아니고서야 중국 시장에서 독자적으로 사업을 할 수 없는 구조이기 때문에 어떠한 방식으로든 베이징자동차와의 협력을 유지해 시장을 유지하는 전략을 세워야 할 것으로 보인다"는 업계 관계자의 말을 인용해 현대차가 중국에서 어려운 문제에 직면하고 있다는 점을 지적하고 있다.

북경현대는 승용차 부분에서 2002년 베이징자동차와 50:50 비율로 세운 합작법인으로 2002년 12월에 베이징1공장에 양산 체계를 갖추고 EF 소나타, 아반테XD 등을 연달아 출시하며 진출 초기부터 중국 승용차 시장에서 돌풍을 일으켰다. 이후 2008년 베이징2공장, 2012년 베이징3공장, 2016년 창저우공장, 2017년에는 충칭공장 등을 차례로 준공하면서 중국 5개 공장의 현지생산 능력은 연간 165만 대에 이르렀다. 그러나 2017년 사드 사태 이후 현대차에 대한 수요가 급감하면서 가동률이 급격하게 떨어진다. 한국일보의 2019년 3월 6일자 기사는 현대차가 베이징1공장 가동 중단 소식을 전한다. 이후 2년 반이 지난 2021년 10월 18일 더구르는 북경현대가 '리오토'라는 중국 신흥 전기차회사에 베이징1공장을 매각하기로 했다는 소식을 전했다. 매각 금액은 정확하게 알려지지 않았으나 베이징1공장이 2년 반 동안이나 가동이 중단된 상태였다는 점에서 투자금액을 회수하지 못한 것으로 보인다.

베이징1공장 매각 배경을 자세히 분석한 조선일보 2021년 5월 30일자 기사에 따르면 2020년에만 현대기아차그룹은 중국에서만 2조 원에 가까운 적자를 기록한 것으로 알려졌다. 현대차의 실적악화 원인으로 사드 문제뿐만 아니라 현대차의 경쟁력이었던 경쟁브랜드 대비 저렴한 가격을 앞세운 '가성비'가 중국 현지 자동차 업계의 성장으로 더 이상 먹히지 않는 중국 시장 현실을 지적하고 있다.

2024년 1월에는 2017년 1조 1,500억 원을 투자한 충칭공장을 1/4 수준인 약 3,000억 원에 매각한다. 모터플렉스 2024년 1월 24일자 기사에 따르면 한때 중국 판매량 2위에 올랐던 현대차가 2023년 시장점유율 1.4%로 역대 최저치를 기록하면서 중국 사업을 크게 축소하고 있다며, 2024년 연내에 창저우공장까지 매각하고 2개의 공장만 유지하겠다는 현대차의 계획도 전하고 있다. 이코노미스트 2024년 4월 28일자 기사에 따르면 기술수준이 급성장한 중국 자동차 회사들의 강력한 경쟁력과 빠르게 전기차 시장으로 전환되는 중국에서 현대기아차는 앞으로도 상당한 어려움을 겪을 것으로 전망하고 있다.

참고자료: 이코노미스트, ""공포감마저 느꼈다"… 현대차·기아, 중국서 안 팔릴 수밖에", 2024년 4월 28일자; 모터플렉스, ""1조 넘게 투자했는데", 현대자동차 중국 충칭공장 매각", 2024년 1월 24일자; 한겨레신문, "현대차, 올해 중국에 중대형트럭 고작 1800대 판매", 2022년 11월 8일자; 더구루, "베이징현대 '제1공장' 리오토에 매각 확정…순이구 당국 밝혀", 2021년 10월 18일자; 조선일보, "'중국 성장신화는 잊어라' 현대차 베이징 1공장 매각에 담긴 큰 그림", 2021년 5월 30일자; 글로벌이코노믹, "현대차, 사천현대 지분 전량 매입 완료…中서 '외국계 상용차社'로 전환", 2020년 2월 6일자; 한국일보, "현대차, 중국 베이징 제1공장 가동 중단한다", 2019년 3월 6일자; 인베스트조선, "8년 만에 사업 파트너 교체한 현대차… 정의선 부회장 中 사업에 '사활'", 2019년 9월 13일자.

질문

1. 현대자동차가 중국 상용차 및 승용차 시장에 진출할 때 합작투자법인 설립을 통해서 진출하게 된 동기는 무엇인가? 자발적인 선택이었다고 보는가 아니면 중국 정부의 정책에 따른 것인가?
2. 현대자동차가 중국 자동차 시장에 진출할 때 50:50 합작법인이 아닌 100% 자회사 형태로 진출했다면 합작형태의 경우보다 성공할 가능성이 높았다고 생각하는가? 답변에 대한 근거를 제시해보시오.
3. 현대자동차의 중국 사업이 2017년 이후 급격하게 어려워진 원인은 무엇이라고 생각하는가? 이미 세계 최대 자동차 시장이 된 중국 시장에서 현대자동차가 성공하기 위해서 어떠한 전략을 전개해야 한다고 생각하는가?

토의과제

1. 해외직접투자와 국제포트폴리오투자의 차이점을 설명하시오.
2. 그린필드형투자와 국제인수합병투자의 차이점은 무엇인가?
3. 다국적기업과 해외직접투자 간 관계를 설명하시오.
4. 코로나19가 전 세계 해외직접투자에 미친 영향에 대해서 설명하시오.
5. 해외직접투자에 대한 정부 개입 정책에 대해서 설명하시오.
6. 외국인직접투자에 대한 정부 개입 정책에 대해서 설명하시오.
7. 투자보호협정과 투자자유화협정의 차이점에 대해서 설명하시오.

Chapter 07

국제금융 환경

학습목표

1. 외환, 환율, 외환 시장, 환 위험에 대한 개념을 이해한다.
2. 환율결정 메커니즘을 이해한다.
3. 국제통화시스템과 국제금융시스템을 비교하여 이해한다.
4. 국제 통화 및 금융 시스템의 주요 참여기관을 이해한다.
5. 글로벌 경제 및 금융 위기의 발생 원인과 대응방안을 이해한다.

도입사례

미중 무역협상 및 트럼프의 미국 대통령 재당선에 '냉탕-온탕' 춤추는 원화 환율

조세일보는 2019년 11월 18일자 "김대성의 환율이야기" 섹션에서 "미중 무역협상에 '냉탕-온탕' 춤추는 원화 환율"이라는 주제로 미중 무역협상의 향방에 따른 환율의 급격한 변동성 문제를 다루고 있다. 동 기사에서는 "원화 환율이 미중 무역협상의 향방을 점치는 유력인사들의 발표에 따라 '냉탕-온탕'을 오가며 급격한 변동성을 보이고 있다"고 지적했다.

예를 들어 래리 커들로 미국 백악관 국가경제위원회(NEC) 위원장이 미중 무역협상 타결에 대해 낙관적인 전망을 내놓자 우리나라 원화, 중국 위안화 등 신흥국 통화가 일제히 강세로 돌아섰다고 지적하고 있다.

반면, "무역 합의가 불발될 경우 중국산 제품에 대규모 관세를 물리겠다"는 트럼프 대통령의 언급과 함께 "홍콩 시위를 두고 미국과 중국이 벌이고 있는 신경전도 환율의 변동성을 가져올 수 있는 변수가 될 수 있다" 지적하고 있다.

동 기사는 "미국 경제가 호황을 계속 누리게 된다면 달러 강세가 필연적으로 동반하게 된다"며, "이는 트럼프 대통령이 원하는 약달러 정책과는 정반대의 상황이어서 미국 환율정책에 대한 불확실성이 증폭되기 마련이다"라고 언급하고 있다.

"원화 환율은 당분간 미중 무역협상의 결과를 눈치 볼 수밖에 없지만 홍콩 시위의 추이와 미국 경기와도 맞물려 살얼음판을 걷는 처지라 할 수 있다"며 외부여건 변화에 따라 원화환율 변동성이 확대되는 현실을 잘 설명하고 있다.

위 기사가 게재된 이후 5년이 지난 2024년 11월 9일 뉴시스는 미국 대통령 선거에서 트럼프가 다시 당선되면서 원·달러 환율이 심리적 저항선인 1,400원을 뚫고 수직 상승했다는 보도와 함께 이러한 환율변동이 한국경제에 가지고 올 부담을 자세하게 분석하고 있다.

트럼프가 다시 당선되자 곧바로 상승한 환율은 이틀 정도 잠시 숨 고르기에 들어섰지만 미국 의회 상원 및 하원을 모두 공화당이 차지하는 '레드 스윕'과 함께 트럼프의 공약에 따른 구체적 정책 실행이 이어질 것이라는 전망과 함께 야간 시장에는 1,405원까지 올랐다. 달러 값이 종가 기준으로 1,400원을 넘은 시기는 1997년 외환위기, 2008년 글로벌 금융위기, 그리고 미국이 긴축 기조를 강화했던 2022년 등 세 차례에 불과하다는 점에서 한국경제에 주는 충격은 상당하다.

트럼프가 선거 공약으로 제시했던 대규모 관세 부과와 확장 재정 정책이 이행될 경우 경기 방어와 인플레이션을 자극해 미국 연방준비제도이사회의 금리 인하가 지연되고 달러화 강세가 이어질 수 있다고 외환 시장이 보고 있다. 많은 전문가 사이에서 높은 달러 환율이 상당 기간 이어질 수 있다는 전망이 이어지는 가운데, 달러당 1,400원 환율이 우리 경제의 뉴노멀이 되는 것은 아닌가 하는 우려가 제시되고 있다.

트럼프 재당선에 따른 고환율은 먼저 한국은행의 금리인하 추진을 어렵게 한다는 점에서 한국경제에 악재로 평가된다. 한국은행은 저성장을 극복하기 위해서 단계적 금리 인하를 추진하고 있는데, 금리 인하가 추가적으로 환율상승을 유발해서 외국인자금의 이탈을 부추킬 수 있다는 점에서 금리 인하 추진이 어려워질 수 있다. 여기에 고환율은 수입 물가를 높이고 이는 소비자물가를 자극해 고물가 부담을 높인다는 점도 리스크 요인으로 작용할 수 있다.

환율인상에 따라 수출가격 인하라는 긍정적인 효과를 기대할 수도 있으나, 우리 수출품의 상당 부분이 이미 가격 경쟁이 아닌 품질 경쟁 부분이 커져서 긍정적 효과의 크기는 크지 않을 것이란 분석이다. 오히려 미국의 고강도 관세가 현실화되면 수출 규모가 줄어들어 수출 견인형 성장 한계에 따른 저성장 및 고물가 압력에 따른 부담이 커질 것으로 예상된다.

참고자료: 뉴시스, "트럼프 리턴에… 환율 1400원 이즈백[금융 시장 판도 바뀌나①]", 2024년 11월 9일자; 조세일보, "미중 무역협상에 '냉탕 온탕' 춤추는 원화 환율, 김대성의 환율이야기", 2019년 11월 18일자.

질문

1. 미중 무역협상 및 트럼프의 재당선이 원화의 달러와 대비 환율에 영향을 미치는 이유는 각각 무엇이라고 생각하는가?
2. 홍콩 시위 및 중국 정부의 대응과 관련하여 홍콩의 아시아 국제금융센터 위상에 어떠한 변화가 예상되는가?
3. 미중 갈등 및 트럼프의 미국 대통령 재당선 등으로 환율변동을 비롯한 세계경제 변동성이 확대되는 가운데 한국 정부의 대응 전략과 한국 기업의 대응 전략은 각각 무엇이어야 한다고 생각하는가?

제1절 국제금융 환경의 핵심: 환율의 주요 개념

기업의 국제경영활동은 그 내용이 무역거래이든 투자거래이든 국제적인 자금이동을 수반하게 된다. 무엇보다도 국제경영활동은 한 국가를 넘어서 이루어지기 때문에 외환거래를 반드시 수반하게 된다. 국제경영활동에는 외환거래에 추가하여 다양한 형태의 국제금융활동이 수반된다. 예를 들어 무역과정에서도 무역대금결제와 관련하여 신용장 등 다양한 형태의 국제금융활동이 이루어질 수 있으며, 투자과정에서도 글로벌 증권 시장을 통한 국제자금조달 활동이 이루어질 수 있다. 특히, 정보통신기술의 발전과 글로벌 경제통합이 진전되면서 국제금융시스템의 국가 간 상호의존성은 더욱 커지고 있어서, 어느 국가에서 금융위기가 발생하면 전 세계로 빠르게 확산될 수 있어서 국제금융 환경과 관련한 위험도 또한 더욱 증대하고 있다. 따라서 국제경영활동을 전개하려는 기업은 국제경영활동과 관련한 국제금융 환경에 대해서 이해하고 대비할 필요가 있다. 글로벌 기업이 직면하는 국제금융 환경의 핵심에는 환율이 자리하고 있으며, 이와 관련된 주요 개념들을 숙지하는 것이 필요하다.

1. 외환

국제금융 환경은 외환거래를 포함한 국제적인 금융거래의 작동 메커니즘 및 관련한 글로벌 참여 기관의 일체를 말한다. 국제금융 환경과 관련된 기본적인 개념으로 외환, 환율, 외환 시장, 환 위험 등을 이해할 필요가 있다. 외환(foreign exchange)은 자국 통화 이외의 모든 외국 통화를 말한다. 어느 한 나라의 통화가 국제지불수단으로써 다른 나라의 통화와 자유롭게 교환될 수 있는가에 따라 경화(hard currency)와 연화(soft currency)로 구분된다. 경화는 미국 달러, 유로, 일본 엔화 등과 같이 전 세계 어느 곳에서든 자유롭게 교환되어, 즉 태환성(convertibility)이 있어서 국제지불수단으로 사용될 수 있는 통화를 말하며, 연화는 태환성이 없거나 약해서 국제지불수단으로 사용될 수 없는 통화를 말한다.

2. 환율

환율(foreign exchange rate)은 어느 한 나라의 통화가 다른 나라의 통화와 교환되는 비율을 말한다. 따라서 환율은 어느 한 나라의 통화 가치를 다른 나라의 통화로 표시한 것이라고 할 수 있다. 자국 통화와 외국 통화 간 통화 가치 비율인 환율은 그 비율을 어떻게 표시할 것인가와 관련해서 두 가지 표시방법이 있을 수 있다. 외국 통화 1단위가 자국 통화의 몇 단위와 교환되는가를 표시하는 환율을 '직접표시환율(direct quotation)' 또는 '외국통화표시환율'이라고 한다. 예를 들어 한국이 자국이 되는 경우, 직접표시환율은 미국 달러(USD) 1단위에 대해서 한국 원화(KRW)가 1,250단위, 즉 '1,250KRW/US$' 또는 '1USD = 1,250KRW'로 표시하는 것이 직접표시환율이다.

반면, 자국 통화 1단위가 외국 통화 몇 단위와 교환되는가를 표시하는 환율을 '간접표시환율(indirect quotation)' 또는 '자국통화표시환율'이라고 한다. 바로 앞의 예를 간접표시환율로 바꾸어 표시하면, 한국 원화 1단위에 대해서 미국 달러는 0.0008단위, 즉 '0.0008US$/KRW' 또는 '1KRW = 0.0008USD'로 표시된다. 우리나라를 포함해서 미국 등 대부분 국가들은 직접표시환율을 사용하고 있으나, 영국, 캐나다, 호주 등은 간접표시환율을 사용하고 있다.

환율표시방법이 상반된 두 가지 형태로 가능하다는 점은 환율 자체가 오르고 내리고 하는 것이 특정 통화의 가치가 동일한 방향으로 오르고 내린다고 말할 수 없다는 것을 의미하기도 한다. 우리나라의 경우 외국통화표시환율을 쓰기 때문에 환율이 오르는 경우(즉, 1$ = 1,200원 → 1$ = 1,300원) 환율은 올랐지만 한국 원화의 가치는 하락한 것이다. 동일한 달러를 사는데 더 많은 원화가 필요하기 때문이다. 반대로 환율이 내리는 경우(즉 1$ = 1,300원 → 1$ = 1,200원) 예전에 비해서 더 적은 원화로 달러를 살 수 있다는 점에서 원화의 가치는 올라간 것이다.

표 7-1 환율

(2025.03.06 14:05 하나은행 기준 고시회차 412회)

통화명	매개기준율	현찰		송금		미화환산율
		살 때	팔 때	보낼 때	받을 때	
미국 USD	1,441.90	1,467.13	1,416.67	1,456.00	1,427.80	1.000
유럽연합 EUR	1,557.97	1,588.97	1,526.97	1,573.54	1,542.40	1.081
일본 JPY(100엔)	966.71	983.62	949.80	976.18	957.24	0.670
중국 CNY	199.10	209.05	189.15	201.09	197.11	0.138
홍콩 HKD	185.55	189.20	181.90	187.40	183.70	0.129
대만 TWD	43.92	49.67	39.53	N/A	N/A	0.031
영국 GBP	1,860.12	1,896.76	1,823.48	1,878.72	1,841.52	1.290
오만 OMR	3,745.29	4,007.46	3,483.12	N/A	N/A	2.598
캐나다 CAD	1,006.46	1,026.28	986.64	1,016.52	996.40	0.698
스위스 CHF	1,618.29	1,650.17	1,586.41	1,634.47	1,602.11	1.122
스웨덴 SEK	141.77	146.44	133.69	143.18	140.36	0.098
호주 AUD	914.96	932.98	896.94	924.10	905.82	0.635
뉴질랜드 NZD	827.29	843.58	811.00	835.56	819.02	0.574
체코 CZK	62.34	67.63	56.73	63.02	61.66	0.043

자료: 네이버 증권 시장지표 환율섹션(https://finance.naver.com/marketindex/)

3. 환율결정제도

환율이 어떻게 결정되는가하는 제도는 크게 고정환율제(fixed exchange rate system)와 변동환율제(floating exchange rate system)로 구분될 수 있다.

고정환율제는 통화 간 환율을 일정 수준으로 고정하여 운영하는 시스템이며, 변동환율제는 외환 시장에서 외환에 대한 수요와 공급에 의해서 환율이 자유롭게 변동하면서 결정되는 시스템을 말한다. 고정환율제는 환율변동을 걱정할 필요가 없다는 장점이 있지만, 한 국가의 국제수지변동 등 경제상황의 변화를 환율변동을 통해서 흡수할 수 없다는 경직성이 가장 큰 문제라고 할 수 있다. 즉, 경제상황 변화가 환율에 반영되지 않기 때문에 특정 통화가 내재적 가치보다 고평가 또는 저평가된 상황이 나타나고, 이를 해결하지 않을 경우 경제 시스템 전체가 붕괴될 수 있는 문제가 있다.

반면, 변동환율제도는 각 국가의 국제수지 등에 따라 환율이 변동되면서 경제 상황의 변화를 적절하게 반영한다는 장점이 있는 반면, 국제거래에 나서는 기업 등은 환율변동에 따른 불확실성, 즉 환 위험에 노출된다는 문제가 있다. 국제통화 시스템의 발전 과정에 대해서는 후속하는 절에서 자세히 다루겠지만, 간략하게 요약하면 2차 세계대전 이후 약 30년 동안 고정환율제도가 환율결정 메커니즘으로 작동하였으나, 1970년대 이후 현재까지는 변동환율제도가 환율결정 메커니즘으로 적용되고 있다. 변동환율제는 정부개입이 없는 자유변동환율제(free float)와 정부가 일정 부분 외환 시장 거래에 개입하여 환율에 대한 안정적 관리를 추구하는 관리변동환율제(managed float)로 구분될 수 있다. 시장을 중시하는 사람들은 이 관리변동환율제를 지저분한 변동환율제(dirty float)라고 부르기도 한다.

4. 외환 시장과 환 위험

변동환율제도에서는 외환이 거래되는 시장, 즉 외환 시장(foreign exchange market 또는 currency market)에서 외환에 대한 수요와 공급에 의해서 환율이 결정된다. 외환 시장은 특정한 장소나 건물이 있는 것이 아니고 외환거래가 이루어지는 거래시스템 자체를 말한다. 실제로는 뉴욕, 런던, 동경, 홍콩, 서울 등 주요 경제 도시에 소재하는 여러 외환거래중개시스템[1]에 외환거래를 희망하는 참여자들이 접속해서 외환 매매 거래가 이루어지며, 매수자와 매도자의 희망 거래가격이 서로 맞으면 환율이 결정되고, 이 과정이 계속 반복되면서 환율은 지속적으로 변동하게 된다.

많은 외환거래시스템에서 최소 거래단위[2] 등 참여자 요건을 설정하고 있어서 주로 금융기관 또는 대기업 등이 참여하게 되며 개인이 직접 참여하는 경우는 드물다. 일반적으로 개인은 간접적으로 외환 시장에 참여하게 된다. 개인이 해외 여행 등 필요에 따라 금융기관에서 외환을 매입하거나 매도하는데, 해당 금융기관은 고객들의 외환매매거래를 취합하여 금융기관 자신이 설정한 상시 보유하는 적정 외환규모의 과다 또는 부족 부분을 외환 시장에서 매매한다.

현재 전 세계적으로 환율은 매 시간 끊임없이 변동하고 있기 때문에 국제적으로 무역투자활동을 전개하는 기업은 환 위험에 노출된다. 환 위험(currency risk)이란 기업의 국제적인 경영활동에 따른 수익 또는 자산의 가치가 환율변동에 따라 예기치 않게 달라질 수 있는 위험을 말한다. 국제무역거래와 관련해서 외환으로 거래

1 예를 들어 우리나라의 서울외환시장의 경우 서울외국환중개(주), 한국자금중개(주)가 각각 외환거래중개시스템을 운영하고 있다.

2 서울외환시장의 경우 최소 거래단위는 100만 달러이다.

대금을 수취하거나 지불할 경우 거래계약시점과 대금수불시점이 달라 계약시점의 환율로 예상했던 수익이 대금수불시점의 환율 변동으로 실제는 달라질 수 있다. 한편, 해외직접투자를 통해서 해외에 설립한 자회사의 자산 및 부채 등은 자회사 재무제표상 해외 현지의 통화로 기재되는데, 본사 차원에서 해외 자회사를 포함한 연결재무제표를 작성할 때는 본사 소재국 통화로 환산해야 한다. 이 환산과정에서 자회사의 자산 및 부채 항목의 가치는 변동될 수 있다.

5. 현물환율과 선물환율

환율은 결정된 환율의 적용 시점과 관련해서 현물환율(spot rate)과 선물환율(forward rate)로 구분된다. 현물환율은 거래 시점에서 현재 결정된 환율을 말하는 일반적인 환율을 말하지만, 선물환율은 미래의 일정 시점에 적용될 환율을 현재 시점에서 거래를 통해서 확정하는 환율을 말한다. 예를 들어 어느 기업에서 6개월 이후에 일정 금액의 외환이 유입 또는 유출될 것으로 예상될 경우 이 기업은 선물환거래를 통해서 현재 시점에서 미리 6개월 이후 환율을 확정함으로써 환율변동에 따른 불확실성을 제거할 수 있다. 물론 이 선물환거래는 6개월 이후 현물환율 수준에 따라서 기업에게 이익이 될 수도 있고 손해가 될 수도 있지만, 최소한 이 기업은 실제 환율변동에 따른 불확실성은 회피하게 되는 것이다.

제2절 환율결정 메커니즘

1. 외환 시장을 통한 환율결정

변동환율제에서 환율은 외환 시장에서 통화에 대한 수요와 공급에 의해서 결정된다. 일반 재화 시장에서 재화의 가격이 재화에 대한 수요와 공급에 의해서 결정되는 원리와 마찬가지로 어느 한 외국 통화의 가격은 그 통화에 대한 수요와 공급에 의해서 결정된다. 앞서 설명했듯이 여기서 외국 통화의 가격이 교환되는 자국 통화의 비율로 표시된 것이 바로 환율이다.

그림 7-1은 서울외환시장에서 미국 달러화 환율이 어떻게 결정되는지를 보여주는 사례이다. 그림에서 x축은 거래되는 외환인 미국 달러화의 수량을 나타내고, y축은 미국 달러화의 가격을 한국 원화로 나타내고 있다. 달러화의 가치가 올라가면 외환 시장에서 달러화 공급량은 증가할 것이고, 반대로 가치가 내려가면 달러화 공급량을 감소할 것이다. 따라서 달러화 공급곡선은 우상향 그래프가 된다. 반

면 달러화 수요는 가치가 올라가면 감소하고, 가치가 내려가면 증가할 것이다. 따라서 달러화 수요곡선은 우하향 그래프가 된다. 달러화에 대한 수요곡선과 공급곡선이 만나는 지점에서 달러화의 균형가격, 즉 한국 원화로 표시된 달러화의 시장환율(R_0)이 결정된다.

어떤 경제상황의 변경으로 외환에 대한 수요나 공급에 변화가 있을 경우 수요곡선 또는 공급곡선의 이동으로 새로운 균형 환율이 결정될 수 있다. **그림 7-1**에서 달러화에 대한 공급이 증가할 경우 공급곡선은 오른쪽으로 이동하게 되고(공급 1) 수요가 일정한 경우 새로운 달러화의 균형가격(R_1)은 하락하게 된다. 반면 공급이 감소할 경우 공급곡선은 왼쪽으로 이동하게 되고 역시 수요가 일정하다고 가정하면 새로운 달러화의 균형가격은 상승하게 된다. 한편 수요 측면의 변화도 환율에 영향을 미칠 수 있다. 달러화에 대한 수요가 증가하면 수요곡선은 오른쪽으로 이동하게 되고 공급이 변화가 없을 경우 달러화에 대한 새로운 균형가격은 오르게 된다. 반면 달러화에 대한 수요가 감소하면 수요곡선은 왼쪽으로 이동하게 되고 공급이 일정할 경우 달러화에 대한 새로운 균형가격은 내리게 된다.

앞서 설명했듯이 여기서 한 가지 주의할 것은 달러화의 가격 또는 가치가 오르고 내린다는 표현과 달러화 환율이 오르고 내린다는 표현이 반드시 일치하지 않을 수 있다는 점이다. 이것은 환율을 어떻게 표시하는가에 따라 달라지기 때문이다. **그림 7-1**에서는 외국통화인 달러화 1단위에 대한 한국 원화 단위로 환율을 표시하는 직접표시환율 사례이기 때문에 달러화의 가격이 오르고 내리는 것은 달러

그림 7-1 한국 원화로 표시된 미국 달러화의 균형 가격

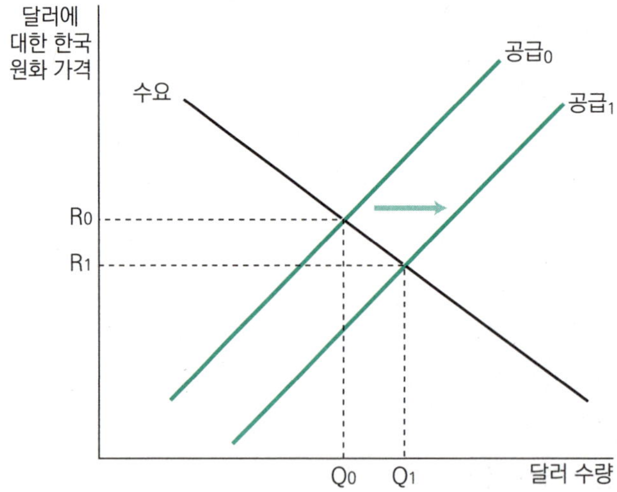

화 환율이 오르고 내리는 것은 동일한 의미를 갖는다. 서울외환시장에서 달러화 환율이 올랐다고 하는 것은 달러화의 가치가 상승했다는 것을 의미하며, 교환 상대 통화인 한국 원화의 가치는 하락한 것이 된다.

2. 환율변동과 그 영향

일국의 통화가치가 외환 시장을 통해서 내려가는 것을 가치하락(절하)(depreciation)이라 하고, 올라가는 것을 가치상승(절상)(appreciation)이라고 한다. 외환 시장 메커니즘에 따른 통화가치의 변동이 아니라 일국의 정부가 인위적으로 통화가치를 하락시키는 것을 평가절하(devaluation)라고 하며, 인위적으로 통화가치는 상승시키는 것을 평가절상(revaluation)이라고 부른다는 것도 기억해둘 필요가 있다.

서울외환시장에서 달러화의 환율이 올랐을 경우 한국 기업이나 소비자에게는 어떤 영향이 있는가? 현대자동차와 같이 미국에 자동차를 수출하는 한국 기업에게 달러화의 환율이 오르는 것은 어떤 결과로 연결될 수 있는가? 현대자동차는 주로 고급차종을 한국에서 생산해서 미국에 수출하는데, 환율이 1달러에 1,000원에서 1달러에 1,250원으로 오를 경우 수출은 증가하고 수익성도 크게 개선될 수 있다. 이는 한국에서 출고가격이 5천만 원인 자동차는 환율이 1,000원인 시기에는 미국에서 5만 달러에 팔리고 있었는데, 환율이 1,250원이 되면 미국에서 같은 차를 4만 달러에 팔아도 한국 출고가격 5천만 원(4만 달러×1,250원)을 확보할 수 있기 때문이다. 현대자동차는 미국 현지 판매가격 인하를 실행할 수 있다. 예를 들어 5천 달러 정도만 가격을 낮추어 4만 5천 달러로 가격을 인하하면 미국 소비자의 구매는 크게 증가할 것이다. 그런데 한국 원화로 계산했을 때 5,625만 원(45,000×1,250원)으로 자동차 한 대당 625만 원의 추가 수익이 발생할 수 있다. 이처럼 달러화 환율이 오르게 되면, 즉 원화의 가치가 절하되면 현대자동차는 한국에서 생산한 자동차에 대해서 미국 시장에서 강력한 가격경쟁력을 확보할 수 있게 되어 자동차 수출은 증가하고 현대자동차의 수익성은 크게 향상될 수 있다.

한편, 미국의 유명 오토바이 브랜드인 할리 데이비슨을 타고 싶어 하는 한국 소비자의 입장에서 달러화 환율이 1달러에 1,000원에서 1,250원으로 오를 경우 어떠한 결과가 예상되는가? 미국에서 3만 달러에 판매되는 할리 데이비슨 오토바이는 환율변동 이전에는 한국에서 3천만 원에 판매되었다. 그러나 달러화 환율이 1,250원으로 오르게 될 경우 환율변동을 그대로 반영하여 한국에서 판매가격을 조정할 경우 가격이 무려 3,750만 원(3만 달러×1,250원)으로 오르게 된다. 당연히 한국 소비자에게 큰 부담이 될 것이고, 판매부진에 따라 할리 데이비슨 오토바이의 한국에서의 수입은 감소할 것이다. 만약 할리 데이비슨 본사에서 이러한 환율변동에도 불구하고 한국 내 판매가격을 종전과 같이 3천만 원으로 유지할 경우 환율변동 이후 실제 달러화로 환산한 판매가격은 2만 4천 달러(3만 달러÷1,250)가 되어 오토바이 한 대당 6천 달러의 손실이 생기게 된다. 할리 데이비슨 입장에서 달러화 환율이 오르면 한국 판매는 크게 감소할 것이고, 한국 비즈니스의 수익성도 악화될 가능성이 크다.

3. 환율 결정 요인

1) 인플레이션

환율은 여러 가지 경제적 상황변화에 따라 달라진다. 환율결정의 주요 요인으로는 인플레이션, 이자율, 경제성장, 국제수지, 시장심리 등을 들 수 있다. 먼저 인플레이션을 보자. 인플레이션(inflation)은 물가인상을 말하는 것으로 어떤 재화가 1년 전에 1,000원하던 것이 지금 1,100원한다면 10%의 인플레이션이 발생했다고 말할 수 있다. 이런 인플레이션이 있게 되면 당연히 화폐의 가치는 떨어졌다고 말할 수 있다. 왜냐하면 같은 돈 1,000원으로 1년 전에는 살 수 있었던 물건을 지금은 살 수 없기 때문이다. 따라서 일반적으로 어느 나라에서 인플레이션이 다른 나라에 비해서 높게 나타나면 그 나라의 통화의 가치는 하락하게 된다.

인플레이션과 환율의 관계를 한국과 미국의 경우를 들어 설명해보자. 1년 전 환율이 1달러에 1,000원이었다고 가정하자. 어떤 재화의 가격이 한국에서 1년 전에는 1천 원이었는데 1년 동안 10%의 인플레이션으로 지금은 1,100원이 되었다고 하자. 그런데 동일한 재화에 대해서 미국에서의 가격은 1년 전에도 1달러였고, 미국 인플레이션이 전혀 없어서 지금도 1달러라고 한다면 환율에는 어떤 변화가 있어야 하는가? 한국 사람들 입장에서 보면 환율이 변하지 않았다면 당연히 지금 당장 한국 원화 1,000원으로 1달러를 바꿔서 미국에서 그 재화를 사려할 것이다. 왜냐하면 이렇게 하면 한국에서는 1,100원에 사야 하는데 미국에서는 1,000원에 사는 것이 되기 때문이다. 따라서 당연히 달러 교환 수요가 크게 증가할 것이고, 그에 따라서 달러화의 가치는 계속 오를 것이다. 1달러에 1,100원 수준에 이르면 더 이상 교환의 실익이 없어져 새로운 균형 환율은 1달러에 1,100원이 될 것이다. 결국 한국에서 발생한 인플레이션율만큼 달러화 환율이 오르게 되는 것이다.

이처럼 환율은 양국 통화의 구매력에 의해서 결정된다는 이론이 바로 구매력평가(Purchasing Power Parity: PPP)이며, 이는 동일한 재화는 동일한 가격을 가져야 한다는 일물일가의 법칙의 가정에서 도출된 것이다. 이러한 구매력평가에 의한 환율 결정을 식으로 나타내면 다음과 같다.

$$F_t = F_0 \times \frac{(1 + Infl_{Korea})}{(1 + Infl_{U.S.})}$$

F_t = t시점의 미국 달러화에 대한 한국 원화의 환율
F_0 = 0시점의 미국 달러화에 대한 한국 원화의 환율
$Infl_{Korea}$ = t시점까지 한국의 인플레이션율
$Infl_{U.S.}$ = t시점까지 미국의 인플레이션율

앞서 설명한 사례에서 0시점의 미국 달러화에 대한 한국 원화의 환율(F_0)은 1 USD = 1,000 KRW이었다. t시점까지의 한국의 인플레이션율은 10%, 미국의 인플레이션율은 0%이다. 이 경우 t시점의 환율(F_t)은 1,000 × {(1+0.1)/(1+0.0)} = 1,100이 된다.

이처럼 구매력평가 이론에 따라 환율은 각국의 물가 수준을 반영하게 되는데, 실물 경제에서는 각국 간 지리적 거리 및 불완전한 글로벌 외환 시장 등으로 시장환율이 각국의 물가 수준을 적정하게 반영하고 있지 못하는 경우가 많다. 시장환율이 각국의 구매력 차이, 즉 물가 수준을 적정하게 반영하고 있는지를 쉽게 확인할 수 있는 방법으로 제시된 것이 빅맥지수(Big Mac Index)이다. 전 세계 맥도날드 매장에서 판매되는 빅맥 햄버거는 동일 재화이기 때문에 일물일가의 원칙에 따라 전 세계적으로 동일한 가격이 되어야 한다. 즉, 각국에서 판매되는 빅맥 햄버거의 현지 판매가격에 해당국 통화와 미국 달러화 환율을 적용하여 달러로 환산한 가격은 미국의 빅맥 햄버거 가격과 동일해야 하는 것이다.

$$\frac{\text{한국 빅맥 가격}}{\text{미국 빅맥 가격}} = \frac{\text{한국 원화}}{\text{미국 달러화}} = \text{원화/달러화 환율}$$

예를 들어 현재 환율이 1 USD = 1,200 KRW이라고 하자. 한국 빅맥 가격이 4,400원, 미국 빅맥 가격이 4달러라면, 빅맥지수로 계산한 환율은 1 USD = 1,100 KRW가 되어 시장환율과 빅맥을 활용한 환율의 차이가 난다. 일물일가의 법칙이 시장환율 결정에 제대로 적용되려면, 외환 시장에서 1달러를 사는 데 1,100원이 들어야 하는데, 1,200원이나 내야 가능하기 때문에 현재 외환 시장에서 한국 원화는 상대적으로 저평가되어 있다고 볼 수 있다.

그림 7-2 빅맥지수(2023년 7월 기준)

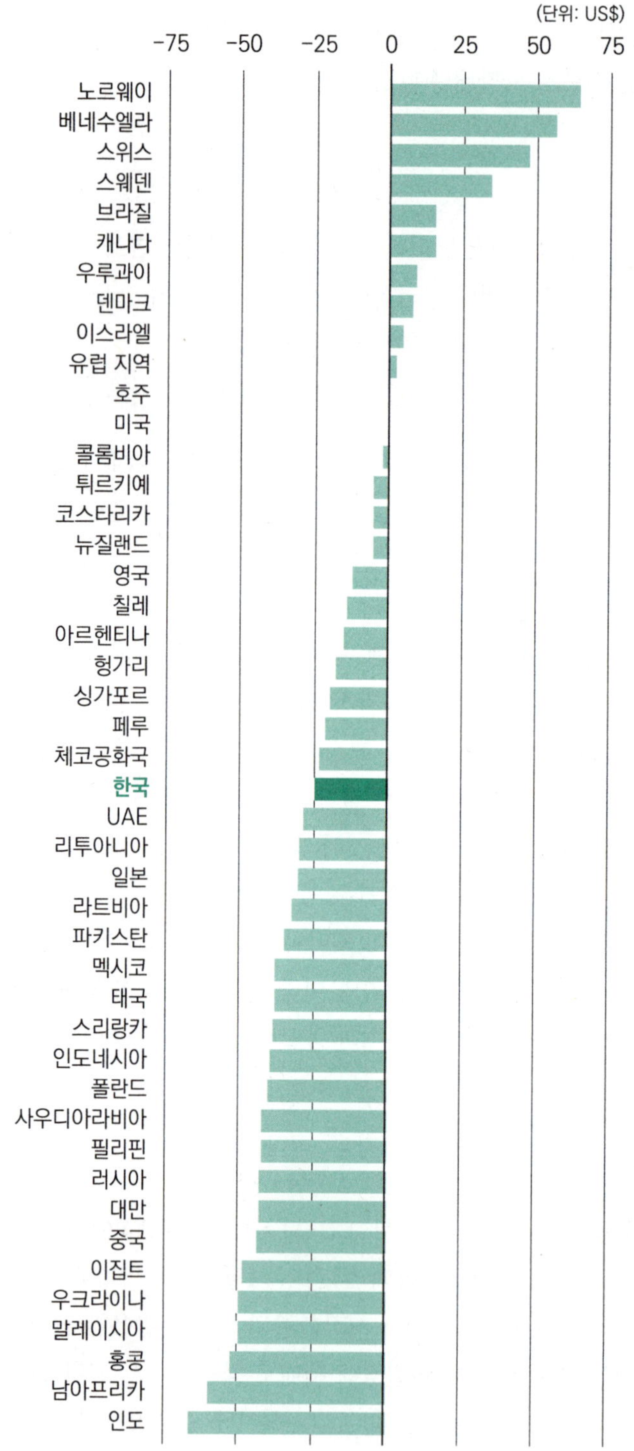

자료: The Economist

이처럼 빅맥지수는 환율이 양국의 구매력 차이를 적정하게 반영하고 있는지를 확인하는 데 유용하다. 그러나 빅맥의 규격이 국가별로 완전히 동일하다고 말하기도 어렵고, 빅맥 가격은 각국의 패스트푸드점의 경쟁상황, 최저임금에 대한 정부 규제 등 다양한 요인에 의해서 영향을 받을 수 있어서 각국의 물가 수준을 제대로 반영하지 못한다고 하겠다. 따라서 단순히 빅맥 한 제품에 근거한 각국의 구매력 평가 비교와 환율의 적정성을 엄밀하게 평가하는 것에는 한계가 있다.

2) 이자율

환율에 영향을 미치는 또 다른 경제적 요인으로 이자율을 들 수 있다. 이자율(interest rate)은 돈을 빌릴 때 원금에 대해 지급하는 원금에 대한 이자의 비율을 의미하며, 투자에 대한 수익률이라고도 말할 수 있다. 이자율과 환율과의 관계를 이해하기 위해서는 명목이자율과 실질이자율의 차이를 먼저 이해하는 것이 중요하다. 명목이자율(nominal interest rate)은 우리가 일반적으로 은행 등 금융기관에서 확인할 수 있는 이자율을 의미한다. 반면, 실질이자율(real interest rate)은 명목이자율에서 물가상승률, 즉 인플레이션을 뺀 것을 말한다. 쉽게 말하면 자금을 빌려주는 사람의 입장에서 보면 자금을 빌려주고 받을 명목이자에는 자금에 대한 본원적인 투자수익(실질이자)과 인플레이션에 대한 보상 부분이 정확하게 반영되어야 한다는 것이다.

$$\text{명목이자율} = \text{실질이자율} + \text{인플레이션}$$

이자율과 환율과의 관계는 실질이자율의 경우에는 명확하게 그 방향성을 말할 수 있다. 예를 들어 한국의 실질이자율 1%, 미국의 실질이자율이 6%라면 달러화 환율은 어떻게 되는가? 실질이자율은 각국 통화 자금의 본원적인 투자수익률을 의미하기 때문에 외환 시장에서 수익률이 높은 미국 달러화에 대한 수요가 증가할 것이다. 달러화에 대한 수요가 증가하면 달러화의 가치는 올라가게 된다. 기존 환율이 1 USD = 1,000 KRW이었고, 다른 모든 조건은 변화가 없고 오직 양국 실질이자율에서만 5% 차이가 발생하면 이를 반영하여 새로운 환율은 1 USD = 1,050 KRW가 되어야 할 것이다.

반면, 명목이자율 차이에 따른 환율 변화는 어느 한 방향성을 제시하기 어렵다. 이는 명목이자율에 통화의 가치를 올리는 실질이자율과 통화의 가치를 끌어내리는 인플레이션이 혼재되어 있기 때문이다. 예를 들어 한국의 명목이자율 10%, 미국의 명목이자율이 8%이면 한국의 이자율이 2%나 높기 때문에 외환 시장 한국 원화의 가치가 올라가고 미국 달러화의 가치는 떨어져야 하는가? 답은 한국과 미국의 명목이자의 구성에 따라 달라진다. 만약 한국의 인플레이션이 9%이어서 실질이자율이 1%에 불과하고, 미국의 인플레이션이 2%여서 실질이자율이 6%에 이른다면 양국 간 실질이자율 차이인 5%만큼 미국 달러화의 가치가 상승하게 된다.

3) 경제성장

경제성장(economic growth)은 어느 국가에서 일정 기간 동안 생산된 재화와 용역의 증가분을 말한다. 우리나라 한국은행은 경제성장률을 인플레이션을 배제한 실질성장률 형태로 발표한다. 한 나라의 경제성장률이 다른 나라의 경제성장률에 비해서 높다고 하면 환율에는 어떤 영향을 미칠 것인가? 답은 명확하게 이야기하기 어렵다. 왜냐하면 경제성장의 투자와 소비에 대한 영향이 환율의 방향성에 서로 다르게 작용할 수 있기 때문이다. 일반적으로 경제성장이 높은 나라에서는 외국인투자가 증가할 수 있다. 예를 들어 한국의 경제성장이 높아 투자수익을 높게 거둘 수 있다면 외국인투자가는 한국에 투자를 많이 하려 할 것이다. 외국인투자가가 한국에 투자하기 위해서는 대표적 외환인 달러화를 한국으로 가지고 와서 서울외환시장에서 원화로 바꿔서 한국에 투자하게 된다. 당연히 외환 시장에서 달러화의 공급이 증가하고, 원화에 대한 수요가 증가하게 된다. 그러면 달러화의 가치는 하락하고 상대적으로 원화의 가치는 올라가게 된다. 즉, 경제성장이 높은 국가의 통화 가치는 투자 측면에서 보면 올라가게 된다.

그런데 경제성장은 소득증가를 의미하기 때문에 소비도 함께 증가시키게 된다. 소비의 증가는 국내 소비뿐만 아니라 수입 소비도 증가시킨다. 한국의 경제성장이 높으면, 한국의 수입도 증가하게 되며, 한국 사람들이 수입을 위해서 필요한 대표적인 외환인 미국 달러화에 대한 수요가 증가하게 된다. 즉, 서울외환시장에서 미국 달러화에 대한 수요가 증가와 한국 원화에 대한 공급이 증가하게 된다. 그 결과 미국 달러화의 가치는 상승하게 되고 상대적으로 한국 원화의 가치는 하락하게 된다. 즉, 경제성장이 높은 국가의 통화가치는 소비 측면에서 보면 내려가게 된다.

결국 한 나라의 경제성장이 환율에 미치는 영향은 외국인투자의 증가에 따른 통화가치 인상 요인과 수입수요 증가에 따른 통화가치 하락 요인 중 어느 쪽이 더 강한가에 따라서 달라진다고 하겠다. 외국인투자 증가에 따른 해당국 통화 가치 상승 강도가 수입수요 증가에 따른 해당국 통화 가치 하락 강도보다 높으면 경제성장이 높은 국가의 통화가치는 올라가게 되고, 반대의 경우에는 내려가게 된다.

4) 국제수지

국제수지도 환율에 큰 영향을 미친다. 국제수지(balance of payments)는 일정 기간 한 나라가 전 세계 나머지 국가들과 실행한 모든 대외 경제 거래를 종합적으로 기록한 것을 말한다. 국제수지는 무역수지, 자본수지, 이전수지 등으로 세분될 수 있는데, 무역수지(balance of trade)는 한 나라의 수출 및 수입 등 모든 상품 및 서비스 무역 거래에서 발생한 무역대금의 수취 및 지불을 종합한 것이다. 수출이 수입보다 많아 흑자를 내는 경우를 무역흑자(trade surplus)라고 하고, 수출이 수입보다 작아 적자를 내는 경우를 무역적자(trade deficit)라고 한다. 자본수지(balance of capital account)는 제품이나 서비스 거래가 아닌 자금의 대차 및 투자 거래를 종합한 것이다. 이전수지는 무역이나 투자 거래와 관계 없이 생활비 송금 및 증여 등 국제적으로 이전하는 자금에 대한 수취와 지출의 차액을 말한다.

이러한 세분 항목 수지를 종합한 국제수지의 흑자 또는 적자는 환율결정에 중요한 영향을 미친다. 예를 들어 한국이 무역수지 흑자가 크게 발생하여 전체 국제수지도 흑자를 기록하면, 이는 외환 시장에서 달러 등 외환의 공급의 확대로 연결된다. 외환 시장에서 달러화의 공급이 확대되면 당연히 미국 달러화 가치는 하락하게 되고, 상대적으로 한국 원화의 가치는 올라가게 된다. 반대로 한국이 국제수지에 적자가 발생하면 외환 시장에서 미국 달러화의 공급이 줄어들게 되고, 미국 달러화의 가치는 오르게 되고, 한국 원화의 가치는 하락하게 된다.

실제로 무역수지에 흑자 또는 적자가 발생할 경우 이론적으로 보면 환율의 조정을 통해서 무역수지가 다시 균형 수준으로 돌아가야 한다. 즉 무역수지가 흑자가 되면 외환공급 증가로 외환의 가격은 하락하게 되고 상대적으로 자국 통화의 가치가 상승하게 된다. 자국 통화의 가치상승으로 자국 제품에 대한 해외에서의 외환표시 수출가격의 상승으로 연결되어 수출이 감소하게 되고 결국 무역수지가 균형을 이루는 방향으로 움직이게 된다.

이러한 환율 조정을 통한 무역수지의 균형 수렴 현상은 이론적으로 가능한 것임에도 불구하고 정부가 외환 시장에 개입하여 환율 조정이 발생하지 않게 할 수도 있다. 예를 들어 중국은 매년 엄청난 무역수지 흑자를 기록함에도 불구하고 중국 정부가 외환 시장에서 공급이 증가된 외환을 사들여서 중국의 외환보유고를 확대하는 방식으로 외환공급 증가분을 흡수함으로써 위안화가 절상되지 않도록 해왔다. 이는 위안화의 가치가 올라가면 중국 수출 상품의 해외 현지 가격이 높아져 수출이 감소되는 것을 우려한 중국 정부의 의지 때문이다. 중국의 대 미국 무역수지 흑자에도 불구하고 위안화의 절상이 이루어지지 않는 부분에 대해서 미국 트럼프 정부는 중국 정부의 외환 시장에 대한 불공정 개입이라며 이를 시정할 것을 강력하게 요구하고 있다.

5) 시장심리

환율이 반드시 경제적인 요인에 의해서만 결정되는 것은 아니다. 외환 시장도 결국 하나의 시장이기 때문에 증권 시장처럼 참가자들의 시장심리(market psychology)에 의해서 환율이 영향받는 경우가 많다. 어떤 통화의 적정한 시장가치라는 것이 절대적으로 정해져 있다고 보기는 어렵다. 시장 참가자들이 어떤 식으로 외환 매매 행동 하느냐에 따라서 환율이 변동할 수 있다. 대표적인 시장행동으로 군집행동(herding behavior)을 들 수 있다. 이는 양 무리가 제일 앞에 있는 양이 가는 쪽으로 다 따라가는 현상을 빗댄 것으로 시장에서도 다른 참가자들이 어떻게 행동하는지 보고 그 행동을 그대로 따라하는 것을 말한다. 외환 시장의 일부 참여자가 특정 통화를 매도하는 것을 보고 별 생각 없이 이들의 매도 행위를 그대로 따라서 자신도 매도함으로써 해당 통화의 가치가 하락할 수 있다. 또한, 추세거래(momentum trading)도 또 다른 예라고 하겠다. 이것은 특정 통화의 가치가 상승하는 추세인가 아니면 하락하는 추세인가 하는 시장 전반의 추세를 파악하고 그 추세에 따라서 외환거래를 하는 것을 말한다.

제3절 국제 통화 및 금융 시스템

1. 브레튼우즈체제와 환율결정 시스템의 변천

2차 세계대전이 종전에 가까워지자 미국과 연합국은 종전 이후 전 세계 통화 시스템의 안정을 위한 국제적 프레임을 만들고자 했다. 이에 미국 주도로 1944년 미국 뉴햄프셔주 브레튼우즈(Bretton Woods)에서 미국을 포함 44개국이 참가한 국제통화금융협정인 브레튼우즈협정을 체결한다. 브래튼우즈협정에 따르면 국제 환율 안정을 위해서 기본적으로 고정환율제를 채택했는데, 그 내용은 미국 달러화를 기축통화로 하는 금환본위제도이다. 즉, 금 1온스에 35달러를 고정시키고, 그 외에 다른 통화는 달러에 고정시키는 방식이다. 국제수지의 불균형이 나타날 경우 조정을 일부 예외적으로 허용했지만 기본적으로 금과 달러 중심의 고정환율제도였다. 회원국 정부가 보유한 달러를 미국 정부에 제시하고 금으로 교환을 원할 경우 미국 정부는 달러에 상당하는 금을 내주는 것을 보장함으로써 브레튼우즈체제는 상당 기간 국제통화시스템의 안정을 통해서 세계경제의 발전에 기여했다.

그러나 미국이 지속적인 무역적자를 보이자 이를 상쇄하기 위해 달러를 지속적으로 찍어냈다. 달러발행의 증가가 있었지만 그에 상응하는 금을 확보할 수 없었다. 이에 각국은 미국이 계속 달러화를 금으로 바꿔줄 수 있을 것인지에 대해서 의심하기 시작했고, 금태환 요구가 증가하게 되었다. 이에 미국의 닉슨 대통령은 1971년 미국 달러와 금 사이의 태환 제도를 일방적으로 폐지하겠다고 발표했는데, 이를 닉슨충격(Nixon shock)이라고 한다. 이러한 미국 정부의 조치로 브레튼우즈체제는 완전히 폐지된 것은 아니지만 사실상 붕괴되었다. 국제 환율 결정시스템과 관련해서는 금환본위제도 형식의 고정환율제가 사라지고 외환 시장에서 환율이 결정되는 변동환율제가 정착하게 되었다.

2. 국제통화기금과 세계은행

비록 고정환율제는 더 이상 유지되지 못했지만 브레튼우즈체제는 국제 통화 및 금융 시스템에서 중요한 역할을 하는 두 가지 큰 유산을 남기게 되었는데, 하나는 국제통화기금(International Monetary Fund: IMF)이며, 다른 하나는 세계은행(World Bank)이다. 이 두 국제기구 모두 브레튼우즈협정을 통해서 설립된 국제금융기구이다.

국제통화기금(IMF)은 국제적인 통화 안정을 목적으로 환율 및 국제수지를 감시하는 국제기구로 전 세계 189개 국가가 회원국으로 참여하고 있다. 국제통화기금은 특별인출권(Special Drawing Right: SDR)을 통해서 국제통화 안정을 도모하고 있다. SDR은 회원국이 국제수지 악화 시 담보 없이 필요한 외환을 IMF로부터 인출할 수 있는 국제적인 유보 자산으로 회원국 자체 외환보유고를 보완하는 것이다. 2018년 4월 기준 IMF는 총 2,042억 SDR을 보유하고 있는데, 이는 약 2,910억 달러에 해당하는 금액이다(www.imf.org). SDR의 가치[3]는 미국 달러, 유로, 중국 위안, 일본 엔, 영국 파운드 등 5개 통화 바스켓의 가중평균을 통해서 정해지기 때문에 매우 안정적인 통화자산이라고 하겠다.

세계은행은 제2차 세계대전 후 각국의 전쟁피해 복구와 개발을 위해 브레튼우즈협정에 따라 1946년 설립된 국제부흥개발은행(International Bank for Reconstruction and Development: IBRD)을 모태로 한다. 세계은행은 제2차 세계대전 후 각국의 경제사회 발전을 위한 자금 융자 및 국제무역의 확대, 국제수지의 균형 등이 주요 목적이었으나, 현재는 주로 개발도상국의 경제발전을 위한 자금 공여 및 기술원조에 초점을 맞추고 있다. IMF회원국은 자동적으로 세계은행의 회원국이 된다.

3 2025년 6월 20일 기준 1 SDR의 가치는 1.36361 US달러이다(www.imf.org).

3. 국제통화 및 금융 시스템 참여기관

국제금융 환경은 국제통화시스템과 협의의 국제금융시스템으로 세분될 수 있다. 국제통화시스템(international monetary system)은 주로 글로벌 외환 시장을 포함한 국제적인 환율결정 메커니즘을 의미하며, 협의의 국제금융시스템(international financial system)은 일반적인 글로벌 금융거래 과정에 관여하는 일련의 기관들의 일체를 말한다. 국제 통화 및 금융 시스템에 참여하는 기관들은 국제기구 차원의 기관, 각국의 정부 차원의 기관, 각국의 통화금융 인프라 차원의 기관, 그리고 기업 차원 등 모두 네 가지 차원으로 세분해볼 수 있다.

먼저 국제기구 차원의 국제 통화 및 금융 기관으로는 국제통화기금과 세계은행, 그리고 국제결제은행을 들 수 있다. 국제통화기금과 세계은행은 모두 앞서 설명한 브레튼우즈협정에 의해서 설립된 국제기구이다. 국제통화기금은 국제적인 통화 안정을 목적으로 환율 및 국제수지를 감시하는 국제기구이며, 세계은행은 개도국의 경제개발을 지원하기 위한 재정 및 기술적인 지원을 위해서 설립된 국제기구이다. 국제통화기금과 세계은행은 모두 제2차 세계대전 후 미국이 주도한 브레튼우즈협정에 의해서 설립되었고, 그 소재지도 모두 미국 워싱턴이라는 점에서 사실상 미국의 영향력 아래 있다고 하겠다. 국제결제은행(Bank for International Settlement: BIS)은 각국 중앙은행 간 통화결제, 정책분석 및 토론 등 조정을 맡는 국제기관으로 스위스 바젤에 본부를 두고 있으며 58개 국가가 회원국으로 참여하고 있다.

각국 정부 차원의 기관으로는 각국 중앙은행들을 들 수 있는데, 한 국가의 중앙은행은 기본적으로 화폐의 발행 및 통화량의 조절을 담당한다. 우리나라의 중앙은행은 한국은행이다. 많은 국가에서 중앙은행은 자국의 은행 시스템을 감독하고 규제함으로써 국내 금융시스템의 안정성과 건전성을 확보하는 노력을 담당하기도 한다.

한편, 각국의 통화금융 인프라 차원의 기관으로는 각국의 증권 시장과 일반 상업은행을 들 수 있다. 증권 시장은 주식 시장(stock exchange)과 채권 시장(bond market)을 포함한다. 주식 시장은 기업의 주식과 이에 대한 파생상품의 거래가 이루어지는 공개된 혹은 공개되지 않은 시장을 말한다. 한국의 대표적인 공개된 주식 시장으로 한국거래소를 들 수 있다. 한국거래소처럼 공개된 주식 시장에서 거래되는 주식을 상장주식이라고 하고 그 기업은 상장기업(listed compan)라고 한다. 채권 시장은 기업이 발행한 회사채와 정부가 발행한 국채 등이 발행되고 거래되는 금융 시장을 말한다. 어느 나라나 증권 시장에서 가장 중요한 참여자는 증권사, 창업투자회사, 투자신탁회사, 자산운용사, 보험회사와 같은 기관투자자(institutional investor)인데, 이들은 대규모의 자금으로 증권 시장에서 투자활동을 한다. 많은 기관투자자들은 국내 증권 시장뿐만 아니라 해외 주요 증권 시장에서도 투자활동을 전개하며 국제금융시스템에서 중요한 역할을 담당한다. 한편, 일반 상업은행(commercial banks)들은 영리를 목적으로 예금을 수취하고, 자금을 대출하며, 다양한 형태의 금융자산을 판매하거나 운영하는 기관을 말한다. 글로벌 통화금융시스템의 발전으로 많은 상업은행들이 국경을 넘어 전 세계를 상대로 금융활동을 실행하고 있다.

제4절 글로벌 경제 및 금융 위기

우리는 지난 20~30년 동안 전대 미문의 전 세계적 경제 및 금융위기를 경험했다. 1997~1998년에 걸쳐서 아시아 금융위기(Asian financial crisis)가 발생해서 한국을 포함한 여러 아시아 국가들이 큰 경제적 어려움을 겪었다. 2008~2009년에는 미국의 서브프라임 모기지 대출(subprime mortgage loan)로 촉발된 글로벌 금융위기로 미국뿐만 아니라 전 세계에 심각한 경기 침체를 가져왔다. 그리고 2020년 1월부터는 코로나19 대유행으로 2008년 글로벌 금융위기보다 더 심각한 경제위기를 경험하고 있다. 세계경제의 글로벌화가 크게 진전되면서 각국이 경제적으로 상호 연계된 정도가 더욱 심화되고 있고, 이는 어느 한 국가에서 발생한 경제 및 금융위기가 아주 빠르게 그리고 심각한 수준으로 다른 나라들뿐만 아니라 전 세계로 확산될 수 있다는 것을 의미한다.

1. 아시아 금융위기

1997년 아시아 여러 국가들을 휩쓴 아시아 금융위기의 시작은 1994년 전후 아시아 주요 국가들의 환율시스템에서 생긴 변화에 거슬러 올라간다. 당시 동남아 국가들의 통화는 사실상 미국 달러와 연동되어 있었다. 그런데 중국이 1994년 당시 1달러에 5.7위안으로 거래되던 달러대비 중국 위안화를 중국 정부가 달러당 8.7위안으로 평가절하를 단행했었고, 일본 엔화도 1994년부터 1997년까지 급격하게 절하되면서 가격경쟁력을 잃은 동남아 국가들의 해외 수출이 크게 감소하게 되었다. 이는 동남아 국가들의 통화들이 사실상 달러와 연동되어 있는 관계로 중국 및 일본 통화에 비해서 높은 수준을 유지하고 있어서 동남아 국가의 수출상품들의 수출가격이 중국 및 일본 상품의 수출가격에 비해서 경쟁력을 갖추지 못했기 때문이다. 이 때문에 동남아 국가들의 무역수지가 크게 악화되었고, 국제수지 적자는 대규모 해외 차입으로 연결되었고, 동남아 국가들의 금융시스템의 위험성은 증대되었다. 이 과정에서 동남아 국가의 통화들은 더 이상 그 가치를 유지할 수 없게 되었고 급기야 1997년에 급격한 통화가치 하락이 나타났다. 태국의 바트(baht)화 가치는 1997년에서 60% 가량 하락하였으며, 말레이시아의 링기트(ringgit)화 가치도 40% 이상 하락했다. 인도네시아 통화인 루피아(ruphia)화는 1997년 4/4분기에만 무려 80% 하락하였다(Kotabe & Helsen, 2015).

동남아시아들에서 촉발된 외환위기는 빠르게 다른 아시아 국가들로 전염되었는데, 해외 차입규모가 많았던 한국에까지 옮겨왔다. 1997년 말 두 달 동안에 한국 원화도 50% 이상 가치가 하락했으며, 해외 금융기관 및 투자자들이 한국에서 자금을 급격하게 회수하였다. 대규모 금액을 달러로 차입한 종합금융사들에 대해서 해외 채권자들이 만기연장을 해주지 않으면서 이들이 가장 먼저 도산하였고, 이어 수많은 금융기관 및 부채비율이 높은 기업들이 도산하고, 근로자들은 일자리를 잃게 되었다. 결국 외환보유고가 바닥을 드러내면서 한국은 국가부도의 위험에 직면하였고, 한국 정부는 국제통화기금, IMF 구제금융을 요청할 수밖에 없었다. 이후 한국 정부는 금모으기 등 국민들의 위기극복 의지를 기반으로 대대적인 금융 및 기업 구조조정 정책을 실시하여 빠르게 위기에서 탈출할 수 있었지만 많은 국민들이 큰 고통을 감내해야만 했다.

아시아 금융위기로 대우그룹을 비롯해서 수많은 금융기관과 기업들이 도산하기도 했지만, 이 위기를 잘 이겨낸 여러 한국 기업들은 이후 글로벌 기업으로 성장하기도 했는데, 위기를 성공적으로 극복한 대표적인 기업으로 삼성을 들 수 있다(Kwon, Ree, & Sub, 2004). 삼성그룹의 주력사인 삼성전자는 외환위기의 어려운 상황에서 살아남기 위해서 직원의 30% 가량을 퇴직시켰지만 동시에 과거 소니 등 일본회사를 모방하는 단계를 뛰어넘기 위해서 기술혁신에 과감한 투자를 실행했다. 삼성은 최신 기술을 적용한 프리미엄 제품을 판매할 수 있는 선진국 시장에서 시장점유율을 높이기 위한 노력을 디자인 경영을 중심으로 전개하였고, DRAM, 평면TV, 스마트폰 등 여러 분야에서 세계 최고의 기업으로 발전할 수 있었다.

2. 2008년 글로벌 금융위기

1990년대부터 미국 주택가격의 지속적인 상승과 미국인들의 주택투자 증가, 그리고 미국 금융당국의 느슨한 감독으로 인한 주택모기지 대출(30년 장기 원리금 균등상환 대출)의 지속적인 증가로 미국 부동산 시장의 거품은 계속 커져만 갔다. 특히, 2000년대 중반 이후 미국의 주택모기지 대출 중에서 신용도가 낮은 대출자(즉, 소득이 거의 없어서 사실상 모기지 상환이 힘든 대출자)에게 매우 높은 대출이자율이 적용되는 서브프라임 모기지 대출이 크게 증가하면서 미국의 자산거품 현상은 심화되었다. 서브프라임 모기지가 급증할 수 있었던 이유는 주택가격이 계속 상승하고 있었고, 금융당국의 감독이 아주 느슨했기 때문이다. 주택가격이 올랐기 때문에 서브프라임 모기지 대출자들도 소득은 없더라도 주택구입 후 몇 달 지나서 주택을 매각할 경우 매매차익이 모기지 납부 금액보다 커서 거져 돈을 손에 쥘 수 있었다. 이런 상황에서 모기지 사업자들은 대출 건전성에 대한 당국의 느슨한 감독 하에 별 거리낌 없이 서브프라임 모기지 대출을 크게 확대했던 것이다.

그런데 문제는 모기기 사업자들이 서브프라임 모기지 채권을 투자은행 등에 매각하고, 투자은행은 서브프라임 모기지 채권을 다른 자산들과 포트폴리오를 구성해서 증권화(securitize)하여, 이를 전 세계 투자자(주로 금융기관)에 판매하였다는 점이다. 이 투자상품들은 리만브러더스 등 신인도가 매우 높았던 세계적인 투자은행들이 발행한 것이었기에 문제가 없을 것으로 생각한 전 세계 금융기관은 높은 수익에 현혹되어 이를 기꺼이 사들였던 것이다. 2008년 들어서면서 미국 주택가격이 주춤하기 시작하면서 서브프라임 모기지 상환 연체율이 증가했고, 연체에 따른 주택경매가 증가하면서 미국 주택가격은 크게 하락하였고, 모기지 연체율은 더욱 확대되면서 서브프라임 모기기의 부실이 본격화되었다. 서브프라임 모기지 채권이 수많은 투자상품의 기초자산으로 편입되었기 때문에, 투자상품을 발행한 미국 투자은행 등 많은 미국 금융기관이 큰 손실을 내면서 파산하게 되었고, 이 투자상품에 투자한 전 세계 금융기관들도 큰 손실을 보면서 전 세계 금융 시장이 패닉상태로 빠지는 글로벌 금융위기가 발생하게 된 것이다.

글로벌 금융위기로 전 세계적으로 소비는 급감하였고, 이에 따라 금융업뿐만 아니라 제조업 및 기타 서비스업 등 모든 업종에서 경기침체가 전 세계적으로 나타났던 것이다. 글로벌 금융위기의 실물부문으로의 영향이 본격화된 2009년 말 자동차 판매대수는 미국의 경우 1년 전에 비해서 36%나 감소하였으며, 프랑스에서는 정부의 차량구매 보조금 지급에도 불구하고 16% 감소하였고, 스페인에서는 약 50%나 감소하였다(Economist, 2009). 글로벌 금융위기의 전대미문의 엄청난 영향을 경험한 각국 정부는 대대적인 금융지원과 금융건전성 강화 등에서 국제적 공조를 벌였으며, 글로벌 기업들도 글로벌 위기관리의 중요성을 인식하고 국제금융 환경에 대응할 수 있는 역량을 제고하는 노력에 나서게 되었다.

마감사례

미국 대공황 이후 가장 숨가빴던 일주일

연합뉴스는 2008년 9월 21일자 기사를 통해서 글로벌 금융위기가 터지는 일주일의 모습을 생생하게 보도했다. 핵심적 내용만 살펴보자.

- 9월 14일(일)

"리먼브러더스의 유동성 위기설이 빠르게 확산되면서 주말부터 미국 금융당국의 수뇌부들이 바빠졌다"며, "금융회사 CEO들은 정부의 지원을 촉구했으나 미국 정부는 리먼에 대한 구제금융은 없다는 입장을 취했고 결국 리먼은 심야에 백기를 들고 파산보호 신청을 결정했다"고 보도했다.

- 9월 15일(월)

"미국보다 12시간 먼저 장을 연 아시아 증시는 대폭락을 연출했고, 뉴욕증시는 911테러 이후 가장 큰 폭으로 하락했다"며, "파산보호 신청을 한 리먼의 주가는 개장 초 93%나 추락, 휴지조각으로 전락했고, AIG의 이날 주가도 70% 가까이 폭락했으며, 리먼의 다음은 AIG라는 얘기가 무성했다"고 보도했다.

- 9월 16일(화)

"시장 개장을 앞두고 연방준비제도이사회(FRB)는 이날 하루 500억 달러의 유동성 공급하겠다고 발표했다"며, "문제는 AIG였다며, AIG의 주가는 개장과 함께 50% 이상 주저앉았고, FRB는 AIG에 850억 달러의 구제금융을 단행해 이 회사 지분 79.9%를 인수한다고 발표했다"고 적었다.

- 9월 17일(수)

"AIG에 대한 구제금융 조치에도 불구하고 뉴욕 증시는 개장과 함께 폭락했다"며, "충격은 자금시장으로 옮겨갔고, 은행들이 갑자기 서로를 불신하기 시작하면서 하루짜리 단기금리가 폭등하며, 누가 언제 파산할지 모르는 상황에서 신용경색이 극에 달한 것이다"라고 적었다.

- 9월 18일(목)

"세계 금융 시장이 공멸할 것이라는 우려감이 커짐에 따라 선진국 중앙은행들이 나섰다"며, "일본 중앙은행이 600억 달러, 유럽중앙은행이 550억 달러, 영국 중앙은행이 400억 달러, 스위스내셔널은행이 150억 달러, 캐나다중앙은행이 100억 달러 등 모두 1,800억 달러의 달러 유동성 공급에 나섰다"고 전했다.

- 9월 19일(금)

"부시 대통령은 이틀 연속 대국민성명을 발표했는데, 유례없는 위기상황에 대처하기 위해 '전례없는 조치'를 취하겠다고 밝혔다"며, "폴슨 재무장관도 모기지채권 매입 확대 방안을 발표하고 의회와 협의, 고강도의 금융 시장 안정 대책을 강구하겠다고 밝혔다"고 보도했다.

- 9월 20일(토)

"부시 행정부는 7천억 달러 규모의 공적자금으로 금융회사의 부실자산을 인수하는 내용을 골자로 한 구제금융 법률안을 마련해 아침 일찍 의회 지도자들에게 전달했다"며, "당초 알려진 것보다 2천억 달러가 더 늘어난 것이다. 미국 역사상 최대 규모의 구제금융이 이뤄지는 것이다"라고 전했다.

참고자료: 연합뉴스, "美 대공황 이후 가장 숨가빴던 일주일", 2008년 9월 21일자.

질문

1. 2008년 글로벌 금융위기의 원인이 되었던 비우량주택담보대출, 서브프라임 모기지 대출의 문제점을 설명하시오. 영화 '빅쇼트(The Big Short)'에 대해서 알아보고, 기회가 된다면 이를 시청하시오(핵심 장면 유튜브 영상은 https://www.youtube.com/watch?v=xbiDrzTd8fE 참고). 이 영화를 보거나 서브프라

임모기지 대출의 문제를 다룬 글을 보고, 느낀 점을 이야기해보시오.

2. 서브프라임 모기지 문제가 왜 미국의 대표적인 투자은행인 리만브러더스의 파산을 몰고 온 것인가? 여러 금융자산을 기초로 이들을 결합하여 또 다른 금융상품을 만드는 유동화 또는 증권화(securitization)를 통해서 투자증권을 발행하고, 이를 전 세계 투자자들에게 판매하는 것이 근본적으로 잘못된 것이라고 생각하는가? 동의한다면 그 논거를 제시하시오. 동의하지 않는다면 바람직한 증권화 방안은 무엇이라고 생각하는가?
3. 2008년 글로벌 금융위기를 방지하기 위해서 미국 정부가 취한 조치는 무엇이었는가? 이 조치들은 유사한 금융위기 발생을 방지하기에 충분하다고 생각하는가? 2008년 글로벌 금융위기와 유사한 위기가 재발하지 않도록 각국 정부가 취해야 할 조치는 무엇이라고 생각하는가? 각국 정부가 함께 추진해야 할 조치는 무엇이라고 생각하는가?
4. 2023년 3월 미국 실리콘밸리은행(SVB)이 파산했는데, 그 원인은 무엇인가? SVB의 파산 등 일련의 미국 지역 은행들의 파산 등으로 글로벌 금융 시장의 변동성이 확대되고 있다. SVB의 파산으로 촉발된 위기는 2008년 리먼브라더스의 파산처럼 글로벌 금융위기로 확대되었는가? 글로벌 금융 시장의 변동성이 확대되는 상황에서 우리 정부와 금융기관, 기업은 각각 어떻게 대응해야 한다고 생각하는가?

토의과제

1. 외환, 환율, 환 위험 등의 개념에 대해서 설명하시오.
2. 고정환율제도와 변동환율제도의 차이를 설명하시오.
3. 절하와 평가절하의 차이점을 설명하시오.
4. 인플레이션이 환율에 미치는 영향에 대해서 설명하시오.
5. 경제성장이 환율에 미치는 영향에 대해서 설명하시오.
6. 구매력 평가와 빅맥지수의 관계에 대해서 설명하시오.
7. 국제통화시스템의 발전과정에 대해서 설명하시오.
8. 1997년 아시아 금융위기와 2008년 글로벌 금융위기에 대해서 설명하시오.

Chapter 08

국제무역 이론과 해외직접 투자이론

학습목표

1. 국제무역에 대한 핵심 개념인 비교우위와 경쟁우위 개념을 이해한다.
2. 고전 무역 이론인 절대우위 이론 및 비교우위 이론을 학습한다.
3. 요소부존 이론, 제품수명주기 이론, 신무역 이론을 이해한다.
4. 국가경쟁우위, 국가경쟁력 및 국가산업정책에 대해서 학습한다.
5. 해외직접투자의 개념과 동기를 알아본다.
6. 해외직접투자에 대한 신고전 이론을 학습한다.
7. 해외직접투자에 대한 독점적우위 이론, 내부화 이론, 절충 이론을 자세히 이해한다.

도입사례

한국, 2024년 IMD 국가경쟁력 20위 기록… 역대 최고 성과 달성

문화일보 2024년 6월 18일자 기사에서는 한국이 스위스 국제경영개발대학원(IMD) 국가경쟁력 평가에서 전체 67개 국가 중에서 20위로 역대 최고 순위를 기록했다고 보도했다. IMD는 4대 분야, 336개 세부항목에 대한 통계자료와 기업인 대상 설문조사(92개 항목) 결과에 가중치를 부여해 각 국가를 평가하고, 이를 종합하여 국가경쟁력순위를 발표한다.

4대 분야는 경제성과 분야, 정부 효율성 분야, 기업 효율성 분야, 그리고 인프라 분야로 구분된다. 이번 평가에서 한국은 기업 효율성 분야가 전년도 43위에서 34위로 상승했지만, 나머지 세 분야에서는 순위가 하락했다. 경제성과 분야의 경우 GDP, 수출, 투자, 취업자 증가율이 둔화하면서 20위에서 27위로 7계단 하락했다. 정부 효율성 분야의 경우 GDP 대비 정부 부채 규모가 증가하고, 외국인 고용을 제한하는 정도 등에서 낮은 평가를 받아 29위에서 31위로 하락했다. 인프라 분야의 경우 외국어능력 기업수요 적합성 지표와 대학교육의 사회수요 적합성 항목에서 낮은 평가를 받아 순위가 18위에서 20위로 하락했다.

한편 이번 평가에서 1위는 싱가포르가 차지했다고 보도했다. 작년 1위를 기록했던 미국은 3위로 떨어졌고, 홍콩은 2위를 유지했다고 보도했다. 순위가 상승한 국가로는 아랍에미리트(7→5위), 카타르(14→10위), 사우디아라비아(39→26위) 등 중동국가들이었으며, 유럽연합의 대표적인 국가인 독일(15→17위), 영국(20→23위), 프랑스(28→31위) 등은 하락했다. 또한 아시아의 대표적 국가인 중국(13→14위)과 일본(25→30위)도 하락했다고 보도했다.

참고자료: 문화일보, "한국, 2024년 IMD 국가경쟁력 20위 기록… 역대 최고 성과 달성", 2024년 6월 18일자.

질문

1. 하버드대학교 마이클 포터 교수는 국가경쟁력이란 해당 국가의 기업의 국내 및 해외 생산 역량을 모두 합친 것과 같다고 주장하고 있는데, 이 관점에서 볼 때 한국의 국가경쟁력은 어떻게 발전되어 왔다고 생각하는가?
2. IMD의 최근 국가경쟁력 평가 결과를 조사하여 제시하고, 한국의 국가경쟁력를 제고할 수 있는 방안은 무엇이라고 생각하는가?
3. 왜 싱가포르는 IMD 국가경쟁력 평가에서 상위권을 지속적으로 유지하고 있다고 생각하는가?

제1절 국제무역 이론의 개요

국제무역 이론은 국가들의 국제무역과 관련 현상을 설명하는 이론으로 다음과 같은 두 가지 질문에 대한 설명과 관련된다(Cavusgil et al., 2020). 첫째, 각 국가는 왜 국제무역에 나서게 되는가? 둘째, 각 국가는 국제무역 경쟁에서 어떻게 경쟁력을 확보하고 유지해 나갈 것인가? 첫 번째 질문과 관련된 국제무역 이론으로는 중상주의, 절대우위 이론, 비교우위 이론, 요소부존 이론, 제품수명주기 이론, 신무역 이론 등을 들 수 있다. 이 이론들을 '고전적 또는 일반 무역 이론(classical theories)'이라고도 부른다. 한편 두 번째 질문과 관련된 이론으로는 국가의 경쟁우위, 마이클 포터의 다이아몬드 이론, 국가산업정책 이론 등을 들 수 있으며, 이들을 '현대적 또는 국가경쟁력 무역 이론(contemporary theories)'라고 부른다.

그림 8-1 국제무역 이론 개요

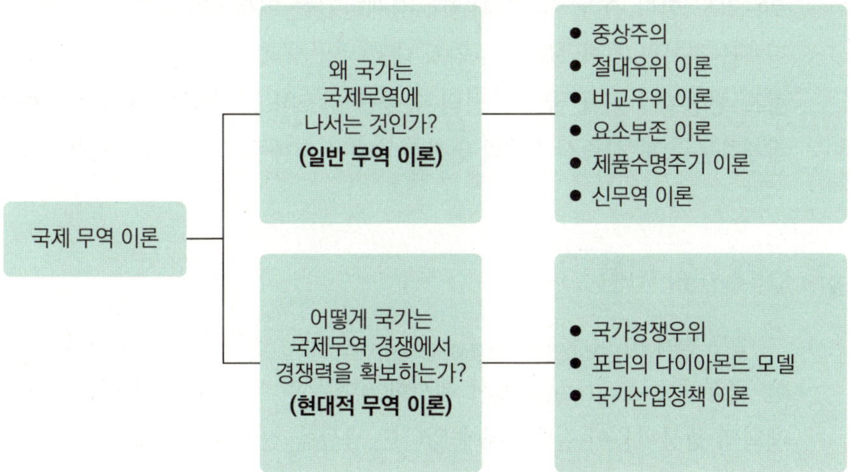

자료: Cavusgil, S. T., Knight, G., and Riesenberger, J. R. (2020). *International Business: New Realities*, 5th. ed., Pearson.

제2절 일반 무역 이론

일반 무역 이론에는 중상주의, 절대우위 이론, 비교우위 이론, 요소부존 이론, 제품수명주기 이론, 신무역 이론 등이 포함되는데, 이 이론들은 주로 국제무역 현상이 왜 나타나는지를 설명하는 데 초점이 맞추어져 있다. 각 이론들의 주요 내용을 살펴보면 다음과 같다.

1. 중상주의

중상주의(mercantalism)는 국가가 부를 창출하기 위해서는 국제무역에 나서야 하고, 특히 수출은 극대화하고 수입은 최소화함으로써 무역수지흑자(trade surplus)를 실현해야 한다는 주장이다. 중상주의는 국부의 창출과 국제무역을 연결하고 있다는 점에서 국제무역과 관련된 학문적 접근으로 볼 수 있다. 그러나 엄밀하게 보면 중상주의는 무역 이론이라기보다는 유럽 국가들이 식민지 개척을 하면서 그 당위성을 확보하기 위해서 국부창출은 무역수지흑자를 통해 가능하다는 자신들의 일방적 주장을 담고 있는 것에 불과하다고 평가할 수 있다.

무역수지 흑자는 좋은 것이고 무역수지 적자는 나쁜 것이라는 국제무역에 대한 중상주의적 접근은 과거 유럽제국들의 식민지 개척시대뿐만 아니라 현재까지도 끈질기게 남아 있다. 성장, 고용창출 등 경제발전을 위해서는 수출 증대가 필요하며 가능한 수입은 최소로 해야 한다는 접근은 현대 국가들에서도 여전히 중요한 경제 정책적 기반이 되는 경우가 많은데, 이를 '신중상주의(neo-mercantalism)'라고 부르기도 한다. 한국이 1960년대 경제발전을 이룩하기 위해서 수출주도형 성장 정책을 구가한 것이 신중상주의의 대표적인 사례라고 할 수 있으며, 최근 미국 트럼프 행정부가 미국 국내 기업의 수출을 강조하고, 수입을 제한하는 여러 정책을 전개하는 것도 신중상주의의 연장선상에서 이해될 수 있다고 하겠다.

2. 절대우위 이론

절대우위 이론(absolute advantage principle)은 아담 스미스(Adam Smith)가 1776년 발간한 '국부론(Wealth of Nation)'에서 제시한 국제무역 이론이다. 이 이론에 따르면 특정 재화의 생산비용이 절대우위에 있다면 생산을 전문화(specialization)한 후에 국제무역에 나서게 되면 전 세계적으로 생산이 국제무역 이전보다 더 증가한다는 것이다.

절대우위 이론은 자유무역에 따른 전 세계적 혜택을 최초로 이론적으로 설명하고 있다는 점에서 의의가 있다. 절대우위 이론에 따르면 세계 각국은 각각 생산에서 절대우위를 갖고 있는 재화만 전문화하여 생산하고, 국내에서 생산하지 않는 다른 재화는 그 재화의 생산을 전문화한 다른 국가에서 수입하면 모두가 이익을 볼 수 있다는 것이다. 각국이 생산에 있어서 절대우위를 갖고 있는 제품을 전문화하여 생산하여 수출하고 생산에 있어서 절대열위에 있는 제품은 수입할 경우, 전 세계적으로 무역 이전보다 무역 이후에 생산이 증가하게 된다. 이는 각국이 생산 전문화를 통해서 자신들이 보유하고 있는 생산 요소를 무역 이전보다 더 효율적으로 사용할 수 있게 되기 때문이다.

절대우위 이론에 따를 때 무역이 어떻게 세계적으로 생산을 증대시키는지를 살펴보자(표 8-1 ① 참조). 전 세계에 한국과 미국 두 나라만 있고, 각국이 생산하는 재화는 쌀과 옷 등 두 가지만 있다고 하자. 그리고 생산 요소는 노동만 있다고 가정하자. 한국에서 쌀 1톤을 생산하는데 40일이 소요되고, 옷 1톤을 생산하는데 30일이 소요되는 반면, 미국에서는 쌀 1톤을 생산하는데 20일이 소요되고, 옷 1톤을 생산하는데 100일이 소요된다고 가정하자. 그리고 한국도 미국도 모두 생산 요소로 갖고 있는 노동일수는 총 400일이라고 하자. 이러한 상황에서 먼저 쌀과 옷의 생산에서 각각 어느 나라가 절대우위를 갖고 있는지 살펴보자. 그 답은 각 재화 1톤을 생산하는데 소요된 비용을 비교해보면 쉽게 알 수 있다. 쌀 1톤을 생산하는데 한국은 40일이 걸리고, 미국은 20일이 걸리기 때문에 쌀 생산에서 미국이 절대우위를 갖고 있다. 한편 옷 1톤을 생산하는데 한국은 30일이 소요되고, 미국은 100일이 소요되기 때문에 옷 생산에서는 한국이 절대우위를 갖고 있다. 절대우위 이론에 따르면 미국은 모든 노동일수를 쌀에 투입해서 생산하고, 한국은 모든 노동일수를 옷에 투입해서 생산하고, 서로 자신들이 생산하지 않는 재화를 각각 상대방 국가에서 수입하는 국제무역을 실시하면 두 나라 모두 무역이전보다 생산량이 증가하게 된다.

무역 전후 전 세계적으로 생산량이 변화가 있는지 확인해보자(표 8-1 ②, ③ 참조). 무역을 하기 전에 한국과 미국은 모두 쌀과 옷을 각자 생산해야 한다. 각국이 갖고 있는 총 노동일수인 400일을 200일씩 두 재화에 나누어 각각 쌀과 옷을 생산한다고 가정해보자. 한국은 쌀은 5톤(=200일/40일)을 생산하고, 옷은 6.67톤(=200일/30일)을 생산한다. 미국은 쌀은 10톤(=200일/20일)을 생산하고, 옷은 2톤(=200일/100일)을 생산한다. 전 세계적으로 보면 쌀은 총 15톤이 생산되고, 옷은 총 8.67톤이 생산된다.

이제 절대우위 이론에 따른 국제무역을 하는 경우 전 세계 생산량을 계산해보자. 한국은 옷 생산에 절대우위가 있기 때문에 400일을 모두 옷을 생산하는데 투입하여 모두 13.33톤(=400일/30일)을 생산하고, 절대열위가 있는 쌀은 전혀 생산하지 않는다. 반면 미국은 절대우위가 있는 쌀 생산에 400일을 모두 투입하여 20톤(=400일/20일)을 생산하고 옷은 전혀 생산하지 않는다. 한국은 미국에 대해서 옷을 수출하고, 쌀을 수입하며, 미국은 한국에 대해서 쌀을 수출하고 옷을 수입하게 된다.

국제무역을 통해서 전 세계 생산량은 쌀은 20톤으로 무역전의 15톤에 비해서 5톤이 증가했으며, 옷은 13.33톤으로 무역 이전의 8.67톤보다 4.66톤이 증가하였다. 이 생산량 증가분이 바로 절대우위에 입각한 국제무역의 혜택이 된다. 즉,

표 8-1 절대우위 이론에 따른 국제분업의 생산증대효과

① 생산비용(1톤의 쌀, 옷 생산에 소요되는 노동일수) 차이

	한국	미국
쌀	40일	20일
옷	30일	100일

② 국제무역 이전 각국 및 전 세계 생산량

	한국(400일 보유)	미국(400일 보유)	전 세계
쌀	5톤(200일/40일)	10톤(200일/20일)	15톤
옷	6.67톤(200일/30일)	2톤(200일/100일)	8.67톤

③ 절대우위 이론에 따른 분업과 국제무역 이후 각국 및 전 세계 생산량

	한국(400일 보유)	미국(400일 보유)	전 세계
쌀	0톤(0일/40일)	20톤(400일/20일)	20톤
옷	13.33톤(400일/30일)	0톤(0일/100일)	13.33톤

각국이 갖고 있는 절대우위에 기반을 둔 국제분업을 통해서 전 세계 생산 요소를 보다 더 효율적으로 사용하게 되기 때문에 국제무역에 따른 생산량 증가가 나타나게 된다.

3. 비교우위 이론

비교우위 이론(comparative advantage principle)은 데이비드 리카르도(David Ricardo)가 1817년 그의 저서 "정치경제학과 과세의 원리에 대하여(On the Political Economy and Taxation)"에서 제시한 국제무역 이론이다. 리카르도는 아담 스미스의 절대우위 이론에서 제시된 재화별 절대우위가 국가별로 골고루 존재하지 않고 어느 한 국가가 모든 재화에 있어서 절대우위를 갖는 경우에도 생산의 분업화를 통한 국제무역이 유익한 것인가 하는 질문에 답을 제시하고 싶어 했다. 그는 특정 재화의 생산에서 어느 한 나라가 모두 생산비에 있어서 절대우위를 갖고 있고 다른 나라는 절대열위에 있다 하더라도 각 재화생산에 있어서 상대방 국가의 생산비와 비교한 상대적인 효율성이 다를 수 있다는 점에 착안했다. 즉, 모든 재화 생산에 절대우위가 있는 국가라 하더라도 다른 나라에 비해서 상대적으로 더 효율적으로 생산할 수 있는

데이비드 리카르도 초상화: 토마스 필립스가 1821년 경 그린 것으로 리카르도가 49세일 때이다.

자료: https://en.wikipedia.org/wiki/David_Ricardo

재화가 있을 수 있고, 동 재화에 대한 생산을 집중하여 국제무역에 나서게 될 유인이 있다는 것이다. 같은 논리로 모든 재화 생산에서 다른 나라에 비해서 절대적으로 열위에 있는 국가라 하더라도 열위 정도가 상대적으로 덜한 재화가 있을 수 있어서, 동 재화에 대한 생산을 전문화하여 국제무역에 나서게 될 유인이 있다는 점이다. 이처럼 상대적 생산효율성, 즉 '비교우위(comparative advantage)'에 기반 해서 각 국가가 생산을 전문화하고 이를 기반으로 국제무역, 즉 비교우위 이론에 따른 국제분업에 나서게 되면, 전 세계적으로 생산이 국제무역 이전보다 더 증가한다는 것이 바로 비교우위 이론이다.

비교우위 이론에 따른 국제분업의 전 세계적 생산 증대효과를 앞서 설명한 모델을 활용해서 확인해보자(표 8-2 ① 참조). 무역을 하기 전에 한국과 미국은 모두 쌀과 옷을 생산하며, 각국이 갖고 있는 노동일수인 400일을 200일씩 두 재화에 나누어 각각 쌀과 옷을 생산한다. 앞서 절대우위 이론의 모델과 다른 점은 한국이 쌀과 옷 두 재화 생산에서 모두 미국보다 생산비가 저렴해 절대우위를 점하고 있다는 점이다. 쌀 1톤 생산에 한국에서는 20일이 소요되지만 미국에서는 40일이 소요되기에 한국이 우위가 있다. 옷 1톤 생산에서도 한국에서는 10일이 소요되지만 미국에서는 30일이 소요되기 때문에 한국이 역시 우위를 점하고 있다. 한국이 두 재화 생산에서 모두 미국보다 우위에 있지만 옷 생산에서 더 우위가 있다는 점을 확인할 수 있다. 왜냐하면 쌀 생산비는 미국의 50% 수준이지만, 옷 생산비는 미국의 33.3% 수준이기 때문이다. 한편, 미국의 경우 두 재화 모두에서 한국보다 열위에 있지만 쌀 생산에서 열위 정도가 덜하다는 것을 알 수 있다. 한국이 쌀과 옷 생산 모두에서 절대우위를 지니고 있지만 비교우위가 있는 옷에 전문화하고, 미국은 모든 제품에서 절대열위에 있지만 그 정도가 상대적으로 약한 쌀에 전문화한다. 그리고 양국이 자유로운 국제무역에 나서게 되면 전 세계적으로 이익이 된다.

이 부분을 숫자로 확인해보자(표 8-2 ②, ③ 참조). 무역이전에 한국은 쌀 10톤(=200일/20일)을 생산하고, 옷 20톤(=200일/10일)을 생산하며, 미국은 쌀 5톤(=200일/40일)을 생산하고, 옷은 6.67톤(=200일/30일)을 생산한다. 전 세계적으로 보면 쌀은 총 15톤이 생산되고, 옷은 총 26,67톤이 생산된다. 이제 비교우위에 따른 국제무역을 하는 경우 전 세계 생산량을 계산해보자. 옷은 한국이 비교우위가 있기 때문에 주로 생산하고, 쌀은 미국이 주로 생산하여 국제무역에 나

표 8-2 비교우위 이론에 따른 국제분업의 생산증대효과

① 생산비용(1톤의 쌀, 옷 생산에 소요되는 노동일수) 차이

	한국	미국
쌀	20일	40일
옷	10일	30일

② 국제무역 이전 각국 및 전 세계 생산량

	한국(400일 보유)	미국(400일 보유)	전 세계
쌀	10톤(200일/20일)	5톤(200일/40일)	15톤
옷	20톤(200일/10일)	6.67톤(200일/30일)	26.67톤

③ 비교우위 이론에 따른 분업과 국제무역 이후 각국 및 전 세계 생산량

	한국(400일 보유)	미국(400일 보유)	전 세계
쌀	5톤(100일/20일)	10톤(400일/40일)	15톤
옷	30톤(300일/10일)	0톤(0일/30일)	30톤

선다. 무역전후 생산량 변화의 확인을 위해서는 한 재화의 전 세계 생산량을 무역이전과 일치시키는 것이 필요하다. 그러면 다른 재화의 생산량이 증가했는지 여부를 확인하면 비교우위 이론에 따른 국제자유무역이 전 세계의 생산을 증대시킨다는 점을 명확하게 이야기할 수 있다. 쌀의 경우 미국이 전문화하여 모든 노동일수 400일을 투입해도 생산량은 10톤(=400일/40일)에 불과하기 때문에 무역전 생산량이 15톤을 생산하려면 한국이 5톤을 생산하는데 100일을 배정하는 것이 필요하다. 이제 한국은 남은 노동일수 300일을 모두 옷 생산에 투입하여 30톤(=300일/10일)을 생산하게 된다. 무역전에 비해서 옷 생산량이 3.33톤 증가했음을 확인할 수 있다. 이 3.33톤의 옷 생산량 증가분이 바로 비교우위에 입각한 국제무역의 혜택이 된다.

4. 요소부존 이론

요소부존 이론(factor endowment theory 또는 factor proportion theory)은 엘리 헥셔(Eli Heckscher)와 버틸 올린(Bertil Ohlin)이 함께 입증한 국제무역 이론으로 이 두 경제학자의 이름을 따서 헥셔-올린 모델(Heckscher-Ohlin model)이라고 부르기도 한다.

요소부존 이론이 앞서 설명한 절대우위 이론 및 비교우위 이론과 기본적으로 다른 점은 그 설명에 있어서 제시한 모델에서 생산 요소의 숫자에서 차이가 있다는 점이다. 절대우위 이론과 비교우위 이론의 모델에서는 2개 국가와 2개 재화, 그리고 1개의 생산 요소(본서에서는 노동을 가지고 설명)를 가정하고 있는 반면, 요소부존 이론에서는 2개 국가, 2개 재화, 그리고 2개의 생산 요소(노동 이외의 다른 생산 요소를 추가하여 설명)를 가정하고 있다는 점이다. 헥셔와 올린은 보다 현실에 가까운 설정 속에서도 자유무역이 전 세계 생산 증대에 기여할 수 있다는 점을 증명하였다.

요소부존 이론은 각 국가가 보유하고 있는 각 생산 요소의 풍부함이 서로 다르고, 각 국가의 생산 요소의 풍부함이 다름으로 인해서 해당 국가의 각 생산 요소 비용이 달라질 수 있다는 점에 착안하여 자유무역에 따른 국제분업체계의 이점을 이론적으로 설명했다. 예를 들어 전 세계는 중국과 미국으로 구성되어 있고, 양국은 모두 노동과 자본을 보유하고 있는데 중국은 '노동이 풍부하고(labor abundant)' 미국은 '자본이 풍부한(capital abundant)' 국가이며, 제품은 두 가지가 있는데 하나는 '노동집약적인 제품(labor intensive product)'이고 다른 제품은 '자본집약적인 제품(capital intensive product)'이 있다는 가정하에서 요소부존 이론은 다음과 같이 자유무역에 따른 국제분업체계를 설명하고 있다. 중국은 노동이 풍부하기 때문에 상대적으로 노동비용이 저렴하여 노동이 많이 투입되는 노동집약적인 제품의 생산에서 우위를 갖게 되기에 노동집약적 제품생산에 전문화하여 국제무역에 나서고, 미국은 자본이 풍부하기 때문에 상대적으로 자본의 비용이 저렴하여 자본이 많이 투입되는 자본집약적인 제품의 생산에 전문화하여 국제무역에 나서게 되면 전 세계적으로 생산 요소를 보다 효율적으로 사용할 수 있게 되어 전 세계적 생산이 증가할 수 있다는 점이다. 고급 국제무역 이론서들에 보면 이 부분에 대한 수학적 증명이 잘 제시되어 있다.

그림 8-2 요소부존 이론 예시

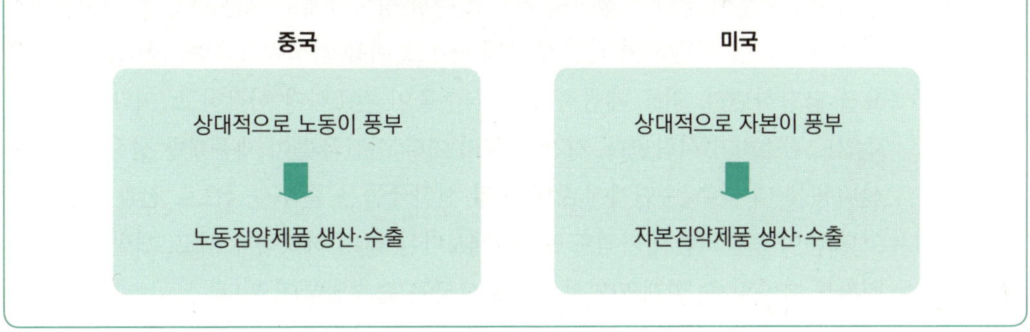

요소부존 이론과 관련해서 한 가지 함께 알아둘 필요가 있는 것이 '레온티에프의 역설(Leontief's Paradox)'이다. 레온티에프는 헥셔-올린의 요소부존 이론이 수학적으로 입증 가능하여 이론적으로 확실하지만 실제 국제무역이 요소부존 이론에 부합하게 이루어지는지 확인하고 싶었다. 그는 1940년대 후반 실제 무역 데이터를 분석하였는데 미국이 노동집약적인 제품을 수출하고 자본집약적인 제품을 수입했다는 점을 밝혔다. 요소부존 이론과 미국의 현실 무역 데이터가 정반대의 모습을 보였다는 점에서 이를 레온티에프의 역설이라고 부르게 된 것이다. 이 결과는 요소부존 이론이 노동의 질을 고려하지 않았던 것과 관련이 있다. 미국 노동자들이 우수하고 잘 조직화되어 있어서 생산성이 높았기 때문에 미국이 노동집약적인 제품을 수출하는 현상이 나타난 것으로 해석될 수 있었다. 레온티에프의 역설이 의미하는 바는 요소부존 이론이 잘못되었다는 것이 아니라, 국제무역은 한 가지 요인에 의해서만 결정되지 않고 여러 가지 복합적인 요인이 결합되어 나타난다는 점이다.

5. 제품수명주기 이론

제품수명주기 이론(Product Lifecycle Theory)은 하버드대학의 레이몬드 버논(Raymond Vernon) 교수가 제창한 국제무역 이론으로 제품의 수명주기와 국제무역의 양상을 연결시켜 설명한 것이다. 제품은 '도입단계(introduction stage)', '성숙단계(maturity stage)', '표준화단계(standardization stage)'라는 수명주기를 갖고 있다는 점, 그리고 제품의 각 수명주기 단계별로 국제적으로 생산과 무역에서 각 국가가 수행하는 역할이 국가의 기술발전 수준에 따라 달라질 수 있다는 점을 설명하고 있다(그림 8-3 참조).

첫째, 제품수명주기중 도입단계의 신제품의 경우 이를 처음으로 개발한 선진국이 제품을 생산하고, 전 세계에 수출하는 현상이 나타난다. 새로운 기술을 적용하여 개발한 신제품에 대한 수요는 대부분 선진국에서 나타나기에 제품개발 선진국 이외의 여타 선진국들은 순수입국이 된다.

둘째, 제품이 상당한 성장을 거치고 나서 성숙단계로 오는 과정에서 여타 선진국들이 기술을 모방하여 직접 생산에 나서고 비용 경쟁력도 확보, 자국의 국내 수요를 담당하면서, 최초 개발 선진국의 수출이 감소하기 시작하고, 여타 선진국의 수입도 감소하기 시작한다. 시간이 흘러 여타 선진국들이 제품개발 선진국보다 생산비용을 더 낮추는 단계에 오면 여타 선진국들은 순수출국으로 전환된다. 그리고 제품이 성숙되면서 가격도 도입단계보다는 많이 하락하게 되고, 개발도상국 소비자도 사용할 수 있게 되면서 개발도상국은 순수입국이 된다.

그림 8-3 제품수명주기 이론

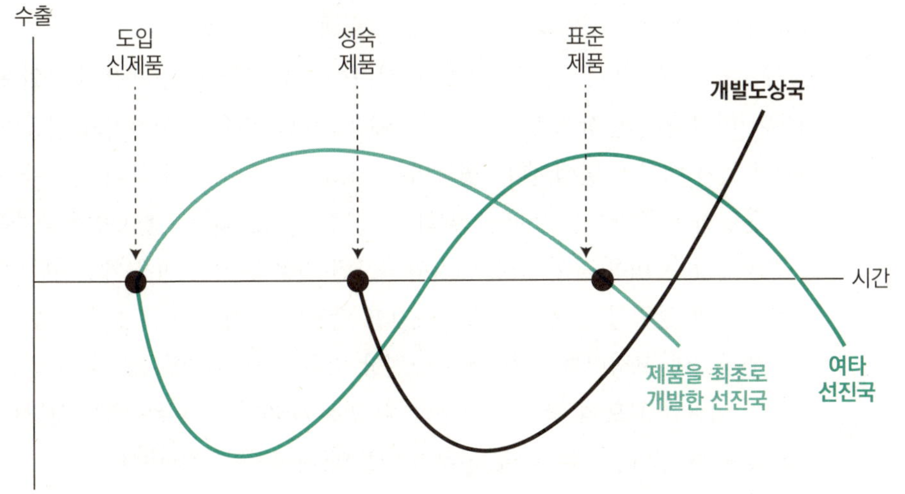

자료: Vernon, R. (1966), "International Investment and International Trade in the Product Cycle," *Quarterly Journal of Economics* 80, May, pp. 190-207의 내용을 요약 정리한 Cavusgil, S. T., Knight, G., and Riesenberger, J. R. (2020). *International Business: New Realities*, 5th. ed., Pearson.

셋째, 제품 생산에 필요한 기술들이 표준화되는 단계에 오면 이제 제품의 주 생산국은 인건비 등 낮은 생산비용을 갖고 있는 개발도상국이 된다. 이제 개발도상국이 순수출국이 되며, 제품 개발 선진국 및 여타 선진국들은 모두 해당 제품에 대해서 순수입국이 된다.

제품수명주기 이론은 1970년대부터 1980년대를 거쳐 1990년대까지 국제무역 이론 연구에서 중요한 부분으로 자리매김했지만 최근 제품의 수명주기가 급속한 기술발전 및 글로벌화로 크게 단축되면서 점차 그 설명력을 잃어가고 있다. 과거 컬러TV의 경우 국제적인 제품수명주기가 20년이 넘어 국제적 생산이 최초 개발선진국, 여타 선진국, 개발도상국으로 단계별로 이동하면서 국제무역이 이루어지는 좋은 설명 사례가 될 수 있었지만, 현재 생산되고 있는 스마트폰이 갖고 있는 제품수명주기는 너무도 짧아서 제품수명주기에 따른 국제적인 생산 이전 및 무역이 제품수명주기에 따라 이루어진다고 보기가 쉽지 않다고 하겠다.

6. 신무역 이론

신무역 이론(New Trade Theory)은 국제무역의 근거가 되는 국가 간 상대적 생산비용 차이의 원천을 각 국가의 생산 요소부존 등 주어진 것 이외에 다른 요인에 의해서도 설명될 수 있다는 점에서 새로운 접근의 무역 이론, 즉 신무역이라고 명명된 것이다. 폴 크루그만(Paul Krugmann)은 각국이 생산비용의 차이를 가져올 수 있는 중요한 요인으로 규모의 경제(economies of scale)를 제시하고 있다.

규모의 경제 개념은 특정 제품의 생산량이 증가하면 해당 제품의 단위당 생산비용이 하락하는 현상을 말한다. 이는 제품의 생산비용이 고정비와 변동비로 구성되어 있기 때문에 발생한다. '변동비(variable cost)'는 원재료와 같이 생산량이 증가하면 동일하게 증가하는 비용을 말하며, '고정비(fixed cost)'는 생산량이 증가하더라도 변화가 없는 비용을 말한다. 여기서 중요한 것은 단위당 비용 개념이다. 생산량이 증가하면 단위당 변동비는 일정하지만 단위당 고정비는 크게 감소하게 되고, 결국 변동비와 고정비를 합친 제품 단위당 비용은 생산량이 증가하면서 크게 하락한다. 이러한 규모의 경제를 창출할 수 있는 국가가 국제무역에서 상당한 경쟁력을 갖출 수 있다는 점이 바로 신무역 이론의 핵심적인 내용이다.

구체적인 사례를 보면 미국이 상업용 항공기 제조 분야에서 경쟁력을 갖출 수 있게 된 근본적인 이유가 바로 미국의 국내 항공 시장이 커서 상업용 항공기 수요도 크다는 것에서 찾을 수 있다. 즉, 미국은 자국 내 대규모 항공기 수요를 바탕으로 고정비 비중이 큰 항공기 제조에서 규모의 경제가 가능하고, 이를 통해 국제무역 경쟁에서 우위를 창출할 수 있는 것이다.

제3절 현대적 무역 이론

현대적 무역 이론은 국가경쟁력 무역 이론이라고 할 수 있는데, 각 국가가 국제무역 경쟁에서 어떻게 경쟁력을 확보하고 유지해 나갈 것인가 하는 문제와 관련된 이론들이다. 대표적으로 하버드대학교 교수인 마이클 포터의 국가경쟁우위 및 다이아몬드 이론과 산업정책 이론 등이 여기에 해당한다.

1. 국가경쟁우위와 국가경쟁력

국가경쟁우위(competitive advantage of nations) 개념은 하버드대학교 경영대학 교수 마이클 포터(Michael Porter)가 1990년 그의 저서 "국가의 경쟁우위(The Competitive Advantage of Nations)"에서 제시한 것으로 국제경쟁에서 어떻게 국가가 그 경쟁지위를 확보하는가 하는 질문과 관련된 것이다. 그는 한 국가의 경쟁우위는 그 국가에 있는 기업들의 경쟁력을 합친 것이라고 정의하고 있다.

그러면 기업의 경쟁력은 무엇을 의미하는가? 기업의 경쟁우위(competitive advantage of firms)는 기업이 시장 경쟁에서 우수한 성과를 낼 수 있는 자신들만이 갖추고 있는 특유의 역량을 말한다. 일반적으로 어떤 기업이 시장에서 경쟁력이 있다는 말은 그 기업이 이러한 특유의 역량을 갖고 경쟁기업에 비해서 동일한 혜택(benefits)을 저렴한 비용(costs)으로 제공할 수 있거나, 아니면 동일한 비용으로 더 나은 혜택을 제공할 수 있을 때 그 기업이 경쟁력이 있다고 말할 수 있다. 이처럼 경쟁력을 갖추고 있는 기업들이 많을 경우 그 국가는 국제경쟁에서 경쟁우위를 갖추고 있다고 말할 수 있다.

이러한 국가의 경쟁우위는 산업별로 평가되는 경우가 많은데, 특정 산업에서 글로벌 경쟁력을 갖추고 있는 기업들이 많은 나라는 그 산업 분야에서 국가경쟁력을 갖추고 있다고 말할 수 있다. 예를 들어 한국에는 삼성전자와 하이닉스가 메모리반도체 제조에서 각각 세계 시장점유율 1위, 2위를 차지하고 있는데, 이 두 기업 및 관련 부품 공급업체 등이 갖추고 있는 경쟁력으로 인해서 한국은 메모리반도체 산업 분야에서 세계 최고의 국가경쟁우위를 갖추고 있는 것이다.

여기서 개념적으로 명확히 할 사항이 하나 있다. 어느 국가가 특정 산업에서 국가경쟁력(national competitiveness)을 갖추고 있다고 이야기할 때는 물론 해당 산업 분야에서 글로벌 경쟁력을 갖춘 기업들이 많이 있어야 하는 것을 전제하지만 여기에 추가적으로 해당 산업에서 관련한 천연자원, 입지, 우수한 인력 등 그 국가가 갖고 있는 비교우위를 함께 고려하게 된다. 해당 산업 분야에 속해 있는 기업의 경쟁우위와 해당 산업에서 그 국가의 비교우위(comparative advantage of nation)를 합친 것이 바로 그 산업의 국가경쟁력이 된다고 하겠다.

2. 국가경쟁력 결정 요인: 포터 다이아몬드 모델

국가의 경쟁우위 개념을 도입한 마이클 포터 교수는 국가경쟁력을 결정하는 요인을 네 가지로 다이아몬드 모양을 통해 제시하였는데, 이를 마이클 포터의 다이아몬드 모델(Porter Diamond Model)이라고 부른다. 포터 교수는 다음 네 가지 요인을 제시하고 있다.

첫째, 수요 조건(demand conditions)이다. 이는 특정 제품이나 서비스에 대한 국내 시장 수요의 내용을 말하는 것으로, 국내 수요자들의 압력 강도에 따라 기업이 이루어내는 혁신이 달라질 수 있고, 이에 따라서 해당 산업의 경쟁력에 영향을 줄 수 있다는 것이다. 예를 들어 삼성, LG 등 한국의 가전회사들이 TV, 냉장고 등 가전제품에서 세계적인 경쟁력을 갖출 수 있었던 요인 중 하나가 한국 고객들의 까다

그림 8-4 포터의 다이아몬드 모델

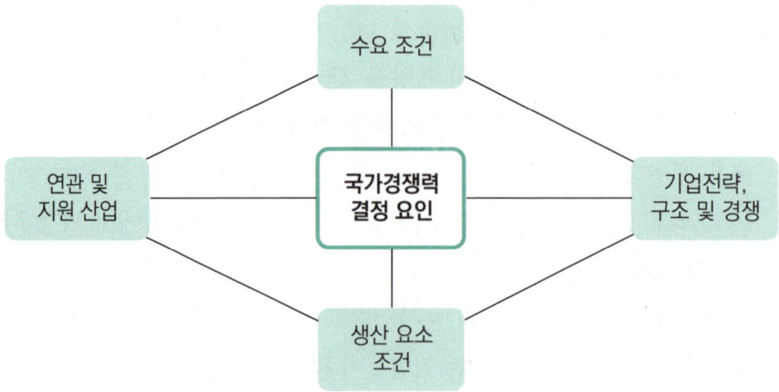

로운 요구사항들 때문이라는 것이다. 한국 고객들의 제품 품질 개선 압력으로 혁신을 지속하면서 한국 가전회사들이 세계적인 품질 경쟁력을 갖출 수 있었던 것이다.

둘째, 기업전략, 구조 및 경쟁(firm strategy, structure, and rivalry)이다. 이는 한 국가의 특정 산업의 국내 경쟁의 내용 및 조건들을 말하는 것으로, 기업들이 어떻게 만들어지고, 조직화되며 경영되는지를 통합적으로 보여주는 것이라고 하겠다. 한 국가의 특정 산업 내 새로운 기업의 탄생이 수월하고 자율적인 구조를 갖추고 있어서 치열한 국내 경쟁이 가능할 경우 해당 산업 분야 기업들은 끊임없는 혁신 압력을 받게 되고, 그 과정에서 그 국가의 해당 산업은 강력한 국제경쟁력을 확보할 수 있게 된다.

셋째, 생산 요소 조건(factor conditions)이다. 이 부분은 한 국가의 특정 산업 분야와 관련된 생산 요소, 즉 노동, 토지, 천연자원, 자본, 기술, 노하우 등의 양과 질에 대한 내용이다. 각 국가는 각 생산 요소 부존량 및 그 질적 수준에서 차이가 있을 수 있으며, 생산 요소의 양과 질이 산업발전에 영향을 미칠 수 있고, 경쟁력을 결정할 수 있다. 예를 들어 베트남의 경우 손재주가 좋고 근면한 노동력이 많고 인건비도 저렴해서 전자제품 회사들의 조립공장 입지로 각광을 받고 있다. 삼성전자가 핸드폰 생산공장을 베트남에 건설하여 조립공장을 운영하는 것도 이러한 생산 요소 조건에 영향을 크게 받았다고 하겠다.

넷째, 연관 및 지원 산업(related and supporting industries)이다. 이는 특정 산업과 연관된 산업 및 지원 산업이 잘 발달되어 있는지 여부를 말하는 것이다. 연관 산업은 주로 부품공급 기업들을 의미하는 것이며, 지원산업은 특정 산업 활동이 원활하게 이루어질 수 있도록 지원해주는 활동을 전개하는 업종들을 말한다. 한 마디로 특정 산업 클러스터 또는 생태계가 잘 형성되어 있으면 해당 산업은 국제적인 경쟁력을 확보할 수 있다는 점이다.

3. 국가산업정책

국가산업정책(national industrial policy)은 정부가 자국의 특정 산업에 대해서 국제경쟁력을 의도적으로 제고하기 위해서 전개하는 일련의 경제개발정책을 의미한다. 앞서 마이클 포터의 다이아몬드 모델은 특정 산업 분야에서 어떤 국가가 국제경쟁력을 갖게 되는 조건들을 제시한 것이라면, 국가산업정책은 국가가 자국의 특정 산업의 국제경쟁력을 제고할 분명한 목적을 갖고 각종 산업육성 정책 프로그램을 수립하고 정부 예산을 들여서 이를 추진하는 것을 말한다.

대표적인 산업정책수단으로는 조세감면, 재정지원, 인력양성지원, 인프라지원, 규제완화 등을 들 수 있다. 조세감면정책은 기업들로 연구개발활동 등 특정한 혁신활동에 대해서 법인세 감면 등을 제공함으로써 기업의 경쟁력과 산업의 경쟁력을 제고하는 정책을 말한다. 재정지원의 경우 정부가 기업의 연구개발비를 지원하는 등 직접 자금을 제공함으로써 기업의 혁신활동을 제고하는 정책을 말한다. 인력양성지원은 특정 산업 분야에서 필요한 인력을 양성하여 산업계에 보냄으로써 산업의 경쟁력을 높이려는 정책이다. 인프라지원은 도로, 철도, 항만 등 산업 인프라 건설을 통해서 특정 산업 활동을 활성화하는 정책이다. 규제완화를 통해서 기업들이 특정 분야에서 자유롭게 활동하게 함으로써 경쟁력을 제고할 수도 있다.

제4절 해외직접투자의 개념과 동기

1. 해외직접투자 개념

앞서 6장에서 설명했듯이 해외직접투자(Foreign Direct Investment: FDI)란 해외 시장에서 사업장을 설치하거나 경영을 목적으로 현지 기업을 설립 또는 인수하는 데 자본을 투자하는 것을 의미한다. 한편, 해외간접투자(국제포트폴리오투자)는 해외 증권에 투자하여 가격 변동으로 인한 금전적 이익을 취하려는 투자라는 점에서 해외직접투자와는 다르다. 일반적으로 해외직접투자를 하면 현지 생산, 현지 판매 등의 경영활동 목적으로 별도의 해외 법인(해외 자회사foreign subsidiary)을 설립하게 된다. 해외 법인은 현지 국적을 갖는 법인체이고, 해외직접투자 결과로 현지 국적을 갖는 다수의 해외 자회사를 보유하게 되면서, 이 기업은 국적이 여러 개가 된다는 점에서 다국적기업(Multinational Enterprise: MNE)이 된다.

2. 해외직접투자 전략적 동기

해외직접투자의 전략적 동기를 분류해보면 크게 세 가지 형태로 구분이 가능하다. 더닝(Dunning) 교수는 해외직접투자의 전략적 동기를 현지 시장 추구(market seeking), 효율성 추구(efficiency seeking), 자원 확보 추구(resource seeking) 등으로 나누었다(Dunning, 1981). 이하 해외직접투자의 전략적 동기를 더닝 교수의 분류방법에 따라 살펴본다(그림 8-5 참조).

1) 현지 시장 추구

현지 시장 확대는 기업이 해외직접투자를 하게 되는 가장 주된 동기라고 하겠다. 즉, 해외 시장에서 고객에 적합한 제품을 생산 판매하여 현지 시장을 확대시키려는 목적이다. 고객이 있는 국가에 직접투자를 하면 변화하는 고객의 취향에 즉각적인 대응이 가능하다. 현지 생산과 현지 마케팅 체제를 구축하여 고객이 원하는 요구사항에 적합한 제품과 서비스를 제공함으로써 현지 고객 만족도를 증대시키게 된다.

수입관세와 같은 무역장벽이 있는 경우도 해외직접투자를 하게 된다. 본국에서 생산한 제품을 수출하고자 할 때 수입관세가 높을 경우 현지 시장에서 가격경

그림 8-5 해외직접투자의 전략적 동기

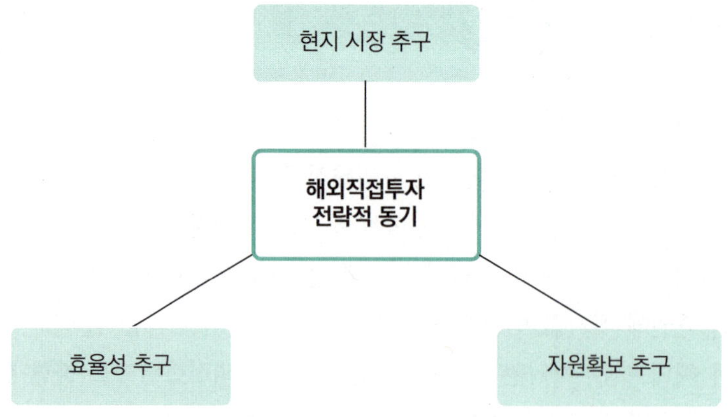

쟁력이 떨어져 수출이 어렵다. 이때 수입관세를 우회하기 위하여 수출 대신에 현지 생산 판매를 위한 해외직접투자를 하게 된다. 세계 자동차 회사 대부분이 중국에 직접투자를 하여 현지 생산 체제를 갖추게 된 것은 중국 시장의 성장잠재력 때문만이 아니라 자동차 수입관세율이 워낙 높기 때문이었다.

2) 효율성 추구

기업이 해외직접투자를 하는 또 다른 목적은 글로벌 관점에서 비용 절감을 위해서다. 제품생산에 가장 경쟁력 있는 국가에 직접 투자하여 제품을 생산함으로써 저원가의 경쟁우위를 달성할 수 있다. 국가별로 다양한 환경 여건의 차이로 특정 제품을 생산하는 데 국가별 비교우위 차이가 발생한다. 이를 잘 활용한다면 글로벌 효율성과 이에 따른 경쟁력 제고에 좋은 전략이 된다.

가격경쟁이 중요한 제품의 경우 인건비가 저렴한 중국에서 생산할 때 원가경쟁력을 증대시킬 수 있다. 투자 관련 정부규제(예: 환경규제, 건강·안전규제 등)가 비교적 적은 국가라면 현지 생산으로 생산비용을 절감하게 된다. 또한 세금 관련 혜택이 있는 국가의 경우도 그러하다. 예를 들어, 멕시코의 자유무역지대인 마킬라도라에서 생산하면 현지에서 창출되는 부가가치 부분에 대해서만 세금을 부과하여 세금을 절감할 수 있다.

3) 자원 확보 추구

기업이 해외직접투자를 하는 또 다른 목적 중의 하나가 석유, 석탄 등 천연자원, 광물자원 등의 확보를 위한 것이다. 특수한 자원이 부존되어 있는 국가에 직접투자를 하여 개발 수입함으로써 원활한 원자재 공급이 가능해진다. 에너지 관련 다국적기업들은 자원을 보유하고 있는 국가의 자원매장지역을 매입하고 생산설비를 투자하여 안정적으로 자원을 확보하게 된다. 직접투자를 통하여 자원을 개발·확보하면 가격변동의 위험성을 줄일 수 있다.

최근에는 다국적기업들이 글로벌 연구 개발 및 생산 능력을 강화시키기 위하여 외국의 고급 기술인력 확보를 위한 해외직접투자(해외 연구소 설립)도 증대시키고 있다. 해외 투자를 통하여 풍부한 전문인력을 현지에서 확보하고 활용하게 된다. 컴퓨터칩 생산이 이스라엘에서 많이 이루어지는 것은 이스라엘의 풍부한 전문 기술인력을 활용하기 위한 목적이다.

표 8-3 해외직접투자 이론

1. 해외직접투자 신고전 이론
2. 해외직접투자 3대 이론
   - 독점적 우위 이론
   - 내부화 이론
   - 절충 이론

3. 해외직접투자 이론의 전개

기업이 국제화를 추진할 때 선택할 수 있는 방식에는 크게 보아 수출, 국제 라이선스 계약과 같은 국제계약, 해외직접투자 등의 세 가지가 있다. 수출은 국내에서 생산하는 제품(재화)을 해외 시장에 판매하는 방식이다. 국제계약은 해외 시장 파트너와 계약을 통해 현지 생산과 판매를 위임하는 방식이다. 해외직접투자는 해외 자회사를 설립하고 제품 생산과 판매를 직접 수행하는 방식이다. 해외직접투자 방식을 통하여 기업은 다국적화된다.

앞장에서 살펴본 바와 같이 수출(무역)과 관련된 이론들은 오래 전부터 경제학자들에 의하여 발전되었다. 국가 간 재화의 이동(국제무역)이 왜 일어나는지를 설명하는 국제무역 이론으로서 리카르도 비교우위 이론, 헥셔-올린 이론 등이 있다. 국제계약 방식을 설명하는 이론은 별도로 전개되지 않고 해외직접투자 방식을 설명하는 이론에 포함된다. 해외직접투자 방식을 설명하는 이론은 최근에서야 활발한 논의가 이루어졌다. 그간 많은 학자들의 노력으로 표 8-3에서 열거되어 있는 바와 같이 해외직접투자에 대한 다양한 이론들이 전개되었다. 해외직접투자의 신고전 이론으로부터 출발하여, 독점적 우위 이론(monopolistic advantage theory), 내부화 이론(internalization theory), 절충 이론(eclectic theory) 등으로 발전되었다.

제5절 해외직접투자 신고전 이론

해외직접투자(FDI) 이론이 본격적으로 발전되기 전에는 경제학자들을 중심으로 국제무역 이론의 연장선상에서 거시적 시각으로 해외직접투자를 설명하였다. 국제무역(international trade)을 재화의 국가 간 이동이라는 시각에서 이론적으로 설명했다면, 해외직접투자는 자본의 국가 간 이동이라는 관점에서 접근하였다. 자본의 국가 간 이동은 자본의 대가인 실질이자율의 국가 간 차이에서 발생하고 이로 인해 해외직접투자의 흐름이 나타나는 것으로 파악하였다. 즉, 이자율이 낮은 국가에서 이자율이 높은 국가로 자본, 즉 해외직접투자가 이동한다는 것이다. 이러한 이론을 해외직접투자에 대한 신고전 이론(neoclassical theory) 또는 국제자본이동 이론이라고 한다.

자본이 저금리국에서 고금리국으로 계속해서 이동하면 어떻게 되는가? 고금리국에 자본이 몰려 금리가 하락하고 국가 간 이동은 균형을 이루게 된다. 시장이 완전하다면 전 세계적으로 금리가 같은 수준으로 수렴하게 된다. 그렇다면 자본의 흐름은 중단될 것인가? 한 국가의 파산위험이라는 변수를 생각해보자. 국가 간에는 파산위험이 다르기 때문에 각국 이자율은 서로 다른 위험 할증률을 갖게 되어 이자율 차이는 상존하게 된다. 따라서 저금리국에서 고금리국으로 자본이 이동하여 고수익을 추구하는 기회는 항상 존재할 수 있다고 주장한다.

국가 간 이자율 차이로 해외직접투자를 설명하려는 신고전 이론은 문제점이 많다. 그 이유로 첫째, 해외직접투자의 흐름이 국가 간 일방향이 아니고 양방향이라는 점이다. 실제로 선진국 간에는 일방적인 투자의 흐름보다는 양방향의 흐름이 많이 일어난다. 즉, 미국 다국적기업이 경쟁우위에 있는 부문은 유럽에 투자하고, 반대로 유럽 다국적기업이 경쟁우위가 있는 부분은 미국으로 투자를 하는 것이다.

둘째, 투자가 국가별로 집중되기보다는 산업별로 집중되는 경향이 있다는 점이다. 만일 국가 간 금리 차이에 의하여 자본이동이 일어난다면 이자율이 높은 특정 국가에 투자가 집중될 것이 예상된다. 그러나 실제로는 투자의 흐름이 특정 국가에 집중되기보다는 자동차, 전자 등 특정 산업에 집중되고 있다. 국가 간 이자율 차이는 모든 산업에 걸쳐 동일한 수익 추구 기회를 의미하기 때문에 산업별 투자 규모의 차이를 설명하는 데는 한계가 있다. 즉, 투자 흐름에 산업별로 차이가 있다는 것을 설명하지 못하는 것이다.

셋째, 해외직접투자는 반드시 자본이동을 수반하는 것이 아니라는 점이다. 사실상 해외직접투자를 하는 과정에서 본국이 아닌 현지국에서 직접 자금조달을 할 수 있으며 유보이익 등으로 투자가 이루어질 수도 있다.

넷째, 해외직접투자를 생산 요소의 하나인 자본으로만 파악한다는 점이다. 해외직접투자는 경영활동이 기술, 노하우 및 인력 등과 함께 집합적으로 이전하는 것이지 하나의 생산 요소인 자본의 이전만으로 해석해서는 곤란하다는 것이다.

다섯째, 신고전 이론은 투자자본의 수익을 확보하기 위해 필요한 투자자의 경영능력에 대한 언급이 전혀 없다는 것이다. 왜 기업이 포트폴리오투자(증권투자)가 아니고 직접투자를 해서 현지 기업을 설립하고 현지국에서 경영을 하는 방법을 택하는가? 낯선 국가에서 경영활동을 할 때는 예기치 않은 비용이 발생하고 수익 창출에 대한 불확실성이 존재한다. 기업이 직접투자를 결정하는 데는 이러한 비용을 상쇄하고도 남는 초과수익을 올릴 수 있는 경영능력이 있어야 한다.

이상의 문제점을 해결하는 차원에서 해외직접투자를 기업 경영활동의 종합적 이전이라는 관점에서 이론을 제기한 학자는 다음에 설명할 하이머(Hymer)다. 하이머는 해외직접투자를 국가 수준의 거시적 관점보다는 기업 수준의 관점, 즉 기업이 보유한 독점적 우위 요소로서 설명하였다.

또한 수출, 라이선스, 프랜차이즈 등 다른 해외 시장 진입 방식 대신 왜 해외직접투자를 선택하는지 기업의 거래비용적 관점에서 접근한 내부화 이론이 있다. 독점적 우위 이론과 내부화 이론에 입지 선택 문제까지 통합적으로 접근한 더닝의 절충 이론도 있다. 다음 절에서 다룰 이 세 가지 이론을 해외직접투자의 3대 이론이라고 할 수 있다.

제6절 해외직접투자 3대 이론

1. 독점적 우위 이론

독점적 우위 이론(monopolistic advantage theory)이란 기업이 해외직접투자를 실행하기 위해서는 반드시 투자대상 국가의 현지 기업들이 보유하지 못한 독점적 우위가 있어야 한다는 주장이다. 이는 1960년대 하이머에 의하여 제시되었으며 해외직접투자를 미시적 관점에서 접근한 최초의 이론이다(Hymer, 1960).

하이머는 신고전 이론의 문제점에 도전하여 새로운 시각으로 FDI를 해석하였다. 그는 FDI를 거시경제적 수준에서 일어나는 현상으로 보는 과거의 시각을 부정하고 기업 수준의 해외 활동에 초점을 맞추었다.

하이머는 단순한 질문에 답하는 것으로 시작하였다. 기업들은 왜 해외 시장에 대한 지식이 부족함에도 불구하고 해외 시장에 투자하여 현지 기업과 경쟁을 하며 사업을 운영하려 하는가? 해외 시장에 대한 지식부족으로 인하여 발생하는 비용을 하이머는 외국비용(cost of foreignness)이라고 칭하였다. 이는 분명히 외국 기업에 불리한 요소다. 현지 기업은 현지 시장의 특성, 현지 고객, 사업관행, 법규 등 사업 환경에 대한 이해도가 외국 기업에 비하여 상대적으로 우위에 있다. 반면 외국 기업은 현지 시장의 낯선 환경에서 사업을 하면서 현지국의 문화, 언어, 법규 등 새로운 정보를 축적하는 과정에서 비용을 지출한다. 현지 정부에 의하여 차별적인 대우를 받을 위험도 있다. 따라서 하이머는 해외직접투자 및 해외 생산은 국내투자에 비하여 상대적으로 더 큰 비용과 위험을 부담해야 한다고 본다. 그렇다면 왜 FDI는 계속 확대되어 가는가? 하이머의 결론은 FDI를 하는 기업은 외국비용의 불리한 점을 상쇄하기 충분한 독점적 우위 또는 기업특유 우위를 보유하고 있다는 것이다. 이것이 바로 기업 수준에서 FDI를 분석하는 첫 단계가 되었다.

하이머는 기업이 보유하는 독점적 자원 및 역량을 독점적 우위(monopolistic advantage) 또는 기업특유 우위(firm-specific advantage)라고 불렀다. 만일 동일한 능력을 가진 기업 간에 완전경쟁이 이루어진다면 FDI는 발생하지 않을 것이다. 특정기업이 다른 기업에 없는 무엇인가를 지속적으로 통제 소유할 수 있다는 것은 완전경쟁에서 벗어난다는 것을 의미한다. 즉, 경쟁이 제한된다는 것이다. 따라서 하이머 이론의 주요 가정은 시장불완전성의 존재다. FDI가 발생하기 위해서는 독점적 우위를 활용할 수 있는 시장불완전성이 존재해야 한다는 것이다. 기업이 보유하는 독점적 우위는 경쟁자에 대하여 지배력을 행사하고 초과이익을 확보할 수 있게 한다.

그렇다면 외국비용을 상쇄시킬 수 있는 기업특유 우위는 무엇인가? 투자기업이 보유하고 있는 노하우를 포함한 기술능력 등 무형자산이 독점적 우위의 가장 중요한 원천이다. 브랜드 이미지도 경쟁자에 대한 우위 요소가 된다. 독점적 우위 요소에는 기업규모나 시장지배력도 포함된다. 일반적으로 대규모 기업이 소규모 기업에 비하여 원자재 구입 시 유리한 조건이 가능하다. 자금조달 접근성과 조달 비용 면에서도 우위를 점하게 된다. 많은 다국적기업들이 갖고 있는 제품차별화 능력, 생산, 마케팅, 조직 상의 능력 또한 해외 시장에 진입할 때 독점적 우위 요소로 작용할 수 있다.

하이머는 이러한 기업특유 우위 요소를 자세하게 설명하지 않았지만, 킨들버거는 독점적 우위를 형성하는 네 가지 요소를 다음과 같이 구체적으로 열거하였다(Kindleberger, 1969).

- 재화 시장에서 불완전경쟁 요소: 제품차별화, 가격차별화 등 특별한 마케팅 능력
- 요소 시장에서 불완전경쟁 요소: 특허기술 존재, 자본에 대한 차별적 접근 능력, 인적 자원이 가진 차별적 능력
- 규모의 경제: 수직적 통합의 이점
- 정부규제: 신규 진입장벽 구축

앞서 언급했듯이 독점적 우위 이론의 가치는 국제자본 이동의 기존 접근방법(거시적 접근방법)과는 다른 산업조직론적 접근방법(미시적 접근방법)을 활용하

여 해외직접투자 현상을 설명하였다는 점이다. 기존의 이론이 국가 차원에서 해외직접투자 현상을 설명하였다면, 하이머 이론은 기업 차원에서 설명한 최초의 이론이라는 점에 의의가 있다.

물론 독점적 우위 이론에는 한계점도 많다. 첫째, 기업이 보유하는 독점적 우위 요소는 해외직접투자의 필수요건이긴 하지만 충분조건이 되지 못한다는 점이다. 즉, 독점적 우위가 있어야 해외직접투자를 할 수 있으나, 독점적 우위를 보유하는 모든 기업이 해외직접투자를 하는 것은 아니라는 것이다. 실제로 독점적 우위를 보유하고 있으나 해외직접투자를 하지 않고 국내 사업이나 수출만을 하는 기업이 많다. 둘째, 독점적 우위 보유 기업이 수출이나 국제 라이선스 계약과 같이 외국에 자본을 투자하지 않는 해외 진출 방식이 아니라 해외직접투자 방식을 택하는 이유에 대한 이론적 설명이 결여되어 있다. 독점적 우위 요소의 존재가 수출이나 국제계약에 의한 해외 진출 방식을 포기하게 하는 원인이 되지 않는다. 셋째, 최초 해외직접투자 현상을 설명하기는 하지만 후속적으로 발생하는 해외직접투자 현상을 충분히 설명하지 못한다는 점 등이다.

2. 내부화 이론

앞서 살펴본 대로 하이머의 독점적 우위 이론은 기업이 해외직접투자를 하는 조건을 기업 수준에서 찾았다는 점에 의미가 있다. 그런데 해외직접투자 현상을 제대로 설명하려면 기업이 왜 수출보다는 해외직접투자를 택하며, 국제 라이선싱을 하기보다는 해외직접투자를 택하는지에 대한 설명이 있어야 하는 것이다. 이 부분과 관련하여 버클리(Buckley), 카슨(Casson), 러그맨(Rugman) 등의 학자들이 내부화 개념을 활용하여 이론적 설명을 시도하였다. 이를 내부화 이론(internalization theory)이라 한다.

1) 내부화 개념에 대한 이해

(1) 내부화 개념

일반적으로 거래(transaction)가 이루어지는 구조는 독립된 개인 또는 기업 간에 이루어지는 시장거래(market transaction)와 기업 내 부서 또는 본사와 자회사 간에 이루어지는 내부거래(internal transaction)로 구분할 수 있다.

시장거래 또는 독립적 제3자 거래(arms' length transaction)는 수요 공급의 원리에 따라 가격이 결정되는 시장(market)을 통하여 이루어지는 기업 간 또는 개인 간 거래로서 외부거래(external transaction)라고도 한다. 특히 국제거래에서는 수출입 거래와 국제 라이선스 계약이 대표적인 시장거래에 해당된다. 수출입 거래는 독립적인 기업인 수출회사와 수입회사 간 상품을 대상으로 한 시장거래이며, 국제 라이선스 계약는 독립적 회사(라이선서와 라이선시) 간 특허 및 기술 등 지식재산권을 대상으로 한 시장거래다.

반면 내부거래(internal transaction) 또는 이전거래(transfer transaction)는 동일 조직 내 사업부서 간 또는 모회사와 자회사 간 이루어지는 조직위계적 거래(hierarchical transaction)다. 특히 국제거래에서는 본사와 중국 자회사와의 거래, 본사와 미국 자회사와의 거래 등 동일 회사 내 국가별 법인 간 거래가 내부거래가 된다.

기업이 거래를 할 때 종종 시장거래를 할 것인가 아니면 내부거래를 할 것인가를 결정해야 하는 경우가 종종 있다. 예를 들어, 현대자동차가 자동차 생산에 투입하는 수천 종의 부품 중에서 자동차 에어콘에 대하여 생각해보자. 현대자동차는 에어콘을 조달하는 방법이 두 가지 있다. 하나는 에어콘을 전문으로 생산하는 외부회사로부터 조달하는 방법, 다른 하나는 자체적으로 제작하여 조달하는 방법이다. 이때 전자가 시장거래 방식이고 후자는 내부거래 방식이다. 시장거래 방식을 택할 것인가 아니면 내부거래 방식을 택할 것인가는 각각의 방식이 갖고 있는 장단점을 고려하여 최선의 방식을 선택해야 한다. 자체 제작을 통한 내부거래 방식을 택할 때 이를 내부화(internalization)라고 한다. 다시 말하면 한 기업 내에 내부 시장을 구축하는 과정이라 할 수 있다.

(2) 국제거래에서 내부화 개념: 내부화의 결과가 해외직접투자

이상의 내부화 개념은 국제거래에 적용될 수 있다. 국제거래와 관련한 내부화 의사결정 문제는 여러 유형에서 찾아볼 수 있으나 여기서는 대표적인 유형 세 가지를 검토한다.

첫째, 해외 생산과 관련된 내부화다. 해외 생산거점을 구축하는 방식은 두 가지가 있다. 하나는 자체 현지 생산법인을 설립하는 해외직접투자 방식이다. 다른 방식은 현지 파트너에게 생산기술을 제공하고 현지에서 그 파트너에게 제품을 생산하게 하는 국제 라이선스 계약이다. 국제 라이선스 계약 방식은 독립적인 외국 사업자(라이선시)에게 기술을 제공하고 현지에서 생산 판매를 허용하며 제공된 기술에 대한 로열티를 받는 방식으로 앞서 살펴본 시장거래에 해당한다. 반면 해외직접투자 방식은 본사 소유의 자회사를 설립하고 직접 현지 생산 및 판매를 담당하여 본사와 직접 거래하는 방식으로 내부거래를 의미한다. 즉, 해외 생산을 할 때 국제 라이선스 계약을 하지 않고 직접투자로 현지 생산을 한다면 이를 내부화라 할 수 있다.

둘째, 해외 판매와 관련된 내부화다. 국내 제조업자 입장에서 해외 시장에 제품을 판매하는 경우 두 가지 경로가 가능하다. 하나는 현지 유통업자와 수출계약을 하고 이들을 통하여 현지 시장에 제품을 판매하는 방식이고, 다른 하나는 현지 판매 자회사(판매법인)를 설립하고 이를 통하여 제품을 직접 판매하는 방식이다. 전자는 시장거래에 해당하고 후자는 내부거래에 해당한다. 즉, 기업이 초기에 현지 유통업자를 이용하여 수출을 하다가 현지 시장을 적극적으로 공략하기 위해서 현지 판매 자회사를 설립하여 직접 판매하는 것이 바로 내부화가 되는 것이다. 결국 해외 판매활동 내부화의 결과가 판매법인 해외직접투자다.

셋째, 원부자재의 해외 조달과 관련된 내부화다. 원유와 같은 원자재를 해외에서 조달할 때 크게 두 가지 방식이 있다. 하나는 원유를 현물 시장에서 구입하는 방법과 다른 하나는 유전을 직접 개발 투자하여 조달하는 방법이다. 이때 전자는 시장거래 방식이고, 후자는 내부거래 방식이다. 기업이 현물 시장에서 자원을 수입하다가 직접 개발하기 위해서 해외직접투자하는 것 역시 내부화인 것이다.

2) 내부화 이론

내부화 이론(internalization theory)은 해외직접투자를 내부거래 방식으로 파악하고 기업이 국제활동을 할 때 왜 시장거래 방식(국제 라이선싱 또는 수출)보다 내부거래 방식을 이용하게 되는가를 설명하는 이론이다. 이는 버클리, 카슨, 러그만과 같은 학자들에 의하여 전개되었다. 이론의 기본적 전제는 기업의 국제경영활동에 있어 다국적 위계구조(hierarchical structure), 다시 말하면 해외직접투자를 통하여 만들어지는 본사-해외 자회사 조직구조가 시장거래 구조(market mechanism)의 대체안이 된다는 것이다. 내부화 이론은 시장거래 대비 내부거래가 갖는 이익과 비용의 관점에서 해외직접투자 현상을 설명하게 된다. 내부화 이론은 기업이 국제거래의 내부화, 즉 해외직접투자를 선택하는 상황을 예측하게 한다는 점에서 일반화된 이론으로 간주할 수 있다고 학자들은 주장한다.

국제거래 시장이 이상적인 완전경쟁 조건을 갖추고 있다면 기업이 국제거래를 할 때 내부거래보다는 수출이나 국제 라이선싱과 같은 시장거래를 할 것이다. 그러나 국가 간에 이루어지는 거래 시장은 불완전성이 상당히 내재되어 있는 것이 현실이다. 따라서 내부화 이론은 기업이 시장거래를 포기하고 내부거래를 하게 되는 핵심 동인을 시장 불완전성(market imperfection)에서 찾는 것이다. 시장 불완전성을 시장실패 측면에서 접근하는 학자들과 거래비용 측면에서 접근하는 학자들이 있다. 시장실패적 접근(market failure approach)도 결국은 거래비용적 접근(transaction cost approach)으로 포괄 해석할 수 있으나, 편의상 이를 나누어 살펴보기로 한다.

표 8-4 내부화 이론 접근방법

시장실패적 접근	거래비용적 접근
공공재 문제 시장부재 인위적 장애	제한적 합리성 기회주의 소수거래 문제 불확실성

(1) 시장실패적 접근방법

국제거래에 있어 시장 불완전성은 시장실패(market failure) 때문이고, 시장실패로 인하여 시장거래의 문제점이 발생하고 기업의 내부화(해외직접투자)가 촉진된다. 시장실패가 발생하는 경우는 크게 세 가지로 정리된다.

첫째, 공공재(public goods) 문제다. 국제거래에 있어 대표적인 공공재 문제는 기술(지식)의 거래에서 발생한다. 기술 또는 지식은 대표적인 공공재이고 특허로 보호하지 않는다면 한계비용이 제로(zero)다. 즉, 법적 보호가 이루어지지 않는다면 지식을 보유하거나 창출한 기업은 적절한 이익을 확보하는 데 어려움에 직면한다. 이러한 시장실패 가능성은 국내 시장보다 국제 시장에서 거래할 때 더욱 클 것이다. 기술의 시장거래인 국제 라이선스 계약은 라이선서(licensor)가 라이선시(licensee)에게 일정기간 동안 기술사용을 허용하는 계약이다. 라이선서는 동 계약이 성립되고 나서 해당 기술에 대한 철저한 보호가 이루어지지 않을 경우를 우려하게 된다. 라이선시는 제공받은 기술을 체득하고 발전시켜 잠재적 경쟁자가 될 가능성이 있다. 즉, 보호될 수 없는 기술을 공여하는 계약은 매우 위험한 것이 되며, 기술의 시장거래가 실패하게 되는 것이다. 이러한 경우 기술을 갖고 있는 기업은 라이선스 계약 대신 직접 현지 생산 및 판매, 즉 내부화함으로써 기술(또는 지식)을 통제하고 타 사업자에게 전파되는 것을 방지한다. 결국 독점적 지식을 보유하고 있는 다국적기업의 경우 해외직접투자 방식으로 기술거래를 내부화함으로서 해외 시장을 확대시킨다.

둘째, 국제거래 시장부재(market nonexistence)의 경우도 넓게 보아 시장실패에 해당한다. 기술 및 지식은 기업에 있어서 무형자산이다. 기업이 보유하는 지식의 가치는 정확하게 평가하기가 어렵다. 특허나 인적 자원에 내재된 지식이나 노하우는 시장거래에 있어 최적의 가격형성이 매우 어렵다. 또한 기술집약적 제품의 생산기술과 관련하여 국제 시장 거래를 위한 완전한 계약서를 작성하기도 쉽지 않다. 결국 이러한 상황에서는 기술의 국제거래 시장이 형성되기 어렵고, 시장의 부재가 거래를 내부화하는 주요한 동기가 되는 것이다.

예를 들어, 도요타(Toyota)의 경우 효율적인 재고 및 공정 관리를 통하여 경쟁자보다 저렴한 비용으로 자동차를 생산하는 린(lean)생산 기술을 보유하고 있다. 도요타는 생산공정관리 능력에 경쟁우위가 있는데, 이러한 능력은 조직 전체에 내재되어 있으며 수년 동안 점진적으로 축적된 것이다. 어느 한 개인의 능력에 포함된 것이 아니며 조직 전체에 분산되어 있고 조직문화에 체화되어 있다. 이러한 역량은 매뉴얼화하기 어렵고 라이선스 계약서상 열거하기 어려운 부분이다. 만일 라이선스 계약을 맺었다 하더라고 도요타만큼 효율적으로 생산하기는 불가능하다. 이러한 이유로 도요타가 해외 진출할 때에는 라이선스 계약이 아닌 해외직접투자 방식(내부화)을 선택하게 된다. 즉, 기업이 보유하고 있는 지식이 제품 그 자체에 있기보다는 제품생산 능력, 마케팅 능력, 경영 능력 등 조직 내에 체화되어 있을 때 국제 라이선스 계약(시장거래)의 대상이 되기 어려운 것이다.

세 번째 시장실패 요소는 국제거래 시 발생하는 인위적 장벽이다. 국가 간 제품의 자유로운 시장거래를 왜곡시키는 시장의 인위적 불완전성은 다양하다. 정부가 수입을 통제할 목적으로 부과하는 수입관세, 수입할당제, 비관세장벽 등은 수출 시장거래의 장애 요인이 된다. 이러한 불완전한 장애 요인이 존재할 때 수출거래(시장거래)보다는 해외직접투자(내부거래)를 통하여 장애 요인을 우회하는 방식이 선호된다.

(2) 거래비용 접근방법

버클리, 카슨, 헤나트(Hennart) 같은 학자들은 내부화 이론을 거래비용(transaction cost) 개념으로 설명한다. 즉, 내부화의 원인인 시장 불완전성을 거래비용 개념으로 해석한다. 기업이 보유하고 있는 우위 요소를 해외로 이전하는 데 시장 불완전성 때문에 거래비용이 소요된다는 것이다. 기업이 보유하고 있는 우위를 수출하거나 라이선싱하는 것(시장거래)이 많은 거래비용을 발생시킨다면 이 비용을 줄이기 위해 해외직접투자, 즉 내부화를 한다는 것이다. 그렇다면 시장거래를 함으로써 초래되는 거래비용은 어떠한 경우에 발생하며 어떠한 종류가 있는지 알아보자.

거래비용 개념을 처음 도입한 학자는 코스(Coarse, 1937)이지만 이를 체계화시킨 학자는 윌리암슨(Oliver Williamson, 1975)이다. 그는 "시장과 위계조직(Markets and Hierarchies)"이란 저서에서 기업이라는 위계조직(hierarchy)이 시장(market)의 효율적인 대안이 될 수 있음을 보여주었다. 즉, 시장이 불완전하여 거래 시 거래비용이 발생하면 이를 줄일 수 있는 방법이 위계조직화이고 이렇게 만들어진 조직이 바로 기업(corporation)이라는 것이다. 윌리암슨은 시장이 불완전하여 거래비용이 발생하고 위계조직으로 대체되기 위해서는 시장을 불완전하게 만드는 네 가지 조건이 충족되

그림 8-6 거래비용 발생 요소

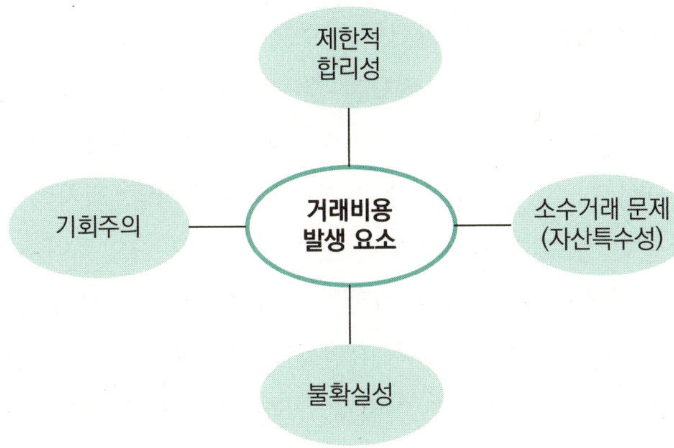

어야 한다고 보았다. 제한적 합리성, 기회주의, 소수거래 문제, 불확실성이 그것인데 이로 인하여 거래비용이 발생한다는 것이다.

첫째, 제한적 합리성(bounded rationality). 미래가 불확실하다면 시장참여자가 모든 가능한 상황을 예측한다는 것은 너무 많은 비용이 들거나 불가능할 것이다. 시장참여자는 모든 상황을 정확하게 판단할 수 있는 충분한 정보를 보유할 수 없다. 그리고 이러한 정보를 모두 시장거래계약에 반영할 수가 없다. 따라서 시장거래는 불완전하다는 것이다.

둘째, 기회주의(opportunism). 인간이 정직하고 무한정한 정보를 갖고 있다면 거래비용이 0이 될 것이다. 그러나 현실은 그렇지 못하다. 거래의 한 당사자가 다른 당사자보다 많은 정보를 갖고 있을 때 자기가 갖고 있는 정보를 기회적으로 활용하여 이익을 취하려는 경향이 있다. 거래상대방이 서로 이를 막아보려고 노력하는 가운데 시장거래에 있어 거래비용이 발생한다.

셋째, 소수거래 문제(small numbers problem) 또는 자산특수성(asset specificity). 거래 시장에 공급자가 소수이고 공급자가 독점적 행동을 한다면, 시장거래 시 협상력의 차이로 왜곡된 거래가 발생할 가능성이 높아진다. 이러한 경우 시장거래 시 소수거래 문제에 따른 거래비용이 발생한다. 소수거래 문제가 발생하는 주된 이유는 거래 대상 자산이 갖고 있는 특수성 때문이다. 자산특수성은 특정 수요자를 위하여 제품을 생산·공급하는 자산의 성격을 의미한다. 예를 들어, GM에만 공급하는 특수 에어컨을 생산하는 자동차부품회사 델파이(Delphi)는 GM의 발목을 잡고 있다고 생각하고 부품가격을 올리거나 서비스 수준을 낮출 수 있다. GM 입장에서는 에어컨 구매 시 소수거래에 따른 거래비용이 발생한다.

넷째, 불확실성(uncertainty). 일반적으로 지식(기술)시장은 정보의 비대칭(asymmetry)이라는 근본적인 문제점이 존재한다. 시장이 제대로 기능하기 위해서는 구매자와 판매자 간에 제품에 대한 완전한 정보를 갖고 있어야 한다. 그러나 구매자는 제품(특히 기술)에 대한 확실한 정보를 갖지 못한 경우가 많다. 불확실성은 구매하려는 제품에 대한 정보가 쉽게 접근 가능하지 않거나 취득하는 데 많은 비용이 소요될 때 나타난다. 또한 국제거래의 경우 환율 움직임, 정치적 불완전성, 해외 시장의 불충분한 정보, 재산권의 법적 보호 문제 등의 요인들이 시장의 불확실성을 확대시킨다. 이러한 불확실성은 시장거래 시 거래비용을 확대시킨다.

윌리암슨은 이상의 네 가지 요인들로 인하여 발생하는 거래비용은 다음의 세 가지 종류가 있다고 하였다. 첫째로, 거래당사자들은 거래에 대한 협상 이전 단계에 상대방에 관한 정보를 취득하는 데 비용이 소요되는데 이를 탐색비용(searching cost)이라 한다. 둘째로, 거래를 시작한 후에 거래 조건에 대한 협상과 관련하여 소요되는 협상비용(bargaining cost)이다. 셋째로, 계약 성립 이후 계약이 제대로 이행되는지 확인하고 이행되지 않을 때 이에 대한 소송을 하는 등 계약이행과 관련한 감시비용(enforcement cost)이다. 이상의 세 가지 비용이 시장거래와 관련하여 발생되는 비용이며 이들 비용이 많을 경우 이를 감소시킬 수 있는 방법이 바로 거래를 내부시장 거래로 만드는 것, 즉 내부화다.

3) 해외직접투자에 거래비용 개념 적용

이상에 서술한 거래비용의 개념을 해외직접투자 현상에 어떻게 적용하여 설명할 수 있는지 다음의 세 가지 사례를 통하여 알아보도록 한다.

(1) 지식의 해외 이전

한 국가에서 개발된 지식(기술)이 다른 국가로 이전될 때 각국 정부는 특허제도를 운영하여 기술 보유 회사를 보호해주는 역할을 한다. 그러나 국제거래에서 특허제도는 문제가 있다. 문서화되지 않는 암묵적 지식(tacit knowledge)을 문서화하여 특허등록을 해야 하는 어려움이 있고, 특허등록을 했다 하더라도 외국 기업 입장에서 효율적으로 감시하기가 어렵다는 점이다. 따라서 첨단기술의 국제거래 시 기술구매자의 정보 유출 가능성(기회주의)이 있으며, 시장 불확실성이 확대되어 이로 인한 거래비용이 발생한다는 것을 의미한다. 특허에 대한 보호가 철저하게 이루어진다면 국제 라이선스 계약이 활발하게 일어날 수 있다. 그러나 그렇지 못하다면 라이선스 계약 후에 예상되는 잠재적인 거래비용을 감안할 때 기술(지식)을 이전하기 꺼리게 되고 국제 라이선스 계약이 이루어지기 어렵다. 이러한 경우에는 내부거래가 더욱

표 8-5 거래비용 개념 적용 해외직접투자 설명

1. 지식의 해외 이전
2. 브랜드 글로벌화
3. 해외 판매 통제의 필요성

효율적일 것이다. 즉, 직접 해외 자회사를 설립하고 현지 생산 판매체제를 구축하여 기술거래를 내부화하는 것이 거래비용을 최소화시키는 방법이 되는 것이다.

(2) 브랜드 글로벌화

기술(지식)과 마찬가지로 한 국가에서 기업이 쌓은 브랜드 명성은 다른 국가에서도 수익을 창출할 수 있다. 맥도날드 같은 브랜드자산을 세계 시장에서 활용할 수 있는 방법은 크게 두 가지가 있다. 하나는 해외 시장에 직접투자(내부화)를 하여 맥도날드 직영점을 운영하는 방법이 있다. 이 방법은 현지에서 창출한 수익을 독차지 할 수 있다. 다른 하나는 현지 투자자를 상대로 프랜차이즈 가맹점 계약을 맺고 로열티를 받을 수 있다. 프랜차이즈(franchise) 계약은 프랜차이지(franchisee)가 프랜차이저(franchisor)에 브랜드 사용에 대한 로열티를 지불하고 계약에 따라 영업활동을 할 것을 동의하는 시장거래이다.

프랜차이즈 가맹점 계약은 프랜차이지의 기회주의적 행동 가능성과 이를 통제하기 위한 거래비용 발생이 가장 큰 문제점이다. 즉, 프랜차이지가 프랜차이저의 유명 브랜드 보호막 속에서 이익 극대화를 추구할 때, 제품이나 서비스의 질을 낮추어 비용을 절감하려는 기회주의적 행동 가능성이 항시 존재한다. 브랜드 가치를 유지하기 위해 프랜차이저가 프랜차이지의 기회주의적 행동을 계약으로 쉽게 통제할 수 있다면 좋겠지만, 통제하는 데 많은 거래비용을 지불해야 한다면 문제가 달라진다. 이러한 경우 프랜차이지 행동을 감시할 필요가 없는 직접투자를 통한 직영점 운영방식을 택하는 것이 바람직할 것이다. 직영점을 운영하면 직원들은 일정 급여를 받기 때문에 프랜차이지처럼 품질을 낮추어 이익을 확대하려는 기회주의적 행동은 없어진다.

결국 프랜차이즈 해외 진출 시 내부화(직접투자를 통한 직영점 진출)를 할 것인가 아니면 시장거래(프랜차이즈 가맹점 계약)를 할 것인가를 결정하는 데 고려할 사항은 가맹점의 제품(서비스)의 질을 유지시킬 수 있는 계약이 가능한지 여부와 계약을 어기는 것을 손쉽게 감시 내지는 통제할 수 있는가의 여부이다. 즉, 큰 거래비용 없이 기회주의 통제가 가능하다면 프랜차이즈 계약을 택하는 것이 바람직하며, 반면 통제에 비용이 많이 소요된다면 직접투자가 바람직하게 된다. 대체

적으로 패스트푸드, 호텔, 자동차렌트 회사들은 전자에 해당하여 프랜차이즈 가맹점계약을 통하여 해외 활동을 하는 경우가 많다. 반면, 은행, 광고, 컨설팅 회사들은 후자에 해당하며 해외 시장에 직접투자를 하는 경향이 강하다.

(3) 해외 판매 통제 필요성

해외 시장을 진입하는 방식 중에서 수출과 국제 라이선스 계약은 독립된 사업자 간 시장거래다. 이러한 방식은 수출업자나 라이선서 입장에서 현지 판매활동을 담당하는 유통업자(에이전트)나 라이선시에 대한 경영통제가 어려운 구조다. 특히 현지 마케팅 활동에 대한 통제가 어렵기 때문에 현지 유통업자나 라이선시의 기회주의적 행동이 나타날 수 있다. 또한 소수거래 문제도 발생하게 된다. 현지 유통업자(또는 라이선시)는 투자가 한번 일어나면 수출업자(또는 라이선서)에 협상력을 잃게 될 위험 때문에 과감한 투자를 꺼리게 된다. 투자 소요 금액이 크고 판매 여건이 예측하기 어려운 상황일 경우에는 더욱 그러하다. 이러한 거래관계가 결국 수출업자(또는 라이선서) 입장에서 거래비용을 부담하게 된다.

거래비용을 줄일 수 있는 최선의 해결책은 수출업자(또는 라이선서)가 현지 시장에 직접 투자하는 방법이 될 것이다. 즉, 판매법인을 설립(거래 내부화)하여 본사가 직접 현지 판매 및 유통을 통합하는 것이다. 폴로랄프로렌은 (주)두산과 라이선스 계약으로 한국 시장 초기 진입을 하였다. 그러나 한국 시장의 성장가능성을 감안하여 최근에 라이선스 계약을 종료하고 한국에 판매법인을 직접 설립하였다. 현지 시장의 불확실성이 커지고 경쟁자에게 적극적으로 대응해야 하는 경우 본사 차원에서 현지 시장 마케팅 전략에 대한 통제가 필요하다. 이러한 경우에 수출이나 라이선스 계약보다는 해외직접투자(판매법인 설립)가 선호되는 것이다. 판매법인을 설립하여 직접 마케팅 기능을 수행하고 제품 개발이나 유통 기능을 내부화하게 된다.

3. 절충 이론

절충 이론(eclectic theory)은 존 더닝(John Dunning) 교수가 제시한 이론이다. 해외직접투자 현상을 설명하는 이론은 반드시 다음의 세 가지 질문에 대한 해답을 모두 제공해야 한다는 데서 출발한다. 첫째, 기업은 왜(why) 해외직접투자를 하는가? 둘째, 해외 진출하는 여러 방식 중에서 해외직접투자 방식(how)을 택하는 이유는 무엇인가? 셋째, 어느(where) 국가에 투자하는가?

기존 이론 중에서 독점적 우위 이론은 첫 번째 질문(why)을 설명하는 데 적합하다. 기업이 해외 시장에서 외국 기업으로서 불리한 점을 극복하고 독점적 우위를 기반으로 이익을 얻을 수 있을 때 해외직접투자를 한다. 내부화 이론은 기업이 수출이나 국제 라이선스 계약을 하지 않고 해외직접투자 방식을 택하는 이유를 설명한다. 즉, 두 번째 질문(how)에 적합한 이론이다. 더닝 교수는 기존 이론에는 세 번째 질문(where)을 설명하는 부분이 빠져 있다고 주장한다. 절충 이론은 입지 이론(location theory)을 해외 시장으로 확장시켜 해외직접투자를 설명하는 세 번째 요소로 활용하였다.

더닝은 다국적기업이 가지고 있는 세 가지 요소, 즉 소유특유 우위 요소(O), 내부화 우위 요소(I) 및 입지특유 우위 요소(L)를 절충적으로 활용할 때 해외직접투자에 대한 충분한 설명이 가능하다고 보았다. 다시 말하면 기업이 해외직접투자를 실행하기 위해서는 타 기업이 보유하고 있지 않은 소유특유 우위 요소를 보유하고, 국제 라이선싱이 아닌 직접투자 방식을 활용하는 데 내부화 우위가 있어야 하고, 이러한 우위를 기반으로 진출대상 국가에 존재하는 입지특유 우위 요소를 활용하여 수익이 발생한다는 세 가지 조건이 필요하다는 것이다. 절충 이론은 이상의 세 가지 요소를 중심으로 전개되었기에 OLI 패러다임(OLI paradigm)이라고도 한다(그림 8-7 참조). 세 가지 개별 요소의 특징을 살펴보자.

(1) 소유특유 우위 요소

기업이 해외 투자를 하는 전제조건으로 소유특유 우위 요소(ownership-specific advantage: O)를 갖고 있어야 한다. 이는 기업이 왜 해외직접투자를 하는가에 대한 대답이 된다. 소유특유 우위 요소는 현지 시장 경쟁자에 대하여 경쟁우위를 갖는 다국적기업의 특징이라 할 수 있다. 따라서 이 소유특유 우위 요소는 앞서 설명한

그림 8-7 절충 이론

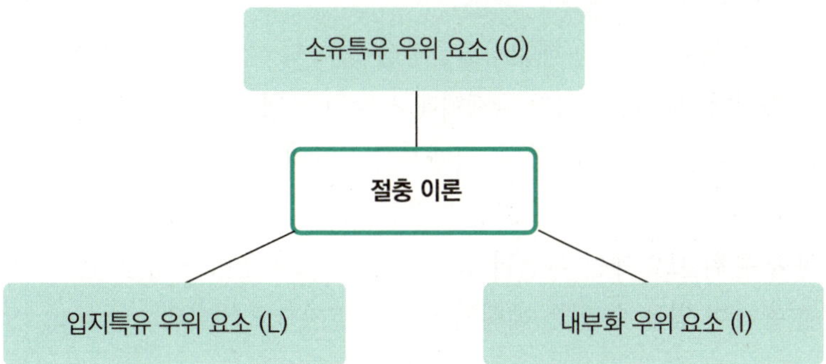

독점적 우위 이론의 기업특유 우위 요소와 동일하다고 할 수 있다. 그러면 소유특유 우위 요소에는 어떠한 항목이 포함되어 있는가? 더닝은 다음과 같이 세 가지로 나누어 제시했다.

1. 투자 기업이 투자대상국(host country)의 현지 경쟁기업에 대하여 갖는 우위
   - 보유하고 있는 독점적 기술을 포함한 무형자산 활용
   - 법에 의하여 보호되고 있는 특허 또는 브랜드 등
   - 생산관리, 조직관리, 마케팅, 연구개발 등에서 우위
   - 많은 경험이 축적된 인적 자산 보유 등
2. 투자 기업이 투자대상국의 신규 기업에 대하여 갖는 우위
   - 기업 규모, 제품 다양성, 경험효과 등에 기반을 둔 경쟁우위
   - 노동, 원료, 자금, 정보 등 투입 요소에 대한 독점적 또는 유리한 접근 능력
   - 제품 판매 시장에 대한 독점적 또는 유리한 접근
   - 모회사의 우수한 자원(기술, 마케팅 자원 등)을 활용
   - 생산, 구매, 마케팅, 자금조달 등에서 얻을 수 있는 시너지 효과 등
3. 투자 기업의 다국적성(multinationality)에 기인하는 우위
   - 노동, 원료, 정보, 시장에 대한 글로벌 관점에서 유리한 접근 능력
   - 원부자재 글로벌 소싱, 생산의 글로벌화 등 사업상의 유연성 확보
   - 요소 부존, 정부 정책의 국가별 차이를 활용할 수 있는 능력
   - 통화별로 또는 지역별로 사업 위험을 분산시킬 수 있는 능력 등

(2) 내부화 우위 요소

기업이 소유특유 우위 요소를 외국 기업에 라이선싱 또는 수출하는 것보다 직접투자함으로써 얻는 이익이 클 때 내부화 우위 요소(internalization advantage: I)가 있다고 한다. 즉, 내부화의 이익이 대체적 진출방법에서 얻는 이익보다 클 때 해외직접투자가 발생한다.

소유특유 우위를 해외직접투자를 통하여 내부화하는 장점이 무엇인가? 더닝은 기업의 내부화 동기를 국제거래 시장의 불완전성에서 초래되는 불리한 점을 회피하기 위한 것으로 보았다. 국제거래 시장의 불완전성이 클수록 시장거래보다는 내부화하는 동기가 강해진다. 이러한 더닝의 주장은 내부화 이론과 일치한다. 내부화 우위 요소에는 다음과 같은 내용이 포함되며, 시장거래를 하지 않고 내부화를 통하여 얻을 수 있는 혜택의 사례를 열거하고 있다(Dunning, 1981).

- 시장거래(수출) 시 해외 거래선 발굴, 해외 거래선과 협상 등으로 발생하는 비용의 절감
- 시장거래 시 발생할 수 있는 계약의 파기나 소송 관련 비용의 절감
- 지식 또는 기술의 국제 시장거래 시 재산권 불법 사용을 예방하는 데 소요되는 비용의 절감
- 중간재(예: 기술 등)를 국제 시장에서 거래할 때 구매자 불확실성(buyer's uncertainty)으로 인하여 초래될 불완전 가격결정 가능성의 배제
- 해외 시장에 판매되는 제품 또는 중간재 가격 조건의 통제
- 해외 시장의 유통망 통제
- 해외 시장에서의 품질관리 통제
- 선물거래 시장이 없는 경우, 이를 기업 내부거래로 흡수하여 가격 안정
- 쿼터, 관세, 조세차별 등 외국 정부의 각종 개입과 간섭을 회피
- 본사-자회사 간 상호보조 거래, 해외 시장 시장침투가격 책정, 이전가격 설정 등의 글로벌 경쟁전략을 용이하게 수행

(3) 입지특유 우위 요소

입지특유 우위 요소(location-specific advantage: L)는 다국적기업이 왜 특정 국가에 해외직접투자를 하는가를 설명하는 요인이다. 입지특유 우위 요인을 고려하게 되는 대표적인 사례는 석유나 광물과 같은 천연자원을 보유하고 있는 국가에 대한 직접투자다. 자원보유국에 대한 투자를 통하여 자원을 직접 개발하는 것이 단순 수입하는 것보다 유리한 전략이다. 이것은 서구의 대형 석유회사들(엑손모빌 Exxon Mobil, 로열더치쉘 Royal Dutch Shell 등)이 다국적화하는 주된 이유다. 석유회사들은 자원보유국에 직접투자를 실행하여 현지 입지특유 요소를 확보하고 기업이 보유하는 경영능력 및 기술력과 결합하여 글로벌 경쟁력을 갖추게 된다.

또 다른 예는 낮은 임금의 노동력이나 고도의 기술인력 등 인적 자원이 많은 국가에 투자하는 것이다. 인적 자원의 국가 간 이동은 쉽지 않으므로 이러한 인력을 활용하기 위해서는 현지국에 투자를 해야 한다. 그간 많은 선진국 기업들이 중국 시장에 상당한 규모의 직접투자를 한 것은 기업이 가지고 있는 기업특유 우위 요소와 중국의 입지특유 우위 요소(낮은 인건비와 거대한 시장)를 결합하기 위한 목적이다. 실리콘밸리 지역에 대한 직접투자도 더닝의 입지특유 우위 요소로 설명할 수 있다. 실리콘밸리 지역에는 애플, 구글, HP와 같은 세계적인 IT 회사들이 위치해 있다. IT 관련 첨단 연구개발이 이 지역에서 이루어진다. 이러한 지식에 접근하기 위해서 현지 기업을 인수하든지 현지 연구인력을 활용하는 연

구개발투자가 필수적이다. 현지국의 입지특유 우위 요소는 다음과 같은 항목이 해당한다.

- 생산 요소, 자원 및 시장의 분포
- 노동, 에너지, 원재료, 부품, 반제품 등 투입 요소의 가격 및 품질
- 현지 정부의 투자유인 정책
- 수입에 대한 규제, 세율 등 투자 환경 요인
- 현지 사업활동 관련 인프라 여건(교육, 운송, 통신 등)
- 언어, 문화, 관습의 차이 등 자국과 문화적 거리감
- 현지국의 경제체제 및 경제정책
- 현지국의 법적 규제 시스템(지식재산권 등)

(4) 통합적 접근

더닝의 절충 이론은 이상의 세 가지 요인이 모두 충족되는 경우에 해외직접투자가 실행된다는 것이다. 먼저 타 기업이 보유하고 있지 않은 소유특유 우위 요소를 보유해야 한다. 그리고 이러한 우위는 수출이나 라이선스 계약보다 내부화 방식을 활용하는 것이 유리해야 한다. 동시에 이러한 우위를 국내가 아닌 특정한 해외 지역에서 활용하였을 때 수익이 발생해야 한다. **표 8-6**에 이를 정리하였는데 소유특유 우위 요소(O), 내부화 우위 요소(I), 입지특유 우위 요소(L)가 모두 충족되었을 경우 해외직접투자가 발생한다. 내부화 우위 요소가 미충족한 경우는 국제 라이선싱을 통한 시장진입이 이루어지며, 내부화 우위 요소 및 입지특유 우위 요소가 충족되지 못한 경우 수출로 해외 사업이 이루어진다는 것을 보여준다. 이를 해외 진입 의사결정 과정에 적용해보면 **그림 8-8**과 같다.

절충 이론이 갖는 장점은 해외직접투자 현상을 세 가지 요소(OLI)를 통합하여 설명함으로써 보다 종합적인 시각을 제공한다는 점이다. 오늘날 국제경영 환경이

표 8-6 기업의 해외 시장 진입 방식과 결정 요인

해외 진입 방식	결정 요인		
	소유특유 우위 요소(O)	입지특유 우위 요소(L)	내부화 우위 요소(I)
해외직접투자	○	○	○
국제 라이선싱	○	○	×
수출	○	×	×

그림 8-8 절충 이론을 이용한 해외 진입 의사결정 과정

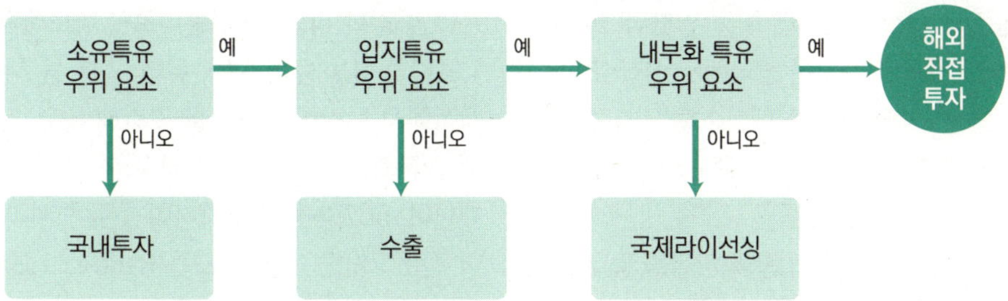

전과 크게 달라졌음에도 불구하고 절충 이론은 해외직접투자 현상을 설명하는 데 여전히 유용하다. 또한 절충 이론은 기존 이론을 통합하는 실용적인 모델로서 가치 있는 이론이다.

그러나 문제점을 지적한다면 절충 이론은 해외직접투자 현상에 대한 이론이라기보다는 현상을 설명하는 요소들의 종합적 나열에 불과하다는 것이다. 세 가지 요소들 간의 이론적 관계를 논리적으로 설명하지 못한다는 문제점도 지적되고 있다. 또한 다국적기업이 보유하고 있는 소유특유 우위 요소가 해외직접투자에 어떻게 효과적으로 활용되는지에 대한 설명이 부족하다. 마지막으로 해외직접투자는 자체가 동태적인 과정인데 비해 절충 이론은 다분히 정태적이라는 점이 약점으로 지적된다.

마감사례

K-뷰티 선봉 '아모레퍼시픽'의 해외직접투자 전략

한국일보는 2016년 1월 6일자 기사를 통해서 '2016 글로벌 대박기업'에 K-뷰티 선봉 '아모레퍼시픽'을 선정하며, 아모레퍼시픽의 해외 시장 진출 전략을 자세하게 다루고 있다. 기사는 "아시아 미(美)의 정수를 세계에 전파하는 '아시안 뷰티 크리에이터(Asian Beauty Creator)'가 되기 위해 끝없이 정진하겠습니다"라는 서정배 아모레퍼시픽 회장의 각오로 시작하고 있다. "서 회장은 2015년 9월 회사 창립 70주년 기자간담회에서 '인구 1,000만 명 이상 글로벌 메가시티(Mega City) 진출'을 선언했다"며, 이미 진출해서 상당한 성공을 거두고 있는 중국 및 북미 시장뿐만 아니라, 중동, 중남미, 아시아의 주요 대도시 공략에 적극 나서겠다는 전략을 소개하고 있다.

아모레퍼시픽은 "1990년대 초반 동북 3성을 중심으로 백화점과 전문점에 '아모레' 브랜드를 공

급하면서 중국 시장에 진출했다"며, "중국사업부는 2007년까지 15년간 적자를 냈으나 일찍 진출한 것이 결국 시장 성장기에 빛을 발했다"고 지적하고 있다. 아모레퍼시픽은 중국에서 설화수, 이니스프리, 마몽드, 라네즈 등 핵심 브랜드별로 백화점, 전문점 등 특화된 유통망을 구축하면서 성장하고 있다.

기사는 아모레퍼시픽이 중국 시장을 필두로 해외 시장에 적극 진출하면서 성공할 수 있었던 이유로 "위험을 감수한 발빠른 시장 선점"을 들고 있다. 동 기사에 따르면 "아모레퍼시픽은 1990년대 초부터 글로벌 브랜드 전략을 추구하며 중국과 프랑스에 공장을 설립해 현지 생산 기반을 마련했다. 현재 중국을 포함한 아시아 지역, 미국, 프랑스를 3대 축으로 사업 역량을 집중하고 있으며, 향후 문화 경제적 유사성 및 지리적 근접성에 기반해 새로운 권역에도 순차적으로 진입할 예정이다"며 아모레퍼시픽의 글로벌 시장진출 전략의 핵심을 설명하고 있다.

글로벌 사업의 구체적 내용과 관련, "중국 및 아시아 지역의 고객 조사와 연구에 힘을 쏟고 5대 글로벌 챔피언 브랜드(설화수·라네즈·마몽드· 에뛰드·이니스프리)의 확산에 집중할 계획이며, '제6의 대륙'이라고 불리는 면세 사업 역량도 지속적으로 강화해 메가시티를 중심으로 고객과 소통할 수 있는 교두보로 삼겠다"는 내용을 소개하고 있다.

아모레퍼시픽은 중국 사업이 코로나19 위기 속에서 많은 어려움을 겪으면서 중국 시장을 대체할 수 있는 핵심 시장으로 북미 시장을 선정하고 2022년 조직개편을 단행한다. 더벨의 2022년 6월 24일자 "위기의 아모레, 제2도약 '맥킨지' 컨설팅 받았다"는 기사에 따르면 아모레퍼시픽이 "중국 시장을 대체할 수 있는 곳으로 북미를 낙점하기는 했지만 아시아권과 화장품 소비가 다를 뿐더러 에스티로더·로레알그룹 등 글로벌 업체와 경쟁을 해야 하기 때문에 전면적인 변화가 필요했을 것"이라고 보도하고 있다.

뉴스핌의 2021년 12월 21일자 "아모레, 미국·호주 등 'K뷰티' 확장 박차… 中 시장은 이커머스 온라인 강화"라는 기사에 따르면 아모레퍼시픽은 1,800억 원을 들여 북미, 유럽, 일본 등 해외 주요 시장에서 탄탄한 인프라를 구축해 놓은 기초화장품 중견기업인 코스알엑스의 지분 38.4%를 취득했으며, 557억 원을 투자하여 호주 럭셔리 스킨케어 전문 기업인 래셔널 그룹(Rationale Group)의 지분 49%를 확보하기도 했다.

딜사이트의 2024년 7월 23일자 "아모레퍼시픽, '코스알엑스' 품고 해외사업 승부수"라는 기사에 따르면 아모레퍼시픽은 추가로 7,551억 원을 투입 코스알엑스의 잔여 지분 57.6%를 전량 사들여 100% 자회사로 편입시켰다. 아모레퍼시픽 관계자가 "코스알엑스의 주요 채널은 아마존이고 현재 140여개 국가에 진출해 있다"며 "해외 매출 비중이 높은 만큼 이 회사를 통해 글로벌 경쟁력을 강화할 것"이라고 밝혔다고 보도하고 있다. 아모레퍼시픽의 이러한 국내 및 해외의 주요 회사에 대한 인수합병을 통한 해외사업 강화가 성과를 낼 수 있을지 귀추가 주목된다.

참고자료: 딜사이트, "아모레퍼시픽, '코스알엑스' 품고 해외사업 승부수", 2024년 7월 23일자; 더벨, "위기의 아모레, 제2도약 '맥킨지' 컨설팅 받았다", 2022년 6월 24일자; 뉴스핌, "아모레, 미국·호주 등 'K뷰티' 확장 박차…中시장은 이커머스 온라인 강화", 2021년 12월 21일자; 한국일보, "[2016 글로벌 대박기업] K-뷰티 선봉 '아모레퍼시픽'", 2016년 1월 6일자.

질문

1. 본 사례의 기사에서 아모레퍼시픽이 진행한 해외진출 내용 중 어떠한 해외직접투자를 실행했는지 찾아서 제시하시오. 사례에서 제시된 아모레퍼시픽의 해외 시장 진출전략인 "5대 글로벌 챔피언 브랜드(설화수·라네즈·마몽드·에뛰드·이니스프리)의 확산"이라는 목표가 달성되었다고 보는가? 최근 5년 성과를 평가해볼 때, 이 전략은 성공했다고 보는가 아니면 미진하다고 보는가?

2. 아모레퍼시픽의 해외직접투자 현황을 전자공시시스템(https://dart.fss.or.kr/)에 게시된 아모레퍼시픽의 2022년 사업보고서를 다운로드해보시오. 동 보고서의 계열회사 간의 출자 현황(p. 305-306)를 참고하여 아모레퍼시픽의 해외자회사를 해외지주회사, 해외생산법인, 해외판매법인, 해외연구개발법인, 기타 해외법인 등으로 나누어서 정리해보시오. 아모레퍼시픽의 해외 자회사 네트워크를 종합할 때 아모레퍼시픽의 해외직접투자의 주된 동기는 본 장에서 배운 세 가지 동기 중 어느 것에 가장 가깝다고 생각하는가?
3. 아모레퍼시픽의 2022년도 사업보고서(2022년 12월 31일 기준) 305~306쪽의 해외 자회사 현황과 2022년도 3/4분기 사업보고서(2022년 9월 30일 기준) 41~42쪽의 내용과 비교에서 변경된 내용을 찾아보시오. 2022년 3/4분기 사업보고서에 없는 해외법인 중에서 2022년 사업보고서에는 추가된 싱가포르 소재 법인은 어느 법인이며, 그 법인의 역할은 무엇이라고 생각하는가? 아모레퍼시픽은 왜 이러한 변경을 단행했다고 평가하는가? 이러한 개편이 아모레퍼시픽 그룹의 향후 글로벌 전략의 실행에 어떠한 영향을 미칠 것으로 보는가?
4. 아모레퍼시픽이 중국 등에서 실적 악화를 극복할 대안으로 어떠한 노력을 전개하고 있는가? 아모레퍼시픽의 해외사업 실적 개선 노력이 성공할 것으로 평가하는가? 당신이 아모레퍼시픽의 최고경영자라면 실적 회복을 위해서 어떠한 글로벌 경영전략을 수립하고 실행할 것인가?

토의과제

1. 일반무역이론과 현대적 무역이론의 차이점에 대해서 설명하시오.
2. 절대우위이론과 비교우위이론의 가장 큰 차이점은 무엇인가?
3. 요소부존이론의 내용을 설명하고, 레온티에프의 역설이 갖는 의미를 설명하시오.
4. 제품수명주기이론의 핵심적 논리와 한계점은 무엇인지 설명하시오.
5. 국가경쟁력과 기업의 경쟁력과 관계에 대해서 설명하시오.
6. 국가경재력 결정요인을 다룬 마이클 포터의 다이아몬드 모델에 대해서 설명하시오.
7. 국가산업정책의 성공사례로 한국의 산업정책을 평가하시오.
8. 해외직접투자의 세 가지 전략적 동기에 대해서 설명하시오.
9. 해외직접투자에 대한 신고전 이론과 3대 주요 이론의 가장 근본적인 차이점은 무엇인가?
10. 독점적 우위 이론과 내부화 이론에 대해서 비교 설명하시오.
11. 더닝의 절충 이론에 대해서 설명하고, 그 의의와 한계점에 대해서 토론하시오.

Chapter 09

국제경영 전략의 기본 모델

학습목표

1. 바틀렛-고샬의 국제경영전략 모델에서 제시된 국제경영전략의 두 가지 변수에 대해서 알아본다.
2. 국제경영전략의 네 가지 유형을 비교한다.
3. 산업의 특성을 고려한 국제경영전략의 선택에 대해서 고찰한다.
4. 국제경영전략 유형에 따른 주요 이슈별 차이를 비교해본다.

도입사례

한류의 국제화 단계와 K-POP 글로벌 전략

과연 한류는 향후 지속적인 성장이 가능한 것인가? 어떻게 하면 지속적인 성장을 구가할 수 있을 것인가? 먼저 문화콘텐츠의 일반적인 국제화 과정을 살펴보자. 한류콘텐츠가 문화콘텐츠의 국제화 과정에서 어디에 위치해 있는지를 파악하면서 지속성에 대한 평가를 해보고자 한다. 일반적으로 문화콘텐츠의 국제화 과정은 크게 4단계로 나누어 생각할 수 있다.

제1단계는 국내 지향 국제화다. 국내 시장을 대상으로 제작한 콘텐츠를 해외 시장에 판매하는 단계다. 국내 시장을 대상으로 제작한 한국적인 것이 해외 특정 국가나 지역 고객에 소구되어 판매되는 경우다. 우연일 수도 있고 의도적일 수도 있다. 예를 들어 대장금이나 겨울연가 같은 드라마가 대표적이다. 사전에 해외 시장 고객을 목표로 제작한 것이 아니면서도 해외 시장 고객들을 사로잡았다. 한국적인 것이 글로벌 고객의 취향에 적절히 맞았던 것이다. 그러나 문화콘텐츠의 경우에는 일반적으로 문화적 할인이 존재하기 때문에 모든 콘텐츠에 이러한 성공을 기대하기는 어렵다. 콘텐츠의 유형에 따라 문화적 할인의 크기가 다를 수 있다. 드라마나 영화는 다큐멘터리, 애니메이션, 음악 등에 비하여 상대적으로 문화적 할인이 크다고 할 수 있다. 문화적 할인이 적은 콘텐츠는 국내 지향 콘텐츠가 해외 시장에 쉽게 수출될 수 있지만 문화적 할인이 큰 콘텐츠는 지속적으로 수출이 일어나기 어렵다.

제2단계는 지역 또는 현지국가(local) 지향 국제화다. 해외 특정 국가나 지역 시장을 목표로 콘텐츠를 제작하여 판매하는 단계다. 예를 들어 중국이나 일본 시장 고객을 목표로 현지국 업체와 콘텐츠(예: 드라마, 영화 등)를 공동 제작하는 경우다. 또한 국내에서 제작한 콘텐츠를 목표 해외 시장을 대상으로 재제작하여 판매하는 전략이다. K-POP의 경우 원더걸스나 보아처럼 미국이나 일본 시장을 목표로 작품을 만들고 마케팅을 시행하는 전략이 이에 해당한다고 할 수 있다.

제3단계는 글로벌(global) 지향 국제화이다. 특정 국가에 한정하지 않고 글로벌 시장 전체를 대상으로 콘텐츠를 제작하여 판매하는 단계다. 물론 2단계와 동시 추진이 가능하다. 콘텐츠 시장이 글로벌화되면서 이제는 지역이나 국가별 시장만의 특성이 사라지고 전 세계가 동질적인 시장이 점차 확대되고 있다. 이러한 글로벌 시장에서 틈새를 찾아내는 전략이다. 최근 (주)SM 엔터테인먼트가 추진하는 K-POP 전략이 이에 해당한다고 할 수 있다. 음악 및 비디오 제작 시 외국에서 유명한 뮤지션을 참여시켜 글로벌고객, 특히 10대 후반 20대 초반의 전 세계 고객 시장을 대상으로 표준화된 콘텐츠를 제작하는 것이다. 이렇게 제작한 콘텐츠를 유튜브 등 SNS를 통하여 전 세계 시장에 배급하는 전략을 추구하고 있다. 공연 콘텐츠 난타도 이에 해당한다. 언어장벽이 없는 비언어 공연을 제작하여 전 세계 고객을 목표로 성공적인 사업을 영위하고 있다.

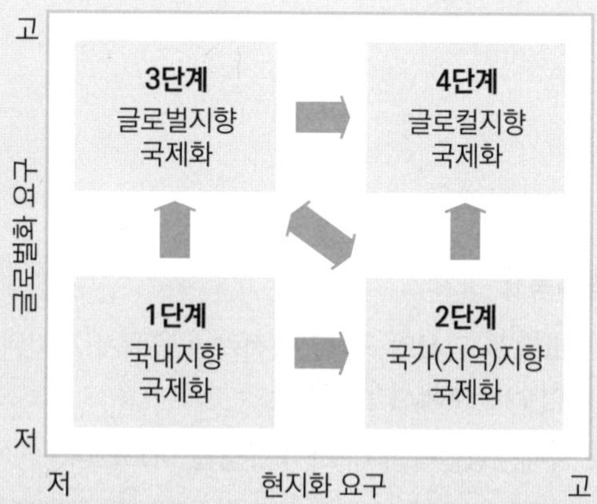

문화콘텐츠 국제화 단계

자료: 이광철, "한류글로벌화와 정책과제", 한류미래전략연구포럼 보고서, 2012년 11월.

마지막 4단계는 글로컬(global-local) 지향 국제화이다. 글로벌 통합 시장을 대상으로 표준화된 콘텐츠를 제공하면서 동시에 해외 지역 시장의 차별적 요구에 적응한 콘텐츠를 동시에 제작 판매하는 전략이다. 문화적 할인이 적은 분야는 글로벌 시장을 대상으로 한 콘텐츠를 제작하고, 문화적 할인이 큰 분야는 현지화된 콘텐츠를 제작 판매하는 전략이다. MTV를 포함한 미국계 글로벌 미디어 기업들이 추구하는 전략이 이에 해당한다.

이러한 한류의 국제화 단계에 대한 체계적 접근방식을 최근 전 세계적으로 성공을 거두고 있는 CJ ENM이 추진하고 있는 K-POP 글로벌 성공 전략과 비교해보는 것은 큰 의미가 있다. CJ ENM의 홈페이지 뉴스룸 섹션에 2023년 7월 19일자로 공개된 "[BEHIND TALK] 역대급 글로벌 전성기 K-POP 성공 비결 전격 공개"라는 기사의 내용을 보면, 'MCS(Music Creative ecoSystem)'라는 음악 기반 IP 생태계 확장 및 글로벌화 시스템 전략이 자세히 소개되어 있다.

MCS의 세 가지 핵심 전략은 첫째, 기획부터 데뷔까지 전 과정 아우르는 K-POP 매니지먼트 시스템, 둘째, K-POP 팬들의 온·오프라인 놀이터, 팬 플랫폼, 셋째, 보다 확대된 광의의 아티스트 매니지먼트 시스템 등으로 요약된다. CJ ENM은 MCS 전략을 바랑으로 현재 미국과 일본 시장을 집중 공략 중이며, 최종적으로 K-POP의 현지화에 초점을 맞추고 있다고 한다. 특히, 기존 K-POP 스타의 해외진출을 넘어서 시스템을 수출하는 것으로 진화하고 있다고 한다. K-POP 제작사의 최종 목적은 "현지에 최적화된 완전한 현지화 가수를 배출하는 것"이라며, "성공적인 현지화 전략을 위해서는 현지 관련 기업들과의 관계에서 주도권을 갖는 협업 체계를 마련"하고, "지금까지 쌓아온 시스템을 어떻게 활용하고 고도화할 수 있을지 고민이 필요"하다고 지적하고 있다.

참고자료: CJ ENM, "[BEHIND TALK] 역대급 글로벌 전성기 K-POP 성공 비결 전격 공개" 뉴스룸 2023년 7월 19일자; 이광철, "한류글로벌화와 정책과제", 한류미래전략연구포럼 보고서, 2012년 11월, 발췌.

질문

1. K-POP의 글로벌 경쟁력이 무엇이라고 생각하는가?
2. K-POP 글로벌 경쟁력의 지속가능성에 대하여 토론하시오.
3. CJ ENM의 MCS 전략은 위에서 제시된 문화콘텐츠 국제화 단계에서 어느 단계와 가장 가깝다고 생각하는가? 본인이 생각하는 이유를 정리하고, 토론하시오.

제1절 바틀렛-고샬 국제경영전략 모델

다국적기업들이 세계 시장을 경영할 때 추구하는 국제경영전략은 기본 방향에 있어 기업별로 차이가 있다. 이러한 차이를 어떻게 유형화할 것인지에 대하여 몇몇 학자들이 국제경영전략 모델을 제시했다. 그중 대표적인 모델이 바틀렛(Bartlett)과 고샬(Ghoshal)이 제시한 바틀렛-고샬 국제경영전략 모델이다(Bartlett and Ghoshal, 1987). 이 절에서는 이에 대해 설명하기로 한다.

1. 국제경영전략의 두 가지 변수

바틀렛과 고샬은 다국적기업의 국제경영전략을 유형화하는 데 두 가지 변수를 사용하였다. 즉, 현지 적응(local responsiveness)의 필요성과 글로벌 통합(global integration)의 필요성이라는 두 가지 변수다. 실제로 다국적기업 경영자 입장에서 국제경영전략을 추진할 때 서로 반대되는 개념을 가진 두 가지 변수를 동시에 고려하게 된다. 이를 각각 살펴보자.

1) 현지 적응의 필요성

선진 다국적기업의 경우 해외 시장에서 성공하기 위해서 전통적으로 '로마에서는 로마인처럼 행동하라(When in Rome, do as the Romans)'라는 경영원칙을 고수해 왔다. 이는 소비자의 요구나 취향이 국가별 또는 지역별로 서로 상이하다는 점을 전제로 하여, 소비자 취향에 맞춰 해외 시장을 경영하는 것으로 현지 적응의 필요성을 의미한다. 현지 적응 경영방식은 해외 자회사에게 독립적인 현지 기업처럼 현지 경영의 전권을 부여하는 것이 일반적이다. 해외 자회사들은 부여된 권한을 활용하여 현지 고객의 요구에 적절히 대응하는 전략을 사용한다. 필요하다면 현지 시장에 적합한 다양한 제품도 직접 개발 생산한다.

그렇다면 다국적기업의 국제경영활동과 관련하여 어떠한 경우에 현지 적응의 필요성이 요구되는가? 다음과 같은 여러 가지 요인으로 설명할 수 있다.

첫째, 국가별로 소비자 기호 또는 취향의 차이가 존재할 때다. 소비자 취향의 차이는 문화적 차이, 역사적 배경의 차이 등에서 연유한다. 이러한 차이가 국가 간에 존재할 때 제품이나 마케팅 전략은 현지 소비자 요구에 맞추는 것이 바람직하다. 자동차산업의 예를 들어 보자. 북미지역에서는 픽업트럭에 대한 소비자 수요가 상당히 강한데 이는 주로 두 번째 또는 세 번째 차로서 집안의 짐을 나르는 용도로 많이 사용되기 때문이다. 반면에 유럽에서는 픽업트럭이 공공 용도나 회사 업무용으로 사용되고 개인 용도로는 구입되지 않는다. 한국에서는 유사한 목적으로 봉고 형태의 차가 많이 판매되고 있다. 이렇게 같은 자동차도 수요의 성격이 다르기 때문에 현지 적응의 필요성이 있다는 것은 너무도 당연하다.

둘째, 국가 간 무역장벽의 존재는 국가별 시장을 분리시키고 현지 시장 적응을 필요로 하는 중요한 요인이 된다. 특정 제품에 수입관세를 부과하면 해당 국가로 제품을 수출하기가 어렵다. 동남아 자동차 시장을 보면 한국 자동차 판매가 상당히 미진한 상황이다. 이는 동남아 국가들이 수입자동차에 대해 높은 관세를 부과하기 때문이다. 현지 생산 공장을 갖고 있는 일본 자동차업체에 비하여 가격경쟁

표 9-1 현지 적응 필요성 대 글로벌 통합 필요성

구분	현지 적응	글로벌 통합
개념	생산 현지화, 제품의 현지 적응, 마케팅 차별화, 현지 권한 위양	제품 표준화, 생산거점 집중, 마케팅 표준화, 본사의 조정 역할
필요성 및 배경	● 소비자 취향 차이 ● 무역장벽의 존재 ● 현지 정부 정책 차이 ● 시장구조 및 유통 환경 차이	● 무역, 투자장벽 완화 ● 고객 요구 동질화와 글로벌 고객 등장 ● 정보통신 기술의 발달 ● 글로벌경영 수월해짐

에서 밀리는 것이다. 따라서 수출로는 대등한 경쟁을 할 수 없고 현지 생산 체제를 구축해야 경쟁이 가능해진다.

셋째, 현지 정부의 정책이나 국가 간의 인프라 차이로 인하여 국가별 시장수요가 달라지는 경우를 많이 본다. 예를 들어, 북미지역의 가정에서 사용하는 전압은 120볼트인데 비하여 유럽에서는 240볼트가 보편화되어 있다. 이러한 지역에 전자제품을 판매하기 위해서는 당연히 현지 전압에 맞춘 제품을 생산해야 한다. 국가 간 관행의 차이도 국가별 시장 여건의 차이를 초래하는 요인으로 작용한다. 예를 들어, 영국은 자동차 운행 시 좌측통행이 원칙이므로 우측에 핸들이 있는 자동차를 필요로 하는 반면, 프랑스를 포함한 대륙국가에서는 우측통행이 관행화되어 좌측 핸들차를 판매한다.

넷째, 시장구조의 차이다. 국가별 유통 환경에 차이가 있는 경우 현지국에 진출한 기업은 현지 유통 여건에 맞춘 유통전략을 구사할 필요가 있다. 이러한 경우 현지 유통 환경을 잘 알고 있는 현지 자회사에 전략을 위임하는 것이 바람직하다. 세탁세제 유통 시장의 예를 살펴보자. 독일은 5대 소매상을 통한 판매가 소매 시장의 65%를 차지하고 있는 반면, 이탈리아는 어떠한 소매상도 소매 시장의 2% 이상을 점유하고 있지 못한 실정이다. 이는 독일에서 소매상의 협상력이 상대적으로 강하다는 것을 의미한다. 이와 같이 세탁세제의 유통체계가 크게 차이 날 때는 각각의 유통체계에 적합한 현지 적응 전략을 세우는 것이 바람직하다.

이상에서 살펴본 바와 같이 현지국의 시장 여건이나 정부정책 환경이 서로 다른 경우, 또는 국가별로 소비자 취향, 유통 환경 등에 큰 차이가 있는 경우, 다국적 기업에는 현지 적응의 필요성이 강하게 요구된다고 하겠다.

2) 글로벌 통합 필요성

최근 들어 무역 및 투자의 자유화가 전 세계적으로 확산되고 국가 간 시장의 장벽이 허물어지고 있다. 문화의 교류가 많아짐에 따라 소비자의 소비행태도 동질화되는 경향이 강하게 나타난다. 이러한 글로벌화 현상이 여러 산업에 걸쳐 크게 확산되고 있다. 국가별 시장 여건에 큰 차이가 존재하는 식품산업에 있어서도 글로벌 시장이 형성되고 있다. 햄버거나 피자 시장 등이 대표적인 예다. 시장의 글로벌화 현상은 다국적기업에게 세계 시장을 분리된 시장이 아닌 하나의 글로벌 시장으로 보고 접근할 것을 요구하게 된다. 즉, 글로벌 통합 경영에 대한 필요성이 제기되는 것이다.

글로벌 통합 경영은 앞선 현지 적응 경영방식과 정반대이다. 세계 시장을 하나의 시장으로 보고 소비자의 국가별 취향이 아닌 글로벌 동질성에 초점을 맞추어 제품 개발을 표준화한다. 제품생산도 국가별 생산을 하기보다는 글로벌 관점에서 소수의 최적 장소에 집중시켜 대량생산을 한다. 해외 시장에 대한 마케팅 전략도 국가별로 차별화하지 않고 동일한 방식을 활용한다. 글로벌 통합 경영을 위해서는 생산, 마케팅, 연구개발 등의 경영활동에서 본사와 해외 자회사들 간의 긴밀한 협력관계가 필요하다. 그렇다면 글로벌 통합 경영의 필요성이 요구되는 배경은 무엇인가? 한마디로 산업 또는 시장의 글로벌화(globalization) 때문이다.

산업의 글로벌화를 촉진하는 요인들은 앞서 살펴본 바와 같다. 이를 다시 간략하게 요약한다면, 첫째, 국가 간 무역 및 투자 장벽이 허물어지고 있다는 점이다. 둘째, 전 세계 소비자의 소비성향이 동질화되고 있다는 점이다. 통신수단의 발달, 인터넷의 발달로 인하여 전 세계 소비자에게 많은 정보들이 제공되고 있다. 축구나 농구 같은 스포츠도 전 세계 소비자들이 공통적으로 즐기는 시대가 되고 있다. 하버드대학의 레비트(Levitt) 교수는 국가별로 차별화된 소비자 욕구는 세계적으로 점차 줄어든다고 주장하였다. 셋째, 정보통신기술의 발달로 해외 시장 경영이 수월해진다. 거리가 멀리 떨어진 지역에서 효율적으로 경영하려면 본사와의 원활한 의사소통이 요구된다. 최근 정보통신기술의 발달이 이를 가능케 한다. 글로벌 네트워크를 통하여 많은 자료가 온라인으로 이동하며, 세계 어느 곳에서나 정보접근이 가능해지고 글로벌 활동을 관리하는 기업의 능력을 향상시킨다. 예를 들어, 통신수단의 발달로 보잉과 일본 파트너 기술자 간에 비행기 설계가 실시간으로 가능해졌다. 미국에 있는 기업이 백오피스(back office) 업무를 인도에서도 할 수 있게 되었다. 이렇게 시장 및 산업의 글로벌화가 도처에서 나타나면서 다국적기업에게 글로벌 통합 경영의 필요성이 증대되고 있는 것이다.

2. 국제경영전략의 유형

바틀렛과 고샬은 앞서 살펴본 두 가지 변수를 기준으로 다국적기업 국제경영 전략의 유형을 네 가지로 분류하였다(Bartlett and Ghoshal, 1987). **그림 9-1**에서 보는 바와 같이 세로축은 글로벌 통합의 필요성 정도를 나타내고 가로축은 현지 적응의 필요성 정도를 나타낸다. 이들 가로축 및 세로축을 각각 높고 낮은 정도에 따라 둘로 나누면 네 가지 전략유형으로 분류된다. **그림 9-1**에서 첫번째 유형은 글로벌 통합과 현지 적응 필요성이 모두 적은 경우에 취할 수 있는 전략으로 국제 전략(international strategy) 또는 본국복제 전략(home replication)이라고 정의하였다. 두 번째 유형은 현지 적응 필요성이 매우 강하여 이에 적극적으로 대응하는 전략으로서 멀티도메스틱 전략(multidomestic strategy) 또는 국가별 전략이라 한다. 셋째는 글로벌 통합 필요성이 강하여 이에 적극적 대응을 추구하는 전략으로서 글로벌 전략(global strategy)이라 한다. 마지막으로 현지 적응 필요성과 글로벌 통합 필요성을 동시에 대응하는 전략을 초국적 전략(transnational strategy)이라고 한다. 이하 네 가지 전략 유형 각각에 대한 설명을 한다.

1) 국제 전략

국제 전략(본국복제 전략)은 해외 시장 진출 초기에 나타나는 전략의 형태로서, 전략의 핵심은 본사에서 개발 생산된 제품을 그대로 해외 시장에 판매하는 것이다. 현지 적응의 필요성과 글로벌 통합의 필요성에 대한 인식 없이 사용하는 전략이다. 본국복제형 국제 전략을 추구하는 기업은 글로벌 관점에서 효율성을 추

그림 9-1 바틀렛-고샬 국제경영전략 유형

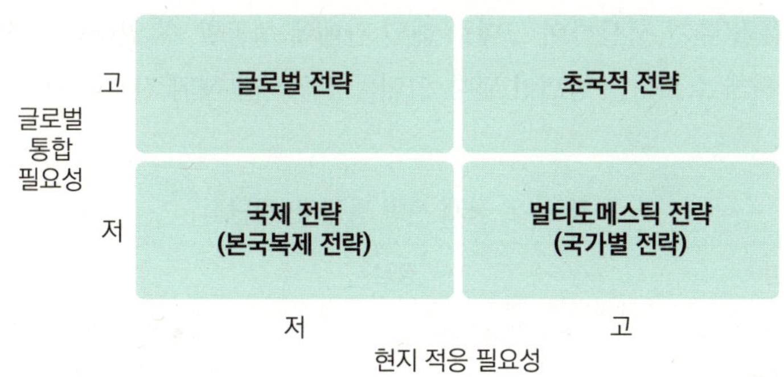

자료: Bartlett, C. A. and Ghoshal, S. (1987). *Managing Across Borders: The Transnational Solution*, Harvard Business School Press.

구하지 않고 외국 시장의 차별적 고객니즈에 대응하지도 않는다. 국제 전략을 추구하는 기업의 경쟁우위는 본사의 제품 개발 및 생산 능력이다. 신제품이 본국에서 국내고객을 상대로 개발되고, 본국 제품 그대로 외국으로 수출 및 현지 판매를 하는 형태이다. 다행히 해외 시장에 본국과 유사한 수요가 있으면 판매가 잘 이루어지게 된다. 해외 자회사는 제품과 전략을 현지 적응시키는 자율권이 약간 있을 수 있으나 본사의 조정과 통제가 우선이다. 특히 신제품에 대해서는 본사에 전적으로 의존하게 된다. 본사가 자원과 역량을 대부분 보유하고 있고 해외 자회사는 본사 의존적 활동을 하는 방식이다.

우리나라 수출기업 대부분의 전략이 국제 전략에 해당한다. 국내 시장에 팔던 제품을 추가 생산하여 해외 시장에 판매하는 전략이다. 기본적으로 해외 시장 소비자들의 요구에 적응하는 전략이 없다. 운좋게 세계 시장 소비자가 글로벌화되면서 한국제품을 발견하고 해외 틈새 시장이 발생한다. 예를 들어, 초코파이나 신라면 등의 제품이 당초에 해외 시장 판매를 목표로 개발한 것은 아니었지만, 해외 시장에 팔리는 것은 제품 자체가 세계 시장에서 틈새 경쟁력이 있기 때문이다. 유튜브에서 10억 이상 조회수를 기록한 싸이의 강남스타일이나 한국의 드라마 수출도 이러한 전략에 해당한다. 강남스타일이나 대장금, 겨울연가 등은 특정 해외 시장이나 글로벌 시장을 목표로 제작된 것이 아니다. 국내 시장을 목표로 제작된 것인데 우연하게도 해외 시장에 인기리에 판매된 것이다. 물론 산업이 글로벌화되면서 이러한 국제 전략이 성공할 가능성이 증가하고 있다. 그러나 이러한 국제화 성공은 우연이나 일시적일 경우가 많다. 중장기 지속 가능성에는 문제가 있다. 지속적인 국제화를 추진하기 위해서는 글로벌 시장을 목표로 제품을 개발하고 판매하는 글로벌 전략이나, 해외 현지 시장을 목표로 한 멀티도메스틱 전략으로 발전해야 한다.

국제 전략의 장점은 국제화 비용이 최소화된다는 점이다. 국내에서 판매하던 제품을 추가 생산하여 그대로 해외 판매에 성공할 수 있다면 가장 수월하고 비용이 적게 소요되는 방법이 된다. 그러나 적극적인 해외 진출 전략이라고 할 수 없다.

표 9-2 국제 전략 특징 및 장단점

특징	장점	단점
• 국내 시장 지향에서 출발 • 해외 진출 초기 전략	• 국제화 비용 절감	• 현지 고객, 글로벌 고객의 욕구 모두 무시 • 전략 지속성에 한계
예: 국제화 초기 기업		

반면 국제 전략의 문제점은 세계 시장에서 동질화되고 있는 글로벌 고객을 목표로 하는 것도 아니고 그렇다고 해서 국가별 차별화된 현지 고객을 목표로 하는 것도 아니라는 점이다. 따라서 전략의 지속성에 한계가 있다. 물론 국내에서 개발된 제품에 대한 글로벌 수요가 확대되면서 자연스럽게 글로벌 전략으로 진화할 수 있다.

2) 멀티도메스틱 전략

앞서 설명한 바와 같이 소비자 취향이 국가별로 차이가 있거나 국가 간의 무역장벽이 존재하는 산업의 경우 시장에서 현지 적응의 요구가 크게 나타난다. 이러한 경우 다국적기업은 개별 시장마다 차별화된 전략으로 접근해야 성공할 수 있다. 이러한 전략을 바틀렛-고샬은 멀티도메스틱 전략(국가별 전략)이라고 칭하였다. 간단하게 현지화 전략(localization strategy)이라고 부를 수 있다. 멀티도메스틱 전략은 국가별 소비자 수요 패턴의 이질성, 국가별 유통망의 차이, 법적 환경의 차이, 현지 생산의 필요성 등에 대응한 전략이 된다. 멀티도메스틱 전략을 추구하는 기업은 기업활동의 현지 적응을 지향하게 되고, 현지국의 기업활동이 대개 자기완결적으로 이루어진다. 즉, 제품기획, 연구개발, 생산, 판매, 인사, 재무 등 기업활동 전반이 본사와는 독립적으로 현지에서 이루어진다. 본사와 해외 자회사는 매우 독립적인 경영을 하는 구조가 된다. 이는 1980년대 이전 대부분의 다국적기업들이 추구하던 전통적인 국제경영전략의 형태다.

멀티도메스틱 전략은 현지 적응에 대한 필요성이 크나, 원가절감의 필요성이 적은 산업, 예를 들어 식품산업 등과 같은 소비재산업에 적합한 전략이다. 자동차산업이나 전자산업과 같이 전 세계적으로 원가 및 가격인하 압력이 강한 산업에서는 생산공장이 국가별 또는 지역별로 중복 설치되면 원가 면에서 불리한 비용구조를 갖게 되어 적합한 전략이 아니다.

멀티도메스틱 전략을 추구하는 기업이 얻을 수 있는 혜택을 살펴보자.

표 9-3 멀티도메스틱 전략 특징 및 장단점

특징	장점	단점
• 지역/국가별 차별화 • 기업활동 현지 적응 • 자기완결형 현지 활동 • 소비재에 적합	• 현지 고객의 차별화 욕구를 만족 • 현지 자회사 자율적 역량의 강화 • 현지 시장 이익기회 발견 용이 • 현지 기업으로의 이미지를 제고	• 필요 없는 차별화의 위험 • 고비용 발생 • 글로벌 효율성이 반감 • NIH 현상 발생 가능성
예: 1980년대 이전 구미 다국적기업		

첫째, 해외 고객의 차별화된 욕구를 만족시킬 수 있다는 점이다. 현지국의 다양한 시장 환경 변화에 대응하고 변화하는 소비자 요구에 즉각 대응할 수 있다. 국가별로 차별화된 고객 요구에 적응함으로써 현지 시장에서 고객의 충성심을 최대로 확보할 수 있다.

둘째, 현지 자회사의 자율적 역량 강화다. 현지 경영에 자율성을 확보해줌으로써 시장밀착형 전략의 실행이 가능하다. 또한 현지 시장에 대한 전문성이 축적되고 현지에 적합한 제품 및 기술 개발이 자율적으로 이루어진다. 현지 시장에 적합한 창조적 기술혁신도 가능하다. 그리고 현지 경영자가 유능할 경우 이들의 성취욕구를 만족시켜 준다.

셋째, 현지 시장에서 이익기회를 발견하기 용이하다. 현지 시장에 대한 정보가 축적됨으로써 환경변화에 보다 신속하게 대응할 수 있다.

넷째, 현지 국가에서 기업의 이미지를 제고시킬 수 있다. 현지 밀착형 경영을 통하여 현지국의 기업시민(corporate citizen)으로서의 역할을 수행하고 긍정적인 이미지를 구축할 수 있다.

반면 멀티도메스틱 전략이 갖는 문제점은 다음과 같다. 첫째, 필요 없는 차별화의 위험이다. 멀티도메스틱 전략을 부정적인 측면에서 보면 큰 혜택 없이 국가별로 차별화하는 비용만 초래할 가능성이 있다. 해외 자회사들이 자율성 내지 독립성을 확보하는 수단으로 멀티도메스틱 전략을 주장할 수도 있다. 필립스(Phillips)의 영국 자회사는 현지에 적합한 새로운 TV모델을 자체 개발하여 현지 생산을 시작하였다. 그러나 개발해낸 영국형 모델은 초기에 본사가 제시했던 유럽 시장 전체를 대상으로 한 표준모델과 별반 차이가 없었다. 결국 유럽 내에 1개면 충분했을 공장을 추가로 세운 셈이 되었다. 멀티도메스틱 전략은 규모의 경제 효과나 경험효과에 따른 이점을 얻기 어려워 고비용이 발생하는 전략이다.

둘째, 글로벌 효율성이 반감될 수 있다. 멀티도메스틱 전략을 추구하는 기업은 해외 자회사에 현지 시장 경영에 대한 자율권을 최대한 부여하는 조직운영을 한다. 이는 본사가 갖고 있는 기술이나 역량을 현지에서 제대로 활용하지 못하는 문제를 초래할 수 있다. 각 자회사 경영자들은 다국적기업 전체 차원에서 효율성 제고라는 목표에 대한 책임을 지지 않으며, 현지 시장의 경영성과에 대해서만 책임을 지게 되므로 자회사들 간의 의사소통이 줄어든다. 세계적으로 분산 독립된 경영활동은 전사 차원에서 볼 때 비효율성을 증대시키며, 국가 간 지식이나 노하우 이전이 쉽지 않다.

셋째, NIH(Not Invented Here) 현상의 발생 가능성이다. 멀티도메스틱 전략은 해외 자회사들이 각자 개발해낸 창조적 자산과 능력을 이용할 수 있는 기회를 준다. 그러나 각 자회사별로 NIH 현상이 지배적인 경우나 자회사 간 적절한 조정 메커니즘이 부재하는 경우에는 현지 자회사에서 창조해낸 자산이 여타 자회사로 이전되지 않는 문제점이 있다. 현지 자회사에 있는 정보가 전사적으로 통합되지 않고 서로 유통되지 않음에 따라 글로벌 시너지 확보가 어렵다.

3) 글로벌 전략

다국적기업 입장에서 세계 시장을 통합된 하나의 시장으로 보고 글로벌 관점에서 자회사활동을 통합관리하는 전략을 글로벌 전략이라고 한다. 글로벌 전략은 앞서 검토한 멀티도메스틱 전략과 정반대되는 개념이다.

글로벌 전략을 추구하는 기업은 세계 시장 글로벌화에 따른 소비자들의 동질화와 가격인하 압력에 대응하는 방법으로서 글로벌 규모의 경제 효과를 확보하는 데 초점을 맞춘다. 세계 시장에 대한 제품 표준화와 원가우위 전략을 추구하는 것이다. 글로벌 전략을 추구하는 기업은 생산, 마케팅, 연구개발 활동을 소수 국가에 집중적으로 배치한다. 즉, 소수 장소에서 대량생산함으로써 규모의 경제 실현을 통해 원가에서 경쟁우위를 달성하고자 한다. 이는 멀티도메스틱 전략에서 국가별로 차별화된 고객 요구에 맞추어 현지 생산 체제를 구축하는 것과는 대조적이다.

글로벌 전략은 국가별 소비자 욕구의 동질성이 강하고, 세계 시장에서 가격인하에 대한 경쟁적 압력이 강한 산업에 적합한 전략이다. 글로벌 전략이 적합한 환경 여건은 대개 산업재(industrial product) 시장에서 두드러지게 나타난다. 예를 들어, 반도체산업에 속한 기업들은 DRAM과 같은 표준화된 글로벌 제품을 대량생산하여 세계 시장을 대상으로 판매하고 있다. 삼성전자, 마이크론, 인텔 등은 글로벌 전략을 택하고 있다고 할 수 있다. 그러나 소비재(consumer product) 시장에서는 이러한 여건이 적합하지 않은 경우가 많다. 생활용품과 같은 소비재를 판매하는 기업은 현지 시장의 소비자 요구가 매우 차별화되어 있어 글로벌 전략을 추구하기에는 적절치 않다.

글로벌 전략을 추구하는 기업은 새로운 지식의 개발이 주로 글로벌 본사에서 일어난다. 해외 자회사는 본사의 자원, 기술, 정보에 의존하는 경향이 강하다. 따라서 의사결정 중심은 글로벌 본사에 있고 해외 자회사는 주로 본사가 수립한 전략을 실행하는 통로로서 역할을 하게 된다. 수출중심적인 일본 기업들이 1980년대 다국적화되면서 대부분 이러한 전략을 추구하였다. 제품 개발이나 생산 활동이 본사 중심으로 통합되어 있기 때문에 원가, 품질, 제품 개발에 있어 규모의 경제 효과를 확보할 수 있었다. 이러한 강점이 전자제품, 자동차 부문에서 세계적으로 성공할 수 있는 원동력이 되었다.

표 9-4 글로벌 전략 특징 및 장단점

특징	장점	단점
• 세계는 하나의 시장 • 글로벌 통합 경영 • 규모의 경제 추구 • 산업재 • 본사 중심의 의사결정	• 규모의 경제 • 제품의 질을 향상 • 글로벌 제품으로서의 소비자 선호도를 제고	• 현지 경쟁자에 대한 대응력이 미약 • 해외 시장에 대한 무감각 위험 • 관리비용 증가 • 특정 국가의 자회사를 희생 • 물류비용 증가
예: 1980년대 일본 다국적기업		

글로벌 전략을 실행함으로써 얻을 수 있는 혜택은 다음과 같다. 첫째, 규모의 경제를 확보하여 제품원가를 절감할 수 있다는 점이다. 국가별로 다양한 현지 적응 제품을 생산하지 않고 소수의 글로벌 표준화 제품을 생산한다. 여러 국가에서 이루어지던 생산 및 기타 경영활동을 소수 지역으로 통합함으로써 규모의 경제를 달성할 수 있다. 또한 생산활동을 저임금국가로 이전함으로써 생산 요소 비용을 절감시킬 수 있다.

둘째, 제품의 질을 향상시킬 수 있다는 점이다. 다양한 제품을 제공하는 것보다는 소수 제품에 집중함으로써 제품의 질을 높일 수 있다. 이러한 글로벌 전략이 일본 자동차 회사들이 해외 진출 초기에 성공할 수 있었던 요인이다. 도요타의 경우 GM보다 훨씬 적은 수의 자동차 모델을 세계 시장에 판매하였다. GM은 자동차 개발 투자자금을 여러 모델에 걸쳐 분산시킨 반면, 도요타는 소수 모델을 향상시키는 데 집중시켰다.

셋째, 글로벌 제품으로서 소비자 선호도를 제고시킬 수 있다는 것이다. 세계 어느 시장에서도 동일한 제품을 구입할 수 있고 서비스도 가능한 제품이라면, 소비자에게 글로벌 제품이라는 이미지를 강화시킬 수 있다. 글로벌 제품으로 인지도가 높아지면 전 세계 소비자 선호도가 증가될 것이다.

그러나 글로벌 전략이 안고 있는 문제점도 있다. 첫째, 현지 시장 및 현지 경쟁자에 대한 대응력이 미약해진다는 점이다. 모든 자원과 능력이 본사에 집중되어 있고, 규모의 경제 효과를 통하여 효율성을 달성할 수 있긴 하지만, 현지 자회사의 자원과 권한의 부족으로 현지 요구에 대응하는 능력이 부족해진다.

둘째, 해외 시장 요구에 대하여 무감각해질 위험이 내재되어 있다. 글로벌 전략을 추구하는 기업은 국가별 고객 취향에 적응시키기보다는 글로벌 관점에서 표준화된 제품을 생산·판매하게 된다. 제품 표준화는 잘못하면 어떤 소비자도 완전히 만족시키지 못하는 제품을 만드는 결과를 초래할 수도 있다. 마케팅 활동의 표준화도 현지 소비자의 행태나 마케팅 환경 변화에 대한 감각을 무디게 한다.

셋째, 글로벌 전략을 수행할 때 본사의 조정활동과 자회사의 보고활동이 많아져 관리비용이 증가하게 된다. 본사 권한이 과잉집중화(overcentralization)되면 현지 자회사의 사기 및 동기부여에 문제가 발생, 자회사의 경영효율성을 약화시킬 수 있다.

넷째, 생산활동 집중에 따른 물류비용 증가의 문제가 있다. 소수의 장소에서 생산활동을 한다는 것은 여타 세계 시장에 수출로 제품을 공급하게 되어 물류비용이 발생하는 것을 의미한다. 따라서 생산입지를 결정할 때 생산집중에 따른 이익과 운송 및 관세 비용의 상승효과를 견주어서 판단해야 한다.

4) 초국적 전략

앞서 설명한 두 가지 전략 중 글로벌 전략은 현지 시장 요구에 대응하는 유연성이 부족한 반면, 멀티도메스틱 전략은 규모의 경제나 글로벌 통합의 효율성을 확보하기 어렵다. 현지국 소비자 요구를 충족시키려는 멀티도메스틱 전략과 규모의 경제 효과를 달성하려는 글로벌 전략을 동시에 추구하려는 전략이 초국적 전략이다. 즉, 세계 시장은 하나이면서 동시에 차별화되어 있다고 보고 글로벌 시장에서 원가우위와 차별화우위를 동시에 달성하려는 목표를 갖는다.

다국적기업 본사에 있는 경영진은 대개 전사적인 글로벌 시각에서 전략을 추진하려 한다. 반면 해외 자회사 경영진은 대부분 현지 지향적이고 현지 적응을 중시하여 본사처럼 글로벌 시각을 갖기 어렵다. 따라서 이들 간의 친밀하고 협조적인 관계가 구축되었을 때 전사적 기업성과를 제고할 수 있다. 초국적 전략의 효율적 실행을 위해서는 해외 자회사에 현지 경영에 대한 충분한 자율권을 부여하면서 다른 한편으로 본사가 추진하는 글로벌 전략 방향에 관한 의견 조율이 이루어져야 한다. 본사와 독립적인 자회사 간 의사소통이 원활하게 이루어질 때 효율적 글로벌 전략 조정이 가능하다. 초국적 전략은 다국적기업들이 흔히 사용하는 슬로건인 "Think Global, Act Local"이라는 말로 집약해서 표현할 수 있다. 현재 대부분 다국적기업들이 목표로 하고 있는 전략 방향이다.

초국적 전략의 가장 기본적인 이슈는 글로벌 통합과 현지 적응의 필요성을 동시에 충족시켜야 한다는 것이다. 캐터필러(Caterpillar)(미국회사로서 건설중장비 생산 판매 세계 1위 기업)의 사례를 생각해보자. 1970년대 후반 세계 건설장비 시장에 일본의 고마쯔(Komatsu)와 같은 경쟁자들이 낮은 가격으로 적극적인 공세를 지속하고 있었다. 캐터필러는 이들의 공세에 대응하기 위해서 규모의 경제를 추구하지 않을 수 없었다. 다른 한편으로는 건설 관행 및 정부규제가 국가별로 상이하기 때문에 현지 고객의 요구에 지속적으로 대응해야 하는 과제도 안고 있었다. 즉, 캐터필러에게는 원가절감이라는 요구과 현지 적응이라는 요구가 동시에 다가왔던 것이다. 캐터필러는 원가절감 필요성에 대처하기 위하여 세계 각지에 판매되는 제품에 투입되는 부품을 공용화하는 전략을 택했다. 공용화시킨 부품을 글로벌 관점에서 최적의 소수 지역에서 대량생산하는 체제를 갖추었다. 그리고 주요 판매지역에 공용화된 부품을 통일하여 현지화된 완제품을 조립생산하는 전략을 추구하였다. 이렇게 함으로써 캐터필러는 생산의 글로벌 통합을 통한 원가절감 효과를 얻음과 동시에 지역별로 차별화된 제품을 제공하여 현지 적응에 대응하는 소위 초국적 전략을 추구하게 되었다. 캐터필러는 1980년초 초국적 전략을 추구하기 시작하였고 1997년까지 글로벌 생산성을 2배로 상승시켰다.

초국적 전략이 갖고 있는 장점은 다음과 같다. 첫째, 현지 적응과 글로벌 통합을 동시에 추구하면서 조직 유연성이 증가된다. 피앤지(P&G)가 세탁세제를 개발한 사례를 보자. 피앤지의 경우 과거에는 기술개발 활동이 지역 또는 국가별로 분산되어 있었다. 유럽지역의 기술개발팀은 습한 유럽 기후에 적합한 세탁세제를 만드는 데 성공하였고, 미국의 기술개발팀은 진흙먼지를 효과적으로 제거하면서 다른 옷에 번지지 않게 하는 세제기술을 개발하였다. 반면 일본의 기술개발팀은 상온에서 기름때를 제거하는 기술을 개발하였다. 그런데 이 기술들은 각 지역별 요구를 맞추는 데는 성공하였으나 서로 협조가 이루어지지 않았다. 이러한 문제점이 논의되면서 유럽지역 기술개발 담당 임원을 전 세계 기술개발 총괄책임자로 임명하였고 지역별 연구팀이 개발한 기술들을 통합조정하는 임무를 맡겼다. 피앤지는 협조체제 구축을 위한 수차례의 조직개편 끝에 글로벌 세탁세제를 만드는 데 성공하였고, 이를 미국에서는 타이드(Tide), 일본에서는 치어(Cheer), 유럽에서는 아리엘(Ariel)이라는 브랜드로 판매하게 되었다. 즉, 연구개발의 글로벌 통합과 브랜드의 현지 적응을 통하여 글로벌 환경 변화에 유연하게 적응할 수 있는 조직을 만들었다.

둘째, 글로벌 조정을 통한 전사적 차원에서 시너지 효과의 증대다. 본사와 자회사 간 또는 자회사 상호 간 원활하게 연결되어 강점을 공유한다면 분산되어 있는 자산이나 능력을 통합 활용할 수 있는 시너지를 창출하게 된다. 유니레버(Unilever)의 사례를 살펴보자. 유니레버는 전형적인 멀티도메스틱 전략을 택하다가 초국적 전략으로 전환한 대표적인 기업이다. 1980년대까지 유니레버는 멀티도메스틱 전략을 추구하고 있었다. 세탁세제 제품의 경우 유럽에만 17개 지역에 자체 생산공장을 보유하였다. 이는 자산이나 판매 면에서 상당한 중복을 일으키고 있었다. 유니레버는 세탁세제 제품의 글로벌 경쟁 확대에 대응하기 위하여, 세계적

표 9-5 초국적 전략 특징 및 장단점

특징	장점	단점
• 세계 시장은 하나이면서, 차별화 • 현지 적응과 글로벌 통합 동시추구 • 글로벌 조정 • Think Global, Act Local	• 조직 유연성 증가 • 조정 시너지	• 글로벌활동을 위한 조정비용 • 실행상의 어려움 • 의사결정 지연
예: 현재 대다수 다국적기업		

으로 흩어져 있는 생산 및 마케팅 활동의 합리화(rationalization)를 추구하였다. 생산 및 광고 전략의 방향을 글로벌화로 전환하였고, 유럽 내 경영활동 일부를 통합하기로 하였다. 소수의 효율적인 공장에서만 세제생산을 하고 포장도 표준화하며, 유럽 전역에 광고를 동일하게 사용하는 전략을 택했다. 그러나 유통경로나 브랜드 인지도에 대한 국가별 차이가 존재하기 때문에 이들을 감안하여 필요한 부문의 경우 기존에 추구하던 멀티도메스틱 전략을 유지하였다. 즉, 유니레버는 멀티도메스틱 전략에서 출발하여 부문별 글로벌 전략을 혼합한 초국적 전략을 성공적으로 추진하게 되었다.

그러나 초국적 전략은 문제점도 있다. 첫째, 글로벌활동을 위한 조정비용이 발생한다. 글로벌 관점에서 본사와 자회사 간 경영활동을 조정하는 데 시간과 비용이 소요된다. 필립스의 경우 유럽에 있는 생산공장의 효율적 통합을 위하여 그룹 회의를 빈번하게 개최하였는데, 회의에 참여하기 위하여 연간 2,581시간에 해당하는 시간을 소비하는 결과를 낳았다고 한다.

둘째, 실행상의 어려움이 존재한다. 글로벌 통합이나 조정을 지나치게 강조하다보면 국가별 소비자의 수요나 관심이 서로 다르다는 점을 간과할 수 있다. 반대로 현지 소비자의 차별적 특성을 강조하다보면 글로벌 표준화의 장점을 놓칠 수 있다. 두 가지 필요성을 동시에 충족시켜야 한다는 것이 다국적기업 경영자의 딜레마다. 두 가지는 서로 상충관계(trade-off)가 존재하기 때문에 이를 조화롭게 운용해야 하는 어려움이 있다. 초국적 전략은 이론적으로는 최적의 전략으로 보이나 실제로 실행하는 데는 상당한 어려움이 따르게 된다.

셋째, 의사결정이 지연될 수 있다. 초국적 전략에서는 글로벌 관점을 갖고 있는 본사 경영진과 현지 적응을 추구하려는 해외 자회사 경영진 간에 의견조정 과정을 거쳐 의사결정이 이루어진다. 이러한 과정에서 서로 의견이 일치하지 않는 경우 의사결정이 지연되어 전략 실행의 적시성에 문제를 일으킬 수 있다.

3. 산업의 특성과 국제경영전략의 선택

바틀렛-고샬 모델은 국제경영전략의 유형을 현지 적응의 필요성과 글로벌 통합의 필요성에 따라 구분하였다. 여기서 한 가지 유의할 점은 현지 적응과 글로벌 통합의 필요성 정도가 산업별로 다르다는 점이다. 다시 말하면 글로벌화된 산업일수록 글로벌 통합에 대한 요구가 강한 반면, 덜 글로벌화된 산업의 경우 현지 적응에 대한 요구가 강하게 나타난다. 예를 들어, 컴퓨터산업은 무역장벽 완화 및 소비자 욕구의 동질화로 세계 시장이 상당 부분 글로벌화되어 있다. 세계 시장이 하나의 글로벌 시장으로 발전하면서 글로벌 통합에 대한 요구가 큰 산업이다. 반도체산업, 시계산업, 항공산업 등이 이에 해당한다. 반면 식품산업, 백색가전산업 등은 글로벌화의 영향을 받긴 하지만 아직도 국가별로 분리된 시장을 그대로 유지하고 있다. 현지 적응에 대한 요구가 아직 강하게 나타나는 산업이다.

반도체산업과 같이 글로벌화된 산업에서는 고객의 동질적 욕구와 규모경제의 효율성이 중요시된다. 따라서 글로벌 전략을 추구하는 것이 유리하다. 이러한 산업에서는 한 국가에서의 기업 경쟁관계가 다른 국가에서의 경쟁관계에 크게 영향을 받는다. 즉, 글로벌 경쟁이 일어나는 것이다. 글로벌산업에서는 국가별 시장이 전 세계적으로 통합되어 있어 국가별 경쟁이 아니라 글로벌 플레이어 간 글로벌 경쟁이 일어난다.

반면, 식품산업은 국가마다 소비자 취향이 많이 다르다. 따라서 시장이 국가별로 분리되었다는 가정 하에 시장에 접근하게 된다. 즉, 멀티도메스틱 전략을 추구하는 것이 적합한 것이다. 해외 시장에 대한 광고전략을 생각해보자. 통신수단의 발전은 글로벌하게 표준화된 광고를 활용하기에 좋은 여건을 만들었지만, 이러한 광고전략은 현지 문화에 깊숙이 연계되어 있는 산업에는 적당치 않다. 나이키 신발을 판매할 때는 글로벌 표준화 광고를 활용할 수 있다. 그러나 커피를 판매할 때는 국가마다 소비자들의 취향이 다르기 때문에 동일한 광고를 여러 국가에 활용하기에는 어려움이 따를 것이다.

제2절 국제경영전략 유형의 주요 이슈별 비교

이상에서 검토한 네 가지 국제경영전략의 유형의 특징을 종합해서 비교하기로 한다. 표 9-6에서 보듯이 경쟁우위, 제품전략, 고객에 대한 시각, 가치활동 배치, 전략의 초점, 본사-자회사 관계 등 여섯 가지 관점에서 비교가 가능하다.

표 9-6 국제경영전략 유형 비교

특성 구분	본국복제형 국제 전략	글로벌 전략	멀티도메스틱 전략	초국적 전략
경쟁우위	제품경쟁력	규모경제	현지 적응력	규모경제와 현지 적응 동시 추구
제품 전략	국내 시장 경쟁력	글로벌 표준화	국가별 적응	표준화/적응 유연성 발휘
고객/경쟁자에 대한 시각	국내고객/경쟁자 중시	글로벌 고객/경쟁자	현지 고객/경쟁자	글로벌/현지 고객 동시 고려
가치활동 배치	본국에 집중	글로벌 집중	현지국마다 모든 활동 위치	활동별 적정 배분
전략의 초점	제품	제품	지역/국가	제품/국가의 조화
본사-자회사 관계 및 의사결정	본사 권한 집중	글로벌 본사에 권한집중	자회사에 권한 위양	본사-자회사 간 적절한 권한배분

1. 경쟁우위

멀티도메스틱 전략을 추구하는 기업은 국가별/지역별 현지 적응력에 경쟁우위가 있다. 반면, 글로벌 전략을 추구하는 기업의 경쟁우위는 기업활동의 여러 분야(생산, 마케팅, 연구개발, 구매 등)에서 규모 및 범위의 경제를 달성하는 데 있다. 글로벌 전략을 추구하는 기업은 글로벌 고객들의 가격인하 압력에 대응하는 방법으로서 규모의 경제에 따른 원가절감을 확보하는 데 초점을 맞춘다. 초국적 전략을 추구하는 기업은 규모의 경제와 현지 적응력을 동시에 추진하는 데 경쟁우위가 있다. 예를 들어, 앞서 살펴본 유니레버는 생산활동에서는 규모의 경제를 추구하고 브랜드전략에서는 현지 적응에서 경쟁우위를 확보하는 전략을 추구하였다. 본국복제형 국제 전략은 본국에서 생산하는 제품 자체의 경쟁력에 경쟁우위가 있다.

2. 제품 전략

멀티도메스틱 전략을 추구하는 기업들은 국가별로 판매하는 제품 및 서비스를 개별 현지국 수요에 적응시키는 것을 매우 중요시한다. 한편 글로벌 전략을 추구하는 기업들은 전 세계적으로 표준화된 핵심제품을 판매하게 된다. 제품 표준화의 최대 장점은 원가절감이다. 초국적 전략에서는 제품의 표준화와 현지 적응을 시장 상황에 따라 유연하게 조정한다. 본국복제형 국제 전략은 국내에서 판매되는 제품을 그대로 해외 시장에 판매하는 것이다. 글로벌 고객을 대상으로 이들의 공통적 욕구에 맞추어 개발된 표준화된 제품을 생산 판매하는 글로벌 전략과는 차이가 있다.

3. 고객/경쟁자에 대한 시각

멀티도메스틱 전략을 추구하는 기업은 국가/지역별 소비자 취향이 서로 다르다는 가정을 하고 있다. 따라서 차별화된 고객성향에 효과적으로 대응하는 전략이 성공한다는 관점에서 출발한다. 경쟁자도 시장별로 서로 다르다는 전제 하에 지역별로 차별화된 경쟁전략을 중시하게 된다.

반면 글로벌 전략을 추구하는 기업은 글로벌 관점에서 동질화되는 고객 욕구를 파악하고 이들에 초점을 맞춘다. 즉, 글로벌 고객을 상대로 표준화된 제품과 글로벌 이미지를 바탕으로 경쟁을 한다. 경쟁자도 국가/지역별 차별화된 경쟁자가 아닌 세계 시장을 무대로 활동하는 글로벌 경쟁자를 상대로 한다.

초국적 전략을 추구하는 기업은 현지 고객의 차별화된 욕구와 글로벌 고객의 표준화된 욕구를 동시에 만족시키는 데 목표를 둔다. 예를 들어, 자동차를 제작하는 데 있어 소비자의 표준화된 요구에 대응해서 차체, 내장 부품 등을 공용화하여 대량생산하고, 외형이나 고급 사양 부분에서는 고객의 차별화 요구를 충족시키는 전략을 택함으로써 동시 충족이 가능한 것이다.

본국복제형 국제 전략은 국내 고객 및 경쟁자를 대상으로 성공한 제품으로 수출을 시작한다. 해외 시장 진출이 확대되면서 점진적으로 글로벌 고객의 욕구나 특정 국가 소비자들의 취향에 관심을 갖게 된다.

4. 가치활동 배치

멀티도메스틱 전략을 택한 기업은 해외 자회사가 독립된 개별 기업처럼 대부분의 가치활동을 수행하게 된다. 연구개발부터 생산, 마케팅 등 기업활동을 모두 현지에서 수행하여 현지 경쟁회사들과 대등하게 경쟁하는 현지 기업으로서 역할을 기대할 수 있다.

한편 글로벌 전략을 추구하는 기업은 가치활동을 활동별로 분리하여 가장 효율적인 곳에서 집중적으로 수행한다. 예를 들어, 생산활동은 중국에서 집중적으로 하고, 연구개발 활동은 실리콘밸리와 같은 장소에서 집중적으로 하는 것이다. 마케팅 활동도 세계 시장에 걸쳐 공통적인 마케팅 접근방법을 적용한다.

초국적 전략을 추구하는 기업은 기업 가치활동을 활동별로 집중과 분산이 혼합되어 있는 형태로 배분하게 된다. 초국적 전략의 중요한 특징은 가치사슬을 활동별로 체계적인 글로벌 배치를 한다는 점이다. 개별국가 중심의 가치사슬이나 본국 중심적 가치사슬이 아니라 거점별 역량의 수준에 따라 효율적인 가치사슬 배치 형태를 취한다.

반면 본국복제형 국제 전략의 가치활동 배치는 본국이 중심이 된다. 해외 시장 수출이 확대되면서 마케팅 활동, 생산 활동 등의 일부가 해외로 배치된다.

5. 전략의 초점

멀티도메스틱 전략을 추구하는 기업의 경우 전략의 초점은 지역 또는 국가에 맞추어져 있다. 전사 전략의 중심 단위가 지역/국가이며 제품은 지역/국가 하위 단계에 속한다. 예를 들어, 삼성전자가 멀티도메스틱 전략을 추구한다면 전사 전략은 먼저 지역/국가 전략으로 구성되어 있고, 제품전략은 하위전략에 위치한다. 중국이나 일본 시장 전략이 우선시되고, TV 판매 전략, 오디오 판매 전략, 스마트폰 판매 전략 등 제품별 전략은 국가별 전략 내에서 추진된다. 결국 국가/지역별 전략의 합이 삼성전자 전체의 전략이 되는 개념이다.

반면에 글로벌 전략을 추구하는 기업은 전략의 초점이 제품에 맞추어져 있다. 전사 전략의 중심 단위가 제품이며 지역별 전략은 제품별 전략의 하위에 속한다. 예를 들어, 삼성전자 글로벌 DTV 전략이 상위에 있고 일본 시장 전략, 유럽 시장 전략, 미주 시장 전략 등 각각의 지역전략이 제품전략 하위에 놓인다. 결국 각각 제품별 전략의 합이 삼성전자 전체의 전략이 된다.

초국적 전략은 제품의 특성 또는 지역의 특성에 따라 혼합되어 사용된다. 지역의 특수성이 강한 경우 지역별 전략을 우선하고(예: 중국 시장 전략), 제품의 글로벌 전략이 우선적으로 요구되는 경우 제품별 전략(예: 스마트폰 글로벌 전략)이 지역별 전략 위에 놓이게 된다. 즉, 지역별 전략과 제품별 전략을 조화롭게 운영하게 된다.

6. 본사-해외 자회사의 관계

멀티도메스틱 전략을 추구하는 기업의 경우 해외 자회사에 경영자율성을 위임하는 체제를 유지한다. 따라서 자회사는 독립적 경영이 이루어지며 정기적으로 자회사 성과를 본사에 보고하고 성과를 바탕으로 평가가 이루어지는 관계이다.

반면 글로벌 전략을 추구하는 기업은 본사가 글로벌 시장에 대한 전략을 수립하고 자회사는 본사의 지시에 따르는 역할을 한다. 따라서 본사와 자회사는 본사 위주의 일방적인 의사소통관계라고 할 수 있다. 의사결정은 대부분 글로벌 본사 위주로 이루어진다. 본국복제형 전략도 마찬가지로 본사에 모든 권한이 집중되어 있다. 다만 글로벌 전략의 글로벌 본사는 반드시 모국이 아닐 수도 있다는 점이다. 의사결정의 중심점이 활동별 중심점에서 이루어진다. 예를 들어, 특정 경영활동의 본사를 모회사가 아닌 핵심역량이 있는 자회사(center of excellence)에 위임할 경우 이 곳이 해당 분야 의사결정의 글로벌 중심점(글로벌 본사)이 된다.

초국적 전략의 경우는 본사의 글로벌 관점과 자회사의 현지 시장 관점에서의 의견을 상호 교환하여 최적의 의사결정을 하게 된다. 따라서 본사와 자회사 간 양방향 의사소통이 원활하게 이루어지는 조직이라 할 수 있다. 권한 위임관계도 경영활동 분야에 따라 적절히 배분한다. 예를 들어, 마케팅 활동은 현지에 많은 권한을 부여하여 현지 소비자에 적합한 활동이 신속하게 이루어지도록 한다. 반면 생산활동은 본사가 권한을 보유하여 글로벌 관점에서 생산거점을 효율적으로 운영할 수 있게 한다. 또한 자회사 간에도 서로의 장점을 벤치마킹하고 활용할 수 있는 조직운영이 이루어진다. 즉, 자회사 간에도 원활한 의사소통을 통하여 상호 보유하고 있는 역량을 교환하게 된다. 의사결정은 의견교환 후에 상호 협력적으로 이루어진다.

마감사례

스와치의 성장과 도전

한국경제신문은 2016년 3월 18일자 "'시계는 패션소품' 역발상이 스와치 살렸다"라는 제목의 기사를 통해서 스위스 시계 산업이 1980년대 전멸될 수도 있었던 위기에서 벗어나 '스와치'라는 새로운 브랜드의 기업으로 재탄생되며 다시 세계적인 경쟁력을 회복할 수 있었는지를 자세하게 소개하고 있다.

동 기사에 따르면 스위스 시계는 1970년대까지 세계 시장의 절반을 차지하며 탄탄한 위상을 자랑했지만, 1980년대 세이코, 카시오 등 일본 기업과 홍콩 시계 기업들이 세이코의 쿼츠라는 기술을 적용, 강력한 경쟁자로 부상하면서 고사 직전에 놓였다고 한다. 이에 많은 스위스 시계 브랜드가 부도를 내거나 채권단의 관리를 받기에 이른다. 채권단은 오메가 등 스위스 시계 업체를 매각하는 작업을 진행하였고, 그 과정에서 구조조정에 대한 컨설팅을 받게 된다.

당시 컨설팅을 맡았던 니컬라스 하이에크는 스위스 시계 산업이 생산공정과 부품을 공유하고 표준화하는 등 몇 가지 전략적 노력만 실행한다면 충분히 자생력이 있다고 평가했다. 그는 이러한 회생 전략을 실행하기 위해서 당시 100여 곳의 독립적인 시계업체의 연합 기업이었던 AUSAG를 오메가, 티쏘 등의 브랜드를 보유한 SSIH와 합병하는 거래를 주선하였다. 그 과정에서 하이에크는 아예 자신의 돈과 투자자로부터 받은 자금을 투입하여 SMH라는 지주회사를 설립하고 동 지주회사 산하에 AUSAG와 SSIH의 브랜드를 모두 편제시켰다. 이후 1998년에 이 SMH가 스와치그룹으로 이름이 변경되어 현재에 이르고 있다.

동 기사는 스와치그룹이 회생하는데 구사한 전략이 소위 '3단 케이크 전략'이라고 언급하고 있다. 여기서 3단 케이크의 의미는 "한 해 5억개의 시계가 팔린다고 하면 그중 4억 5,000만 개는 75달러 이하, 4,200만 개는 400달러 이하 제품이 차지하고, 나머지 800만 개의 고가 시계는 케이크의 최상단을 차지한다"는 것으로, 과거 스위스 시계는 고가 제품에 집중했지만, 스와치그룹은 이 세 단계의 모든 고객을 공략하는 전략을 구사했다.

특히, 하이에크 회장은 "저가 시장 장악 없이 미래는 없다"고 강조하면서 저가 시장을 공략하기 위해서 가격 외에 다른 차별점을 내세웠는데, 그것이 바로 플라스틱 시곗줄에 알록달록한 색상 등을 넣어 만든 파격적인 디자인이었다. 그 디자인은 "백남준을 비롯해 키스 해링, 키키 피카소, 알프레드 호프쿤스트 등 세계적인 예술가와의 공동 작업으로" 이루어졌고, 이에 따라 "소비자의 수집 욕구를 자극했다"고 한다.

그렇다고 원가우위를 확보하는 노력을 게을리하지도 않았다. "100여 개 부품을 50여 개로 줄이고, 그전까지 케이스 따로, 부품 따로 조립해 나중에 둘을 끼워 맞추던 것을 케이스 안에 곧바로 부품을 조립해 넣는 단일 제조공정으로 개선했다"고 한다. 이러한 노력으로 스와치는 저가 시계 시장에서 원가 및 차별화된 디자인으로 확고한 경쟁우위를 확보하며 세계 최대의 시계 기업으로 성장하게 된다. 2016년 "현재 스와치그룹은 수천만 원대의 브레게와 블랑팡, 자케드로뿐 아니라 수백만 원대의 오메가, 200만~300만 원대의 론진과 라도, 그 이하의 티쏘와 해밀턴, 미도, 그리고 저가의 스와치까지 소비자의 모든 수요를 충족하는 브랜드 라인업을 갖추고 있다"고 한다.

이러한 스와치그룹의 놀라운 회생과 견고한 성장에도 불구하고 어려움이 없는 것은 아니다. 포춘코리아의 2024년 7월 16일자 "스와치그룹, 중국 시장 부진에 상반기 실적 '뚝'… 주가 10% 이상 폭락"이라는 기사에 보면, 스와치그룹이 중국 시장의 부진으로 2024년 상반기 매출이 34억 5,000만 스위스 프랑(약 38억 5,000만 달러)으로 2023년 같은 기간 대비 14.3% 감소했고, 순이익은 1억 4,700만 스위스 프랑으로 70.5%나 급감했다고 한다.

중국 경제가 예상보다 회복에 어려움을 보이면서 소비자들의 구매력이 약화된 것이 직접적인 원인이며, 여기에 "스마트워치와 연결형 시계의 경쟁 심화로 인해 저가 및 대중 시장용 스위스 시계들이 어려움을 겪고 있다"고 한다. 스와치그룹이 이러한 도전을 잘 극복하고 또다시 강력한 경쟁력을 유지해나갈지 귀추가 주목된다.

참고자료: 포춘코리아, "스와치그룹, 중국 시장 부진에 상반기 실적 '뚝'… 주가 10% 이상 폭락", 2024년 7월 16일; 한국경제, "'시계는 패션소품' 역발상이 스와치 살렸다", 2016년 3월 18일.

질문

1. 스와치그룹이 소위 '3단 케이크 전략'을 구사할 수 있게 된 동인은 무엇이라고 생각하는가? 스와치그룹이 '3단 케이크 전략'을 실행하는 데 가장 취약했던 부분은 무엇이며, 이를 극복하기 위해서 취한 전략은 무엇이었다고 생각하는가?
2. 스와치그룹의 회생 전략 중 저가 시계 시장에서 스와치 브랜드를 내세우며 경쟁력을 확보한 전략이 마이클 포터의 본원적 전략인 원가우위 전략과 차별화 전략 중 어느 것에 더 강조점이

놓여 있었다고 보는가? 본인의 생각에 대한 근거를 제시하고 다른 팀원들과 토의해보시오.

3. 중국 경제 회복 지연에 따른 중국 소비자 구매력 약화 및 스마트워치와 연결형 시계의 경쟁 심화로 인해 저가 시장에서 어려움을 겪고 있는 상황에서 스와치그룹이 재도약을 위해서 어떠한 전략적 노력을 전개해야 한다고 생각하는가? 구체적인 대안을 제시해보고, 이를 성공시키기 위한 요인과 조건은 무엇인지 토론하시오.

토의과제

1. 글로벌 전략에서 글로벌 통합 필요성 요인과 현지 적응 필요성 요인들을 제시하시오.
2. 글로벌 통합과 현지 적응 기준을 적용한 네 가지 전략적 대안들의 도출에 대해서 간략하게 설명하시오.
3. 국제 전략(본국복제형 전략)에 대해 설명하시오.
4. 국가별 전략(멀티도메스틱 전략)과 글로벌 전략의 각각 장점과 단점에 대해서 설명하시오.
5. 초국적 전략에 대해서 설명하시오.
6. 네 가지 전략이 경쟁우위 확보 및 제품과 관련하여 어떻게 적용되는가를 설명하시오.

Chapter 10

해외 시장 진입 방식

학습목표

1. 해외 시장 진입 방식의 종류를 알아본다.
2. 수출을 통하여 해외 시장에 진입하는 방법을 검토한다.
3. 국제계약에 의한 해외 시장 진입방법을 살펴본다.
4. 해외직접투자 방식의 종류와 장단점을 알아본다.

도입사례

11번가 손잡고 한국 상륙… 아마존 파괴력 얼마나 될까

경제전문주간지 한경비즈니스는 "11번가 손잡고 한국 상륙… 아마존 파괴력 얼마나 될까"라는 2020년 12월 2일자 기사에서 아마존이 SK텔레콤 이커머스 플랫폼인 11번가를 파트너로 선택하여 한국 이커머스 시장에 진출한다는 내용을 보도했다.

"11번가는 2018년 SK플래닛에서 분사한 후 성장에 주력해 왔지만, 네이버쇼핑과 쿠팡에 밀려 좀처럼 힘을 쓰지 못했다"며 "최근 미국의 전자 상거래 기업 아마존이 한국 진출의 파트너로 11번가를 택했다는 소식이 전해지면서 온라인 유통가에 긴장이 드리웠다"라고 보도했다. 동 기사에 따르면 "11번가는 아마존으로부터 3,000억 원 규모의 투자 유치를 앞두고 있는 것으로 알려졌다"며, "이번 협력으로 11번가의 이커머스 시장 영향력이 커질 수 있다"고 평가했다.

동 기사는 "SK텔레콤은 아마존과 함께 11번가를 '글로벌 유통 허브 플랫폼'으로 키울 계획이다"라고 보도하며, "11번가에서 고객들이 아마존 상품을 구매할 수 있게 할 것이라고 밝혔다". 특히. "아마존과 커머스 영역을 포함해 다양한 정보통신기술(ICT) 영역에서 시너지를 지속 창출하며 산업 전반에 큰 활력을 불어넣을 수 있도록 노력하겠다"는 SK텔레콤의 향후 계획을 설명했다.

한편 아마존의 협력 이유에 대해 기사는 "11번가는 우리의 '고객 제일주의(customer obsession)'를 공유하고 있고 한국의 대표적인 이커머스 사업자"라며 "이번 협력을 통해 아마존 상품을 쇼핑할 수 있는 차별적인 경험을 제공할 것을 기대한다"는 내용을 보도했다. 기사는 "아마존과의 협력은 11번가를 통해 아마존의 제품을 구입할 수 있는 형태로 이뤄질 것으로 보인다"며, "11번가가 아마존의 축적된 데이터를 활용해 한국 소비자가 선호하는 아마존의 제품을 미리 재고로 확보하고 이를 11번가의 플랫폼에서 판매하는 방식이다"고 설명하고 있다.

지디넷코리아의 2023년 11월 20일자 "SK스퀘어, 큐텐과 11번가 매각 협상 중단… 새 주인 누가 될까"라는 제목의 기사는 11번가 지분 80.3%를 보유하고 있는 SK스퀘어가 11번가 지분 매각을 놓고 우선협상 대상자였던 큐텐과 매각협상을 중단했다는 내용과 함께 새로운 매각 대상자로 알리바바, 아마존 등이 거론된다고 보도했다.

동 기사에 따르면 "2018년 국민연금, 새마을금고, 사모펀드 운용사 H&Q코리아 등으로 구성된 나인홀딩스 컨소시엄은 11번가에 5천억 원을 투자하며 11번가 지분 18.18% 취득했으며, 당시 5년내 IPO를 조건으로 내걸었는데, 해당 기한이 2023년 9월이었다"며 "악화된 대내외 증시 환경으로 사실상 IPO 추진 계획이 틀어지면서, SK스퀘어는 11번가의 새로운 지분 매각처를 찾아" 나서게 되었다는 것이다.

동 기사는 "아마존은 11번가와 이미 전략적 협력 관계로, 11번가는 2021년 아마존 글로벌 스토어를 출시해 아마존 상품을 판매 중이다. 2020년 11월 아마존이 11번가에 3천억 원을 투자해 지분 30%를 사들인다는 설이 돌기도 했다. 결국 진행되지는 않았으나, 관련 논의는 있었던 것으로 확인됐다"며 아마존이 11번가의 새로운 투자자가 될 수 있을지 기대를 보였다.

참고자료: 지디넷코리아, "SK스퀘어, 큐텐과 11번가 매각 협상 중단… 새 주인 누가 될까", 2023년 11월 20일자; 한경비즈니스, "11번가 손잡고 한국 상륙… 아마존 파괴력 얼마나 될까", 2020년 12월 2일자.

질문

1. 아마존과 11번가의 협력사업의 최근 진행상황을 조사하고, 11번가의 주요 주주현황을 설명하시오. 아마존은 11번가의 지분을 취득하였는가?

2. 아마존은 한국 시장에 진출하면서 새로운 자회사를 설립하거나 11번가와 같은 국내 이커머스 업체를 인수하는 등 바로 해외직접투자(FDI)를 실행하지 않고, SK그룹을 파트너로 선정하여 11번가와 전략적 제휴를 통한 협력만을 진행하고 있다. 그 이유는 무엇이라고 생각하는가?

3. 아마존과 11번가의 협력이 성공하고 있다고 평가하는가? 이들의 협력이 한국 커머스 시장에 어떤 영향을 미치고 있는지를 설명하시오.

제1절 해외 시장 진입 방식의 종류

기업이 해외 시장 진입을 추진하려고 할 때 다양한 해외 진입 방식이 존재한다. 크게 세 가지로 구분이 되는데 수출 방식, 국제계약 방식, 해외직접투자(FDI) 방식이다(그림 10-1 참조). 이 중 가장 수월한 방식은 국내에서 생산 판매되는 제품을 추가 생산하여 해외 시장에 판매하는 수출방식이다. 물론 수출도 수출기업이 직접하는 방식과 수출입 전문회사를 활용하는 간접수출 방식이 있다. 수출보다 적극적인 해외 시장 참여방식은 국제 라이선스 계약이나 국제 프랜차이즈 계약과 같이 국제계약에 의한 진입 방식이다. 해외에서 제품을 생산 및 판매를 하되 직접하지 않고 현지 파트너와 계약을 통해 해외 사업을 진행하는 방식이다. 가장 적극적인 해외 진입 방식은 해외직접투자(FDI) 방식이다. 해외 시장에서 투자회사가 직접 제품 생산 및 판매를 하는 방식이다. 단독으로 할 수도 있지만 필요하다면 현지 파트너를 물색하여 합작투자를 할 수도 있다. 또한 회사를 신규 설립하여 현지 사업을 진행하는 방식도 있지만 현지 국가에 있는 기존 기업을 인수하여 현지 시장에 진입하는 방식도 있다. 본 장에서는 이상의 다양한 해외 시장 진입 방식의 특징과 각각의 장단점을 살펴보기로 한다.

제2절 수출을 통한 해외 시장 진입

일반적으로 기업이 국제화할 때 가장 많이 이용하는 방식이 수출이다. 수출 초기 단계에서는 해외 시장에 대한 정보가 없는 관계로 국내에 있는 수출업자나 수출대행업자를 활용하는데 이를 간접수출이라 한다. 이후 제조업자가 수출 경험을 축적하여 직접 해외에 있는 수입업자를 통하여 해외 시장에 제품을 수출하게 된다. 이를 직접수출 방식이라 한다. 직접수출이 확대되면서 현지국에 판매법인을

그림 10-1 해외 시장 진입 방식의 종류

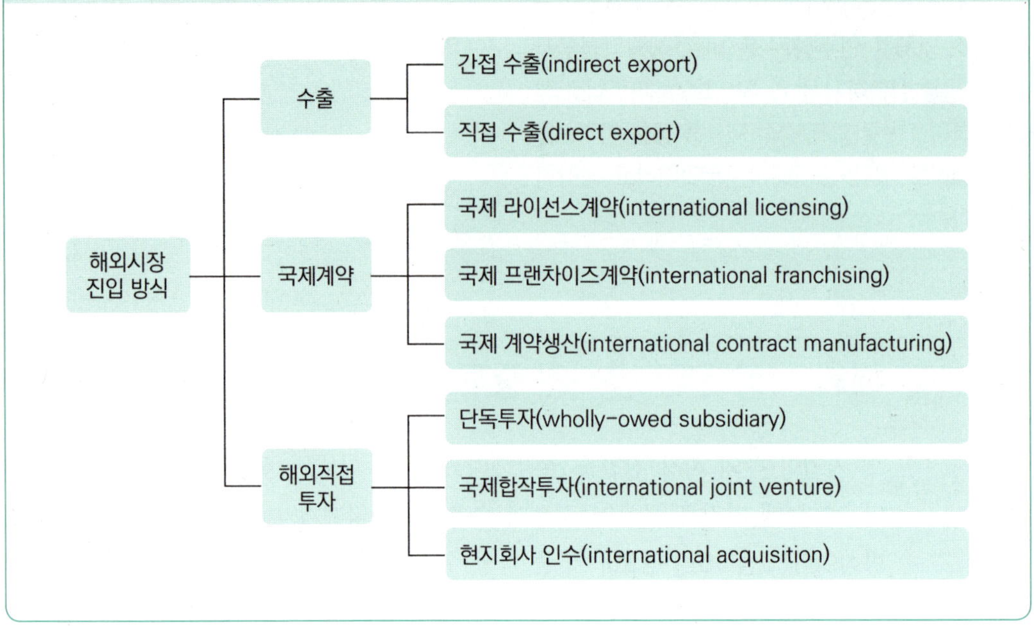

설립하는 방식으로 발전한다. 판매법인 설립은 해외직접투자 방식에 해당하지만 본 절에서 같이 살펴보기로 한다.

1. 간접수출 방식

1) 특징

간접수출이란 제조업체가 수출활동을 직접 수행하지 않으면서 자국에 있는 수출전문업체를 통하여 해외 시장에 제품을 수출하는 방식을 말한다. 제조업자 입장에서 보면 수출이라 해도 국내판매와 다름없다. 국내 수출전문업체나 외국구매자(바이어)의 국내사무소와 접촉을 통하여 해외 판매가 이루어질 뿐이다. 자체 수출능력이 부족한 중소 제조업체들의 경우 대부분 간접수출 방식을 활용한다.

2) 종류

간접수출은 세 종류로 구분할 수 있다. 국내 무역대리점업자를 통한 수출, 국내 무역업자(trader)를 통한 수출, 외국회사 국내 구매사무소를 통한 수출 등이다.

첫째, 국내 무역대리점업자(trade agent 또는 commissioner)를 통한 수출이다. 국내에는 많은 무역대리점업자(일반적으로 오퍼상이라고 함)들이 수출 및 수입 업무에 종

그림 10-2 수출을 통한 해외 시장 진입

사하고 있다. 이들은 수출입을 자기명의로 거래하는 무역회사와는 달리 수출입거래를 중개하고 수수료(commission)를 확보하는 중소 수출입 전문회사다. 특정 품목이나 분야에 해외 시장에 대한 정보를 보유하고 있어 수출경험이 없는 제조업체가 수출을 하는 데 도움을 줄 수 있다.

둘째, 국내 무역업자(trader)를 통한 수출이다. 무역업자는 일반적으로 무역대리점업자보다 대형업체로 대표적인 예가 종합무역상사(general trading company)라고 불렸던 업체들이다. 무역회사는 일반적으로 자기 명의로 수출입거래를 한다. 재고 기능, 금융 기능 등을 갖고 있으며 해외 시장 거점을 직접 운영하고 많은 해외 정보와 거래선을 보유하고 있다. 세계적으로 잘 알려진 종합무역상사는 미쯔이, 미쯔비시, 이토쯔 등과 같은 일본의 무역회사다. 한국의 종합무역상사로는 삼성물산, 현대종합상사, LG상사 등이 해당한다.

1990년대에는 한국의 종합무역상사들이 국가 전체 수출의 거의 절반 가량을 취급하고 있었다(그림 10-3 참조). 종합무역상사는 취급하는 품목 면에서 다양성이 있고, 기능 면에서도 수출입과 같은 단순 무역 기능만을 수행하는 것이 아니라 투자 기능, 정보제공 기능, 자금제공 기능, 위험부담 기능 등 다양한 기능을 수행하고 있다. 종합무역상사가 보유하고 있는 경쟁우위 요소를 살펴보면 대략 네 가지로 요약할 수 있다. ① 해외 시장 정보 및 정보시스템 구축에 많은 자금을 투자하여 시장정보를 해외 사업 기회로 연결시키는 시스템과 조직구조를 갖고 있다. ② 대량거래를 통한 규모의 경제를 극대화함으로서 운송료 등 유통 비용상 절감 효과를 얻을 수 있으며 가격협상에서 유리하다. ③ 해외 자회사 및 계열회사 네트워크를 활용하여 수출입 관련 무역을 신규로 창출하며 삼국 간 거래, 구상무역(countertrade) 등을 통하여 이익을 확보한다. ④ 국제 시장에서 상당한 자금동원력이 있고 이를 바탕으로 자원개발과 같은 위험이 큰 거래를 수행한다. 그러나 종합상사의 수출 비중은 2000년대 중후반 5% 대 수준에 불과할 정도로 하락했다.

그림 10-3 1990년대 후반 및 2000년대 한국 연간 총수출에서 종합(무역)상사 수출이 차지하는 비중

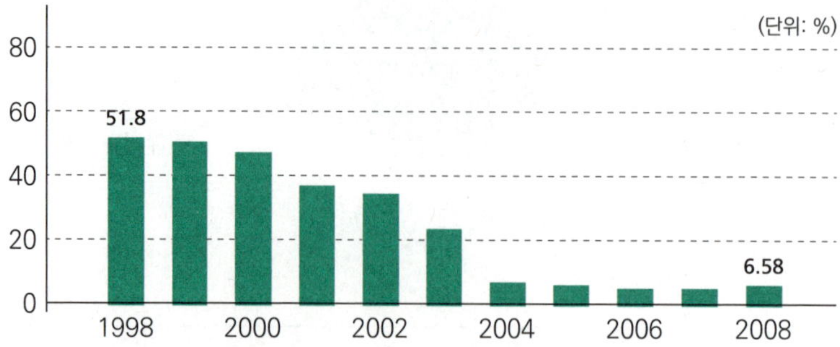

※ 삼성물산, 현대종합상사, LG상사, 대우인터내셔널, SK네트웍스, GS글로벌(옛 쌍용), 효성 등 7대 상사가 차지하는 비율

자료: 한국무역협회.

2000년 중반 이후 종합상사는 무역업무보다는 다양한 신사업을 모색하고 있다.

셋째, 외국회사의 국내 구매사무소(buying office)를 통한 수출이다. 외국의 대형 도매업자 또는 소매업자는 국내에서 좋은 제품을 구매하기 위해 직접 구매사무소를 설치하는 경우가 있다. 우리나라 중소 제조업자는 이들 구매사무소와 접촉하여 판매계약을 함으로써 외국에 수출할 수 있다. 예를 들어, 미국의 대형 소매업체인 타겟(Target), 월마트(Walmart) 등이 한국에 설치한 구매사무소를 활용하여 수출하는 방법이다.

3) 장단점

제조업체가 수출을 직접 수행하지 않고 무역 전문업체에 맡기는 데는 몇 가지 충분한 이유가 있다. 첫째, 수출 관련 경험과 지식이 부족한 기업에는 간접수출이 적은 위험으로 국제화를 시작하는 데 가장 손쉬운 방법이다. 그리고 이러한 방식을 통하여 수출 관련 경험을 축적할 수 있는 기회가 된다. 둘째, 기존에 수출 경험이 있는 중소기업 및 대기업의 경우에도 수출대상 국가를 지속적으로 확장시키는 데 자원의 제한이 있을 경우 간접수출을 활용할 수 있다. 특정 해외 시장이나 해외 시장 전역에 경험을 갖고 있는 전문 무역회사의 역량을 활용하여 추가적인 해외 시장 개척이 가능하다. 셋째, 경제적으로 유망한 지역에 수출을 하려는데 지역적으로 멀리 떨어져 있거나 문화적으로 이질성이 강하고 현지 시장에 대한 특별한 지식이 부족한 경우, 시장개척에 소요되는 추가 비용을 최소화하는 방법으로써 현지 시장에 정통한 무역상사를 통한 간접수출을 활용할 수 있다. 넷째, 끼워

표 10-1 간접수출 방식의 장단점

장점	단점
● 위험 절감 및 수출경험 축적 ● 추가적 해외 시장 진입 ● 수출정보 수집비용 절감 ● 끼워팔기 수출 가능	● 수출비용 증대 ● 해외 시장 정보흐름 제한 ● 피동적 방식 ● 거래 중단 가능성

팔기(피기백 piggyback) 수출이 가능할 때다. 이미 직접수출을 하고 있는 기업(캐리어 carrier)의 해외 유통망에 자사(라이더 rider)의 제품을 추가하여 해외 시장에 판매하는 방식이다. 캐리어 입장에서 자사 유통망에 라이더의 제품을 끼워주는 이유가 있다. 라이더 제품이 캐리어 제품 판매에 구색 갖추기로서 상호 매출증대 효과가 기대되는 경우나, 규모의 경제 효과로 수출과정에서 소요되는 비용을 절감할 수 있는 경우다.

이상에서 검토한 바와 같이 간접수출은 국제화 초기 단계의 기업이나 이미 국제화된 기업의 특별한 경우에 장점이 있다. 하지만 기업 국제화가 확대되는 과정에서 간접수출은 문제점이 나타나게 된다. 첫째, 수출규모가 커질수록 간접수출은 많은 비용이 소요된다. 수출 유통경로상에 국내 무역업자가 추가되므로 제조업자가 직접 수출하는 것에 비하여 제조업자의 이익이 줄거나 수출가격 상승이 초래된다. 둘째, 간접수출은 정보의 흐름을 막는다. 수출을 대행하는 국내 무역업자는 제조업자로부터 수출업무를 지속적으로 유치하기 위하여 수출 시장 및 고객 관련 정보를 가급적 제공하려 하지 않는다. 정보를 주더라도 시간이 지나 유용성이 떨어진 정보일 가능성이 높다. 셋째, 간접수출은 국제영업을 하는 데 있어 가장 비활동적이고 피동적인 방식이다. 국내 무역업자가 수출을 전담하게 되므로 제조업자는 해외 시장에 관련한 고객, 경쟁자, 유통과 관련된 정보와 지식을 습득하기 곤란하다. 해외 시장의 중요한 정보에 대한 접근이 제한되기 때문에 해외 고객 요구에 맞추어 제품을 개선한다든지, 효율적인 마케팅 전략을 개발하든지, 해외 고객과 장기적이고 우호적인 관계를 지속시킬 수 있는 기회가 결여되는 문제점이 있다. 넷째, 국내 무역업자는 수출활동에 대한 충분한 책임의식을 갖고 있지 못하다는 점이다. 무역업자는 수출 관련 투자비용이 적기 때문에 만일 경기가 침체될 경우에 쉽게 수출활동을 포기할 수 있다. 또한 판매원가 관리는 기본적으로 제조업자의 책임으로 보기 때문에 원가상승으로 판매수익성이 떨어지는 경우에 쉽게 수출을 포기한다. 이상과 같은 문제점 때문에 기업의 수출 비중이 확대될 때는 점차적으로 독자적인 수출을 시작하는 직접수출 단계로 진입하게 된다.

2. 직접수출 방식

1) 특징

수출제조회사는 수출 규모가 증대할 때 해외 수출 사업을 직접 추진해보려는 시도를 하게 된다. 직접수출은 제조업자가 해외 시장에 있는 중간상(현지 무역대리점업자 또는 유통회사)이나 고객과 직접 접촉을 통하여 제품을 수출하는 것을 말한다. 이는 제조업자가 직접 외국고객 발굴, 해외 시장 조사, 수출서류 처리 등 수출 관련 업무를 자체 수출전담 요원을 통하여 수행한다. 직접수출을 하기 위해서는 회사 내에 수출전담 부서를 조직하고, 이 부서에서 해외 시장 조사, 해외 시장 판매에 대한 전략기획, 바이어와 상담, 수출 관련 부대 업무 등을 담당한다.

2) 종류

일반적으로 직접수출의 상대방이 되는 해외 중간상은 크게 두 가지 형태로 나누어진다. 현지 판매대리점(agent)과 현지 유통업체(distributor 또는 dealer)가 그것이다. 현지 판매대리점은 본인이 아닌 수출(제조)업체의 명의로 거래하며 고객을 발굴한다. 거래 주선, 현지 시장정보 제공 등을 대가로 수출기업으로부터 일정율의 수수료(commission)를 받는다. 반면 현지 유통업체는 수출기업으로부터 자기 명의로 제품을 구매한 후 보관, 판매를 자체적으로 수행하는 업체를 말한다. 이에는 현지국의 백화점, 대형 할인점, 전문 할인점, 도매상 등이 포함되며, 우리나라에서는 이들을 통상 외국바이어(buyer)라 한다.

그림 10-4 간접수출과 직접수출

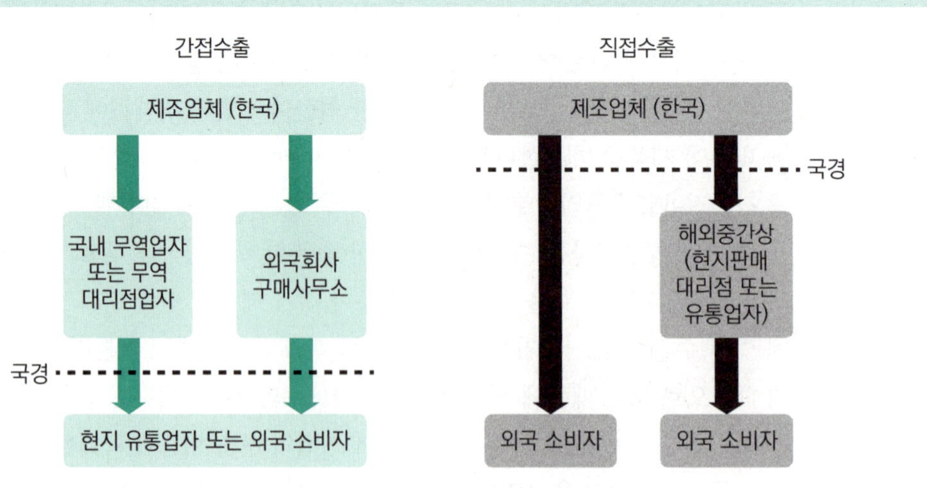

(1) 현지 판매대리점을 통한 수출

제조업자가 해외 시장에서 판로를 개척, 확대하기 위해서는 해외 법인이나 사무소를 설치하는 방법이 있으나, 이는 설립하는 데 비용이 상당히 소요되며 설치할 필요성이 적은 곳도 많다. 그렇다고 해서 외국에서 오는 우발적인 주문에만 의존한다면 수출거래 안정성을 유지하기 힘들고, 해외 시장의 수요증대를 도모하려 해도 정보획득이 어려운 경우가 다반사다. 이러한 경우 현지국 정보를 많이 갖고 있는 현지 대리점업자(agent)와 전속 대리점계약을 통해 자사 제품을 판매하는 방법이 간편하다. 수출기업은 판매대리점업자를 활용하여 판매 고정비의 절감, 신속한 시장침투 등의 효과를 얻을 수 있다.

(2) 현지 유통업자를 통한 수출

현지 유통업체는 수출업체로부터 자사 명의로 제품을 구매하고, 이를 보관하며 자사의 유통망을 통하여 현지 판매하는 업체다. 현지 유통업자는 독점판매권을 갖고 허용된 지역 내에서 판매함으로써 수출기업의 현지 판매망 역할을 하게 된다. 제품을 구매한 유통업체는 판매와 관련된 모든 책임을 부담한다. 그리고 판매를 위한 보관 및 금융 기능, 사후서비스 기능을 자체적으로 담당한다. 이들은 현지 시장상황에 적절한 판매가격을 스스로 결정하여 이익을 취하기 때문에 제품 구입단가 협상에 큰 비중을 두게 되며, 운송료, 보험료, 판촉비용, AS 등과 관련된 협상을 요구하게 된다.

현지 유통업체는 판매 가능한 물량을 지속적으로 주문하기 때문에 수출업체의 거래위험을 감소시키고, 관행적으로 현지 시장 정보를 수출기업에게 제공해준다. 유통업체가 유통망에 대한 통제권을 전부 소유하므로 수출기업은 현지 유통단계에서 가격을 책정할 권한이 없다.

3) 장단점

간접수출과 비교하여 직접수출이 갖는 장점을 살펴보자. 첫째, 국내 무역업자를 거치지 않음으로써 유통경로가 짧아진다. 따라서 유통비용이 적게 들고 수출 시 경쟁적인 가격 제시가 가능해진다. 해외 시장에 대한 정보의 흐름도 유통경로가 짧아짐에 따라 더욱 원활해진다. 둘째, 유통업자를 통하여 해외 수출 시장에 대한 더 많은 지식축적이 가능해지며, 해외 시장의 유통경로 및 유통업자들에 관한 정보를 입수할 수 있다. 현지 고객에 대한 정보도 일부 접할 수 있는 기회를 갖는다. 셋째, 현지 유통업자나 고객이 원하는 제품에 대한 정보를 바탕으로 현지 시장에 적합한 제품을 생산하게 된다. 또한 이러한 과정에서 현지 유통업자나 판매

표 10-2 직접수출 방식의 장단점

장점	단점
● 유통비용 절감 ● 해외 시장 정보 축적 ● 지속적 수출관계 유지	● 국제인력 필요 ● 현지 유통 통제력 부재 ● 중간상의 이익추구 행동

대리점과 상호 신뢰 속에 공통의 목표를 갖고 장기적인 관계를 유지할 수 있다.

반면, 단점을 지적하자면 다음과 같다. 첫째, 직접수출은 간접수출에 비하여 국제경영활동에 대한 지식을 요하기 때문에 이를 처리할 수 있는 능력 있는 인적자원을 갖추어야 한다. 또한 국제거래에 수반되어 요구되는 재무능력도 있어야 한다. 둘째, 현지 중간상을 이용한 수출이 갖는 가장 큰 문제점은 현지 유통망에 대한 통제권을 현지 유통업체가 전부 보유한다는 점이다. 현지 유통 판매단계에서 수출업체가 가격을 책정하는 등의 마케팅 활동을 직접 수행하기 어렵다. 즉, 현지 소비자를 수출업체의 직접적인 고객으로 만들기 위한 마케팅 수단을 직접 활용할 수 없다는 것이다. 셋째, 현지 중간상들의 이익추구 행동이다. 현지 유통업체들은 수출업체 제품뿐 아니라 경쟁업체의 제품을 같이 판매할 수도 있다. 또한 수출업체가 원하는 정도의 현지 마케팅 노력을 기울이지 않는 경우가 있다. 국제화 초기 단계에 있는 대부분 기업들은 현지 유통업체에게 제품을 인도한 이후에는 모든 수출활동이 끝난 것으로 생각하여 유통단계를 점검하든지, 마케팅 활동을 모니터하는 일을 소홀히 하는 경우가 많다.

3. 해외 판매법인 설립을 통한 수출

1) 특징

해외 시장에 대한 수출이 확대되면 현지 중간상을 이용하지 않고 현지에 직접 판매법인을 설립(해외직접투자)하고 현지에서 제품을 직접 마케팅하는 단계로 진입하게 된다. 이는 현지 고객에 대한 판매서비스를 향상시키는 방법이며, 현지 유통경로에 직접 참여하여 마케팅 전략 수단들을 통제 내지는 활용하는 방법이 된다. 이 단계에 진입한 기업이야말로 현지 유통회사에 의존하지 않고 독자적으로 현지 고객을 확보하고 현지 시장을 지속적이고 중장기적으로 통제할 수 있는 역량을 갖추게 된다.

표 10-3 해외 판매법인 설립 방식의 장단점

장점	단점
• 현지 마케팅 기능 담당 • 현지 고객과 소통 • 현지 생산으로 확대 가능 • 소비자지원 활동	• 법인 설립 및 유지 비용 • 마케팅 비용 확대

2) 장단점

현지 판매법인을 통한 수출의 장점을 열거한다면, 첫째, 수출제조회사가 직접 현지 마케팅 기능을 담당하게 된다는 점이다. 현지 수요상황에 맞는 가격설정 및 가격조건에 대한 통제가 가능하므로 현지 환경변화에 효과적으로 대응할 수 있다. 또한 현지 유통활동에 대한 통제도 가능해져서 마케팅 효율성이 증대된다. 둘째, 현지 시장조사를 직접 수행함으로써, 현지 고객수요에 적합한 제품을 개발하고, 현지 고객과 효율적 의사소통이 가능하다. 셋째, 본사의 제품뿐 아니라 여러 지역(제3국)에서 생산된 제품의 판매가 가능해진다. 더 나아가 현지 시장에 적합한 제품을 현지 생산하여 수입관세, 유통비용을 절감할 수 있으며 현지 고객 가치를 증대시킬 수 있다. 넷째, 애프터서비스, 소비자 금융 등 소비자 편익을 제고하는 경영활동을 수행할 수 있다.

반면, 단점으로는 첫째, 판매 자회사를 설립하기 위한 자본 출자에 초기 비용이 많이 소요된다는 점이다. 둘째, 광고비, 판매 점포 확장 등 현지 마케팅을 위한 지속적인 투자가 이루어져야 한다. 따라서 예상된 판매를 달성하지 못하는 경우 상당한 손실을 부담해야 한다.

4. 한국 기업의 경우

그간 한국 기업의 해외 시장 진입은 주로 수출방식을 이용하였다. 그 중에서도 대부분은 해외 바이어를 통한 직접수출에 주로 치중해 왔다. 그러나 앞서 지적된 바와 같이 직접수출 방식은 현지 유통업체가 현지 시장에 대한 마케팅 통제력을 보유하고 있기 때문에 수출기업의 지속적 매출을 보장할 수 없다. 그간 '마케팅'하면 국내 시장에서의 마케팅을 주로 이야기해 왔다. 이제는 한국 기업들도 수출 물량 확대에만 힘을 쏟을 것이 아니라 진정한 의미의 국제화, 즉 해외 시장에서 직접 마케팅을 수행하는 방향으로 나가야 한다. 한국 기업으로서 해외 시장에 직접 마케팅하는 기업은 삼성전자, LG전자, 현대자동차 등 대기업 일부에 불과한 실정이다. 질적인 면에서 한 차원 높은 해외 시장 진입 전략이 필요한 시점이다.

제3절 국제계약에 의한 해외 시장 진입

국제계약에 의한 해외 시장 진입 방식에는 세 가지 형태가 있다. 국제 라이선스 계약(international licensing), 국제 프랜차이즈 계약(international franchising), 국제 계약생산(international contract manufacturing) 등이다. 국제계약 방식의 가장 중요한 특징은 해외직접투자 없이, 즉 자본출자 없이 해외 파트너와 협력을 통하여 수출보다 적극적인 현지 생산 및 판매의 효과를 확보할 수 있다는 점이다.

1. 국제 라이선스 계약

1) 개념 및 특징

국제 라이선스 계약(international license agreement)도 해외 시장에 진입하는 주요한 방법의 하나로 많이 활용되고 있다. 국제 라이선스 계약은 지식재산권(intellectual property right)을 보유하고 있는 회사(라이선서 lisensor)가 특정 외국회사(라이선시 licensee)에게 일정기간 동안 지식재산권을 사용하게 허락하며 이에 대한 대가로 로열티(royalty)를 수령하는 계약이다. 이는 라이선서 입장에서 자본투자 없이 해외 시장에 생산 및 판매 시스템을 갖출 수 있는 전략이며, 라이선시 입장에서는 기존의 생산 또는 판매 경험에 라이선서의 재산권을 활용하여 비교적 안전한 사업을 할 수 있는 기회가 된다. 라이선서는 라이선시에게 다음 항목들을 일정기간 동안 선택적으로 제공하게 된다. 제품 및 생산 관련 특허권 이전, 특허에 속하지 않는 노하우 전수, 제조공정에 필수적인 원부자재 및 부품의 공급, 공장 운영 관련 기술 지도, 판매 전략 교육, 상표권 사용 등이다.

국제 라이선스 계약에는 몇 가지 종류가 있다. 첫째, 공정 라이선스 계약(process licensing)이다. 라이선서가 라이선시에게 특허권에 기반을 둔 특정 제품 생산기술에 대한 사용 권리를 부여하는 계약이다. 화학제품과 같은 공정 제조품의 생산과 관련된 라이선스 계약이 이에 해당한다. 둘째, 제품 라이선스 계약(product licensing)은 특수한 생산절차, 제품포뮬러에 따른 특정 제품의 생산과 판매를 허용하는 계약이다. 가장 보편적 형태의 라이선스 계약이다. 셋째, 유통 라이선스 계약(distribution licensing)은 라이선서가 특정 지역 내에서 제품을 판매할 권리를 부여하는 계약이

그림 10-5 국제계약에 의한 해외 시장 진입

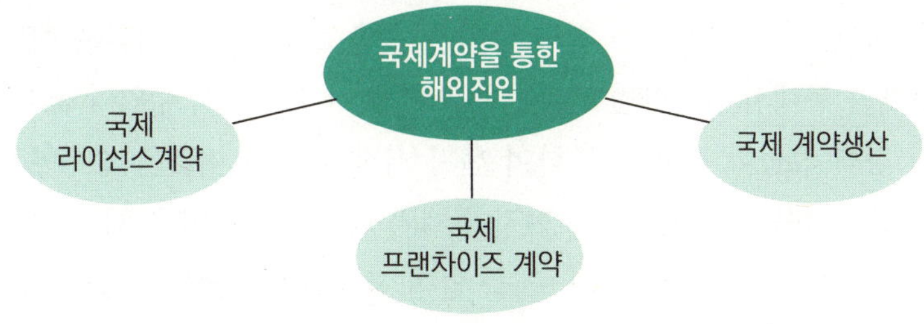

다. 라이선서는 제품공급자가 된다. 다국적 제약업체들이 유통 시장이 복잡한 개발도상국 시장에 제품을 판매할 때 종종 활용한다. 마지막으로 브랜드 라이선스 계약(brand licensing)은 라이선시에게 브랜드를 사용할 권리를 부여하는 계약이다. 계약에 따라 라이선서가 생산하지 않은 제품에도 브랜드를 사용할 권리를 부여한다. 디즈니 같은 캐릭터제품이 대표적인 예이다.

국제 라이선스 계약 시 로열티 지불방법은 두 가지가 있다. 첫째, 고정로열티 지급(fixed royalty payment) 방식은 계약대상 제품의 판매금액에 관계없이 기술에 대한 대가를 일시에 고정금액으로 지불하는 방법으로 라이선서가 라이선시의 판매량에 관계없이 수입의 안정성을 꾀하려는 경우에 활용한다. 둘째, 경상로열티 지급(running royalty payment) 방식은 제품의 매출액이나 제조 수량에 따른 일정비율을 로열티로 계속해서 지급하는 방법으로 라이선시 입장에서 계약기간 중 자금흐름에 따라 지불할 수 있어 유리하다. 전자와 후자를 결합한 방식을 이용하기도 하나, 대개는 후자의 방식이 보편적으로 많이 이용되고 있다.

2) 장단점

국제 라이선스 계약에 의한 해외 시장 진입 방식의 장점을 라이선서(licensor) 입장에서 살펴보자. 첫째, 국제 라이선스 계약 방식은 추가적인 자본지출 없이도 해외 시장 진입이 가능하다는 점이다. 라이선스 계약에서는 계약 상대방인 현지국의 라이선시(licensee)가 제품의 생산뿐 아니라 현지 시장에 대한 판매를 전부 담당한다. 제품생산을 위한 설비투자를 라이선시가 부담하기 때문에 라이선서 입장에서는 재산권 사용에 대한 허가 및 필요한 교육을 시키는 것 외에는 시장진입을 위한 추가적인 자본투자가 필요치 않다. 따라서 기술은 있는데 해외 투자 자금이 부족한 소규모 기업 입장에서 해외 시장 진입할 때 매력적인 투자 방식이 된다. 대기업의 경우 여타 중요한 해외 시장 진입에 많은 자원을 투입(직접투자)하여 추가적인 자본투입이 어려운 상황에서 비교적 중요하지 않은 신규 시장에 진입할 때 활용할 수 있다.

둘째, 국제 라이선스 계약 방식은 수출로 접근하기 어려운 해외 시장에 제품 판매를 확대시키는 방법으로 활용된다. 현지 시장에서 수입이 금지되어 있거나 수입 장벽이 높아 수출을 통하여 현지 시장 접근이 어려운 경우에 현지 생산설비와 유통망을 확보하고 있는 현지 업체와 라이선스 계약을 체결함으로써 신속하게 현지 시장에 진입하게 된다. 예를 들어, 선진국의 담배회사들은 수입담배에 대한 240%의 관세를 부과하고 있었던 중국 시장에 진입하는 데 라이선스 계약 방식을 활용했다.

셋째, 국제 라이선스 계약 방식은 현지국이 안고 있는 경제적 위험, 정치적 위험의 영향을 최소화시킬 수 있다. 현지국 경제가 매우 불안정하든지 또는 정치적으로 혼란한 경우 매출 감소에 따른 영업위험을 라이선시가 대부분 부담하게 된다. 라이선서는 로열티 감소 정도의 위험을 부담하게 되지만 큰 위험으로부터는 자유롭다.

넷째, 하이테크산업에서 글로벌표준을 선점하기 위한 전략으로 활용할 수 있다. 세계적으로 치열한 경쟁이 이루어지고 있는 산업에서 선도기술을 보유한 기업은 많은 업체가 해당 기술을 채택하게 하여 글로벌 표준으로 정착시킬 필요가 있다. 이때 활용할 수 있는 좋은 전략이 라이선스 계약이다. 오래전 일본의 마쯔시다(현 파나소닉)가 VHS 방식의 VTR을 실질적 글로벌 표준(de facto global standard)으로 이끌고 갈 수 있었던 전략이다. 라이선스 계약을 통하여 보유 기술을 신속하게 글로벌 표준화함으로써 세계 시장 매출을 확대하고 연구개발비용을 상각할 수 있었다.

다섯째, 사업성 있는 무형자산(기술)을 보유하고 있으나 독자적인 사업을 진행할 만한 여건이 되지 않을 때, 해당 분야 전문업체와 라이선스 계약을 하여 무형자산에 대한 로열티를 확보할 수 있다. 예를 들어, 만화영화를 통하여 대중의 인기를 얻게 된 캐릭터를 보유(예: 디즈니)한 경우 캐릭터를 활용하여 사업화할 수 있는 분야가 다양하다(원소스 멀티유즈one source multi-use 전략이라고 함). 만화영화 제작사는 관련된 모든 사업 분야에 투자할 수 없으므로 라이선스방식을 통하여 캐릭터사업을 확장하는 경우가 많다.

반면 국제 라이선스 계약 방식이 갖는 단점도 있다. 첫째, 국제 라이선스 계약의 수익은 다른 진입방법의 수익보다 적다는 점이다. 수출이나 현지 생산 판매를 하는 경우 총매출액에서 원가를 제외한 마진을 전부 이익으로 확보할 수 있는 반면, 국제 라이선스 계약의 경우는 현지 총매출액에서 일정 비율의 로열티 수익만을 확보하는 단점이 있다.

표 10-4 국제 라이선스 계약의 장단점

장점	단점
• 자본지출 없음 • 수출 접근 어려운 시장 진출 • 현지 사업 위험 감소 • 기술표준화 주도 • 원소스 멀티유즈 활용	• 수익의 제한 • 잠재 경쟁자 양성 • 글로벌 전략 실행 어려움 • 라이선시 통제 어려움

둘째, 라이선스 계약 방식의 가장 큰 문제점은 라이선시가 잠재적인 경쟁자가 될 수 있다는 점이다. 라이선시는 계약기간 동안 취득한 기술을 기반으로 계약이 종료된 후에 현지 시장 및 심지어는 해외 시장에서 경쟁자가 될 수 있다. 1960년대 미국의 RCA회사는 일본 시장에 컬러TV를 판매하기 위하여 그들이 보유하고 있던 컬러TV 기술을 일본 기업(파나소닉과 소니)에 라이선스 계약을 통하여 제공했다. 당시 RCA 입장에서 라이선스 계약은 직접투자에 따른 자금 소요와 투자 위험을 부담하지 않으면서 일본 시장에서 이익을 확보할 수 있는 좋은 방법으로 생각했다. 그러나 파나소닉과 소니는 RCA 기술을 단기간에 습득하였고 라이선스 계약기간이 지난 후 역으로 미국 시장에 그들의 제품을 판매하기 시작하면서 RCA의 경쟁자로 변하였다. 결국 RCA는 경영실적이 악화되면서 프랑스 톰슨그룹에 매각되었고, 파나소닉과 소니가 미국 시장에서 주요한 사업자가 되었다.

셋째, 글로벌 관점에서 전략을 실행하는 데 어려움이 따르게 된다. 국제 라이선스 계약에서 현지 시장에 대한 판매 전략은 주로 라이선시가 담당하기 때문에 해당 시장에서는 현지화 전략에 초점을 맞추게 된다. 따라서 라이선서가 세계 시장을 대상으로 표준화된 글로벌 전략을 추구할 때는 해당 시장 라이선시에게 이를 강요하기 어려운 경우가 발생한다. 또한 라이선스 계약을 하게 되면 일반적으로 현지에 생산설비를 독자적으로 구축하게 된다. 이것은 글로벌 관점에서 집중생산을 통한 규모의 경제 효과를 추구하는 본사의 전략과 배치된다.

넷째, 라이선시를 통제하는 데 어려움이 있다는 점이다. 브랜드 라이선스 계약의 경우 현지국에서 브랜드 가치를 지키기 위해서는 라이선시가 제품의 품질을 지속적으로 유지해주어야 한다. 그러나 라이선시 입장에서 제품의 질을 유지하는 데 많은 비용이 소요된다면 기회주의적 행동이 일어날 가능성이 항시 존재한다. 라이선시가 품질이 낮은 제품에 라이선서 브랜드를 붙여 판매하거나 적절치 못한 마케팅 전략을 수행함으로써 오히려 브랜드 가치를 훼손시키는 경우가 발생한다. 따라서 라이선스 계약 이후에는 라이선시가 생산판매하는 제품의 품질을 유지하는 문제와 판매와 관련된 재무자료의 투명성 유지 문제에 대한 감시와 통제를 지속해야 한다.

2. 국제 프랜차이즈 계약

1) 개념 및 특징

국제 프랜차이즈 계약(international franchising)이란 프랜차이저(franchisor)(본사)가 자체 상표하에 사업을 운영하는 패키지를 일정지역 내에서 일정기간 동안 사용할 권리를 프랜차이지(franchisee)(가맹점)에 이전하고 대신에 로열티를 수령하는 계약이다. 프랜차이즈 계약은 가치사슬로 보면 생산과 판매서비스 활동은 프랜차이지(가맹점)에 이전하고 연구개발이나 마케팅 활동은 프랜차이저(본사)가 주도하는 구조다. 프랜차이저는 현지 환경이나 문화에 적합한 마케팅 프로그램을 개발하게 된다.

국제 프랜차이즈 계약에서 프랜차이지에게 이전하는 사업패키지에는 현지국에서 점포를 세우고 수익을 창출하는 데 필요한 모든 요소가 포함된다. 상표, 디자인, 노하우, 점포설계, 시장조사, 입지선정 등 현지국에서 사업을 진행하는 데 필요한 경영지원 항목이다. 또한 사업패키지에는 판매 전략계획, 사업활동 매뉴얼, 품질관리, 지속적 교육훈련 등도 포함된다. 프랜차이저는 원부자재를 공급하고 광고 지원을 한다. 프랜차이저는 사업패키지를 제공하는 대신에 프랜차이지로부터 판매대금의 일정 비율에 해당하는 프랜차이즈 수수료 내지는 로열티를 받게 된다. 물론 원부자재 공급가격에 부과하는 마진도 대가의 일부가 될 수 있다.

국제 라이선스 계약과 국제 프랜차이즈 계약과의 차이점(표 10-5 참조)을 살펴보자. 첫째, 국제 라이선스 계약은 특정 제품 및 기술이 이전대상 요소인 반면, 국제 프랜차이즈 계약은 특허권, 노하우, 상표권 등을 포함한 전체 사업패키지를

표 10-5 국제 라이선스 계약과 국제 프랜차이즈 계약의 차이점

구분	국제 라이선스 계약	국제 프랜차이즈 계약
이전 대상 요소	특정 제품이나 기술	사업패키지
파트너	해당 분야 전문 기업	일반 창업준비자
계약 내용	협상에 따라 차별적	계약 표준화
이전 기술 업데이트	신규기술은 추가 협상이 필요	신규기술 지속적 제공

이전 대상으로 한다. 둘째, 라이선시는 대개 해당 분야에 능력이 있는 업체 중에서 협상에 의하여 선정되는 데 비하여, 프랜차이지는 대개 창업준비자로서 비전문적인 일반인 중에서 프랜차이저가 선정한다. 셋째, 라이선스 계약 내용은 라이선시와 협상에 따라 달라질 수 있어 정형화되어 있지 않지만, 프랜차이즈 계약 내용은 로열티 대가 구조를 포함하여 대부분 표준화되어 있다. 넷째, 라이선스 계약의 경우 신규개발 기술은 이전 대상이 아니지만, 프랜차이즈 계약의 경우 추가적인 연구개발 결과를 지속적으로 제공한다.

2) 프랜차이즈 해외 시장 진입 방식

프랜차이즈 계약 방식은 1960~1970년대 미국에서 폭발적으로 증대되었는데 한때 소매판매액의 27%를 차지하기도 했다. 패스트푸드(fast food), 편의점(convenience store), 자동차렌탈(car rental), 호텔사업 등 여러 업종에서 활용되고 있다. 프랜차이즈 계약이 해외로도 대폭 확장되고 있는데 맥도날드(McDonald), 도미노피자(Domino Pizza), 아비스(Avis), 힐튼호텔(Hilton Hotel) 등의 예를 들 수 있다. 프랜차이즈가 세계적으로 확대되는 데는 그 배경이 있다. 첫째, 전 세계적으로 전통적인 제조업의 비중이 줄어들고 서비스업의 비중이 커지고 있다는 점이다. 둘째, 각국 정부는 고용을 확대하는 방법으로 중소기업 창업을 활성화시키고, 이에 따라 1인 창업(self-employment)에 대한 수요가 증대되고 있다는 점이다.

국제 프랜차이즈 해외 시장 진입 방식은 크게 세 가지가 있다. 첫째, 직접 프랜차이즈 계약 방식으로 프랜차이저가 외국에 있는 개별 프랜차이지와 직접 계약을 하는 경우다. 현지 시장이 작아 점포 숫자가 적은 경우에 해당된다. 둘째, 마스터 프랜차이즈 계약 방식으로 특정 국가나 지역에서 프랜차이저 역할을 대신할 파트너와 계약하는 것이다. 이 파트너를 마스터 프랜차이지(master franchisee)(서브프랜차이저 sub-franchiser라고도 함)라고 하는데, 마스터 프랜차이지는 본사와 프랜차이즈 계약을 맺고 현지에서 다시 2차 프랜차이지(가맹점)를 확대하는 역할을 한다. 셋째, 간접 프랜차이즈 계약 방식으로 특정 국가나 지역에서 프랜차이즈 업무를 대신할 회사를 합작이나 단독투자를 통하여 설립하는 경우다. 설립된 회사는 본사와 프랜차이즈 계약을 맺으며 동시에 현지국에서 프랜차이저 역할을 하게 된다. SPC 그룹이 미국 배스킨라빈스의 한국 내 마스터 프랜차이지로써 성공적인 사업을 전개하고 있다.

3) 장단점

해외 시장 진입 방식으로 국제 프랜차이즈 계약을 활용하면 얻을 수 있는 장점을 살펴보자. 첫째, 프랜차이저 입장에서 기업이 보유하고 있는 비즈니스모델을 활용하여 적은 자본으로 해외 시장에 신속하게 진입할 수 있다. 프랜차이저는 자본출자가 필요없으므로 사업상의 위험은 자본투자를 한 프랜차이지가 부담한다. 맥도날드의 경우 100여 개국에 36,000여 개 이상의 점포를 갖고 있는데 초기 자본투자 비용이 110만 달러 정도에 불과했다고 한다.

둘째, 프랜차이지가 갖고 있는 현지 시장 및 고객에 대한 정보 및 대응 능력을 충분히 활용할 수 있는 사업방식이다. 프랜차이지의 판매성과가 이익에 직접 연계되므로 프랜차이지에게 상당한 동기부여를 시키는 방식이다.

셋째, 프랜차이즈 계약은 현지 시장 환경에 적합한 영업활동 현지화가 부분적으로 가능하다. 맥도날드 같은 외식업체의 해외 프랜차이지는 다양화된 현지 메뉴를 판매하고 있다. 점포설계에 현지 문화의 특성을 반영하기도 한다.

반면 단점을 보면 다음과 같다. 첫째, 국제 라이선스 계약과 마찬가지로 직접투자를 했다면 얻을 수 있는 소득의 일부만을 로열티 형태로 확보한다는 면에서 현지 시장에서 이익 창출에 제한이 있다.

둘째, 프랜차이지에게 영업상의 노하우를 전달하게 되어 유사한 사업을 하는 경쟁자가 해외에서 발생할 수 있다.

셋째, 국제 프랜차이즈 계약의 문제점은 품질관리의 어려움에 있다. 해외 프랜차이즈사업에서 가장 중요한 과제는 최고의 품질 수준을 전 세계 점포에 동일하게 유지시키는 일이다. 프랜차이즈사업은 브랜드가 소비자들에게 제품 품질에 대한 신뢰성을 준다는 특성이 있다. 홍콩의 힐튼호텔에 머무는 고객은 적어도 뉴욕, 런던 등에 있는 힐튼호텔이 제공하는 서비스나 음식의 질을 기대한다. 즉, 힐튼이란 브랜드는 제품 품질을 보장한다는 것을 가정하는 것이다. 그러나 문제는 프랜차이지가 본사가 기대하는 만큼 품질에 대한 관심을 갖지 않을 때 발생한다. 특정 지역에서 품질문제가 발생했을 때 특정 국가에 국한되지 않고 전 세계 명성에 영향을 미치게 되면 큰 문제가 아닐 수 없다. 홍콩 힐튼호텔에서 서비스 불만족을 느낀 고객은 세계 어느 곳에 있는 힐튼호텔에도 가지 않을 것이다. 뿐만 아니라 동료들에게도 가지 말라고 권유할 수도 있다. 따라서 프랜차이저는 프랜차이지의 서비스품질에 대한 지속적인 감시와 통제를 해야 한다.

서비스품질에 대한 철저한 통제시스템을 갖고 있는 맥도날드 사례를 예로 들어보자. 첫째, 제품품질을 철저하게 유지시킨다. 빅맥에 넣는 고기의 품질과 양에 대하여 엄격한 기준을 지키게 한다. 프렌치프라이도 감자의 품질과 크기를 일

표 10-6 국제 프랜차이즈 계약의 장단점

장점	단점
• 자본지출 위험 없음/해외 시장 신속 집입 • 프랜차이지 능력 활용 • 현지 지향 영업 가능	• 이익창출 제한적 • 경쟁자 양성 • 품질관리 어려움

정 기준에 맞추게 한다. 예를 들어, 모스크바 영업점의 경우 감자씨앗(Russet Burbank seed)과 오이씨앗을 네덜란드에서 수입하여 현지 농민들에게 제공하고 이를 재배하는 방식까지 교육시킴으로써 최상의 품질을 유지한다. 둘째, 영업점의 청결유지, 신속하고 친절한 서비스, 고객에 대한 관심 등에 대한 기준도 마련하여 전 세계 어느 영업점이든 이를 지키게 한다. 이를 위해서 미국 일리노이주 및 세계 도처에 연수센터를 건립하고 해외 점포 매니저들을 교육시키며 수료한 매니저들에게는 햄버거학(hambergerology) 학위를 수여한다. 셋째, 본사 감독팀이 전 세계 영업점을 순회하면서 제품품질, 영업점의 청결도, 요구되는 서비스 수준을 만족시키고 있는지 체크한다.

맥도날드와 같이 수만 개의 가맹점이 지역적으로 멀리 떨어져 있는 경우 품질관리를 철저하게 하기가 매우 어렵다. 이러한 문제점을 해결하기 위하여 지역별로 프랜차이즈사업을 담당하고 품질관리를 하는 자회사를 설립하는 방법을 활용한다. 자회사는 단독투자회사일 수도 있고 현지 기업과 합작의 형태일 수도 있다. 이들에게 마스터 프랜차이지 역할을 부여함으로써 현지 프랜차이지들을 관리한다.

3. 국제 계약생산

1) 의의 및 특징

국제 계약생산(international contract manufacturing)이란 특정 품목 생산에 특화되어 있는 해외 제조업체에게 계약을 통하여 제품의 일부 또는 전체의 생산을 위탁하는 방식을 말한다. 제품생산은 위탁하지만 제품의 판매(현지 및 세계 시장)는 위탁자가 직접 수행한다. 이는 생산과 현지 판매를 모두 현지 파트너(라이선시)에게 맡기는 라이선스 계약 방식과 대조가 된다. 이러한 방식을 선택하는 이유는 몇 가지로 설명이 가능하다. 첫째, 국제계약생산을 통한 생산비용이 자체 생산비용에 비하여 저렴할 때나, 현지 계약생산을 통한 현지 판매가 운송비를 절감하는 효과가 클 때 이를 활용하게 된다. 둘째, 계약생산 제품의 질이나 납품서비스가 만족스럽지 않을 경우 타 계약생산업체로 전환이 용이함으로 경영상의 유연성을 제고할 수 있다.

계약생산방식을 많이 활용하는 대표적인 업체는 나이키(Nike), 이케아(IKEA), 애플(Apple) 등이다. 이들은 제품 디자인 등 구체적 제품기획은 본사에서 담당하고 생산은 글로벌 관점에서 최적의 업체를 선정하여 위탁한다. 물론 납품된 제품의 판매는 세계 시장에 구축한 자체 판매망을 통하여 이루어진다. 나이키의 경우 중국에 계약생산 위탁업체가 많지만 중국 시장에 대한 판매는 나이키 중국법인(Nike China)에서 전담하고 있다. 애플의 경우 대만의 폭스콘(Foxconn)이 위탁생산업체인데, 이 폭스콘은 중국에 아이폰 조립공장을 두고 생산하고 있다.

2) 장단점

국제 계약생산방식을 활용하는 장점을 살펴보자. 첫째, 국제 계약생산의 가장 중요한 동기는 생산원가 절감이다. 특히 노동집약적 제품의 경우 중국, 인도네시아, 베트남 등 저임금 국가에 있는 현지 제조업체와 제품생산을 계약함으로써 생산원가를 상당히 절감할 수 있다. 인건비 절감만이 계약생산의 목적은 아니고 낮은 원자재 가격, 낮은 에너지 비용 등도 계약생산의 고려 요소가 된다.

둘째, 생산공장 운영을 위한 투자 부담을 회피할 수 있다는 점이다. 생산설비 투자에 많은 재원이 소요되는 경우 투자 위험 부담 없이 사업을 진행할 수 있다. 생산설비에 대한 투자가 없는 관계로 매몰비용이 발생하지 않는다. 또한 인력에 대한 구조조정도 불필요하다. 급격한 환경변화로 제품라인의 구조조정이 필요한 경우 계약생산 관계만 청산하면 된다.

셋째, 계약생산은 경영상의 유연성을 제공한다. 해당 계약생산업체가 제품 품질이나 납기 등에 만족스럽지 못할 경우에 다른 업체로 변경이 가능하다. 또한 해당 시장으로부터 철수하는 경우에도 자체 생산설비를 갖고 있지 않기 때문에 큰 손실없이 철수가 가능하다.

넷째, 수입장벽 때문에 수출로 접근하기 어려운 국가에 현지 계약생산을 통하여 진입할 수 있다. 현지 제조업자에게 생산을 위탁하고 현지 판매는 직접 수행하게 된다. 이는 직접 생산공장을 운영하기에는 현지 시장 규모가 작고, 수출로 공급하기에는 수입관세가 높아 현지 경쟁이 어려운 경우 활용하게 된다. 예를 들어, 피앤지(P&G)는 러시아 시장에 아리엘(Ariel)이라는 유명 세탁세제를 판매할 때 현지 러시아 제조업체와 위탁생산 계약을 맺음으로써 생산비를 절감하고 관세를 부담하지 않게 되었다.

표 10-7 국제 계약생산의 장단점

장점	단점
• 생산원가 절감 • 설비투자, 인력채용 부담 완화 • 경영상의 유연성 • 수입장벽 우회 판매	• 잠재 경쟁자 양성 • 품질 통제 문제 발생 • 긴급 상황에 대처하기 어려움

다섯째, 기술혁신 속도가 빠른 상품의 경우 이를 활용할 수 있다. 제품수명주기 초기 단계에 있는 상품은 향후 제품 기술이나 디자인의 추세 변화에 따라 쉽게 진부화될 가능성도 있다. 이러한 경우 설비투자를 하게 되면 투자위험이 수반된다. 위험을 회피하기 위해서는 계약생산을 통하여 제품을 공급받는 것이 유리하다.

국제 계약생산은 이상과 같은 장점만 있는 것이 아니고 단점도 고려해야 한다. 첫째, 앞서 살펴본 라이선스 계약과 마찬가지로 계약생산의 경우에도 잠재 경쟁자를 만들 위험이 있다는 점이다. 미국 쉬윈(Schwinn) 자전거회사의 사례를 보자. 쉬윈은 외국 자전거회사의 저가공세로 제품의 생산원가를 줄이기 위해 개발도상국으로 생산거점을 이전하였다. 이 회사는 직접투자하기보다는 대만에 있는 자이언트(Giant)라는 자전거회사와 제휴관계를 맺어 계약생산을 하였다. 그런데 수년 후 자이언트는 생산기술을 완전히 체득하고 더 나아가 가격경쟁력을 바탕으로 자사 브랜드를 활용, 미국 및 유럽 시장에 뛰어들었다. 이에 쉬윈은 자이언트와 계약을 종료하고 협력파트너로 중국회사와 새로 계약생산을 시도하였다. 중국파트너에게 기술을 이전하고 향상된 제품을 생산하였다. 그러나 중국회사 또한 미국 다이아몬드 백(Diamond Back)이라는 브랜드를 인수하면서 미국 시장에 진입해 쉬윈과 경쟁을 하게 되었다. 결국 쉬윈은 부도가 났고 스키장비업체인 스콧(Scott)에 인수되었다. 이제는 손실이 발생하는 품목을 정리하고 산악자전거 판매에만 집중하고 있다. 이러한 위험 때문에 고부가가치, 기술집약적인 제품은 계약생산보다는 자체 생산하는 경향이 강하다.

둘째, 품질문제다. 대체적으로 인건비가 낮은 국가에서 생산된 제품의 품질 수준은 기대 이하다. 또한 생산효율성과 납기 면에서 문제를 초래하기도 한다. 따라서 제품 품질을 원하는 수준으로 높일 수 있게끔 관리해야 한다. 하지만 제품 품질을 통제하는 데 소요되는 비용을 감내해야 한다. 나이키는 품질 및 납기를 통제하기 위하여 세계 각지 계약생산업체에 본사직원을 파견, 장기간 상주시키는 '해외 주재원 프로그램(Expatriate Program)'을 운영하여 하청업체와 장기적인 관계를 구축하고 있다.

셋째, 계약생산은 자체 직접생산에 비하여 빠른 시장수요 변화에 대응하기 어렵다. 핸드폰업체의 예를 들면, 소니에릭슨(Sony Ericsson)의 경우 핸드폰 생산의 상당 부분을 하청업체를 이용했던 반면, 노키아(Nokia)의 경우 자체 제작을 원칙으로 하였다. 한때 디지털 단말기에 대한 수요가 급격히 증가하였을 때 노키아는 즉각 대응이 가능했지만 소니에릭슨은 그렇지 못했다. 계약생산의 경우 긴급 배송, 추가 제품생산 등 긴급한 상황변화에 대응하는 능력에 한계가 있다.

3) 계약생산의 하청기업 입장

국제 계약생산의 계약자(원청기업, 발주기업)가 아닌 계약생산업자(하청기업) 입장에서 국제 계약생산을 OEM(Original Equipment Manufacturing)생산이라고 부른다. 기업이 만들어내는 상품은 크게 두 가지 상표를 사용한다. 하나는 그 상품을 생산한 기업의 고유상표를 부착하는 경우이며, 또 다른 하나는 그 상품의 생산을 주문한 발주자의 상표를 부착하는 경우다. 후자의 경우를 OEM생산이라고 부른다. 계약자(발주기업)가 디자인한 브랜드 제품의 생산은 하청기업이 책임지고 제품의 판매는 계약자가 담당하게 된다.

한국 기업들은 경제성장 과정에서 OEM 하청업체 역할을 많이 수행했다. 섬유나 신발 등 경공업제품 위주로 OEM생산이 이루어졌다. 최근에도 기계, 중장비 같은 중공업제품, 항공기 부품 등 고도의 기술을 요하는 제품의 OEM 생산 및 수출이 지속되고 있다.

하청업체 입장에서 OEM의 장점은 생산을 계속하는 과정에서 제품생산 기술 축적이 가능하다는 점이다. 향후 독자적인 생산이 가능해진다. 또한 계약자(대부분 선진국 기업)의 강한 해외 시장 마케팅능력을 바탕으로 판매가 이루어지므로 판매에 신경을 쓰지 않아도 된다는 장점이 있다. 그러나 하청업체 입장에서 OEM의 가장 큰 문제는 계약자가 구매선을 바꿀 위험을 안고 있다는 점이다. 계약자 입장에서는 생산원가가 더 저렴한 국가의 기업으로 구매선을 언제든지 교체할 수 있다. 이렇게 되면 그간에 투자한 공장설비의 가동이 중지되는 커다란 위험에 직면한다. 또한 해외 시장에 대한 마케팅능력을 배양할 수 있는 기회가 없다는 점도 큰 문제다.

1970~1980년대 한국경제 구조를 보면 신발 및 섬유산업 부문이 차지하는 비중이 상당히 컸다. 당시 두 산업이 많은 고용을 창출하였고 수출을 증대시키는 데 크게 기여하였으며 고속성장의 근간이 되었다. 그러나 제품 수출은 증대되었지만 해외 시장 판매능력은 한국 기업이 갖고 있지 않았고 해외 바이어, 다시 말하면 OEM 계약자의 손에 있었던 것이다. 1980년대 후반 이후 한국 근로자들의 인건

비가 상승하면서 바이어들은 인건비가 더 낮은 동남아나 중국으로 계약 대상 업체를 전환하기 시작하였다. 이때부터 한국의 신발, 섬유산업은 침체기에 들어섰고, 결국 산업공동화 현상이 벌어지게 되었다. 그렇다면 이를 방지하기 위하여 우리나라 기업들은 어떻게 대응했어야 하는가? 첫째, 생산기술 축적에 자만하지 말고 제품 디자인 및 신제품 개발 능력을 향상시키는 노력이 필요했다. 둘째, 생산에만 집착하지 말고 해외 시장 마케팅 능력을 습득했어야 했다. 또한 이를 바탕으로 자체 브랜드를 개발하고 세계 시장에서 선진 다국적기업과 대등하게 경쟁할 수 있는 글로벌 경영역량을 키웠어야 했다.

제4절 해외직접투자 방식

해외 시장 진입 시 직접투자 방식은 해외 시장에 자본을 출자하여 해외 자회사 또는 해외 현지 법인(foreign subsidiary)을 설립하는 방식을 말한다. 직접투자 방식은 다시 출자지분에 따라 합작투자(joint venture)와 단독투자(wholly-owned subsidiary)로 나누어지고, 투자 방식에 따라 현지 기업 인수합병(mergers & acquisition)과 신규투자(greenfield)로 나눌 수 있다. 본 절에서는 해외직접투자 방식을 앞서 검토한 해외 진입 방식(수출 및 국제계약에 의한 진입 방식)과 비교하여 장단점을 살펴보고, 다음으로 합작투자 대 단독투자, 기업 인수 대 신규투자에 관한 의사결정 문제를 다루기로 한다.

1. 해외직접투자와 수출 및 국제계약 비교

해외직접투자로 해외 시장에 진입하는 방식을 수출 및 국제계약으로 해외 시장에 진입하는 방식과 비교하여 장단점을 살펴보자. 이 문제는 9장의 해외직접투자 이론(다국적기업 이론)에서 이미 이론적으로 검토한 바 있다. 본 절에서는 간략히 정리하기로 한다.

해외직접투자 방식이 갖는 장점을 본다면, 첫째, 제품의 경쟁적 우위가 있어 해외 시장에 직접 생산법인을 설립하고 현지 생산 및 판매를 하는 경우 현지 시장에서 얻을 수 있는 이익의 대부분을 확보할 수 있다. 만일 국제 라이선스 계약 방식에 의하면 현지 사업이익의 대부분은 현지 라이선시에게 귀속되고 라이선서는 로열티만 수령하게 된다. 따라서 현지 사업의 전망이 좋다면 국제 라이선스 계약보다는 직접투자로 진입하는 것이 바람직하다.

둘째, 현지 법인을 설립하고 직접 현지 경영을 한다면 회사가 보유하고 있는 경쟁력을 십분 활용할 수 있다. 국제 라이선스 계약은 현지 라이선시에게 생산 및 마케팅 활동을 위임하기 때문에 현지 시장에 대한 직접 통제능력을 상실하게 된다. 수출의 경우에도 현지 대리점이나 유통업체가 마케팅 활동을 하고 있어 현지 시장을 직접 관리하지 못하는 문제점이 있다. 반면 현지 법인을 설립하면 현지 시장에 대한 정보를 직접 수집·파악하게 되며, 현지에 적합한 전략을 추구할 수 있다. 회사가 보유하고 있는 사업역량을 발휘한다면 성공적인 사업수행이 가능하다.

셋째, 수입장벽을 우회하는 방법이다. 수입관세장벽이 높은 경우(특히 개발도상국) 수출을 통하여 현지 시장에서 가격경쟁력을 가질 수 없는 경우가 많다. 이러한 경우 현지 생산체제를 갖춤으로써 수입관세를 우회하여 가격경쟁력이 있는 제품을 판매할 수 있다. 삼성전자가 해외 진출 초기에 멕시코나 헝가리에 컬러TV 현지 생산체제를 구축한 것은 관세장벽을 우회하기 위한 목적이었다.

넷째, 현지 시장이 갖고 있는 입지적 우위 요소를 잘 활용할 수 있다. 현지의 인건비가 저렴한 경우 본국에서 생산하여 수출하기보다는 현지 생산 판매하는 것이 유리할 것이다. 삼성전자가 중국에 현지 PC생산공장을 설립한 것은 현지의 저렴한 인건비를 활용하여 글로벌 가격경쟁력을 확보하기 위한 목적이었다.

해외직접투자 방식이 갖는 단점도 있다. 첫째, 수출이나 라이선스 계약 방식과 비교하여 자본지출이 필요하다는 점이다. 사업이 어려워질 경우 영업위험, 재무위험을 스스로 부담해야 한다. 특히 대규모 공장설비가 필요한 화학, 전자 산업 등은 위험이 더 크다고 할 수 있다. 둘째, 현지 경영에 대한 경험이 없는 경우 실패할 위험도 크다. 직접투자가 이루어지면 현지인을 고용하고 현지 생산 또는 현지 판매를 직접하게 된다. 현지 시장 및 문화에 대한 지식이 부족한 경우 직접투자보다는 경험이 많은 현지 업체를 활용하는 것이 좋은 대안이 될 것이다.

그림 10-6 해외직접투자를 통한 해외 시장 진입 방식 유형

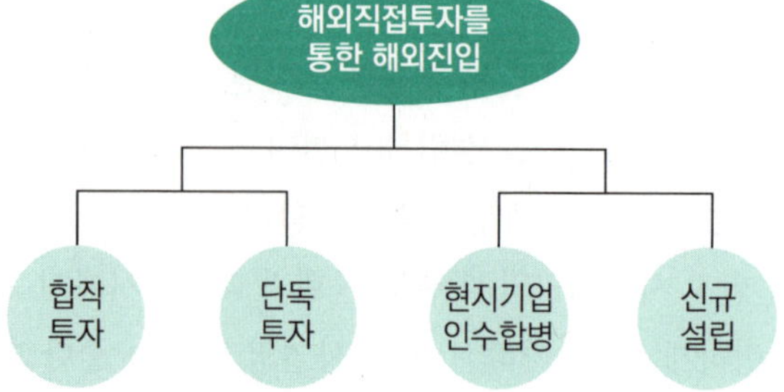

2. 합작투자와 단독투자 비교

해외 시장에 직접투자를 하는 방식에는, 현지 파트너와 합작회사(Joint Venture: JV)를 설립하는 합작투자 방식과 파트너 없이 100% 자회사(Wholly-Owned Subsidiary: WOS)를 설립하는 단독투자 방식이 있다. 각각의 방식은 장단점이 있으므로 이를 면밀히 검토하여 진입 방식에 대한 의사결정을 해야 한다.

1) 합작투자

합작투자는 현지국의 사업파트너와 공동으로 출자하여 현지국에 합작회사를 설립하는 방식을 말한다. 출자지분은 양사 간 협상으로 결정된다. 50대50으로 동등한 경우 또는 한쪽 파트너 지분이 다수(예: 70대30)일 경우도 있다. 합작투자는 현지 시장에 관한 정보가 잘 알려져 있지 않은 시장이나 사업 환경이 특수하여 현지 시장에 대한 이해가 부족한 경우에 사용된다. 예를 들어, 선진국 중에서도 유통 환경의 차이가 많은 일본 시장에 진입할 경우 합작파트너를 활용하는 경우가 많다. 또한 중국이나 동남아 시장의 경우도 이질적인 문화적 특성을 갖고 있어 현지 기업과 합작이 권장된다.

합작투자 방식의 장점을 살펴보자. 첫째, 합작투자 방식은 현지 파트너가 갖고 있는 정보를 활용할 수 있다는 점이다. 현지 파트너는 현지 시장에 대한 충분한 지식, 현지 유통업자 및 주요 인사들과 우호적 관계 등 투자기업에 결여된 능력을 보유하고 있다. 이러한 현지 파트너의 능력과 투자기업이 보유하고 있는 제품 또는 브랜드 경쟁력이 결합하여 성공적인 합작투자사업이 가능하다.

둘째, 현지국 정부의 정책이 단독투자를 금하고 합작투자를 유도하는 경우에 합작투자 방식이 활용된다. 예를 들어, 중국은 업종에 따라(예: 자동차산업, 통신산업, 방송산업 등) 현지 시장에 진입하는 데 합작투자만을 허용하는 경우가 있다. 이러한 경우에 합작투자가 좋은 대안이 된다.

셋째, 투자금액을 서로 분담함으로써 향후 영업에 초래될 수 있는 위험을 상호 공유하여 분산시키는 효과가 있다.

넷째, 합작투자 방식이 현지 소비자들에게 우호적인 이미지를 제공한다. 단독투자의 경우 외국 기업이 현지 시장을 통제하거나 현지에서 벌어들인 이익을 독차지한다는 부정적인 이미지를 줄 수 있다. 반면 합작투자는 현지 파트너에게 기술을 이전하고 현지국 경제에 공헌한다는 우호적인 이미지를 주게 되어 사업에 긍정적 효과를 가져온다.

반면 합작투자 방식의 단점을 보면, 첫째, 파트너 간 갈등이 일어날 수 있다는 점이다. 둘 이상의 회사가 협력관계를 유지하는 과정에서 많은 의사결정을 공동으로 하게 되는데 의견충돌 가능성(예: 가격결정, 품질관리, 인사문제, 재무문제 등)이 항시 내재되어 있다. 의사결정 시 마찰이 지속된다면 당초 의도했던 경영성과는 기대할 수 없게 되고 결국 헤어지게 된다.

둘째, 합작파트너가 경영능력이 부족하다면 기업가치를 훼손당할 위험이 있다. 브랜드, 생산기술 등에 차별적 가치를 보유하고 있는 투자기업이라 할지라도 파트너의 능력이나 성실성이 처음 기대했던 수준에 미달할 때 합작사업 성과가 좋지 않게 된다. 이러한 경우 합작투자는 바람직하지 않다.

셋째, 투자기업이 보유하고 있는 핵심자산이 파트너에게 유출될 가능성이 있다. 합작회사 경영과정에서 투자기업이 갖고 있는 핵심기술이나 노하우를 현지 파트너가 습득하게 된다. 문제는 합작사업이 종료된 이후 합작파트너가 습득한 기술을 활용하여 경쟁자로 변신할 수 있다는 점이다.

넷째, 글로벌 전략(글로컬 전략 포함)을 추구하는 투자기업은 합작파트너와 마찰의 소지가 있다. 투자기업이 특정 분야에 글로벌 관점에서 필요로 하는 전략을 추진하려고 하는데 합작 파트너는 현지화 전략을 원할 경우 합작경영 수행상 갈등이 초래된다. 예를 들어, 투자기업 관점에서 합작회사가 생산하는 물량은 줄이고 타국 공장에서 구입하는 것이 글로벌효율성을 제고할 수 있다고 판단할 때, 합작회사의 생산량을 축소하려는 투자기업의 시도에 대하여 현지 합작파트너는 쉽게 동의하지 않을 것이다. 합작파트너의 경영 관점은 글로벌 시장이 아니고 특정 국가 시장에 한정되기 때문이다.

2) 단독투자

단독투자는 해외 기업과 협력관계 없이 독자적으로 전액 투자하여 진입하는 것으로, 가장 적극적인 해외 시장 진입 방식이다. 이 방식은 본사가 보유하는 생산 및 마케팅 관리 등 경영 전반에 대한 역량을 해외 자회사에 이전할 수 있으며, 자회사 경영 전반에 대한 통제가 가능하다. 성공할 경우에는 투자 수익도 단독으로 확보할 수 있다. 그러나 자금이나 인력 등의 경영 자원이 많이 요구되며, 단독 출자에 따른 경영상 위험도 단독으로 부담하기 때문에 국제화 경험이 적은 기업에는 어려움이 있다.

합작투자 대비 단독투자의 장점을 살펴보면, 첫째, 단독투자는 투자기업이 보유하고 있는 독점적 기술이 포함된 제품이나 서비스를 전액출자 자회사를 통하여 직접 판매함으로써 판매이익을 100% 독점할 수 있는 장점이 있다.

둘째, 단독투자는 현지 경영활동을 완전히 통제할 수 있는 장점이 있다. 현지 파트너와 합작하는 경우에 예상되는 파트너 측의 경영간섭이나 갈등을 회피할 수 있다. 단독 경영권을 소유하면 마케팅, 생산, 구매 등 모든 경영활동을 직접 수행할 수 있어 의도한 대로 신속하게 사업을 진행할 수 있다.

셋째, 단독투자는 본사 전략과 자회사 전략 간의 효과적인 조정 및 통합이 필요한 경우에 유리하다. 이러한 장점은 글로벌 전략을 추구하는 다국적기업 입장에서 가장 중요시하는 점이다. 단독으로 소유하면 파트너의 이해관계에 맞추어 협상하는 데 드는 시간이나 자원의 낭비를 막을 수 있기 때문이다. 또한 본사 입장에서 글로벌하게 추구하는 전략적 목표를 확실하게 추진할 수 있는 여건이 된다. 다국적기업들이 현지 상장기업을 인수하고 나서 주식 공개매수를 통하여 상장폐지를 하는 경우가 많은데 이러한 목적을 달성하기 위함이다.

반면, 합작투자 대비 단독투자의 단점을 살펴보면 다음과 같다. 첫째, 단독투자를 하면 영업 손실이 발생하는 경우 모든 위험을 투자자가 모두 부담하게 된다. 투자 위험이 크다는 점이다.

둘째, 개발도상국의 경우에는 단독투자 시 영업위험 외에 현지국의 정치적 상황 변화에 따른 정치적 위험의 가능성이 상존한다. 정치적 위험을 사전에 예방하거나 영향을 최소화시키기 위해서는 단독으로 진입하기보다는 현지국 상황 변화에 정통한 파트너와 손을 잡는 것이 바람직하다.

셋째, 현지 국민들로부터 부정적 이미지를 불러일으킬 수 있는 위험이 있다. 단독투자 기업은 현지에서 독점적 이익을 획득하여 외화를 유출함으로써 현지국의 경제주권에 위협적 요소로서 작용한다고 생각될 수 있다. 또한 현지국의 전통 있는 기업을 인수하면서 진입하는 경우에 이러한 위험은 더 크게 나타난다.

표 10-8 합작투자와 단독투자 장단점 비교

투자 방식	장점	단점
합작투자	● 현지 파트너 활용 ● 현지 규제 우회 ● 위험 분산 ● 현지국 우호적 이미지	● 파트너와의 갈등 ● 파트너 능력의 문제점 ● 기술 유출 ● 글로벌 전략 갈등
단독투자	● 이익 단독 확보 ● 자회사 경영 통제 가능 ● 본사와의 전략 조정 수월	● 투자 위험 ● 정치적 위험 ● 현지국 부정적 이미지

3. 현지 기업 인수합병과 신규설립투자 비교

해외 시장에 직접투자를 할 때 직면하는 또 하나의 의사결정 문제는 현지 기업을 인수합병(mergers & acquisition)할 것인가, 아니면 자회사를 신규설립(greenfield investment)하여 진입할 것인가를 선택하는 문제다. 현지 기업을 인수하는 것은 현지 기업이 보유하고 있는 현지 시장에 대한 노하우를 활용할 수 있는 좋은 대안이 된다. 반면 자회사를 신규설립하여 진입하는 방법은 본사가 보유하는 강점을 활용할 수 있는 대안이 된다. 각 전략대안은 장단점이 있으므로 이를 검토한 연후에 결정해야 한다.

1) 현지 기업 인수합병

현지 기업을 인수합병하여 새로운 시장에 진입하는 방식은 다국적기업에 의하여 자주 사용되었고 성공적인 성과를 거둔 사례도 상당수 있다. 스웨덴 백색가전 회사인 일렉트로룩스(Electrolux)는 미국 시장에 진입할 때 미국의 진공청소기 회사와 웨스팅하우스(Westinghouse)의 백색가전 부문(Frigidaire라는 브랜드로 유명함)을 인수하여 현지 딜러 네트워크를 구축했다. 미국 다국적 식품회사인 사라 리(Sara Lee, 2014년 몬델레즈(Mondelez)에 피인수됨)는 다수의 해외 시장 현지 브랜드를 인수하여 지역 브랜드나 글로벌 브랜드로 발전시키는 데 성공한 대표적인 기업이다. 사라 리가 유럽 시장에서 인수하여 성공한 브랜드에는 커피제품에 D-E(Douwe Egbert) 브랜드, 차 제품에 픽윅(Pickwick) 브랜드가 있는데 초기에는 한정된 지역 브랜드였으나 인수한 이후에 글로벌 브랜드로 육성하였다.

구사회주의 국가가 시장경제로 전환하면서 국유기업을 민영화하는 과정에 현지 기업 인수를 통하여 시장에 진입한 다국적기업 사례가 많다. 예로서 독일 폭스바겐은 체코의 스코다(Skoda)라는 자동차 회사를 인수하면서 현지 시장에 진입하였다. 사라 리는 헝가리의 식품가공회사인 콤팩(Compack)을 인수하고, 스웨덴 일렉트로룩스(Electrolux)는 헝가리 가전회사를 인수하면서 헝가리 시장에 진입하였다. 개발도상국 국유기업들이 민영화할 때도 선진국 기업들이 출자하면서 개발도상국 시장에 손쉽게 진입하였다.

현지 기업 인수합병 방식의 장점을 살펴보자. 첫째, 신규설립과 비교해볼 때 현지 기업 인수 방식은 해외 시장에 신속하게 진입할 수 있다는 장점이 있다. 예를 들어, 한국 시장에 진입했던 프랑스 할인점업체 까르푸(Carrfour)는 초기에 신규설립하는 방식으로 진입하여 점포를 계속적으로 확장하였다. 반면에 월마트(Walmart)는 기존에 진입해 있던 할인점업체인 마크로(Macro)를 인수하여 신속하게 진입하였는데,

이는 경쟁업체에 비하여 상대적으로 시장에 늦게 진입한 것을 만회하기 위한 전략이었다.

둘째, 인수를 통하여 현지에 알려져 있는 브랜드를 확보하고, 현지 유통망에 손쉽게 접근하며, 고객에 대한 정보를 수월하게 수집할 수 있는 장점이 있다. 현지 경영의 경험이 적은 기업 또는 현지 시장에 대한 정보가 부족한 투자기업에게 유리한 방법이다.

셋째, 현지 시장에 경쟁이 매우 심하고 진입장벽이 높은 경우 기존 기업을 인수하는 방식이 바람직하다. 한국의 은행산업이나 증권산업의 경우 회사 수가 많아 경쟁이 치열하게 일어나고 있다. 외국금융기관이 한국 시장에 진입할 때 신규 설립보다는 기존 금융회사를 인수하여 진입하는 경우가 많다. 시티은행의 한미은행 인수, SC은행의 제일은행 인수 등을 예로 들 수 있다.

현지 기업 인수합병 방식의 단점을 보면 다음과 같다. 첫째, 현지국에서 적절한 인수대상 기업을 찾아내고 평가하기가 어렵다는 점이다. 현지 시장에 매물로 나와 있는 기업은 대개 문제가 있는 경우가 많다. 만일 좋은 기업이 있다면 인수하려는 기업이 여럿이 나타날 것이고 인수가격이 상승하여 상당한 투자 부담이 될 수 있다. 또한 회계 기준 차이, 숨겨진 거래, 분식된 재무자료 등의 문제로 인수 대상기업에 대한 올바른 평가가 어려운 경우도 있다.

둘째, 현지 기업을 인수한 이후 기대했던 것과는 달리 상당한 신규투자가 필요하거나, 종업원들의 생산성이 낮거나, 우수인력이 퇴사하는 경우는 인수성과에 부정적 영향을 준다. GE는 헝가리 전구 제조업체인 텅스그램(Tungsgram)을 인수하여 이를 유럽 시장 전역에 전구 공급을 위한 생산기지로 활용하려는 계획을 갖고 있었다. 그러나 이 회사가 갖고 있던 생산설비는 구식이어서 목적에 부합치 못하고 새로운 기계로 교체해야 했다. 더구나 유럽의 경쟁업체(필립스)에 비하여 인건비 면에서 30% 정도 유리하다고 판단하였는데, 높은 결근율, 품질관리 문제점, 생산성 저하, 높은 인플레 등으로 이러한 이점도 사라지고 말았다. 결국 구조조정을 통해 인력감축을 시도하였는데 이 또한 근로자들을 자극하여 노동분쟁에 휘말리는 악순환이 연속되었다.

셋째, 현지 기업을 인수한 이후 본사와 기업문화 차이로 통합에 어려움을 겪을 수 있다. 1995년 스웨덴 제약회사인 파마시아(Pharmacia)는 미국 시장 진입을 위하여 미국 제약회사인 업존(Upjohn)을 인수했다. 그러나 파마시아는 미국 기업의 공격적이고 목표 지향적인 경영방식에 대하여, 업존은 스웨덴 직원들의 유유자적하게 즐기는 휴가행태에 대하여 서로 이해하기 어려웠다고 한다. 통합에 따른 진통이 지속되면서 결국 화이자(Pfizer)에 업존을 매각하고 말았다.

표 10-9 현지 기업 인수와 신규설립의 장단점 비교

투자 방식	장점	단점
현지 기업 인수합병	● 신속한 시장 진입 ● 현지 경영자산 확보 ● 진입장벽 극복	● 적합한 인수기업 발굴 어려움 ● 인수 후 대규모 신규투자 소요 ● 통합 어려움 ● 현지국 거부감
신규설립	● 현지국 유인정책 ● 최적 입지선택, 우수인력 채용 ● 인수대상 부족 ● 새로운 경영방식 구축	● 설립 시간 소요 ● 경쟁자 선제 진입

넷째, 현지 기업 인수합병은 현지 정부 및 현지 국민들의 심리적 거부감을 일으킬 수 있다. 현지 국민들은 대개 외국 투자기업이 기존 기업을 인수하는 것보다는 신규기업 설립을 선호한다. 이는 기존기업 인수가 신규기업 설립에 비하여 고용창출에 크게 기여하지 못한다고 생각하기 때문이다.

2) 신규설립투자

신규설립투자(greenfield investment)는 적절한 인수대상 기업이 없거나 현지 기업을 인수해서는 경영목표를 달성하기 어려울 때, 또는 점진적인 시장진입이 가능한 경우에 활용되고 있다. 선진국보다는 개발도상국에 진입할 때 많이 이용된다.

신규설립투자의 장점은 다음과 같다. 첫째, 현지국 정부 입장에서 볼 때 신규설립은 고용창출 효과가 있으므로 다양한 투자유인 정책을 제시하는 경우가 많다. 따라서 신규설립은 현지국 정부가 제공하는 혜택(조세 면제 등)을 받으면서 진입하는 장점이 있다.

둘째, 신규설립을 통한 진입은 경영활동 입지선택이 가능하고 유능한 인력을 신규 채용할 수 있다. 현지 기업 인수 방식보다 생산전략, 유통전략, 인사전략 등에서 훨씬 유연성을 갖게 된다. 한국이나 일본의 자동차 회사들이 유럽 시장에 진입할 때 기존 회사를 인수하기보다는 신규 단독투자를 선택하였는데, 이는 최신 생산기술을 활용하고, 물류, 인건비 등 가장 유리한 조건의 입지를 활용할 목적이었다. 최적의 입지에 신규 공장을 설립함으로써 생산과 물류 면에서 효율적 통합시스템을 갖추게 되었다. 엔진, 섀시 등 주요 부품을 여타 생산거점으로부터 공급받고 글로벌 효율성을 극대화할 수 있는 전략을 실행할 수 있었다.

셋째, 인수할 가치가 있는 현지 기업이 없는 경우 신규설립투자가 대안이 된다. 선진국에 진입할 때는 좋은 인수대상 기업이 이미 현지 경쟁자에게 인수되었을 가능성이 높고, 개발도상국에 진입할 때는 적당한 인수대상 기업이 없는 경우가 많다. 인수대상 기업이 있다 하더라도 인수 최종결정까지 상당한 기간이 소요된다면 차라리 신규설립 진입이 유리하다.

넷째, 신규설립 방식은 투자자가 원하는 현지 기업을 만들 수 있는 장점이 있다. 현지 기업을 인수하고 나서 피인수기업의 조직문화를 투자기업에 적합하게 변화시키는 것보다 처음부터 투자기업이 원하는 새로운 조직문화를 구축해 나가는 것이 훨씬 수월할 것이다. 마찬가지로 피인수기업의 경영방식을 새롭게 바꾸기보다는 신설기업에 새로운 경영방식을 도입하는 것이 효율성 측면에서 낫다고 할 수 있다. 즉, 본사가 보유하고 있는 기술, 제품, 경영노하우 등을 효과적으로 전달하는 데 있어 신설기업이 보다 유리할 것이다.

반면, 신규설립투자의 단점을 지적하자면 다음과 같다. 첫째, 일반적으로 신규설립은 영업을 개시하는 데까지 상당한 시간을 요한다. 진입하는 시점의 상황이 영업 개시 후에 상당히 변화될 수 있다. 진입 검토 당시보다 경쟁도 격화되고 예상했던 수익을 기대할 수 없는 경우가 발생한다.

둘째, 신규설립을 위하여 시장조사, 건물매입 또는 신축, 종업원 채용 등 여러 가지 절차를 진행하는 과정에 경쟁자는 현지 기업 인수로 선제 진입을 할 수 있다. 경쟁자가 시장을 잠식한 연후에 영업을 시작한다면 이미 때가 늦을 것이다.

마감사례

2017년 스타벅스 중국 독자 경영 선언, 그 결과는?

뉴스핌은 "찻잔 대신 머그잔, 커피향에 빠진 14억 명의 중국" 제목의 2017년 11월 3일자 기사를 통해서 커피 매니아들이 늘어나면서 중국 시장이 글로벌 커피 브랜드의 격전지로 부상하고 있다고 보도했다. 2026년 중국 커피 시장이 168조 원대(2016년 약 12조 원) 규모로 성장할 것으로 전망되는 가운데, 외국계 기업의 중국 사업 확장 움직임이 빨라지는 모양새다.

동 기사에 따르면 과거 외국계 커피 브랜드는 중국 커피 시장의 특수성과 정책적 제한 등을 고려해 현지 파트너사와 합자사를 설립하는 등의 방식으로 본토 시장에 진출했다. 하지만 중국 커피 시장이 고성장세를 거듭하자 일제히 중국 사업권 100% 확보에 나서는 등 본토 시장 사업 확장 움직임을 서두르고 있다.

2017년 7월에 스타벅스의 중국 사업권 100% 확보 소식이 업계 이목을 끌었다. 현지 매체에 따르면 스타벅스는 중국 최대 식품업체이자

대만계 기업인 퉁이지퇀(統壹集團, 통일그룹)으로부터 상하이퉁이스타벅스커피(上海統壹星巴克咖啡有限公司)의 지분 50%를 13억 달러(약 1조 4,500억 원)에 인수했다. 스타벅스 단일 지분 인수건으로는 사상 최대 규모다. 상하이퉁이스타벅스는 스타벅스와 통일그룹이 2002년 합자로 설립한 회사로 상하이(上海), 장쑤(江蘇), 저장(浙江) 지역 내 스타벅스 매장을 운영해왔다. 이번 거래로 스타벅스는 화둥(華東, 화동) 지역 매장 전부에 대한 경영권을 확보하면서 중국 내 100% 직영 운영을 이뤘다.

스타벅스는 한국에서는 전 점포를 직영으로 운영하고 있지만 중국 시장은 1999년 진출 이래 줄곧 현지 기업과의 합자 형태로 사업을 전개해왔다. 화베이(華北, 화북) 지역은 베이징싼위안(北京三元)과 협력했으며 화중(華中)과 화난(華南, 화남)은 각각 홍콩메이신(美心), 베이징메이다(北京美大)와 사업을 진행했다. 스타벅스의 중국 시장 거점 지역으로 여겨지는 화둥(華東, 화동)은 통일그룹과 합작사를 설립하고 매장을 운영했다. 중국 시장에서 어느 정도 기반을 다진 스타벅스는 2006년부터 파트너사가 보유한 합자사 지분을 차례로 인수하며 중국 사업 확장을 본격화했다. 2006년과 2007년 각각 베이징메이다와 베이징싼위안이 보유하고 있던 합자사 지분을 인수했으며, 2011년에는 베이징싼위안, 홍콩메이신의 합자사 지분을 사들였다. 현재 중국 내 스타벅스 매장 수는 2,800여 개로 2020년까지 5,000여 개 매장 개장이 기대된다.

중국 내 커피 수요가 급증하고 고급화 소비 추세가 두드러지면서 커피업체 간 경쟁은 갈수록 치열해지는 모습이다. 최근 중국 요식업 정보 플랫폼인 카먼(咖門)과 중국 최대 소셜커머스업체 메이퇀뎬핑(美團點評)가 공동으로 발표한 '2017년 중국 커피 시장 보고'에 따르면 2016년 중국 커피 시장 규모는 700억 위안(약 11조 7,800억 원)대로 10년 내 1조위안대 성장이 기대된다. 최근 몇 년간 중국 커피 시장은 연평균 성장률 15%대를 유지, 글로벌 커피 시장 성장률인 2%를 대폭 상회하며 고성장세를 이어왔다. 업체별 경쟁 현황을 보면 스타벅스가 시장점유율 70% 이상을 차지해 독주 체제를 구축하고 있다. 하지만 맥도날드의 마이카페이(麥咖啡, 맥카페)나 영국계 코스타커피 등 후발주자도 최근 사업 확장에 적극 나서며 그 뒤를 추격하고 있다고 뉴스핌의 기사는 전하고 있다.

스타벅스가 중국에서 단독경영으로 전환하고 6년이 지난 2023년에 스타벅스는 중국에서 1위 자리를 중국 토종 커피브랜드 루이싱에 내준다. 한국경제신문은 "비싼 스타벅스 먹느니… 중국서 난리난 '1위 커피' 정체"라는 제목의 2024년 2월 5일자 기사를 통해서 "중국 토종 커피 브랜드 루이싱 커피가 지난해 처음으로 스타벅스를 제치고 연매출 기준 중국 1위 커피 기업에 올랐다. 론칭 10년이 채 되지 않은 신생 브랜드가 50년 이상의 역사를 보유한 글로벌 커피 브랜드를 뛰어넘은 것이다"라는 소식을 전했다. 동 기사에 따르면 "2017년 설립된 루이싱커피는 1999년 중국에 진출한 스타벅스를 무서운 속도로 뒤쫓았다. 매장 수를 공격적으로 확대하며 작년 초에는 스타벅스보다 먼저 '매장 1만 개 돌파'를 달성했다. 2023년도 2분기에는 분기 매출 기준으로 스타벅스를 처음으로 앞질렀다"고 한다.

2024년에 들어서 스타벅스 중국 매출은 계속 하락하고 있다. 머니투데이는 "중국인들 한 번에 돌아섰다… 스타벅스 매출 뚝뚝, 대신 몰려간 곳"이라는 제목의 2024년 8월 2일자 기사를 통해서 스타벅스가 2023년 2분기부터 루이싱에 매출 1위 자리를 내준 이후 2024년에 들어서는 1분기와 2분기 연속 매출이 줄어들었다고 보도했다. 동 기사에 따르면 "스타벅스는 후발주자들의 저가공세와 배달을 중심으로 하는 중국 소비자들의 패턴 변화 속에서 흔들리고 있다. 매장 확대 등 타개책을 발표했는데 경쟁사들의 매장 확대 목표는 더 공격적이다"라고 한다.

이러한 위기 속에서 급기야 스타벅스는 단독 경영을 포기하고 지분 일부를 매각해 현지 파트너를 두는 방안을 검토하고 있다. 이투데이는 "스타벅스, 중국 사업 지분 매각 검토 중"이라는 제목의 2024년 11월 21일자 기사를 통해서 "지분 일부를 매각해 현지 파트너를 두는 방안을 선택지 중 하나로 검토하고 있다"는 소식을 전하고 있다. 동 기사에 따르면, 브라이언 니콜 스타벅스 최고경영자(CEO)는 지난달 "스타벅스의 중국 사업을 더 잘 이해하기 위해 노력하고 있다"면서도 "중국 내 경쟁이 극도로 심하고, 거시 환경은 어렵다"고 토로하기도 했다. 그러면서 "스타벅스가 중국 시장에서 사업을 확장하는 방법을 알아낼 것이며, 장기적으로 도움이 될 수 있는 전략적 파트너십을 계속 모색하고 있다"고 말했지만, 구체적인 내용은 언급하지 않았다고 전하고 있다. 스타벅스가 중국에서 7년 동안의 단독경영을 그만두고 어떤 파트너십을 구축할지 귀추가 주목된다.

참고자료: 이투데이, "스타벅스, 중국 사업 지분 매각 검토 중", 2024년 11월 21일자; 머니투데이, "중국인들 한 번에 돌아섰다… 스타벅스 매출 뚝뚝, 대신 몰려간 곳", 2024년 8월 2일자; 한국경제신문, "비싼 스타벅스 먹느니… 중국서 난리난 '1위 커피' 정체", 2024년 2월 25일자; 뉴스핌, "찻잔 대신 머그잔, 커피향에 빠진 14억 명의 중국", 2017년 11월 3일자.

질문

1. 1999년 중국에 진출한 스타벅스는 2017년 합작투자를 종료하고, 100% 현지 자회사 방식으로 중국 내 사업방식을 변경했다. 그 이유는 무엇이라고 생각하는가?
2. 2017년 합작투자 종료 이후 독자 경영에 나선 최근 스타벅스의 중국 내 사업실적을 조사하고 독자 경영 이전과 비교해서 사업실적이 개선되었는지를 제시하시오.
3. 스타벅스의 중국에서 최근 사업실적이 개선되었거나 악화되었다면 각각 그 원인을 조사해보고, 사업실적이 합작방식 또는 독자 경영 방식과 관련이 있다고 생각하는가?
4. 스타벅스 최고경영자가 중국 스타벅스의 지분 매각을 통해서 새로운 전략적 파트너십을 모색하고 있다고 하는데, 그 이유는 무엇이라고 생각하는가? 스타벅스가 중국에서 1위를 탈환하려면 어떠한 전략을 전개해야 한다고 생각하는가?

토의과제

1. 해외 시장 진입 방식의 세 가지 종류에 대해서 간략하게 설명하시오.
2. 종합상사의 수출 중요성이 어떻게 변화하고 있으며, 종합상사의 새로운 성장전략에 대해서설명하시오.
3. 직접수출, 간접수출, 현지 판매법인 설립을 통한 수출의 각각의 장단점을 비교 설명하시오.
4. 국제라이선싱계약과 국제프랜차이징계약의 차이점을 설명하시오.
5. 국제계약생산의 개념을 설명하고 대표적인 사례를 제시하시오.
6. 합작투자 방식과 100%자회사 방식에 대해서 비교하여 설명하시오.
7. M&A형 투자와 그린필드형 투자에 대해서 비교하여 설명하시오.

Chapter **11**

국제 전략적 제휴

학습목표

1. 국제 전략적 제휴의 개념과 중요성을 검토한다.
2. 국제 전략적 제휴의 종류를 학습한다.
3. 국제 전략적 제휴의 목적을 찾아본다.
4. 국제 제휴파트너를 선정하는 방법에 대해 논의한다.
5. 국제 전략적 제휴를 성공으로 이끄는 운영 전략을 알아본다.

도입사례

글로벌 자동차업계 합종연횡과 현대차그룹의 국제 전략적 제휴

조선일보는 "글로벌 車업계 합종연횡… 현대차 '나홀로 행보'"라는 제목의 2017년 2월 13일자 기사를 통해서 글로벌 자동차업계의 전략적 제휴관계를 분석하고 현대차그룹의 독자개발 행보를 비교하여 평가하고 있다. 동 기사는 '연간 1,800만 대 자동차 생산 연합 탄생'. 지난 2017년 1월 7일 일본 경제지 니혼게이자이신문이 뽑은 1면 제목을 소개하며 기사를 시작하고 있다. 전날 일본 1위 자동차업체 도요타는 업계 4위 스즈키와 환경·안전 관련 기술 분야에서 업무 제휴를 위한 양해각서를 체결했다. 경차 분야 2위를 달리는 스즈키와 손잡고 신흥국 시장 공략에 박차를 가하겠다는 게 도요타의 포석. 스즈키는 취약한 미래형 차량(친환경·자율주행차 등) 연구개발에서 도요타 손을 빌리겠다는 속셈이다. 도요타는 그동안 다양한 합종연횡(合從連橫) 전략을 통해 스즈키 외에도 일본 내에서만 마쓰다·다이하쓰 등 모두 6곳의 경쟁 자동차업체와 업무 제휴 관계를 맺었다. 일본 언론은 "'도요타 연합' 생산 규모는 연 1,800만 대로 전 세계 자동차 시장의 20%를 차지한다"고 전했다. 세계 1위인 폴크스바겐(1,000만 대)을 2배 가까이 앞지르는 수치다.

이처럼 세계 자동차업체들은 최근 '적과의 동침'을 통해 미래 자동차 시장 전쟁에 대비하고 있다. 혼다도 전자업체 히타치 자회사인 히타치오토모티브시스템즈와 전기차 분야에서 협력을 강화하기로 하고 차량용 모터 회사를 공동 출자해 설립할 계획을 밝혔다. 일본뿐 아니다. GM과 혼다가 2020년부터 수소차용 연료전지를 공동 생산하는 합작법인 설립 계약을 체결했고, 포드는 도요타와 스마트폰·자동차를 연결하는 표준 기술 개발을 위한 컨소시엄 구성 계획을 공개했다.

이런 세계 자동차 업계 연합전선 구축은 주로 미래차 분야를 중심으로 이뤄지고 있다. 막대한 연구·개발 비용이 드는 해당 분야 특성상 독자적으로 모두 진행하기에는 비용이나 시간에 한계가 있기 때문. 이들은 제휴를 통해 '규모의 경제'를 실현하면 기술 표준을 선점하는 데 유리하다고 판단하고 있다.

일본 자동차 회사들이 특히 활발하다. 도요타·닛산·혼다 등 6개 자동차 회사와 덴소·파나소닉 등 6개 부품사는 고정밀 3차원 지도 등 자율주행차 관련 8개 분야 기술을 공동 개발하기로 합의했다. 또 도요타·닛산·혼다 등 3사는 정부·에너지 회사와 함께 충전소 운영비를 일부 부담하는 방식으로 충전소 확대 사업에 공동으로 나서고 있다. 수소차 보급 단계인 현 시점에서는 서로 경쟁하기보다 협력을 통해 시장을 키우는 게 중요하다고 봤기 때문이다.

미국과 유럽 업체들도 마찬가지. 아우디·BMW·메르세데스-벤츠 등 독일 자동차 3사는 2015년 말 노키아 지도 사업 부문을 공동 인수하고 디지털 맵 개발에 함께 나서고 있다. 자율주행차 대중화를 대비하는 전략이다. 제휴 효과도 서서히 나타나고 있다. 미쓰비시자동차를 인수한 르노닛산은 미쓰비시와 전기차 플랫폼을 공유하고 부품도 공동 구매해 전기차 가격을 현재 시판 모델보다 20% 낮추겠다고 발표했다. 2013년부터 수소차 공동 개발에 나선 메르세데스-벤츠와 닛산은 기존 모델보다 연료전지 파워트레인(엔진+변속기) 규모를 30% 수준으로 줄여 내부 공간을 넓힌 모델을 이르면 올해 출시할 예정이다.

위 조선일보 기사는 현대·기아차가 유독 '나홀로' 노선을 유지하고 있다고 지적하고 있다. 현대차는 2030년까지 완전 자율주행 기술을 상용화한다는 목표 아래 남양연구소 자체 인력만으로 연구개발을 진행하고 있으며, 독자 개발을 고수하고 있다고 한다.

전문가들은 이런 현대·기아차의 '폐쇄적 행태' 원인을 수직 계열화에서 찾는다. 현대·기아차는

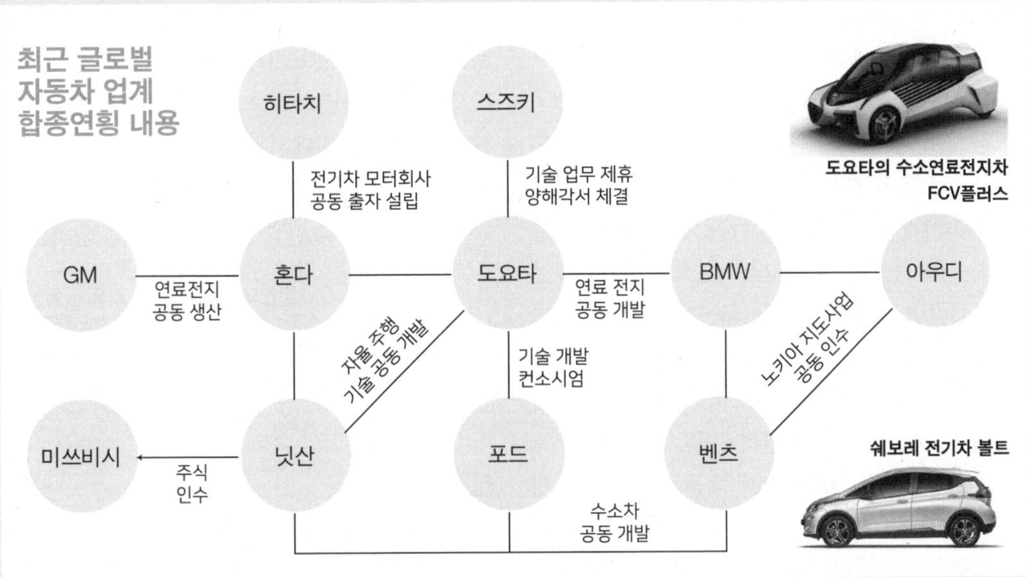

쇳물 생산에서 완성차까지 공정 수직 계열화가 전 세계 완성차업체 중 가장 잘 이뤄져 있다. 굳이 외부 도움을 받지 않아도 된다는 것이다. 하지만 각종 기술과 융복합이 강조되는 최근 자동차 시장 추세에서 이런 전략은 한계를 드러내고 있다는 평가다.

현대차그룹의 이러한 독자개발 전략은 2023년부터 큰 변화를 보인다. 2023년 1월 현대차그룹은 미국 마이크로소프트(MS)와 미래항공 솔루션 개발 협력을 시작으로, 같은 해 11월에는 아마존과 전략적 파트너십을 체결하고, 2024년부터 아마존 온라인 몰에서 현대차를 판매하고 있다. 한국경제신문의 2024년 8월 6일자 "현대차그룹, 글로벌 빅테크와 협력 강화"라는 제목의 기사에 따르면, 현대차그룹은 "2025년부터는 미국에서 출시하는 차세대 차량에 아마존의 인공지능(AI) 비서 '알렉사'를 적용한다는 계획도 발표"했다. 동 기사는 현대차그룹의 2023년에 이루어진 MS 및 아마존과의 협력뿐만 아니라 2024년 1월부터 7월까지 글로벌 빅테크 기업과 체결한 다양한 협력 내용을 소개하고 있다.

현대차그룹은 2024년 1월, 미국의 맵박스와 기술 제휴를 체결했는데, "맵박스는 3차원(3D) 내비게이션 맵GPT를 개발하고 있는데, 향후 현대차·기아 전기차에 이 시스템을 적용할 수 있도록 기술을 함께 개발할 계획"이라고 한다. 2024년 4월에는 중국 빅테크 바이두와 '커넥티드카 전략적 협력 업무협약(MOU)'을 맺었는데, "현대차·기아는 바이두와 함께 중국에서 커넥티비티(차량과 외부 사물 간 무선연결), 지능형 교통 시스템, 클라우드 컴퓨팅 등 포괄적인 영역에서 미래 모빌리티 생태계를 구축한다는 계획"이다. 2024년 5월에는 "개방형 지도 데이터 플랫폼인 오버추어 맵스 파운데이션에 가입했다. 오버추어는 마이크로소프트(MS)와 메타, 아마존웹서비스(AWS) 등 빅테크 기업 및 독일 지리정보 기업인 톰톰 등이 설립한 프로젝트형 재단"이라고 한다. 위 한국경제신문 기사는 현대차그룹이 커넥티드카 기술 개발을 위해 구글과의 협력을 검토하고 있다고 소개하고 있다.

최근 현대차그룹의 글로벌 전략적 제휴는 글로벌 빅테크 기업을 넘어 GM과 토요타 등 글로벌 완성차 회사까지 그 영역을 확대하고 있다. 한국경제신문의 2024년 9월 12일 "현대차·GM 뭉쳤다… 세계 최대 '자동차 동맹' 탄생" 제목의 기사에 따르면, 현대자동차그룹이 GM과 내연차·하이브리드·전기차 등에 대한 공동 개발, 생산 및 판매와 함께 친환경 에너지 사업도 함께 진행한다는 포괄적 업무 협약을 체결했다는 소식을 전하고 있다. 현대차그룹이 글로벌 완성차 회사와 포괄적 제휴를 맺은 것은 이번이 처음이다. 동 기사는 "세계 3위(현대차)와 5위 업체(GM)가 모든 분야에서 손을 맞잡는 강력한 형태의 '얼라이언스'(동맹)를 맺은 것이다"라며, "일본 도요타(지난해 판매량 1123만 대)를 뛰어넘는 '세계 최대 자동차 동맹'(합산 1349만 대)의 탄생으로 글로벌 자동차업계의 지각변동이 예상된다"고 평가하고 있다.

현대차그룹의 글로벌 협력의 광폭 횡보는 세계 1위 자동차회사인 토요타에까지 이르고 있다. GM과의 포괄적 업무협약 이후 한 달이 지난 2024년 10월 27일 현대차그룹의 정의선 회장이 토요타 그룹의 토요타 아키오 회장과 전격적으로 회동하고 협력을 논의했다. 뉴시스의 2024년 10월 26일 "현대차·토요타, 미래 위해 손잡는다[정의선·아키오 세기의 만남①]"이라는 제목의 기사에 따르면 양사의 회장이 공개석상 첫 만남을 통해 수소차 분야와 로봇 등 협력이 논의될 것이라고 보도했다. 양사는 2024년 10월 16일 미국에서 공동 성명문을 내고 로봇 개발 협력을 밝혔는데, 현대차의 자회사인 "보스턴다이내믹스가 개발한 2족 보행 로봇 '아틀라스'에 토요타리서치연구소(TRI)의 '대형 행동 모델(LBM)' AI를 적용한다는 내용"이었다. 양사의 로봇 분야 협력 발표가 있고 10일 만에 양사 회장이 전격 회동하면서 수소차 분야에서 협력 가능성 등 미래 사업 분야에서 현대차와 토요타가 적극 협력할 것이라며 큰 기대를 나타냈다.

참고자료: 뉴시스, "현대차·토요타, 미래 위해 손잡는다[정의선·아키오 세기의 만남①]", 2024년 10월 26일자; 한국경제신문, "현대차·GM 뭉쳤다… 세계 최대 '자동차 동맹' 탄생", 2024년 9월 12일자; 한국경제신문, "현대차그룹, 글로벌 빅테크와 협력 강화", 2024년 8월 6일자; 조선일보, "글로벌 車업계 합종연횡… 현대차 '나홀로 행보'", 2017년 2월 13일자.

질문

1. 최근 글로벌 메이저 자동차 회사들 사이에서 이루어지고 있는 전략적 제휴의 주요 내용에 대해서 조사하고, 2017년 합종연횡과 어떠한 차이점을 보이는지 설명하시오.
2. 현대차그룹이 그동안 유지해오던 독자개발 전략에서 벗어나 2023년부터 다양한 국제 전략적 제휴를 추진하는 것으로 전략적 방향 전환을 실행한 이유는 무엇이라고 생각하는가?
3. 현대차그룹의 최근 글로벌 제휴의 내용을 자세히 조사하고, 현대차그룹이 추진하고 있는 다양한 글로벌 전략적 제휴가 성공하기 위한 조건을 제시해보시오.

제1절 국제 전략적 제휴의 개념 및 중요성

국제 전략적 제휴(global strategic alliance)란 다수 기업이 국제적으로 다양한 사업 분야에 걸쳐 자신의 경쟁우위 요소를 바탕으로 독립성을 유지하면서 전략적으로 상호협력관계를 구축하는 것이다. 국제 전략적 제휴는 기업 간 상호 보완적인 제품, 기능 및 기술 등을 공유함으로써 경쟁기업에 대하여 우위를 확보하고자 하는 중요한 경영전략 수단으로 인정받고 있다.

국제 전략적 제휴의 전통적이고 전형적인 형태는 국제 합작투자(international joint venture)다. 국제 합작투자는 해외 시장 진입을 목적으로 주로 선진 다국적기업과 개발도상국의 현지 기업 간에 이루어졌다. 다국적기업은 제품 및 생산기술을 제공하고 현지 파트너는 현지 시장 판매, 정부와의 협상 등을 담당하게 된다. 이렇게 합작을 통하여 상호 혜택을 얻게 되는데, 다국적기업은 판매가 증대되는 효과가 있고 현지 기업은 신제품에 대한 접근이 가능하고 파트너로부터 신기술을 습득하게 된다. 최근에는 국제 전략적 제휴라고 할 때 국제 합작투자 형태가 아닌 다양한 협력 방식, 즉 비(非)합작 방식으로서 공동 연구개발, 공동 마케팅 등을 의미하는 경우가 많다.

국제 전략적 제휴가 글로벌 경쟁전략의 중요한 수단으로 간주되기 시작한 것은 그리 오래지 않다. 세계경제의 개방화, 국제화 진전으로 인하여 대부분 기업들은 국내외 시장에서 치열한 경쟁을 피할 수 없게 되었다. 글로벌 경쟁이 확대되고 경쟁상대가 수시로 바뀌고 경쟁의 규칙 자체가 급변하는 지각변동의 시대가 되었다. 이러한 무한경쟁 시대를 맞이하여 기업 간에는 적대적 경쟁과 동시에 협력을 추구하는 새로운 조류가 대두되고 있다. 어떠한 기업도 세계 시장에서 경쟁하는데 필요한 규모의 경제, 범위의 경제, 스피드의 경제를 혼자서 확보할 수 없으며, 자신이 갖지 못한 것을 보유한 다른 기업과 협력하는 것이 불가피해지고 있다. 이러한 점에 비추어 볼 때 전략적 제휴는 다른 기업의 힘을 빌려 자사의 경영능력을 확장시킴으로써 글로벌 시장에서 경쟁력을 높이는 강력한 전략대안이 된다.

주목할 것은 동일 산업 내 기업 간 관계가 새롭게 설정되고 있다는 점이다. 제휴의 대상에 동일 산업 내 직접적 경쟁자도 포함된다. 경쟁과 협력이 동시에 일어나는 새로운 경쟁 패러다임으로 변화되고 있다. 기업에 이익이 된다면 심지어 경쟁사와도 손을 잡는 적과의 동침이 중요한 전략이 되는 것이다. IBM과 애플은 지난 20여 년간 경쟁관계였고 협력한 적이 없었다. 그러나 마이크로소프트라는 공동의 경쟁자가 나타나면서 협력관계로 바뀌었다.

한국 기업들도 최근 전략적 제휴의 중요성에 대한 인식이 높아지고 있다. 특히 자동차, 전자, 반도체 등의 산업 부문에서 대기업을 중심으로 국내 경쟁업체 및 선진 외국 기업들과의 기술, 자본제휴가 활발히 추진되고 있다. 국내 기업 간 전략적 제휴가 생산 및 마케팅 분야에서 많이 나타나고 있는 데 비해, 해외 기업과의 제휴는 자본 및 기술 분야에서 많이 나타나고 있다. 새로운 패러다임 변화 속에서 글로벌 경쟁력 확보를 위해 기업들은 핵심역량에 집중하는 가운데 취약한 부문에 대해서 누구와도 전략적 제휴를 할 수 있는 유연한 사고와 대응체제를 갖추는 것이 긴요하다.

제2절 국제 전략적 제휴의 종류

전략적 제휴의 종류를 살펴본다면 먼저 제휴를 통하여 별도의 합작회사(법인)를 설립하느냐에 따라 합작제휴와 비합작제휴로 나누어진다. 합작제휴란 제휴 당사자들이 공동으로 자본을 출자하여 제3의 합작법인을 신규로 설립하는 방식을 말한다. 이것이 제휴의 전통적인 형태로 지분투자 합작제휴(equity joint venture)라고도 부른다. 최근에는 다양한 형태의 비지분투자 합작제휴(non-equity joint venture)가 많이 활용되고 있는데, 이는 별도의 회사를 설립하지 않고 기능상 또는 업무상 한시적으로 공동협력 활동을 하는 것을 의미한다. 이는 다시 연구개발 제휴, 생산 및 구매 제휴, 마케팅 제휴, 기술 제휴, 자본 제휴 등 다양한 유형으로 구분된다.

1. 지분투자 합작제휴

지분투자 합작제휴는 제휴관계를 맺는 데 있어 공동으로 자본을 출자하여 별도의 법적 실체인 합작회사(Joint Venture: JV)를 설립하는 방법이다. 지분투자 합작제휴의 특징은 제휴를 추진하는 회사법인과 별도로 독자적인 경영진을 보유하는 새로운 합작법인을 설립하는 것이다. 자본출자 비율은 양사의 전략과 다양한 여건에 따라 달라질 수 있지만 가장 전형적인 합작비율은 50대50이다. 해외 시장 진입을 위한 국제 합작회사의 경우 대개 특정 제품이나 지역으로 제휴의 범위가 한정되는 특징이 있다.

국제 지분투자 합작제휴의 사례는 매우 많다. 국내의 경우 미국의 스타벅스(Starbucks)가 한국의 (주)신세계와 합작하여 (주)스타벅스 코리아를 설립하였다. 한국 시장을 대상으로 스타벅스 프리미엄 커피사업을 진행할 목적이다.

그림 11-1 국제 전략적 제휴의 종류

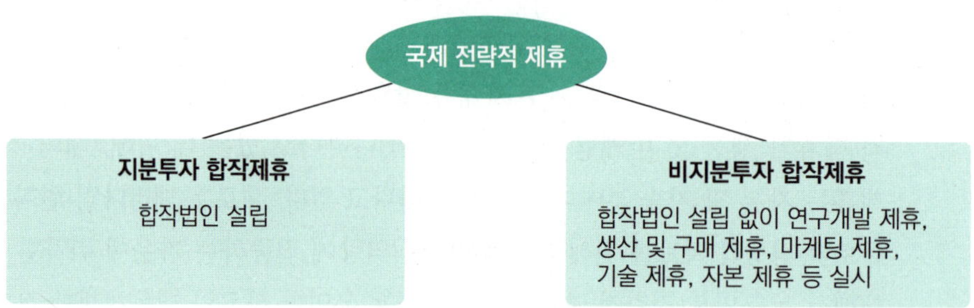

2. 비지분투자 합작제휴

비지분투자 합작제휴는 둘 이상의 기업이 별도의 회사를 설립하지 않고 특정 분야와 관련하여 협력관계를 유지하는 방법이다. 대다수 기업들은 별도의 합작회사를 설립하는 경우보다는 자본 출자가 필요하지 않은 분야별 제휴계약을 선호한다. 제휴가 성립될 수 있는 분야는 연구개발, 생산, 구매, 판매, 자본 등 다양하다. 비지분투자 합작제휴는 협력관계가 대체적으로 특정 분야로 제한되어 있긴 하지만 매우 융통성 있게 운영된다. 협력관계를 확장하거나 아니면 단절하거나 상황에 따라 계약관계의 신축적 조정이 가능하다. 물론 분야별 협력관계가 성공적으로 진행될 때 합작회사 형태로 발전할 수 있다.

1) 연구개발 제휴

연구개발 제휴는 특정 분야의 신기술 또는 신제품을 개발하는 데 있어 개별 기업 단독으로 하기보다는 업체 간 협력을 통하여 달성하려는 전략이다. 동 제휴는 일반적으로 두 가지 목적을 갖는다. 하나는 기술개발에 소요되는 많은 비용을 분담함으로써 기술개발 실패에 따른 위험을 경감시키자는 의도다. 다른 하나는 개별 업체가 보유하고 있는 강점을 상호 보완적으로 활용하여 타 경쟁사 대비 우수한 기술 또는 제품을 개발하자는 목적이다. 최근에는 경쟁자와 연구개발 제휴를 진행하는 사례가 나타난다. 경쟁자와 연구개발을 공유하는 것은 경쟁자와 연구개발 방향이 일치한다는 것을 상호 확인하는 방법이 되며, 연구개발 투자에 대한 위험을 감소시키는 방법도 된다. 이러한 사례는 과거와 매우 다른 행태다. 과거에는 연구개발이 독자적으로 비밀리에 진행되었고 연구개발 완료시점에 신제품, 신기술을 발표하는 것이 관행이었다. 그러나 오늘날에는 연구가 완성된 시점이 아니라 연구를 시작할 때 어떤 연구를 한다는 발표를 한다. 경쟁자와 고객에게 회사가 연구하는 것을 알리고 경쟁자의 반응을 관찰한다. 이때 필요하다면 경쟁자와 공동연구를 진행한다. 마이크로소프트도 그간 독점적 기술을 보호하는 데 집중하였으나 최근 들어 경쟁자나 잠재경쟁자와 기술협력을 시도하고 있다.

2) 생산 및 구매 제휴

생산 및 구매 제휴는 특정 제품을 생산 또는 구매하는 데 규모의 경제가 강하게 나타나는 경우, 회사 간 공동으로 대량 생산 및 구매 제휴를 체결하여 원가를 절감하기 위한 전략이다. 공동 생산 및 구매 제휴의 장점은 생산 또는 구매의 규모경제 효과를 얻거나 초과 생산설비를 활용할 수 있다는 점이다. 자본집약적 특성을 가진 화학·석유산업에서 공동생산을 하는 경우를 흔히 볼 수 있다. 동 산업에서는 제품에 대한 수요 및 가격의 변동이 심하게 나타나곤 한다. 자본집약적 투자가 필요한 산업이므로 상당한 투자위험이 따르게 된다. 따라서 공동 생산을 하면 투자부담을 경감시키면서 개별 기업의 판매수요 변동을 완충시킬 수 있는 방법이 된다.

3) 마케팅 제휴

기업 간 마케팅을 공동으로 수행하는 제휴로서 형태가 다양하다. 첫째, 개별 회사의 판매 및 유통망을 상호 이용할 수 있도록 협약을 맺는 마케팅 제휴다. 자동차산업에서 포드(Ford)와 마쯔다(Mazda)의 마케팅 제휴가 대표적 사례다. 포드는 향후 자동차 시장 성장의 대부분이 포드가 진입하고 있지 않은 아시아 시장에서 이루어질 것이라고 예측하였다. 따라서 포드는 아시아 시장에 유통망을 갖고 있는 일본 마쯔다와 마케팅 제휴를 하여 아시아 시장에서 판매망을 확보하였다. 한편 마쯔다는 포드가 운영하고 있는 미국 및 유럽 유통망을 활용하여 자동차를 판매할 수 있었다.

둘째, 대규모 인프라 프로젝트과 관련하여 입찰, 설계, 시공 등 전 공정에 공동으로 참여하는 협력관계를 구축하는 제휴다. 예로서 미국 웨스팅하우스와 일본 미쯔비시중공업은 제3국 핵발전소 건설사업에 마케팅 제휴를 하기로 계약을 맺었다. 이들은 제휴관계를 통하여 인도네시아, 중국, 대만 등 개발도상국 시장에서 대형 프로젝트를 수주할 수 있었다. 그러나 자국에서는 각자 경쟁자가 된다.

셋째, 마케팅 전략을 전반적으로 공유하는 제휴방식이 있다. 대표적 사례가 항공사들 간의 제휴다. 항공사들은 승객들의 목적지가 다양해지면서 단일 항공사의 노선만으로는 고객 요구를 충족시킬 수 없게 되자, 상호 제휴하여 노선을 글로벌하게 연결하는 공동마케팅을 하게 되었다. 한 번의 탑승 수속으로 연결항공편까지 자유롭게 이용하는 원스톱 체크인서비스라든지 탑승마일리지와 공항라운지 시설 등을 공동 이용하는 서비스를 제공한다. 이러한 항공 동맹체로서 아시아나 항공이 가입되어 있는 스타얼라이언스(Star Alliance), 대한항공이 가입되어 있는 스카이팀(Sky Team), 그리고 원 월드(One World)가 있다. 이들의 제휴관계는 더욱 발전하여 공동 예약시스템과 유류와 항공기부품을 공동구매하여 경비를 절감하는 전략도 구사하고 있다. 최근에는 대도시에 전용터미널을 공동으로 확보해 공항시설 요금을 절약하고 승객의 환승시간을 줄이는 효과도 거두고 있다.

4) 기술 제휴

기술 제휴에는 국제 라이선스 계약과 크로스 라이선스 계약 등이 있다. 국제 라이선스 계약이란 해외 파트너에게 기술을 제공하여 자사 제품을 생산 판매하도록 허용하는 협력관계다. 반면에 교차 라이선스 계약(cross-licensing)은 개별 기업이 보유하고 있는 기술특허가 상호 보완적인 경우 기업 간에 특허료를 상쇄시켜 자유롭게 사용할 수 있도록 하는 제휴를 말한다. 대표적인 사례는 삼성전자와 소니 간의 크로스 라이선스 계약이다. 이는 첨단전자산업 분야의 선두주자끼리 협력하여 세계 시장을 주도해 나가겠다는 '윈윈 전략'으로 해석된다. 삼성은 D램과 플래시 메모리 등 메모리반도체 분야에서 강점을 지니고 있고, 소니는 삼성이 상대적으로 취약한 비메모리와 가전 분야에서 경쟁력이 있다. 두 거대기업이 제휴한 것은 급변하는 디지털 시대에 기술표준화를 주도하면서, 동시에 최근 격화되고 있는 세계적인 특허 분쟁 속에서 상호 협력하자는 의도다. LCD, 휴대전화 등에서 누가 먼저 세계 기술을 표준화하느냐에 따라 기업의 생존 여부가 결정되는 상황에서 양사가 제휴함으로써 경쟁사들보다 우위에 서겠다는 전략인 것이다.

5) 자본 제휴: 상호 지분출자

자본 제휴는 파트너 회사의 지분 일부를 상호 보유하는 형태의 제휴다. 이는 주식투자 수익을 위한 포트폴리오투자와는 달리 상호 신뢰의 징표로서 주식을 상호 맞교환하는 제휴다. 상대방 기업의 가치 상승이 자사 가치의 증대를 가져와 상호 협력의 기본 틀을 갖추는 의미다. 상호 지분출자(cross equity investment) 제휴의 장점은, 첫째, 상대방의 강점을 활용하기 위하여 다양한 분야별 협력관계를 맺게 된다. 둘째, 고위 임원들 간의 신뢰관계를 돈독히 하고 협력의지를 고취시킬 수 있다. 셋째, 상호 긴밀한 협력관계 구축이라는 중요한 메시지를 시장에 알리는 의미가 있다. 넷째, 적대적 인수합병 시도로부터 보호해주는 역할을 하기도 한다.

1999년 르노는 재정적으로 어려움을 겪고 있던 닛산의 주식 37%를 인수하였다. 르노는 카를로스 곤(Carlos Ghosn)을 경영자로 선임하여 구조조정을 시도하였다. 닛산은 곤 사장 부임 2년 후 흑자로 다시 돌아섰다. 2002년에는 역으로 닛산이 르노의 주식 15%를 인수하면서 두 회사의 협력관계는 더욱 강화되었다. 양사는 공동구매 조직을 구축하였고 공동 엔진 개발, 공동 플랫폼을 운영하였다. 결국 르노와 닛산의 협력관계는 서로에게 전략적 가치를 창출하는 데 도움이 되었던 것이다.

제3절 국제 전략적 제휴의 목적

전략적 제휴가 오래 전부터 많이 활용되어 왔지만, 기업들의 주된 글로벌 경쟁전략 수단으로 떠오르기 시작한 것은 최근에 들어서다. 과거 선진국 기업들은 해외 시장 진입 목적의 합작투자 제휴를 주로 이용하였으나, 최근 들어 자신들의 글로벌 경쟁력을 강화하는 차원에서 다양한 목적의 국제 전략적 제휴를 활용하고 있다. 본 절에서는 표 11-1과 같이 국제 전략적 제휴의 목적을 열 가지로 정리하였다.

1. 신규 해외 시장 진입

해외 시장에 신규로 진입할 때 단독투자로 진입하지 않고 현지 파트너와 합작투자로 제휴하는 방식은 오래 전부터 활용되었다. 이는 국제 전략적 제휴의 가장 전형적인 형태라 할 수 있다. 현지 파트너를 선정하여 합작제휴를 하는 목적은 일반적으로 현지 시장에 대한 정보가 부족하여 현지 파트너가 갖고 있는 정보와 능력을 활용하는 것이다. 특히 구미 다국적기업의 경우 문화적 차이가 많은 아시아 시장에 진입할 때 현지 파트너와 합작제휴를 하는 경우는 적지 않게 찾아볼 수 있다. 중국과 같은 낯선 국가에 단독투자를 한다면 현지 고객관계를 원활하게 유지하는 데 어려움을 겪게 된다. 반면 현지 파트너와 제휴하면 현지 시장의 요구를 보다 정확하고 신속하게 파악할 수 있어 성공적인 현지화가 가능하다. 구미 다국적기업들은 특히 일본 시장에 진입하는 데 제휴를 적극적으로 활용하였다. 단독진입 시 일본 우수인력 확보에 많은 어려움이 있다는 점, 유통 환경이 매

표 11-1 국제 전략적 제휴의 목적

해외 시장 진입 목적	글로벌 경쟁력 강화 목적
1. 신규 해외 시장 진입 2. 개발도상국 시장 진입 장벽 해소	3. 상호 강점의 보완을 통한 글로벌 경쟁력 유지 4. 규모의 경제, 범위의 경제 확보 5. 혁신적 신제품 개발 선도 6. 투자 위험 공유 7. 제휴군 경쟁에 대응 8. 글로벌 표준의 확립 9. 글로벌 선두주자에 대항 10. 기술 및 시장융합에 대응

우 복잡하여 유통망 확보에 장애가 많다는 점 등이 문제가 되었다. 구미 기업들은 일본 기업과 전략적 제휴로 이러한 문제점들을 극복할 수 있었다. 도쿄 근교에 있는 디즈니랜드는 월트디즈니와 일본파트너(오리엔탈랜드사) 간의 대표적 제휴 성공 사례다.

2. 개발도상국 시장 진입 장벽 해소

개발도상국에 외국 기업이 진입할 때 산업에 따라 단독투자를 금지하고 현지 기업과 합작투자만을 허용하는 경우가 종종 있다. 이러한 경우에는 다국적기업이 단독투자를 원하여도 합작제휴를 해야만 진입할 수 있다. 대표적인 예가 중국이다. 중국은 자동차나 문화 분야의 시장진입을 원하는 경우 현지 기업과 합작회사를 설립하도록 현지법에 의하여 강제되고 있다. 2004년 미국의 워너브라더스(Warner Brothers)는 중국파트너와 합작을 하여 중국영화 시장에 진입하였다. 중국에서는 외국 기업이 영화를 제작하려면 복잡한 승인절차를 거쳐야 하는 등 사업하기가 어렵다. 그러나 현지 기업과 합작회사를 설립함으로써 효율적으로 중국영화 시장에 참여할 수 있었다. 현대자동차도 중국에 진입할 때 베이징기차와 50대50 동등 지분을 출자하여 '베이징현대'라는 합작회사를 설립하였다.

3. 상호 강점의 보완을 통한 글로벌 경쟁력 제고

최근에는 글로벌 경쟁력을 제고하려는 다양한 목적의 제휴가 많아지고 있다. 그중 대표적인 것이 상호 보완적 강점을 활용하여 세계 최고의 기술이나 제품을 개발하기 위한 제휴다. 양사가 제휴하여 시너지 효과 극대화를 통한 글로벌 경쟁력을 제고시킨다는 것이다. 업계에서 선두업체일지라도 현 위치를 공고히 지키기 위하여, 심지어 경쟁자와도 상호 보완적인 제휴를 활용한다.

대표적인 성공사례가 윈텔(Wintel)동맹이다. 윈텔은 마이크로소프트의 PC운영체제인 윈도(Windows)의 '윈'과 인텔(Intel)의 '텔'을 합성한 말이다. 1990년대에 마이크로소프트의 윈도 운영체계와 인텔의 마이크로프로세서가 PC의 중요 요소가 되자, 두 회사는 전략적 제휴를 맺고 양사의 핵심 제품들을 통합 판매했다. 그 후 인텔칩과 마이크로소프트의 윈도가 PC시장을 거의 독점할 수 있었다.

4. 규모의 경제 확보

시장의 글로벌화로 기업 간 경쟁의 무대가 특정 국가 안에서 글로벌 시장으로 확장되었다. 글로벌 시장에서 경쟁하는 데 필요한 규모의 경제, 범위의 경제를 확보하기 위해서 동종 산업 내 경쟁기업과도 협력하는 것이 불가피해졌다. GM, GE, 인텔 등 대형 다국적업체들도 선도기업 간 제휴를 통해 글로벌 시장 지배력을 유지하려고 노력하고 있다. 예를 들어, 자동차업계의 경우 전 세계적인 공급과잉이 발생하여 선도기업들 간에 생산 분담, 공동 구매, 공동 기술개발 등의 제휴를 통하여 규모의 경제를 확보하고자 한다. 2010년 프랑스의 르노(Renault)와 벤츠를 생산하는 독일의 다임러(Daimler)그룹이 멕시코에 합작공장을 신설하여 승용차를 공동 생산키로 했다. 공동 투자를 통해 리스크를 줄이고 부품과 원재료의 공동 구매 및 개발로 비용을 절감하려는 계획이다.

5. 혁신적 신제품 개발 선도

글로벌 경쟁에서 신제품을 먼저 출시하는 기업이 시장주도권을 잡고 지배적 시장지위를 확보하게 된다. 따라서 혁신적인 신제품 개발을 선도하기 위한 목적의 전략적 제휴가 대단히 중요해지고 있다. 그 배경은 최근 새로운 연구개발이나 주요 기술혁신이 종합과학적이고 산업융합적인 측면에서 일어나고 있다는 점이다. 기술개발에 필요한 능력이나 자원이 개별기업의 범위에서 종종 벗어나는 경우가 많기 때문에 개별기업의 독자적인 연구개발 노력만으로 효과적인 경쟁이 어렵다. 제품의 수명주기가 점차 짧아짐에 따라 신속한 신제품 출시가 매우 중요해지고 연구개발 투자의 회수기간이 축소되는 위험에 노출된다. 따라서 제휴를 통한 연구개발이 혁신적인 신제품의 신속한 개발에 필수적인 전략이 되고 있다. 정보통신, 전자, 제약 등 주요 기술집약적인 산업에서 이러한 목적의 제휴가 집중적으로 일어난다.

삼성전자는 세계 최대 반도체기업인 인텔과 새로 발전하고 있는 홈네트워킹 분야의 전략적 제휴관계를 체결했다. 이미 IBM과 일본 소니, 도시바가 홈네트워킹 분야에서 제휴하고 있는데 이에 맞서 윈텔(Wintel) 진영에서 삼성전자를 끌어들임으로써 홈네트워킹 분야에 기술주도력을 확보하려는 의도다. 이들 제휴체계는 인텔이 홈네트워킹 프로세서 개발에 주력하고, MS가 운영체제와 콘텐츠를 제공하고, 삼성전자는 반도체 솔루션과 차세대 칩 생산·제조 및 디지털가전 등에서 협력하게 된다.

6. 투자 위험 공유

특정 기술을 개발하는 데 소요되는 비용이 예전에 비해 기하급수적으로 증가하고 있다는 사실이 제휴를 촉진시키는 또 다른 요인이다. 핀란드의 대표적인 통신기기 회사인 노키아(Nokia)는 1950년대 재래식 교환기 시스템을 개발하는 데 약 1,000만 달러를 지출하였으며 제품수명은 25년이었다. 그러나 1970년대 초반 아날로그방식이 도입되었을 때 개발비용은 2억 달러로 증가되었으나 기술수명은 12년으로 줄어들었다. 1980년대 디지털 교환시스템이 처음으로 도입되었을 때는 개발비용이 10억 달러로 증가되었고 기술수명은 8년으로 줄었다. 노키아는 당시 디지털 교환시스템 개발에 소요된 10억 달러를 회수하기 위해서는 적어도 세계 시장 매출액의 약 8%를 차지해야 한다고 판단하였다. 이러한 상황에서 연구개발 비용을 개별 기업 혼자 부담하기가 점차 어려워지고 연구개발 위험부담을 공유하는 차원에서 제휴는 필수불가결한 전략이 되었다.

신규 기술개발뿐만 아니라 석유, 가스 등 자원개발 사업을 진행할 때도 과거에 비하여 수십, 수백 배의 비용이 소요되는 상황이다. 어느 한 기업이 이러한 투자를 행하기에는 너무 위험이 크다. 제휴를 하게 되면 투자비도 분담하고 사업위험을 분산시킬 수 있는 장점이 있다. 예를 들어, 석유회사들이 원유 개발사업에 제휴를 많이 하는 이유는 위험을 분산하기 위한 것이다. 아제르바이잔의 카스피해 유전개발에는 7개 회사가 공동으로 참여하고 있는데 영국의 BP가 25%, 노르웨이의 스탯오일(Statoil)이 25%, 프랑스의 토탈(Total)이 10% 지분을 투자한 바 있다.

7. 제휴군 경쟁에 대응

최근 글로벌기업의 경쟁양상이 개별기업 간 경쟁에서 제휴군 간 경쟁으로 바뀌는 현상이 나타나고 있다. 이러한 제휴기업군에서 제외되면 글로벌 경쟁에서 낙오자가 되는 것이다. 따라서 최근에는 많은 기업들이 1대1 제휴보다 다자간 제휴군(alliance family)을 구축하는 사례가 증가하고 있다.

대표적인 예가 항공산업이다. 앞서 설명한 바와 같이 세계 항공사들은 항공동맹체를 구축하고 있다. 대한항공이 회원사인 스카이팀은 미국 델타와 에어프랑스, KLM(네덜란드 항공사) 등 19개사로 구성되어 있다. 아시아나항공이 속한 스타얼라이언스는 싱가포르항공, 루프트한자, 유나이티드항공 등 27개 회원사를 거느린 최대 항공 동맹체다. 각국 항공사들이 동맹체 경쟁을 벌이는 것은 직항노선이 없는 곳에도 회원 항공사들이 제공하는 항공 연결편을 편리하게 이용할 수 있어 마케팅 효과를 높일 수 있기 때문이다. 고객 입장에서는 같은 동맹체에 속한 항공사를 이용하면 마일리지를 함께 적립할 수 있게 되고 공항 라운지 등 공항 편의시설도 함께 사용할 수 있게 된다. 해운산업에서도 세계 1위인 덴마크의 머스크-시랜드(Mersk-Sealand)에 대항하기 위하여 제휴군이 탄생하였다. 현대상선이 속해 있는 뉴월드 얼라이언스, 한진해운이 속해 있는 CKYH그룹 등이다. 이들 제휴군은 동일 항로에 공동 배선을 하고 선박의 화물 적재공간을 공유한다. 또한 항로망, 터미널, 물류시설, 시장정보 등을 공유하면서 상당한 비용절감 효과를 거두고 있다.

8. 글로벌 표준의 확립

전략적 제휴는 글로벌 산업표준을 구축하고 글로벌 시장의 지배적 지위를 확보하기 위하여 활용할 수 있다. VTR기기 기술표준과 관련한 소니의 베타방식과 마쯔시다의 VHS방식 간의 경쟁이 대표적 사례다. 기술 면에서는 소니방식이 훨씬 우수했다. 그러나 시장에서 성공한 것은 마쯔시다의 VHS방식이었다. 이는 마쯔시다의 개방적인 제휴전략이 VHS방식을 세계 시장의 표준으로 자리매김하는 데 성공했다는 것을 의미한다.

이후에 풀HD급 DVD 기술표준을 두고 또 한 번 표준경쟁이 일어났다. 2002년 소니 등 9개사가 블루레이라는 표준을 발표하고 이에 맞서 도시바가 HD DVD 표준을 제안하면서 양측의 표준경쟁이 시작되었다. 블루레이는 최대 기록용량이 기존 DVD보다 6배나 크다는 장점이 있다. 반면 HD DVD는 기록용량은 작지만 기존 DVD생산설비를 이용할 수 있어 투자비가 적게 소요된다는 장점이 있었다. 블루레이 진영에는 전자업체로서 삼성전자, LG전자, 샤프 등과 영화사로 월트디즈니, 20세기폭스, 워너브라더스 등이 참여하였고, HD DVD 진영에는 전자업체로 도시바, 산요 등과 영화사로 유니버설픽쳐스, 파라마운트 등이 참여하였다. 상당 기간 동안 표준 주도권 경쟁을 벌이다가 2008년에 들어 미국 대형 영화사와 유통업체 대부분이 용량도 크고 기술적으로 저작권보호도 쉬운 블루레이 진영에 합세하게 되었고 결국 소니진영이 승리하였다.

9. 글로벌 선두주자에 대항

글로벌 시장이 소수 다국적기업에 의하여 지배되고 있는 경우 후발자들이 뭉쳐 이들에 대항하려는 목적으로 제휴하는 사례가 종종 나타나고 있다. 대표적인 예가 메모리 반도체 시장이다. 삼성전자의 메모리 반도체 분야 독주에 대해 일본 기업들이 동맹을 결성하였다. NEC, 히타치제작소, 미쯔비시전기는 2003년 메모리 반도체 부문을 통합해 엘피다(Elfida)라는 합작회사를 출범시켰다. 엘피다는 메모리 반도체 분야에서 매출액 기준 3위로 뛰어 올랐다. 4위였던 마이크론이 엘피다를 인수하여 2위 자리를 놓고 SK하이닉스와 경합하고 있다.

또 다른 예로 건설중장비 시장을 들 수 있다. 1980년대 건설장비 시장을 석권하고 있던 미국 캐터필러(Caterpillar)와 일본 고마쯔(Komatz)에 대항하기 위하여 볼보(Volvo)와 클라크(Clark) 두 회사는 건설 중장비사업 합작회사를 설립하였다. 볼보는 판매의 70%를 유럽과 중동, 클라크는 70%를 북미 시장에 판매하고 있었다. 두 회사가 제휴함으로써 세계 시장을 대상으로 캐터필러나 고마쯔에 대항할 수 있는 판매망을 확보하게 되었다. 이후에 결국 두 회사는 합병하였다.

10. 기술 및 시장 융합에 대응

최근 들어 산업기술들이 융합되는 현상이 나타나고 있다. 컴퓨터와 통신기기들이 서로 합해지고 있고 바이오와 반도체칩이 서로 융합되고 있다. 신소재들은 자동차와 항공기 등 다양한 분야에 적용되고 있다. 글로벌기업들이 제휴를 통하여 기술과 자금 등을 공유하면서 새로운 융합기술을 탄생시키고 있다. 이러한 제휴는 잠재적 진입자를 배제시키고 글로벌 경쟁구도를 자사에 유리하게 이끄는 방법이 된다.

기술 융합을 통한 신시장 창출에 성공한 대표적 제휴 중의 하나는 코닝(Corning)과 지멘스(Siemens)의 제휴다. 코닝은 유리, 세라믹, 광학 분야에서 첨단기술을 보유한 기업이다. 1970년대 초 코닝은 통신 시장에 광섬유 케이블 시장을 창출하기 위해, 당시 정보통신, 에너지 등 사업을 통해 글로벌 판매거점을 확보하고 있던 지멘스와 합작회사를 설립했다. 코닝은 통신 케이블 사업 역량이 필요했고, 지멘스는 광섬유 관련 신규기술을 원했다. 양사 제휴를 통해 세계 최고의 광섬유 제작업체로 발전할 수 있었다.

제4절 제휴파트너 선정

앞서 설명한 전략적 목적을 달성하기 위하여 전략적 제휴를 하기로 결정한 다음에는 어떠한 파트너와 제휴할 것인지가 중요한 과제가 된다. 좋은 파트너를 선정하기 위해서 사전에 가능성 있는 파트너들에 대해 종합적으로 연구해야 한다. 즉, 잠재적 파트너에 관한 공개적인 정보를 지속적으로 수집하며, 해당 회사에 관한 정보를 갖고 있는 제3자(예: 금융기관, 전 종업원, 전 거래업체 등)로부터 정보를 수집하여 축적해 놓아야 한다. 그리고 나서 중요한 부분은 잠재적 제휴파트너들 중에서 가장 적합한 파트너를 어떻게 선정할 것인지의 문제다. 파트너 선정 기준으로는 일반적으로 3C를 활용한다. 3C는 양립 가능성(compatibility), 보완적 역량(capability), 참여의지(commitment)를 의미한다(De la Sierra, 1995).

1. 양립 가능성

경영자들은 제휴파트너의 양립 가능성을 성공적인 제휴의 중요한 요소로 간주한다. 아무리 양 파트너의 능력이 출중하다 하더라도 양 파트너가 서로 조화롭게 협력적으로 일을 할 수 있는 관계인 것이 더욱 중요하다. 즉, 두 파트너 간 궁합이 잘 맞거나 성격의 조화가 이루어져야 한다. 이를 위해서는 양 파트너가 추구하는 목표가 서로 모순되거나 상반되지 않아야 한다. 또한 기업문화의 차이가 제휴과정에서 걸림돌이 되어서는 안 된다. 양 파트너의 경영방식도 큰 차이가 없어 보완적으로 발전시킬 수 있는 관계여야 한다. 이하 양 파트너 간 양립 가능성을 요소별로 살펴보기로 한다.

첫째, 기업규모나 능력에 있어 유사성이 있는 파트너가 서로에게 도움이 된다. 예를 들어, IBM은 반도체기술 개발 및 생산을 위해서 규모나 능력 면에서 유사한 도시바(Toshiba)와 지멘스를 파트너로 택하여 큰 성공을 거둔 적이 있다. 규모나 능력 면에서 차이가 많이 나면 제휴가 불균형한 상태가 되고 결국 한쪽 파트너에 의하여 인수되어 제휴관계가 끝나는 경우가 많다.

둘째, 제휴 비전 및 목표의 양립성을 확인해야 한다. 양 파트너 간 제휴 사업목표가 조화를 이루어야 이를 달성하는 데 양사가 매진할 수 있다. 양 파트너의 제휴목표에 차이가 있다면 이를 확인하고 사전에 조정해야 한다. 각 파트너가 지향하는 제휴목표는 외부 환경이나 내부역량의 변화로 시간에 따라 바뀔 수 있다. 목표가 변하여 차이가 커지면 다시 논의하여 조정할 필요가 있다. 2006년 중국 이동통신장비 시장에서 1위를 차지하고 있었던 노키아를 공략하기 위하여 중국의

그림 11-2 제휴파트너 선정 기준(3C)

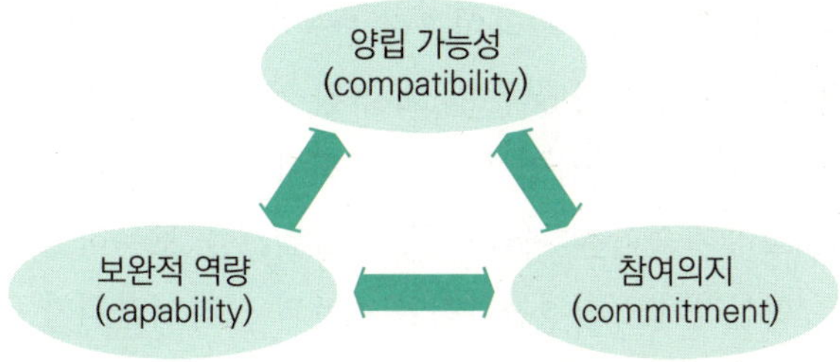

화웨이와 미국의 모토롤라는 차세대 이동통신 기술을 공동개발하는 제휴를 체결하였다. 그런데 노키아의 시장입지가 무너지는 과정에서 양사는 각자의 시장지배력을 강화하려는 욕심을 가지게 되었다. 결국 두 회사 간에는 갈등이 생겼고 제휴사업은 종료되었다.

셋째, 경영전략의 양립성을 이룰 수 있는 파트너가 바람직하다. 서로 조화롭지 않은 경영전략을 추구한다면 언젠가는 헤어질 가능성이 높다. 구체적인 경영전략에 차이가 있는지 사전에 검토해야 한다. 예를 들어, 제품이나 부품의 소싱전략, 품질관리에 대한 태도, 해외 시장에 대한 전략, 소비자에 대한 서비스정책, 재무건전성 및 위험에 대한 태도, 배당정책 등을 확인해야 한다. 또한 파트너의 제휴 네트워크에 대한 검토를 해야 한다. 파트너가 나의 경쟁자와 가깝게 지내는지, 서로 공유할 지식이 경쟁자에게 흘러들어갈 가능성이 있는지 등을 체크해야 한다.

넷째, 유사한 기업문화를 가진 파트너가 바람직하다. 혹시 다르다면 기업문화의 특성 및 차이점이 관리 가능한지, 제휴에 어떠한 영향을 미칠 수 있는지를 검토해야 한다.

다섯째, 경영관행 및 조직운영에 유사점이 있는 파트너가 바람직하다. 의사결정의 집중화 또는 분권화, 채용전략, 보상전략, 노조관리 방식, 종업원에 대한 태도 등의 유사점이 있는지 등도 점검사항이다.

2. 역량의 보완성

파트너 선정의 두 번째 기준은 파트너가 제휴에 공헌할 수 있는 보완적 역량이 있는가 하는 점이다. 내가 갖고 있는 능력과 유사한 능력이 있는 기업은 소용이 없고, 보완적으로 활용하여 시너지를 창출할 수 있는 능력이 있는 파트너가 바람직하다.

첫째, 자산(asset)의 상호 보완성이 존재하는 것이 바람직하다. 파트너가 보유하고 있는 자산의 상호 보완성이 클수록 제휴사업의 잠재적 가치가 크다. 예로서 피아트(Fiat)는 2009년 미국 크라이슬러 자동차의 지분 35%를 매수하면서 글로벌 전략적 제휴 관계를 결성하였다. 양 회사 간 제휴의 배경은 그들이 보유하고 있는 판매 네트워크, 기술적 자산이 상호 보완적이라는 것이다. 피아트는 유럽 시장 판매 네트워크, 크라이슬러는 미국 시장 네트워크를 보유하고 있었다. 또한 피아트가 갖고 있는 혁신적이고 환경친화적인 제품과 크라이슬러가 갖고 있는 트럭, 미니밴 등 전통적인 제품들이 보완적이라는 판단에서 이루어진 것이다.

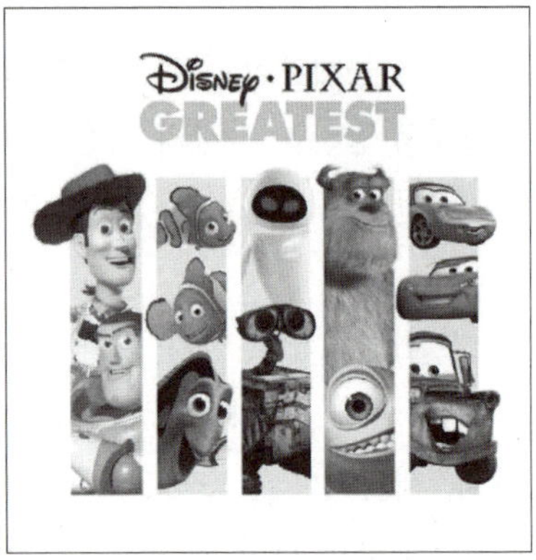

둘째, 전략적 역량(strategic competence)의 보완성이다. 전략적 역량이란 마케팅, 기술과 같은 중요한 사업 부문 역량을 의미한다. 좋은 파트너는 상호 간의 역량이 보완적이어야 한다. 기술능력의 보완성, 마케팅역량 부문에서의 보완성 등이다. 예를 들어, 세계적으로 유명한 애니메이션 스튜디오인 픽사(Pixar)는 디즈니와 제휴사업에 크게 성공하였다. 픽사는 콘텐츠를 제작하는 역할을 담당하고 디즈니는 글로벌 마케팅, 유통, 라이선싱을 담당하여 상호 보완적인 역량을 최대로 발휘하였다. 2006년에는 디즈니가 픽사를 인수하게 되었다.

셋째, 조직역량(organizational competence)의 보완성이 있어야 한다. 조직역량에는 조직구성원의 국제경험, 국제협력 사업이나 다문화조직 관리 경험 등이 포함된다. 국제협력 경험이 많은 기업 간의 제휴는 상호 의사소통이 원할하게 이루어져 성공적인 제휴운영이 가능하다. 인텔, 시티은행 등과 같은 글로벌 다국적기업은 종업원들의 글로벌 경험과 역량을 배양하기 위해 다양한 교육프로그램을 운영하고 있다.

넷째, 재무역량(financial competence)의 보완성도 고려사항이다. 재무역량은 해외 자금을 효율적으로 조달하고, 현지 사업 관행이나 법규를 잘 이해하여 기업 재무 위험을 낮출 수 있는 역량을 의미한다. 제약산업의 경우 신약을 개발하는 비용이 수억 달러에 달한다. 일반적으로 제약 벤처기업들은 대규모 재원을 조성하기가 어렵고, 국가별 인증 등 규제 요구를 극복할 만한 전문인력도 부족하다. 반면 대형 제약회사들은 재무능력과 세계 시장 마케팅능력을 보유하고 있다. 따라서 대형 제약사의 재무능력과 중소 제약 벤처업체가 갖고 있는 제품 개발 능력이 보완되면 훌륭한 제휴 성과를 달성하게 된다.

상호 보완성이 제휴의 성공 요인이란 사실은 과거 GE가 일본 기업들과 수행한 다양한 제휴를 볼 때 더욱 명확해진다. GE의 경우 일본 시장에 대한 노하우는 미흡하지만 핵심 기술의 보유, 창의적 경영 능력 면에서 강점을 갖고 있었다. 반면 일본 제휴 기업들은 지속적인 기술개선 능력, 고객 및 유통 관리 능력을 갖고 있었기 때문에, GE와 일본 기업 간의 제휴는 성공할 수 있었다. 대표적으로 자동화기기 관련 GE-FANUC 제휴, 항공엔진 관련 GE-미쯔이 제휴 등을 예로 들 수 있다.

3. 참여의지

파트너의 참여의지(commitment)란 파트너들이 제휴사업에 그들의 자원과 역량을 지속적으로 관여시키는 정도를 말한다. 적극적 참여의지가 제휴사업의 지속 가능성에 중요한 변수가 된다. 아무리 능력이 있고 양립할 수 있는 파트너라도 제휴를 성공시키는 데 시간, 에너지, 자원을 투자하지 않는다면 시너지 효과를 기대하기 어렵다. 파트너의 무관심, 기회주의적 행동은 제휴를 실패로 끝나게 할 가능성이 높다. 파트너 참여의지는 상호 신뢰와 협력적 의도를 의미하는 것이다. 경제상황이 어려워지거나 급변할 경우에도 파트너 참여의지는 위험과 불확실성을 상쇄시키는 역할을 한다.

참여의지 수준을 판단하는 지표로서 제휴사업과 파트너 핵심사업의 관련성을 검토할 수 있다. 제안된 제휴사업이 파트너의 주된 사업이 아닌 주변사업인 경우 참여의지가 낮아 제휴사업에 위험성이 있다. 파트너가 제휴사업을 성공적으로 이끌기 위한 노력을 경주하지 않고, 쉽게 제휴를 끊어 버릴 수 있기 때문이다. 제휴사업이 해당 파트너의 사업 및 성장에 중요한 부분을 차지할 때 위험을 줄일 수 있다.

예를 들어 보자. 일본 후지츠(Fujitsu, 컴퓨터 제조)는 미국의 TRW(자동차 부품을 생산하는 세계적 회사)와 미국에 합작회사를 설립하였다. 합작회사의 주 목적은 후지츠가 생산하는 ATM, 금전등록기를 미국 내에서 생산 판매하는 것이었다. 그러나 설립 후 얼마 지나지 않아 TRW 입장에서 주변사업인 관계로 적극적으로 참여하려는 의지가 약해졌다. 나중에는 TRW가 사업중단 의사를 표명하고 결국 후지츠가 지분을 인수하여 독자적인 사업을 하게 되었다.

제5절 국제 전략적 제휴의 성공적인 운영 전략

앞서 논의한 내용을 바탕으로 적절한 해외 제휴파트너를 선정하고 제휴협약을 체결하여 제휴사업을 시작하게 된다. 이제는 국제 제휴사업 또는 국제 합작사업을 성공적으로 이끌어가는 것이 중요한 과제가 된다. 성공적인 합작 내지는 제휴사업 운영을 위해서 고려할 사항 몇 가지를 살펴보기로 한다. 학자마다 다양한 전략대안을 제시하고 있으나, 본 절에서는 이를 여섯 가지로 정리하여 설명하고자 한다(표 11-2 참조).

1. 원활한 의사소통을 통한 신뢰 구축

제휴사업은 파트너 상호 간 돈독한 신뢰관계가 구축되었을 때 성공적으로 운영될 수 있다. 제휴관계에서는 파트너 간 기술, 제품, 서비스 등과 관련된 지식과 정보의 교환이 수시로 이루어진다. 이때 교환된 정보를 상대방이 기회주의적으로 이용할 위험이 항시 내재되어 있다. 제휴 계약 시 사전에 모든 가능한 위험상황을 예상하여 대비한다는 것은 불가능하기 때문에 상호 신뢰는 매우 중요한 의미를 갖는다. 신뢰라는 것은 계약의 형태로 문서화시킬 수는 없다. 파트너들은 서로의 신뢰를 향상시키기 위해 매우 투명하고 공개적으로 행동해야 한다. 신뢰를 구축하는 데 시간이 걸릴 뿐 아니라 의도적으로 발전시킬 필요가 있다.

상호 신뢰를 구축하기 위해서는 파트너 간 원활한 의사소통이 이루어져야 한다. 전략적 제휴에 성공한 업체들의 대부분은 제휴파트너 간의 공식적, 비공식적 의사소통 채널을 적극적으로 활용하고 있다. 최고경영층, 중간경영층, 실무자 등 각 계층간 다양한 접촉과 대화의 장이 자주 마련되어야 한다. 정기적으로 상호방문을 통하여 이러한 관계를 유지하고 발전시킬 수 있다. 또한 중요한 것은 이러한 의사소통 과정이 오랫동안 지속되어야 한다는 것이다. 지속적인 신뢰관계를 발전시키기 위해서 제휴사업과 관련된 구성원들에게 가급적 장기간 업무를 담당시키는 것이 바람직하다. 현지 언어, 현지 문화, 사업관행 등을 익히고 충분히 사업에 적용할 수 있는 기간이 주어져야 한다.

표 11-2 국제 전략적 제휴 성공 전략
1. 원활한 의사소통을 통한 신뢰 구축
2. 파트너 강점의 효과적 활용
3. 구성원들 간 제휴 비전 및 문화의 공유
4. 경영상의 이슈를 명확하게 문서화
5. 이문화 이해능력을 갖춘 제휴경영자
6. 양 파트너 간 파워 균형 유지

1970년대 미국 제록스(Xerox)는 일본 및 아시아 시장 개척을 위하여 후지필름(Fuji Film)과 합작하여 일본에 후지제록스(Fuji-Xerox)를 설립하고 복사기 생산을 시작하였다. 후지제록스는 소형복사기를 생산하였고 생산기술 노하우가 축적되면서 매우 효율적인 생산시스템을 갖추게 되었다. 얼마 후 캐논 등 일본의 경쟁사들이 소형복사기 제품경쟁력을 기반으로 미국 시장을 공략했을 때, 제록스 본사는 후지제록스의 소형복사기 생산기술을 지원받아 미국 시장 및 세계 시장에서 경쟁력을 유지할 수 있었다. 제록스 본사와 후지제록스 간의 단단한 상호 신뢰관계가 큰 역할을 했던 것이다.

후지제록스의 대표 제품인 소형복사기

2. 파트너 강점의 효과적 활용

제휴가 지향하는 소기의 목적을 달성하기 위해서는 상대 파트너 기업이 갖고 있는 강점을 최대한으로 활용해야 한다. 파트너 기업이 보유하고 있는 자원 및 핵심 역량을 상호 정확히 이해하고, 제휴 성과를 극대화시키기 위해 이를 보완적으로 활용해야 한다. 이를 위해서 보완적인 제품, 기술 등을 서로 공유하고 발전시킬 수 있는 프로세스가 명확하게 정의되고 구축되어야 한다.

또한 쌍방 파트너들이 상호 학습하려는 적극적인 자세를 갖추어야 한다. 상대 파트너의 강점을 잘 학습했을 때 시너지 효과는 극대화될 수 있고 윈-윈(win-win)의 성과를 얻을 수 있다. 지식을 효율적으로 학습하기 위해서는 먼저 지식의 갭을 확인하고 상대 파트너로부터 지식이전을 통해 갭을 보충하는 노력을 해야 한다. 이러한 학습활동은 양 파트너가 보유하는 강점이 상호 보완적인 경우 활발하게 일어난다. 상호 학습 시 주의할 점은 이전 대상이 되는 지식의 내용이나 절차는 공개적으로 이루어져야 하며, 동시에 이전 대상이 되지 않는 지식 유출에 대해서는 통제가 이루어져야 한다는 것이다.

GM과 도요타 제휴 성공 사례를 보자. 1985년에 양사는 50대50의 비율로 NUMMI(New United Motors Manufacturing Inc.)라는 합작회사를 만들었고 미국 캘리포니아 프레몽(Fremont)에 공장을 설립하였다. 도요타는 합작회사를 통하여 미국 내 자동차 유통 및 물류시스템에 대하여 학습하였고, 미국 노동자들을 관리하는 방법에 대한 노하우를 축적하였다. 반면 GM 입장에서는 쉐보레(Chevoret Nova) 신제품을 얻었고 도요타 생산방식에 대한 지식을 확보할 수 있었다. 제휴의 혜택을 얻기 위

GM과 도요타의 제휴

해서는 상대 파트너로부터 될수록 많이 배우고 이를 조직에 적용시켜야 한다. 도즈와 하멜은 일본과 서구기업 간 제휴에 관해 연구를 하면서(Doz and Hamel, 1998), 일본 기업은 서구기업으로부터 많은 것을 배우기 위해 노력한 것에 비하여 서구기업들은 배우려는 자세가 상대적으로 결여되었다는 것을 발견하였다. 서구기업들은 제휴파트너를 학습의 대상이기보다는 원가절감, 위험공유의 수단으로만 바라보았던 것이다.

3. 제휴 비전 및 문화의 공유

전략적 제휴를 성공적으로 운영하려면 구성원들이 전략적 제휴의 목적과 비전을 공유하는 것이 중요하다. 이를 위해서는 제휴에 대한 명확한 전략적 비전이 설정되어야 하고, 구성원들을 유도할 수 있는 실행 계획을 포함한 통합 프로그램이 있어야 한다. 전략적 제휴의 성공 여부는 제휴 기업의 경영자만이 아니라 전 구성원들이 제휴 전략 및 비전을 명확하게 이해하고 공유하고 있는가에 달려 있다.

또한 양 파트너가 협력적으로 일할 수 있는 기업문화를 구축해야 한다. 양 파트너가 서로의 문화를 잘 이해하고 있다면 문화충돌로 인하여 발생하는 어려움을 극복할 수 있다. 특히 서구기업과 아시아기업 간에는 기업문화 차이가 크다. 위험에 대한 태도, 의사소통 스타일, 미래에 대한 시각에서 차이가 나타난다. 서구기업 경영자들은 아시아기업 경영자보다 위험을 선호하는 경향이 있다. 서구기업 경영자들은 의사소통을 주도하려는 반면, 아시아 경영자들은 말을 아끼는 경향이 있다. 의사결정이나 경영 계획 시 서구기업은 아시아기업에 비하여 상대적으로 단기적인 시각을 갖는 편이다. 성공적인 협력관계를 유지하기 위해서는 상대방의 기업문화를 서로 이해하고 조정된 목표를 상호 공유하는 관계를 지속해야 한다.

4. 경영상의 이슈를 명확하게 문서화

성공적인 제휴를 위해서는 제휴 운영과정에서 나타날 수 있는 경영상 이슈를 명확히 문서화하는 것이 필요하다. 운영과정에서 문제가 될 수 있는 사항들을 미리 추출하고, 사전에 협상을 통해 이를 명확히 해두어야 한다. 예를 들어, 제휴로 인해 자사 혹은 합작투자 기업의 핵심 기술이 외부로 누출되는 것을 막기 위한 협약이 논의될 수 있다. 독일 지멘스와 IBM이 제휴를 체결할 때 메모리칩 분야의 일본회사와는 제휴하지 않겠다는 규제 조항을 구체적으로 명시하였다. 상호 간 경쟁이 될 수 있는 핵심 부분에 대해서 서로 간섭하지 않기로 하거나, 제휴의 권리와 의무에 대한 상세한 관리 규정 등이 합의되어야 한다. 이외에도 중역진의 자리 확보 문제, 성과와 진행에 대한 주기적인 보고 문제 등 제휴 운영방침이 가능한 한 구체적으로 문서화되어야 한다.

언제든지 일어날 수 있는 제휴의 종료와 관련된 이슈들도 사전에 대비하는 관점에서 명확히 해둘 필요가 있다. 합작, 제휴 사업은 자발적이든 비자발적이든 수명이 있다. 합작제휴의 평균 수명이 7년 이하라고 지적한 연구도 있다. 자산의 매각가치가 잠재가치보다 크다고 생각할 때 파트너 중 한 측에서 매각을 시도할 수 있다. 또는 양 파트너 모두 합작사업 성과에 대하여 불만족스러울 때 합작사업을 해산할 수도 있다. 따라서 언젠가는 헤어질 수 있다는 가정 하에 협상과 의사결정이 이루어지고 이를 문서화하는 것이 서로의 미래를 위해 바람직하다.

5. 이문화 이해능력을 갖춘 제휴경영자

국제 합작제휴의 경우 합작회사 경영자의 역량이 합작제휴 성공에 중요한 요소가 된다. 국제제휴는 서로 이질적인 문화를 갖는 기업 간의 협력관계다. 따라서 갈등의 소지를 다분히 안고 있다고 할 수 있다. 국제 제휴사업 경영자는 서로 다른 문화를 가진 종업원들과 조화로운 관계를 유지할 수 있는 능력을 갖추어야 한다. 제휴경영자가 양측 모회사가 갖고 있는 서로 다른 시각을 이해하고 있을 때 갈등이 최소화되며 모두에게 만족스러운 합리적인 의사결정을 할 수 있다. 제휴사업은 일반적으로 양 파트너가 합의한 가이드라인을 준수하며 운영하는 것이 원칙이다. 그러나 상황이 급변하는 경우 계약내용을 재평가하고 새로운 상황에 적응할 수 있어야 한다. 따라서 제휴사업 경영자는 기술 변화, 경제상황 변화 등 내·외부 환경 변화에 적응하는 데 필요한 유연성 및 자율성을 확보하고 있어야 한다.

6. 양 파트너 간 힘의 균형 유지

파트너 일방이 상대적으로 힘이 매우 강할 경우 제휴는 깨질 위험이 있다. 강한 파트너가 약한 파트너를 동등하게 대해 주지 않을 때 불만이 일어날 수 있기 때문이다. 기술, 자본, 정보 등과 같은 자원을 보유하고 있는 한 파트너가 이를 보유하지 못한 상대방에 대하여 힘을 행사할 수 있다. 따라서 양 파트너 간 힘의 균형을 유지하는 것이 제휴가 성공하는 조건이 된다. 힘은 반드시 기업규모에 비례하는 것은 아니다. 예를 들어, 획기적인 신약을 개발할 수 있는 독점기술을 갖고 있는 기업은 비록 규모는 작더라도 대형기업과 동등한 지위에서 협상할 수 있는 힘을 갖고 있다. 소규모 기업은 기술을 보유하고 대규모 기업은 이를 개발하고 판매하는 데 필요한 자본을 제공할 수 있다.

마감사례

델타항공과 대한항공: 태평양 노선 조인트벤처

델타항공 홈페이지의 2017년 3월 29일자 게시물에 따르면, 델타항공(NYSE: DAL)과 대한항공은 여행 선택의 폭을 넓히고 미국과 아시아 구간에서의 경쟁력을 증진하는 태평양 노선의 확대로 양사 간의 역사적인 협력 관계를 적극적으로 강화하기로 합의했다. 양사는 최고의 포괄적인 노선망, 업계 최고의 항공 상품, 세계적 수준의 공항 시설 및 원활한 고객 경험을 제공하는 합작사업(JV) 운영을 위한 양해각서(MOU)를 체결했다.

이번 협약의 주요 내용(정부 인가 조건)은 다음과 같다: ① 완벽하게 통합된 태평양 횡단노선에 대한 합작회사를 설립하려는 의도로, 양 사는 항공편 운항에 대한 비용과 수익을 공유하고 원활하고 편리한 연결을 위해 항공편 스케줄 조정, ② 미국 내 290개 이상의 목적지와 아시아의 80개 이상의 목적지에 서비스를 제공하는 복합 네트워크로 양사의 고객에게 이전보다 많은 여행 기회 제공, ③ 델타항공의 스카이마일스 및 대한항공의 스카이패스 프로그램을 이용한 마일리지를 적립하고 사용할 수 있는 상용고객 우대혜택 강화 등이다.

델타항공 에드 배스티안 회장은 "이번 양해각서 체결은 대한항공과의 오랜 동반자적인 협력 관계를 더욱 강화할 뿐만 아니라 고객의 요구에 부합하는 더 많은 세계 도시로의 더 원활한 연결 서비스를 제공하게 된다"고 밝혔으며, "양사는 미국-아시아 노선에서 업계를 선도하는 서비스를 고객에게 제공하게 될 것으로 기대한다"고 말했다. 대한항공 조양호 회장은 "대한항공과 델타항공의 합작사업 협력을 통해 편리한 연결 스케줄과 마일리지 적립 기회 등 소비자 혜택이 대폭 확대될 것"이라며 "또한 이에 따른 환승 수요 증가로 인천공항은 동북아의 주요 허브 공항으로서의 경쟁력이 강화되어, 한국의 항공산업 발전에 크게 기여할 것으로 기대된다"고 밝혔다.

델타항공과 대한항공은 최종 합작사업 계약서 서명과 함께, 공동운항 확대를 포함하는 협력 증대, 상용고객 우대 프로그램 및 태평양 지역 시장에서의 공동 성장, 원활한 승객 및 수화물 환승 경험을 위한 주요 허브공항에서의 동일 터미널에 위치 등을 포함한 강화된 협력의 모든 측면을 이행하기 위해 공동으로 노력하게 된다.

델타항공은 2017년 6월 대한항공의 기존 서비스를 보완하게 될 서울-애틀랜타 구간 신규 직항편 운항을 개시하여 한국-북중남미 서비스 확대와 동시에 미국에서 아시아 전역 더 많은 목적지로 연결 서비스를 제공하게 된다. 동시에 대한항공은 서울-로스엔젤레스 구간 세 번째 왕복 항공편 및 서울-샌프란시스코 구간 두 번째 항공편 운항 개시로 2017년 여름 미국-한국 간 노선을 지속적으로 확대한다.

- 델타항공 소개

델타항공은 매년 1억 8천만 명 이상의 고객에게 최상의 서비스를 제공하고 있다. 델타항공은 올해 미국 경제전문지 포춘이 선정한 '가장 존경받는 상위 50대 기업'에 선정되었으며, 항공사 부분에서는 6년 동안 다섯 번 1위를 차지했다. 또한, 비즈니스 트래블 뉴스가 실시한 올해의 '연례 항공사 설문조사'에서 항공사 최초로 5년 연속 최우수 항공사로 선정됐다. 업계를 선도하는 글로벌 항공 노선망을 자랑하는 델타항공은 자사 운항 항공편 및 델타 커넥션 항공편을 통해 전 세계 6대륙 61개국 335개 이상의 목적지에 취항하고 있다. 전 세계적으로 8만 명 이상의 직원을 고용하고 있는 델타항공은 미국 조지아 주 애틀랜타에 본사를 두고 있으며, 총 800여대의 여객기를 보유하고 있다. 델타항공은 세계적인 항공 동맹체인 스카이팀의 창설 회원사로, 에어프랑스-KLM, 알리탈리아와 함께 대서양 횡단노선에 대해 대규모 합자사업을 운영하고 있으며, 버진 애틀랜틱 항공과도 합자사업을 운영하고 있다. 델타항공은 글로벌 제휴 항공사와 함께 암스테르담, 애틀랜타, 보스턴, 디트로이트, 로스앤젤레스, 미니애폴리스-세인트폴, 뉴욕-JFK, 뉴욕-라과디아, 런던-히드로, 파리-샤를드골, 솔트레이크시티, 시애틀, 도쿄-나리타 등 주요 운항 거점 공항에서 매일 15,000편 이상의 항공편을 운항하고 있다. 델타항공은 공항시설, 글로벌 상품과 서비스 향상 및 지상과 공중에서의 고객 경험 향상을 위한 기술 혁신에 수십억 달러를 투자하고 있다.

- 대한항공 소개

대한항공은 세계 20대 항공사 중 하나이며 2015년에 2,400만 명 이상의 승객을 수송했다. 6대륙 46개국의 132개 도시에서 하루에 460편을 운항하며 A380대를 포함하여 총 175대의 항공기를 보유하고 있는 대한항공은 현대적인 항공기와 2만 명이 넘는 전문 직원을 통해 고객에게 편리함과 편안함을 제공하고 있다. 수상 경력에 빛나는 한식 및 세계 각국의 기내식 및 최첨단 기내 엔터테인먼트 시스템으로 승객들에게 잊지 못할 기내 체험을 제공하는 대한항공은 20개 회원 항공사와 함께 177개국의 1,062개 도시로 매일 7억 7,343회 이상의 항공편 운항, 전 세계 6억 6,500만 명의 승객을 수송하는 세계적인 항공 동맹체인 스카이팀의 창설 회원사이다. 대한항공은 2011년 2층 구조의 A380 항공기를 도입했으며 다른 어떤 항공사보다도 넓은 기내 공간을 확보하여 3개의 좌석 클래스에 407석만 설치했다. 또한 2층을 모두 '프레스티지' 비즈니스 클래스로 사용하고 있으며 세계 최초로 기내 면세 상품 전시 공간과 휴게 시설인 바 라운지도 마련했다.

상기 기술된 내용처럼 양사의 태평양노선 조인트벤처 협력사업이 처음 보도되었을 때는 합작회사가 설립되는 것으로 이해되었으나, 실제로는 별도의 회사가 설립되지 않았으며 양사의 태평양 노선에 대한 포괄적인 협력사업이라는 점이 나중에 확인되었다. 이투데이의 2018년 3월 29일 "대한항공-델타항공, JV 상반기 중 시행… 양사 추가 협의 중"이라는 제목의 기사에 따르면 양사의 태평양

노선 조인트벤처는 "가시적인 형태로 별도의 회사를 설립하는 것은 아니지만, 마치 한 회사와 같이 출·도착 시간 및 운항편 조정을 통한 스케줄 최적화 등을 포함해 공동 마케팅·영업활동을 하고, 이에 따른 재무적 성과도 공유하는 가장 광범위하고 높은 수준의 협력 단계를 일컫는다"라고 확인되고 있다.

대한항공과 델타항공이 2018년 정식으로 태평양노선 조인트벤처 협약을 체결한 이후 5년이 지난 2023년 6월, 양사는 조인트벤처 출범 5주년 기념행사를 개최했다. 델타항공 홈페이지 뉴스허브 섹션의 2023년 6월 1일 보도자료 "델타항공-대한항공, 태평양 노선 조인트벤처 5주년"에 따르면, 동 조인트벤처 이후 "① 미주~아시아 운항 노선 확대, ② 연결편 예약·발권 편의성 및 스케줄 증대, ③ 환승 연결시간 단축, ④ 라운지 및 카운터 등 시설 공동 이용, ⑤ 양사 마일리지 회원 혜택 확대 등 부문에서 협력 관계를 이어가고 있다"며 지난 5년의 성과를 설명하고 있다. 특히 2023년 기준으로 "양사는 인천~미국간 매일 18편의 항공편을 운항하고 있으며, 이를 기반으로 미주 290여개, 아시아 80여개 도시를 환승으로 연결하고 있다. 특히 양사 항공편을 이용, 인천공항에서 환승하는 승객은 1일 4,000여 명 수준으로 이는 코로나19 펜데믹의 영향에도 불구 5년만에 40% 이상 늘어난 수치"라며, 양사의 태평양 노선 조인트벤처 협력사업이 성공적이라고 평가하고 있다. 대한항공과 델타항공의 태평양노선 조인트벤처 협력사업이 앞으로도 성공 가도를 이어갈지 귀추가 주목된다.

참고자료: 델타항공 홈페이지, "델타항공-대한항공, 태평양 노선 조인트벤처 5주년", 2023년 6월 1일; 이투데이, "대한항공-델타항공, JV 상반기 중 시행… 양사 추가 협의 중", 2018년 3월 29일자; 델타항공 홈페이지, 2017년 3월 29일.

질문

1. 대한항공과 델타항공의 태평양노선 조인트벤처 협력사업의 최근 진척 상황을 조사해보시오.
2. 대한항공과 델타항공의 태평양노선 조인트벤처 협력사업은 지분투자 합작제휴인가 아니면 비지분투자 합작제휴인가?
3. 대한항공과 델타항공의 태평양노선 조인트벤처 협력사업이 2024년 12월 현재 6년이 넘어서고 있다. 협력사업의 성과를 양 기업이 협력사업을 진행하지 않았을 경우와 비교해서 평가해보시오. 성공적이라고 평가할 수 있는가?
4. 대한항공과 델타항공의 태평양노선 조인트벤처 협력사업이 고객입장에서도 더 많은 혜택을 가져다주고 있다고 생각하는가? 고객 혜택의 다양한 측면을 고려하여 평가해보시오.

토의과제

1. 국제 전략적 제휴의 개념에 대해서 설명하시오.
2. 지분투자 합작제휴와 비지분투자 합작제휴의 차이점은 무엇인가?
3. 비지분투자 합작제휴의 다양한 내용에 대해서 설명하시오.
4. 교차 라이선스 계약에 대해서 설명하시오.
5. 해외 시장 진입 목적의 국제 전략적 제휴에 대해서 설명하시오.
6. 글로벌경쟁력 강화 목적의 국제 전략적 제휴에 대해서 설명하시오.
7. 국제 전략적 제휴 파트너의 선정 기준에 대해서 설명하시오.
8. 국제 전략적 제휴의 성공적인 운영전략에 대해서 설명하시오.

Chapter 12

글로벌 생산 및 연구개발 전략

학습목표

1. 글로벌 생산입지 시 고려할 요인을 찾아본다.
2. 글로벌 생산거점 배치 전략 대안을 검토한다.
3. 해외 생산거점 간 글로벌 조정 전략을 논의한다.
4. 연구개발 글로벌화의 배경을 알아본다.
5. 연구개발 글로벌화의 목적을 분류한다.
6. 글로벌 연구개발 조직의 유형을 설명한다.

도입사례

세계 전 대륙에 펼쳐진 현대 · 기아자동차 해외 공장 12곳

2024년 11월 현재 현대자동차그룹의 양대 완성차 회사인 현대자동차와 기아자동차는 각각 8개 및 4개 등 12개의 해외 생산공장을 운영하고 있다. 현대 · 기아차는 자동차를 한국에서 생산하여 해외 시장에 수출할 뿐만 아니라 전 세계 12곳의 해외 공장에서 직접 자동차를 생산하여 현지 시장 및 인근 국가에 공급하고 있다.

현대자동차는 자동차 생산의 기반이 전무한 인도에서 지난 1998년 특유의 도전 정신으로 현지 공장을 세웠다. 그 후 미국, 브라질, 중국, 터키, 체코, 인도, 싱가포르, 인도네시아 등 전 세계로 뻗어나간다. 기아자동차도 중국 염성, 슬로바키아 질리나, 미국 조지아주, 그리고 멕시코에 해외 공장을 가동하며 글로벌 자동차 시장에 활력을 불어 넣고 있다. 이제 세계 전 대륙에 펼쳐져 있는 현대 · 기아자동차 공장 10곳으로의 여행을 떠나보겠다.

1. 자동차의 본고장에서 펼치는 원대한 꿈 — 현대자동차 미국 공장

경제와 문화의 중심지, 그리고 자동차의 본고장 미국에서 현대자동차의 비상이 시작된 것은 지난 2005년 미국 현지 생산 거점을 마련하면서부터이다. 자동차산업의 본고장인 미국에서 최첨단 신기술과 공법을 적용하고, 이러한 점을 대외적으로 인정받아 해외 여러 공장의 건설과 운영의 표준 모델이 된 것이다. 원 키트 방식으로 부품을 모듈화하고 복잡한 공정을 단순화한 첨단 공법과 설비로 품질 향상까지 이뤄낸다. 무엇보다, 미국공장의 성공은 철저한 현지화에 있다. 부품의 현지화 비율이 무척 높은데, 이는 미국 소비자들의 바이(buy) 아메리카 정서에 대응하기 위한 메이드 인 USA 시스템이다. 동반성장과 상생경영으로 협력업체 동반진출, 낙후된 현지 경제 활성화, 4,000여 개 신규 일자리를 창출하고 있다. 미국 앨라배마 공장의 경우 현대자동차 해외 공장의 표준 모델 생산거점이라고 평가된다. 특히, ‘Harbor Report’의 북미 자동차 생산 조사에서 6년 연속 최고의 공장으로 선정되었고, 엔진 및 조립 최우수 공장으로도 5년 연속 선정되었다.

2. 아마존을 품은 글로벌 생산 네트워크의 완성 — 현대자동차 브라질 공장

2012년 브라질 공장이 완공되면서 현대자동차는 미국, 유럽의 시장부터 중국과 인도, 러시아, 중남미 신흥 시장으로 연결하는 생산 네트워크를 완성할 수 있었고, 글로벌 시장 공략의 안정적 기반을 구축하게 되었다. 브라질은 소형 모델이 인기가 많다는 점에서 ‘HB20’이라는 현지화 모델을 생산하고 있다. 현지에 특화한 전략은 맞아 들어 갔고, 수요가 생산을 초과하고 있을 만큼 높은 인기를 누리고 있다. 브라질 공장은 바이오 에탄올과 가솔린의 혼용이 가능한 친환경 혼합연료를 적용해 환경오염 물질 배출 저감에도 노력하고 있다. 현대자동차 브라질 공장은 상파울루에 위치하고 있으며, HB20 등 현지 시장에 맞는 전략적인 차종을 생산하고 있다.

3. 체코인들도 놀란, 최고의 기업 — 현대자동차 체코 공장

체코 공장은 철도와 도로를 활용한 육상 물류로 유럽 시장을 공략하고 있다. 2007년 완공된 체코 공장은 현대자동차가 미국, 중국, 인도에 이어 유럽에서도 연구개발부터 생산, 판매, 마케팅, AS에 이르는 종합 현지화 시스템을 구축하는 데 중요한 역할을 담당한다. 또한, 생산 초기부터 이어진 품질 확보 경영으로, 2011년에 이어 2014년 체코 국가 품질상에서 산업 분야 최우수상을 차지하기도 했다. 이로써 현지에서도 최고의 기업으로 인정받고 있다. 체코 공장은 친환경 공장으로도 유명하다. 공장 설립 당시 부지 예정지 내의 1,100 그

루에 달하는 나무를 잘라내지 않고 전부 옮겨 심는 강행군을 진행했고, 이는 체코인들을 놀라게 만들었다. 체코 공장의 경우 i 시리즈 등 유럽 시장에 맞는 전략적인 차종을 생산하고 있다.

4. 유라시아 대륙의 심장을 뛰게 하다 — 현대자동차 튀르키예 공장

튀르키예 공장은 1997년 완공 이래, 국제물류의 요충지로서 현대자동차의 유럽 공략에 큰 축을 차지하고 있다. 튀르키예 공장은 처음 6만 대 규모로 시작했지만, 지속적인 투자와 증설을 통해 연간 100만 대의 완성차 생산 능력을 갖춘 공장으로 거듭났다. 튀르키예 공장은 단순히 완성차를 조립하기만 하는 해외 기지가 아니라 모든 공정이 가능한 자족형 공장이다. 현재, 유럽인들에게 사랑받고 있는 i10과 i20을 생산하며 현지뿐만 아니라 유럽을 공략할 모델을 생산하고 있다. 이를 통해 내수는 물론 인근 지역으로 수출해 현지 경제 발전에 기여함으로써 상생 경영을 실천하고 있다.

5. 그린 필드를 개척한 도전정신 — 현대자동차 인도 공장

자동사 생산 시설의 기반이 전무했던 무지의 땅, 그린 필드에서 현대자동차의 도전 정신이 빛난 대표적인 케이스가 인도 공장이다. 현대자동차 최초의 해외 공장이다. 1998년에 완공된 인도 공장은 생산과 판매에서 눈부신 성장을 거듭하며 해외 공장 최초로 누적 생산량이 500만 대를 돌파했다. 쌍트로, 이온 등 현지 맞춤형 모델은 인도의 국민차로 대접받기도 한다. 특히, 기존 공장들이 생산라인에 할당된 작업 시간 내에 조립을 마치도록 부품을 공급하는 것과 달리, 인도 공장은 고객의 주문과 동시에 공정에 들어간다. 주문이 들어오면, 통합 정보시스템에서 관리되는 순서에 따라 협력사를 포함한 부품 및 모듈 공장에서 부품을 생산하고, 의장라인 작업 순서에 맞춰 공급해 계열사 및 협력사의 공정, 물류 및 재고까지 관리하게 된다. 자동차산업 불모지에서 생산성 향상을 이룩했다는 점에서 의미가 큰 공장이다. 인도 공장의 경우 인도를 포함한 신흥 시장을 위한 제조 기지 역할을 담당하고 있으며, EON, i10, i20 등 전략 차량을 생산하고 있다.

6. '현대 속도' 신조어 탄생의 신화 — 현대자동차 중국 공장

2002년에 완공된 현대자동차 중국 공장은 해외 공장 중 최대 규모의 설비로 현지화 모델을 포함해 10차종에 이르는 다양한 완성차를 생산하고 있다. 각 30만 대 규모의 1, 2공장, 40만 대 규모의 3공장 건설로 해외 공장 중 최대 규모인 연간 100만 대 이상 생산이 가능하다. 현대자동차는 성공적으로 중국 현지화를 이끌어 냈는데, '현대 속도'라는 신조어가 생활어로 정착됐을 정도이다. 또한, 유해물질 배출을 저감하는 수용성 도료 도장 설비, 폐수 재활용 시스템, 열효율이 뛰어난 도료 건조용 오븐으로 에너지를 절감하는 등 지역 환경 보호와 현지 환경 법규를 준수하고 있는 것도 현지인들에게 사랑받는 이유이다. 현대차 중국 공장은 3개 공장으로 구성되어 있으며, 3개 공장의 연 생산량 1,050,000대이다.

7. 현대자동차 아세안 지역 최초의 완성차 공장 — 현대자동차 인도네시아 공장

현대자동차 인도네시아 공장은 자카르타에서 60km 떨어진 브카시 델타마스 공단에 위치하고 있다. 2022년 3월에 준공되었으며, 총투자비는 2030년까지의 제품 개발 및 공장 운영비를 포함하여 약 15.5억 달러에 이른다. 인도네시아 공장의 생산 능력은 연간 최대 250,000대에 이른다. 생산 차종은 아이오닉 5, 크레타, 싼타페, 스타게이저, 코나 EV 등 5개 차종이며, 생산물량의 70%는 해외로 수출되고 있다. 인도네시아 공장은 현대자동차가 아세안 (10개국으로 구성된 자유무역지대인 동남아국가연합) 지역에 설립한 최초의 완성차 공장이라는 점에서 큰 의미가 있다.

자료: 현대자동차 홈페이지 (https://www.hyundai.com/worldwide/ko/footer/corporate/networks/manufacturing)에 제시된 해외 생산공장 지도를 토대로 기아자동차 해외공장 현황 자료를 추가하여 저자가 편집하여 작성함.

8. 지능화 생산 체계를 갖춘 현대차그룹 최초의 스마트 팩토리
— 현대자동차 싱가포르 공장

2023년 11월에 완공된 현대자동차 싱가포르 공장은 지능화 생산 체계를 갖춘 현대차그룹 최초의 스마트 팩토리이다. 싱가포르 공장은 글로벌 혁신센터라고도 부르는데, 이는 모빌리티 제조와 연구 개발, 고객 체험 시설을 모두 갖춘 복합 공간으로 미래 모빌리티의 실증 테스트베드 시설이기 때문이다. 한국경제신문 2023년 11월 21일자 "현대차그룹, 싱가포르에 컨베이어벨트 없는 '꿈의 공장' 지었다"라는 제목의 기사에 따르면, "이곳 시설은 다차종 소량 생산 시스템을 갖춘 것이 특징이다. 현대차그룹은 소비자의 다양한 주문에 최적화된 생산을 위해 컨베이어 벨트 대신 각기 다른 모빌리티를 동시에 제작할 수 있는 유연 생산 방식인 '셀(Cell)' 시스템을 이곳에 도입했다"고 한다. 이 공장에서는 현재 "아이오닉 5와 자율주행 로보택시를 생산하고 있는데, 시설 내부에 연간 3만 대 이상의 전기차를 생산할 수 있는 인프라를 갖추고 있다"고 한다. "제조가 완료된 차량은 건물 옥상에 위치한 길이 620m의 스카이트랙으로 옮겨져 주행 테스트를 진행하게 된다. 소비자들도 스카이트랙에서 시승을 경험할 수 있다. 건물 일부에 투명 유리를 적용해 차량 인도를 위해 방문하는 소비자들이 바깥에서도 전시 공간을 들여다볼 수 있도록 했다."

9. 중국 염성의 경제 발전을 이끌다
— 기아자동차 중국 염성 공장

기아자동차 역시 중국 염성에 해외 공장을 설립했다. 2002년 1백만 평 규모의 제 1공장을 완공하면서 작은 농촌이던 염성시에 공업화의 열기가 시작되었다. 염성시의 경제 발전을 기아자동차가 이끈 셈이다. 염성 공장은 3개의 완성차 공장을 통해 연간 89만 대의 완성차를 생산하고 있으며, 생산 차종은 K2, K3, K3S, 포르테R, K4, New K5, 쎄라토, 쏘울, 스포티지R이다. 이는 중국 소비자들의 취향을 반영한 디자인이었으며, 현지에 맞춘 전략 차량 생산을 위한 기술연구센터를 운영하고 있기에 가능한 일이었다. 이제 중국은 세계 최대 자동차 시장이다. 이에, 중국 현지법인과 함께 전략적인 딜러 네트워크를 확충해 시장 공략을 위한 기반을 갖췄다.

10. 이곳에는 유럽이 배우고 싶어하는 그것이 있다 — 기아자동차 슬로바키아 질리나 공장

2004년에 완공된 슬로바키아 질리나 공장은 자동차의 본 고장인 유럽 중심부를 공략하겠다는 각오로 설립한 공장이다. 현재 공장 면적 5백만 평, 근무인원수 3,800명, 연간 완성차 생산 능력 33만 대로, 현지의 대표 기업으로 자리매김했다. 생산 차종은 씨드, 스포티지, 벤가 세가지이며, 프레스, 차체, 도장, 조립, 엔진공장을 비롯해 주행테스트까지 자동차 생산 전 과정이 가능한 종합 자동차 공장으로서, 유럽 공략의 막대한 역할을 수행하고 있다. 또한, 생산, 판매, 마케팅에 이르는 일관된 현지 경영시스템을 구축해 유럽 여러나라가 배우고 싶어하는 시스템을 갖추고 있다.

11. 미국에서 가장 모범적인 자동차 공장 — 기아자동차 미국 조지아 공장

기아자동차의 미국 조지아 공장은 2006년에 설립됐으며, 연간 34만 대의 완성차를 생산하고 있다. 생산 차종은 옵티마, 쏘렌토 두 종을 집중적으로 생산한다. 이곳의 특징은 대규모 자동 적재 시스템과 로봇을 이용한 자동화 시스템이다. 이는 미국 내에서 가장 모범적인 자동차 공장으로 평가받고 있으며, 남부 지역을 대표하는 공장으로 자리잡았다. 조지아 공장을 발판으로 연구개발, 생산, 마케팅, 판매, 서비스 등 모든 부분에 걸쳐 현지화를 실현하고 있으며, 미국 자동차산업에 새로운 활력을 불어넣고 있다. 기아자동차와 동반 진출한 협력업체 역시 지역 경제 발전과 고용창출에 도움을 주며 현지인들의 사랑을 받고 있다.

12. 북미와 남미를 잇는 전략적 요충지에 건립된 자동차 공장 — 기아자동차 멕시코 공장

기아자동차의 네 번째 해외공장이다. 335만m^2(약 101만 평) 부지에 프레스, 차체, 도장, 의장공장 등 완성차 생산설비와 품질센터, 조립교육센터, 주행시험장 등 부대시설을 포함해 총 건평 20만m^2(약 6만 평) 규모로 연간 40만 대의 차량을 생산할 수 있는 규모이다. 멕시코는 연간 40만 대를 생산하는 세계 7위, 중남미 2위의 자동차 생산국이다. 세계 6위의 자동차 부품 제조국가이기도 하다. 또한, 2015년 기준 135만 대의 시장이 형성되어 있으며, 이는 중남미에서 두 번째로 크다. 2020년에는 175만 대로 예상되어 잠재력이 매우 큰 시장으로 평가받고 있다. 멕시코공장 건설을 통해 글로벌 자동차 시장의 신흥 거점으로 주목받고 있는 새로운 시장을 개척할 수 있게 되었다.

참고자료: 한국경제신문, "현대차그룹, 싱가포르에 컨베이어벨트 없는 '꿈의 공장' 지었다", 2023년 11월 21일자; 현대자동차 홈페이지(https://www.hyundai.com/worldwide) 및 기아자동차 홈페이지(https://worldwide.kia.com) 2024년 11월 26일 방문; 현대자동차그룹 홈페이지 2020년 12월 방문하여 내용을 저자 편집.

질문

1. 현재 현대자동차 그룹(현대자동차와 기아자동차)의 국내생산과 해외생산을 비교하며 그룹의 글로벌 생산 네트워크를 평가해보시오.
2. 글로벌 주요 지역 또는 국가 시장임에도 불구하고 현대자동차 그룹이 생산거점을 두지 않는 지역 또는 국가는 어디인가? 해당 지역이나 국가에 아직 생산거점을 두지 않은 이유는 무엇이라고 생각하는가?
3. 전기차, 수소차 등 미래 친환경 자동차 시장이 급속하게 확대되고 있다. 미래 모빌리티 변화를 고려할 때 현재의 현대자동차 그룹의 글로벌 생산네트워크는 어떻게 변화해야 한다고 생각하는가?

제1절 글로벌 생산전략의 중요성

대다수 다국적기업들은 생산거점을 본국에만 고집하지 않고 글로벌 효율성을 극대화하기 위하여 세계 시장으로 확대하고 있다. 인건비나 자본비용 등 국가별 요소비용 차이에 기반을 둔 경쟁우위를 확보하기 위하여 글로벌 생산시스템을 구축하고 있다. 기업의 생산활동을 최적 지역에 분산배치시킴으로써 글로벌 입지경제(location economy)를 확보할 수 있으며, 당연히 본국에서만 생산활동을 하는 기업에 비하여 경쟁우위를 갖게 될 것이다. 이러한 경쟁우위를 갖고 있는 기업은 유리한 원가구조를 유지할 수 있고, 더욱 차별화된 제품을 제공하게 된다.

보잉777 생산과정을 보면 약 30% 정도를 외국 기업이 생산하고 있다. 이 중에는 8개 일본 기업이 동체, 문, 날개의 일부를 제작하여 공급한다. 이탈리아의 3개 업체와 싱가포르 업체가 날개, 랜딩기어, 문 등을 제작한다. 보잉 787의 경우 **그림 12-1**과 같이 약 65%를 외국 기업에게 외주제작을 추진하고 있으며 이 중에 3개 일본회사가 35% 정도를 차지하고 있다. 보잉의 생산전략도 해외 생산 확대를 통한 글로벌 효율성 증대를 목표로 한다.

1. 글로벌 생산전략의 필요성

이상과 같이 기업이 생산거점을 글로벌하게 확대시키는 이유가 무엇인가? 그 배경 요인을 살펴보면 다음과 같이 정리할 수 있다.

그림 12-1 보잉 787 생산

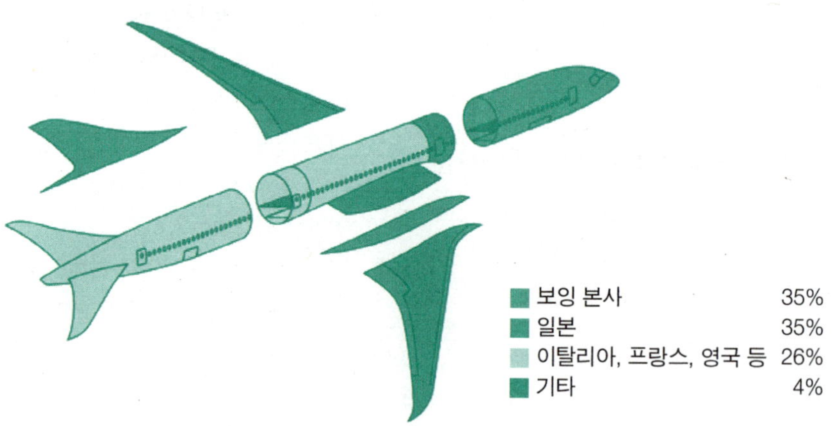

자료: 보잉사.

첫째, 글로벌 경쟁에 대응하기 위한 전략이라는 점이다. WTO시대에 들어 국가 간 무역장벽의 감소는 기업 글로벌화를 촉진하였고, 과거에는 현지 기업 간 경쟁이 이루어지던 국가에서도 이제는 글로벌 기업 간 경쟁이 일상화되었다. 이에 따라 토종 기업들도 글로벌기업이 보유하고 있는 생산시스템 및 생산원가상의 경쟁우위를 동일하게 확보할 수 있어야 대등한 경쟁이 가능한 것이다.

둘째, 생산비용을 절감할 수 있는 최적의 방법이라는 점이다. 일반 제조업체의 경우 전체 판매원가에서 생산 및 물류 비용이 차지하는 비중이 약 25% 이상이다. 따라서 생산 및 물류 비용을 줄이는 것이 회사 전체 이익 증대에 직접적 영향을 주게 된다. 생산의 글로벌화를 통한 생산 및 물류비용의 절감이 중요한 글로벌 경쟁 요소라는 점에 경영자들이 주목하고 있다.

셋째, IT 기술의 발전이다. 글로벌 생산체제를 갖추고 이를 운영하는 것이 IT 기술의 발전으로 과거에 비해 매우 수월해졌다. 글로벌기업들이 효율적인 글로벌 생산 및 물류시스템을 갖추게 된 것은 IT 기술의 발전에 기초하고 있다. IT 기술 발전이 생산자동화, 글로벌 정보시스템(글로벌 ERP)의 발전을 가져오고 글로벌 생산, 물류 시스템의 혁신을 일으키고 있다. 결국 IT 기술을 기반으로 글로벌 생산 및 물류 효율화를 통하여 원가절감 효과를 확보하게 되었다.

넷째, 소비자들의 가격인하 압력이 글로벌하게 나타나고 있다는 점이다. 할인점 같은 유통기관이 대규모화 및 글로벌화되어 협상력이 강해지고 소비자들도 글로벌 시장을 대상으로 제품을 탐색할 수 있게 되었다. 따라서 제조업자들은 글로벌 고객 및 유통업자들로부터 지속적인 가격인하 압력을 받게 된다. 제조업자들은 원가를 줄여야만 이익을 유지하고 판매를 지속할 수 있게 되었다. 이러한 환경변화에 대응하는 차원에서 제조업체들은 낮은 비용으로 생산할 수 있는 지역으로 제품생산을 확대하게 된다.

다섯째, 신흥 시장의 등장이다. 선진국 내수 시장의 정체를 타개하는 방법은 중국이나 인도 같이 새롭게 성장하는 시장으로 진입하는 것이다. 신흥 시장을 효율적으로 공략하기 위하여 현지에 적합한 제품을 생산해야 하고 생산활동을 현지에서 직접 수행하는 것이 필수 요건이 된다.

2. 글로벌 생산의 동기

해외 시장에 생산공장을 설립하는 기업들의 전략적인 동기를 분류해보면 크게 세 가지 형태로 나눌 수 있다. 이는 앞서 8장에서 해외직접투자 목적을 세 가지로 분류하여 살펴본 내용과 일치한다. 이번에는 일반적 해외직접투자가 아닌 해외 생산공장 투자 차원에서 세 가지 전략적 동기를 살펴본다.

1) 효율성 추구(efficiency seeker)

해외 생산법인 설립은 글로벌 관점에서 생산비용 절감을 위한 전략이다. 제품 생산에 가장 경쟁력있는 국가에서 생산활동을 함으로써 저원가 경쟁우위를 달성할 수 있다. 국가별로 다양한 여건의 차이로 특정 제품을 생산하는 데 국가별 비교우위 차이가 발생한다. 글로벌 관점에서 최적의 장소에서 생산활동을 추구함으로써 글로벌 입지경제(location economy)를 달성할 수 있다. 가격경쟁이 중요한 제품의 경우 중국에서 제품생산이 이루어질 때 원가가 가장 저렴하다면 생산활동을 중국에 집중해야 한다.

2) 현지 시장 확보(market seeker)

해외 생산을 하게 되는 주된 동기는 현지 시장 확보다. 즉, 현지 고객에 적합한 제품을 생산하여 현지 시장을 확대시키려는 목적이다. 고객이 있는 국가에서 생산하게 되면 고객 요구에 적합한 제품과 서비스를 제공하여 현지 고객 만족도를 증대시키게 된다. 또한 수출에 대한 수입관세 장벽이 높은 경우 현지국에서 직접 생산함으로써 현지 시장에서 가격경쟁력을 확보할 수 있다.

3) 자원/기술 확보(resource seeker)

자원이 부존되어 있는 국가에 생산설비를 투자하여 자원의 원활한 공급을 가능케 하려는 목적이다. 석유 또는 가스회사들은 자원이 풍부한 국가에 자원 추출을 위한 설비를 투자하여 안정적 자원 확보를 시도한다. 또한 해외에 풍부한 기술인력 및 전문가를 활용하기 위한 목적도 있다. 인도의 경우 IT업체들의 투자가 증가하는 주요 이유는 우수한 소프트웨어 인력이 풍부하기 때문이다.

제2절 글로벌 생산입지 선정

해외 생산공장 설립의 필요성을 확인한 후에는 최적의 생산입지를 선정하는 작업이 매우 중요하다. 어떤 입지를 선정하는가에 따라 생산비, 물류비, 자원접근 능력, 가격경쟁력 등 기업 전체 경쟁력에 영향을 줄 수 있다. 해외 생산입지로서 투자 대상국의 매력도는 국가별, 산업별로 다를 수 있으며, 다양한 환경 요인을 고려해서 결정해야 한다. 해외 생산입지를 선정할 때 고려해야 할 요인은 비용 요인, 현지 시장 요인, 투자 환경 요인, 정부규제 요인, 사회정치적 요인 등 다섯 가지로 정리할 수 있다.

1. 생산입지 선정 시 고려 요인

1) 비용 요인

첫째, 투자 대상국의 인건비. 생산비용을 절감시키는 목적의 해외 생산의 경우 현지 인건비가 입지선정에 중요한 역할을 한다. 한국의 의류회사들은 제조원가 절감을 위해 인건비가 저렴한 중국, 방글라데시, 스리랑카, 도미니카공화국 등에 생산거점을 구축하고 있다.

둘째, 운송비용. 본국과 생산거점, 판매 시장 간에 제품이나 부품 등을 운송하는 데 소요되는 비용을 고려해야 한다. 운송방식은 항공, 해운, 철도, 트럭 등 다양하므로 생산거점을 중심으로 한 운송비용을 복합적으로 고려해야 한다. HP는 싱가포르를 프린터 생산거점으로 선정하였는데, 이는 아시아 시장 고객들에게 제품을 배송하는 데 경제적인 운송비용으로 공급할 수 있는 물류 허브역할을 기대했기 때문이다.

셋째, 투자 인센티브. 대부분의 국가들이 고용창출에 크게 기여할 수 있는 외국 기업 투자 유치를 위하여 투자 인센티브를 제공하는 경우가 많다. 투자 인센티브의 종류는 다양한데 일정기간 동안 법인세 면제 혜택을 부여하든지 아니면 저렴하게 공장부지를 임대해주는 정책 등이 활용되고 있다. 이 외에도 저리 자금융자, 수입관세 인하, 종업원 교육, 기반시설 무상제공 등도 제공된다. 이러한 투자유인책으로부터 얻을 수 있는 혜택이 해외 공장입지 선정에 큰 영향을 미친다. 현대자동차가 미국 앨라배마 주에 공장설립을 결정하는 데는 앨라배마 주정부의 강력한 투자 인센티브가 큰 영향을 미쳤다고 한다.

넷째, 현지 자금조달 비용. 현지 금융기관을 통한 현지 금융의 이용 가능성과 조달 금리도 고려해야 하는 요인이다. 현지 금융 이용 가능성은 대규모 투자를 가능케 하고 환율 변동에 따른 외환 위험을 줄이는 역할을 한다.

다섯째, 공장부지 임대료 및 조성비 등. 공장입지의 적정성, 공장용지 활용 조건 등 현지 정부의 규제 내용과 임대료, 부지 조성비 등 비용이 입지선정에 영향을 미치는 요소다.

2) 현지 시장 요인

첫째, 시장 규모 및 성장률. 공장을 설립하여 효율적으로 운영할 수 있는 정도의 시장 규모와 성장 가능성이 있어야 한다. 시장규모가 작으면 기본적으로 설비투자를 진행하기 어렵다. 공장규모가 생산단위당 비용을 최소화하는 최소효율규모(MES)에 달하는 것이 바람직하다. 예를 들어, 자동차 생산의 경우 최소효율규모가 30만 대 정도인데 매출예상 규모가 이를 초과할 때 투자를 하게 된다.

둘째, 경쟁 강도. 현지 시장 경쟁이 치열하지 않아 수월한 시장진입이 가능한 국가가 바람직하다.

3) 투자 환경 요인

첫째, 투자 인프라 여건. 생산공장을 설립하는 데 원부자재와 완제품의 배송이 효율적으로 이루어질 수 있는 여건이 갖추어진 국가가 바람직하다. 투자 의사결정 시 물류 여건 외에도 교통 여건, 통신서비스 접근성, 금융 시장 접근성 등 다양한 투자 인프라 요소들을 검토해야 한다. 예를 들어, 아시아에서는 싱가포르가 우수한 투자 인프라 여건을 갖추고 많은 지식기반 투자를 유치하는 데 성공했다.

둘째, 관련 산업 발전 정도. 관련 산업이 발전했다면 현지에서 부품이나 원자재를 조달하기 수월하며, 생산의 현지화 비율이 높아져 전반적 경영효율성이 제고될 것이다.

셋째, 원부자재 조달 비용. 현지에서 부품이나 자재를 조달할 수 있는 여건이 되는지 여부와 조달 원가의 효율성도 입지 선정에 고려해야 할 중요한 요인이다. 현지 조달 비율이 높아질수록 환율 변동에 따른 위험을 줄이고 현지 정부와 관계를 개선시킬 수 있다.

넷째, 현지 인력 생산성. 우수한 인력이 풍부한 것은 생산입지를 결정하는 데 영향을 미치는 중요한 요소다.

그림 12-2 글로벌 생산입지 선정 시 고려 요인

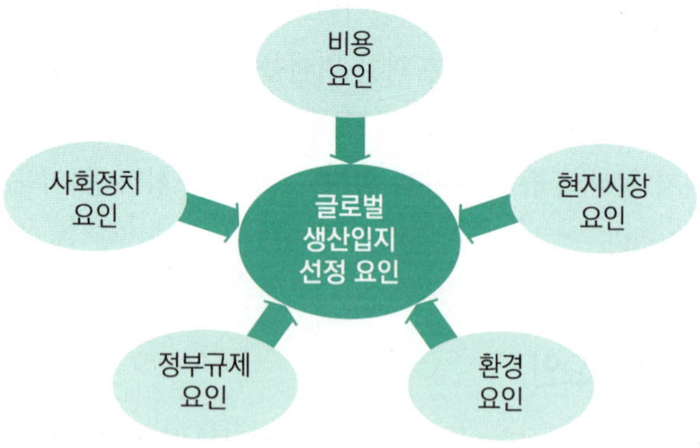

4) 정부규제 요인

첫째, 현지국 산업정책. 해당 산업에 대한 현지국의 정책이 우호적인 경우 공장 입지로 선정하는 데 유리하다. 개발도상국의 경우 특정 산업에 신규진입을 규제하는 산업정책이 종종 사용되는데 투자 시 고려할 주요 변수다.

둘째, 외국인투자에 대한 규제. 외국인투자에 대한 규제는 국가마다 차이가 있는데 입지선정 이전에 이를 잘 감안하여 반영해야 한다. 외국인투자에 대하여 인센티브를 제공하기도 하지만 특정 산업에서는 외국인보유 지분을 제한하기도 한다. 일반적으로 금융, 통신, 방송 등 서비스산업이 이에 해당한다. 현지 생산활동 확대를 통한 부가가치 증대를 위하여 부품 현지화비율(local content requirements) 의무를 부과하는 경우도 있다. 외환보유고가 부족한 국가에서는 외환 사용에 대한 규제도 있다.

5) 사회정치적 요인

입지 선정 고려 대상이 되는 국가의 다양한 사회정치적 요소를 고려해야 한다. 이러한 요인에는 정치적 안정성, 문화장벽의 높이, 현지 비즈니스 관행의 차이, 정부의 부패 정도, 외국회사에 대한 태도 등이 해당된다.

2. 생산입지 선정 절차

생산입지 선정은 일반적으로 다음과 같은 4단계 절차를 거친다. 1단계에서는 생산입지 검토 대상이 되는 국가들을 사전적으로 추출한다. 2단계에서는 앞서 열거한 입지선정 주요 고려 요인들 중에서 해당 투자목적에 적합한 항목들을 찾아내고 각 검토항목에 대한 가중치를 정하게 된다. 이 단계에서 표 12-1과 같은 종합평가 모델(scoring model)이 일반적으로 사용되는 모델이다. 입지선정에 영향을 미치는 중요한 요인을 선별하여 1열에 넣게 되고, 이들 요인들의 가중치는 2열에 기재한다.

3단계는 입지선정 고려 요인을 측정할 수 있는 변수(3열)들을 추출해내고 변수 관련 데이터를 확보한다. 마지막으로 4단계에서는 생산입지 검토 대상 국가별로 종합평가점수(4열)를 계산한다. 최종적으로 종합평가점수를 검토 대상 국가별로 비교하여 최종입지를 선정하게 된다.

4단계 중에서 생산입지 고려 요인을 찾고 가중을 부여하는 1, 2단계 과정이 중요하다. 현지 생산거점 확보의 목표가 효율성 추구인지, 현지 시장 추구인지, 자원

표 12-1 해외 생산입지 선정 스코어링 모델(예)

1. 고려 요인	2. 가중치	3. 주요 변수	4. 가중점수 (예시)
시장규모	20%	● 주요 도시 인구	17
시장성장율	12%	● 소득성장율 ● 에너지사용 증가율	10
소비자구매력	24%	● 중산층 소득 비중 ● 국민소득 대비 개인소비비중	20
인프라 여건	14%	● 전화보급률, 휴대폰 보급률 ● 도로포장률, 인터넷이용자수	8
경제자유도	10%	● 관세 조세정책, 통화정책 ● 외환정책 ● 지식재산권제도	5
정치적 위험	10%	● 민주화 정도	6
합계	100%		66

개발 추구인지에 따라 입지선정에 고려할 요인이 달라지게 된다.

현지 시장 확대 목적 생산투자는 현지 시장수요와 인프라 여건 등의 요인들을 검토해야 한다. 또한 사업 위험과 관련된 정부규제 요인, 정치적 요인(정부 부패, 정치적 안정성 등)도 중요하다. 반면, 효율성 추구 목적의 생산투자는 현지 시장수요와는 무관하다. 오히려 인건비, 세율, 노동생산성, 투자 인센티브, 원부자재, 물류 인프라 등 투자 환경 요인이 중요한 변수가 된다. 예를 들어, 멕시코 접경지대에 설치되어 있는 마킬라도라 지역은 미국 기업 입장에서 인건비 등 투자 환경 요인이 매력적이다. 미국 기업은 마킬라도라에 공장을 설립하여 현지 생산하고 미국으로 재수출하는 전략기지로 활용하고 있다. 조세를 포함한 투자 인센티브도 마킬라도라 투자에 영향을 주었다. 마지막으로 자원개발 추구형 투자는 입지 선정 시 현지 시장 요인, 정부규제 요인, 사회정치적 요인 등을 중요하게 다루어야 한다.

제3절 글로벌 생산거점 배치 전략: 집중 대 분산

다국적기업의 글로벌 생산활동을 소수 국가에 집중할 것인가 아니면 여러 국가에 분산시킬 것인가를 결정하는 것은 전략적으로 매우 중요한 이슈다. 집중배치 전략은 소수의 최적입지에 생산설비를 배치하고 여기에서 생산된 제품을 전 세계에 공급하는 전략을 말하며, 분산배치 전략은 판매 시장을 기반으로 지역 또는 국가별로 생산공장을 배치하고 현지에 적합한 제품을 생산 공급하는 전략이다. 예를 들어, 삼성전자는 반도체를 한국과 중국 등 소수 국가에 집중하여 생산하는 반면, 피앤지 같은 생활용품(샴푸, 세탁세제 등) 기업들은 지역별, 국가별로 생산거점을 분산시키는 전략을 택하고 있다. 그렇다면 글로벌 생산거점 배치를 집중할 것인가 아니면 분산시킬 것인가를 결정할 때 고려해야 할 요인들이 무엇인지 각 전략의 장점을 논의하면서 살펴보기로 한다.

1. 집중배치의 장점

생산공장을 소수 국가에 집중배치함으로써 얻을 수 있는 장점은 다음과 같다. 첫째, 규모의 경제 효과다. 여러 국가에서 소규모 공장을 운영하는 것보다 소수 국가에서 대규모 공장을 운영하는 것이 규모의 경제에 따른 원가절감의 이익을 얻을 수 있다. 또한 누적생산 증가에 따른 경험축적(경험효과)으로 단위당 생산성이 향상된다. 특히 생산공장을 설립하는 데 소요되는 고정비용이 매우 큰 산업의 경우 하나 또는 소수 국가에서 집중 생산하여 세계 시장에 공급해야 한다. 예를 들어, 반도체공장을 건설하는 데는 10억 달러 이상의 자금이 소요되므로 최적의 소수 거점에서 생산하여 세계 시장에 판매하는 것이 바람직하다.

둘째, 저렴한 생산원가 확보가 가능하다. 중국, 동남아, 중미 등 인건비가 낮은 국가에서 집중적으로 생산하게 되면 원가구조를 낮추어 효율성을 제고할 수 있다.

셋째, 대량 구매 할인 효과를 얻을 수 있다. 소수 국가에서 집중생산을 하면 원자재와 부품의 대량구매가 가능하다. 물론 분산생산을 하더라도 IT시스템이 갖추어져 있다면 글로벌 구매조정을 통하여 대량구매를 할 수 있다. 하지만 부품 공급업자 입장에서 보면 소수 공장에 납품하는 것이 지역적으로 분산된 여러 공장에 납품하는 것보다 단가를 낮출 수 있다.

넷째, 세계 소비자들의 공통욕구를 충족시키는 전략을 추구할 때 효과적이다. 세계 각국 소비자들이 특정 제품에 대하여 공통적인 요구가 있는 경우 표준화된 제품을 집중 대량생산하여 저렴한 가격에 판매하는 것이 가능하다.

다섯째, 생산거점 간 조정의 필요성이 적다. 생산거점을 여러 국가로 분산시키는 것은 현지소비자 요구를 충족시킬 수 있다는 장점이 있지만, 복수 공장 간 조정비용을 증대시키는 단점이 있다. 집중생산 체제를 구축하게 되면 다수 공장 간

표 12-2 글로벌 생산배치 전략: 집중 대 분산

집중배치 장점	분산배치 장점
• 규모경제	• 무역장벽 우회
• 저렴한 생산원가	• 현지 소비자 욕구 충족
• 대량구매 할인	• 현지 정부와 선린관계
• 공동욕구 충족	• 유통비용 절감
• 거점조정 불필요	• 환경변화 대응
• 생산원산지 효과	• 현지 공급업자 관계

활동을 조정하기 위한 비용문제는 발생하지 않는다. 그리고 본사가 갖고 있는 우수한 생산노하우를 집중 활용하거나 그간 육성하였던 최상의 인력을 십분 활용할 수 있다.

여섯째, 생산 원산지 효과를 이용할 수 있다. 국가이미지가 좋은 국가에서 집중 생산하는 경우 소비자 인지도 제고의 효과가 있으며 프리미엄 가격 유지가 가능하다. 같은 소니(SONY) 제품이라도 인도네시아산(made in Indonesia) 제품보다는 일본산(made in Japan) 제품이 소비자 구매 의사결정에 긍정적인 영향을 미치게 된다.

2. 분산배치의 장점

지금까지 생산거점을 집중배치하는 장점을 살펴보았지만, 반대로 분산배치를 통하여 얻을 수 있는 장점도 많다. 첫째, 무역장벽 우회 목적으로 활용할 수 있다. 수입관세, 비관세장벽 등 무역장벽이 높은 국가에는 본국이나 특정 저임금 국가에서 대량 생산하여 수출하는 전략에 차질이 생긴다. 따라서 현지 생산을 해서 수입관세를 우회하여 관세비용을 절감하고 현지 가격경쟁력을 확보하는 것이 유리하다.

둘째, 현지 소비자들이 원하는 욕구를 충족시킬 수 있다. 목표 시장에서 현지 생산을 하면 현지 소비자 취향에 적합한 제품을 생산하여 공급할 수 있다. 또한 현지 고객 맞춤형 제품을 생산하여 현지국 경쟁자와 효율적 경쟁이 가능하다.

셋째, 현지 정부와 선린관계를 유지할 수 있다. 대부분 국가에서는 현지 공장 설립을 동반한 외국인투자를 선호한다. 이는 고용 창출, 수출 증대 등 자국 경제에 기여하는 면이 많기 때문이며, 종종 투자 인센티브를 제공하기도 한다. 기아자동차가 미국에 공장을 설립한다고 했을 때 미국 주정부들끼리 투자 유치를 위한 경쟁이 벌어졌고 조지아 주로부터 많은 인센티브를 얻으며 투자할 수 있었다.

넷째, 유통비용 절감이 가능하다. 목표 시장에 근접해서 생산을 하면, 현지 고객에 제품을 전달하는 데 유통비용을 절감할 수 있다. 콜라나 생수 같은 음료제품들은 단위 무게당 제품가격이 매우 낮아 제품당 운송비용이 상당히 소요된다. 이러한 경우 완제품을 국제운송을 통하여 판매한다면 해외 시장에서 가격경쟁력이 현저히 낮아질 것이다. 따라서 특정 지역에 생산을 집중배치하여 수출하는 방식보다는 해당 현지 시장에서 분산 생산하여 공급하는 것이 바람직하다. 코카콜라는 해외 여러 국가에 보틀링업체를 통하여 현지 생산 체제를 구축하고 있다.

다섯째, 환경변화에 융통성 있는 대응이 가능하다. 다수 국가에 생산공장이 있으면 어느 한 국가 공장에 문제가 발생하는 경우에도 전체 생산량을 조절할 수 있는 융통성을 갖게 된다. 예를 들어, 본사 공장에서 파업이 발생한다든지 아니면 본국의 환율이 크게 움직여 수출가격 경쟁력이 크게 약화되는 경우 외국에 있는 공장과 생산 물량 조정을 통하여 전 세계 제품생산 배분을 최적화할 수 있다.

여섯째, 현지 공급업자들과 협력관계 유지가 가능하다. 현지 생산체제를 갖추면 현지국에서 조달하는 원부자재(예: 원유, 천연자원, 농산물 등) 등에 쉽게 접근할 수 있다. 또한 현지국 부품 공급업자들과 긴밀한 협력관계를 유지하면서, 재고관리의 효율성과 생산관리 면에서 생산성을 증대시킬 수 있다.

3. 글로벌 생산 배치전략의 사례

생산거점 배치전략을 수립하고자 할 때 앞서 검토한 집중배치와 분산배치의 장단점을 다양하게 고려해야 한다. 하지만 이들 장단점이 서로 상충된다는 점이 의사결정을 어렵게 한다. 글로벌 자동차산업의 예를 들어보자. 자동차산업에는 규모의 경제 효과가 크게 작용하고 부품의 대량 적시 공급 필요성 등의 이유로 집중생산 전략을 택하는 것이 유리한 것 같지만, 반면 자동차에 대한 국가별 수입장벽, 국가별 소비자 선호도의 차이, 환율 변동의 불확실성 등의 요인을 고려한다면 분산생산 전략이 바람직하다. 이러한 변수들을 잘 고려하여 생산거점 배치의 최적점을 찾아야 한다. 예를 몇 가지 들어보자.

포드(Ford)는 유럽 시장을 통합된 단일 시장으로 취급한다. **그림 12-3**은 포드 유럽이 피에스타(Fiesta)를 생산하기 위한 유럽지역 내 생산거점 배치전략을 보여준다. 완성차 제조(최종조립)는 세 거점에서 집중적으로 이루어지는데 영국, 독일, 스페인에 위치한다. 이는 국가 시장 수요의 크기를 반영하여 입지를 결정한 것으로 판단된다. 또한 공장 간 생산물량의 조정을 통하여 한 공장에서 생산량이 부족할 때 다른 공장에서 보충할 수 있도록 하였다. 반면 자동차 부품 생산은 여러

그림 12-3 포드의 유럽 생산거점 배치

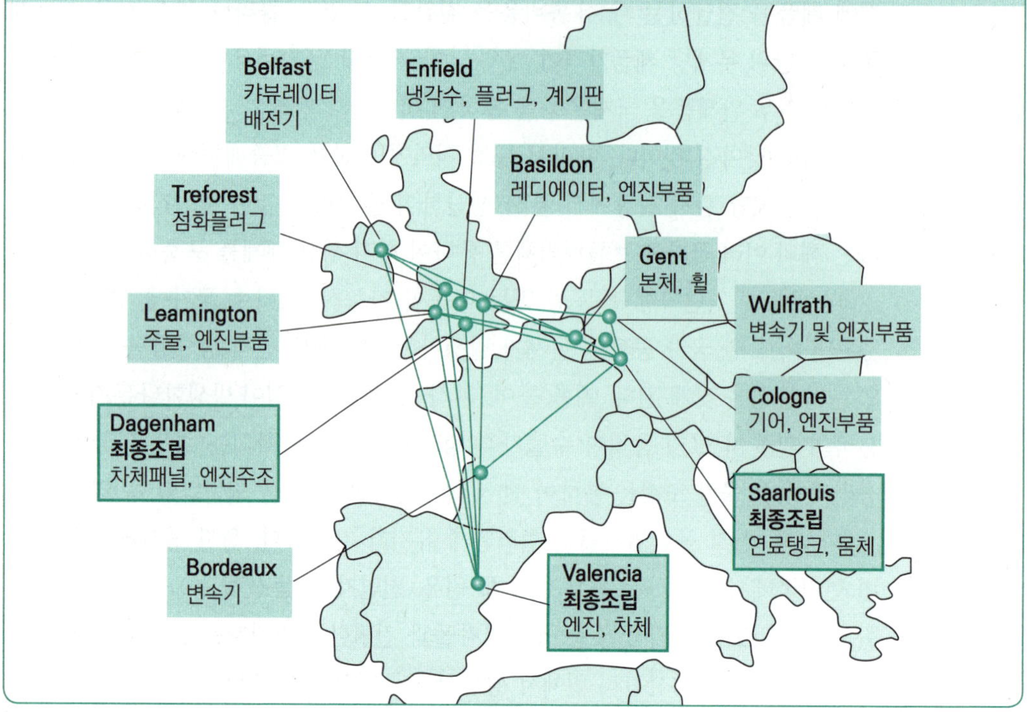

자료: Peter Dicken (1992).

지역에 분산배치하되 부품별로 집중 생산하여 완성차 제조 공장으로 보낸다. 이는 부품생산의 규모의 경제 효과를 얻기 위한 것이다.

도요타, 혼다 등 일본 자동차 회사도 일본, 북미, 유럽, 동남아의 4개 주요 시장에 자동차 생산거점을 분산 운영하고 있다. 특히 동남아지역은 일본 자동차가 70~80%의 시장점유율을 지키고 있는 주요 거점 지역이다. **그림 12-4**를 통하여 도요타자동차의 동남아시아 지역 생산거점 배치전략을 살펴보자. 도요타는 동남아지역 내 생산거점 네트워크 구축에 주력하고 있는데, 대부분 국가에 완성차 조립공장을 설립하였다. 완성차 최종조립 공장은 6개국에 국가별로 분산배치하고 있다(녹색 박스). 그중에서 태국공장 TMT이 가장 중심적인 역할을 수행한다. 자동차 부품 생산공장(흰색 박스)은 여러 국가에 걸쳐 집중배치 하되 국가 간 부품 상호 연계보완 프로그램을 활용한다. 부품 상호연계 프로그램이란 동남아(ASEAN) 지역 내 국가 간 이동되는 자동차 부품에 대한 관세인하 정책이다. 태국, 인도네시아, 말레이시아, 필리핀 등에 주요 부품별로 집중 생산거점을 배치하고 부품 상호 교환 네트워크를 구축하였다.

태국 TMT에서는 캠리, 코롤라 등 완성차를 생산하고, 태국 STM에서는 엔진,

그림 12-4 도요타의 아시아 생산거점 배치

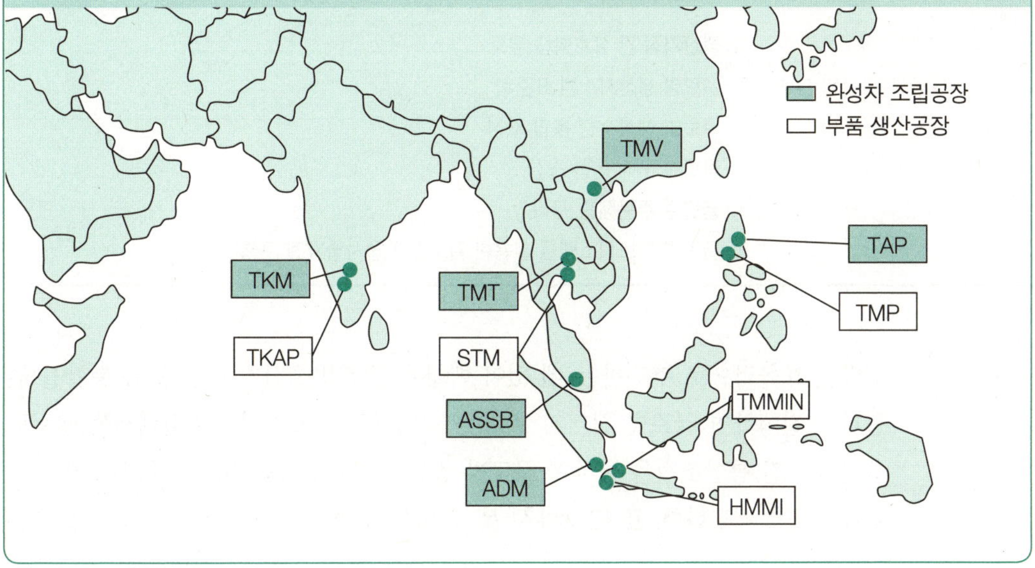

자료: 도요타 홈페이지.

샤프트 등 부품을 생산한다. 필리핀 TMP에서는 트랜스미션 등 부품을 생산하고, TAP에서는 완성차 조립을 한다. 인도네시아 ADM에서는 완성차(다이하쯔)를 조립하고, TMMIN에서는 엔진 등 부품을 생산하며, HMMI에서는 버스, 트럭 및 부품을 생산한다. 말레이시아는 ASSB에서 완성차 조립 및 부품 생산을 한다. 싱가포르에는 동남아시아 지역에 있는 완제품 및 부품 생산거점 전반을 관리 운영하는 회사를 설립하고, 일본을 포함한 역외 수출거점으로 육성해 나가고 있다. 인도에서는 TKM에서 이노바, 비오스 등의 완성차를 생산하고, TKAP에서는 부품을 생산한다. 베트남 TMV에서는 현지 판매를 위한 완성차를 조립한다.

제4절 해외 생산거점 간 글로벌 조정

생산활동이 급속도로 글로벌하게 확대됨에 따라 생산관리상의 새로운 글로벌 이슈들이 나타났다. 특히 국가별 생산활동을 글로벌 관점에서 조정(global coordination)하는 업무가 중요한 과제로 등장하였다. 해외 공장들이 여러 국가에 분산배치되어 있다면 이들 공장 간의 업무조정 문제는 매우 복잡해진다. 제품수명주기가 점차 줄어들면서 신제품 개발 및 생산 일정을 더욱 단축시켜야 하고 해외 공장 간의 생산소싱, 물류 활동을 조정하는 업무는 더욱 어려워진다. 글로벌 생산

표 12-3 글로벌 생산거점 간 통합조정 전략

1. 생산거점 간 상호학습 유도
2. 글로벌 생산시스템 표준화
3. 글로벌 생산수량 통합 조정
4. 글로벌 구매 통합 조정
5. 글로벌 주문배송 관리
6. 글로벌 정보시스템을 활용한 글로벌 공급사슬체계 구축

전략을 효율적으로 추진하는 데 있어 핵심은 글로벌 생산거점 간 조정 통합을 원활하게 진행하여 글로벌 시너지 효과를 최대화하는 것이다. 본 절에서는 글로벌 생산거점 간 통합조정을 통하여 글로벌 생산관리를 효율적으로 진행하기 위한 전략대안들을 검토한다. 표 12-3에서 볼 수 있듯이 여섯 가지 전략으로 정리해본다.

1. 생산거점 간 상호학습 유도

다국적기업의 해외 생산조직은 국가별 환경의 차별성으로 다양한 지식과 능력을 학습하고 배양할 수 있는 기회가 주어진다. 생산공정 개선, 효율적 생산방식, 제품 개발 등에 관한 정보와 지식이 각 생산거점별로 축적된다. 이러한 지식의 생산거점 간 이전이 촉진되는 시스템을 갖춘 기업이 글로벌 경쟁력을 갖게 된다. 그러나 생산거점별로 정보가 공유되지 않고 사장되는 경우가 많은 것이 현실이다.

분산된 생산공장(자회사) 간 생산 관련 지식의 이전 내지는 공유가 잘 안되는 이유는 여러 가지가 있다. 첫째, 언어, 문화, 지리적 거리감으로 인하여 각 생산 자회사들이 중요한 지식들을 각자 보유하려고 한다. 둘째, 각 자회사들이 지식을 힘으로 생각하고 글로벌조직 내 영향력을 행사하기 위하여 이를 움켜쥐고 있는 경우가 있다. 셋째, 조직 내 NIH 신드롬이 팽배해 있을 때 타 자회사에 노하우나 지식을 전달하기 꺼려한다. 넷째, 조직 내 지식이 쉽게 문서화되지 않을 때 다른 자회사와 지식을 공유하기 어렵다.

이상과 같은 장애 요인들을 제거하고 각 생산거점에 축적된 생산 경험 및 공정기술에 관한 지식들을 상호 공유할 수 있는 시스템을 갖추어야 한다. 이를 위해서 한 공장에서 효율적 생산방식이나 노하우를 개발하였다면 타 공장에서도 상호 벤치마킹을 할 수 있는 기회를 제공해야 한다. 또한 생산기술 및 제품 개발 관련 지식을 공유할 수 있는 공동 DB를 구축하고 협력할 수 있는 환경을 구축해야 한다.

일본 복사기 회사 리코(Ricoh)의 한국 자회사는 대차생산방식(대차란 바퀴가 달린 사방 1미터 크기의 소형작업대이며 대차생산방식은 대차 위에 각종 부품을 정렬해 놓고 마치 컨베이어처럼 움직이면서 제품을 조립하는 방식이다)이라는 효율적인 복사기 생산방식을 개발하였다. 이는 대량생산을 위한 컨베이어방식과 소량다품종 생산방식인 셀(cell)방식의 장점을 결합한 방식이다. 이 방식을 도입한 이후 생산성이 20%가량 증가하였고, 전 세계 10여 개의 리코 생산공장 중에서 가장 생산성이 높은 곳으로 평가받고 있었다. 이에 리코 본사는 각 공장들이 벤치마킹을 하게 함으로써 한국자회사의 대차생산방식을 전 세계 공장에 확산시켰다.

에릭슨(Ericsson, 세계 1위 유무선 통신시스템 제조회사)의 경우 본사에서 개발한 신규 디지털교환기를 본사 공장에서 집중생산하고 있었다. 그런데 호주 자회사가 현지 통신환경에 적합한 제품을 개선하는 과정에서 새로운 고객 지향적 모듈을 개발하였다. 에릭슨은 본사 주도로 호주에서 개발된 생산모듈을 본사 공장 및 전 세계 공장에 적용하여 개선된 제품을 생산하게 되었다.

2. 글로벌 생산시스템 표준화

생산거점별 공장의 생산설비 및 공정 관리 등 제품생산 시스템을 표준화하게 되면, 균일한 품질 관리, 생산성 향상, 규모의 경제에 따른 이익 등 다양한 성과를 얻을 수 있다. 제품생산에 투입되는 부품 스펙을 표준화하면 모듈생산도 가능해진다. 공장마다 동일한 제품 생산 과정이 이루어지면 고객에 대한 주문배송도 표준화된 효율적 서비스가 가능하다. 제록스(Xerox)는 생산시스템의 표준화를 통하여 1985년부터 부품 공급자 수를 5,000개에서 400개로 축소시킬 수 있었고 간접경비도 9%에서 3%로 절감하였다고 한다.

인텔(Intel)의 생산전략을 보자. 인텔의 경우 공장을 글로벌하게 분산배치하는 정책을 갖고 있다. 반도체 생산라인은 지진 등 재해에 취약하기 때문에 세계 고객에게 안정적인 공급체계를 갖추기 위하여 분산전략을 택했다. 미국 내에는 오레곤, 애리조나, 산타클라라 등 7개 지역에 공장이 분산되어 있으며 세계적으로도 중국 상하이, 코스타리카, 아일랜드, 말레이시아, 필리핀 등 7개국에 분산되어 있다. 공장이 분산되면 가장 큰 문제가 품질을 균일하게 유지하는 것이다. 공장에 따라 생산성이나 불량률이 다를 수 있기 때문이다. 이를 극복하기 위하여 'Cost Exactly'라는 경영시스템을 도입했다. 해외 생산공장에 생산과정, 장비, 부품공급, 클린룸, 작업자 교육 등 모든 것을 본사 공장을 복사해서 적용하는 전략이다. 이를 통하여 투자비 절감, 불량률 감소 등의 효과와 생산성 증대로 나타났다.

생산작업 문화의 글로벌 표준화도 생산성을 제고하는 데 크게 기여한다. 도요타의 경우 해외 생산공장의 생산공정 및 작업의 표준화를 통하여 글로벌 생산관리 효율성을 달성한 대표적 사례다. 도요타는 해외 공장이 26개국 52군데에 이른다. 한동안 국가마다 종업원들의 생산작업 문화가 달라 자동차 품질이 공장별로 차이가 있었다. 이를 표준화하기 위하여 2001년 "도요타웨이(Toyota Way)"라는 책자를 만들어 교육시켰다. 도요타웨이는 도전, 개선, 팀워크 등의 덕목을 전 세계적으로 공유하기 위한 방법이다. 이를 생산현장에 접목하기 위하여 미국, 유럽 등 지역별로 글로벌 생산추진센터(GPC)를 설립하였다. 이곳에서 각 공정에 필요한 기본기술을 가르친다. 예를 들어, 볼트를 잡을 때 손의 각도나 손가락 놀림, 부품을 집는 방법, 끼우는 방법 등 도요타 근로자라면 동일한 숙련도를 갖추게 한다. 이와 같은 생산작업 표준화를 통하여 생산성을 극대화할 수 있었다.

3. 글로벌 생산수량 통합 조정

앞서 살펴본 포드나 도요타의 생산거점 배치전략과 같이 여러 국가에 걸쳐 수직적으로 구성된 생산시스템을 갖추고 있는 경우 이를 통합 관리하는 것이 매우 중요하다. 해외 시장에 분산된 최종제품 조립공장, 중간제품 생산공장, 부품 생산공장 간 긴밀한 협조체제를 유지해야 한다. 이를 위해서 최종제품에 대한 수요예측과 각 공장의 생산 능력, 공장별 요구사항에 대한 정보가 통합적으로 운영되어야 한다. 해외 시장 각지에서 일어나는 고객주문 정보가 생산요청 정보로 전환되고, 해외 각 공장들에 연결되어 있는 정보시스템에 의하여 제품 및 부품생산 주문 배송 정보가 실시간으로 전달되어야 한다.

글로벌하게 수평적으로 생산시스템이 구축된 경우에도 동일한 공정과 제품을 생산하고 있는 공장 간 통합적인 생산물량 조정이 이루어져야 한다. 동일한 제품이 서로 다른 공장에서 생산되기 때문에 고객 접근성, 생산 능력, 기술 능력, 원자재 재고 등에 근거하여 공장별 생산량을 할당 조정해야 한다. 이 역시 정보시스템을 통하여 실시간 정보 전달이 이루어져야 한다.

4. 글로벌 구매 통합 조정

해외 생산거점 간 구매 부문에서 통합 조정 문제는 생산공장별로 부품이나 원자재를 공급하고 있는 개별 공급자(supplier)들을 통합하여 공급자 수를 감축하는 것이다. 부품이나 원자재를 공장별로 현지 구매하지 않고, 공장이 위치한 국가에 관계없이 글로벌 관점에서 최적의 공급자로부터 대량구매를 하는 것이다. 글로벌 구매는 구매규모가 커지면서 낮은 가격과 좋은 인도 조건의 구매가 가능해진다. 어떤 공급자들은 계약금액이 클 경우 구매자(생산공장)의 편의를 위하여 구매자 공장 근처에 현지 공급체제를 갖출 것이다.

글로벌 구매 통합을 원활히 하려면 글로벌 구매관리팀을 별도로 두는 방법도 있다. 구매관리팀은 세계 도처에 있는 공급자 정보를 수집하여 가장 적절한 공급업체를 선별하는 역할을 한다. 공급업체들이 제공하는 제품 가격, 품질, 납기 등의 세부사항을 평가하여 최적의 공급업체를 선정한다. 최근 세계적인 자동차 회사들이 이러한 전략을 택하면서 현대모비스나 만도와 같은 한국의 자동차 부품회사들이 글로벌 공급자(global vendor 또는 global supplier)로서의 지위가 상승하고 있다.

5. 글로벌 배송물류 관리

글로벌 수준에서 고객 주문과 배송물류 과정의 통합이 이루어져야 한다. 여러 국가로부터 제품 주문에 대해 효율적인 배송이 이루어지려면 해외 공장과 국가별 판매점, 소비자가 서로 긴밀하게 연결되어야 한다. 글로벌 정보시스템을 활용하여 주문관리, 완제품 재고관리, 신속한 물류 운송관리, 제품 인도일정 관리 등이 효율적으로 운영되어야 한다. 고객의 위치, 제품생산 위치, 물류거점 위치를 기반으로 하여 글로벌하게 네트워크화된 글로벌 주문 배송 시스템을 갖출 필요가 있다. 이러한 시스템 내에서 정보 전달, 확인, 가격설정, 주문관리, 물류관리 등 실시간 글로벌 정보관리를 함으로써 주문처리 시간과 비용을 절약할 수 있다.

6. 글로벌 공급망 관리 체계 구축

앞서 언급한 글로벌 생산수량의 통합조정, 글로벌 구매 통합조정, 글로벌 배송물류 관리 등을 동시적으로 실시간 진행하며, 관련 공급자 및 판매자들과의 실시간 정보교환으로 종합적인 글로벌 공급망 관리(global supply chain management: SCM)가 이루어져야 한다(그림 12-5 참조). 최근에는 대다수 다국적기업들이 글로벌 ERP시스템을 갖추면서 해외 생산거점 간 글로벌 통합 조정 및 글로벌 공급망 관리가 과거에 비하여 매우 효율적으로 이루어지고 있다.

공장이 여러 국가에 분산되어 있는 상황에서 첫 단계로 글로벌 수요관리를 위한 글로벌 수요예측시스템을 가동한다. 다음으로 국가별 공장에서 수집되는 정보는 글로벌중앙시스템에 통합되며 통합된 정보는 다시 현지 생산활동을 위해 분배

그림 12-5 글로벌 공급망 관리

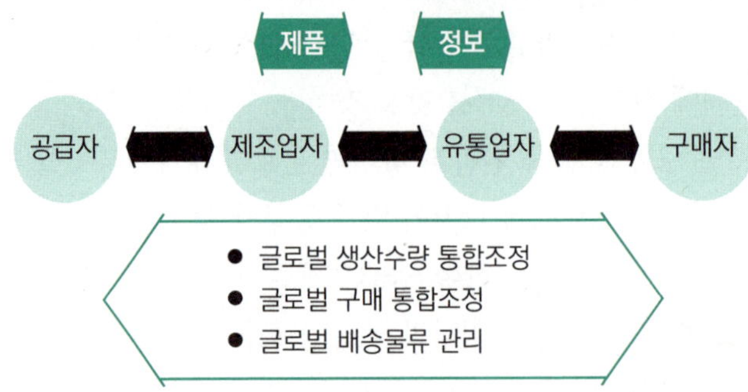

된다. 총괄생산계획의 조정, 공장 간 생산물량 조절, 공장 간 자재흐름 관리, 완제품 물류 관리, 판매점 및 고객과의 협력 등 모든 생산물류 관련 조정활동이 글로벌 ERP시스템을 통하여 이루어지고 효율적 글로벌 SCM이 가능해진다. 부품 조달 시에는 각 생산공장에서 조달하는 부품 가격 및 공급자 정보를 상호 교환하여 최적의 공급자로부터 부품을 구매하게 된다. 주문 배송 시에도 글로벌 ERP를 활용하여 해외 판매점포 배송에 대한 실시간 정보를 공유한다.

도요타는 2003년 전 세계에 흩어져 있는 공장에서 자동차개발, 부품조달, 생산, 물류 업무를 통합관리하는 글로벌 정보네트워크를 구축하였다. 자동차 1대에 투입되는 수만 개의 부품번호를 세계적으로 통일하고 가격, 품질, 제조업체 명칭 등 관련 정보를 본사 및 세계 공장에서 모두 즉시 파악할 수 있게 하였다. 동 시스템에서는 국내외 공장들의 생산 진행과정과 부품 재고 및 이동 상황, 완제품 이동 상황 등을 즉시 파악할 수 있다. 이러한 정보 시스템이 글로벌 생산의 효율성 제고에 크게 기여하고 있다. 특히 필요한 부품이 적시에 적정량 공급되는 적시재고(just-in time) 방식을 창조한 도요타 입장에서는 국내공장뿐 아니라 글로벌 관점에서 효율적 생산방식을 운영할 수 있는 근간이 되고 있다.

제5절 연구개발 글로벌화 배경

IT산업이나 제약산업 등에 속한 기술 지향 다국적기업들이 연구개발 활동을 하는 데 새로운 현상이 나타나고 있다. 연구개발 글로벌화다. 기업들은 대개 연구개발을 본국에서 수행하는 것을 선호하였다. 연구개발은 기업의 핵심역량을 구성하는 가장 중요한 요소이기에 본사에 위치시켜 특별한 관리를 하였다. 본국 중심의 연구개발은 비용 면에서도 절감이 가능하고, 생산 및 판매부서와 의사소통하는 일도 수월하다는 장점이 있다. 그러나 이러한 본국 중심의 연구개발 전략은 최근 들어 변화하고 있다. 다국적기업의 경우 해외에서 연구개발을 하는 비중이 급격하게 증가하고 있다.

미국 다국적기업들이 해외에서 지출한 연구개발투자는 급속하게 증가하고 있다. 그림 12-6에서 보는 바와 같이 미국 기업들의 해외자회사(지분율 50% 초과)의 연구개발비 투자금액은 1997년 146억 달러에서 2015년 560억 달러로 크게 증가했다.

이상과 같이 다국적기업이 해외 연구개발 비중을 확대하는 배경을 살펴보자. 첫째, 글로벌 경쟁 변수다. 첨단 기술개발의 주도권을 확보하는 것이 글로벌 경쟁의 가장 중요한 요소가 되고 있다. 이를 위해 관련 기술의 새로운 정보 입수가 가능하고 첨단 기술 인력이 풍부한 지역(예: 실리콘밸리)에 연구소를 위치시켜 첨단 기술 정보를 확보하는 것이 중요한 전략이 되고 있다. 또한 과거에는 첨단기술의 원천지가 주로 미국이었는데 점차 세계적으로 다변화되고 있다. 따라서 여러 국가에 연구소를 위치시킬 필요성이 증가하고 있다.

둘째, 해외 시장 변수다. 글로벌 경쟁력을 유지하기 위해서는 해외 시장에 신속하게 신제품을 출시하는 것 또한 매우 중요하다. 이를 위해 해외 시장의 요구에 민

그림 12-6 미국 다국적기업 해외자회사의 연구개발 투자금액

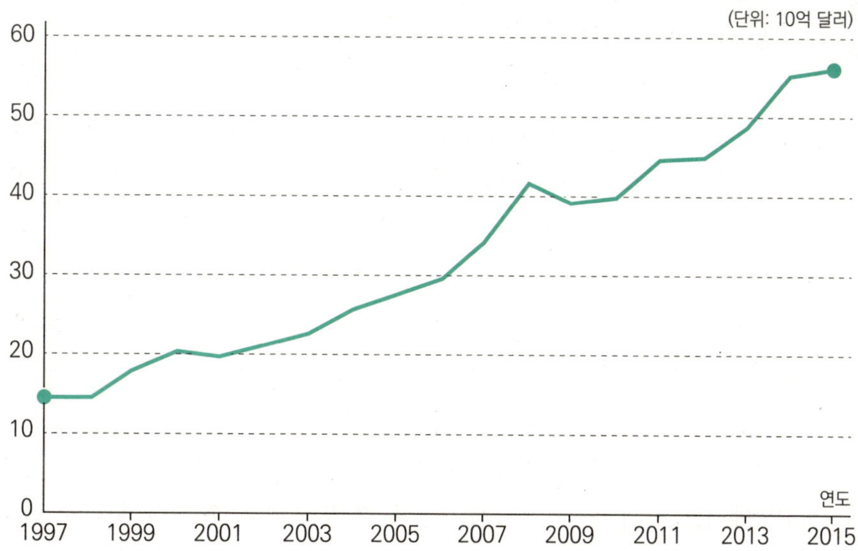

자료: Branstetter, L. G., Glennon, B., & J. B. Jensen, The Rise of Global Innovation by US Multinationals Poses Risks and Opportunities. *Policy Brief*, 19-9, Peterson Institute for International Economics, 2019, p. 2.

첩하게 대응할 수 있는 제품 개발 조직을 갖추어야 하며 해외에 연구소를 설립하는 것이 필요하다. 해외 연구소를 설립하여 현지 고객이 요구하는 바를 조사하고 이에 적합한 제품 개발을 할 수 있다.

셋째, 정부 변수다. 각국의 정부규제에 대응하기 위하여 해외 연구소 설립이 필요한 경우가 발생한다. 신약 판매를 위한 승인절차는 대부분 국가에서 매우 복잡한 것이 현실이다. 현지에 연구소를 설립하는 것이 현지 정부와 협력관계 속에 기술적인 규제를 풀어나가는 데 도움이 되는 경우가 많다. 또한 현지 연구소를 설립함으로써 현지 기술 인력을 양성하고 본사 기술을 현지로 이전시킨다는 긍정적인 이미지를 제공한다.

넷째, 기술 변수다. 정보통신기술의 발전으로 연구인력들이 전 세계적으로 흩어져 있어도 하나의 연구개발 프로젝트를 효율적으로 수행할 수 있는 시대가 되었다. 즉, 연구소가 전 세계 어디에 위치해 있어도 글로벌 데이터네트워크를 통하여 마치 한 연구소처럼 운영이 가능해졌다.

다섯째, 비용 변수다. 최근 들어 다국적기업의 연구개발 비용이 눈덩이처럼 확대되고 있다. 비용을 절감하기 위해서라도 중국이나 인도와 같이 인건비가 낮으면서 우수한 인력을 활용하려는 시도가 증가하고 있다. 다양한 국가의 기술 인력 집단을 활용하는 것이 기술혁신을 가속화시키기 위해서도 필요하고, 전체적인 비용도 절감할 수 있게 된다.

최근 들어 한국 기업들도 해외에 연구소를 신설하거나 확대하는 등 해외 연구개발 기능을 강화하고 있다. 해외 우수인력을 활용하고 현지 시장에 적합한 제품을 개발하여 글로벌 경쟁력을 제고시키기 위한 목적이다. 삼성전자는 중국 상하이에 디지털TV 개발을 위한 연구소가 있으며, 쑤저우에 반도체연구소가 있다. 미국 연구소에서는 원천기술 확보에 중점을 두고, 러시아 연구소는 기초과학, 인도는 소프트웨어, 영국은 통신기술 등 각 지역별 강점을 바탕으로 특화시키고 있다.

제6절 연구개발 글로벌화 목적

다국적기업이 연구개발을 글로벌화하는 목적은 다양하다. 앞서 설명한 배경 요인에서도 알 수 있듯이 크게 보면 두 가지로 나눌 수 있다. 하나는 글로벌 경쟁력을 지속적으로 유지하기 위한 기술 주도권 강화 목적이며, 다른 하나는 현지 시장에 효과적인 적응을 위한 제품 개발 목적이다. 여러 학자들과 관련 기관에서 연구개발 글로벌화를 다양한 목적별로 분류하려는 시도가 있었다. 그중 대표적인 두 가지를 살펴보겠다.

1. 쿠엠멜레의 분류

연구개발 글로벌화 목적에 관하여 많은 학자들의 연구가 있지만 쿠엠멜레의 연구가 대표적이다(Kuemmerle, 1997). 이 연구에서는 연구개발 글로벌화의 목적을 크게 두 가지로 분류하였다. 하나는 '본사 기술 활용형(home-base exploiting)'으로 해외 생산공장을 기술적으로 지원하거나 본국에서 개발된 제품을 현지 시장에 적합하게 적응시킬 목적으로 해외에 연구소를 설립하는 것이다. 다른 하나는 '본사 기술 강화형(home-base augmenting)'으로 외국 대학, 외국 연구소 등으로부터 새로운 첨단 기술지식을 확보해서 본사 기술을 강화시킬 목적으로 해외에 연구소를 설립하는 것이다.

1) 본사 기술 활용형

해외 연구소를 설립하는 일반적인 목적은 본사 기술을 활용하여 현지 시장 경쟁력 제고와 매출 확대를 지원하는 것이다. 구체적으로 세 가지 형태로 나타난다.

첫째, 해외 시장에 설립한 생산공장을 운영하는 데 필요한 기술을 지원하기 위한 목적이다. 해외 공장이 효율적으로 운영될 수 있도록 현지 연구소 기술인력이 생산 및 제품 관련 기술지원을 한다.

둘째, 본국에서 개발된 제품을 현지 시장의 특수한 환경 및 정부규제에 적응시키기 위한 기술을 지원하는 목적에서 설립한다. 예를 들어, 휴대전화 단말기를 현지국 기술표준에 적응시키든지, 신약의 현지 판매를 위한 임상실험을 하기 위한 것이다. 제품 판매 후 고객에 대한 기술 AS서비스 지원도 동시에 담당하는 경우가 많다.

셋째, 가장 적극적인 목적으로 현지 시장 소비자의 수요 및 요구를 파악하여 이에 적합한 제품을 신속하게 개발하기 위한 목적이다. 고객의 기호와 취향을 제대로 파악하기 위해서는 현지국에 밀착한 연구조직을 갖추어야 한다. 예를 들어, 파나소닉(Panasonic)은 상하이에 중국생활 연구소를 설립하고 냉장고나 세탁기를 보유한 적이 없는 중국 농촌 시장을 목표로 하여 크기를 줄이고 기능을 간소화시킨 저가형 제품을 개발하였다. 캐논(Cannon)은 중국연구소에서 품질이 좋지 않은 종이의 걸림을 최소화하는 중국형 복사기를 개발하여 저렴한 가격에 판매하였다.

표 12-4 쿠엠멜레의 연구개발 글로벌화 동기 분류

본사 기술 활용형	본사 기술 강화형
● 현지 공장 기술지원 ● 본사 제품 현지 적응 ● 현지 적합 제품 개발	● 해외 우수 기술 인력 확보 ● 해외 첨단정보 수집 및 공동연구개발

2) 본사 기술 강화형

해외에 연구소를 설립하는 두 번째 중요한 목적은 선진국 시장에서 최신의 혁신적 기술과 지식을 확보하여 그간 본사에서 축적해 온 기술을 최대한 강화하려는 것이다. 새로운 기술을 확보하기 위해서는 첨단기술 정보가 풍부한 장소에 접근해야 한다. 연구개발 인프라 수준, 첨단 연구인력의 풍부성, 현지 대학 연구 수준, 현지국 정부규제 및 요구사항 등이 연구소 입지 선정 시 고려하게 되는 주요 요소들이다.

첫째, 첨단 기술과 지식을 수집하기 위해서 우수한 해외 기술 인력을 확보하는 것이 해외 연구소 설립의 주된 목적이다. 이를 위해서 우수 인재들이 많이 활동하고 있는 지역 또는 국가에 연구소를 설립한다. 미국, 영국, 이탈리아, 독일 등 선진국이 주요 투자 대상국이 된다. 이스라엘과 같은 국가에서도 시장은 작지만 우수 연구인력이 풍부하여 IBM 등 많은 다국적기업들이 연구소를 운영하고 있다. 최근에는 개발도상국도 연구소 설립의 대상국이 되기도 한다. 예를 들어, 인도는 특히 SW 연구인력이 풍부하여 IT 관련 분야 다국적기업이 연구개발센터를 설립하

그림 12-7 본국과 해외 연구소 간 정보흐름

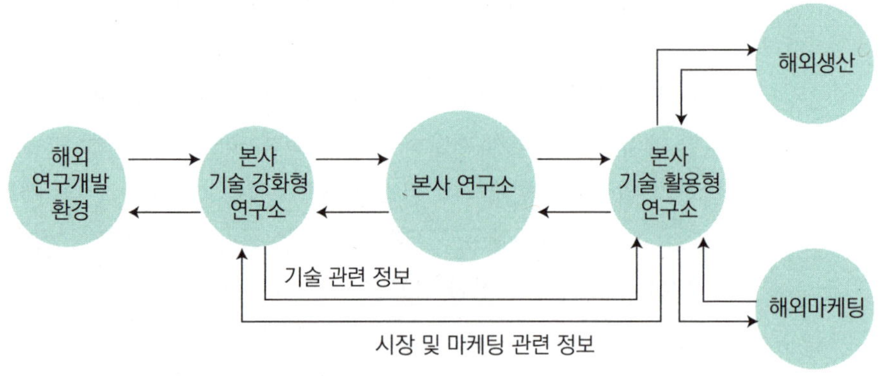

자료: Kuemmerle, W. (1997), "Building Effective R&D Capabilities Abroad," *Harvard Business Review*, 75(2), pp. 61–70.

는 주요 대상국이 되었다. 뱅갈로르를 비롯해 첸나이, 뭄바이, 델리 등에는 IBM, HP, TI(Texas Instrument), 필립스 등 150여 개의 다국적기업들이 진출하여, 연구개발 센터와 현지 생산공장을 설립했다. 중국도 현지 대학을 졸업한 우수한 공학 인력이 풍부하고 선진국에서 공부하고 귀국한 인재들이 증가하고 있다. 게다가 인건비가 저렴하여 인재확보를 위한 연구소 설립이 대폭 확대되고 있다. 도입사례에서 이러한 추세를 잘 보여준다.

둘째, 선진국의 우수한 대학이나 연구소, 연구 클러스터 주변에 해외 연구소를 설립하여 최첨단 기술정보를 파악하고 필요한 경우 공동연구를 진행한다. 실리콘밸리와 같은 첨단 기술정보가 풍부한 장소에 연구소를 위치시킴으로써 첨단정보 수집이 가능하다. 또한 인수합병의 대상이 되는 기술집약 벤처기업에 대한 정보를 수집하고 기회가되면 인수가능성을 검토한다. 산학연 공동연구가 활발히 일어나는 연구 클러스터지역에 위치하면 현지 첨단 기술개발 프로젝트에 공동참여가 가능하다.

2. 썬의 분류

썬은 해외 연구소의 역할을 크게 두 가지로 나누었다. 전략적(strategic) 연구개발 목적의 연구소와 다른 하나는 전술적(tactic) 연구개발 목적의 연구소다(Sun, 2003).

전략적 연구개발을 하는 연구소는 글로벌 시장을 대상으로 중장기적 시각에서 창의적(creative) 핵심기술, 기초연구를 하는 데 비하여, 전술적 연구개발을 하는 연구소는 단기적 관점에서 현지 시장에 적합한(adaptive) 제품 개발 관련 응용연구에 집중한다. 전자는 연구활동이 창의적, 독립적으로 이루어지는 데 반해, 후자는 사업부의 해외 활동을 지원하는 역할을 수행하게 된다.

본사와 연계관계에서 볼 때 전자는 본사 연구소와 긴밀한 연계 관계를 유지하고, 이들의 연구가 글로벌 경쟁력에 직결되므로 CEO의 관심이 크다. 반면 후자는 본사의 제품사업부와 연계가 강하고, 해외에서는 현지 생산법인이나 판매법인과 연계하여 연구가 진행된다. 또한 전자는 글로벌 우수 기술인재를 활용하여 첨단기술을 확보하려는 노력이 이루어지고, 후자의 경우는 현지 기술 인력을 활용하여 현지 시장 개척을 위한 현지 제품 개발과 개선에 목적이 있다.

앞서 살펴본 구엠멜레의 분류와 비교하자면 전자는 본사 기술 강화형에 해당되며, 후자는 본사기술 활용형에 대응된다.

제7절 글로벌 연구개발 네트워크 운영 전략

연구소 글로벌 네트워크를 효율적 운영하는 가장 중요한 방법은 본사 연구소와 해외 연구개발거점 간 원활한 정보 공유체계를 구축하는 것이다. 연구인력들 간의 정보를 공유하고 이를 바탕으로 협력하는 것이 연구개발 생산성 및 시너지를 제고하는 데 필수적인 요소다.

피앤지는 세계 주요 시장에 있는 연구개발거점 간 협력을 통하여 제품개선을 시도하여 성공한 사례로 유명하다. 피앤지는 미국, 유럽, 일본에 연구소가 있으며 이들 연구소에서는 현지 시장 고객의 요구에 맞추는 연구를 진행하고 있었다. 세탁세제 품목의 경우 개별 시장의 요구에 맞춘 연구를 진행하다보니 시장별로 차별적인 제품 개발이 이루어졌다. 예를 들어, 독일 연구소에서는 세제에 포함되어 있는 포스페이트(phosphate)라는 백화성분이 강을 오염시킨다는 환경단체의 항의에 대응하여 대체물질을 개발하였다. 반면 일본 연구소에서는 일본소비자들이 미지근한 물에 세탁하는 습관이 있다는 점을 알아내고 미지근한 물에도 때가 잘 빠지는 세제를 개발했으며, 미국 연구소에서는 흙먼지가 옷에 찌들지 않게 하는 세제를 만들었다. 피앤지는 이들 연구소 간의 협력체제를 구축하고 각 연구소에서 개발해낸 성분을 종합하여 새로운 액상세제인 타이드(Liquid Tide)라는 글로벌제품을 개발하였다. 그리고 이를 대량생산하여 글로벌 시장에 동시 공급하는 체제를 구축하였다.

해외에 분산되어 있는 연구개발 거점들 간에 효율적으로 정보를 공유하고 정보 활용이 제대로 이루어질 수 있게 운영하는 방안은 무엇인가? 주기적인 회의 또는 세미나 개최, 연구소 간 의사소통 활성화와 이를 촉진하는 기업문화의 증진, 해외 출장을 통한 연구 인력간 사회화, 프로젝트팀 조직 활용, 연구소 간 직무순환 등 다양한 전략들이 필요하다. 디메이어는 수천 명의 연구개발 인력을 운영하는 다국적기업 연구개발부서의 의사소통에 대한 연구를 하였다. 그는 연구소 글로벌 네트워크 조직을 효율적으로 운영하기 위하여 다음과 같은 다섯 가지 전략을 제시했다(De Meyer, 1991).

표 12-5 연구개발 글로벌 네트워크의 효율적 운영 방안

1. 공식적 의사소통 체제 구축
2. 비공식채널이 활성화된 글로벌 기업문화 구현
3. 연구조정 스태프의 임명
4. 분야별 연구개발 부서장에게 글로벌 연구조정 역할 부여
5. 효율적 글로벌 정보네트워크 구축

1. 공식적 의사소통 체제 구축

다국적기업들은 대부분 연구소 간 공식적 의사소통을 활성화하기 위한 제도와 절차 등을 갖추고 있다. 이는 대개 다음의 네 가지 방식으로 구분된다. 첫째, 기술개발과 관련하여 연구과정과 결과를 반드시 보고서와 문서로 작성하게 하며 연구소 간 이를 상호 공유하는 시스템을 구축한다. 둘째, 여러 국가에서 일하는 연구 인력들이 연구기획과 진행 과정에 서로 참여할 수 있는 시스템을 개발한다. 이를 위하여 각 연구소 연구진행 과정이나 연구결과에 모든 연구 인력이 접근 가능한 데이터베이스를 구축한다. 셋째, 연구소 간 정보공유를 위한 주기적인 세미나와 회의를 공식적으로 개최한다. 여기서 각 해외 연구소별 연구진척 상황에 대한 정보를 교환하게 된다. 넷째, 본사 및 해외 연구소 간 연구주제별 프로젝트팀을 활성화시킨다. 예를 들어, 월풀(Whirlpool)은 냉장고 신형 모델을 개발할 때 여러 지역 연구소에서 개발된 기술들을 융합하여 글로벌 시장에 판매할 수 있는 모델을 개발하였다. 미국 연구소의 생산/디자인 기술, 유럽 연구소의 분리기술, 브라질 연구소의 냉매압축 기술을 결합하여 최상의 글로벌제품을 생산하였다. 이러한 연구성과는 연구거점 간 프로젝트팀을 효율적으로 활용한 결과였다.

2. 비공식채널이 활성화된 글로벌 기업문화 구현

일부 기업들은 비공식조직을 활성화시키는 노력을 통하여 연구개발 정보를 공유시킨다. 조직 내 정보의 소유가 힘의 원천이 되는 분위기를 지양하고 다른 직원과 많은 정보를 공유하는 사람이 회사 내에서 인정받는 조직(학습조직)을 만드는 전략이다. 각자가 갖고 있는 정보를 서로 공유하는 가족과 같은 분위기를 만들기 위해서 다음과 같은 방법이 활용된다.

첫째, 연구원들에게 해외 출장 기회를 많이 주는 방법이다. 어느 다국적기업은 해외 출장비가 연구예산의 3~7%에 달한다고 한다. 해외 연구소에 방문할 때는 현지 연구인력과 비공식적인 모임을 주선하는 것은 필수이다. 이러한 비공식적 관계 유지가 자유로운 정보 공유의 출발점이 된다.

둘째, 연구인력의 일부를 해외 연구소에 일시 파견하는 방법이다. 파견기간은 1년 이상이 바람직하다. 적어도 1년 이상은 되어야 호텔생활에 머물지 않고 현지에 정착하게 된다. 현지 정착하는 과정에서 현지 인력의 도움을 받고 그들과의 관계가 돈독해질 수 있다.

셋째, 장기적으로는 연구인력들에게 본사 및 해외 연구소 간 직무순환을 시킴으로써 글로벌 기업문화를 확산시킬 수 있다. 다양한 국적의 인력 간 의사소통이 활발히 일어나고 다문화 팀워크가 활성화된다.

넷째, 동질의 기업문화를 강화하는 표준화된 규칙을 사용하는 것도 좋은 방안이다. 서로 다른 지역의 연구인력에 대한 동일한 교육시스템을 적용하며, 작업을 수행하는 과정이나 문서화 작업을 표준화시킨다. 품질에 대한 표준도 일치시킴으로써 연구소 간 경쟁을 유도하고 소속감을 불러일으킨다.

3. 연구조정 스태프의 임명

연구소 간 벽을 깨고 연구개발 정보공유를 촉진시키기 위해서 글로벌 조정 임무(boundary spanning roles)를 담당하는 본사 스태프를 공식적으로 임명하는 방법이 있다. 이 본사 스태프의 직함은 글로벌 연구조정관, 글로벌 기술조정관 등이 될 수 있다. 이 스태프는 연구소들의 연구개발 노력을 장려하고 연구소 간 의사소통을 원활히 할 수 있는 조직화에 대한 책임을 진다. 발표회, 세미나 등을 개최하여 연구소 간 정보공유를 촉진하고 협업이 원활하게 이루어질 수 있도록 조정하는 역할을 수행한다.

글로벌 연구조정 스태프는 높은 직급과 기술적 지식을 보유한 인물이 적합하다. 해외 연구소 내에 어떠한 비공식조직이 있고 누가 무슨 정보를 갖고 있는지를 파악하고 있는 인물이어야 한다. 일종의 외교대사와 같은 역할을 해야 한다. 해외 연구소는 본사 연구소에 자신의 의견을 전달할 수 있는 책임있는 대리인을 필요로 하는데, 바로 연구조정 스태프가 해외 연구소의 요구사항 및 불만을 전달하는 역할을 하게 된다.

4. 분야별 글로벌 연구책임자

연구개발 네트워크가 글로벌화됨에 따라 본사 연구개발센터 고위책임자의 역할이 특정 국가 연구개발 담당자가 아니라 글로벌 연구개발 네트워크의 조정자로 변화한다. 글로벌 연구개발 책임자는 분야별로 전 세계 연구개발 네트워크를 조정하는 일을 하게 된다. 연구조정 스태프가 아닌 해당 분야 글로벌 연구개발 업무에 공식적 책임을 진다. 분야별 글로벌 연구책임자는 본사만이 아니라 핵심센터의 역할을 맡고 있는 해외 연구소가 담당할 수도 있다.

파나소닉(구 마쯔시다)의 글로벌 연구개발 전략을 보자. 일본 히라카다에 위치한 연구개발 본사에 있는 연구책임자들은 분야별로 신제품 개발, 생산기술 개발 등 연구개발 업무를 담당한다. 본사의 연구개발 임원들은 분야별로 전 세계적으로 15개 연구개발거점을 통할하는 역할을 한다. 해당 분야별로 글로벌 관점에서 연구개발 주제를 결정하고, 결과를 평가하며, 연구개발거점 간 연계관계를 지속적으로 끌고 가는 역할이다. 이들은 기획담당 고위임원과 협조하면서 분야별 전사적 연구개발 과제를 선정하고 이를 각 해외 거점에 분배하게 된다. 이 과정에서 파나소닉이 장기적으로 필요로 하는 기술적 능력과 본사 및 해외 연구소가 현재 보유하고 있는 기술개발 능력에 대한 충분한 이해가 요구된다.

파나소닉 연구개발 본사는 분야별로 해외 연구인력들과 회사의 기술개발 현황에 대한 정보를 교환하는 회의를 1년에 2, 3회 개최한다. 특히 이 회의에서는 생산부서나 마케팅부서에서 근무하는 직원들을 참여시켜 파나소닉의 현재 및 미래 시장 동향에 대한 정보를 제공한다. 또한 연구개발부서, 마케팅부서, 생산부서가 동시 참여하는 프로젝트에 대한 논의를 유도하기도 한다. 어떠한 아이디어가 파나소닉의 미래에 적합한 것인지, 아이디어를 어떻게 제품으로 전환시킬 수 있을 것인지 등에 대한 토론이 이루어진다.

5. 효율적 글로벌 정보네트워크 구축

최근에는 인터넷 통신, 화상통화 시스템 등 원격지에서 의사소통할 수 있는 통신수단들이 다양하게 발달하였다. 직접 대면하지 않고도 필요한 정보를 교환할 수 있는 환경이 잘 조성되었다. 대부분 기업들이 다양한 의사소통 수단을 내재하고 있는 글로벌 정보통신 네트워크를 구축하고 있다. 지역적으로 널리 분산된 기업이라도 정보통신 네트워크를 잘 활용하면 중앙 집중화된 기업이 누릴 수 있는 글로벌 연구개발 업무의 효율성을 확보할 수 있다.

HP는 전 세계 연구개발 활동을 연계시키기 위하여 인터넷, 위성통신을 통한 정보처리기술을 활용한다. HP는 글로벌 연구소 연구진들로 구성된 신기술개발팀을 운용한다. 신기술 또는 신제품을 개발할 때 기업 내 데이터 네트워크 및 영상통화를 이용하여 수시로 접촉하며 정기적 회합을 갖는다. 이러한 통신수단의 발전은 글로벌하게 진행되는 연구개발 활동을 통합시키며 신기술 개발에 소요되는 시간을 단축시키게 된다.

마감사례

로레알 글로벌 연구혁신 네트워크와 일본 연구혁신센터

로레알(Loreal)은 1909년 프랑스 화학자 유진 슈엘러가 세운 기업으로 2023년 매출이 411억 8천만 유로(약 58.2조 원)에 달하는 세계 최대의 화장품 그룹이다. 랑콤, 슈에무라, 메이블린뉴욕, 비오템 같은 브랜드들이 이 회사 소속이다. 매년 매출의 3.5~4%를 연구개발(R&D)에 투자한다. 중앙일보 2013년 3월 26일자 "'로레알재팬' R&I센터 가보니"라는 제목의 기사는 글로벌 화장품 기업인 로레알의 일본 연구혁신센터를 자세하게 소개하고 있는데, 이를 요약해서 소개하면 다음과 같다.

연구센터에 들어서자 화장품 향기가 코끝을 자극한다. 흰 가운을 입고, 위생 모자를 쓰고 눈을 보호하기 위한 고글까지 착용해야 연구실에 들어갈 수 있다. 실험 기구들 사이에는 흰색 통이 빼곡히 쌓여 있다. 통 안에는 '포뮬라(화장품을 구성하는 원재료 배합물질)'가 들어 있다. 전 세계에서 수집한 원료만 1,000여 개에 달한다. 연구센터에서 근무하는 연구인력 700여 명은 동양인의 피부톤·화장법 등을 반영한 제품을 만들고 있다.

일본 도쿄에서 자동차로 50분 거리인 가나가와(神奈川)현 가와사키(川崎)시. 로레알 그룹의 아시아 전진 기지인 로레알재팬 R&I(Research & Innovation) 센터가 자리 잡고 있다. 로레알 그룹은 단순한 연구개발(R&D)을 넘어 혁신을 이끌겠다는 뜻으로 R&D센터를 'R&I 센터'로 부른다.

스테판 오르티즈 로레알 아시아 R&I 총괄디렉터는 "재팬 R&I센터는 그룹의 핵심 전략인 '지오코스메틱(Geo-cosmetic)'이 압축적으로 반영된 곳"이라고 말했다. 지오코스메틱은 지질학(지올로지)과 화장품(코스메틱스)의 합성어로, 백인, 흑인, 아시아인 등 인종별로 각기 다른 피부 타입에 맞는 화장품을 개발하는 '지역별 맞춤 전략'이다.

실제로 이곳의 속눈썹 평가센터(Evaluation Center)에선 속눈썹 확대 촬영 기계를 통해 아시아인의 특징을 파악한다. 미카 이누 로레알 재팬 R&I 총괄디렉터는 "2011년 일본 여성 2,000여 명의 속눈썹 길이, 방향, 두께 등을 연구한 결과 아시아인은 서양인에 비해 속눈썹 길이가 짧을 뿐 아니라 아래쪽을 향해 자라는 것을 확인했다"며 "이런 결과를 토대로 속눈썹을 더 '길게', 위로 '말아올리고' 싶어하는 아시아 여성의 요구에 맞는 제품을 개발했다"고 말했다. 이 같은 과정을 거쳐 로레알 재팬 연구센터에서 내놓은 마스카라 제품은 한국, 일본, 홍콩 등 아시아 시장에서 300만 개 이상 팔렸다.

피부 광 평가센터도 아시아 여성을 위한 맞춤형 실험실이다. 삼바(Samba)라는 특수 기계를 이용해 피부 번들거림을 비교 평가한다. 물광, 윤광뿐 아니라 매트(촉촉한 느낌 없이 건조한 상태)한 화장 등 아시아 여성들이 원하는 피부 상태를 찾아주기 위해서다. 올티즈 디렉터는 "평가 결과를 보면 아시아 여성은 서양인들과 비교할 수 없을 정도로 물기를 머금은 듯한 촉촉한 피부를 원한다"며 "같은 아시아인이라도 한국, 일본인들은 상대적으로 흰 피부를, 동남아시아인들은 붉은 피부를 선호하는 편"이라고 말했다.

비커에 담긴 인공 피부는 로레알 연구센터만의 혁신 요소다. 가로, 세로 1cm 정도 정사각형 모양을 하고 있는 이 인공피부는 사람 피부와 똑같은 각질층과 면역체계를 지니고 있다. 연구 직원들은 스포이드를 이용해 인공피부에 화장품을 떨어뜨려 실험을 하고 있었다. 이누 디렉터는 "인공피부야말로 로레알의 기술 수준을 보여주는 정수"라며 "이미 유럽 등지에서 금지하는 추세인 동물실험을 굳이 하지 않아도 화장품의 효능과 안정성을 실험하는 데 무리가 없다"고 밝혔다.

2024년 11월 26일 방문한 로레알그룹 홈페이

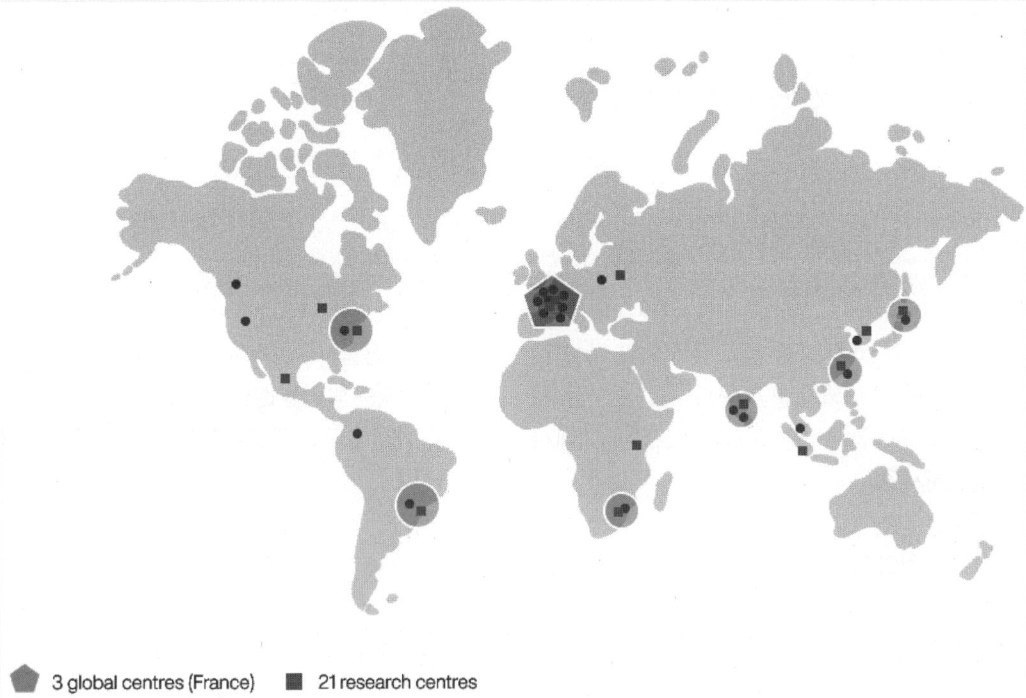

자료: 로레알그룹 홈페이지(https://www.loreal.com/)

지를 보면, 위에서 소개된 로레알재팬의 연구혁신센터는 로레알그룹의 글로벌 연구개발네크워크의 한 부분이라고 할 수 있다. 로레알그룹은 글로벌 연구시설(research facilities)을 연구(혁신)센터, 평가센터, 지역허브, 글로벌 센터 등 네 가지 유형으로 구분하여 조직화하고 있다.

먼저 일본 연구혁신센터와 같은 연구센터(research centres)가 프랑스에 8곳, 한국, 일본, 미국, 중국 등 전 세계 13개 등 총 21개가 있다. 그리고 위 사례에서 언급된 일본 속눈썹 평가센터와 같은 평가센터(evaluation centres)가 프랑스, 미국, 멕시코, 중국, 한국, 인도, 일본 등 7개 국가에 13개가 있다. 또한 미국, 일본, 중국, 인도, 브라질, 남아공 등 6개 국가에는 각 국가에 소재하는 연구센터와 평가센터를 지역별로 조정하는 지역허브(regional hubs 또는 regional poles)가 소재하고 있다. 그리고 프랑스에는 로레알그룹의 전 세계 연구개발 조직들을 총괄하는 글로벌 센터(global centres)가 3개가 설치되어 있는데, 이들은 로레알그룹의 글로벌 연구개발 활동을 제품군 등으로 묶어서 총괄조정하는 역할을 담당한다.

참고자료: 로레알그룹 글로벌 홈페이지(https://www.loreal.com/) 2024년 11월 26일 방문; 중앙일보, "'로레알재팬' R&I센터 가보니", 2013년 3월 26일자 및 등을 참조하여 저자 편집.

질문

1. 로레알 일본 연구혁신센터의 목적은 무엇이라고 생각하는가?
2. 로레알 일본 연구혁신센터는 아시아 지역의 고객들을 대상으로 연구 및 혁신 활동을 수행하고 있지만, 그 활동은 로레알의 글로벌 차원의 핵심 역량에 기반하고 있다. 사례에서 로레알 일본 연구혁신센터가 활용하고 있는 로레알의 글로벌 차원의 핵심 역량 두 가지를 찾아보시오.

3. 로레알 홈페이지(www.loreal.com)를 방문해서 로레알 R&I 글로벌 조직 현황을 조사해보시오. 한국 로레알 연구개발조직의 위상에 대해서 조사하여 발표하시오. 한국 로레알 연구개발 조직의 글로벌 위상을 제고할 수 있는 방안은 무엇인가?

토의과제

1. 글로벌 생산입지 선정 시 고려해야 할 다섯 가지 요인들에 대해서 설명하시오.
2. 글로벌 생산입지 선정 종합평가 모델에 대해서 설명하시오.
3. 글로벌 생산거점의 배치 전략에서 집중배치와 분산배치의 각각의 장점에 대해서 설명하시오.
4. 다수의 해외 생산거점 간 글로벌 조정의 여섯 가지 전략에 대해서 설명하시오.
5. 글로벌 공급사슬관리 체계를 효과적으로 구축할 수 있는 방안을 설명하시오.
6. 연구개발활동의 글로벌화 배경에 대해서 설명하시오.
7. 쿠엠멜레의 연구개발 글로벌화의 목적의 두 가지 유형에 대하여 설명하시오.
8. 글로벌 연구개발 네트워크 운영전략에 대해서 설명하시오.

Chapter 13

글로벌 마케팅 전략

학습목표

1. 글로벌 표준화 전략과 현지 적응 전략을 비교한다.
2. 제품의 현지 적응과 글로벌 표준화에 대해 학습한다.
3. 글로벌 광고전략의 이슈를 검토한다.
4. 글로벌 가격전략의 이슈를 찾아본다.
5. 유통전략의 현지 적응에 대해 알아본다.

도입사례

한국기업의 해외 '숏폼 마케팅'과 '디테일 마케팅'

숏폼 해외 마케팅 사례와 성공 팁

디지털인사인트는 2023년 5월 26일자 "숏폼으로 해외 마케팅 성공하는 꿀팁 3가지"라는 제목의 기사를 통해서 짧은 영상 콘텐츠인 숏폼을 활용한 한국기업의 해외마케팅 사례를 소개하며, 성공을 위한 세 가지 팁을 제시하고 있다.

첫째, "무조건 재미있게!"이다. 동 기사는 스킨케어 브랜드 코스알엑스의 숏폼 해외마케팅 사례를 소개하고 있다. 코스알엑스는 "숏폼과 함께 자사의 주요 제품군인 '스네일 듀오'를 활용한 '#SnailDuoShot(스네일듀오샷)' 챌린지를 진행했다. 이 챌린지는 제품의 마시멜로우 같은 제형 특징을 모티브로 기획해 화면 속 제형이 늘어남에 따라 이용자의 얼굴도 함께 늘어났다 줄어드는 AR(증강현실) 효과로 재미를 줬다." MZ세대의 공통분모인 새로운 경험과 재미에 대한 관심을 극대화하며 제품의 효능까지 효과적으로 부각한 것이다. "해당 숏폼 캠페인은 글로벌 소비자와 소통하며 제품과 브랜드를 알리는 데 일조했다"며, "동남아 4개국(인도네시아, 말레이시아, 필리핀, 싱가포르)을 대상으로 진행되어 조회수 1억 회 및 2만5천 개에 달하는 크리에이션(관련 영상 생성 수)을 달성하는 등 큰 인기를 얻었다"고 한다.

둘째, "K-팝 팬덤 공략!"이다. 기사는 온라인 팬덤 플랫폼인 위버스의 K-팝 팬덤을 공략하는 숏폼 마케팅을 소개하고 있다. 위버스는 "2022년 개최된 'BTS Yet To Come in BUSAN' 콘서트에 앞서 '#on_Weverse_LIVE(온위버스라이브)' 캠페인을 진행했는데, 콘서트 타이틀과 위버스 라이브 화면, 채팅, '좋아요' 등의 효과와 함께 숏폼 영상에 카운트다운 기능을 적용, 콘서트를 기다리는 전 세계 팬들의 기대감을 극대화했다." 숏폼을 활용한 이 "캠페인은 5,200만의 조회수와 함께 1만 개 이상의 크리에이션을 생성하며 국내와 더불어 멕시코, 인도네시아 등지에서 화제를 일으켰다"고 한다.

셋째, "글로벌 축제 적극 노릴 것!"이다. 동 기사는 2022 카타르 월드컵의 오피셜 파트너였던 현대자동차의 숏폼 해외마케팅을 소개하고 있다. 현대자동차는 "월드컵 이슈를 활용한 '#TeamCentury12(팀센추리12)' 챌린지를 진행했는데, 캠페인은 2명 이상이 어깨동무하고 춤을 추는 모습을 통해 '우리의 연대'를 표현하며 팀 센추리에 12번째 멤버로 동참하라는 메시지를 담아냈다. 팀 센추리에는 아이돌 그룹 방탄소년단(BTS)까지 멤버로 참여해 무려 100억회 이상의 캠페인 조회수를 달성하며 이용자의 관심을 불러일으켰다"고 한다.

해외 '디테일 마케팅' 성공 사례

서울경제신문은 2016년 7월 12일자 "인도에선 '모기 쫓는 TV' … 필리핀선 '수륙양용 굴착기' … 해외 '디테일 마케팅' 대박"이라는 제목의 특집기사를 통해서 한국기업의 독특한 해외마케팅 사례를 소개하고 있다. 그 내용은 글로벌 경기 침체와 중국 브랜드들의 추격에 대항해 기업들이 해외 시장에서 이른바 '디테일 마케팅'으로 내놓은 제품들이 잇따라 '대박'을 터뜨리고 있다는 것이다. 단순히 가격이나 품질로 경쟁하기보다는 현지 특성에 꼭 맞는 '플러스 알파(제품·서비스)'를 통해 경쟁력을 갖춘 것이 주효했다.

LG전자가 2016년 인도에서 출시한 '모기 쫓는 TV(Mosquito Away TV)'는 실용적인 기능으로 인기를 끌고 있다. 전원을 끈 상태에서도 초음파가 나와 자동으로 모기를 쫓아준다. 고온다습한 기후로 모기가 1년 내내 창궐하는 인도의 지역 특성에 착안한 '맞춤형 모델'이다.

건설경기 침체로 중장비 판매에 골머리를 앓던 두산인프라코어는 2016년 필리핀에서 활로를 찾았다. 습하고 지반이 약해 일반 굴착기가 다니기 어려운 현지 사정을 감안해 수륙양용 굴착기를 만든 전략이 효과를 냈다. 러시아 같은 냉대 기후 지역에는 윤활유 등이 쉽게 얼지 않는 굴착기를 팔고 있는데 시황 악화를 이겨내기 위한 미세 특화 전략이 대부분 선전하고 있다.

중견 가전사인 동부대우전자는 물이 귀한 중동 지역을 겨냥해 외부인이 물이나 음식을 함부로 가져가지 못하도록 만든 '자물쇠 냉장고'로 200만 대 가까운 제품을 판 데 이어 전통 의복인 히잡을 빨 수 있는 '히잡 세탁기'를 출시, 인기를 끌고 있다. 삼성과 LG에 치여 국내 시장에서 고전하는 것과 달리 중남미나 중동 같은 지역 특화 제품을 강화하며 수출 비중을 80%까지 끌어올렸다.

'디테일' 제품 개발과 마케팅으로 엄청난 판매량을 올리는 품목도 있다. 현대자동차의 브라질 전용 모델인 'HB20'은 2016년 상반기 5만 5,925대가 팔리며 판매순위 2위에 올랐다. 브라질은 혼합 연료를 쓸 수 있는 차가 잘 팔리는데 바이오 에탄올과 가솔린을 동시에 사용할 수 있는 'HB20'가 경쟁력을 갖고 있는 것이다.

삼성전자는 신흥 시장 공략에 박차를 가하기 위해 최근 음악을 강조한 인도 시장 특화 TV인 '조이비트'를 출시했다. TV 시청 시 주변 소음이 상대적으로 큰 주거 환경에 착안해 기본 스피커 외에 높은 소리를 담당하는 스피커인 트위터가 추가된 것이 특징이다. LG전자도 인도인들이 음악을 즐겨 듣는다는 점에 착안해 2013년 사운드를 강화한 '재즈 TV'를 처음 선보인 후 현지 맞춤형 기능들을 강화해왔다. 현지인들이 즐기는 문화를 반영해 특별한 기능도 TV에 담았다. 삼성전자는 축구를 좋아하는 중남미 시장에서는 '사커 모드'를, 캐나다에서는 '아이스하키 모드', 호주와 뉴질랜드에서는 '럭비 모드', 인도에서는 '크리켓 모드' 기능을 넣었다. 나라별로 좋아하는 스포츠에 맞게 경기장 색감을 살려주고 관중석 반응을 멀티 서라운드 음향으로 전달한다. 이 밖에도 벌레가 많은 동남아 지역에서는 TV 뒷면의 구멍을 작게 만들고 한류 열풍이 강한 태국이나 베트남 고객을 겨냥해서는 K팝 채널 서비스를 하는 특화 전략을 내세우고 있다.

디테일마케팅의 제품 범위도 넓어지고 있다. 세탁기와 정수기 등은 벌써 일부 해외 시장에서 약진하고 있다. LG전자는 인도의 정수기 설치나 사후관리 직원들에게 깔끔한 유니폼을 제공하고 철저하게 친절 교육을 시켜 프리미엄 정수기 시장을 공략했다. 애벌빨래 기능으로 히트를 친 삼성전자의 '액티브워시'는 신흥 시장을 겨냥해 내놓았다가 대박을 터뜨리면서 글로벌 시장으로 향한 경우다. '액티브 워시'는 원래 2014년 인도 시장을 겨냥해 출시된 제품으로 인도에서는 세탁기 위에서 셔츠의 소매나 칼라를 애벌빨래하거나 섬세의류를 별도로 욕실에서 손빨래하는 것에서 착안한 것이다.

동부대우의 '자물쇠 냉장고'는 중동 현지인들의 생활 특성을 파악, 외부인이나 아이들이 함부로 물이나 음식물을 꺼내지 못하도록 냉장고에 자물쇠를 장착해 195만 대의 누적 판매를 기록했다. 이 제품은 이 회사 중동 지역 냉장고 매출의 절반 이상을 차지할 정도로 수출 효자 제품으로 거듭났다. 동부대우는 지난해 인도네시아에서 현지 전통의상 '바틱'을 쉽게 세탁할 수 있는 '바틱케어 세탁기'와 전통음식 '아얌고랭'을 버튼 하나로 만들 수 있는 '아얌고랭 오븐'을 출시하기도 했다.

현대·기아차도 글로벌 자동차 메이커들과의 경쟁에서 살아남기 위해 지역의 기후 및 특성에 맞는 제품을 선보이고 있다. 중국형 아반떼(ADc), 스포티지(KX5) 등에는 대기오염 악화에 따라 오염물질의 실내 유입 차단 및 공기정화 기능이 있는 '공기청정 시스템'이 탑재됐다. 도로 사정이 좋지 않은 중국 현지 시장의 특성을 반영해 국내 차량 대비 지상고를 10mm 높이기도 했다. 현대차가 러시아 공장 가동과 함께 2011년부터 현지 전략 모델로 판매하고 있는 소형차 쏠라리스는 러시아의 춥고 겨울이 긴 환경적 요인과 러시아 특유의 운전문화를 반영한 사양이 적용됐다. 기온이 낮은 곳에서도 시동을 잘 걸 수 있는 배터리와 눈이 많은 기후적 특성을 고려해 4ℓ의 대용량 워셔액 탱크 및 타이어의 머드 가드를 기본으로 적용했다. 쏠라리스는 러시아 전 차종에서 1위를 차지하는 기염을 토했다.

무역협회의 한 관계자는 "해외 시장 공략에서 철저한 시장분석을 통한 지역별 세분화 전략이 더욱 중요해지고 있다"며 "현지인들의 생활 속으로 직접 뛰어든 만큼 매출이 늘어난다고 보면 된다"고 전했다.

참고자료: 디지털인사인트, "숏폼으로 해외 마케팅 성공하는 꿀팁 3가지", 2023년 5월 26일자; 서울경제, "인도에선 '모기 쫓는 TV' … 필리핀선 '수륙양용 굴착기' … 해외 '디테일 마케팅' 대박", 2016년 7월 12일자.

질문

1. 숏폼이 단순히 짧은 영상 콘텐츠를 넘어 글로벌 시장에서 강력한 마케팅 수단이 될 수 있다고 생각하는가? 위 기사에서 소개된 사례 이외에 숏폼을 활용한 글로벌 마케팅 사례가 있다면 그 내용과 성과를 설명하시오. 위 기사에서 언급된 숏폼 해외마케팅을 위한 세 가지 성공 팁 이외에 추가로 제시하고 싶은 팁이 있으면 발표해보시오.
2. 위 사례의 두 번째 주제인 해외 시장 진출 한국기업의 디테일마케팅 및 미세특화전략이라는 용어를 사용하고 있다. 디테일마케팅과 미세특화전략의 핵심은 무엇이라고 생각하는가? 본원적 경영전략인 표준화 전략과 차별화 전략 그리고 틈새 시장전략(특정 세분 시장에 대한 차별화 전략)과 어떠한 관련성이 있다고 보는가?
3. 디테일마케팅과 미세특화전략의 가장 큰 장점은 무엇인가? 한국기업이 해외 시장에서 디테일마케팅 및 미세특화전략을 구사할 때 직면할 수 있는 가장 큰 문제는 무엇이며 그 극복 방안은 무엇이라고 생각하는가?

제1절 글로벌 마케팅 전략 딜레마

1. 현지 적응 대 글로벌 표준화

1983년 레빗(Levitt) 교수의 교수는 논문 "The Globalization of Markets"라는 논문에서 세계 시장이 기대 이상으로 글로벌화되고 있다고 주장하였다(Levitt, 1983). 다국적기업들은 과거의 현지 적응 마케팅 전략보다는 표준화된 글로벌 마케팅 전략으로 전환해야 한다는 것이다. 이러한 레빗 교수의 주장은 당시에 논란을 일으켰고, 지지와 비판을 동시에 받았다. 그간의 환경변화를 살펴보면 세계 시장이 글로벌화되고 있다는 것은 누구도 부인할 수 없는 사실이다. 그러나 다른 한편으로 국가별 소비자들의 취향이 아직 서로 다르다는 점도 인정해야 한다. 이와 같은 논란 속에서 해외 시장 마케팅 담당자는 글로벌 마케팅 믹스를 어느 정도 표준화(standardization)할 것인가 아니면 현지 적응(adaptation)시켜야 할 것인가에 관한 의사결정 딜레마에 직면하게 된다.

그간 많은 다국적기업들은 전사적 관점에서 현지화 전략에 중점을 두고 있었다. 현지 소비자의 취향, 소득 수준, 정부규제의 국가별 차이 등 현지 환경을 고려할 때 마케팅의 현지 적응이 필요한 경우가 많았다. 따라서 국가별 환경 차이에 '어떻게' 현지 적응을 할 것인가의 문제가 해외 마케팅의 최대이슈였다.

그러나 20~30년 전부터 세계 시장에서 각국 소비자들의 취향이 점차적으로 동질화되고 있다. 기업 입장에서도 글로벌 관점에서 규모의 경제 확보를 통한 가격우위를 점하는 것이 중요한 시대가 되고 있다. 이와 같은 소비자 및 기업 입장에서 추세 변화가 현지 적응을 원칙으로 하던 다국적기업 마케팅 전략에 변화를 초래하였다. 동일한 제품, 동일한 브랜드, 동일한 광고 등 마케팅 글로벌 표준화 전략이 현지 적응 전략보다 선호되는 사례가 많이 나타나고 있다. 따라서 글로벌화 시대를 맞아 다국적기업은 해외 시장에서 마케팅 전략을 수립할 때 현지 적응이 바람직한지 아니면 글로벌 표준화가 바람직한지에 대하여 심각하게 고민하게 되는 것이다. 이하 해외 시장 마케팅과 관련하여 현지 적응 전략과 글로벌 표준화 전략의 선택문제를 다루어본다.

2. 현지 적응 전략

현지 적응 전략이란 국가 시장마다 소비자 요구가 다르다는 가정 하에 마케팅 수단을 현지국에 적절하게 수정하여 실행하는 전략을 의미한다. 국가별로 보면 사회구조, 언어, 종교, 교육제도 등 다양한 문화 요소 측면에서 차이점이 많다. 이에 따라 소비자들의 소비태도 및 소비패턴이 다르게 나타난다. 이에 대응하는 방법은 국가 시장별로 차별화된 마케팅 전략을 추구하는 것이다. 이것이 바로 현지 적응 전략이다.

마케팅 현지 적응 전략이 필요한 이유를 살펴보자. 첫째, 소비자의 취향, 태도, 의식구조 등 현지 소비자 행동패턴이 국가마다 다르기 때문에 이에 맞추어 마케팅 전략을 적응시켜야 한다. 둘째, 현지국 정부의 규제 또는 규범에 의하여 요구되는 제품의 품질이나 기술 표준이 국가마다 다른 경우가 많다. 이에 적합하게 마케팅 전략을 수정할 필요가 있다. 셋째, 경제발전 정도의 차이도 마케팅 현지 적응을 필요로 하는 중요한 요인이다. 소득 수준이 높은 선진국에는 고급 기능이 부가된 제품이 필요할 것이고, 개발도상국의 경우에는 기능은 단순하나 적정한 가격의 제품이 제공되어야 한다. 넷째, 마케팅 인프라의 차이가 마케팅 전략을 현지 적응시켜야 하는 또 다른 요인이다. 이용 가능한 광고미디어 종류가 다를 수 있으며, 광고 내용이나 방식에 대한 국가별 규제의 차이가 있다. 유통단계나 유통구조와 같은 유통시스템의 국가별 차이가 유통전략의 현지 적응을 필요로 한다.

3. 글로벌 표준화 전략

글로벌 표준화 전략이란 해외 시장을 국가별로 서로 상이하다고 보기보다는 시장 간 유사성에 초점을 맞추어 마케팅하는 전략을 의미한다. 개별 국가의 소비자 욕구가 동질화되면서 글로벌 시장을 대상으로 동일한 마케팅 전략 실행이 가능해졌다. 특정 소비자집단이 세계적으로 공통된 특성을 보유하고 있다면 이들을 대상으로 글로벌 표준화 전략을 적용할 수 있다. 예를 들어, 소위 N세대(network generation)의 특성이 전 세계적으로 유사하다면 N세대를 겨냥한 글로벌 표준화 마케팅이 가능하다. 소비자 입장에서도 글로벌 시장 어느 곳에서든지 동일한 제품 또는 서비스의 소비가 가능하다는 점이 중요한 소구점이 된다. 예를 들면, 맥도날드, 호텔 서비스, 신용카드 서비스 등이다.

마케팅의 글로벌 표준화 전략이 필요한 이유를 살펴보자. 첫째, 비용절감이다. 현지 적응 전략의 경우 국가별 차별화된 마케팅을 하면 마케팅 비용이 국가별로 지출된다. 반면 국가별로 이루어지는 마케팅 활동을 표준화하면 중복된 활동이 제거됨으로써 마케팅 비용을 상당히 절감할 수 있다. 둘째, 마케팅 노하우의 이전 및 활용이다. 국가별로 시장의 차별성이 없다면 한 국가에서 성공한 마케팅 전략을 다른 국가에서 활용하여 성공할 수 있다. 마케팅 전략의 아이디어를 타 국가로 이전하여 활용할 수 있는 것이다. 셋째, 고객에게 품질과 서비스의 일관된 이미지를 제공한다. 고객이 해외 여행을 할 때 해외에서도 동일한 제품 또는 서비스를 제공받을 수 있다면 마케팅 표준화는 고객의 충성도를 제고시키는 방안이 된다. 호텔이나 패스트푸드의 경우가 예가 될 수 있다. 넷째, 글로벌 기업고객의 확대다. 원부자재나 부품 회사의 고객인 완제품 제조회사들의 글로벌경영이 확대되고 있다. 이들 고객기업의 경영 의사결정(예: 부품 구매)이 점차적으로 글로벌 관점에서 통합적으로 이루어진다는 것이다. 따라서 부품회사는 표준화된 제품을 대량생산하여 글로벌 기업고객 본사 및 해외 자회사에 동시에 제품을 공급할 수 있는 기회가 확대된다.

표 13-1 해외 시장 마케팅 관련 현지 적응 대 글로벌 표준화 전략

현지 적응 전략의 필요성	글로벌 표준화 전략의 필요성
• 소비자 요구 차이 • 현지 정부규제 차이 • 소득 수준 차이 • 마케팅 인프라 차이	• 현지 적응 비용 절감 • 마케팅 노하우의 이전 및 활용 • 고객에 대한 일관된 이미지 제공 • 글로벌 기업고객 확보

제2절 글로벌 제품전략

글로벌 제품전략의 첫 번째 이슈는 해외 시장에 제품을 판매할 때 제품을 국가별로 현지 적응시킬 것인가 아니면 글로벌하게 표준화된 제품을 판매할 것인가에 대한 의사결정 문제다. 해외 시장이 국가별로 분리된 시장이라면 현지 적응 전략이 적합하겠지만 세계 시장 글로벌화가 진전되면서 표준화된 제품전략의 장점이 커지고 있다.

제품의 글로벌 표준화 전략은 전 세계 고객의 공통적 욕구에 초점을 맞추어 전 세계적으로 동일한 제품을 판매하는 전략이다. 전략의 주된 목표는 원가를 최소화하는 것이고 이것이 글로벌 시장에서 경쟁우위 요소가 된다. 반면에 제품의 현지 적응 전략은 국가별 고객 요구의 차이점에 초점을 맞추어 현지 시장 조건에 적합하게 제작한 제품을 판매하는 전략이다. 표준화전략이 대량생산과 원가절감에 기초한 제품중심 전략이라면, 현지 적응 전략은 현지에 차별화된 고객 만족을 극대화하는 시장중심 전략이라 할 수 있다.

1. 제품의 현지 적응

해외 시장에서 제품의 현지 적응 전략이 요구되는 경우를 살펴보면 다음과 같다. 첫째, 소비자들의 취향이 국가별로 차이가 큰 경우다. 이러한 경우 국가별 소비자들의 취향에 맞는 차별화된 제품전략을 구사하는 것이 바람직하다. 수많은 예를 들 수 있다. 미국 에이본(Avon) 화장품회사는 미국 시장에서 플라스틱 튜브로 화장품을 포장하여 판매한다. 그러나 일본 시장에서는 소비자들이 튜브 포장에 대하여 값싼 이미지를 갖고 있다는 점을 인식하고 일본 판매 화장품은 대부분 유리용기로 교체하였다. 미국 나비스코(Nabisco)는 일본 소비자들이 너무 짜거나 너무 단 것을 싫어한다는 사실을 파악하고 일본에 판매하는 스낵제품에는 소금성분의 비중을 낮추었다. 코카콜라도 일본 시장에서는 제품에 설탕의 비중을 줄인 반면, 남미 시장에서는 설탕의 비중을 증가시켰다. 맥도날드의 경우 한국에서는 불고기버거, 일본 시장에서 일본식 소스와 구운 치킨조각을 넣은 데리야끼 맥버거라는 제품을 추가로 판매하고 있다. 하겐다즈는 해외 시장에서 소비자들의 기호를 잘 찾아내는 능력으로 유명하다. 기본 제품에다 국가별 소비자 기호를 반영한 제품을 판매한다. 일본에서는 오랫동안 다례행사에 사용되던 분말녹차(말차)의 맛을 포함시킨 녹차아이스크림을 만들어 크게 성공하였다.

둘째, 제품 소비 관련 현지 시장 여건이 다른 경우다. 국가별로 고객들이 요구하는 제품 기능이 유사하더라도 제품을 사용하는 여건이 크게 다른 경우 제품의 현지 적응이 필요하다. 기후 조건은 온도나 습도에 예민한 제품에 영향을 미친다. 온대지방에서 판매하는 자동차 타이어를 열대지방이나 한대지방에 판매할 때는 특수 성분을 가미하여 기후에 적응할 수 있는 제품을 생산 판매하게 된다. 세탁기를 판매할 때도 지역에 따라 현지 적응이 필요한 경우가 종종 발생한다. 예를 들어, 유럽에서는 세탁할 때 뜨거운 물을 사용하기 때문에 세탁기에 히터를 부착하게 된다. 국가에 따라 집안 실내공간의 규모, 표준규격 등이 다르고 이에 따라 제품의 크기도 조정되어야 한다. 후진국에서는 아직도 개울물이나 강물로 세탁하는 경우가 많아 이에 적합한 비누를 개발해야 한다. 피앤지(P&G)는 후진국에서 세탁세제 외에 빨래비누를 별도로 판매하고 있다. 일부 아시아 시장 고객은 세탁세제, 비누, 샴푸 등의 규격이 작은 제품을 선호한다. 유니레버(Unilever)는 인도에서 소형 크기의 선실크(Sunsilk) 샴푸, 럭스(Lux) 비누를 판매한다. 피앤지는 일본 시장에서 서구 시장보다 작은 크기의 팸퍼스(Pampers) 기저귀를 판매한다. 일본인들은 기저귀를 미국사람들보다 2배나 자주 교체하는 데 비해서 집안에 보관장소가 좁아 작은 크기의 기저귀를 선호한다는 것을 알았기 때문이다. 농기계의 경우도 미국과 같이 경지면적이 넓은 곳에서는 대형기계가 선호되지만 영세농이 많은 나라에서는 작은 크기의 농기계가 필요하다. 일본의 건설중장비 회사인 고마쯔(Komatz)는 작은 농기계 생산을 통해 농기계 시장에서 경쟁력을 갖게 되었다.

셋째, 경제 수준의 차이가 주요 변수다. 문화의 차이 못지않게 경제 수준의 차이가 소비자 구매패턴에 큰 영향을 미친다. 소득 수준이 높은 국가에서는 다양한 기능이 부착된 제품에 대한 반응이 좋은 반면, 소득 수준이 낮은 국가에서는 기본 기능만을 갖춘 제품이 일반적으로 선호된다. 예를 들어, 선진국에서 판매되는 자동차에 기본적으로 장착되어 있는 에어콘, ABS, 에어백 등이 개발도상국에서 판매되는 자동차에는 옵션으로 판매된다. 내구성 소비재와 관련하여 개발도상국에서는 제품의 기본성능이 가장 중요한 구매속성인 반면, 선진국에서는 디자인 등이 더욱 중요시된다. 선진국 소비자들은 그들이 원하는 제품의 부가적인 속성을 가격이 비싸다고 해서 포기하지 않는 경향이 강한 것이다. 이들은 기본 기능만을 갖고 있는 표준화된 제품보다는 추가 비용을 지불하더라도 그들의 취향에 맞는 제품의 특성이 부가된 제품을 구입하려 한다. 예를 들어, 4륜구동 SUV자동차는 미국 소비자들이 특히 선호하는데 이는 미국소비자들의 높은 경제 수준에 광대한 지역, 여가생활을 즐기는 그들의 생활패턴에 영향을 받은 것이다.

넷째, 현지 정부의 규제 또한 제품의 현지 적응을 필요로 하는 이유다. 이슬람 국가에서는 술의 소비가 금지되어 있다. 유럽 및 미국 기업들은 중동지역에 알코올

표 13-2 제품의 현지 적응 대 글로벌 표준화

현지 적응의 필요성	글로벌 표준화의 필요성	절충 전략
• 소비자 취향 차이 • 현지 시장 소비 여건 • 경제 수준 차이 • 현지 정부의 규제	• 소비자 공통욕구 • 생산면 규모의 경제 • 판매면 규모경제 • 글로벌 고객의 선호도 및 충성도 • 산업재 특성	• 모듈화 • 플랫폼

없는 맥주를 판매하려고 시도했다. 일반적으로 알코올이 없는 맥주란 0.5% 정도의 알코올을 포함한 것을 말하지만 이슬람지역에 판매되는 맥주는 전혀 알코올이 없는 맥주다. 이러한 맥주는 특별한 제조기술을 필요로 하고, 어떻게 보면 맥주가 아닌 보리음료가 되는 것이다. 현지 정부의 조세정책도 제품 현지화에 영향을 미칠 수 있다. 예를 들어, 자동차 종류나 엔진크기에 따라 세율이 차등화되어 있는 경우 현지소비자의 요구에 맞추어 자동차 엔진 및 디자인 설계를 하게 된다.

산업재의 경우에는 정부의 기술표준이 많은 영향을 미치게 된다. 예를 들어, 트럭, 트랙터, 타이어 등은 국가별로 기술 기준이 서로 다른 경우가 많고 제품을 이에 맞게 공급해야 한다. 측정체계의 상이성도 제품의 현지 적응이 필요한 이유다. 측정단위로 파운드(pound)나 갤론(gallon)을 사용하는 국가에서는 그램(gram)이나 리터(liter) 단위를 사용하는 국가와는 달리 이에 맞는 단위로 포장되어야 한다. 자동차의 속도계나 지도의 경우도 킬로미터(kilo meter)와 마일(mile)을 사용하는 나라에 각기 적합한 제품을 생산해야 할 것이다. TV, VTR, 헤어드라이어 등 가전제품도 국가별 전기볼트 사용 환경에 맞추어 제작되어야 한다. 물론 최근에는 여러 나라에서 동시에 사용할 수 있는 프리볼트(free voltage) 제품이 점차 확산되고 있는 추세다. 가공식품이나 약품 등은 제품 성분 및 성분표시에 대한 규제가 국가 간 제품의 차별화를 초래하는 중요한 요인이 된다. 마지막으로 언어의 차이 또한 제품에 대한 부분 수정을 필요로 한다. 최근에는 여러 국가의 언어로 포장하는 사례가 많다. 피앤지의 유럽 시장 판매 제품의 포장은 8개국 언어로 되어 있다.

2. 제품의 글로벌 표준화

제품의 글로벌 표준화 전략이 요구되는 경우와 이를 통해 얻을 수 있는 혜택을 살펴보면 다음과 같다. 첫째, 전 세계 고객의 공통욕구에 대응하기 위해서 제품의 표준화전략이 필요하다. 시장의 글로벌화 진전으로 고객의 요구가 국가 간에 다르

지 않고 동질화되고 있다. 이에 대응하는 차원에서 다국적기업들이 전 세계적으로 표준화된 제품을 많이 공급하고 있다. 제품 표준화로 성공한 대표적 사례가 스와치(Swatch) 시계회사다. 스와치 시계는 저렴하고 다양한 색상으로 대량생산을 통하여 제조된 제품이다. 이 제품은 가격은 저렴하고 다양한 디자인을 원하는 전 세계 고객의 공통요구에 대응하여 고안된 것이다. 스와치는 매년 140종류의 모델을 출시하고 이를 위하여 유럽, 미국, 일본, 호주 등에 있는 20여 팀의 디자이너들이 다양한 모델들을 지속적으로 개발해내고 있다.

둘째, 생산 및 연구개발에서 규모경제 효과를 확보할 수 있는 경우다. 국내에서 판매하는 제품과 동일한 제품을 해외 시장에 판매할 수 있다면 이는 규모의 경제 효과를 극대화시키는 방법이 된다. 대표적인 사례로 인텔(Intel)의 반도체칩을 들 수 있다. 반도체칩은 세계 시장에 표준화된 제품으로 판매된다. 제품의 지역별 현지 적응은 의미가 없다. 표준화된 제품을 특정 지역에서 집중적으로 대량 생산하여 효율적인 생산원가를 달성하는 것이 기업 글로벌 경쟁력의 원천이 된다. 그리고 세계 시장에 동일한 제품을 판매하면 국가별 소비자 특수성을 반영한 제품을 개발하기 위한 연구개발비용이 덜 소요되고 대신 혁신제품을 개발하는 데 더욱 매진할 수 있다.

셋째, 제품판매에서 규모의 경제를 확보할 수 있는 경우다. 표준화된 제품을 세계 시장에 판매한다면 국내에서 사용하던 마케팅 전략을 해외 시장에 그대로 활용할 수 있다. 제품이 표준화되어 있다면 동일한 광고를 사용할 수 있고, 판매인력에 대한 교육도 일원화할 수 있으며, 무엇보다도 부품을 표준화함으로써 사후 서비스의 효율성, 재고관리 비용절감 등의 효과도 얻을 수 있다.

넷째, 글로벌 고객의 선호도 및 충성도를 증대시킬 수 있다. 고객이 해외 여행을 할 때 해외에서도 동일한 제품 또는 서비스를 제공받을 수 있다면 제품 표준화는 고객의 충성도를 제고시키는 방안이 된다. 힐튼호텔 서비스, 맥도날드 햄버거 등이 좋은 사례다. 글로벌 고객에 대하여 우호적인 국가이미지 활용이 가능하다. 제품에 대한 국가이미지가 좋은 경우 이를 해외 고객에게 명시적으로 전달하기에 유리하며 이에 따라 표준화된 글로벌 제품에 대한 호감도가 증가한다. 예를 들어, 프랑스 향수나 이탈리아 의류 및 악세사리 등은 현지 적응 제품보다 국가이미지를 담고 있는 글로벌 제품이 선호된다. 미국 제품이라고 했을 때 오히려 미국적인 특징이 있는 제품이기에 잘 팔리는 경우도 있다. 위글리 껌, 코카콜라, 맥도날드 햄버거 등을 예로 들 수 있다.

다섯째, 소비재는 각국 문화나 소비자 취향에 따라 제품의 현지 적응이 필요한 경우가 많은 반면, 산업재는 기술 표준화가 중요한 역할을 하기 때문에 국가 시장에 관계없이 제품의 표준화가 요구된다. 예를 들어, 기술 기준이 매우 중요한 화학제품의 경우는 국제적으로 제품을 동일하게 제조하는 경향이 강하다. 국가별로 문화가 다르다고 해서 화학제품 생산 공정이 다를 수는 없다. 따라서 산업재는 소비재에 비하여 상대적으로 제품 표준화의 필요성이 강하다고 할 수 있다. 산업재가 특정 국가의 환경적 특성에 의해 수정된다고 해도 전기볼트나 측정단위 등 미미한 부분에 해당된다.

제3절 글로벌 광고전략

글로벌 광고전략에 있어 중요한 이슈는 광고의 현지 적응 문제다. 광고는 문화 의존성이 강하다. 광고가 현지 문화와 일치하지 않을 때 광고캠페인은 실패하고, 반면 효과적으로 현지 문화에 적응한 광고캠페인은 현지 시장에서 성공하는 데 크게 기여한다. 예를 들어, 미국의 타이어회사인 굿이어(Goodyear)는 영국에서는 안전성, 미국에서는 내구성과 연료효율성, 독일에서는 제동력에 중점을 둔 광고를 시장별로 차별화함으로써 큰 성공을 거두었다.

두 번째 이슈는 광고의 글로벌 표준화 문제다. 시장의 글로벌화로 인하여 전 세계적으로 동일한 광고를 사용하는 전략이 국가별로 현지 적응하는 전략에 비해 유리한 경우가 종종 나타난다. 과연 어떠한 경우에 이런 전략이 필요한지 알아보기로 한다.

1. 광고 현지 적응 전략 필요성

해외 시장에서 광고는 국가별로 상이한 시장 환경을 반영하여 현지 적응시키는 전략을 사용하는 것이 원칙이다. 그간 다국적기업의 해외 시장 개척 시 실수 또는 실패한 사례를 살펴보면 현지 시장 상황에 적합하지 않은 광고전략으로 인한 경우가 많다(Ricks, 1993). 광고의 현지 적응을 위해서 고려해야 할 변수들은 다음과 같다.

1) 국가별 문화의 차이

국가별 문화의 차이가 세계 시장에 동일한 광고메시지 전달을 어렵게 한다. 즉, 국가별로 문화 차이가 존재하기 때문에 한 국가에서 성공한 광고메시지가 다른 국가에서는 실패할 수 있다. 한 국가에서 사용된 광고메시지의 의미가 다른

표 13-3 광고전략의 현지 적응 대 글로벌 표준화

광고 현지 적응 필요성	광고 글로벌 표준화 필요성
• 국가별 문화 차이 대응 • 언어 차이 반영 • 광고 규제 국가 간 차이 • 광고 매체 인프라 차이	• 규모의 경제 • 글로벌 일관된 이미지 • 마케팅 전략 이전 가능성 • 글로벌 광고매체의 등장

나라에서는 상이한 의미를 나타낼 수 있기 때문이다. 예를 들어, 영국에서는 비판적인 유머광고가 널리 사용되고 있는 반면, 일부 아시아 국가에서는 유머광고가 체면손상 문제를 일으켜 효과적으로 사용되지 못한다. 반나의 여성을 광고에 등장시키는 것도 프랑스나 스웨덴에서는 전혀 이상한 것이 아니지만 인도에서는 점잖지 못한 것으로 받아들인다. 어느 배터리회사가 수명이 길다는 메시지를 제공하기 위하여 코끼리를 광고 캐릭터로 활용하였는데 인도사람들은 코끼리를 보면 수명이 길다는 느낌보다는 존엄하고 신성하다고 느끼게 된다. 문화의 다양성 때문에 전 세계적으로 통하는 하나의 공통된 광고전략을 실행한다는 것은 매우 어려운 것이다.

2) 국가별 언어의 차이

광고를 현지 적응하는 데 있어 언어는 다국적기업들이 극복해야 하는 중요한 장벽 중의 하나다. 그간 많은 다국적기업 광고가 언어와 관련된 실수로 인하여 실패하는 경우가 빈번히 발생하였다. 특히 번역과 관련한 실수가 많이 발생했는데, 그 이유를 살펴보면 번역 부주의로 인한 경우나 다중적 의미를 갖는 단어를 잘못 사용한 경우 등 다양하다(Ricks, 1993).

예를 들면, 앞서 4장에서 언급했듯이 파커펜(Parker Pen)사가 남미 시장에서 다음과 같은 영문 광고를 사용하였다. "Avoid embarrassment—Use Parker pen(파커펜을 사용하여 당황스러운 사태를 피하십시오)." 그런데 미국에서 사용하던 이 광고가 남미 시장에서는 펜 광고가 아니었다. 스페인어로 'embarrassment'는 '임신'을 의미하기 때문에 피임제 광고가 된 것이다. 다중의 의미를 갖는 단어를 잘못 사용한 결과다. GM 쉐보레 사업부가 한때 노바(NOVA)라는 자동차브랜드를 사용한 적이 있었다. 안타깝게도 이는 스페인어로 '가지 않는다'란 의미를 갖는 단어다. 미국 내 히스패닉계나 스페인어권 시장에서는 판매할 수 없었다. 결국 나중에 '카리브'로 개명하였다. 일본회사가 일본식 정원을 판매하기 위하여 다음과 같은 광고

문구를 사용한 적이 있다고 한다. “Japanese garden is the mental home of the Japanese.” 일본식 정원에는 일본인의 혼이 담겨있다는 표현을 하려고 한 것이지만, 정신병원이라는 의미로 바뀌게 되었다.

3) 광고 규제의 국가 간 차이

광고에 대한 국가별 정부규제의 차이도 국가별 광고를 현지 적응하는 데 영향을 미치는 중요한 요인이다. 첫째, 광고내용에 대한 규제가 국가마다 다르다. 말레이시아나 인도네시아 같은 회교권 국가에서는 종교적 이유로 여성을 묘사하는 광고는 금지된다. 대부분 국가에서 담배나 술과 같은 인체에 유해한 특정 제품의 광고를 규제한다. 공정경쟁을 촉진시키는 차원에서 광고내용을 규제하기도 한다. 예를 들어, 독일은 비교광고 및 최상급 형용사의 사용을 금하고 있다.

많은 국가가 아이들과 관련된 광고를 제한한다. 캐나다의 경우 아이들을 상대로 한 광고는 검열을 받아야 한다. 아이들에게 광고할 수 있는 제품의 대상과 광고의 내용도 제한한다. 이탈리아는 광고에서 아이들이 과자를 먹는 모습을 보여서는 안 되며, 네덜란드에서는 사탕광고의 경우 반드시 아이들이 이를 닦는 모습을 보여주어야 한다. 켈로그(Kellog)는 영국에서 제작했던 시리얼광고를 여타 EU회원국에 사용할 수 없었다. 네덜란드에서는 시리얼에 포함된 비타민과 철분이 건강에 이롭다는 메시지를 광고에 포함시키는 것을 허용하지 않았다. 프랑스에서는 켈로그 티셔츠를 입은 아이가 광고에 등장하는 것을 금지하였다. 이러한 규제들은 다국적기업이 현지 마케팅을 할 때 광고 내용이나 방식에 있어 현지 국가에 적응해야 한다는 것을 의미한다.

둘째, 매체별 광고시간에 대한 정부의 규제가 국가별로 차이가 크다. 최근까지도 스웨덴, 노르웨이, 스위스 등은 TV 광고시간에 대한 전면적인 규제를 실시했었고, 대부분의 유럽국가들이 TV광고 시간을 제한적으로 운영하고 있다. 물론 최근 들어 CATV나 위성방송과 같은 민영방송이 확대됨에 따라 광고시간에 대한 규제가 점차적으로 완화되긴 하지만, 광고전략 실행 시 국가별로 상이한 규제 환경에 적응해야 한다.

셋째, 판촉 수단의 사용이 국가에 따라 제한되는 경우가 있다. 미국에서 가장 많이 사용되는 판촉 수단인 할인쿠폰의 경우 오스트리아, 독일, 그리스 등에서는 공정경쟁 확보와 소비자 보호라는 관점에서 금지되어 있다. 사은품도 여러 나라에서 규제되고 있는데, 예를 들어, 프랑스나 그리스에서는 제품가격의 5% 이내로 제한하고 있다. 복권형 경품도 영국, 일본, 아르헨티나, 프랑스, 벨기에 등에서 금지되고 있다. 아멕스는 카드사용에 따른 보너스 포인트제도를 유럽 전역에 시행하려고 하였다. 그러나 당시 독일 경쟁법에서는 상품판매와 관련한 무료경품 제공이 금지되어 있었다.

4) 국가별 광고매체 인프라의 차이

국가마다 광고매체의 발달과정이 달라 다국적기업 입장에서 광고매체를 선택하는 전략이 국가별로 차이가 있다. 예를 들어, 잡지와 신문의 발행부수를 비교해 보면, 영국, 일본, 독일 등은 상당히 많은 반면, 스페인, 이탈리아 등은 상대적으로 적은 편이다. 따라서 발행부수가 많은 국가에서는 신문광고의 영향력을 고려해야 한다. 방글라데시와 같은 문맹률이 높은 개발도상국에서 광고할 때는 신문, 잡지 같은 출판물의 활용이 덜 효과적이다.

TV보유 현황을 보면 선진국에서는 대부분의 가정에서 TV를 보유하고 있지만 개발도상국에서는 그렇지 않다. 특히 인도의 경우 시골지역 가구의 3분의 1 만이 TV를 보유하고 있다. 동유럽, 중국, 러시아 등의 개발도상국에는 옥외광고나 차량광고의 활용도가 높다. 미국 치약회사인 콜게이트(Colgate)는 모스크바와 키에프에서 버스광고를 최초로 실시하였으며, IBM도 체코에 들어갈 때 옥외광고를 많이 활용하였다.

2. 광고의 글로벌 표준화 필요성

광고의 글로벌 표준화 전략을 성공적으로 실행한 기업 중의 하나가 필립모리스(Philip Morris)다. 필립모리스는 '말보로(Malboro)' 브랜드 담배 판매를 위하여 가죽신을 신고 말을 타고 있는 카우보이를 등장시켜 남성적 이미지를 연상시키는 광고를 하였다. 미국 시장 및 주요 해외 시장에서 성공을 거두면서 전 세계에 동일한 광고 메시지를 활용하였다. 결과적으로 이 전략은 크게 성공하여 말보로를 세계적인 브랜드로 자리잡게 만들었다.

글로벌 표준화 광고전략이 필요한 이유는 표준화 광고를 통하여 얻을 수 있는 다음의 네 가지 장점으로 설명할 수 있다. 첫째, 규모의 경제에 따른 비용절감 효과가 크게 나타난다는 점이다. 세계 시장에서 동일한 표준화 광고를 하는 경우 광고를 제작하는 데 소요되는 고정비를 여러 국가에 분산시킴으로써 광고비용을 크게 절감할 수 있다. 지난 20년간 코카콜라의 광고대행사였던 맥켄-에릭슨(McCann-Erickson)도 광고의 일정 부분을 글로벌하게 활용함으로써 코카콜라에 9천만 달러를 절감시켰다고 한다.

둘째, 세계 시장에 통일된 이미지를 확보할 수 있다는 장점이 있다. 세계여행이 증가하고 국경을 넘는 방송이 확대되는 과정에서 다국적기업들이 고객에게 전 세계적으로 동일한 이미지를 제공할 필요성이 증대된다. 글로벌 표준화 광고전략은 전 세계 고객들에게 브랜드 및 제품에 대한 글로벌 정체성을 일관성 있게 유지시키고 글로벌 충성도를 증대시키는 효과를 준다.

셋째, 한 국가에서 성공한 광고캠페인을 세계 여러 시장에 활용함으로써 광고효과를 극대화할 수 있다. 광고캠페인의 성공은 자주 경험하는 것이 아니기 때문에 한번 성공한 광고를 여타 지역에 활용하는 것이 새로운 광고를 개발하는 것보다 좋은 성과를 가져올 수 있다. 식음료 제품 광고는 국가별로 현지 유명인물을 활용하여 현지 적응 광고를 제작하는 것이 관행이었으나, 점차 세계적인 유명인물, 특히 글로벌 스포츠 스타, 연예인을 등장시킨 광고를 제작하여 세계 시장에 동시 활용함으로써 광고효과를 높이는 전략을 사용한다. 예로서 펩시(Pepsi)는 마이클 잭슨을 활용하여 글로벌광고에 성공했고, 마이클 조단, 타이거 우즈, 안드레 아가시 등이 음료, 스포츠용품 등의 글로벌 표준화 광고모델로 등장했다. 일본에서는 제임스 딘(James Dean), 마릴린 몬로(Marilyn Monroe) 등을 화장품광고에 흔히 사용하였다. 세계적인 만화 주인공을 활용하는 것도 광고 글로벌 표준화 전략의 일환이다. 곰돌이 푸우(Pooh), 바니(Barney) 등은 전 세계적으로 아이들에게 인기 있는 캐릭터다. 켈로그(Kellogs)는 시리얼 브랜드 광고를 위하여 전 세계적으로 토니(Tony)라는 호랑이 캐릭터를 활용하였다.

넷째, 최근에는 글로벌 광고매체가 많이 등장하고 있어 이를 활용하는 광고전략이 중요해진다. 미국의 타임워너, MTV를 비롯한 글로벌 미디어기업, 유럽지역에 스카이(Sky) 방송, 아시아지역의 스타TV(Star TV) 등 글로벌 방송사들이 글로벌광고를 확대하고 있다. 이코노미스트(Economist), 포춘(Fortune) 등의 잡지도 국제 발행부수가 상승하고 있다. 타임(Time) 잡지의 경우는 133가지 종류의 지역판으로 전 세계에 판매되고 있다. 이러한 글로벌 광고매체의 등장은 글로벌 시장을 대상으로 한 표준화 광고의 필요성을 촉진하고 있다. 최근에는 본국의 언어를 번역하지 않고 그대로 사용하는 것이 더 좋은 전략으로 활용되기도 한다. 예를 들어, 프랑스 향수광고 문안에 프랑스어를 그대로 활용한다든지, 아시아에서 외국 자동차나 화장품 광고에 영어를 사용하면서 이것이 오히려 제품에 대한 권위와 신뢰를 증대시키는 효과를 가져오기도 한다.

제4절 글로벌 가격전략

본 절에서는 다국적기업이 판매하는 제품의 해외 시장 가격설정을 어떻게 할 것인가에 관한 이슈를 다룬다. 국내 시장에서 판매하는 가격 그대로 해외에서 팔 것인가, 아니면 시장별 특성에 맞추어 국내와는 다른 가격을 설정할 것인가? 그간 다국적기업들은 대개 후자의 입장을 선택하였다. 동일 제품이라 할지라도 국가별 소비자들이 인식하는 효용 가치가 국가별로 다르다는 것이다. 어떤 국가 고객들은 높은 가격을 지불해서라도 동일 제품을 구입하려고 한다. 이러한 경우 국가별로 서로 다른 가격을 설정하는 것(가격 현지 적응)이 전사 차원에서 최적가격전략이 된다.

1. 가격 현지 적응 전략

제품가격에 대한 현지 적응 전략은 동종의 제품에 대하여 국가별로 서로 다른 가격을 부과하는 전략이다. 다른 말로 표현하면 국가별 가격 차별화 전략이다. 가격 현지 적응(price adaptation)은 시장의 특성에 맞게 가격을 조정함으로써 기업이 최대 이익을 확보할 수 있게 한다. 그렇다면 가격 현지 적응을 어떻게 할 것인가? 여러 가지 요인들을 고려해야 한다. 예로서 해당 제품 수요의 가격탄력성이 국가별로 차이가 있는지를 알아보아야 한다. 수요의 가격탄력성(price elasticity of demand)이란 가격 변화에 대한 제품수요의 증감의 정도를 측정하는 지표다. 일정한 가격변화에 대해 수요변화가 클 때 수요가 탄력적이라고 하며, 동일한 가격변화에 대해 수요변화가 작을 때 수요가 비탄력적이라고 한다. 일반적으로 수요가 탄력적인 국가에서는 가격을 조그만 낮추어도 수요가 크게 증가하므로 가격을 낮게 설정하여 판매확대하는 것이 바람직하다. 반대로 수요가 비탄력적인 국가에서는 가격을 높게 설정해도 수요가 크게 감소하지 않기 때문에 높은 가격을 설정하게 된다. 이 외에도 여러 가지 요인들을 고려해서 가격을 설정할 필요가 있다.

가격 현지 적응 전략을 위하여 국가별로 제품가격을 결정할 때 고려해야 할 요인들을 현지 시장 요인, 환경 요인, 기업전략 요인, 제품 요인 등으로 나누어 살펴본다.

1) 현지국 시장 요인

현지국 시장 요인으로서 가장 중요한 것이 앞서 살펴본 수요탄력성이다. 동일 제품의 국가별 수요탄력성이 다르기 때문에 가격의 현지 적응 전략이 필요하다. 국가별 수요탄력성의 차이는 여러 요인에 의해 영향받는다. 해당국의 소득 수준과

표 13-4 가격 현지 적응 시 고려 요인

고려 요인	세부항목
1. 현지국 시장 요인	● 수요탄력성(소득 수준, 경쟁 여건)
2. 현지국 환경 요인	● 정부규제 ● 유통구조
3. 기업전략 요인	● 경영목표 (시장점유 또는 매출액 증대)
4. 제품 요인	● 제품의 혁신적 성격 ● 산업재 또는 소비재

경쟁 여건이 이에 해당된다. 첫째, 소득 수준과 관련해서 보면, 수요탄력성은 낮은 소득 국가에서 더 크게 나타나는 경향이 있다. 소득 수준이 낮은 소비자는 대개 가격에 민감하게 반응한다. 중국이나 인도 등 소득 수준이 낮은 국가의 소비자는 선진국 소비자에 비하여 TV, 자동차 등 내구재를 소비할 때 가격이 매우 중요한 요소가 되기 때문이다. 둘째, 경쟁 여건이다. 경쟁이 치열한 국가에서는 소비자 협상력이 커지고 가장 저렴한 가격을 제시하는 경쟁자로부터 제품을 구매한다. 이러한 상황에서 기업이 가격을 인상했을 때 소비자는 다른 경쟁기업으로 구매처를 쉽게 옮기게 된다. 반대로 경쟁자가 적은 국가는 소비자의 협상력이 상대적으로 약하고 경쟁수단으로서 가격의 역할이 줄게 된다. 따라서 경쟁이 적은 국가에서는 경쟁이 치열한 국가보다 수요탄력성이 작아진다. 기업 입장에서는 더 높은 가격을 제시할 수 있다.

2) 현지국 환경 요인

첫째, 현지 정부규제가 가격결정에 영향을 미치는 경우가 많다. 관세정책의 경우 수입관세율이 높으면 현지 판매가격을 상승시킨다. 또한 부가가치세, 소비세 등 현지 조세제도도 가격인상을 초래하는 요인이 된다.

둘째, 국가별 유통구조의 특징 또한 현지 가격을 결정하는 데 영향을 미친다. 유통경로 구조가 국가별로 다르면 이에 따라 유통비용도 다를 것이다. 독일과 이탈리아 시장의 식품가격 차이는 유통구조 효율성의 차이로 설명이 가능하다. 독일의 경우 식품소매업자의 85%가 생산업자와 직접적인 협력관계를 유지하며 조직화되어 있는 반면, 이탈리아는 10% 정도가 이에 해당한다. 독일은 350명당 1개의 식품소매점이 있는 반면, 이탈리아는 105명당 1개로 상당히 영세하다. 이러한 식품 유통구조의 차이는 왜 이탈리아가 EU에서 가장 높은 식품가격을 갖고 있는지를 설명해준다. 유통경로 구조가 유사하더라도 채널별 마진이 국가별로 차이가 있어 제품가격이 다를 수 있다. 자동차의 경우는 EU에서 영국이 가장 비싼 시장이다. 영국 시장에서 재규어 판매가격이 벨기에에 비하여 한때 약 8,000달러 가량 비싸게 형성된 적이 있다. 이는 벨기에에서 자동차딜러 마진이 10%에 불과한 반면 영국에서는 딜러마진이 30%에 달했기 때문이다.

3) 기업전략 요인

해외 시장 가격설정은 기업이 추구하는 전략의 기본 방향에 따라 영향을 받는다. 일본 기업의 경우 해외 시장 진입 초기단계에 가격을 인하하더라도 일정 수준의 시장점유율을 확보하는 것이 중요한 전략이었다. 일본 기업의 시장점유율 추구는 종종 단기 이익을 희생시키더라도 장기적 관점에서 투자수익을 올리는 데 목표를 둔다.

4) 제품 요인

제품의 혁신적 성격이 가격결정에 영향을 준다. 혁신적 성격을 갖는 제품의 경우 선진국에서는 높은 가격을 설정할 수 있지만 개발도상국에서는 혁신성이 받아들여지지 않을 경우 높은 가격설정이 어렵다. 반대로 선진국에서는 이미 대중화된 제품이라도 개발도상국에서는 혁신적 제품으로 인정될 수 있고 이에 따른 가격전략의 현지 적응이 필요하다.

제품의 성격이 산업재인지 아니면 소비재인지에 따라 가격결정에 영향을 준다. 산업재의 경우 거래대상이 글로벌활동을 하는 기업고객이라면 가격 차별화가 쉽지 않지만, 소비재의 경우는 국가별 소비자 취향이 달라 가격 현지 적응이 가능하다.

2. 가격 글로벌 표준화전략

1) 글로벌 가격 설정에 영향을 미치는 환경변화

국가별 시장마다 수요와 공급이 서로 다르기 때문에 다국적기업 입장에서 국가별로 제품가격을 다르게 결정하는 것이 글로벌 이익 극대화 관점에서 바람직하다. 또한 해외 판매법인을 국가별 이익센터로 운영한다면 국가별 가격 차별화 필요성이 더욱 커진다. 그러나 다음과 같은 세가지 환경변화가 국가별 가격 현지 적응 전략을 수행하는데 문제점을 제기한다.

첫째, 글로벌 시장 통합 확대다. 국가별 가격의 차이는 시장이 국가별로 완전히 분리되어 있는 경우에 가능하다. 국가 간 교류가 많아지고 시장이 통합될 때는 국가별 가격 차이가 장기적으로 지속되기 어렵다. EU처럼 시장 통합이 대폭적으로 진행되고 있는 지역은 더욱 그러하다. 시장통합이 국가별 소매가격 차별화 전략을 택하고 있는 회사에 어떠한 영향을 주는지 예를 들어보자. 일본의 가와사키(Kawasaki)가 EU시장에 자전거를 판매하면서 국가별 소비자 판매가격을 각국 시장 환경에 맞추어 낮게는 800달러에서 높게는 1,300달러까지 설정하였다. EU회원국 중에서 영국에서 가장 저렴한 가격으로 판매되고 있었다. 가와사키는 국가별 가격차이를 이용한 차익거래를 방지하기 위하여 각국 딜러에게 수출금지를 요청하였다. 한 벨기에 고객이 영국에 가서 자전거를 싸게 사서 벨기에로 가져오려고 시도하였다. 그러나 영국딜러는 가와사키 본사 지시에 따라 벨기에 고객에게 자전거를 판매하지 않았다. 이 벨기에 고객은 화가 나서 EU에 소송을 걸었고, 결국 가와사키는 EU통합 가이드라인에 어긋나는 불법행위로 수십만 달러 이상의 벌금을 추징당했다. 이후 가와사키는 EU 내 국가별 가격차이를 축소시키지 않을 수 없었다. 결국 국가 간 시장 통합이 확대되면서 다국적기업이 추구해 온 가격 현지 적응 전략에 제동이 걸리고 있는 것이다.

둘째, 병행수입 확대다. 병행수입(parallel import)이란 해외 브랜드 상품의 국내 독점 판매권을 가진 직수입업체가 아닌 다른 수입업자가 별도의 경로를 통해 제품을 수입 판매하는 방식을 말한다. 해외에서 아웃렛이나 도매업자, 또는 별도 유통경로에서 가격이 저렴한 제품을 직접 수입해 국내에서 판매하는 것이다. 다국적기업 한국지사들은 한국 소비자 특성을 감안하고 마케팅 비용을 포함하여 한국 시장에서 가격설정을 설정한다. 특히 명품브랜드의 경우 한국 소비자들의 수요탄력도를 감안하여 고가 전략을 취하는 경향이 있다. 여기에 병행수입이 일어나면 국내 시장에서 동일 제품에 대한 가격경쟁이 이루어진다(표 13-5 참조). 결국 수입 고가브랜드의 가격은 병행수입으로 점차 하향 조정될 수밖에 없다. 한국에서 1995년 병행수입을 처음으로 허용한 것도 이러한 독과점적인 수입 유통구조를 바꿔 수입 제품가격을 내리기 위한 정책이었다. 병행수입 확산은 한국 시장에만 해당되는 현상이 아니라 세계적으로 회색 시장이 존재하는 곳에서는 어느 국가에서도 가능하다. 결국 병행수입 확대는 다국적기업 현지 적응 가격전략에 제약을 가하고 국가별 가격을 글로벌하게 조정할 필요성을 증대시키게 된다.

셋째, 해외 직접구매(온라인 구매) 확대다. 인터넷 및 모바일을 통한 전자상거래가 전 세계적으로 폭발적인 증가세를 보이고 있다. 국가 내 거래가 주를 이루기는 하지만 국가 간 인터넷거래도 급증하고 있다. 특히 B2C 거래에서는 아마

표 13-5 병행수입 상품 가격 비교

제품	병행수입 매장 가격	백화점/대리점 가격	할인율
헌터 부츠	8만 9,800원	12만 9,000원	31%
홀리스터 패딩	9만 7,900원	24만 9,000원	61%
펜디 토드백	45만 2,200원	72만 원	37%
칸켄 배낭	6만 9,800원	8만 9,000원	22%
키플링 배낭	8만 9,000원	18만 8,000원	52%
CK 다운점퍼	8만 9,800원	19만 8,000원	55%

자료: "병행수입 상품 얼마나 더 쌀까?" 중앙일보, 2013년 12월 7일자.

존(Amazon), 이베이(eBay), 알리바바(Alibaba) 등이 세계 시장을 이끌고 있다. 아마존은 미국 시장 온라인유통의 약 30%에 육박하는 점유율을 차지하고 있는 회사다. 전 세계에서 가장 저렴한 가격으로 소비재를 공급받을 수 있는 규모의 경제를 확보하고 있다. 재고관리나 고객 소비성향에 대한 DB 분석 능력도 탁월하다. 한국에서도 인터넷쇼핑이 확산되면서 해외 직접구매(직구) 시장이 활기를 띠고 있다. 해외 직접구매 사이트들이 구매절차를 간소화하면서 이용 편의성이 증가되었다. 한미 FTA 발효에 따른 관세인하와 면세 한도액 상향도 활성화의 원인이다(일반 해외직구에 적용되는 면세 한도액은 150달러이지만, 미국에 대한 해외직구의 경우는 2012년 3월 발효된 한미 FTA에 의거 200달러가 적용된다). 미국, 일본을 중심으로 형성됐던 해외 직구 시장도 중국, 유럽 등 세계 시장으로 확대되고 있다.

소비자들의 해외 직접구매 확대는 병행수입과 마찬가지로 동일 제품의 국가간 가격 차이에 대한 벽을 허물고 글로벌 동일 가격에 대한 요구를 하고 있는 것이다. 결국 다국적기업 입장에서는 현지 적응 가격전략에 제동이 걸리고 국가별 가격을 글로벌 관점에서 조정할 필요성이 증대되고 있다.

2) 가격의 글로벌 표준화

이상에서 살펴본 세 가지 환경변화는 다국적기업 가격전략에 큰 영향을 주고 있다. 다국적기업이 국가별 가격 현지 적응 전략을 추구하는 과정에서 시장의 글로벌화로 말미암아 국가별 차별화된 가격을 유지하기 어려워지고, 글로벌 관점에서 국가별 가격을 조정할 필요성을 제기한다. 결국 글로벌 시장에서의 가격설정은 국가별 가격 현지 적응 및 전략적 가격 차별화의 필요성과 시장 글로벌화에 따른 동일가격 요구 압력 간의 균형점을 찾는 것이다. 고객 입장에서 볼 때 국가별로 형성된 서로 다른 판매가격 중에서 가장 저렴한 가격으로 구입하려는 것은 너무도 당연하다. 또한 가격차이가 존재하는 시장 사이에서 차익거래 기회를 활용하려는 거래자도 있게 마련이다. 이러한 압력이 국가별 가격 표준화 전략의 필요성을 요구하는 요인이 된다.

그렇다면 해결방안은 무엇인가? 사이몬과 쿠처는 다국적기업들이 국가별 가격을 일정한 범위 내에 제한하는 '국제가격 범위(international price corridor)'를 내부적으로 채택하는 것이 바람직하다고 주장하였다(Simon & Kucher, 1993). 물론 국가별로 설정하는 국제가격 범위는 글로벌 본사에서 결정하게 된다. 이러한 방법은 회색 시장 발생 가능성을 최소화시킨다. 예를 들어, 후지츠(Fujitsu)의 경우 글로벌 단일가격에 대한 압력으로 EU지역에 판매하는 컴퓨터에 대하여 국가 간 가격차이 최대 허용폭을 3% 이내로 제한하였다. 이를 통하여 회색 시장의 차익거래 가능성을 배제시킨 것이다.

국가별 가격의 현지 적응 전략을 추구하는 기업은 가격결정 권한을 대부분 해외 자회사에게 위임하고 있다. 그러나 앞서 설명한 회색 시장을 축소시키는 환경 변화로 자회사들이 갖고 있는 가격설정 권한이 약화되는 추세에 있다. 글로벌 시장에서 가격전략은 국가별 자회사뿐만 아니라 글로벌 본사 입장에서 상호 조정을 통하여 지속적으로 점검해 나갈 필요가 있다. 또한 특정 국가의 가격전략이 전사 글로벌 경쟁력에 크게 영향을 미치는 경우가 있기 때문에, 글로벌 본사 경영진 입장에서 국가별 가격설정을 승인하거나 최소한 점검하는 절차가 이루어져야 한다. 그리고 해외 자회사 경영자들도 그들의 가격전략이 전사적 관점에서 타 국가의 경쟁 여건에 영향을 줄 수 있다는 점을 인식해야 할 것이다.

3. 글로벌 전략적 가격설정

현지화 전략을 추구하는 다국적기업은 해외 자회사에 현지 가격결정 권한을 전적으로 위임하는 전략이 적합하다고 할 수 있다. 그러나 글로벌 전략이나 글로컬(초국적) 전략을 추구하는 다국적기업은 글로벌 본사 차원에서 국가별 가격을 조정할 필요성이 커진다. 글로벌 관점에서 경쟁을 효율적으로 하기 위하여 전략적으로 국가별 또는 지역별 가격 차별화 전략을 수행해야 할 경우가 종종 발생하기 때문이다. 즉, 글로벌 전략적 가격설정 문제다.

글로벌 시장에서 글로벌기업 간 경쟁을 하는 경우, 특정 국가에서 가격전략이 경쟁자의 맞대응을 자극함으로써 다른 국가에서의 가격전략에 영향을 미치게 된다. 다음에서 코닥(Kodak)과 후지필름(Fuji Film) 간의 치열한 경쟁과정에서 일어난 글로벌 가격경쟁 사례를 살펴보자.

1990년 후반 후지필름은 코닥이 지배하고 있는 미국 시장을 적극적으로 공격하기 위하여 35mm 멀티팩 필름 가격을 거의 절반으로 인하하는 전략적인 시장침투 가격전략을 실행하였다. 전략 시행결과로 당시 후지필름의 미국 시장 매출이 28%나 증가하였다. 후지필름의 이런 전략은 코닥에게 고민을 안겨주었다. 코닥입장에서 가장 크고 수익성이 높은 자국 시장에서 가격인하로 맞대응하기에는 기업 전체 수익성에 큰 위협이 되었다. 그래서 코닥이 생각해낸 전략은 후지필름의 아성인 일본 시장에서 대폭적인 가격인하 전략으로 맞대응하는 것이었다. 일본 시장에서 코닥의 대폭적인 가격인하가 시행되자 후지필름은 상당한 위협을 느끼게 되었고, 미국 시장에 대한 가격인하 공세에서 한 발짝 물러서지 않을 수 없었다. 결국 코닥은 일본 시장에서 전략적 가격인하로 후지필름에 대응함으로써 미국 시장을 지키게 된 셈이다. 이상의 코닥과 후지필름의 글로벌 경쟁 사례는 한 국가 시장에서의 가격전략이 다른 국가 시장에서 경쟁자 대응으로 나타날 수 있다는 것을 보여준다. 즉, 글로벌 경쟁 환경에서는 가격전략이 현지 적응이 아닌 글로벌 전사 차원에서 전략적으로 시행된다는 것을 말해주고 있다.

제5절 글로벌 유통전략

미국 소매유통 시장을 석권한 월마트가 1995년 브라질 상파울루에 대형 할인매장을 열었다. 그러나 교통 체증이 극심한 상파울루에서 미국식 대형 할인매장은 환영받지 못했다. 2000년대 중반 이후 월마트는 브라질 진입 전략을 완전히 바꾸었다. '월마트' 대신 'Todo Dia(포르투갈어로 '매일'이라는 뜻)'라는 브랜드를 사용하고, 대형 매장전략도 포기했다. 소비자들이 자동차 없이도 쉽게 이용할 수 있도록 도심에 소규모 점포 위주의 전략을 택하였다. 브라질 전통 음식재료로 식품 매장을 구성하는 등 현지 적응에 주력했다. 그 결과 월마트는 브라질에서 매출이 급성장했다. 월마트는 최근 중국과 일본, 인도에서 현지 적응에 주력하며 좋은 성과를 얻고 있다.

그림 13-1 유통전략의 현지 적응이 필요한 이유

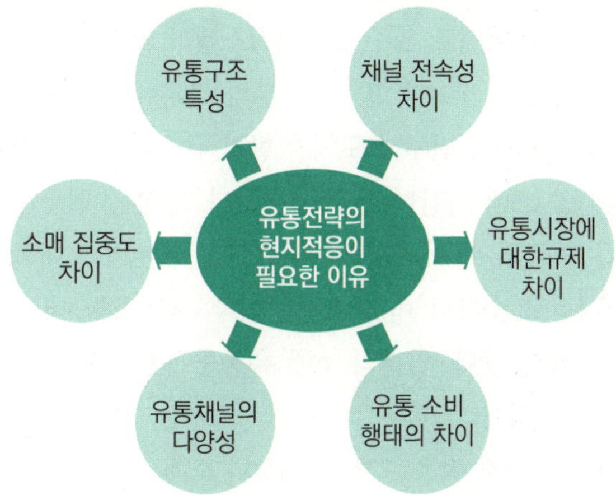

1. 유통전략의 현지 적응

한 국가의 유통 환경은 역사와 문화에 따라 발전과정이 상이하여 국가별로 상당한 차이가 존재하는 것이 일반적이다. 따라서 국가별 유통전략을 성공적으로 진행하려면 국가별 유통 환경의 차이를 감안한 유통전략 현지 적응이 필요하다. 본 절에서는 국가별 유통 환경의 차이를 살펴보기 위하여 몇 가지 중요한 유통 환경 변수들에 초점을 맞추어 본다. 특히 소매 집중도, 유통구조, 채널 전속성, 정부규제, 유통소비행태, 유통경로 등의 국가별 차이에 대하여 알아본다(그림 13-1 참조).

1) 소매 집중도 차이

소매 시장은 대개 국가별로 집중도(concentration ratio)에 있어 차이가 있다. 소매 시장이 집중되어 있는 국가는 소수 소매기업이 시장을 지배하고 있으며 소매기업이 대형화되어 있다. 반면 소매 시장의 집중도가 낮은 국가는 재래 시장과 같이 소규모 소매점이 난립되어 있다. 선진국의 경우 대개 소매 집중도가 높으며, 개발도상국의 경우 소매 집중도가 낮은 편이다. 선진국 중에서도 독일은 집중도가 매우 높아 농산물 소매 시장에 4개의 소매업자들이 65%의 시장을 점유하고 있다. 반면 이탈리아는 집중도가 낮아 어느 소매업자도 시장의 2% 이상을 점유하고 있지 못하고 난립되어 있다. 개발도상국의 경우 소비자들의 구매규모가 작고 소량의 제품을 빈번하게 구매하는 패턴을 보인다. 따라서 여러 군데 재래 시장이 발달하게 된다.

국가별 소매 집중도의 차이는 상당부분 역사와 전통과 관련되어 발전된 결과다. 미국은 도시의 역사가 일천하고 자동차가 개발된 연후에 도시가 발전한 관계로 도시주변에 대형점포 위주로 소매시스템이 발전했다. 결과적으로 소매 시장의 집중화가 가능했던 것이다. 반면, 일본의 경우에는 도시에 인구가 집중되어 있고 자동차가 대중화되기 전부터 도시가 발전하여, 걸어서 다닐 수 있는 곳에 소매 시장이 형성되고 소매 시장이 분산되어 있다. 일본의 인구는 미국의 절반 정도이고 국토면적은 미국의 4%에 불과하다. 그런데 일본의 소매점포의 숫자가 거의 미국 전체의 소매점포 숫자와 비슷한 수준이다. 국민소득 대비 중간상의 숫자도 여타 선진국에 비하여 많다. 일본의 소매 유통구조는 이처럼 매우 복잡하고 비효율적인 구조를 갖고 있다.

유통전략의 현지 적응은 현지 시장의 소매 집중도를 고려하여 결정하게 된다. 예를 들어, 소매 집중도가 낮은 국가에서는 긴 채널전략을 사용하고, 소매 집중도가 높은 국가에서는 짧은 채널전략을 구사하게 된다. 또한 소매 집중도가 높은 국가에서는 대형 소매업자와 제휴가 효과적이다.

2) 유통구조의 국가별 차이

국가별 유통구조의 특성 역시 다국적기업이 해외 유통경로에 접근하는 데 현지 적응을 필요로 하는 이유다. 예를 들어, 일본 유통구조의 특징은 다단계 유통구조를 갖고 있어 비효율적이며 비생산적이라는 점이다. 유통구조가 연고주의에 근간을 두고 여러 단계의 중간상으로 중복되어 있다. 복잡한 유통구조는 일본에만 있는 것이 아니라 아시아지역의 많은 국가들이 이러한 구조를 갖고 있다. 홍콩만 하더라도 수입제품이 소비자에게 도달하기까지 최소한 3단계(수입업자, 위탁소매상, 소매유통업자 등)의 중간상을 거치게 된다. 러시아의 유통구조를 보면 외국기업이 진입하기에 구조적이고 제도적인 장벽이 있다. 예로서, 특정 산업에서는 구매자와 판매자 간 독점적 거래관계가 존재할 수도 있고, 유통 시장의 수직적 통합으로 반경쟁적인 구조를 갖는 경우도 있다. 이상과 같이 유통구조 특성의 국가별 차이에 비추어볼 때 해외 시장 진입 시 치밀한 사전조사를 바탕으로 유통전략의 현지 적응을 모색해야 할 것이다.

다국적기업들은 일본 시장에 진입할 때 독특한 유통구조에 대응하기 위하여 현지 기업과 합작투자를 하는 사례가 많았다. 제록스(Xerox)는 후지필름과 합작하여 후지제록스(Fuji-Xerox)를 설립하였으며, KFC는 일본의 미쯔비시와 합작진출했다.

3) 유통경로 전속성 차이

국가별로 유통경로가 전속적(exclusive)이거나 개방적(intensive)인 특성을 가지며 이에 적응하는 유통전략이 필요하다. 일본 유통 시장은 전통적으로 제조업자, 도매업자, 소매업자 간 긴밀한 관계가 유지되어 왔다. 도소매업자는 오랜 거래관계가 있는 제조업체의 경쟁업체 제품을 함께 취급하지 않고 그 대신 제조업체는 도소매업자에게 충분한 마진을 제공한다. 일본 유통 시장은 다단계로 얽혀있고, 수직적 관계가 강하다. 도매상 간 및 도소매상 간에도 친밀한 유대관계를 유지하고 있으며, 채널 구성원들이 오랜 기간 동안 마치 가족처럼 지내고 있다. 만일 한 구성원이 탈락되면 서로에게 상처를 주는 것으로 생각한다. 이러한 긴밀한 유대관계는 유통경로의 전속성이라는 특징을 갖게 되고 외국 기업에 시장진입의 어려움을 안겨준다.

일본 유통 시장의 강한 전속성에 대응하기 위하여 외국 기업들은 기존의 다단계 유통경로에 끼어 들어가기보다는 대체적인 유통경로를 사용하는 전략을 택하였다. 텔레마케팅, 우편주문, 방문판매 등과 같은 직접판매(direct marketing) 방식을 활용하는 것이 좋은 예다. 암웨이(Amway)는 매우 효율적인 직접판매 방식을 활용하여 마케팅 성과를 올리고 있다. 토이저러스(toys'rus)나 코스트코(Costco) 등은 직접 별도의 소매점포를 설립하는 전략을 택하여 성공하였다.

4) 유통 시장에 대한 규제 차이

유통 시장에 대한 규제가 국가별로 상이한 점이 유통경로 전략을 현지 적응해야 하는 또 다른 이유다. 국가에 따라 특정 유통경로나 중간상을 활용하는 것을 금지하는 규정이 있다. 예로서 프랑스에서는 방문판매(door to door selling)를 허용하지 않는다. 사우디아라비아는 국제거래 시 현지 스폰서를 참여시켜 자금결제를 하도록 규제하고 있다. 중국은 WTO 가입 이전에 외국 기업에 도매영업을 금지했고 소매의 경우에도 반드시 합작투자를 의무화했다.

일본 유통 시장의 경우도 규제장벽이 효율성을 저해한다. 일본의 소매 시장은 '대형소매점포 입지법'에 규제를 받는다. 동 법에 의하면 소형 소매점을 보호하기 위하여 대형 소매점포의 크기, 영업시간 등을 규제하고 있다. 또한 일본 자동차 딜러들은 수입자동차 회사와 매장시설을 공유하는 것을 금지하고 있다. 일본 자동차업체와 딜러 간에 계열관계가 형성되어 전속 판매형태를 유지하는 것이다. 따라서 외국 자동차 회사들은 일본 시장에서 딜러시스템을 별도로 구축해야 하고 이에 따른 비용이 많이 소요된다. 미국 시장에서는 자동차 회사와 딜러 간의 관계가 독립적이어서 일본 자동차 회사가 미국 자동차딜러와 매장을 공유하는 것이 문제되지 않는다.

5) 소비 행태의 차이

국가에 따라서 소매 시장을 활용하는 고객의 행태가 상이하다. 특히 일본 시장 고객의 경우 여타 서구 시장과 다른 특징이 있다. 일본의 도시는 인구가 매우 많고 도로가 좁으며 주차비용이 높아 고객 대부분이 대중교통을 이용하고 있다. 따라서 쇼핑을 할 때 가까운 곳에서 소량으로 구매하는 경향이 있다. 또한 소형 소매점을 보호하는 정책이 오랫동안 시행되어 편의점과 같은 소형 소매점이 상대적으로 많은 유통구조를 갖고 있다. 앞서 설명한 바와 같이 월마트(Walmart)는 상파울루에 미국식 대형 매장을 열었지만 교통 체증이 극심한 상파울루에서 성공할 수 없었다. 결국 소비자들이 자동차 없이도 쉽게 이용할 수 있도록 도심에 소규모 점포 위주로 현지 적응함으로써 높은 매출 신장률을 기록하게 되었다.

세계 1위 유통업체인 미국 월마트와 2위 유통업체인 프랑스 까르푸가 모두 한국 시장에서 철수했다. 이들의 실패 요인을 요약한다면 본사 전략을 고수하면서 현지 적응을 등한시했다는 점이다. 예를 들어, 매장 인테리어를 창고형으로 어두침침한 분위기를 만들었고, 선반의 높이를 5~6미터나 높게 하여 고객이 제품을 살펴보기 불편하게 하였다. 또한 상품포장도 소품종 대형포장을 선호하였고, 신선한 생식품보다는 냉동식품을 다량으로 취급하여 국내 할인점에 비하여 경쟁력이 떨어졌다. 이러한 전략들이 모두 한국 소비자의 행태를 제대로 파악하지 못한 데서 비롯되었다고 할 수 있다.

6) 유통경로의 다양성

유통 환경의 차이로 유통경로가 훨씬 다양하게 존재하는 국가들이 있다. 예를 들어, 정보통신 인프라가 잘 갖추어진 국가에서는 인터넷을 통한 전자상거래 채널이 활성화되어 있다. 외국 기업이 진입할 때 이를 적극 활용할 수 있다. 독일의 가전업체인 밀레(Miele)는 한국 시장에서 인터넷 쇼핑몰을 통한 판매를 통하여 높은 매출성장을 달성할 수 있었다. 밀레 코리아는 본사에 인터넷 쇼핑몰을 통한 판매를 제안했으나 본사 담당자는 반대의사를 표시했다. 하지만 인터넷 인프라가 발달한 한국 시장 특수성과 성장 가능성을 설득, 본사 허락을 얻어냈고 결과는 대성공이었다. 밀레 코리아는 독일 본사를 비롯한 여타 해외 법인들의 벤치마킹 대상이 되고 있다. 미국의 앤호이저부시(Anheuser-bush, 인베브 합병 전)가 1981년 일본 선토리(Suntory)

와 합작으로 일본 시장에 버드와이저 맥주를 판매하기 시작했다. 기존의 유통경로와는 달리 주로 디스코, 나이트클럽에 초점을 맞추었는데 이는 외국문화에 많은 영향을 받고 서구의 신제품을 쉽게 받아들이는 젊은 계층을 공략하기 위한 방법이었다.

2. 유통전략의 글로벌 표준화

지금까지 유통전략의 현지 적응이 필요한 이유를 국가별 다양한 유통 환경의 차이를 통하여 살펴보았다. 그러나 최근에는 자국에서 새로운 유통방식을 개발하여 성공한 기업이 외국 시장에 동일한 유통방식을 적용하면서 글로벌기업으로 성공하는 사례들이 많이 나타나고 있다. 유통의 글로벌 표준화 전략이라고 할 수 있다. 대표적인 기업으로 이케아(IKEA), 자라(Zara), 델(Dell) 등이 있다. 이들이 개척하여 글로벌화시키고 있는 유통방식이 무엇인지 간단히 살펴보기로 한다.

1) 이케아의 가구 유통전략

기존 가구업체들은 가구를 내구성이 높은 고급 제품으로 인식해 왔다. 따라서 대상 고객을 고가 가구에 적합한 부유층으로 설정하고, 이를 공략하기 위해 작은 규모의 매장을 번화가에 입지시키는 유통전략을 추구하였다. 그러나 이케아는 기존 가구업계에 존재하던 관행적인 전략을 깨고, 자신만의 새로운 유통전략을 추구했다. 이케아는 '저렴한 가격으로 훌륭한 디자인과 실용성을 갖춘 다양한 가정용 가구를 제공함으로써 고객들에게 매일 매일 더 나은 삶(the better everyday life)을 제공한다'는 비전을 갖고, 기존 가구업체와는 다른 유통전략을 만들어냈다. 이케아와 기존 가구업체의 유통전략을 비교하면 다음과 같다.

첫째, 기존 가구업체의 점포는 다운타운 지역의 인구유동성이 높은 쇼핑몰에 위치했으나, 이케아는 시내 외곽에 주차공간을 확보할 수 있는 넓고 저렴한 지역에 위치한다. 창고형 슈퍼스토어(superstore)로서 약 8천 평에 이르는 커다란 점포와 거대한 주차장을 갖고 있다. 둘째, 기존 가구업체는 주요 기본 제품 위주로 전시하나, 이케아는 실제 주거 공간 크기와 같은 공간구성을 하여 실제 체험을 하게 한다. 셋째, 기존 가구업체는 고객이 매장 판매원과 상담을 통하여 원하는 제품을 주문 구매하나, 이케아는 고객이 카탈로그로 제품을 선택하고 상담없이 제품을 직접 확인하여 구매한다. 넷째, 기존 가구업체는 완성제품을 고객에게 직접 배달해주나, 이케아는 조립식 제품을 직접 실어가는 캐시앤캐리(cash and carry) 방식을 택한다.

이케아는 이러한 혁명적인 가구 유통 방식을 전 세계적으로 확산시키면서 세계 가구 시장에 새로운 바람을 일으키고 있다. 2020년 기준 전 세계 58개 국가에 445개의 거대 점포를 가진 글로벌 기업으로 성장했다.

2) 자라의 SPA 유통전략

SPA(Speciality Retailer of Private Label Apparel)란 자사에서 기획한 의류 제품을 직접 생산하여, 자사 브랜드로 관리, 대형매장에서 소비자에게 직접 판매하는 유통체계를 구축한 회사를 말한다. 백화점 같은 고비용 유통방식을 통하지 않고, 대형직매장을 통하여 운영비용을 절감하며 저렴한 가격에 제품을 공급한다. SPA가 갖는 강력한 장점은 이들이 갖고 있는 유통구조에서 발휘되는 신속한 제품 공급 능력과 이를 기반으로 한 중저가 제품이다. 소비자 욕구와 트렌드를 빠르게 반영하고 있어 패스트패션(fast fashion)이라고도 하며 빠른 상품회전이 특징이다.

이러한 사업모델을 택하여 세계적으로 성공한 기업에는 자라, 갭(Gap), H&M 등이 있지만 이 중에서도 단기간에 세계 시장을 가장 놀라게 한 회사는 자라다. 'SPA'라는 새로운 유통모델로서 전 세계 패션업계에 혁신적인 바람을 불어넣었다. 자라 브랜드를 보유한 모회사인 인디텍스그룹(Inditex group)은 이러한 유통모델을 세계 시장에 확대 적용하면서 글로벌 기업이 되었고 전 세계 86개국 6,000여 개의 매장을 운영하고 있다.

3) 델의 유통모델

기존 개인용 컴퓨터PC업체들의 유통경로는 대부분 간접판매 방식으로 이루어졌다. 간접판매 방식은 생산자로부터 고객에 이르는 과정 중 대형 유통업자들과 소매상들이 중간상 역할을 하며 고객에게 제품을 공급하는 것이다. 1984년 마이클 델(Michael Dell)에 의해 설립된 델은 직접판매 방식을 최초로 택하였다. 중간상이나 대리점을 거치지 않고, 자사 고객센터에서 전화를 받거나 인터넷을 이용한 주문으로 고객에게 직접 제품을 공급하는 방식이다. 이러한 유통방식으로 PC를 포함해 인프라 네트워크 구축에 필요한 제품과 서비스를 고객에게 제공한다. 델은 온라인 서비스를 통한 직접 유통 판매 체제를 지속적으로 발전시켜 미국에서 한때 컴퓨터 판매 1위를 기록하기도 하였다. 델은 직접판매 방식을 전 세계로 확산시키면서 세계 곳곳에 제조 공장을 설립하고 제품영역을 넓혀 갔으며 세계 상위의 컴퓨터 회사로서 위치를 확고히 하게 되었다.

마감사례

IKEA의 중국 마케팅 전략의 성과와 도전

IKEA의 중국 마케팅 전략의 특징과 성과

이케아(IKEA)는 창고형 대형 가구 매장과 실용적 디자인, 저렴한 가격을 무기로 전 세계 가구 시장을 장악하고 있는 글로벌 가구 회사다. 1943년 스웨덴의 알름훌트에 잉바르 캄프라드(Invar Kamprad)가 설립했다. 이케아의 2019년 글로벌 매출이 413억 유로(53조 9,378억 원)이며, 2020년 기준 미국, 캐나다, 독일, 프랑스, 호주, 중국, 러시아, 일본 등 세계 58개국에 445개의 매장이 있다. 이케아는 최근 중국과 한국 등 아시아 시장 진출에 힘을 쏟고 있다. 아시아 시장의 매장 수는 유럽, 북미에 이어 3위권이다.

이케아는 1998년 중국 내수 시장을 목표로 상하이에 1호 매장을 열면서 중국에 진입했고, 그 다음 해에 베이징에 2호점을 열었다. 현재 이케아의 중국사업은 지속적으로 성장하고 있고, 전망도 밝아 보인다. 전임 CEO였던 마이클 올슨(Mikael Ohlsson)은 "중국은 조만간 이케아의 해외 시장 중 2번째로 큰 시장이 될 것이고, 장기적으로 가장 큰 시장이 될 것이다. 이를 위해 2020년까지 총 40개의 매장을 중국에서 운영할 것이다"라고 밝힌 바 있다. IKEA의 중국 시장에 대한 마케팅 전략의 특징을 살펴보자.

- **제품전략**

중국 IKEA의 전체적인 제품군은 전 세계 다른 매장들과 대부분 동일하지만, 현지 특성에 맞춰 제품을 조금씩 수정하기도 하였다. 중국인의 주거 공간이 서양의 주거 공간에 비해 훨씬 좁았기 때문에, 제품의 크기를 약간씩 축소하였다. 또한, 서양인에 비해 왜소한 체격에 맞춰 역시 제품의 사이즈를 변경하여 판매하였다. 이외에도 중국의 공휴일을 기념하는 특별한 제품을 출시하거나, 아파트 특성에 맞춘 인테리어 제품과 중국의 식생활에 맞는 젓가락, 중국식 프라이팬 등의 식기를 선보였다. 이러한 현지화된 제품들과 전 세계 IKEA에서 통일적으로 판매하는 제품들의 적절한 믹스를 통해 IKEA는 중국 시장에 성공적으로 진입할 수 있었다.

- **유통전략**

중국의 IKEA 매장은 서양과는 달리 교외지역이 아닌 도심에 위치해 있다. 이는 중국인들이 아직까지 차량을 많이 소유하지 않아 교외지역으로의 접근성이 좋지 않기 때문이었다. 도심지역에 초대형 상점을 건설함으로써 일반인들의 접근성을 높였지만, 높은 임대료의 문제가 있기 때문에 매장 내에 다른 기업 브랜드들을 입점시켜 임대료를 받음으로써 수익을 창출하고 있다.

'매장에서 물건을 사서 직접 자신이 집으로 들고 와서 손수 조립한다'는 DIY(Do It Yourself) 방식은 중국인의 입장에서 무척이나 생소했다. 서구에서는 DIY가 하나의 취미로 여겨지지만, 중국에서는 '노동'으로 받아들여지고 있었다. 중국 사람들은 직접 자신이 무언가를 만드는 DIY보다는 다른 사람에게 돈을 지불하고 만들게 하는 "Do It For Me"에 익숙하다. 중국사업의 현실을 제대로 이해한 IKEA는 문제 해결을 위해 많은 노력을 기울였다. DIY에 익숙하지 않은 중국 고객들을 위해 IKEA는 배달/조립 서비스를 제공한다. 글로벌하게 표준화된 기준에 맞추어 매장을 운영하는 원칙에서 중국을 예외적인 곳으로 인정한 것이다. 이 서비스는 최근에는 서구권까지도 확대되어 적용하고 있다.

또한, IKEA는 전 세계적으로 유통 구조를 효율적으로 운영하여 중간에 생기는 불필요한 마진을 최소화하려고 노력해 왔다. IKEA는 공급사슬에서 상부의 연구개발 및 설계, 하부의 도소매 업무를 직접하지만, 제조 부문은 아웃소싱하여 저가 정책을 실현할 수 있었다. 또한, 매장 수가 일정 수준에 도달하였을 때 물류 및 공급사슬에서의 규모 효과를 충분히 발휘할 수 있기 때문에, IKEA는 중국에서도 매장을 지속적으로 확장하여 저가 정책을 유지하고자 노력하고 있다. 이에 IKEA는 중국에서 개점 속도를 높여 2016년까지 매년 매장을 3개씩 오픈하고자 하며, 1급 도시들 이외에도 2급 도시들로도 매장을 설립하여 포트폴리오 균형을 맞추려 한다.

● **가격전략**

IKEA는 서민층을 타깃으로 하며, 전 세계적으로 저가 정책을 펼치고 있다. 특히 평균 가구소득이 서구 선진국들에 비해 훨씬 낮은 중국에서는 기존의 가격보다 더 낮은 가격으로 가구를 판매하려고 노력하고 있다. 처음 중국에 진입했을 때는 제한적인 유통망과 적은 상점수로 인해 중국인들의 가구 소득에 비해 조금 높게 가격이 책정되었기 때문에, 매장 확대를 하면서 점차적으로 가격 인하를 실시해 왔다. 이를 위하여 원가 구조를 개선하는 데 주력했다. 글로벌 차원에서 중앙집중적으로 구매하는 방식으로 원가 경쟁력을 유지하던 방식을 일부 포기하고, 중국은 예외적으로 중국 현지 구매 비중을 높였다. 유럽 등 타 지역의 경우 현지 구매 비중은 23% 수준인데 비해 중국은 50% 이상을 중국 내에서 구매한다. 특히 중국을 가공 및 구매기지로 개발하려는 계획 하에 하얼빈(哈爾濱), 칭다오(靑島), 샤먼(廈門), 서커우(蛇口), 우한(武漢), 청두(成都), 상하이(上海) 등 7개 구매 센터를 건설, 중국 전역을 아우르는 구매 네트워크를 구축해 효율화를 꾀하고 있다.

● **촉진전략**

IKEA는 전 세계적인 프로모션 전략으로 상품 카탈로그를 제작, 배포하고 있다. 중국에서도 마찬가지로 글로벌 표준화 전략에 따라 같은 카탈로그를 프로모션에 활용하고 있다. 또한 현지화 전략으로 중국에서는 특별한 카탈로그를 따로 만들어서 제공하기도 하였다. 최근 중국 IKEA는 마이크로블로그를 활용한 홍보에도 열을 올리고 있다. 중국은 마이크로블로그 사용자도 매우 많으며 다양한 의견교환이 이루어진다. 중국 IKEA는 마이크로블로그 '웨이보'를 통해 고객과 의사소통하기 시작했다. IKEA 측은 공지사항을 올리고 고객이 사진을 올려 조언과 아이디어를 물으면 곧바로 대답해주는 방식으로 웨이보를 이용하고 있다. 이는 짧은 시간에 많은 고객을 응대할 수 있는 방법으로, 매우 강력한 도구이며 계속적인 성장이 예상된다고 IKEA 측은 밝혔다. 이외에도, IKEA는 제품의 배달 비용을 타 국가에 비해 매우 저렴하게 제공하고 있으며, SNS 마케팅 외에도 온라인 판매를 실시하고 있다.

IKEA의 또 다른 성공 요인은 단기 이익을 쫓지 않는 장기적 관점의 경영 방식에서 찾을 수 있다. IKEA의 중국 이름은 '이지아(宜家)'로서, 해석하면 '편안한 집'이다. 이름 그대로 중국 소비자들은 IKEA 매장을 편안한 놀이 공간으로 생각한다. 상하이의 한 데이트 클럽은 IKEA의 깔끔한 매장 내 휴게실과 무료 커피를 이용해서 정기 모임을 갖기도 할 정도다.

IKEA 중국의 최근 도전과 대응

이케아가 1998년 중국에 진출한 이후 계속 성공 가도를 걷고 있다고 알려졌으나 2022년 오프라인 매장 두 곳이 폐쇄되면서 중국 시장에서 실패의 길에 들어선 것이 아닌가 하는 의구심을 자아내고 있다. 나우뉴스는 2022년 8월 25일자 "이케아, 뒤늦게 중국에 1조 원대 대규모 투자하는 이유는? [여기는 중국]"라는 제목의 기사를 통해서 이케아가 중국에서 직면하고 있는 도전의 내용과 이를 극복하려는 노력을 소개하고 있다. 동 기사에 따르면 이케아는 2022년 4월 1일 구이저우 지역에 유일한 오프라인 매장을 폐쇄했으며, 두 달이 지난 6월 13일에는 상하이 양푸 매장을 닫았다고 한다. 구이저우 매장의 경우 개점한 지 3년 만에 폐점했다는 점에서 충격을 주었지만 온라인 전자상거래를 통해서 구이저우 지역을 커버하는 것이 효율적이라는 회사의 입장이 이해되는 측면도 있었다. 그러나 상하이 양푸 매장 폐쇄의 경우 중국에서 가장 구매력이 큰 핵심 지역에서 이루어졌고, 매장의 효율성을 증대하기 위한 다양한 노력에도 불구하고 결국 폐점의 길을 갔다는 점에서 큰 충격을 주었다고 한다.

이케아는 중국에서 수익성이 계속 떨어지는 오프라인 매장에 대한 비중을 줄이는 대신 온라인 판매 채널 확대를 위한 대규모 투자를 실행하고 있다. 이케아는 이미 "2019년 100억 위안(약 1조 9500억 원)을 투자, 이듬해였던 2020년 8월에 이케아 디지털 혁신센터를 설립하는 등 대규모 투자"를 실행했다. 이 투자 이후 불과 3년만인 2022년 8월에 다시 총 53억 위안(약 1조 330억 원)을 2023년까지 투자해 온라인 전자상거래 분야의 판로 확충에 나설 것이라고 발표했다. 이러한 이케아 중국의 온라인 판매 투자는 일단 상당한 성과를 거두고 있는 것으로 보인다. 위 기사에 따르면 2021년 이케아 중국의 온라인 매장을 통한 수익 규모는 전년 대비 약 74% 이상 증가했고, 2022년 8월 기준 온라인 채널을 통한 수익은 2021년 동기 대비 20% 이상 급증한 것으로 확인됐다고 한다.

이러한 이케아 중국의 온라인 분야 실적에도 불구하고 이미 온라인 중심으로 급속하게 이행한 중국 가구 시장의 트렌드 변화에 이케아가 너무 늦게 대응했다는 평가가 나온다. 머니투데이의 2024년 8월 29일자 "짠한 중국 이케아…"190원 아이스크림 엄청 팔려" 발표한 이유"라는 제목의 기사에 보면 이케아 중국이 온라인 전환에 실기하고 오프라인 매장의 매출은 지속적으로 축소되고 있다며 이케아가 중국에서 직면한 도전을 자세하게 설명하고 있다.

동 기사의 분석에 따르면, 1998년 시장에 진출한 이케아가 중국에서 선풍적인 인기를 끌며 중국의 가구 시장을 크게 키운 것은 분명하지만, 중국기업 및 다른 외국기업(예: 일본 니토리) 등 수많은 경쟁기업이 중국 가구 시장에 진입했으며, 이들은 이케아와 경쟁하기 위해서 온·오프라인을 통합한 탁월한 차별점으로 시장을 잠식하며 이케아의 입지에 큰 타격을 가하고 있다는 것이다.

실적 악화가 지속되는 가운데 이케아 중국은 더이상 실적을 발표하지 않는다고 한다. 매출액 등 경영실적을 발표하는 대신 이케아의 1위안짜리 아이스크림 판매가 약 30% 증가했다는 발표를 통해서 오프라인 매장에 많은 고객이 방문하고 있다는 점을 강조했다고 한다. 쇼핑하는 이에게 마지막으로 좋은 인상을 남긴다는 이른바 '피크엔드 법칙'의 상징 격인 아이스크림 판매 증가를 부각시키며, 오프라인 매장에서 매출의 회복 가능성을 기대하고 있는 것으로 보인다. 이케아가 중국에서 현재 겪고 있는 어려움을 극복하며 또 다시 성공 신화를 쓸 수 있을지 귀추가 주목된다.

참고자료: 머니투데이, "짠한 중국 이케아…"190원 아이스크림 엄청 팔려" 발표한 이유", 2024년 8월 29일자; 나우뉴스, "이케아, 뒤늦게 중국에 1조 원대 대규모 투자하는 이유는? [여기는 중국]", 2022년 8월 25일자; 시사뉴스메이커, "중국 시장을 옥토로 바꾼 글로벌 기업들, 이케아(IKEA)", 2014년 3월 18일자. 저자 편집.

질문

1. IKEA가 중국에서 전개하고 있는 현지적응 전략의 핵심 내용을 제품, 유통, 가격, 촉진 등의 분야로 구분해서 정리해보시오.
2. 현재 IKEA 중국 매장은 모두 몇 개인지 조사해보시오. IKEA의 중국 현지화 전략은 성공을 거두었다면 그 이유는 무엇인가? IKEA가 중국에서 글로벌 표준화 전략과 현지적응 전략을 동시에 구사하고 있다고 보는가?
3. IKEA가 2019년부터 온라인 부분에 막대한 투자를 실행하고 있음에도 불구하고 2024년 현재까지 가시적인 실적 개선을 이루지 못하는 이유는 무엇이라고 생각하는가? IKEA가 중국에서 현재 직면하고 있는 어려움을 극복하기 위해서 어떠한 전략을 펼쳐야 한다고 생각하는가? 구체적인 방안을 제시하시오.

토의과제

1. 글로벌 마케팅 전략의 딜레마에 대해서 설명하시오.
2. 글로벌 제품전략에서 현지 적응과 글로벌 표준화가 각각 필요한 경우를 설명하시오.
3. 글로벌 광고전략에서 현지 적응 전략을 구사할 때 고려할 사항들을 설명하시오.
4. 가격 현지 적응 전략을 구사할 때 고려해야 할 요인들을 설명하시오.
5. 글로벌 가격 설정에 영향을 미치는 환경변화에 대해서 설명하시오.
6. 유통전략에서 현지적응이 필요한 이유는 무엇인가?
7. 유통전략의 글로벌 표준화 사례로 이케아의 가구 유통전략을 설명하시오.

Chapter 14

글로벌 인사 및 재무전략

학습목표

1. 글로벌 인사관리 주요 이슈를 알아본다.
2. 해외 자회사 경영자에 대한 인사전략 방향을 이해한다.
3. 해외 자회사 파견 주재원 관리방안을 학습한다.
4. 글로벌 재무전략 주요 이슈를 알아본다.
5. 환 위험 관리방안을 학습한다.
6. 국제투자 및 자금관리를 위한 구체적 방안을 이해한다.

도입사례

삼성 지역전문가 제도와 삼성의 글로벌화

한국경제신문은 2015년 3월 30일자 "지역전문가 제도 25년… 글로벌 삼성 첨병 5,000명 키웠다"라는 제목의 기사를 통해서 삼성 지역전문가 제도의 자세한 내용을 소개하고, 이를 통해 삼성이 어떻게 성공적인 글로벌 기업으로 성장했는지를 분석하고 있다. 아래 내용은 이 기사를 요약한 것이다.

1995년 5월 베트남 공산당의 도므어이 서기장이 삼성전자 기흥 반도체 공장을 찾았다. 여기에는 100여 명의 수행원이 동행했다. 베트남 진출을 노리던 삼성은 그룹 차원에서 '접대'에 각별히 신경을 썼다. 베트남어를 할 줄 아는 직원 18명을 총동원해 공장 안내를 맡겼다. 이어진 점심 시간에도 테이블마다 나눠 앉아 대화를 나누도록 했다.

도므어이 서기장 일행은 "베트남어를 할 줄 아는 직원이 이렇게 많을 줄 몰랐다"며 놀라움과 친근함을 나타냈다. 이들의 뇌리에는 자연스럽게 "삼성은 다르다"는 이미지가 자리 잡았다. 이는 삼성이 2000년대 초 베트남에 진출할 때 보이지 않는 힘이 됐다.

- **25년간 5,000명 전문가 양성**

당시 도므어이 서기장 일행을 놀라게 한 삼성 직원들은 '베트남 지역전문가' 출신이다. 지역전문가는 삼성의 독특한 글로벌 인재 양성 프로그램이다. 1990년 이건희 회장의 지시로 도입했다. 올해로 꼭 25년이 됐다. 그동안 외환위기 때를 제외하곤 한 번도 선발을 거르지 않았다.

2015년에도 350여 명이 이달 말부터 세계 각지로 떠난다. 지역전문가로 뽑힌 직원은 아무 조건 없이 원하는 국가에 1~2년간 머물며 현지 언어와 문화를 익힐 수 있다. 삼성은 연봉 외에 1인당 1억 원 안팎의 체재비를 지원한다. 삼성은 올해까지 1조 원가까운 돈을 투자해 5,000여 명의 지역전문가를 길러냈다. 이들이 머문 국가는 80개국이 넘는다.

지역전문가 출신 임원도 늘어나고 있다. 원OO 삼성카드 사장이 대표적이다. 원 사장은 1994년 지역전문가로 미국을 다녀왔고 이후 삼성전자 인사팀장을 거쳐 지난해 사장으로 승진했다. 지역전문가 출신 중 첫 사장 승진이었다. 여성 임원으로는 삼성전자 김OO 상무(1995년 영국), 연OO 상무(2003년 싱가포르) 등이 지역전문가 출신이다. 김OO 삼성전자 상무(1993년 일본), 한OO 삼성물산 상무(1995년 중국)도 지역전문가 출신으로 임원이 됐다.

삼성은 과거에는 주로 미국, 유럽 등 선진국에 직원들을 내보냈다. 하지만 요즘은 세계 최대 시장으로 떠오른 중국을 비롯해 러시아, 인도 등 신흥시장에 주로 파견한다. 선진국은 이미 해당 지역을 잘 아는 전문가가 많은 데다 삼성 브랜드가 확고히 자리를 잡았다는 판단에서다.

제도 도입 초기, 그룹 내에선 반대도 적지 않았다. 막대한 비용이 드는 데다 당장 현장에서 일손을 빼내는 게 부담스러웠기 때문이다. 계열사 사장들은 물론 회장 직속의 비서실에서도 탐탁지 않게 여겼다. 하지만 이 회장은 "국제화, 국제화 하지만 국제화된 인력 없이는 아무것도 할 수 없다"며 밀어붙였다. "이 일은 사장들이 직접 챙겨도 시원찮을 텐데 실무자들이 하고 있다. 한마디로 대소완급(大小緩急)을 가리지 못한다"고 사장들을 다그치기도 했다. 도입 첫해 실무진이 20여 명을 선발해 결재를 올리자 이 회장이 "아직도 내 말뜻을 못 알아듣느냐"고 호통을 치며 200여 명을 내보냈다.

- **"삼성의 글로벌화를 이끈 주역"**

이렇게 해외로 나가게 된 지역전문가들은 삼성이 글로벌 기업으로 도약하는 데 첨병 역할을 했다. 실제 삼성에선 지역전문가와 관련한 '전설' 같은 일화가 적지 않다. 삼성 관계자는 "10여 년 전 인도네시아 지역전문가 출신인 모 차장이 현지 고위 관료의 딸과 결혼해 인도네시아 전자협회장을 맡아 화제가 된 적이 있다"며 "삼성의 인도네시아 시장 공략에 큰 도움이 됐다"고 전했다. 삼성 안팎

에선 삼성 직원들이 '강병(强兵)'이 된 근원으로 학력보다 능력을 중시하는 조직 문화와 함께 주저 없이 지역전문가 제도를 꼽는다. 해외에서도 지역전문가는 연구 대상이다. 2011년 세계적 경영 학술지인 '하버드 비즈니스 리뷰'는 지역전문가 제도를 "삼성이 글로벌 기업으로 빠르게 성공한 핵심 비결"로 꼽았다.

한편, 조선일보는 2023년 6월 15일자 "삼성전자, 지역전문가 파견 제도 부활"이라는 제목의 기사를 통해서 코로나로 인해서 2019년 이후 파견이 중단되었던 지역전문가 파견을 2023년 8월부터 순차적으로 재개한다는 소식을 전하고 있다. 삼성전자는 우선 2019년 선발된 뒤 코로나로 인해서 연수를 떠나지 못했던 직원 120여 명을 파견한다는 것이다. 또한 2023년 하반기에는 신규로 파견할 인원을 선발하여 2024년부터 매년 100~200여 명을 파견할 예정이라고 한다. 파견대상국은 전략 및 신흥국가들이 중심이 될 것이라고 전하고 있다. 동 신문은 2019년까지 삼성 지역전문가로 약 7,000여 명이 파견되었다며, 삼성이 글로벌기업으로 성장하는데 이 제도가 중요한 역할을 했음을 강조하고 있다.

참고자료: 조선일보, "삼성전자, 지역전문가 파견 제도 부활", 2023년 6월 15일자; 한국경제신문, "지역전문가 제도 25년… 글로벌 삼성 첨병 5,000명 키웠다", 2015년 3월 30일자.

질문

1. 삼성 이건희 회장이 높은 비용에도 불구하고 삼성그룹 차원에서 지역전문가 제도를 도입한 가장 중요한 이유는 무엇이라고 생각하는가?
2. 삼성의 지역전문가 제도는 오늘의 글로벌 삼성이 만들어지는데 어느 정도 기여했다고 보는가? 삼성의 지역전문가 제도가 성공하게 된 가장 중요한 요인은 무엇이라고 생각하는가?
3. 지역전문가로 파견되는 삼성 직원들은 해외파견 기간이 끝날 때 해당 국가나 지역에 대해서 어떠한 주제에 관계없이 보고서를 작성하게 된다. 이 보고서들은 삼성 직원들에게 공유되어 확대 재생산되며 삼성의 글로벌화에 밑거름이 되고 있다. 이 보고서들이 국내 다른 기업들에게 공유된다면 성공적인 한국 기업의 글로벌화에도 크게 기여할 수 있을 것이다. 공유가 가능하다고 생각하는가? 그 방안을 제안해보시오.

제1절 글로벌 인사관리 이슈

최근 들어 글로벌 인사관리의 중요성이 증대되고 있다. 특히 기업의 해외 진출이 증대하면서 국제인력 양성 문제가 더욱 부각되고 있다. 이는 다음과 같은 몇 가지 이유로 설명할 수 있다.

첫째, 글로벌 인적 자원의 효율적 관리가 국제경영의 성공과 실패를 결정하는 주요 요인으로 인식되고 있다. 주요 학자들은 다국적기업 해외 경영의 성공 여부가 인적 자원의 질적 수준에 상당히 영향을 받는다고 주장한다(Black & Mendenhall, 1992). 뒤집어 보면 경험과 능력을 갖춘 글로벌경영자의 부족이 다국적기업 성장에 큰 장애 요인이며 글로벌 전략을 실행하는 데 제약 요인이 된다는 것이다.

둘째, 글로벌화의 급속한 진전과 글로벌 경쟁의 심화 등의 환경변화로 최근 다국적기업의 숫자와 규모가 확대되며 인적 자원의 글로벌 이동이 증대되고 있다. 이는 국제경영 관련 인력의 중요성과 인력 양성의 필요성이 증가한다는 것을 의미한다.

셋째, 해외 자회사 경영 성과가 미흡한 경우 전사 차원에서 해외 고객과의 관계가 부실해질 뿐 아니라 재무 면에서도 손해를 입게 된다. 다국적기업들은 본사를 중심으로 한 글로벌경영자 개발에 신경을 많이 썼지만 해외 자회사 경영인력 개발에 대해서는 상대적으로 소홀하였다. 최근에는 본사 차원의 글로벌경영자 개발 못지않게 자회사에 파견할 주재원 및 현지 경영자 개발에 대한 필요성을 절실히 느끼고 있다. 이상과 같은 배경에서 글로벌 인사관리에서 다루어야 할 주제들이 다양해지고 있다. 글로벌경영자 개발, 해외 주재원 양성, 현지 경영자 육성 문제 등이다.

해외 주재원(expatriate) 관련 인사관리 전략은 매우 중요하다. 해외 주재원은 본사가 아닌 해외 자회사에 파견되어 근무하는 경영자 또는 종업원을 의미한다. 다국적기업은 해외 자회사에 주재원을 파견할 때 이들 관련 다양한 국제인사관리 이슈들을 검토해야 한다(표 14-1 참조).

첫째, 해외 주재원 선발과 관련된 이슈다. 국내에서 업무능력이 우수한 사람을 선발하는 것이 좋을지, 아니면 외국 사람들과 잘 어울리는 성격을 가진 사람을 선발하는 것이 좋을지 등 효율적 선발체계를 구축해야 한다.

둘째, 해외 주재원 교육에 관한 이슈다. 낯선 문화 속에서 근무하는 데 따른 스트레스, 불편을 해소시킬 방법을 강구해야 한다. 파견 전 교육프로그램을 제공하고 파견 후 현지 정착을 위한 지원이 필요하다.

표 14-1 글로벌 인사관리 이슈

이슈	전략 과제	사례
해외주재원 선발	• 해외 자회사 목표 달성에 적합한 해외 주재원 채용 및 선발	• 현지 경영인으로 주재원 또는 현지인 선택문제 • 글로벌경영자 선발 및 육성
해외주재원 교육	• 해외 주재원 교육 • 국제인력 업무성과 향상	• 문화충격 최소화 방안 • 교육프로그램 개발
해외주재원 평가	• 해외 업무성과 효율적 평가	• 성과평가 지표 개발
해외주재원 보상	• 보상 가이드라인 제시	• 보상 항목 및 지급방식 • 이중과세 방지

자료: Cavusgil, S. T., Knight, G., and Riesenberger, J. R. (2008), *International Business*, Pearson Education. 저자 편집.

셋째, 해외 주재원의 인사평가에 관한 이슈다. 해외 주재원의 업무성과를 측정하는 데 국내와 다른 기준을 적용하는 문제를 다루어야 한다. 인사평가 방법도 주재원에게 동기부여가 되는 방향으로 이루어져야 한다.

넷째, 해외 주재원에 대한 보상 이슈다. 국가별로 종업원 인건비 수준의 차이가 있으므로 주재원들의 보상체계가 합리적으로 결정되어야 한다. 주재원이 현지에서 편안하게 업무에 매진할 수 있도록 주거 문제, 자녀 교육 문제, 건강관리 문제 등을 해결할 방안을 마련해야 한다.

제2절 해외 자회사 경영자에 대한 인사전략

해외 자회사(해외 법인)의 경영자로 어떤 인물을 선발할 것인가의 문제는 글로벌경영 성과에 직접 영향을 미치는 매우 중요한 의사결정 과제다. 본사에서 능력 있는 직원을 주재원으로 파견하여 경영을 담당하게 할 것인지(Parent Country Nationals: PCN), 또는 현지에서 유능한 인물을 채용할 것인지(Host Country Nationals: HCN), 아니면 해당 분야에서 능력을 발휘할 수 있는 제3국인을 선발하여 파견시킬 것인지(Third Country Nationals: TCN), 이 셋 중 어떠한 인력을 선택하는가에 따라 자회사 경영성과에 영향을 미치게 된다.

일반적으로 해외 법인 경영자를 선발하는 인사전략 방향에는 크게 세 가지가 있다. 자국 중심적 인사전략, 현지 중심적 인사전략, 글로벌 중심적 인사전략 등이다.

1. 자국 중심적 인사전략

자국 중심적(ethnocentric approach) 인사전략은 해외 자회사의 경영자 및 주요 직책을 본사파견 주재원들로 임명하는 전략을 의미한다. 자국 중심적 인사전략은 서구 다국적기업들이 과거에 많이 활용하던 전략이다. 일본이나 한국의 대기업들은 아직도 이러한 인사전략을 지속하는 경향이 있다.

자국 중심적 인사전략이 갖는 장점을 살펴보면 다음과 같다. 첫째, 현지국에서 경영진으로서 자격을 갖추고 있는 적임자를 찾기 어려울 때 이러한 전략을 취하는 것이 차선책이 된다. 대부분 개발도상국에 위치한 자회사가 이에 해당한다.

둘째, 해외 자회사의 기업문화를 본사와 동일하게 유지하려는 목적을 갖고 있을 때 주재원 파견이 최선의 방안이 된다. 일본 기업의 경우 일본인 현지 법인장을 파견하여 본사 기업문화를 현지 법인에 이전하는 중요한 역할을 담당하게 한다. 피앤지도 최근까지 본사 경력이 많은 미국인을 해외 주요 직책에 파견하였는데 이는 기업문화 확산에 높은 가치를 두는 인사전략에 근거한다.

셋째, 본사가 보유하고 있는 핵심역량을 자회사에 이전하여 기업 전체 가치를 증대시킬 수 있다. 본사 보유 핵심역량의 이전을 원활하게 할 수 있는 방법은 이에 대한 충분한 지식이 있는 본사 인력을 해외 자회사에 파견하는 것이다. 본사가 보유하는 마케팅역량을 해외 법인에 이전시키려 할 때, 마케팅역량은 경험을 통하여 체화되어 있는 것이기에 매뉴얼이나 핸드북만으로 해외 이전하기는 쉽지 않다. 본사 마케팅 경험자를 해외 법인에 파견함으로써 마케팅 역량의 효율적 이전이 가능한 것이다.

자국 중심의 인사전략은 이상에서 언급한 여러 가지 장점이 있음에도 불구하고 다국적기업들이 이를 채택하는 경향이 줄어들고 있다. 자국 중심적 인사전략이 갖는 단점을 알아보자. 첫째, 자국 중심 전략은 현지 종업원들의 승진기회를 제한한다. 이는 현지 직원들의 불만족, 생산성 저하, 퇴사율 증가 등으로 나타날 수 있다. 둘째, 자국 중심 전략은 주재원의 현지 문화 이해 부족으로 인한 부작용이 발생할 수 있다. 효율적인 현지 경영을 위해서는 특히 마케팅이나 인사 관리에 있어 현지 문화의 특성에 맞추어 현지 적응 전략을 취해야 한다. 그러나 주재원의 경우 현지 문화를 이해하고 이를 바탕으로 효율적 경영을 실행하는 데 상당한 기간이 소요된다.

현재 글로벌화를 추진 중인 한국 기업들을 살펴보면, 대부분 기업이 자국 중심 인사전략을 채택한다. 본사가 의사결정 권한을 가지고 현지 조직을 강력히 통

표 14-2 해외 자회사 경영자에 대한 인사전략의 유형

인사전략 유형	장점	단점	전략의 적합성
자국 중심적	• 현지국 적임자 부족 시 • 기업문화 통합 • 본사 역량의 수월한 이전	• 현지 종업원 불만 • 현지 문화 이해 부족	수출중심 전략
현지 중심적	• 문화 몰이해 극복 • 비용절감	• 현지 경영인 소외감 • 본사와 해외 법인 간 조정 어려움 • 전략 변화 장애 요인	현지화 전략
글로벌 중심적	• 글로벌인력의 효율적 활용 • 글로벌 기업문화 구축 • 글로벌 통합 조정 수월	• 외국인 고용에 대한 차별 가능성 • 비용 증가	글로컬 전략 글로벌 전략

제하려는 것이다. 이를 위해 본국에서 파견된 주재원들을 활용한다. 전 세계로 흩어져 있는 조직과 인력을 하나로 통합하기 위해서는 본사 파견 주재원을 활용하는 것도 중요하다. 하지만 이로 인해 야기되는 문제점도 무시할 수 없다. 왜냐하면 본국의 주재원들이 현지 법인의 주요 직책을 모두 차지함으로써, 현지인들의 경력 개발 기회가 제한되고 유능한 현지 인력 확보가 어려워지기 때문이다.

2. 현지 중심적 인사전략

현지 중심적(polycentric approach) 인사전략은 해외 자회사의 경영진을 주재원 대신 현지인으로 활용하는 전략이다. 현지인 중에서 우수한 인력을 법인장으로 선발하거나, 현지 업계에서 경영노하우가 있는 인재를 스카우트할 수도 있다. 현지화 전략을 추구하는 기업에게 적합한 인사정책이다.

장점으로는 첫째, 현지 문화 이해 부족으로 인한 문제점을 감소시킬 수 있다. 현지 시장에 정통한 현지 인력을 채용함으로써 효율적인 현지 경영이 가능하다. 둘째, 비용이 적게 소요된다. 파견주재원은 일반적으로 보수 등 주변비용이 많이 든다. 반면, 현지인을 채용하게 되면 현지 수준의 보수를 지급하면 된다. 개발도상국에서는 상대적으로 저렴한 인건비로 고급 인력을 활용할 수 있다.

반면, 단점은 첫째, 현지 경영자로 현지인을 활용하게 되면 현지 경영자와 본사 경영자 간 의사소통의 괴리가 존재하고 경영의 비효율성을 초래할 수 있다. 언어 장벽, 문화의 차이 등으로 본사경영층으로부터 소외감을 느낄 수 있다. 둘째, 본사와 해외 자회사 간 인사이동이 적으면 통합적 업무 운영에 차질이 생길 수 있다. 본사와 자회사 간 정보 공유가 약해지고 전략의 조정, 통합이 어려워진다. 현지 중심적 인사정책은 현지화 전략에 적합하지만, 글로벌 전략을 추진하는 데는 문제점이 있다. 셋째, 현지 지향적 인사전략을 오랫동안 지속한 조직은 현지화경영이 기업관성이 되어 새로운 전략 변화에 장애 요인이 된다. 예를 들어, 유니레버(Unilever)는 전통적으로 현지 지향적 인사정책을 추구해 왔다. 그러나 이것이 전사 전략을 현지화 전략에서 글로벌 내지는 글로컬 전략으로 전환시키려 할 때 커다란 장애 요인이 되었다.

3. 글로벌 중심적 인사전략

글로벌 중심적(geocentric approach) 인사전략은 해외 자회사 경영자로 본사에서 주재원을 선발하여 파견하지 않고 그렇다고 해서 현지에서 현지인을 선발하는 것도 아니다. 글로벌기업 전체의 관점에서 특정 해외 법인에 가장 적합하다고 판단되는 인재를 국적에 관계없이 선발하여 파견 활용하는 전략이다.

글로벌 중심적 인사전략이 갖는 장점으로는, 첫째, 기업이 보유하고 있는 인적 자원을 글로벌 관점에서 최적으로 활용할 수 있다는 점이다. 예를 들어, 최근 IBM은 한국법인 대표로 중국계 위추이 사장을 임명하였다. 위추이 사장은 28년 경력 중에 15년간 중국 및 아시아 지역에서 다양한 직책을 거쳤다. 둘째, 다양한 문화를 접한 경험이 있는 글로벌 인재군(global talent pool)을 양성할 수 있다는 점이다. 다양한 국가의 경험을 보유한 이러한 인재군을 활용하면 강한 글로벌 기업으로서 통합된 기업문화를 구축할 수 있게 되고 기업 내 비공식적 네트워크 활성화를 가져온다. 셋째, 글로벌경영자를 임명하여 글로벌 전략 또는 글로컬 전략을 효율적으로 수행할 수 있다. 즉, 글로벌 관점에서 전략의 통합조정을 원활하게 하고 규모경제와 입지우위를 달성하여 글로벌기업으로서 가치를 향상시킬 수 있다.

반면 글로벌 중심적 인사방법이 갖는 단점은, 첫째, 다국적기업 자회사에 현지 인력을 고용하도록 요구하는 현지국 정책이 부담될 수 있다. 둘째, 국가 간 인력이동 관련 비용, 교육훈련 비용, 글로벌 수준의 급여 지급 등 글로벌경영자 유지비용이 많이 소요된다는 단점이 있다. 미국도 이민법상 외국인을 채용하는 데 많은 서류와 비용을 요구하며 까다로운 절차를 밟아야 한다.

제3절 해외 자회사 파견 주재원 관리

1. 해외 주재원 실패

해외 주재원 실패(expatriate failure)란 해외 주재원이 임기를 다 채우지 못하고 귀임하는 것을 말한다. 그 원인에 대하여 여러 학자들이 연구를 하였다. 대표적인 연구의 하나가 텅의 연구이다. 텅은 미국, 유럽, 일본 다국적기업을 대상으로 설문조사를 하였다(Tung, 1982). 미국 기업의 76%가 10% 이상의 실패율을 기록하였고, 유럽 기업은 3% 기업이 10% 이상의 실패율을 나타냈다. 일본 기업은 14% 기업이 10% 이상의 실패율을 보여주었다. 이를 보면 미국 기업이 유럽 및 일본 기업보다 실패율이 매우 높았다는 것을 알 수 있다.

미국 다국적기업 인사 담당자들에게 그 실패 이유를 물어보았더니, ① 배우자의 적응 실패, ② 주재원의 적응 능력 부족, ③ 가족 문제, ④ 주재원의 성격 문제, ⑤ 해외 업무 처리 능력 부족 등의 순서로 실패 이유를 지적하였다. 반면 일본 다국적기업 인사 담당자들은 ① 해외 업무가 확대된 이후 업무처리 능력 부족, ② 신

표 14-3 해외 주재원 실패 이유

미국 다국적기업	일본 다국적기업
• 배우자 적응 실패 • 주재원의 적응 능력 부족 • 가족 문제 • 주재원의 성격 문제 • 해외 업무 처리 능력 부족	• 해외 업무 처리 능력 부족 • 신규 환경 적응 실패 • 개인 성격 문제 • 기술 능력 부족 • 배우자 적응 실패

자료: Tung, R. L. (1982), "Selection and Training Procedures of US, European, and Japanese Multinationals," *Califonia Management Review* 25, pp. 57-71.

규 환경 적응 실패, ③ 개인 성격 문제, ④ 기술 능력 부족, ⑤ 배우자 적응 실패 등의 순서로 실패 이유들을 대답하였다.

미국 기업과 일본 기업 간의 가장 큰 차이는 배우자 적응 실패라는 요인으로서, 미국 기업에서는 가장 중요한 이유로 지적되었지만 일본 기업은 가장 덜 중요한 요인이었다. 그 이유로서 일본사회에서는 배우자의 역할이나 지위가 남편의존성이 강하고 대부분의 주재원이 남성이라는 점에서 찾을 수 있다. 더구나 일본에서는 독신 주재원 생활을 감내하는 분위기다. 반면 미국사회에서는 주재원 파견을 배우자와 공동 의사결정 문제로 받아들인다. 주재원 배우자들이 낯선 국가에 가게 되면 언어상 장애로 인하여 새로운 친구를 사귀기 어렵고 소외감을 겪게 된다. 또한 고용법상 외국인 신분으로 직업을 갖기가 어려운 것이 일반적이다. 최근 미국학자의 연구에서도 해외 주재원으로 근무하기 꺼려하는 중요한 이유가 배우자 경력에 미치는 부정적 영향이라는 점이 지적되었다(Lee, 2007).

2. 해외 주재원 선발

해외 주재원 실패를 감소시키는 중요한 방법은 선발방법을 개선하는 것이다. 많은 기업들이 해외 주재원 선발 기준을 국내 인사선발 기준과 동일시하고 있다. 학자들은 이러한 방법에 문제가 있다는 점을 지적하고 있다. 해외 주재원 선발 기준으로 활용할 수 있는 바람직한 기준들을 살펴보면 다음과 같다. 업무수행 능력, 이문화 적응력, 언어 능력, 원만한 대인관계, 배우자 및 가족의 적응력 등을 들 수 있는데, 이 중 국내 인사평가 기준과 다른 변수들에 관심을 가질 필요가 있다.

1) 업무수행 능력

업무수행 능력은 중요한 국내인사 선발 기준으로 사용되지만, 해외 주재원 선발에 있어서도 중요한 요소로 간주된다. 해외에서 어떤 긴급한 일이 발생했을 때 전문가들이 대부분 본사에 있기 때문에 즉각적인 도움을 받기 어려운 경우가 많다. 따라서 주재원에게는 스스로 문제를 해결할 수 있는 역량이 긴요하다. 해외 자회사 규모는 본사 규모보다 작지만 회사경영 관련 모든 활동이 이루어지므로 주재원 업무는 본국 업무보다 더 많은 과제와 책임을 부담하게 된다. 또한 본사와 지리적으로 떨어져 있어 더 많은 의사결정 권한을 갖게 된다. 따라서 해외 주재원은 우수한 경영 능력, 기술적 능력을 필요로 한다.

2) 이문화 적응력

해외 주재원들은 새로운 문화에 적응할 수 있는 능력이 있어야 한다. 해외 시장은 경제적, 정치적, 법적 환경이 크게 다르기 때문에 새로운 환경에 적응하는 능력이 중요하다. 해외 업무를 수행하는 과정에는 불가피하게 예기치 않은 상황이 발생할 수 있다. 이러한 불확실성에 대처하기 위해서는 낯선 문화에 대한 대응 능력, 융통성을 발휘하는 능력, 현지인들과 원만한 관계를 풀어나가는 능력 등이 있어야 한다. 이러한 이문화 적응력은 본인이 적응하는 데 필요할 뿐만 아니라 현지 경영의 어려움을 극복하는 데 기여한다.

이문화 적응력에는 스트레스 감당 능력도 포함된다. 새로운 문화와 근무 환경에 적응하는 과정에 상당히 스트레스가 누적된다. 이러한 스트레스를 감내하는

그림 14-1 해외 주재원 선발 기준

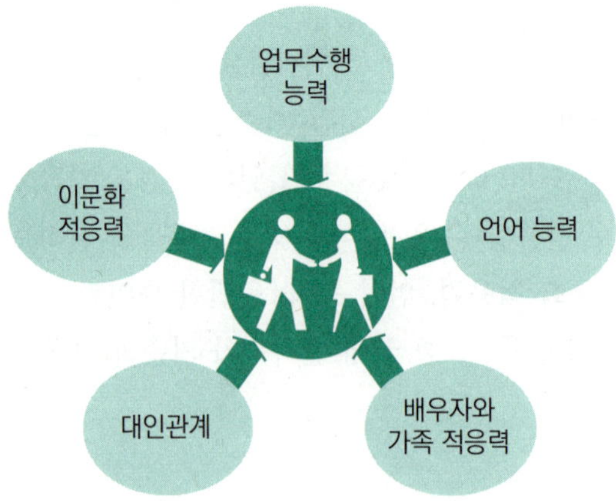

능력이 주재업무를 성공적으로 수행하는 중요한 자질이 된다. 많은 스트레스에 직면하여 평정심을 유지하는 것이 성공적인 주재원 생활을 이끌 수 있다.

3) 언어 능력

해외 사업에서 가장 중요한 언어는 영어이고, 주재원은 우선 영어에 능통해야 한다. 그러나 영어를 사용하지 않는 국가에서는 영어만으로는 효율적으로 업무를 수행하기 어렵다. 현지 언어를 구사할 수 있는 능력이 고객, 종업원, 현지 이해관계자들과 원활한 관계를 유지하는 데 중요한 요소가 된다. 또한 현지 언어 구사 능력이 현지 문화를 이해하고 현지 환경에 적응하는 데 스트레스를 감소시키는 효과가 있다.

4) 원만한 대인관계

이는 상사, 동료, 부하, 고객 등과 효과적인 업무관계를 유지하는 능력을 말한다. 특히 해외 근무 시 문화가 다른 현지 종업원, 현지 고객들과 좋은 관계를 유지하는 것을 의미하며 이는 현지 업무를 성공적 수행하는 데 대단히 중요하다. 가치체계, 사업관행, 사고방식이 다른 사람들과 어울려 일을 효율적으로 진행하는 능력이 중요한 것이다. 이러한 능력을 갖추어야 현지인들과 협조적인 작업, 원만한 협상이 가능하다.

5) 배우자 및 가족의 적응력

주재원의 해외 부임에 대하여 가족들이 만족하지 못할 때 주재원의 성과가 좋지 못한 경우가 많다. 앞서 살펴본 조사에서도 나타나 있듯이 서구 다국적기업에 있어 해외 주재원 실패의 가장 중요한 원인이 배우자가 현지 문화 및 환경에 적응을 못하는 것으로 지적되었다. 이 때문에 대부분의 다국적기업들은 해외 파견을 결정하기 전에 주재원 후보자의 배우자와 면담을 하곤 한다. 배우자나 가족들의 외국생활에 대한 선호도, 배우자 경력에 미치는 영향, 자녀 교육, 배우자의 적응력 등에 대한 고려가 있어야 한다.

이상에서 지적된 다섯 가지 요소들이 해외 주재원을 선발하는 데 중요한 기준이 된다. 그러나 실제로는 대부분의 기업이 업무수행 능력과 지식을 가장 중요한 선발 기준으로 사용하고 있다. 이는 다음의 세 가지 이유로 설명할 수 있다. 첫째, 대인관계 능력, 이문화 적응력 등을 확인하고 측정하기가 어렵다는 점이다. 둘째, 업무수행 능력이 우수한 사람이 단기적으로는 커다란 문제를 일으키지 않을 것이라는 확신과 이에 근거한 인사담당자의 개인적인 위험회피 행동의 결과라는 점이다. 셋째, 실제 선발과정의 한계점으로 선발 기준을 철저하게 분석하기보다는 해당 부서장의 추천으로 결정하는 경우가 많다는 점 등이다.

3. 해외 주재원 교육

해외 주재원을 선발한 이후에는 현지 적응을 수월하게 하기 위하여 파견하기 전까지 사전 교육이 필요하다. 사전 교육 없이 파견하게 되면 낯선 문화에서 오는 문화충격을 극복하는 데 어려움을 겪게 된다.

1) 문화충격

일반적으로 낯선 문화에서 생활한다는 것은 스트레스가 쌓이는 경험이다. 물론 해외에서 생활하는 것을 즐기는 성격을 가지고 있다면 주재원으로서 적합한 자질이 된다. 그러나 대부분의 주재원들은 파견 직후 어느 정도의 문화충격을 경험하게 된다. 문화충격(culture shock)이란 외국 문화에 접해 생활을 시작했을 때 외국 문화의 영향을 받는 심리적 과정이다. 새로운 문화에 적응하는 데 대개 **그림 14-2**와 같이 4단계 과정을 겪게 된다(Schneider & Barsoux, 1997).

(1) 신혼 단계

신혼(honeymoon) 단계는 현지에 도착해서 처음 수주일 간 지속된다. 여행자 같은 시각에서 새로운 문화를 경험한다. 현지의 문화, 전통, 관습에 대하여 흥미를 갖고, 기대와 흥분된 기분으로 새로운 업무에 대한 자신감을 보인다. 그러나 새로운 문화와 실질적인 상호작용이 이루어지는 것은 아니다.

(2) 실망 단계

신혼 단계가 지난 주재원은 현지 관습이나 환경에 대하여 이해할 수 없는 면들을 발견하게 되면서 실망(frustration) 단계로 진입한다. 현지 업무를 진행하는 가운데 현지 문화를 새롭게 아는 것에 대한 기쁨보다는 모르는 부분에 대한 두려움이 더욱 커진다. 이 단계는 신혼 단계 이후 2~3개월간 지속된다.

(3) 적응 단계

실망 단계를 지나면 현지 문화를 어느 정도 이해하기 시작하고 적응하고자 하는 적응(adaptation) 단계로 진입한다. 자신의 사고틀 속에서 현지 문화에 적응하려는

그림 14-2 문화충격 단계

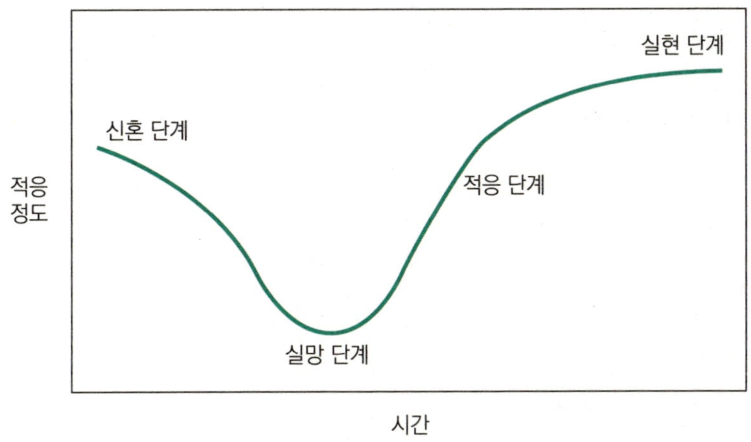

자료: Schneider, S. C. and Barsoux, J. L. (1997), *Managing Across Cultures*, Prentice Hall.

부단한 노력을 하게 된다. 그러나 현지 문화에 대한 불완전한 이해로 시행착오를 겪고 자신에 대한 실망감도 지속된다.

(4) 실현 단계

실현(actualization) 단계는 현지 문화에 대한 다양한 모습을 이해하고 자신있게 행동하는 단계다. 이 단계에 진입한 주재원은 현지 법인에서 매우 성공적인 업무를 수행할 가능성이 높다. 가족들도 만족하고 행복한 생활을 하게 된다.

2) 주재원 교육의 종류

이상과 같은 문화충격을 최소화하고 현지에 빠르게 적응하여 효과적인 업무를 수행하기 위해서는 주재원 교육이 필수적이다. 주재원 교육은 사전에 하는 것이 주재원 실패 확률을 줄이고 직무성과를 향상시키는 데 도움이 된다. 주재원 교육프로그램에는 문화교육, 언어교육, 현지 생활교육, 현장방문 등이 있다.

(1) 문화교육

문화교육(cultural training)은 현지 문화에 대한 이해를 증진시키기 위한 목적이다. 주재원들은 현지국의 문화, 역사, 정치, 경제, 종교, 사회관습 등에 대하여 사전에 교육을 받는 것이 바람직하다. 현지국 문화에 대한 이해가 주재원이 현지국 관계자 및 고객들과 접촉하는 데 효율성을 증대시킬 수 있기 때문이다. 문화교육에는 문화감수성 훈련(cultural sensitivity training)이 포함된다. 해당 국가 문화의 가치, 관습 등을 교육시킨 후에 현지국 국민, 소비자 입장에서 느끼는 감정을 충분히 이해할 수 있게 하는 훈련이다. 그림 14-3이 보여주는 것과 같이 현지인 내면에 잠재되어 있는 믿음, 가치, 편견, 감정 등을 파악하게 한다. 문화감수성 훈련의 구체적인 방법으로서 역할연기(role playing)기법이 활용된다.

(2) 언어교육

국제비즈니스를 할 때 보편적으로 영어가 활용된다. 예를 들어, 스웨덴의 ABB는 다양한 국적을 가진 경영자로 구성되어 있어 회의를 할 때 영어를 사용하고 있다. 그러나 영어가 현지국 언어가 아닐 경우 영어만을 사용하면 현지인들과 접촉할 수 있는 범위가 줄어든다. 따라서 현지국 언어로 의사소통하는 능력은 현지 종업원들과 신뢰관계를 구축하고 주재원의 경영성과를 높이는 데 도움이 된다. 다국적 기업 입장에서는 주재원에게 사전에 현지 언어교육(language training)을 제공함으로써, 현지 종업원들과 관계를 개선하고 현지 문화를 좀 더 쉽게 이해하는 데 도움을 주게 된다. 장기적으로는 현지국에 좋은 기업이미지를 만드는 데 공헌하게 된다.

(3) 현지 생활교육

현지 생활교육(practical training)은 주재원과 가족들이 현지국에서 일상생활을 편안하게 하게끔 도와주는 교육이다. 현지 생활에 빨리 익숙해질수록 주재원과 가족들이 성공적으로 정착할 수 있다. 주거 환경, 의료체계, 교육체계, 기후 등 현지에서 생활하는 데 필요한 모든 정보를 제공해야 한다. 문화충격을 완화시키는 데

그림 14-3 문화감수성 훈련의 내용

배우자의 현지 적응이 중요하다는 점을 고려하여 배우자를 포함한 전 가족에게 이러한 교육 기회를 주는 것도 좋은 방법이다. 현지국의 주재원 및 교민들과 네트워크를 연결시켜주는 일 또한 중요하다. 주재원들 간의 모임이 있는 경우 이들 그룹에 참여하게 한다. 현지 주재원 공동체에 참여하게 되면 유용한 정보들을 제공받을 수 있으며 현지 문화에 적응하는 데 실질적인 도움이 된다.

(4) 현장방문

공식적으로 파견이 이루어지기 전에 현지 방문(field trip) 기회를 준다면 주재원들에게 큰 도움이 될 것이다. 사전에 현지 상황을 파악하고 부임하는 데 있어 불안감을 크게 경감시킬 수 있다.

4. 해외 주재원 귀임

파견된 주재원은 일정기간이 지나면 귀임(repatriation)하게 된다. 주재원이 귀임하는 가장 일반적인 이유는 계약 기간이 만료되는 경우다. 주재원을 파견할 때 회사마다 조금 다르긴 하나 대개 3~4년을 파견 계약기간으로 한다. 주재원이 주재업무에 대하여 만족하지 못하거나 가족들이 현지 생활에 만족하지 못할 때는 중도에 귀임하는 경우도 가끔 있다. 본인이나 가족이 불만족하는 경우 생산성 하락을 가져오게 되어 기업 입장에서 단기적 손실이 있다 하더라도 조기 귀임을 허락하게 된다. 현지 업무진행상 실질적 문제가 발생하는 경우에도 중도에 귀임할 수 있다.

주재원 귀임을 원활하게 진행시키는 것은 어느 조직에서든 쉬운 일은 아니다. 예를 들어, 북미기업에 대한 학자들의 조사에 의하면 임기를 끝낸 주재원의 25%가 회사를 떠나기 원했다고 한다(Black & Gregersen, 1999). 그리고 귀임 이후 2년 이내에 회사를 이직할 확률이 30~50%에 이른 것으로 나타났다. 그럼에도 불구하고 센던트 모빌리티(Cendant Mobility) 연구(2004)에 의하면 미국 기업들의 절반 가량이 귀임 프로그램이 없다고 응답하였다.

귀임과 관련하여 발생하는 문제는 주재원이 본국에 돌아와서 새로운 업무를 수행할 때 직면하는 어려움이라 할 수 있다. 이러한 어려움은 역문화충격에서 발생하게 된다. 철저한 준비와 사전 계획으로 이를 해결해야 한다.

1) 재적응 실패

귀임자(repatriate)는 본국에 돌아온 후 문화적 규범, 가치의 미묘한 변화에 직면하여 다시 한번 적응해야 하는 문제가 발생한다. 이들 문제는 역문화충격에 기인

한다(그림 14-4 참조). 역문화충격(reverse cultural shock)이란 해외에서 오래 근무하다가 본국에 귀임하여 본국 문화에 재적응할 때 발생하는 심리적 과정을 말한다. 역설적으로 해외 문화에 성공적으로 적응한 주재원일수록 종종 역문화충격을 경험하곤 한다. 과거에 너무나도 자연스러웠던 본국 문화가 오히려 낯설게 되고, 귀국 후 대기상태가 오래가고 보직 발령이 불확실한 경우 더욱 그러하다.

귀임자는 본국 회사의 근무 환경과 조직에 다시 적응해야 한다. 이에 적응이 안 되면 성과가 낮아지거나 이직을 하게 된다. 귀임자의 가족들도 새로운 문화 속에서 동료나 친구들과 의사소통하는 법을 배워야 한다. 그들은 해외 문화 속에 적응해 살다보니 과거와는 다른 의사소통 방식을 갖게 되었다는 점을 의식하지 못하는 수가 있다.

주재원이 귀임 후 재적응에 실패하는 이유를 보면 대개 다음과 같다. 첫째, 해외 근무기간 동안 일어난 본사의 조직변화로 본인의 역할이 중복되거나 중요하지 않게 되는 경우다. 귀국 후에 해외에서의 경험을 활용할 수 있는 기회가 주어지지 않는 것이다. 심지어는 귀국하여 주어진 업무에 대하여 좌천되었다는 느낌을 갖는 경우가 종종 있다. 이처럼 회사 차원에서 경력관리가 제대로 이루어지지 않을 때 재적응에 실패한다.

둘째, 해외 주재원은 현지에서 상당한 자율권이 주어진 상태에서 일하는 것에 익숙하다. 귀국한 이후에는 직무 수행과정에서 구속받는 기분을 느끼는 경우가 흔하다.

그림 14-4 역문화충격(W-curve)

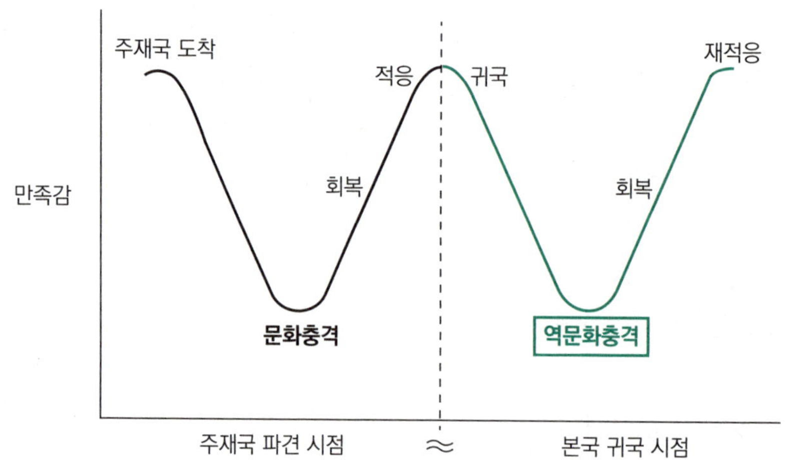

자료: Bruce La Brack(2003).

셋째, '안 보면 멀어진다(out of sight, out of mind)'라는 현상을 느끼게 된다는 점이다. 본사의 기술적 환경 변화로 인하여 본인의 지식이나 능력이 진부화된 경우나, 귀임 후 맡은 국내업무가 해외 업무에 비하여 책임도 덜하고 지루하게 느껴지는 경우도 있다.

넷째, 개인적인 문제로서 귀국 후 해외 근무 시 누렸던 급여 수준에 미달하여 생활 수준이 낮아지는 경우, 거주 환경이나 생활 환경이 나빠진 것에 대한 불만이 생길 수 있다.

2) 귀임 대책

귀임 후 재적응에 실패하는 문제점을 해결하는 방안은 다음과 같다. 첫째, 귀임자에 대한 활용계획을 사전에 수립해야 한다. 귀임자를 전략적으로 조직 목적에 활용할 준비를 해야 한다. 귀임자는 기업이 활용할 수 있는 현지 시장에 대한 훌륭한 정보와 경험을 갖고 있다. 귀임하기 전 충분한 시간을 갖고 근무할 부서를 상호 논의하여 미리 정하는 방법이 바람직하다. 이러한 경우에 해외 근무 시 안심하고 업무에 전념할 수 있다.

둘째, 귀임자 지원 팀을 조직하여 본사와 주재원 간 지속적인 소통관계를 유지시켜야 한다. 귀임 예정자들에게 본사 경영 환경이 어떻게 변화하고 있는지 가르쳐줄 수 있는 프로그램과 상담이 항시 제공되어야 한다. 본사 프로젝트에 참여시키는 것도 바람직한 방법이다. 역문화충격을 극복하는 데 도움을 줄 수 있는 프로그램을 체계적으로 준비해야 한다. 귀임자 교육을 사전에 체계적으로 실시하는 것도 좋은 방법이 된다.

셋째, 멘토 프로그램을 운영한다. 회사의 변화에 대한 정보를 지속적으로 제공할 수 있는 멘토나 후원자를 배정하는 것이 바람직하다. 상위 직급에 있는 임원을 멘토로 정하여 경력관리에 대한 조언을 주는 역할을 할 수도 있다. 해외 근무에 대한 상담을 하고 귀임 관련 사전 준비작업도 도와주게 한다.

5. 해외 주재원 인사평가

해외 주재원이 성공적으로 업무를 수행하기 위해서는 현지 업무성과에 대한 합리적인 평가와 이를 바탕으로 인사고과가 이루어져야 한다. 그러나 해외 주재원에 대한 업무성과 평가는 국내와는 달리 평가를 어렵게 하는 문제점들이 존재한다. 이러한 문제점들을 사전에 파악하고 이로 인한 평가상의 왜곡을 줄이는 대책이 필요하다.

1) 성과평가상 문제점

해외주재원의 성과를 평가하는 데 있어 비고의적인 왜곡이 평가를 어렵게 한다. 해외 주재원을 평가하는 위치에 있는 경영진들이 현지 경영 환경 및 해외 주재원의 능력과 경험을 제대로 이해하지 못하여 평가를 왜곡하는 일이 종종 발생한다. 이러한 일이 반복되면 인사고과에 부정적으로 작용하여 주재원 입장에서 해외 근무가 경력에 도움이 되지 못한다고 생각하게 된다.

주재원 평가를 어렵게 하는 요인은 다양하다. 첫째, 해외 시장 진출 목표가 단지 성장이나 이익 추구가 아닌 전략적인 경우가 있다는 점이다. 다국적기업은 해외 시장 진출 시 단기적 이익창출보다는 중장기적 전략 목표를 갖고 진출하는 경우가 종종 있다. 신규 시장에 대한 경험축적과 글로벌 경쟁자에 대응하기 위한 전략적 목적으로 해외 시장에 진출할 수 있다. 이러한 경우에는 투자수익률(ROI)과 같은 지표를 통하여 주재원의 성과를 평가하는 데 문제가 발생한다.

둘째, 자료의 비교 가능성에 문제가 있는 경우다. 특정 해외 자회사 성과를 평가하기 위한 자료가 본사나 여타 자회사의 자료와 비교 평가하기 어려운 경우가 있다. 예를 들어, 해당 자회사가 위치한 국가의 회계 기준이 글로벌 기준에서 괴리가 있는 경우에 정확한 성과비교가 어렵게 된다. 평가 자료를 일관된 기준으로 작성하여 비교 가능한 상태에서 평가가 이루어져야 한다.

셋째, 자회사 성과가 종종 주재원 입장에서 통제 불가능한 여건에 의하여 영향을 받을 수 있다. 예를 들어, 환율의 변화, 현지국 경제침체 등 현지국 특수 요인이 경영성과에 영향을 줄 경우 주재원의 노력이나 능력과 관계없이 성과가 미흡하게 되어 주재원들에게 실망감을 주게 된다.

넷째, 본사 경영자가 지리적으로 멀리 떨어져 있어 왜곡된 평가를 할 가능성이 있다. 본사 경영자는 대개 해외 자회사에서 일어나고 있는 일에 대해 자세하게 알지 못하는 경우가 많다. 따라서 성과를 평가하는 데 성장률이나 수익률 같은 단순한 통계숫자만을 이용하여 평가하는 경향이 있다. 특히 통계 자료들은 주재원의 문화적응 능력, 현지인들과의 대인관계 등 개인적 능력을 반영하지 못하는 문제점이 있다. 또한 현지 경영자와 본사 경영진 간 의사소통이 적을수록 성과평가는 현지 상황에 대한 불충분한 이해 속에서 이루어지게 된다.

다섯째, 조직문화 차이로 왜곡 평가가 일어날 수 있다. 현지인 경영자가 주재원 평가에 참여할 경우 현지 문화 기준으로 평가를 하게 된다. 예를 들어 보자. 어느 미국 기업이 인도에 주재원을 파견하고 있었다. 이 주재원은 현지 경영 의사결정에 현지 직원들을 참여시키는 경영방식을 택하였다. 그런데 인도인 현지 경영자는 주재원의 이러한 경영방식에 대하여 주재원이 능력 부족으로 현지 직원들의 도움을 얻으려는 행동으로 해석하였다. 인도의 신분계층 문화의 틀 속에서 경영자는 종업원의 도움을 요청해서는 안 되는 전문가로 간주되기 때문이다.

2) 인사평가 대책

이상과 같이 해외 주재원에 대한 성과평가는 국내와는 다른 문제점들이 존재한다. 이로 인한 인사고과상의 왜곡을 줄일 수 있는 방법을 강구해야 한다.

첫째, 해외 자회사의 경영 내용 및 과정을 잘 이해하고 있는 상사가 평가해야 한다. 실제 경영내용을 파악하고 있는 상사야말로 지표상에 나타나지 않는 주재원 성과의 중요한 요소들(예: 문화적응 능력 등)을 평가할 수 있다. 동일한 국가나 지역에 근무한 경험이 있는 상사가 평가에 참여한다면 도움이 될 것이다.

둘째, 전략방향에 적합한 평가가 이루어져야 한다. 자회사 설립 목적이 장기적 관점에서 시장에 진입하는 것이라면 단기업적을 평가지표로 사용하는 것은 적합하지 않다. 자회사 전략 목표가 효율적 생산거점의 역할인지, 현지 판매 확대거점의 역할인지에 따라 성과평가 지표가 달라져야 한다.

셋째, 현장 중심의 다양한 평가 자료를 준비한다. 주재원 평가는 해외 시장 환경의 복잡성으로 인하여 본사 직원에 대한 인사평가보다 다양한 정보를 필요로 한다. 인사평가자는 현장을 방문하여 주재원 활동 주변 정황과 문제점 등을 면밀히 검토해야 한다. 최근에 귀임한 주재원으로부터 현지 상황에 대한 정보를 얻는 것도 좋은 방법이다. 또한 현장 감독자, 현지 고객, 현지 종업원 등 다양한 원천으로부터 평가자료를 수집해야 한다.

넷째, 만일 현지인 경영자가 인사고과의 최종 또는 공동 책임이 있는 경우에는 공식적으로 평가서를 작성하기에 앞서 반드시 본사 경영자의 의견을 청취토록 해야 한다. 이것은 문화적 몰이해에 근거한 평가가 이루어지는 것을 사전에 방지하는 효과가 있다.

6. 해외 주재원 보상

한 국가의 급여지급 관행은 다양한 경제적, 문화적, 법적 체계에 기초하고 있어 경영자 보상 수준을 결정하는 것은 매우 복잡하다. 국가마다 경영자에게 지급되는 급여의 수준은 천차만별이다. 국가별 소득 수준 차이에 따라 당연히 경영자 급여 수준도 다르다. 국가별로 전체 급여 중에서 기본급이 차지하는 비중이 큰 국가가 있는 반면, 성과급의 비중이 큰 국가도 있다. 이러한 국가별 보상 수준 및 보상체제의 차이는 해외 경영자의 보상을 결정하는 데 신중을 기해야 한다는 것을 의미한다.

해외 주재원에 대한 보상을 결정하는 방법은 크게 두 가지로 나눌 수 있다. 본국의 급여 수준에 기초하여 주재원 보상을 결정하는 대차대조표 접근방법(balance sheet approach)과 현지국의 급여 수준에 기초하여 보상을 결정하는 현지 시장 접근방법(market rate approach)이 있다.

1) 대차대조표 접근방법

대차대조표 접근방법(balnce sheet approach)은 해외 주재원의 기본 급여는 본국의 급여 수준에 기초하여 지급한다는 원칙으로 보상하는 방법이다. 해외에 근무하더라도 본국의 생활 수준을 유지하면서 해외 근무에 따른 금전적 유인을 추가로 제공한다. 이 방법의 기본 가정은 주재원은 해외 파견으로 인하여 금전적인 손실을 부담해서는 안 된다는 것이다. 국내와 해외 생활에 구매력을 일치시킴으로써 해외 생활을 하더라도 본국과 같은 생활 수준을 유지할 수 있게 하는 방법이다. 추가적으로 해외 근무에 따른 노력과 추가비용을 보상하기 위하여 인센티브(수당)를 제공한다. 추가 수당에는 일반적으로 해외 근무수당, 주택수당, 교육수당, 교통수당 등이 포함된다.

2) 현지 시장 접근방법

현지 시장 접근방법(market rate approach)은 주재원의 기본 급여를 본국이 아닌 현지국의 급여 수준에 연계시키는 방법이다. 예를 들어, 중국 기업 레노보가 미국법인에 중국 주재원을 파견할 때 현지국 보상 기준, 즉 미국 종업원에게 지급하는 수준의 보수를 지급하는 방법이다. 이러한 방법은 한 자회사 내에 근무하는 주재원(PCN), 현지인(HCN), 제3국인(TCN)에게 모두 동등한 보수를 제공하여 형평성을 유지하는 방법이다. 주재원(PCN)이나 제3국인(TCN)은 본국보다 높은 보수를 지급하는 국가에서 근무하는 것을 선호하게 된다. 다국적기업은 현지국 국가별 급여체계 조사자료, 현지 채용인과 외국 주재원의 급여 수준에 대한 정보를 얻어 급여산정의 기준으로 활용하게 된다.

제4절 글로벌 재무전략 이슈의 개요

글로벌 재무전략 이슈의 담당자는 다국적기업의 재무담당자(chief financial officer: CFO)이다. 국내 기업 재무담당자가 다루는 분야는 자본예산, 자본구조, 자금조달,

운전자본관리, 세무 및 회계 등으로 분류할 수 있다. 반면 다국적기업 재무담당자들은 글로벌 관점에서 외환관리, 국제투자관리, 국제자금조달, 국제운전자본관리, 국제세무 및 회계 관련 이슈들을 다루게 된다. 다국적기업의 활동영역이 글로벌 시장이므로 국내 재무 이슈보다 내용이 복잡하고 다양하다. 특히 다국적기업은 통화가 다른 여러 국가에서 경영활동을 하므로 환율 변동이 현금흐름에 큰 영향을 주기도 한다. 따라서 외환 위험 관리는 다국적기업 재무담당자에게 중요한 이슈가 된다.

이하에서는 국제재무 관련 모든 주제를 다루지 않고 주요한 이슈들만을 정리하기로 한다(그림 14-5 참조). 첫째, 다국적기업 성과에 직접적인 영향을 주는 외환 위험 관리에 대해서 논의한다. 환 위험을 측정하는 방법과 환 위험을 관리하는 수단에 대해 학습한다. 둘째, 국제투자관리와 관련하여 해외 투자 경제성 분석방법을 검토하고 국내투자 분석방법과 차이점에 대하여 설명한다. 셋째, 글로벌 자금조달과 관련하여 국제금융 시장과 자금조달 수단에 대하여 간략하게 검토한다. 넷째, 본사와 자회사 간 자금이전 체계와 이를 관리하는 문제를 설명한다.

제5절 환 위험 관리

1. 환 위험 관리의 필요성

환율 변동이 다국적기업의 자금흐름에 불확실성을 초래하는 한, 환율 변동에 대한 대응은 다국적기업에 있어 대단히 중요한 문제임에 틀림없다. 환율 변동에 대응하는 전략을 수립하기 위해서는 미래 환율변화에 대한 예측과 관련 정보를 필요로 한다. 그간 많은 학자가 환율예측 모델을 연구하였다. 이에는 기본적 경제 모델(fundamental economic model), 시계열 분석 모델(time-series analysis model) 등이 있다. 기본적 경제 모델이란 거시경제 예측 모델 안에서 환율 변수와 여타 경제변수 간의 연관 관계를 분석하여 환율을 예측하는 모델이다. 시계열 분석 모델이란 주식 시장에서 기술적 분석으로 주가를 예측하는 것과 마찬가지로 기술적 분석을 이용하여 환율을 예측하는 모델이다. 환율 자문회사나 금융기관 등도 독자적인 예측 모델을 개발하여 수수료를 받고 정보를 제공한다.

그러나 어떠한 모델도 100% 정확하게 환율을 예측할 수는 없다. 과거의 환율 변동 자료를 토대로 환율을 예측해서는 초과수익을 획득할 수 없다는 효율적 외환 시장 가설(efficient market hypothesis)에 대한 연구들이 대부분 긍정적인 결과를 제시하고 있는 점이 이를 시사한다.

그림 14-5 글로벌 재무관리 이슈

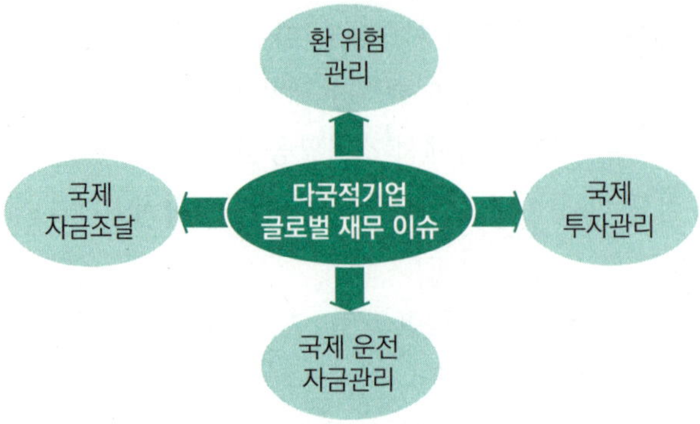

이와 같이 예측하기 힘든 환율 변동은 다국적기업의 불확실한 미래 자금흐름, 즉 환 위험을 초래한다. 따라서 다국적기업은 미래의 안정적 수익확보를 위하여 환 위험을 줄이거나 또는 제거할 수 있는 방안을 모색하게 된다. 여기에 환 위험 관리의 필요성이 있는 것이다. 효율적 환 위험 관리를 위해서는 기업이 어떤 종류 또는 어느 정도의 환 위험에 노출되어 있는지를 먼저 측정해야 한다.

2. 환 위험의 측정

기업이 외화로 표시된 자산이나 부채를 갖고 있을 때 외화가치가 본국화폐 가치 대비 변동하는 경우에 회사의 수익성이 영향을 받는다. 이처럼 환율의 변화로 회사가 이익을 보거나 손해를 볼 가능성이 있을 때 환 위험(foreign exchange risk)이 있다고 하며, 회사가 환 노출(foreign exchange exposure) 상태에 있다고도 한다.

환 위험에 대한 노출을 측정하는 방법은 경제적 환 위험(economic exposure), 거래적 환 위험(transaction exposure), 회계적 환 위험(accounting exposure)의 세 가지로 구분한다.

첫째, 경제적 환 위험이란 기대되지 않은(unexpected) 환율 변동으로 인하여 기업의 미래 현금흐름의 순가치가 변동할 가능성으로 정의된다. 그림 14-6에서 보듯이 환율변화가 미래의 제품 수요, 가격, 원가 등에 영향을 미쳐 그 결과로 회사 전체의 현금 유출입에 변화를 가져온다. 다시 말하면 환율변화가 '미래의 순 현금유입의 현재가치'라고 정의할 수 있는 기업 가치에 미치는 영향을 측정하는 것이다. 경제적 환 위험 개념에 입각한 환 위험 정의는 이론적으로 가장 타당한 것으로 볼 수 있으나 현실적으로 측정하기가 매우 어렵다는 점에 문제가 있다. 예를 들어, 환율 변동에 대한 상품의 수요 및 공급탄력성을 정확하게 측정하기 곤란하며, 설사

그림 14-6 세 가지 환 위험의 개념

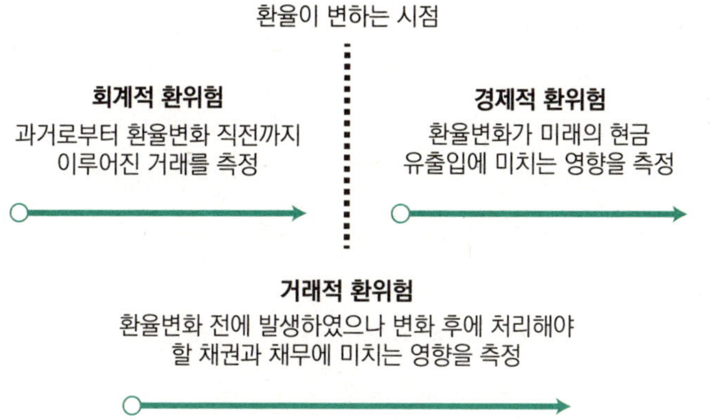

자료: Eiteman, D. K., Stonehill, A. I., and Moffett, M. H. (2011), *Multinational Business Finance*, Pearson International Edition.

가능하더라도 탄력성 자체가 변화하게 된다.

둘째, 거래적 환 위험이란 환율 변동에 영향을 받아 외화로 표시된 개별 거래에서 발생하는 이익이나 손해를 가리킨다. 이러한 환 위험이 발생하는 거래의 종류로는 ① 외화로 표시되며 외상으로 거래된 매입 또는 매출, ② 외화로 표시된 채권 또는 채무 등이 있다. 거래적 환 위험은 **그림 14-6**에서 보는 바와 같이 환율 변동 전에 거래가 발생하여 환율 변동 후에 손익으로 처리해야 하는 대상이 된다.

예를 들어, 한국 수출업자가 미국에 스키장갑을 수출하는 계약을 하고 대금 100만 달러를 3개월 후에 받기로 했다고 가정하자. 현재 환율이 1달러당 1,100원이라고 하고 3개월 동안 환율변화가 없다면 한국 수출업자는 11억 원을 받게 된다. 그러나 3개월 후 달러화 가치가 하락하여 1달러당 1,000원이 된다고 하면, 한국회사가 원화로 받을 액수는 10억 원으로 감소하게 되어 손해를 보게 된다. 결국 한국 수출업자는 계약시점에 외상매출금이 외화표시(미달러)로 확정되었기 때문에 환리스크에 노출되는 것이다. 만약 이 업자가 미국 수입상에게 원화로 지불할 것을 고집하여 원화표시로 계약했다면 이번에는 미국 수입상이 환 위험을 부담하게 된다. 거래적 환 위험은 사실상 경제적 환 위험의 단기적인 경우에 해당한다. 경제적 환 위험이 환율변화의 장기적 효과를 측정하는 데 비해서, 거래적 환 위험은 환율변화가 특정 외화거래에 따른 단기적 내지는 즉시적인 현금유출입에 미치는 영향을 측정하는 것이다.

셋째, 회계적 환 위험이란 환율 변동이 회사가 보고하는 재무제표 상태에 미치는 영향을 말한다. 회계적 환 위험은 과거에 일어난 외화표시 거래를 현재 재무제표에서 측정하는 과정에서 발생한다. 회계 상의 이익이나 손실은 실현되지 않은 손실이나 이익이지만 재무제표 보고 시에는 영향을 미치게 된다. 특히 다국적기업은 해외 자회사의 재무제표를 본사와 통합하여 연결재무제표를 작성할 때 회계적 환 위험이 발생한다.

회계적 환 위험의 가장 간단한 예로 기업이 외국은행에 외화로 표시된 예금계정을 갖고 있는 경우를 생각해보자. 일본 은행에 엔화로 표시된 예금을 100만 엔 갖고 있고 2023년 말에 원·엔환율이 1엔당 10원이었다고 가정하면, 원화로 표시된 가치는 1,000만 원이 된다. 1년 후에 엔화의 가치가 하락하여 2024년 말 기준 1엔당 9원이 되었다고 하면 예금의 가치는 엔화로는 불변이지만 원화로는 900만 원이 되므로 회계적 환 노출에 의한 환손실을 100만 원 기록한 셈이 된다. 하나의 계정을 측정하는 두 시점 사이에 환율 변화가 있었기에 발생한 손실이다.

3. 환 위험의 관리

일단 회사의 환 위험이 측정되면 다음 단계는 환 위험에 대한 대응이 있을 수 있는데, 여기에는 세 가지 대안이 있다. 첫째, 환 위험을 헤지(hedge, 환 위험을 커버하는 행위)해서 환율 변동으로부터 현 상태를 보호하는 방법(covered position 또는 hedged position), 둘째, 헤지하지 않는 방법(open position 또는 unhedged position), 셋째, 의도적으로 환 노출을 택하는 투기(speculation)다. 두 번째 대안인 오픈 포지션은 실물거래 환 노출이 있음에도 불구하고 환 위험을 헤지하지 않는 것을 말하며, 이는 환헤지 방법을 모르는 경우에 나타날 수 있으나 의도적으로 오픈포지션을 택한다면 일종의 소극적인 투기가 된다. 세 번째 대안인 투기란 실물거래로 인한 환 노출과 관계없이 의도적으로 환 노출을 일으키는 경우로, 투기자 자신이 미래 환율을 예측할 수 있다고 믿기 때문이다. 대부분의 다국적기업은 첫 번째 대안, 즉 환 위험을 헤지하는 방법을 택한다.

여기에서는 위험회피자(risk-averser)인 경영자를 전제로 하여 국제실물거래에서 발생한 환 위험을 헤지하는 방안에 대해 검토한다. 환 위험을 헤지하는 방법은 여러 가지가 있는데, 앞에서 설명한 세 가지 환 위험 형태별로 구분하여 서술한다.

1) 거래적 환 위험 관리

거래적 환 위험이 흔히 발생하는 국제거래를 보면, 일반적 외화표시 무역거래, 연불 수출입금융, DP(documents against payment) 또는 DA(documents against acceptance) 거래, 외국차관, 외화대출, 해외 자회사와의 거래 등 다양하다. 이러한 거래에서 발생하는 환 위험을 헤지하는 방법은 매우 다양한데, 헤지 비용이 수반되기 때문에 예상되는 환손실과 헤지 비용을 비교 검토하여 헤지 방법을 선택하게 된다. 이하에서 거래적 환 위험을 헤지하는 방법들을 간단히 알아본다(그림 14-7 참조).

(1) 선물환 거래 활용

선물환(forward exchange) 거래란 미래 일정한 시점에 일정 금액의 외화를 선물환율로 결제하기로 현재 시점에서 약정하는 것으로서, 현재 시점에서 계약 및 결제를 하는 현물환(spot exchange) 거래에 대응하는 개념이다. 선물환 거래를 통해서 헤지하는 방법을 예시하기 위해서 스키장갑 수출업자의 경우를 다시 한번 생각해보자. 3개월 후에 100만 달러를 받기로 수출 계약을 하였다면 이 업자는 계약한 시점부터 100만 달러에 대해서 오픈 포지션(환 위험 노출)의 상태가 된다. 즉, 3개월 동안 달러 환율이 변화한다면 환차익 또는 환차손을 입는다. 이 환 위험을 선물환 거래로 헤지해보자. 수출업자는 100만 달러 수령시점(3개월 후)을 결제일자로 해서 외환딜러(은행 외환거래 담당자)와 정해진 선물환율로 100만 달러(선물 달러)를 팔고 원화(선물 원화)를 매입하는 선물환 계약을 체결한다. 선물환 계약을 통하여 3개월 후에 받을 100만 달러의 원화 교환 환율(선물환율)이 현시점에서 고정되므로, 이에 따른 3개월 후 원화현금 흐름이 환율 변동의 영향을 받지 않고 확정된다. 수출업자가 체결한 3개월 선물환율이 1달러당 1,100원이라고 하면 이 업자는 3개월 후 결제 시점에 수입대금 100만 달러를 딜러에게 지급하면서 11억 원을 확정적으로 받게 된다.

그림 14-7 환 위험 관리 방안

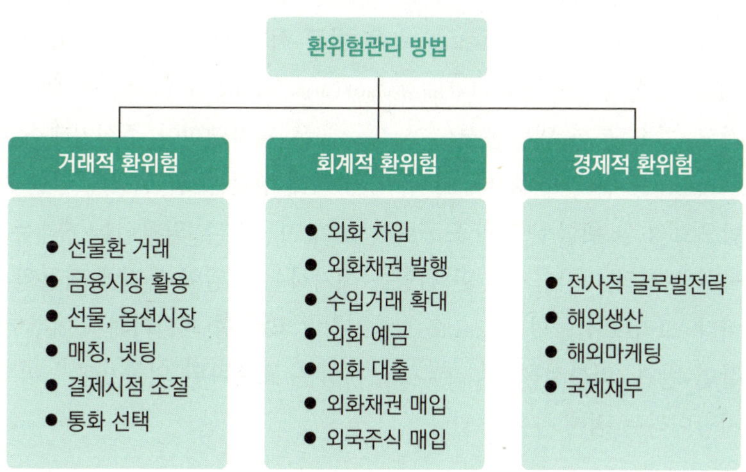

결국 수출업자는 수출 계약 시점에 선물환 계약을 함으로써 3개월 동안 발생하는 거래적 환 위험을 헤지하게 되는 것이다. 수출 계약 시점에서 3개월 후 달러 수령 시점까지 환손실 가능성을 제거한다. 반면 환차 이익의 가능성도 없어진다.

(2) 금융 시장 이용

앞선 상황에서 수출업자가 헤지할 수 있는 또 하나의 방법은 수출 계약 시점에 은행에서 100만 달러를 대출받아 바로 원화로 바꾸어 놓는 방법이다(물론 국내 외환관리규정에서 이를 용인한다는 가정 하에). 3개월 후에 미국 수입업자로부터 수출대금 100만 달러를 받아서 은행부채를 갚으면 된다. 다시 말해서, 100만 달러의 은행부채를 일으켜서 자산인 외상매출금 100만 달러에 대응시킴으로써 환 위험을 헤지한 셈이다. 이때 100만 달러를 3개월 빌리는 데 지불해야 할 이자비용이 발생한다. 이는 대출 받은 달러화를 원화로 바꾸어 3개월 원화예금으로 예치하고 3개월 후에 받을 원화이자로 갚으면 된다. 물론 달러화 대출 금리와 원화 예치 금리가 다르기 때문에 약간의 손실 또는 이익이 생길 수 있다. 이 원리는 좀 더 복잡하여 본서에서는 다루지 않기로 한다. 선물환 거래나 금융 시장 이용 방법은 일시적인 거래적 환 위험이나 회계적 환 위험을 헤지하는 방법으로 적합하다. 계속적인 거래적 환 위험이나 경제적 환 위험을 헤지하는 수단으로서는 거래 비용이 많이 소요된다.

(3) 외환선물 및 외환옵션 이용

국제적으로 거래가 많은 주요 통화 간에는 선물 시장(futures market)과 옵션 시장(option market)이 형성되어 있어 환 위험을 제거하는 방법으로 널리 이용된다. 주요국 통화의 외환선물(currency futures)은 미국 시카고상품거래소 IMM(International Money Market)과 영국 LIFFE(London Internatonal Financial Futures Exchange) 등에서 거래가 이루어지고, 주요 통화 외환옵션(currency option)은 필라델피아 주식거래소(Philadelphia Stock Exchange) 등에서 거래된다. 이 두 가지 거래 상품은 환 위험에 대한 보험의 역할을 함으로써 환 위험 관리의 도구로서 많이 이용된다. 외환선물 거래는 앞서 배운 선물환 거래와 마찬가지로 환 위험을 헤지하는 동일한 목적에 활용할 수 있는 수단이다. 그러나 선물환(currency forward) 시장은 맞춤형 외환거래가 이루어지는 장외 시장인 반면, 외환선물(currency futures) 시장은 표준화된 외환거래가 이루어지는 장내 시장이라는 점에 차이가 있다.

(4) 매칭 또는 넷팅

매칭(matching)은 회사 내 본사와 해외 자회사 간 거래 또는 서로 다른 기업과의 거래에서 통화별로 수입예상 금액과 지급예상 금액 및 만기를 일치시킴으로써 환 위험을 회피하는 것을 일컫는다. 특정 외화표시 자산을 동일한 통화표시 부채로 일치시키면 환율 변동 시 자산에서 발생하는 환차손이 부채에서 발생하는 환차익으로 상쇄되는 효과를 얻을 수 있다. 반대로 자산에서 환차익이 발생할 때는 부채에서 발생하는 환차손으로 상쇄된다.

넷팅(netting)은 동일 회사와 거래 시 외상매출 자산과 미지급 채무를 일치시켜 환차손익을 상쇄시킴으로써 환 위험을 회피하는 방법이다. 넷팅은 매칭과 외환 위험 회피 원리는 같으나 동일한 회사 거래에서 해결할 수 있다는 점에 차이가 있다. 매칭 또는 넷팅 방법의 장점은 외환거래 비용을 절감할 수 있다는 점과 상쇄 결제로 인한 지급금액 감소에 따라 유동성 제고에 도움을 준다는 점 등이다.

(5) 결제시점 조절(리드앤래그)

리드앤래그(lead and lag)란 환율의 변화를 예상하여 외화표시 거래의 결제시점을 앞당기거나 지연시키는 방법이다. 이는 당초 예정된 대금 지불 또는 수취의 시점을 변경시면서 동시에 결제환율의 확정시기를 변경하는 것을 의미한다. 특정 외화의 가치가 하락할 것으로 예상되면(약세통화) 해당 통화로 표시된 외상매출금을 가급적 빨리 회수하며(lead), 반대로 거래표시 통화가치가 상승할 것으로 예상되면(강세통화), 외상매출금의 회수를 지연시키는(lag) 방법이다. 외화표시 부채의 경우에는 반대로 한다.

(6) 거래통화 선택

수출입 거래 시 결제수단을 어떤 통화로 할 것인가 또한 중요한 환 위험 관리 기법이 된다. 수출입을 포함한 대외거래를 모두 자국통화로 한다면 환 위험이 발생하지 않는다. 따라서 환율이 급변하는 시기에는 가능하다면 자국 통화로 거래를 하는 것이 바람직하다. 그러나 문제는 한국의 원화와 같이 국제화되지 않은 통화로는 국제거래를 하기 쉽지 않다는 점이다. 외화표시 국제거래를 할 경우 취할 전략은 수출을 가능한 한 강세통화로 거래하고 수입은 약세통화로 해야 한다. 즉, 미래에 수령할 금액은 가치가 상승할 통화로, 미래에 지급할 금액은 가치가 하락할 통화로 거래하는 것이 유리하다.

2) 회계적 환 위험 관리

다국적기업에서 회계연도 말 연결재무제표 작성 시 외화환산이 필요한 경우는 다음의 세 가지로 분류할 수 있다. 첫째, 본사 재무제표상에 나타나 있는 외화표시 자산 및 부채를 자국통화로 환산할 때, 둘째, 해외 자회사가 갖고 있는 다양한 외화표시 자산 및 부채를 자국통화로 연결할 때, 셋째, 해외에 다수 지분을 투자하여 보유하고 있는 기업의 지분가치를 자국통화로 환산할 경우다.

이상의 경우들이 연결재무제표 작성을 위한 자국통화 환산 시 환율 변동에 영향을 받게 된다. 환 위험에 노출되는 부분은 통화별 외화표시 총자산액과 총부채액의 차이다. 이를 헤지하기 위한 기본전략은 자본상태표상 환율 변동에 노출된 자산과 부채 금액을 통화별로 일치시키는 것이다. 예를 들어, 앞서 설명한 화폐/비화폐법을 채택했다면 특정 통화표시 화폐성 자산과 화폐성 부채를 비교하여 만일 자산이 부채보다 많을 경우 해당 통화로 표시된 단기부채를 새로 얻어서 자산금액과 부채금액을 일치시킨다.

헤지를 위하여 외화표시 자산과 부채를 일치시키는 방법은 다음과 같다. 외화표시 자산 초과의 경우는 외화 차입, 외화채권 발행, 외화표시 수입거래 확대 등, 외화표시 부채 초과의 경우에는 외화 예금, 외화 대출, 외화채권 매입, 외국주식 매입 등의 방법을 활용할 수 있다. 다른 헤지방법으로는 거래적 환 위험 관리에 사용하는 여러 방법들을 같은 원리로 활용할 수 있으며, 자본상태표 각 항목 조정에 적합한 기법을 선택해야 한다.

그러나 회계적 환 위험을 헤지하는 데는 몇 가지 제약점이 있다. 첫째, 회계적 환 위험에 대한 헤지 결정은 차기 연도에 예상되는 재무상태를 기준으로 이루어지는데 차기 연도 예상 연결재무제표는 현시점에서 정확히 예측하기란 불가능하다. 따라서 헤지 자체가 오히려 더 큰 손실을 초래할 수도 있다. 둘째, 선물환 거래가 모든 통화에 대하여 가능하지 않다. 선물환 거래가 존재하지 않는 통화에 대하여 환 노출을 갖고 있는 경우 환 위험 헤지 방법이 제한된다. 셋째, 회계적 환 위험에 대한 헤지가 도리어 거래적 환 노출을 증대시킬 수 있다.

3) 경제적 환 위험 관리

경제적 환 위험이란 그 정의상 장기적인 미래 현금의 수입과 지출에 관련된 것인 만큼, 이에 대한 관리방법은 기업 경영활동을 조정해서 환율 변동에 관계 없이 장기적으로 미래현금흐름을 증대시키는 조직을 만드는 것이다. 다시 말하면 마케팅, 생산, 자본조달과 같은 전사적 차원에서 경영전략을 수립하여 환율 변동에 유연하게 대응하는 것이다.

예를 들어, 미국 시장에 수출을 하고 있는 한국 기업이 있다고 하자. 제품 수출을 미달러로 표시하고, 수출품의 원자재도 제3국으로부터 미달러로 수입하고, 자금 운용을 위해서 미달러화를 차입하고 있다. 모든 거래가 미달러화 표시로 이루어지고 있기 때문에 미달러 환율 변화에 따른 환 위험에 노출되어 있다. 이러한 상황에서 원화 대비 달러 환율이 변동하게 되면 어떠한 영향을 미치게 되는지 생각해보자. 원화가치 하락의 경우 수출물량이 증대하고 반대로 원화가치가 상승하면 수출물량이 감소한다. 환율 변동은 수출경쟁력에 영향을 미치게 된다. 또한, 수출제품의 원가를 구성하는 원자재 가격 및 차입비용도 환율 변동에 따라 변화되어 기업의 원가 경쟁력에 영향을 주게 된다. 결국 환율 변동은 기업 전체 경쟁력에 영향을 미치고 기업의 미래 현금흐름에 변화를 초래한다. 이것이 회사가 직면하게 되는 경제적 환 위험이다.

경제적 환 위험에 대응하는 데는 거래적 환 위험이나 회계적 환 위험을 관리하는 방법으로는 적합하지 않다. 해외 생산, 국제재무, 해외 마케팅 등 전사 전략 분야에서 종합적이고 체계적인 대응방안이 마련되어야 한다. 해외 시장 판매 가격을 조정하는 가격전략이 필요할 수 있다. 아니면 국내생산 중심의 수출전략이 항상 환율 변동에 영향을 받으므로 해외 생산거점을 구축하는 것도 좋은 전략 대안이 된다. 도입사례에서 설명하고 있는 도요타의 환 위험 관리 전략이 경제적 환 위험의 측면에서 대응하고 있는 좋은 사례다. 도요타는 엔화 강세에 따른 환 위험을 헤지하기 위하여 해외 생산 확대, 원가절감, 품질 향상 등의 전략을 추진하였다.

제6절 국제투자 및 자금관리

최근 들어 한국 기업의 해외직접투자가 급속히 증대되면서 실패사례들도 종종 발생하고 있다. 그 원인은 여러 각도에서 살펴볼 수 있겠지만 그중 하나는 해외직접투자 실행 이전 단계에서 충분한 조사에 근거한 투자의 경제성 분석을 소홀히 했다는 점이다. 경제성 분석은 투자 후 예상되는 사업 환경 여건을 고려하여 향후 수년간의 현금흐름을 추정, 투자안에 대한 타당성 평가를 하는 것을 말한다. 특히 해외 투자안에 대한 경제성 분석을 할 때는 국내투자안에 대한 분석과 차이가 나는 점에 주목할 필요가 있다.

1. 해외투자의 경제성 분석

1) 일반 투자안 경제성 분석

자본예산(capital budgeting)은 중·장기에 걸친 기업투자의 총괄적 계획으로 기업재무관리에서 중요한 의사결정 중의 하나이다. 자본예산의 결과가 장기적인 기업 현금흐름, 즉 기업가치에 영향을 미친다는 면에서 그 중요성이 있다. 자본예산의 절차를 보면, 먼저 투자안별로 투자 후 예상되는 연도별 수입 및 비용을 항목별로 추정하고 추정 현금예산서 및 재무제표를 작성한다. 다음은 추정 현금흐름 자료를 바탕으로 투자안 경제성 분석기법을 이용, 투자 의사결정을 내리게 된다.

일반적으로 이용되는 투자안의 경제성 분석기법으로, 회수기간법(payback period method), 내부수익율법(internal rate of return method), 순현가법(net present value method) 등 세 가지가 있다. 이 중 화폐의 시간적 가치흐름을 고려한 내부수익율법과 순현가법이 우수한 방법으로 인정된다. 이 방법을 이용할 때 두 가지 절차를 거치는데, 우선 투자안의 세공제 후 현금흐름을 추정하며, 다음은 이를 가중자본비용(weighted cost of capital) 또는 할인율(discount rate)을 사용하여 현가를 구하게 된다. 이상의 내용은 일반 재무관리 교재에서 충분히 다루고 있어 본서에서는 생략한다.

2) 해외 투자 경제성 분석의 특수성

해외 투자안에 대한 경제성 분석은 분석기법 면에서 국내투자안에 대한 경제성 분석과 다를 바 없다. 다만 해외 투자의 경우 국내투자와는 달리 환율변화, 상이한 조세 환경, 정치적 위험 등 국제 환경 변수에 영향을 받게 되므로 추가적으로 고려할 사항이 발생한다.

첫째, 미래 현금흐름을 모회사 입장에서만 파악하는 것이 아니고 해외 자회사 입장에서도 별도로 파악해야 한다. 현지에 파트너가 있는 경우, 특히 파트너가 정부기관일 경우에는 파트너 입장에서도 분석할 필요가 있다. 이는 조세제도의 차

표 14-4 해외 투자 경제성 분석 시 고려 요인

- 해외 자회사 입장에서 현금흐름 파악
- 본사와 자회사 간 국제거래 반영
- 인플레율 차이 감안
- 정치적 위험과 외환 위험 반영
- 현지 정부 인센티브 반영

이, 과실송금의 제한, 송금방식의 차이 등에 의하여 자회사 현금흐름이 모회사 현금흐름과 크게 차이날 수 있기 때문이다.

둘째, 본사 입장에서 파악하는 해외 투자의 현금흐름에는 국제거래를 반영하는 특수한 항목이 포함되어야 한다. 즉, 국제 현금 유출입 항목으로서 본국과 해외 자회사 간 이전되는 배당, 이자, 기술 및 경영 이전에 대한 대가, 원료나 시설재의 판매로부터 발생하는 이익, 수출에서 발생하는 이익 등이 추가되며, 최초 및 추가 투자액과 융자액도 포함된다. 이러한 항목들은 현지국의 조세제도, 송금액에 대한 법적 또는 정치적 제약 등에 의해 영향을 받기 때문에 명확하게 분석해야 한다.

셋째, 투자대상국 인플레율의 차이 및 변화를 감안해야 한다. 인플레율의 차이는 기업경쟁력에 변화를 일으켜 미래 현금 흐름에 영향을 주게 된다.

넷째, 미래 현금흐름을 예측할 때 투자대상국의 정치적 위험과 외환 위험의 영향을 감안해야 한다. 이들 위험 요소를 반영할 때 할인율을 조정하는 방법과 현금 유출입 예상금액을 조정하는 방법이 있다. 이론적으로는 후자가 더 우수하나, 전자가 손쉽게 이용될 수 있기 때문에 다국적기업들은 전자의 방법을 많이 사용한다.

다섯째, 현지국 정부에서 제공하는 특혜금융이나 세제상의 특전이 있다면 이를 반영시켜야 한다. 이는 경제성 분석 시 할인율 계산이나 자본구조 정책에 영향을 미치기 때문이다.

2. 국제투자자금의 조달

국제금융 시장의 글로벌화와 함께 다국적기업이 자금을 조달하는 데 국제금융 시장의 활용도가 점차로 확대되고 있다. 자금조달이 국제화되어 있는 경우 기업 입장에서 자금조달비용이 낮아진다는 이점이 있다. 다국적기업이 국제영업활동을 위하여 국제금융 시장에서 자금을 조달할 수 있는 방식이 어떤 것이 있는지 살펴보자.

국제금융 시장은 자금조달 방법상 역외(offshore)금융인가 역내(onshore)금융인가, 그리고 직접금융인가 간접금융인가에 따라 표 14-5와 같이 네 가지로 분류가 가능하다. 역내금융은 현지국 금융 시장에서 현지국 통화표시로 자금조달하는 방법을 말하며, 역외금융이란 통화 발행국 외부 시장에서 발행국의 통화로 자금조달하는 방식을 말한다. 또한 직접금융은 채권이나 주식을 발행하여 투자자로부터 직접 자금을 조달하는 방식이며, 간접금융은 은행과 같은 금융중개기관을 통하여 자금을 조달하는 방식을 말한다.

①번 셀은 역내 간접금융 방식이다. 현지 금융 시장에서 은행을 통한 자금조

표 14-5 국제자금조달 방법

금융방법	역내금융	역외금융
간접금융	① 현지 금융 시장	③ 유로금융 시장
직접금융	② 현지 자본 시장	④ 유로자본 시장

달 방식이다. 예를 들어, 한국 기업의 미국자회사가 미국 소재 은행으로부터 미달러화로 차입하는 경우 혹은 한국 기업의 사우디지사가 사우디 소재 은행으로부터 사우드리얄화로 자금을 차입하는 경우 모두 현지 금융 시장에서의 간접금융 조달 방식에 속한다.

②번 셀은 역내 직접금융 방식이다. 현지 자본 시장에서 채권이나 주식과 같은 직접금융방식을 이용하여 자금을 조달하는 방식이다. 외국 기업이 현지국에서 현지 통화표시로 채권을 발행할 때 이를 해외 채권(foreign bond)이라고 한다. 예를 들어, 한국 기업이 미국 시장에서 미달러 표시로 채권을 발행하였을 경우 이것이 해외 채권이며 특히 미국에서 발행한 해외 채권을 양키본드(yankee bond), 일본에서 발행한 엔화표시 해외 채권을 사무라이본드(samurai bond)라 부른다. 양키본드 시장은 발행 시 절차가 매우 까다롭다는 특징이 있다. 미국 증권거래위원회(Security Exchange Commission: SEC)에 등록해야 하며, 채권의 신용등급평가를 별도로 받아야 할 의무가 있다. 반면 사무라이본드는 발행이자율이 비교적 낮다는 데 매력이 있으며 양키본드와 같은 까다로운 등록 조건이 불필요하다는 이점이 있다.

③번 셀은 역외 간접금융 방식이다. 유로금융 시장(Euro-market)에 위치한 은행으로부터 자금을 조달하는 방식이다. 유로금융 시장이란 통화의 발행국 이외의 지역에 발행국 통화로 금융거래가 이루어지는 시장이다. 예를 들어, 런던 소재 은행에서 미달러화 표시 자금을 예치하거나 미달러화 표시 대출거래가 일어나는 시장이다. 또는 싱가포르 소재 은행에서 일본 엔화를 차입하거나 대출하는 거래가 이루어지는 시장이다. 마찬가지로 미국 외 소재 은행에서 거래가 이루어지는 미달러화를 유로달러(Euro-dollar)라 칭한다. 유로(Euro)란 말은 미달러가 처음에 런던을 비롯한 유럽지역에 예치되었던 데 기인하는데, 달러 거래가 유럽뿐만 아니라 전 세계에 확산되어 있으므로 오늘날은 통화 발행국을 제외한 모든 국가, 즉 '역외'라는 넓은 의미로 사용된다. 물론 유로 시장은 미달러에 한하지 않고 유로파운드(Euro-pound), 유로엔(Euro-Yen) 시장도 존재한다. 유로금융 시장은 각국의 금융규제를 벗어나 다양한 거래가 이루어지는 초국가적인 금융 시장으로서, 기능 수행 면에서 공간적으로나 시간적으로 제약을 받지 않는 범세계적 시장이다. 한 가지 주의할

점은 유로금융 시장은 EU 유로존(Euro-zone)의 화폐인 유로화 거래가 이루어지는 유로화 금융 시장과 혼돈해서는 안 된다.

④번 셀은 역외 직접금융 방식이다. 예를 들어, 미국 이외의 지역에서 미달러로 채권을 발행하거나 주식을 발행하여 자금을 조달하는 방식으로 유로자본 시장(Euro capital market)을 이용하게 된다. 유로자본 시장에서 발행되는 대표적인 채권이 유로채권(Euro-bond)인데, 유럽에서 미달러나 엔화와 같이 유럽통화가 아닌 통화로 발행하는 채권을 말한다. 예를 들어, 영국 런던금융 시장에서 미달러 표시로 발행한 채권은 유로달러채권이 된다.

3. 본사-해외 자회사 간 자금이전 관리

1) 본사-해외 자회사 간 자금이전 체계

국내 기업의 경우 기업 내 각 사업 단위 간 자금이전은 대부분 아무런 제약이 없다. 그러나 다국적기업의 경우 해외에 있는 자회사와 본사 간 자금이전에는 몇 가지 제약이 따르게 된다. 즉, 현지국 통화의 태환성 규제와 같은 정치적 제약, 현지국 정부의 복잡한 조세제도로 인한 피해, 통화 전환 시 발생하는 거래비용 등이다. 이와 같은 자금이전상의 제약을 극복하기 위해서는 본사-해외 자회사 간 영업활동에 관련된 자금이전 체계를 이해하고 자금이전 수단들을 찾아내어 효율적으로 활용해야 한다.

본사와 해외 자회사 간 자금이전 형태는 그림 14-8에서 보듯이 크게 보아 네 가지로 구분할 수 있다. 첫째, 본사는 자회사에 자기자본을 출자하고 배당이란 형태

그림 14-8 다국적기업의 본사-자회사 간 자금이전 구조

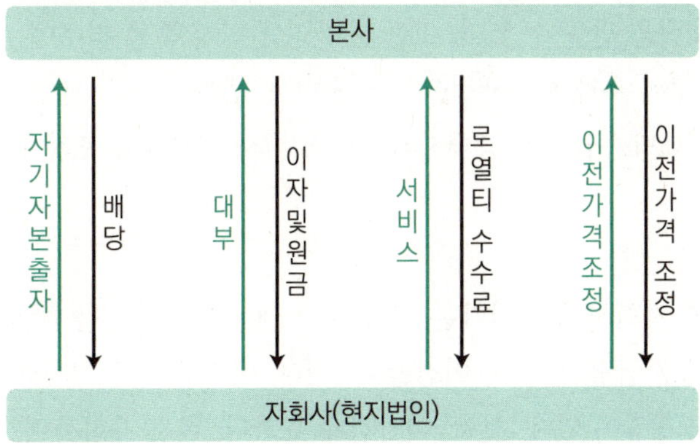

로 대가를 수령한다. 둘째, 본사는 자회사에게 자금을 대여하든지 혹은 채권을 구입하는 방법으로 자금공급을 하고 이에 대한 대가로 이자를 수령한다. 셋째, 본사는 자회사에게 서비스를 제공하고 이에 대한 보상으로 기술 로열티, 경영자문료 등의 수수료를 받는다. 넷째, 본사-자회사 간 상품 또는 서비스 교역 시 이전가격을 조정함으로써 자금을 이전할 수 있다. 이상의 네 가지가 대표적으로 이용되는 자금이전 방법들이며 본사의 종합적 자금계획에 따라 이 방법들을 혼합하여 사용한다.

2) 자금이전 수단

(1) 배당

배당(dividend)은 본사-자회사 간 자금이전의 대표적인 수단으로서 자회사에 대한 영업성과를 평가하는 근거가 되며 그 이전 규모는 영업실적에 달려 있다. 하지만 배당을 통한 본사로의 과실송금은 몇 가지 제약이 따른다.

첫째, 현지국 기업들의 관행적인 배당률 수준을 초과하는 배당송금은 쉽지 않다는 점이다. 일정한 자기자본 금액으로 현지 기업의 수준을 초과하는 이익이 발생하여 큰 금액의 배당송금을 지속한다면 현지국 정부나 과세당국에 관심을 일으키게 되고 영업상의 제한을 받을 가능성이 있다. 따라서 대부분의 선진 다국적 기업들은 적정한 수준에서 일정한 배당률을 유지하는 경향이 있다. 둘째, 배당송금은 개발도상국의 경우 정치적 위험에 민감하다는 점이다. 현지국에서 국제수지 적자가 지속되어 외환유출에 대해 통제할 경우 먼저 배당송금에 대한 규제를 가할 가능성이 있다. 극단적으로 현지국에서 국유화 또는 수용조치를 취하였을 때 배당의 원천이 되는 자기자본은 가장 취약한 부분이다.

그러나 배당을 통한 자금이전이 불리한 점만 있는 것은 아니다. 배당송금 증대를 위한 자기자본 추가 출자는 외자가 부족한 현지국으로부터 환영받을 수 있으며, 외자유치를 위해 제공하는 법인세 면제 또는 추가 세액공제 등의 조세유인제도의 혜택을 얻을 수 있다. 또한 본사의 실적이 좋을 경우에는 자회사 이익을 유보시킴으로써 추가 투자재원으로 사용하고, 반대로 본사 영업실적이 좋지 않을 경우 본사로 배당송금액을 증대시킴으로써 본사 재무제표 조정에 이용할 수도 있다.

(2) 이자

해외 자회사에 자기자본 추가 출자 대신 대부(loan)를 해 줌으로써 이자의 형태로 현지 자금을 본사로 이전할 수 있다. 이자를 통한 자금이전은 배당에 비하여 몇 가지 장점이 있다. 첫째, 이자감세 효과다. 현지 자회사에서도 타인자본에 대한 이자는 손금산입 항목으로 인정받아 세금경감 효과를 얻게 된다. 둘째, 정치적 위험에 덜 민감하다. 자기자본의 감소는 현지국 정부가 민감한 반응을 보일 수 있으나, 채무의 감소 또는 증가는 그다지 큰 영향을 미치지 않는다. 마찬가지로 배당의 경우는 현지국 정부에 의해 감지되는 경우가 있지만 이자는 송금의 자유재량권이 크다. 실제로는 외환 통제와 같은 정치적 규제가 가해지더라도 백투백 론(back-to-back loan, 회사 간 서로 다른 통화로 자금을 상호 교환하는 것) 등과 같은 우회적인 수단을 이용하여 정치적 위험을 회피할 수 있다. 셋째, 자기자본 출자와 대부를 동시에 활용하는 것은 자회사의 적정한 자본구조 유지에도 도움이 된다.

전체적으로 보아 이자는 배당에 비하여 유리한 점이 있으나, 과다한 채무로 부채비율이 현지국의 관행이나 규범에 비해 높은 수준을 유지할 경우 현지국의 반응이 부정적일 수도 있다. 한국처럼 제도적으로 자회사가 본사로부터 차입하는 것을 제한하는 경우도 있다.

(3) 서비스 사용료

본사가 제공하는 기술, 노하우, 특허권, 상표권, 경영자문 등의 서비스에 대한 사용료는 대개 시장가격이 형성되어 있지 않아 자회사 자금을 본사로 이전하는 데 비교적 쉽게 사용할 수 있는 수단이다.

서비스 사용료를 통한 자금이전 방법이 갖고 있는 장점을 살펴보자. 첫째, 이자송금 방법과 같이 이자감세 효과를 얻을 수 있다. 또한 현지국에서 부과하는 원천세율이 배당 원천세율보다는 낮은 것이 일반적이다. 둘째, 외환 통제 시 제한이 덜하다. 미국 다국적기업을 대상으로 조사한 결과에 의하면 외환 통제를 실시하는 국가에서 자금을 이전하는 데 보편적으로 사용했던 두 가지 방법이 로열티와 경영자문료였다. 셋째, 국유화나 재산수용 등 정치적 위험에 직면하여 자회사 지분은 넘겨주더라도 기술협약 만큼은 지속되는 사례가 많았다. 이는 바로 정치적 위험에도 영향을 적게 받는다는 것을 의미한다.

전체적으로 볼 때 배당보다는 서비스 사용료 징수가 자회사 자금을 본사로 이전하는 데 유리한 점이 많다. 그러나 기술도입료도 국가에 따라서는 요율에 제한을 가하기도 한다. 또한 기술적 우위가 없는 경우에는 현지국 파트너와 협상력이 떨어지고 이를 통한 자금이전이 수월치 않은 경우도 있다.

(4) 이전가격 조정

이전가격(transfer price)이란 본사와 해외 자회사, 해외 자회사 간 원재료, 제품 및 서비스를 이전할 때 적용되는 가격으로 이를 조정함으로써 기업 내 자금을 이전할 수 있다. 이전가격을 조정하는 목적은 고세율국에서 저세율국(또는 특정지역)

으로 자금을 이전시켜 세금을 경감시키는 등 매우 다양하다. 자회사에서 본사로 자금이전을 목적으로 한다면, 자회사에 공급하는 중간재의 가격을 높이거나, 자회사로부터 수입하는 완제품의 가격을 낮춤으로써 가능하다. 그러나 이전가격의 결정은 여러 변수를 고려해야 하기 때문에 사실상 간단한 문제는 아니다. 이전가격 결정 시 고려해야 할 사항은 다음과 같다.

첫째, 법인세 및 관세다. 현지국 자회사 법인세를 절감하려면 본사에서 수출하는 제품의 이전가격을 높이고, 자회사 수입관세를 절감하기 위해서는 본사 수출 이전가격을 낮추게 된다.

둘째, 인플레이션 및 환 위험이다. 높은 인플레이션이 지속되는 국가에 위치한 자회사에서 경제가 안정된 국가의 자회사로 자회사 이익이 이전되도록 이전가격을 조정한다. 또한 환율이 불안정한 국가에서 환율이 안정되거나 통화가치가 상승하는 국가로 자회사 이익이 이전되도록 하는 것이 바람직하다.

셋째, 외환 통제와 같은 자금이전 규제 문제다. 국제수지 적자가 누적되고 있는 개발도상국의 경우 외환 유출을 방지하기 위하여 배당 등 자본거래를 제한할 경우, 이러한 규제를 우회하는 수단으로 이전가격 조정을 활용할 수 있다.

넷째, 합작투자인 경우 파트너의 입장을 고려한다. 합작투자인 경우 이전가격 조정을 통한 거래를 파트너가 인정하는 범위 내에서 시행해야 한다. 아니면 파트너와의 갈등을 일으키는 요소가 될 수 있다.

다섯째, 시장 경쟁관계를 고려해야 한다. 현지 경쟁회사와 가격경쟁에서 유리한 지위를 확보하기 위해서 이전가격 조정을 활용할 수 있다. 앞서 살펴본 글로벌 전략적 가격 결정을 지원하기 위한 수단으로 활용하기도 한다.

여섯째, 자회사 성과 평가 기준과 상충하는 문제다. 특정 해외 자회사의 영업 실적이 이전가격 조정으로 인하여 부정적으로 평가받는다면 자회사 경영자 입장에서 상당한 불만의 원인이 될 것이다. 따라서 자회사 경영자 업적 평가 기준을 이전가격전략을 감안하여 합리적으로 설정할 필요가 있다.

일곱째, 정부의 개입이다. 이전가격 결정에 대한 현지 정부의 개입이 있을 때에는 기업의 재량권이 대폭 축소되는 경우가 많다. 또한 다국적기업의 이전가격 결정에 대해서는 정부뿐만 아니라 언론이라든가 기타 공공집단에서 매우 예민한 반응을 보이기 때문에 이 점도 충분히 고려되어야 한다. 그러나 이전가격이 여전히 자금이전 수단으로 활용되는 이유는 배당, 이자나 서비스 사용료 등의 수단에 부과되는 규제보다 이전가격에 부과되는 규제가 상대적으로 적기 때문이다.

마감사례

도요타의 환 위험 노출 및 관리

조선일보는 2024년 8월 14일자 ""車 1000만 대 파는 日 도요타, 환율 1엔에 벌벌 떠는 이유"라는 제목의 기사를 통해서 세계 최대 자동차 회사인 일본 도요타가 엔화 약세로 인한 환율 효과로 2023년 일본 기업으로 사상 최초 영업이익 5조 엔(약 50조 원)을 기록했다는 소식을 전하면서, 환율에 예민하게 반응할 수밖에 없는 도요타의 사업 구조를 분석하고 있다.

동 기사에 따르면 "도요타(렉서스 포함)는 2023년에 전 세계에 1,030만 대의 차를 팔았다. 이 중 일본 현지에서 팔린 비중은 16%에 불과하다. 무려 863만 대의 차가 전부 해외에서 판매됐다"고 한다. "해외 판매 비중이 높은 도요타는 환율에 매우 예민하게 반응할 수밖에 없다"며, "엔·달러 환율이 1엔(9원) 강세가 될 때마다 도요타는 연간 500억 엔(약 4,641억 원) 규모의 이익이 줄어든다"는 닛케이신문의 분석 내용도 함께 소개하고 있다.

2023년의 경우 엔화 약세로 큰 실적 개선을 달성한 도요타이지만, 1973년 달러당 300엔이었던 환율이 1993년에 100엔 수준까지 하락하여 20년 동안 매년 5% 정도씩 엔화가 강세가 되었던 어려운 시기를 버텼던 도요타이기도 한다. 도요타는 이 20년을 버티며 엔화 강세에 따른 실적 악화 가능성을 극복하기 위해 다양한 방안을 터득하기도 했다.

다음은 한 블로그 내용을 정리한 것인데, 도요타 자동차가 엔화 강세에 따른 환 위험으로부터 영향을 감소시키기 위해서 구사한 세 가지 대응 방안이다.

첫째는 해외 생산 확대다. 도요타자동차는 엔화 강세에 대응하기 위하여 그간 지속적으로 일본 국내 생산기지의 해외 이전을 추진해 왔다. 엔·달러 환율이 역대 최고 수준을 계속 이어갈 경우 경쟁력 유지를 위해 소형차 생산을 일본에서 해외로 이전하고 현재 공급망도 전면 재정비하는 방안을 검토 중이다. 도요타는 현재 엔달러 환율은 소형차 수출에 불합리한 수준으로 판단하고 이에 따라 생산기지의 추가적인 해외 이전, 공급망 다변화, 현지 조달 수준 제고 등 다방면의 대책을 추진해 왔다.

도요타는 1980년대 이후부터 주요 전략 차종의 생산기지를 미주 등지로 옮겨 놓아 환율에 대해 '자연 헤지(natural hedge)' 능력을 갖추었다. 엔화가치가 상승하면 해외 생산량을 늘리고, 반대로 엔화가치가 떨어지면 일본 내의 생산량을 늘리는 전략을 구사해 환율 급등락으로부터 비교적 자유로운 상태에서 품질과 마케팅에 전력투구할 수 있는 체제다. 도요타의 경우는 전체 생산량 중 50%가 넘는 생산이 이미 해외 지역에서 이뤄지고 있다. 도요타는 2007년도에 텍사스 공장을, 2008년까지 캐나다 공장을 지어 2009년까지 도요타의 북미 공장을 8개로 확충했다.

도요타가 이처럼 글로벌 생산체제에 주력하는 이유는 환리스크 관리와 더불어 철저한 현지화로 효과적인 시장공략을 할 수 있기 때문이다. 현지 생산체제를 구축하면 통상 마찰 소지도 없앤다. 현지인의 취향에 맞는 차량을 제때 공급하고, 현지 기업이라는 친숙함 때문에 브랜드 경쟁력도 높아진다. 멀리 떨어진 곳까지 차량을 운송해야 하는 물류비가 절감되는 것은 기본이다.

둘째로, 원가절감 추진이다. 혼다와 닛산 등 다른 일본 자동차업체들은 환 위험을 줄이기 위해 해외 생산을 대폭 늘렸지만, 도요타는 일본 내에서 적어도 연간 300만 대를 생산하겠다는 약속으로 국내 생산 비중이 커 다른 업체들보다는 상대적으로 위험에 노출되어 있었다. 도요타는 엔·달러 환율이 90엔 선을 밑돌 경우 일본에서 소형차를 생산해 수출하면 수익을 낼 수 없다고 판단했다. 그러나 엔화 강세가 지속되었고, 국내 생산을 일정 수준으로 유지한다는 약속을 지키면서도 세계 시장에서 경쟁력을 확보하기 위해 원가를 절감하는

데 집중할 수밖에 없었다. 그리하여 지난 십여 년간 좀 더 저렴한 부품을 이용함으로써 생산비용을 크게 절감하고, 조립라인이나 부품설계 등에 새로운 기술을 도입해 생산 비용을 낮추는 데 힘쓰며 생산과정을 단순화시켰다. 보다 적은 비용으로 제품을 생산하면서도, 비싼 가격에 팔 수 있도록 제품의 경쟁력을 키움으로써 환율 변동에 의한 가격 하락의 영향을 최소화하려고 한 것이다. 또한 엔고로 인한 타격을 최소화하기 위한 방안으로 태국에서 생산된 소형차를 자국을 비롯한 다른 시장으로 수출하는 방안을 모색 하였다. 도요타는 현재 태국에서 비오스와 야리스 등 두 종류의 소형차를 생산하고 있으며, 인도에서는 에티오스라는 이름으로 소형차를 양산 중이다.

셋째로, 품질경영 강화이다. 도요타는 생산과 품질 면에서 세계 1위 기업이라는 자신감이 충만하다. 환율 변동이 수익에 영향을 미치지만 원천적인 문제는 생산과 품질이라는 것이다. 환율문제는 영업을 하는 데 생기는 하나의 변수이고 곧 해결해 나가야 할 문제정도로 생각하고, 품질에 더 신중을 기하고 있다. 1980년대 중반 엔고 시기에 도요타는 렉서스라는 이름으로 고급차 브랜드를 발족시켰는데, 이는 체질개선을 통해 환 위험에 대한 기업의 면역력을 강화시키는 간접적인 방법이었다. 브랜드, 디자인 등 소프트경쟁력 확보와 제품의 고부가가치화를 통해 비가격 경쟁력을 강화함으로써 비싸도 팔릴 물건을 만드는 데 주력하는 것이다. 이러한 노력의 결과 도요타는 환율에 대한 민감도가 그렇게 크지 않은 조직을 만들 수 있었다.

참고자료: 조선일보, "車 1,000만 대 파는 日 도요타, 환율 1엔에 벌벌 떠는 이유", 2024년 8월 14일자 및 블로그(http://theseareallforyou.blogspot.kr.) 내용을 저자가 편집함.

질문

1. 도요타가 해외생산을 확대하는 것이 어떻게 환위험 회피수단이 될 수 있다고 생각하는가?
2. 환 위험을 관리하기 위한 방법으로 도요타는 원가절감도 추진하고 있다. 원가절감이 어떤 메카니즘을 통해서 환 위험 관리방법이 될 수 있는지를 설명하시오.
3. 도요타가 품질경영을 강화하는 것이 어떻게 환위험 관리에 효과적인지도 설명하시오.
4. 현대자동차의 최근 감사보고서를 전자공시시스템에서 다운로드하시오. 동 감사보고서 주석항목 중 위험관리 부분에 적시된 환위험관리 내용을 찾아보고, 현대자동차가 환 위험을 어떻게 관리하는지 그 내용을 설명하고, 도요타의 사례와 비교하시오.

토의과제

1. 글로벌 인사관리의 중요성이 증대되는 이유는 무엇인가?
2. 해외자회사 경영자에 대한 인사전략의 세 가지 접근 방식을 비교 설명하시오.
3. 해외주재원 실패란 무엇이며, 그 이유는 무엇인지 설명하시오.
4. 해외주재원에 대한 두 가지 보상방법에 대해서 설명하시오.
5. 다국적기업의 글로벌 재무관리 이슈에 대해서 설명하시오.
6. 경제적 위험, 거래적 환 위험, 회계적 환 위험의 개념에 대해서 각각 설명하시오.
7. 해외투자 경제성 분석의 특수성에 대해서 설명하시오.
8. 국제자금조달 방법을 금융방법과 지역을 기준으로 구분하여 설명하시오.
9. 본사와 자회사 간 자금이전 관리와 그 수단에 대해서 설명하시오.

참고문헌

대외경제정책연구원 (2022), “한미 FTA 발효 10년 성과와 시사점”, KIEP 오늘의 세계경제, Vol. 22 No. 4, 2022년 3월 11일.

대외경제정책연구원 (2024), “제13차 WTO 각료회의 결과와 후속 협상 동향: 평가 및 시사점”, KIEP 오늘의 세계경제, Vol. 24 No. 5, 2022년 4월 19일.

산업통상자원부 (2024), “한눈에 보는 우리나라 FTA현황,” 통하는 세상 통상, 2024년 1월호.

이광철 (1991), “대한 진출 다국적기업에 대한 조세정책 검토,” 국제경영연구, 제2권 1호, p. 93-116.

이광철 (1992), “자본 시장 자유화와 증권산업의 경쟁구조,” 국제경영연구, 제3권 1호, pp. 199-221.

이광철 (1993), “해외투자기업의 국제자금이전전략에 관한 연구,” 경영연구, 제17집, pp. 119-142.

이광철 (1995), “글로벌 환경의 변화와 한국 기업의 국제 전략방향: 글로벌화 vs. 현지화”, 경영학연구, 24권, pp. 267-299.

이광철 (2008), “글로벌 IT 기업의 인수합병 사례분석과 전략적 시사점”, e-비즈니스연구, 제9권 3호, pp. 45-63.

이광철 · 이재유 공역 (1995), 초우량기업의 비즈니스 대실수, 김영사.

이광철 · 정태영 (2000), “한국 기업의 환 위험 관리에 관한 실증적연구,” 국제경영연구, 제11권 1호, pp. 57-86.

이광철 · 정태영 (2003), “한국 기업의 국제합작투자 공시효과에 관한 연구,” 국제경영연구, 제14권 2호, 한국국제경영학회, pp. 1-23 .

이광철 · 정태영 (2008), “전략적 제휴의 성과결정요인에 관한 탐색적연구,” e 비즈니스연구, 제9권 1호, pp. 101-124.

이성봉 외 (2003), WTO 투자협정 논의의 평가 및 향후 과제, 대외경제정책연구원.

이성봉 외 (2006), 한 · 미 FTA 투자 분야 주요 쟁점이슈와 평가, 대외경제정책연구원.

이성봉 (2007), “중소기업 해외 시장진출 지원: 필요와 지원 간 차이분석”, 국제경영연구, 제18권 제3호, pp. 1-26.

이성봉 (2000), 대외자산 질적 개선을 위한 해외직접투자 제도개편 방향, 대외경제정책연구원.

이성봉 (2018), “외국인투자 조세감면의 기술이전 및 수출 효과에 관한 연구”, 경상논총, 제36권 제4호, pp. 173-187.

이용섭 (1999), 국제조세, 세경사.

장하준 저, 이순희 역 (2018), 나쁜 사마리아인들, 부키.

한국수출입은행 해외경제연구소, 2018 투자 환경 위험 평가.

국민일보(2018.10.24.), “미 · 중 무역전쟁 와중… 동남아 국가들 ‘어부지리’ 투자 붐”, https://www.kmib.co.kr/article/view.asp?arcid=0924023227

글로벌이코노믹(2020.2.6), “현대차, 사천현대 지분 전량 매입 완료…中서 ‘외국계 상용차社’로 전환”, https://www.g-enews.com/article/Industry/2020/02/2020020614060581341e71ea687c_1

나우뉴스(2022.8.25.), “이케아, 뒤늦게 중국에 1조 원대 대규모 투자하는 이유는? [여기는 중국]”, https://nownews.seoul.co.kr/news/newsView.php?id=20220825601009

뉴스투데이(2018.12.11.), “매장 5000개 · 광군제 매출만 700억 원… 이랜드, 中잡고 글로벌 기업 도약”, https://www.news2day.co.kr/article/20181211116434

뉴스핌(2021.12.21.), “아모레, 미국 · 호주 등 ‘K뷰티’ 확장 박차…中시장은 이커머스 온라인 강화”, https://www.newspim.com/news/view/20211220000942

뉴스핌(2022.4.25), “[네카오의 동상이몽]① 네이버 · 카카오, 이유있는 해외진출”, https://www.newspim.com/news/view/20220425000863

뉴시스(2024.10.26.), “현대차 · 토요타, 미래 위해 손잡는다[정의선 · 아키오 세기의 만남①]”, https://www.newsis.com/view/NISX20241025_0002934569

뉴시스(2024.11.9.) "트럼프 리턴에… 환율 1400원 이즈백[금융 시장 판도 바뀌나①]", https://www.newsis.com/view/NISX20241108_0002951900

더구루(2021.10.18.), "베이징현대 '제1공장' 리오토에 매각 확정… 순이구 당국 밝혀", https://www.theguru.co.kr/mobile/article.html?no=26434

더벨(2022.6.24.), "위기의 아모레, 제2도약 '맥킨지' 컨설팅 받았다", https://www.thebell.co.kr/free/content/ArticleView.asp?key=202206241120249000102376

디지털경제(2020.6.29), "'1.1조 투입' SK 美 조지아 배터리 2공장 설립 본궤도", https://zdnet.co.kr/view/?no=20200629164427

디지털인사인트(2023.5.26.), "숏폼으로 해외 마케팅 성공하는 꿀팁 3가지", https://ditoday.com/숏폼으로-해외-마케팅-성공하는-꿀팁-3가지/

딜사이트(2024.7.23.), "아모레퍼시픽, '코스알엑스' 품고 해외사업 승부수", https://dealsite.co.kr/articles/125700

매일경제(2014.5.6.), "한국 식탁, 세계의 맛 품다", https://www.mk.co.kr/news/special-edition/6064409

매일경제(2018.9.26.), "韓, ISD訴 남용 막는 대가로… 자동차 분야 美 요구 들어줬다", https://www.mk.co.kr/news/economy/8490485

머니투데이(2015.9.29.), "실패로 돌아간 카톡의 해외진출… '국가별 특화'로 승부", https://news.mt.co.kr/mtview.php?no=2015092513502659181

머니투데이(2024.8.2.), "중국인들 한 번에 돌아섰다"… 스타벅스 매출 뚝뚝, 대신 몰려간 곳, https://news.mt.co.kr/mtview.php?no=2024080123475382940

머니투데이(2024.8.29.), "짠한 중국 이케아…"190원 아이스크림 엄청 팔려" 발표한 이유", https://news.mt.co.kr/mtview.php?no=2024082911361398382

모터플렉스(2024.1.24.), ""1조 넘게 투자했는데", 현대자동차 중국 충칭공장 매각", https://www.motorplex.co.kr/news/articleView.html?idxno=5195

문화일보(2024.6.18.), "한국, 2024년 IMD 국가경쟁력 20위 기록… 역대 최고 성과 달성", https://www.mhns.co.kr/news/articleView.html?idxno=604895

뷰티누리(2023.10.2), "'명품'에 빠진 중국, 브랜드 가치 향상 관건", https://www.beautynury.com/news/view/102706/cat/10

블로터(2023.12.27), "카카오 '비욘드 코리아', 믿을 건 콘텐츠 하나뿐", https://www.bloter.net/news/articleView.html?idxno=609945

스카이데일리(2024.1.4), "식품업계 '해외 시장 공략'으로 새로운 돌파구 찾다", https://www.skyedaily.com/news/news_view.html?ID=217198

씨제이이엔엠 Newsroom (2023.7.19.), "[BEHIND TALK] 역대급 글로벌 전성기 K-POP 성공 비결 전격 공개", https://www.cjenm.com/ko/news/

에너지경제신문 (2018.11.27.), "SK이노, 美 전기차 배터리 공장 건설… LG화학·삼성SDI '3사 불꽃경쟁'", https://m.ekn.kr/view.php?key=400055

연합뉴스 (2024.4.9), "전기차·태양광·풍력터빈까지… EU, 中 청정기술 견제", https://www.yna.co.kr/view/AKR20240409149800098

연합뉴스 (2008.9.21.), "美 대공황 이후 가장 숨가빴던 일주일", https://cb.yna.co.kr/gate/big5/cn.yna.co.kr/view/AKR20080921003300071

연합뉴스 (2019.5.29.), "한국, IMD국가경쟁력 평가 28위로 1계단↓ … 경제성과 7계단↓", https://www.yna.co.kr/view/AKR20190528158800002

연합뉴스 (2024.4.30), "中 '제조2025' 목표, 86% 이상 대부분 달성 … 美제재 효과없어", https://www.yna.co.kr/view/AKR20240430058700009

연합뉴스 (2025.4.27.), "[트럼프 100일] '관세전선'서 포성 울린 美中 전략경쟁 본격화할 듯", https://www.yna.co.kr/view/AKR20250426003900071

워크투데이 (2023.4.25), 워크투데이, "현대차그룹-SK온 손잡고 미국에 배터리 공장 짓는다", http://www.worktoday.co.kr/news/articleView.html?idxno=35092

월간인물 (2023.11.1), "K-푸드의 세계화… 식품 시장 1천조 원 규모로 키운다", https://www.monthlypeople.com/news/articleView.html?idxno=700039

이코노미스트 (2024.4.28.), ""공포감마저 느꼈다"… 현대차·기아, 중국서 안 팔릴 수밖에", https://economist.co.kr/article/view/ecn202404260007

이투데이 (2018.3.29.), "대한항공-델타항공, JV 상반기 중 시행… 양사 추가 협의 중", https://www.etoday.co.kr/news/view/1608657

이투데이 (2024.9.13.), "현대차-GM 전략적 제휴… 글로벌 완성차 전략적 협업·투자 확산", https://www.etoday.co.kr/news/view/2401222

이투데이 (2024.11.21.), "스타벅스, 중국 사업 지분 매각 검토 중", https://www.etoday.co.kr/news/view/2421802

인베스트조선 (2018.9.10.), "8년만에 사업 파트너 교체한 현대차… 정의선 부회장 中 사업에 '사활'", https://www.investchosun.com/site/data/html_dir/2018/09/13/2018091386002.html

전자신문 (2024.2.5), "SK온, 美 배터리 공장 포드→현대차용 전환 추진", https://www.etnews.com/20240205000259

조선일보 (2007.10.19.), "'글로벌라이제이션'은 한국 기업이 피할 수 없는 숙명", https://biz.chosun.com/site/data/html_dir/2007/10/19/2007101900813.html

조선일보 (2018.12.17.), "시어스냐 아마존이냐, 한국 유통기업의 선택은?", https://biz.chosun.com/site/data/html_dir/2018/12/17/2018121700036.html

조선일보 (2021.5.30.), "'중국 성장신화는 잊어라' 현대차 베이징 1공장 매각에 담긴 큰 그림", https://www.chosun.com/economy/auto/2021/05/30/WAJ7E63CYVGUBPIF6YXYDAIAB4/

조선일보 (2023.6.15.), "삼성전자, 지역전문가 파견제도 부활", https://www.chosun.com/economy/industry-company/2023/06/15/TNMBZWVLXRAXBA46EMC5MY7YL4/

조선일보 (2024.5.13), "삼성·현대車도 맥 못 추는데… 이랜드, 中서 '나 홀로 질주' 비결은", https://www.chosun.com/economy/industry-company/2024/05/13/TSMYUUWRS5EAJEERZBST4N2PF4/

조선일보 (2024.8.14.), "車 1,000만 대 파는 日 도요타, 환율 1엔에 벌벌 떠는 이유", https://www.chosun.com/economy/money/2024/08/14/PMFFVG6BYJDDZJL6OX65UNS2DQ/

조선일보 (2024.8.24), "FTA 전 세계 GDP 90%로 확대… 싱가포르 넘어 세계 1위 오른다", https://www.chosun.com/economy/industry-company/2024/08/22/63THXTD4P5ACLMPBYJNMQDSOII/?utm_source=kakaotalk&utm_medium=shareM&utm_campaign=Mnews

조세일보 (2019.11.18.), "미중 무역협상에 '냉탕 온탕' 춤추는 원화 환율", https://m.joseilbo.com/news/view.htm?newsid=387449#_enliple

지디넷코리아 (2023.11.20.), "SK스퀘어, 큐텐과 11번가 매각 협상 중단… 새 주인 누가 될까", https://zdnet.co.kr/view/?no=20231120174725

파이낸셜뉴스 (2019.4.10.), "7조弗 글로벌 시장에 식품업계 '미래' 있다", https://www.fnnews.com/news/201904101748342952

포춘코리아 (2024.7.16.), "스와치그룹, 중국 시장 부진에 상반기 실적 '뚝'… 주가 10% 이상 폭락", https://www.fortunekorea.co.kr/news/articleView.html?idxno=40471

한겨레신문 (2022.11.8), "현대차, 올해 중국에 중대형 트럭 고작 1800대 판매", https://www.hani.co.kr/arti/economy/car/1066247.html

한국경제신문 (2016.3.18.), "'시계는 패션소품' 역발상이 스와치 살렸다", https://www.hankyung.com/article/2016031727891

한국경제신문 (2017.3.20.), "자유무역은 교역국 양쪽 모두에 혜택… 세계경제가 자유무역으로 가야 상생", https://sgsg.hankyung.com/article/2017031765231

한국경제 (2019.1.25.), "로스 美 상무 '中 제조2025 전략 안 바꾸면 무역협상 타결 어렵다'", https://www.hankyung.com/article/2019012529971

한국경제신문 (2024.2.25.), "비싼 스타벅스 먹느니… 중국서 난리난 '1위 커피' 정체", https://www.hankyung.com/article/202402257844i

한국경제신문 (2024.8.6.), "현대차그룹, 글로벌 빅테크와 협력 강화", https://www.hankyung.com/article/2024080658221

한국경제신문 (2024.9.12.), "현대차·GM 뭉쳤다… 세계 최대 '자동차 동맹' 탄생", https://www.hankyung.com/article/2024091264961

한국일보 (2019.3.6.), "현대차, 중국 베이징 제1공장 가동 중단한다", https://www.hankookilbo.com/News/Read/201903062049376538

Aaker, D. A. and Joachimsthaler, E. (1999), "The Lure of Global Branding," *Harvard Business Review*, Nov.-Dec., pp. 137-44.

Abrams, R. (2014), "Adapting Listerine to a Global Market," *New York Times*, September 12.

Anderson, E. and Gatignon, H. (1986), "Modes of Foreign Entry: A Transaction Cost Analysis and Propositions," *Journal of International Business Studies*, 17(3), pp. 1-26.

Ayal, I. and Zif, J. (1979), "Market Expansion Strategies in Multinational Marketing," *Journal of Marketing*, 43(2), pp. 84-94.

Barney, J. B. (1991), "Firm Resources and Sustained Competitive Advantages," Journal of Management 17, pp. 99-120.

Bartlett, C. A. and Ghoshal, S. (1987), *Managing Across Borders: The Transnational Solution*, Harvard Business School Press.

Betsy, V. B. and Patton, C. R. (1995), "The Future of Consumer Branding as Seen from the Picture Today," *Journal of Consumer Marketing*, Vol.12, No.4, pp. 20-41.

Black, J. S., H. B. Gregersen, and M. E. Mendenhall (1992), "Toward a Theoretical Framework of Repatriation Adjustment," *Journal of International Business Studies*, 23(4), pp. 737-775.

Black, J. S. and H. B. Gregersen (1999), "The Right Way to Manage Expats," *Harvard Business Review*, 77(2), pp. 52-63.

Black, J. S. and M. E. Mendenhall (1992), *Global Assignments: Successfully Expatriating and Repatriating International Managers*, Jossey-Bass.

Bleeke, J. and Ernst, D. (1991), "The Way to Win in Cross-border Alliances," *Harvard Business Review*, Nov.-Dec., pp. 127-135.

Brack, B. L. (2003), *What's Up with Culture? School of Internatial Studies*, University of the Pacific.

Branstetter, L. G., Glennon, B., & J. B. Jensen (2019), The Rise of Global Innovation by US Multinationals Poses Risks and Opportunities. *Policy Brief*, 19-9, Peterson Institute for International Economics.

Buckley P. and Casson, M. (1991), *The Future of the Multinational Enterprise*, 2nd ed., Macmillan.

Casson, M. (1982), "Transactions Costs and the Theory of the Multinational Enterprise," *Theories of the MNEs,* Alan Rugman, ed., Croom Helm.

Cateora, . R. and Graham, J. L. (2005), *International Marketing* (12th ed.), McGraw-Hill/Irwin.

Caves, R. E. (1974), *Economic Analysis and Multinational Enterprise*. George Allen and Unwin.

Cavusgil, S. T., Knight, G., and Riesenberger, J. R. (2008), *International Business*, Pearson Education.

Cavusgil, S. T., Knight, G., and Riesenberger, J. R. (2020), *International Business: New Realities*, 5th. ed., Pearson.

Cendant Mobility (2004), Emerging Trends in Global Mobility: Policy and Practices Survey.

Child, J., Faulkner, D. and Pitkethly, R. (2001), *The Management of International Aquisitions*, Oxford University Press.

Coase, R. H. (1937), "The nature of the firm", *Economica*, Volume 4, Issue 16, pp. 386-405.

Contractor, F. J. (1990), "Contractual and Cooperative Forms of International Business: Towards a Unified Theory of Model Choice," *Management International Review*, Vol.30, pp. 31-54.

Contractor, F. L (1998), "Why Should Firms Cooperate? The Strategy and Economics Basis for Cooperative Ventures," *Cooperative Strategies in International Business*, ed. by F. L. Contractor and P. Lorange, Lexington Books.

Czinkota, M. R. and Ronkainen, I. A. (2009), *International Marketing* (9th ed.), Thomson/ South-Western.

De la Sierra, M. Cauley (1995), *Managing Global Aalliances: Key Steps for Successful Collaboration*, Addison-Wesley Pub. Co.,

De Mooji, M. and Hofstede, G. (2002), "Convergence and Divergence in Consumer Behavior:

Implications for International Retailing," *Journal of Retailing*, 78, pp. 61–69.

Deloitte (2009), International Tax and Business Guide.

De Meyer, A. (1991), "Tech Talk: How Managers Are Stimulating Global R&D Communication," *Sloan Management Review*, Spring, pp. 49–58.

Dicken, P. (1992), *Global Shift*, Gulford Press.

Dowling P. J., Festing, M., and Engle, A. D. (2008), *International Human Resource Management: Managing People in a Multinational Context* (5th ed.), Cengage Learning.

Doz, Y. (1986), *Strategic Management in Multinational Companies*, Oxford University Press.

Doz, Y. L. and Hamel, G. (1998), *Alliance Advantage*, Harvard Business School.

Dunning, J. H. (1980), "Towards An Eclectic Theory of International Production," *Journal of International Business Studies*, Vol.11, No.1.

Dunning, J. H. (1981), *International Production and the Multinational Enterprise*. George Allen and Unwin.

Dunning, J. H. (1988), "The Eclectic Paradigm of International Production: A Restatement and Some Possible Extensions," *Journal of International Business Studies*, Vol.19, No.1.

Dunning, J. H. (1993), *Multinational Enterprises and the Global Economy*, Addison–Wesley.

Economist (2009), "The Big Chill," *Economist*, Jan. 15.

Eiteman, D. K., Stonehill, A. I., and Moffett, M. H. (2011), *Multinational Business Finance*, Pearson International Edition.

Ferdows, Kasra (1997), "Making the Most of Foreign Factories," *HBR*, Mar/April.

Flaherty, M. T. (1996), *Global Operations Management*, Mc Graw–Hill.

Forsgren, M. (2008), *Theories of the Multinational Firm*, Edward Elgar.

Frazee, V. (1998), "Is the Balance–sheet Right for Your Expatriates?" *Global Workforce*, Vol.7, pp. 19–26.

Friedman, M. (1962), *Capitalism and Freedom*, Chicago, pp. 3–4.

Gassman, O. and Zedtwitz, M. (1999), "New Concepts and Trends in International R&D Organization," *Research Policy*, 28, pp. 231–250.

Gannon, M. and Pillai, R. (2015), *Understanding Global Cultures: Metaphorical Journeys Through 34 Nations*, Sage.

Ghemawat, P. (2011), *World 3.0, Global Prosperity and How to Achieve it*, Havard Business Review Press.

Hall, E. T. (1977), *Beyond Culture*, Doubleday.

Hamel, G., Doz, Y. and Prahalad, C. K. (1989), "Collaborate with Your Competitors and Win," *Harvard Business Review*, 67(1), pp. 133–139.

Hamel, G. and Prahalad, C. K. (1985), "Do You Really Have a Global Strategy?" *Harvard Business Review* (July–August), pp. 139–148.

Harrigan, K. R. (1988), "Joint Ventures and Competitive Strategy," *Strategic Management Journal*, 9, pp. 141–158.

Hennart, J. F. (1991), "The Transaction Cost Theory of Joint Ventures: An Empirical Study of Japanese Subsidiaries in the United States," *Management Science*, 37(4), pp. 483–497.

Hennart, J. F. (1982), *A Theory of Multinational Enteprise*, University of Michigan Press.

Hermann, S. and Kucher, E. (1993), "The European Pricing Time Bomb—And How to Cope With It," *Marketing and Research Today*, February, pp. 25–36.

Hermes, E. (2018), Euler Hermes Country Risk Ratings: March 2018 Review.

Hill, C. and Hernandez–Requejo, W. (2011), *Global Business Today*, McGraw–Hill.

Hofstede, G. (1991) *Cultures and Organizations*, McGraw–Hill.

Holt, D. B., Quelch, J. A., and Taylor, E. L. (2004), "How Global Brands Compete," *Harvard Business Review* 82 (September), pp. 68-75.

Hymer, S. H. (1960), "The International Operations of National Firms: A Study of Direct Foreign Investment". PhD Dissertation. The MIT Press.

Ikujiro, N. and Takeuchi, H. (1995), *The Knowledge-Creating Company: How Japanese Companies Create the Dynamics of Innovation*. Oxford University Press.

Johanson, J. and Vahlne, J. E. (1977), "The Internationalization Process of the Firm: A Model of Knowledge Development and Foreign Market Commitment," *Journal of International Business Studies* 1(1), pp. 83-101.

Keegan, W. J. (1969), "Multinational Product Planning: Strategic Alternatives," *Journal of Marketing*, 33, January, pp. 58-62.

Keegan, W. J. (1995), *Multinational Marketing Management* (5th ed.), Prentice Hall.

Keegan, W. J. and Green, M. C. (2011), *Global Marketing* (6th ed.), Pearson/Prentice Hall.

Kindleberger C. (1969), *American Business Abroad*, Yale University Press.

Knickerbocker, F. T. (1973), "Oligopolistic Reaction and Multinational Enterprise," *Division of Research*, Harvard University.

Kogut, B. and Zander, U. (1993), "Knowledge of The Firm and the Evolutionary Theory of the Multinational Corporation," *Journal of International Business Studies*, 4Q, pp. 625-45.

Kogut, B. and Zander, U. (2003), "A Memoir and Reflection: Knowledge and an Evolutionary Theory of the Multinational Firm 10 years Later," *Journal of International Business Studies*, pp. 505-515.

Kroger, F. and Tram, M. (2000), *After the Merger*, Financial Times Prentice Hall.

Kotabe, M. and Helsen, K. (2014), *Global Marketing Management*, 6th. ed., Wiley.

Kotabe, M. and Helsen, K. (2015), *International Marketing*, 6th. Ed., Wiley.

Kotabe, M. and Helsen, K. (2017), *Global Marketing Management*, 7th. ed., Wiley.

Kuemmerle, W. (1997),"Building Effective R&D Capabilities Abroad," *Harvard Business Review*, 75(2), pp. 61-70.

Kwon, S., Ree, D., and Sub, C. (2004), "Globalization Strategies of South Korean Electronics Companies after the 1997 Asian Financial Crisis," *Asia Pacific Business Review*, 10 (Spring/Summer), pp. 422-440.

Lee, J. A. (1966), "Cultural Analysis in Overseas Operations," *Harvard Business Review*, March-April, pp. 106-114.

Lee, H. W. (2007), "Factors that Influence Expatriate Failure: An Interview Study," *International Jounal of Management*, 24, pp. 403-415.

Lee, K. C. and Kwok, C. (2008), "Multinational Corporations vs. Domestic Corporations: International Environmental Factors and Determinants of Capital Structure," in *Multinational Enterprise Theory*, Edited by Jeffrey A. Krug, John D. Daniels, Sage Publications Ltd.,

Lee, K. C. and Kim, W. (1994), "International Dimensions of Korean Tax Policy," in *Taxation and Economic Development among Pacific Asian Countries*, edited by Musgrave, Chang and Riew, Westview Press, pp. 163-198.

Letto-Gilles G. (2005), *Transnational Corporations and International Production: Concepts, Theories and Effects*, Edward Elgar.

Levitt, T. (1983), "The Globalization of Markets," *Harvard Business Review*, 61 (May-June), pp. 92-102.

Lewis, M. P. et al. (2015), *Ethnologue: Language of the World*, 18th. ed., 2015.

Medium.com (2017), Bottle Recycling in Germany: A Model System?, Jul 10.

Narula, R. and Duysters, G. (2004), "Globalization and Trends in International R&D Alliances," *Journal of International Management*, 10, pp. 199-218.

Nelson, R. R. and Winter, S. G. (1982), *An Evolutionary Theory of Economic Change*. Belknap Press/Harvard University Press.

Porter, M. E. (1980), *Competitive Strategy*, Free Press.

Porter, M. E. (1985), *Competitive Advantage*, Free Press.

Porter, M. E. (1986), *Competition in Global Industries*, Free Press.

Porter, M. E. (1987), "From Competitive Advantage to Corporate Strategy," *Harvard Business Review* 65(3), May–June, pp. 43–59.

Porter, M. E. (1996), "What is Strategy?" *Harvard Business Review*, Nov/Dec, pp. 61–78.

Porter, M. E. (1990), *The Competitive Advantage of Nations*, Free Press.

Prahalad, C. K. and Doz, Y. L. (1987), *The Multinational Mission: Balancing Local Demands and Global Vision*, Free Press.

Prahalad C. K. and Hamel, G. (1990), "The Core Competences of the Corporation," *Harvard Business Review*, May.

Prahalad C. K. and Doz, Y. L. (1987), *The Multinational Mission*, The Free Press,

Quelch, J. and Holt, E. (1986), "Customizing Global Marketing," *Harvard Business Review*, 64, May.

Reich, R. (1991), *The Work of Nations*, Knopf.

Ricks, D. A. (1993), *Blunders in International Business*, Blackwell Publishers.

Root, F. R. (1994), *Entry Strategies for International Markets*, Lexington Books.

Rugman, A. (1981), *Inside the Multinationals: The Economics of the Multinational Enterprise*. New York: Columbia University Press.

Rugman, A. (1999), "Forty Years of the Theory of the Transnational Corporation," *Transnational Corporations* 8, pp. 51–70.

Schneider, S. C. and Barsoux, J. L. (1997), *Managing Across Cultures*, Prentice Hall.

Shapiro, A. C. (2009), *Multinational Financial Management*, John Wiley.

Stone, R. J. (1986), "Compensation: Pay and Perks For Overseas Executives," *Personnel Journal* 64, pp. 67–69.

Stroh, L. K., H. B. Gregersen, and J. S. Black (1998), "Closing the Gap: Expectations versus Reality Among Repatriates," *Journal of World Business*, 33(2), pp. 111–124.

Sun, Y. (2003), "Strategic or Tactical? Foreign Research and Development in Developing Countries, A Case Study of China," *Asian Geographer*, 22(1–2), pp. 143–167.

Teece, D. (1976), *The Multinational Corporation and the Resource Cost of International Technology Transfer*, Ballinger.

Teece, D. (2007), "Explicating Dynamic Capabilities: The Nature and Microfoundations of Enterprise Performance," *Strategic Management Journal* 28 (13), pp. 1319–1350.

Teece, D. J., Pisano, G., and Shuen, A. (1997), "Dynamic Capabilities and Strategic Management," *Strategic Management Journal* 18 (7), pp. 509–533.

Terpstra, V. and Sarathy, R. (2000), *International Marketing* (8th ed.), Dryden.

Tung, R. L. (1981), "Selection and Training of Personnel for Overseas Assignments," *Columbia Journal of World Business*, 16.

Tung, R. L. (1982), "Selection and Training Procedures of US, European, and Japanese Multinationals," *Califonia Management Review* 25, pp. 57–71.

UNCTAD (2005), World Investment Report, United Nations.

UNCTAD (2014), World Investment Report.

UNCTAD (2018), World Investment Report.

Vernon, R. (1966), "International Investment and International Trade in the Product Cycle," *Quarterly Journal of Economics* Vol.80(May), pp. 120-207.

Vernon, R. (1966), "International Investment and International Trade in the Product Cycle," *Quarterly Journal of Economics*, Vol.80(May), pp. 190-207.

Vernon, R. (1979), "The Product Cycle Hypothesis in New International Environment," *Oxford Bulletin of Economics and Statistics*, Vol.41, No.4.

Williamson, O. E. (1975), *Markets and Hierarchies: Analysis and Antitrust Implications*, The Free Press.

Yip, G. (1995), *Total Global Strategy: Managing for Worldwide Competitive Advantage*, Prentice Hall.

Zahradnik, G. (2014), "R&D Internationalization Across Countries and over Time," *The Internationalization of Business R&D*, Edited by Bernhard Dachs, Edward Elgar.

http://www.eulerhermes.com/economic-research/blog/EconomicPublications/EH-Country-Risk-Ratings-Q1-2018.pdf

http://www.motie.go.kr/motie/py/sa/investstats/investstats.jsp

https://stats.koreaexim.go.kr/odisas.html

찾아보기

가

나

다

사

아

자

차

카

타

파

하

기타

A

B

C

D

E

F

N

O

P

Q

R

S

T

U

V

W

저자소개

이성봉은 현재 서울여자대학교 경영학과 및 대학원 국제개발협력학과 교수, 글로벌통상학부 글로벌비즈니스전공 주임교수로 재직 중이다. 서울대학교 국제경제학과를 졸업하고 독일 만하임(Mannheim)대학교에서 국제투자 및 조세 전공으로 경영학박사 학위를 취득하였다. "외국인투자의 경제적 효과 분석: 기업가치에 대한 영향을 중심으로"라는 논문으로 BMW 학술상을 수상한 바 있다. 외국인직접투자, 기업의 해외진출, 기업지배구조 및 승계, 국제조세 등의 분야에 많은 논문과 저서를 발표했다. 대외경제정책연구원(KIEP)에서 연구위원(외국인투자정책연구담당), WTO팀장, 무역투자정책실장대행 등으로 활동했으며, 풀브라이트학자(Fulbright Scholar)로 미국 템플(Temple)대학교 경영대 전략경영 초빙교수를 역임했다. 산업통상자원부 자문위원으로 외국인투자정책을 자문해오고 있으며, 한국의 발전경험을 공유하는 KSP(Knowledge Sharing Program)사업 일환으로 요르단, 라오스, 도미니카공화국 등에 외국인투자정책수립을 자문했다. (사)한국EU학회 회장을 역임했으며, 현재 (사)한국세무학회 회장 및 (사)한국국제경영학회 부회장 등으로 활동하고 있다.

이광철은 홍익대학교 경영대학 교수로 30여 년간 재직하였으며, 동 대학 관리부총장, 대학원장, 경영대학원장 등을 역임하였다. 현재는 강남대학교 특임교수로 재직 중이다. 서울대학교 경영대학을 졸업하고 미국 University of South Carolina 대학에서 국제경영 전공 경영학박사 학위를 취득하였다. 박사학위 논문 "기업의 다국적화와 자본구조 전략"으로 당해년도 미국 국제경영학회(Academy of International Business)에서 최우수 논문상을 수상한 바 있다. 그간에 금융, IT, 문화산업의 국제화전략에 관한 연구를 진행하여 주요 학술지에 60여 편의 논문을 게재하였으며, 관련 정부 및 기업 프로젝트에 50여 건 이상 참여하여 산학협력 사업을 활발히 하였다. (사)한국국제경영학회 회장과 (사)정보통신정책학회 회장을 역임하였으며 정보통신정책연구원, 한국은행 등에 근무한 바 있다. 삼성, SK, LG, KT 등 다양한 업체들과 자문 또는 연구 용역을 수행하였고, 금융 및 IT 관련 기업들의 사외이사를 역임하였다.